TERCER NIVEL
¡Ya verás!
SECOND EDITION

JOHN R. GUTIÉRREZ
The Pennsylvania State University

HARRY L. ROSSER
Boston College

JILL WELCH
Ohio State University

Heinle & Heinle Publishers

An International Thomson Publishing Company • Boston, MA 02116 U.S.A.

TEACHER'S EDITION

The publication of *¡YA VERÁS! Tercer nivel* Teacher's Edition was directed by the members of the Heinle & Heinle School Publishing Team:

Editorial Director: Beth Kramer
Market Development Director: Pamela Warren
Production Editor: Mary McKeon
Developmental Editor: Regina McCarthy
Publisher/Team Leader: Stanley J. Galek
Director of Production/Team Leader: Elizabeth Holthaus

Also participating in the publication of this text were:

Manufacturing Coordinator: Barbara Stephan
Project Manager: Kristin Swanson
Interior Design: Susan Gerould/Perspectives
Composition: Perspectives and Pre-Press Company
Cover Art: Mark Schroder
Cover Design: Corey McPherson Nash
Photo/Video Specialist: Jonathan Stark

Copyright © 1997 by Heinle & Heinle Publishers
An International Thomson Publishing Company

Manufactured in the United States of America.

ISBN 0-8384-6239-1 Teacher's Edition

10 9 8 7 6 5 4 3 2

To the Teacher

"*T*he greatest strength is that this is a student-oriented textbook. The students are required to participate, especially in pair work. The next greatest strength is the book's ability to recycle previously taught material. Very little content is not reviewed and there are always plenty of exercises for the teacher to use to reteach material if necessary. Lastly, I feel that the balance the book strikes between all five skills is wonderful–it makes for easy teaching as far as our curriculum goes."

-Bartley Kirst, Ironwood High School, Glendale, AZ

"*T*he contexts in ¡YA VERÁS! help motivate students to learn Spanish because students put more effort into learning something which they can readily use. Students want to have the ability to 'say something in Spanish' at the end of the very first day of classes. If they see that they can understand something and say something in Spanish, then they will put forth more effort to learn."

-Diane Henderson, S.P. Waltrip High School, Houston, TX

"*S*tudents acquire the language through a natural progression, and the recycling of the material reminds students that there is a focus and inter-relatedness of linguistic functions and patterns. ¡YA VERÁS! is user friendly! It is very easy for me to plan as well as present new material."

-Kristin Warner, Piper High School, Sunrise, FL

Contents

Why was the *¡YA VERÁS!* program written?   5

Principles of the *¡YA VERÁS!* Program   6

Use of English in *¡YA VERÁS!*   6

The Oral Proficiency Interview and *¡YA VERÁS!*   7

Components at a Glance   8

Features of Each Component   8

Text Organization at a Glance   10

How to Use *¡YA VERÁS!, Tercer nivel*   11

Organization of the Reading Units   18

Spanish for Native Speakers   19

Pedagogical Considerations   21

Cooperative Learning and Classroom Management   25

Yearly Syllabus for *¡YA VERÁS!, Tercer nivel*   29

¡YA VERÁS! and Longer Class Periods   29

Scope and Sequence Charts   30

Why was the ¡YA VERÁS! program written?

As the preceding testimonials indicate, the *¡YA VERÁS!* program has had a major, positive impact on teachers and students. In large measure, our success is due to the fact that we have created a user-friendly program based on concerns expressed by you, the teachers. Before writing the first edition, we asked you to identify the most common problems you experience in the classroom and with the materials you have been using over the years. We then addressed each problem very specifically and provided solutions that have gone a long way in facilitating and enhancing your classroom experience.

Problem: Besides teaching my classes, I have many other assigned responsibilities. I don't have a great deal of time for preparation and I certainly don't have the time to reorganize the book, rewrite sections of it, or create a lot of new exercises. I also don't have time to create my own tests.

Our solution: We have organized our books in such a way that no time needs to be spent on reorganization or rewriting. Preparation time is reduced to a minimum because new and recycled materials have been carefully integrated, the four skills and culture complement each other, and there is a step-by-step progression from practice to meaningful communication.

Problem: My classes are very large and heterogeneous. Some students take a long time to learn something, others progress very quickly.

Our solution: We provide many opportunities for students to interact in small groups. This reduces anxiety in the more reticent students and allows slower students to learn from those who learn more quickly. Regular recycling provides numerous "passes" of the same material so that slower students have the time to assimilate it.

Problem: I should be able to express my own personality and teaching style. I should not be constrained by the textbook or by a particular method.

Our solution: We did not espouse one particular method in *¡YA VERÁS!* In an integrative approach such as ours, you are given a variety of options for working with the material. This allows you and your students to express your own preferences and teaching/learning styles.

Problem: Sometimes I feel that my teaching effectiveness is reduced by stress and fatigue. By the end of the day I feel completely drained because all of my students are totally dependent on me for all of their learning.

Our solution: In *¡YA VERÁS!*, we use small-group work to place more responsibility on students. Small groups give you regular "breathers" in each class period. Our student-centered approach does not, of course, remove you from the learning process. But it does teach students that they also need to look to each other and to the materials as resources for their learning.

Problem: No matter how hard I try, I have never been able to finish my textbook in one year. This is frustrating for me and for my students, and it causes real problems when we order textbooks because we have to order extra copies of one level to carry over to the next year. Not only is it an extra expense, but students become demoralized when they are using the same textbook two years in a row.

Our solution: The systematic recycling and review built into all levels of the *¡YA VERÁS!* program allows teachers to keep moving through the books because even if students have not yet "mastered" a particular vocabulary set or grammar point, they will get several more chances to practice. Additionally, each book was planned following a typical school calendar with time factored in for missed classes due to assemblies, snow days, sick days, and more. The *Capítulos preliminares* of Books 2 and 3 give an in-depth review of material from the previous level with a special emphasis on content from the last third of the previous book. If you do not complete a level in one year, you can rely on these review chapters without having to go back to the previous text. Many teachers using the first edition of *¡YA VERÁS!* have told us that with familiarity, they are now finishing a book in one year!

Problem: I'm held responsible for students' learning. I'm judged on how well my students communicate in Spanish and how well they perform on standardized tests. I'd also like to have the satisfaction of knowing that I've helped my students use the language effectively.

Our solution: In our integrative, communicative approach, students become very comfortable communicating in Spanish. The scope and sequence of grammar, vocabulary, and communicative functions over the three-year program provide students with ample time and opportunity to assimilate the material. Students are successful not only in the classroom, but on standardized tests as well. As the statements from students indicate, learning Spanish with *¡YA VERÁS!* is an enjoyable experience for them. Enjoyment is the greatest motivating factor that leads to the positive results you are looking for.

We believe that effective teaching and learning take place when textbooks accurately reflect teacher and student concerns. In our efforts to make *¡YA VERÁS!* very user friendly, we have succeeded, we believe, in creating a program that belongs to you and your students and that personalizes the Spanish language to the individual needs and interests of each learner.

Principles of the ¡YA VERÁS! Program

The *¡YA VERÁS!* program is an integrated learning system based on a number of principles and assumptions:

- It is possible for students to use the language creatively from the outset and, therefore, free expression can and should be encouraged.

- Student-student and student-teacher interaction should be based on tasks that simulate real-world situations.

- Trial and error are a necessary part of the language-acquisition process.

- Contexts should be selected according to the frequency with which they occur in real life so that students can readily relate to them.

- Everyday spoken Spanish does not include every vocabulary item and every grammar structure available in the Spanish language. Materials should therefore include the elements most frequently used by native speakers in daily life.

- Grammar should not be presented for its own sake but as a means of transmitting a spoken or written message as accurately as possible. Grammar is the means for effective communication.

- In a proficiency-oriented, integrative approach, the four skills and culture reinforce one another in an ever-widening spiral.

- Assimilation requires sufficient time and practice.

- Teaching techniques should be student-centered.

- The goal of teaching is to make students independent users of Spanish.

- The principles of the ACTFL Proficiency Guidelines can serve as the underpinnings of a proficiency-oriented curriculum in which students learn to function as accurately as possible in situations they are most likely to encounter either in a Spanish-speaking country or with Spanish speakers in the United States.

Use of English in ¡YA VERÁS!

Although we believe and advocate that English be used sparingly in class, we are using it in the program materials for very definite, pedagogically sound purposes. We also recognize that you, the teacher, and not the students, should decide when English is going to be used. Depending on the language-acquisition stage of your students, or the nature of a particular exercise, it will be up to you to decide whether activities can be done in Spanish (even if they are in English in the textbook). However, it would be unfortunate to inhibit students from demonstrating their aural and reading comprehension skills, as well as critical thinking abilities, because of unrealistic expectations of their speaking or writing skills. We have used the following research-supported guidelines in *¡YA VERÁS!:*

- English is used when developing comprehension skills. Since the receptive skills (listening and reading) develop more quickly than the productive skills (speaking and writing), it is important to allow students to demonstrate these skills with the least amount of frustration. For example, they may not have the speaking skills with which to demonstrate their comprehension of a reading text. Furthermore, it is unlikely that they will have the speaking skills with which to participate in discussions in Spanish, particularly early in the year.

- Throughout the textbook, the grammatical explanations are in English because it is essential that students clearly understand how the grammar structures will help them to do certain things with the language they are learning. Reading and listening comprehension exercises are largely in English in Level 1 of *¡YA VERÁS!*, although there is a gradual shifting to productive responses as the units progress. In Level 1 direction lines are in English, for the most part, until the last third of the book, when the more basic, repetitive direction lines are given in Spanish. Misunderstandings due to students' limited abilities in Spanish would be counterproductive and could lead to failure to do the homework, or even the classwork, properly. In Levels 2 and 3 of *¡YA VERÁS!* all simple direction lines are provided in Spanish. In addition, they reflect a gradual increase in the frequency of productive responses in Spanish in the listening and reading exercises.

- Using English judiciously in class tends to reduce the frustration that students often feel when learning a foreign language. Because they understand much more than they can

express, they need to have the satisfaction of working occasionally at a more abstract level rather than always being confined to the simplest concrete expression level.

- When working with cultural topics, a Spanish-only approach tends to lead to generalizations and stereotyping simply because students are unable to express more complex ideas.

With limited proficiency in Spanish, they tend to reduce and simplify ideas to the point where culture becomes distorted. Using English in these instances allows you to have students discuss the risks of stereotyping and the more sophisticated cultural issues that arise through readings and cultural notes.

The Oral Proficiency Interview and ¡YA VERÁS!

The Oral Proficiency Interview is a face-to-face test that assesses an individual's speaking ability in a foreign or second language. The interview can last from 5 to about 30 minutes, depending on the interviewee's level of language use. The resulting speech sample is rated on a scale from Novice (no functional ability in the language; limited use of words and phrases) through Intermediate, Advanced, and Superior levels to Native (able to speak like an educated native speaker), with Low, Mid and High ratings that distinguish among performances within levels. Some states are starting to require the administration of the Oral Proficiency Interview (also known as the OPI test) at the end of the third year of instruction, with the expectation that students should score in the low- to mid-Intermediate range. A less staff-intensive alternative test, called the Simulated Oral Proficiency Interview or SOPI is also used. The SOPI does not require a live interview, but rather provides a list of questions to which the student responds on tape.

The emphasis on real-life, task-based use of language in the OPI has several ramifications for students. If they have been learning Spanish from a more traditional, grammar-based program, the OPI could offer some difficulty. ¡YA VERÁS!, on the other hand, has several regular features that specifically prepare students for the OPI, such as the ¡Adelante! section (every etapa culminates in an open-ended situation) and the Ya llegamos feature at the end of every unit (provides several realistic, broad-based situations that encompass all the material covered in the unit). Most importantly, the testing program that accompanies ¡YA VERÁS! is proficiency based, so that students are always judged by what they can do, not by their mastery of discrete aspects of the language. After learning with ¡YA VERÁS! for three years, students will have received all the support they need to achieve an appropriate score on the OPI.

IMPLICATIONS FOR THE CLASSROOM

- **What students "can do" is the primary focus of instruction oriented toward the development of functional proficiency.** This is not to say that the grammar, pronunciation, syntax and cultural aspects of language study are not important, but rather that they should be viewed as tools used to accomplish various functional tasks. In ¡YA VERÁS! students are made aware of the task at hand and the functions that are needed to carry it out. Tasks are placed in a context that is culturally realistic, as well as meaningful and interesting for the students.

- **For students to become proficient speakers of another language, they need time to engage in communicative oral activities.** The more time students spend in small-group activities, the more oral practice each of them will have. ¡YA VERÁS! has been built around a progression of carefully planned and well-timed small-group activities, ranging from controlled to meaningful to open-ended.

- **The curriculum in a proficiency-oriented program is spiral, not linear.** The scope and sequence in ¡YA VERÁS! is based on the premise that for students to be able to use what they are learning, the curriculum cannot treat each topic or structure during only one segment of the course, but must return again and again to the same functions, the same contexts, and the same structures, each time reinforcing what has gone before while introducing some new elements.

- **The development of oral proficiency cannot be isolated from the other language skills.** The development of language proficiency can be enhanced by activities that integrate the skills, in which work in one skill can serve as stimulus material to activities in another skill. ¡YA VERÁS! develops all four language skills as well as culture, and in keeping with its real-life focus, provides realistic, multi-faceted activities in which students implement a cross-section of skills within a given context.

Components at a Glance

STUDENT MATERIALS

- Student Textbook
- Student Workbook/Laboratory Manual
- *Atajo* Writing Assistant for Spanish

TEACHER MATERIALS

- Teacher's Edition
- Testing Program
- Critical Thinking and Unit Review Blackline Masters
- Tapescript

CLASSROOM MATERIALS

- Audiocassette Program
- Pronunciation Tape (for Levels 1 and 2)
- Teacher Tape or CD
- *¡YA VERÁS!* Video Programs
  (VHS cassettes or videodiscs) (for Levels 1 and 2)
- Video Guide/Activity Masters (for Levels 1 and 2)
- *Mosaico cultural* Video Program
  (VHS cassettes or videodiscs) (for Level 3)
- *Mosaico cultural* Video Guide (for level 3)
- Color Transparencies
- *¡YA VERÁS!* Software Program
- *Nuevas dimensiones* Interactive Multimedia Program
- *Mundos hispanos* Interactive Multimedia Program

Features of Each Component

STUDENT TEXTBOOK

- Colorful, high-interest content
- Drawings, realia, and photos to enhance activities and infuse cultural content
- Content relating to a wide variety of subjects

- Easy-to-follow format
- Abundant practice of grammar, vocabulary, and functions in a variety of situations
- Systematic progression from mechanical practice to communicative, open-ended activities
- Full integration of the four skills and culture
- Material presented in small, manageable segments
- Cumulative *Ya llegamos* section at the end of each unit
- Critical thinking and learning strategies called out in student text margins
- Interdisciplinary lessons included in each unit
- Systematic development of reading strategies

STUDENT WORKBOOK / LABORATORY MANUAL
(Reading, writing, and listening activities)

- Wide variety of exercises relating to each presentation in the Student Text
- Complete chapter *Vocabulario* reprinted at beginning of the workbook chapter so that students do not need textbook to do homework
- Recycling and reinforcement of vocabulary and structures
- Emphasis on reading and writing
- Systematic progression from mechanical practice to communicative, open-ended activities
- Systematic writing program (Level 3)

- Authentic texts and documents for reading comprehension development
- Emphasis on listening comprehension
- Support activities for the Audiocassette Program

TEACHER'S EDITION

- Introductory section that includes a program description, text organization, classroom techniques, and pedagogical principles
- Wrap-around margins for annotations (suggestions for each page). This new, expanded version of the margin notes is designed to lend increased flexibility in the selection of classroom activities, to focus teacher attention on cooperative learning activities, and to provide suggestions for the development of critical thinking skills. The annotations include:

  —Teaching suggestions for each segment of each chapter
  —Language and cultural notes for useful background information
  —Classroom management hints and strategies
  —Suggestions for grammar presentations
  —Expansion activities
  —Teaching suggestions for more- and less-prepared students
  —Reteaching ideas
  —Teaching suggestions for native speakers
  —An additional cumulative activity for each chapter
  —Homework assignments
  —Video and Teacher Tape indicators
  —Answers to selected exercises
  —Cues for use of transparencies
  —Cues for use of *Atajo*

> **Note:** The pacing schedule for *¡YA VERÁS!* was based on the core of material in the textbook. If you choose to try out some of the variations and additional activities suggested in the enlarged margins, you will want to keep pacing in mind. There are many inviting options from which to choose. Attempting to do *everything*, however, could keep you from completing the book in one year.

TESTING PROGRAM

- Quizzes and tests covering all four skills
- Quizzes for each *etapa*
- Tests for all chapters and units
- Cumulative exams for end-of-year
- Tests for the *Capítulos preliminares* for Levels 2 and 3 that can also be used as diagnostic tests
- Testing Manual with ideas for correction and grading

- Oral expression tests/activities accompanied by correction and grading strategies
- Portfolio assessment strategies

CRITICAL THINKING AND UNIT REVIEW BLACKLINE MASTERS

- Critical thinking activities from the student text with fill-in grids reproduced in blackline master format
- Additional set of exercises which reviews the vocabulary and structures presented in each unit

TAPESCRIPT

- Scripts for Audiocassette Program and Teacher Tape

AUDIOCASSETTE PROGRAM

- Set of 12 cassettes for use in classroom or language lab
- Controlled exercises to reinforce the grammar, vocabulary, and functions presented in the textbook
- Extensive practice in listening comprehension through dictations, simulated conversations, interviews, and a variety of exchanges in many different contexts
- Pronunciation exercises correlated to the pronunciation sections in the *¡YA VERÁS!* Level 1 and Level 2 texts

PRONUNCIATION TAPE
(for Levels 1 and 2)

- Pronunciation explanations and exercises from the Student Text recorded by native speakers and reproduced in one easy-to-use location

TEACHER TAPE

- Supplementary single audiocassette for extra listening practice
- Monologues and dialogues from the textbook
- Nonscripted situational conversations to begin and end each chapter

VIDEO PROGRAMS
(Videotapes and Videodiscs for Levels 1 and 2)

- Book-specific videos that contain segments for each chapter
- Authentic, real-life situations and conversations

VIDEO ACTIVITY MASTERS
(for Levels 1 and 2)

- Blackline masters that contain comprehension exercises and conversation activities based on each segment of the videos:

  —Exercises for understanding the gist
  —Exercises that require students to pay close attention to details of language, culture, and information
  —Expansion and role-playing activities
  —Video Script

TRANSPARENCIES

- Full-color transparencies for each unit of each Student Text
- Maps of Spain and Latin America

SOFTWARE PROGRAMS
(for Levels 1 and 2)

- Available in IBM and Mac platforms
- Segments that correspond to the chapters in the Student Texts
- Reinforcement of grammatical structures and vocabulary
- Independent student practice

Mundos hispanos is a complete, interactive multimedia program on CD-ROM that combines video, photographs, and exciting graphics in order to develop listening, speaking, reading, and writing skills and bring the culture of the Spanish-speaking world to life. Available for IBM and Mac platforms.

Atajo Writing Assistant for Spanish is a software program that facilitates the process of writing in Spanish. Students have access to a wide variety of on-line tools, including:

- a bilingual dictionary of some 8,000 entries, complete with examples of usage
- a verb conjugator that can call up over 500,000 conjugated verb forms
- an on-line reference grammar
- an index to functional phrases
- sets of thematically related vocabulary items

  Ya llegamos writing activities at the end of each unit of ¡*YA VERÁS!* are correlated to *Atajo*. *Atajo* is available for IBM (DOS and Windows) and Mac.

Nuevas dimensiones is an interactive multimedia program that combines software and video in order to develop listening and writing skills and bring Spanish culture to life. Students interact with the program as they listen, practice, test their comprehension, and complete writing exercises. Hardware requirements: IBM PS2 compatible; color VGA monitor; M-Motion Board; Mouse; Windows 3.1 with multimedia support for Toolbook; headphone or speaker. The program is also available for Mac platforms.

Text Organization at a Glance

PROGRAM ORGANIZATION

Each level includes some variations.

Level 1: 6 units
Level 2: 3 preliminary review chapters + 5 units
Level 3: 1 preliminary review chapter + 4 units

The following observations are helpful in understanding the organization of the program:

- The number of units per book is reduced progressively as the material becomes more complex.
- The preliminary review chapters in Levels 2 and 3 highlight the major grammatical structures and vocabulary presented in Levels 1 and 2 respectively.
- The *Etapas preliminares* in Level 1 contain five preliminary lessons, one or more of which may be used as an introduction to Level 1.
- All three books integrate the four skills and culture.

- Each book also highlights one or more skills while continuing the development of the remaining skills:

Level 1: Speaking and listening
Level 2: Reading
Level 3: Writing

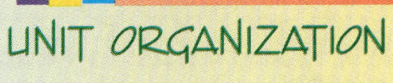

UNIT ORGANIZATION

Unit
    Chapter
       etapa
       etapa
       Lectura cultural
    Chapter
       etapa
       etapa
       Lectura cultural
    Chapter
       etapa
       etapa
       Lectura cultural
    Aquí leemos
       Reading
    Ya llegamos
       Practice

FEATURES OF THE UNIT ORGANIZATION

- Each unit consists of three chapters.

- The unit opens with photographs that illustrate the unit theme.

- The unit opener includes:

    a. the title
    b. the unit objectives
    c. chapter and *etapa* titles
    d. photographs of a young person from Spain or a Spanish-speaking country (Level 1) with questions

- This is followed by three chapters, each divided into *etapas*.

- The end of the unit includes:

    a. the *Aquí leemos* (reading section and review of the unit)
    b. the *Ya llegamos* (cumulative unit activities)

FEATURES OF THE CHAPTER ORGANIZATION

- Each chapter presents a subtheme of the unit theme

- Each chapter opens with a photo.

- Each chapter is divided into *etapas*.

- Each chapter ends with the *Vocabulario*, which includes the expressions and vocabulary presented in the chapter, and a *Lectura cultural*, a cultural reading and practice.

FEATURES OF THE ETAPA ORGANIZATION

- Each *etapa* presents one aspect of the chapter theme which, in turn, supports the unit theme.

- The *etapa* serves as the basic lesson plan for two or more class periods.

- Each *etapa* is self-contained, with an opening and a closing.

- Each *etapa* includes the presentation of new material, a review of the previous *etapa*, and a final review of the *etapa* being studied.

How to use ¡YA VERÁS!, Tercer nivel

Level 3 of *¡YA VERÁS!* consists of four units preceded by a *Capítulo preliminar*, which recycles the vocabulary, structures, functions, and cultural material from Level 2 in new combinations. The chapter has two short *etapas*. Each *etapa* follows the same basic pattern.

- **Vocabulary Review**— short paragraphs that can be read or listened to on the Teacher Tape, followed by comprehension exercises.

- **Grammar Review**— summary of selected grammatical structures (*Repaso*) plus short reminders (*¿Recuerdan?*) of other points, followed by *Aquí te toca a ti* exercises.

- **Function review**— six short model situations called *Contextos* (usually in dialogue form) that can be read or listened to on the Teacher Tape, followed by comprehension and interactive communication exercises.

- *Lectura*— short reading texts dealing with cultural information from Spain and Latin America.

The *Capítulo preliminar* allows students to practice and, if necessary, to relearn the materials from Level 2 without duplicating exactly any exercises and activities they have already done. We would urge you to remember that, even though this is a review section, students will continue to make some errors. The objective still remains to communicate in Spanish. **While you can expect a higher degree of accuracy than when the material was presented for the first time, you probably should not overwork this material. Many of the structures, functions, and vocabulary sets will continue to be recycled in the course of Level 3.**

ORGANIZATION OF A UNIT

Unit objectives
Three chapters (divided into *etapas*)
Vocabulario (key chapter vocabulary items)
Lectura cultural (located between chapters)
Aquí leemos (reading section)
Ya llegamos (cumulative end-of-unit reading section)
Expansión cultural (end-of-unit reading section)

Although the principles and philosophy of Level 3 remain consistent with those of the entire *¡YA VERÁS!* program, the units in Level 3 have both culture and the receptive skills (in particular, reading) as their emphasis. This means that, once again, the format has been adjusted to give the book a different look as well as to add sections that involve students in culturally driven activities that involve reading.

In Level 3, exercise direction lines are written entirely in Spanish. The same is true of most of the reading and listening comprehension checks, unless a discussion involves very complex issues that are beyond the students' productive skills.

All of the elements of the communicative/interactive approach that make the *¡YA VERÁS!* program unique have been preserved in this third level. In Level 1, listening and speaking are highlighted to give students a sense of accomplishment from the outset, and in Level 2, the receptive skills receive additional emphasis. In Level 3, receptive skills continue to be stressed and culture becomes the centerpiece. All the skills are practiced through the concepts presented in the various culture sections.

Regardless of their specific emphasis, all three levels of *¡YA VERÁS!* integrate skills and culture in meaningful communication. The slight shift in emphasis from one text to another should maintain student motivation while assuring smooth articulation from one year to the next.

HOW TO BEGIN A UNIT

The goal of the unit opener is to provide students with the cultural context and the main theme of the unit. You may use any of the following three methods to introduce the unit.

Teacher Tape

- Play the segment that corresponds to the unit.
- Have students do a basic comprehension activity (in Spanish or English, depending on the time of year).
- Have a short discussion about the context by comparing it to a similar situation in the United States.

Unit Opener Pages

- Have students analyze the photographs and engage in a discussion about them based on the *¿Qué ves?* questions.
- Have students look at the second page while you review the unit objectives.

Once you've established the unit context, you can then proceed to the "Planning Strategy" found at the beginning of each unit in the Student Workbook. The purpose of the "Planning Strategy" is to have students match English words and expressions to the context in which they have just been introduced. As they then proceed through the unit, students will learn the equivalents of many of these expressions in Spanish.

If done on the first day of class, students brainstorm answers without prior preparation. If done on a subsequent day, this section should be assigned as homework for sharing in class.

HOW TO BEGIN A CHAPTER

Each chapter-opener page contains a photograph that features the main character of the chapter interacting with someone in the specific chapter context. A short conversational exchange is included.

- Have students engage in a short discussion analyzing the cultural content of the photograph. (See annotations in Teacher's Edition for suggestions.)

ORGANIZATION OF THE CHAPTER

The three chapters in a unit each deal with one aspect of the general unit theme.

1. Each chapter begins with a photograph relating to its particular theme.

2. Each chapter consists of two *etapas*.

3. Each chapter ends with the *Vocabulario* section, which includes expressions and vocabulary presented in the chapter.

You can begin a chapter by having students engage in a short discussion analyzing the cultural content of the photograph. (See annotations in Teacher's Extended Edition for suggestions.)

HOW TO DO AN ETAPA

The most important aspect of ¡YA VERÁS! is the self-contained *etapas,* which serve as the basic lesson plans for class. Each *etapa* has a clear beginning and end and includes the presentation of new material, a review of the previous *etapa,* and a final review of the *etapa* being studied.

Each *etapa* contains the vocabulary, functions, and grammar necessary for the subtheme of the *etapa.* These, in turn, contribute to the functions and contexts of the chapter, which, in turn, illustrate the larger context of the unit.

Articulation within units and between units has thus been assured through the interplay and integration of functions, contexts, and accuracy features. (See pp. 30 – 32 for Function/Context/Accuracy charts for each level.) As the teacher, you may therefore choose to proceed through the units in a linear fashion, without having to reorganize the material or worry about such questions as variety, the recycling of material, or pacing. You also have the flexibility, however, to reserve some parts of the *etapa* for a later date, and you may, of course, move the review activities according to your own preferences and time constraints.

Each *etapa* in Level 3 follows this pattern.

> **Preparación**
> Vocabulary Introduction
>   *¡Aquí te toca a ti!*
> **Comentarios culturales** (placement may vary)
> **Repaso** (in all *etapas* except the first one in each unit)
> **Estructura**
>   *Aquí practicamos*
> **Nota gramatical** or **Palabras útiles** (when needed)
> **Aquí escuchamos**
> **En otras palabras (Units 1–2)**
> **¡Adelante!**

The following sections define each segment of the *etapa* and suggest generic classroom techniques that may be used. Additional suggestions can be found in the annotations of the Teacher's Edition.

Preparación

Definition: This initial series of questions helps students to focus on the topic of each *etapa,* as well as serving to activate prior knowledge.

Classroom Techniques:

- Have students read and answer the questions in advance or in the beginning of class.
- If you have native speakers in your class, elicit more ample responses from them.

- Lead the class in a short discussion of the issues raised.

Vocabulary Introduction

Definition: This first section of the *etapa* introduces the vocabulary that is central to the theme of the *etapa.* The vocabulary is presented in a variety of ways: drawings with captions, narrations, dialogues. In Level 3, vocabulary is frequently presented through reading.

Classroom Techniques:

1. Drawings with captions

- Point to real objects in class or to the drawings on the transparency (first without the captions).
- Pronounce the words and have students repeat them.
- Point randomly at the drawings on the transparency and have students provide the words.
- Use the caption overlay and have students repeat the words again while they look at the spelling.
- If the objects make it possible, intersperse some personalized questions during the presentation or add a series of questions at the end: *bicicleta—¿Tienes bicicleta? ¿Montas en bicicleta con frecuencia?* Tailor the questions according to the grammar that students have already studied. You may also use the objects to say something about yourself: *A mí me gusta montar en bicicleta. ¿Y a ti?*

2. Short narration

- Students have books closed.
- Read through the narration, one segment at a time.
- Illustrate each segment with gestures, visuals, or real objects from class.
- Read the narration again at a normal rate of speech.
- Ask some general comprehension questions.
- Have students open the book and follow the text as you read it again.
- Have students read through the narration silently.

3. Dialogue

- Students have books closed.
- Present main ideas in dialogue form while illustrating the new vocabulary through gestures, visuals, or objects from class.
- Act out the dialogue taking all the parts, or having one of the better students act it out with you. Alternative: Play the dialogue from the Teacher Tape.
- Ask students some general comprehension questions.

- Have students open their books and repeat the dialogue after you, one sentence or sentence segment at a time.

- Ask students to role-play the dialogue.

¡Aquí te toca a ti!

Definition: This set of exercises allows students to practice the vocabulary learned in the Vocabulary Introduction. In most cases, the exercises progress from controlled, to meaningful, to open-ended.

Classroom Techniques:

1. Controlled, mechanical exercises done with the whole class

- Books are closed.

- Have students repeat the model after you. In cases where there is no model, use the first item.

- Continue the exercise, calling on students randomly.

2. Controlled, mechanical exercises done in pairs

- Books are open.

- Have students repeat the model after you.

- Do the first item with the whole class.

- Then have students complete the exercise in pairs.

- When everyone is done, you may wish to spot-check items with the whole class.

3. Open-ended exercises

- Books are open.

- Begin by modeling the activity with a student.

- If necessary, remind students of key vocabulary and grammatical structures.

- Divide students into pairs or small groups as indicated by the activity.

- At the end of the activity, have several groups perform in front of the class.

COMENTARIOS CULTURALES

Definition: The *Comentarios culturales* contain cultural information that expands on the theme of the *etapa*. In Level 1, they are written in English to facilitate short discussions about culture.

Classroom Techniques:

- Have students read the cultural note at home or in class.

- Ask them basic questions about the content.

- Have them draw similarities and differences between the Spanish-speaking world and the United States.

Repaso

Definition: Found in all *etapas* except in the first of the initial chapter of a unit, these exercises provide consistent review of the structures, vocabulary, and functions of the previous *etapa*. They may be done as warm-ups at the start of a class period or as breaks in the middle of sessions.

Classroom Techniques:

1. Semi-controlled exercises done with the whole class

- Books may be open or closed depending on the level of difficulty.

- Make the directions clear to students (preferably in Spanish).

- Have students repeat the model.

- Proceed through the exercise, calling on students randomly.

- If students encounter difficulties with a particular item, the item may be used for a rapid transformation drill. For example, students are having trouble with *Ana quiere bailar*. Use this as the base sentence to make substitutions. You say *comer*. Students say *Ana quiere comer*. You say *estudiar*. Students say *Ana quiere estudiar*. After this brief break, resume the exercise items.

2. Semi-controlled exercises done in pairs

- Books are open.

- Make the directions clear.

- Have students repeat the model.

- Do the first item with the whole class.

- Have students divide into pairs and complete the exercise.

- After they are done, verify by spot-checking several items.

3. Open-ended activities

- Books are open.

- Make the directions clear.

- With a student, model the activity.

- Divide students into pairs or small groups according to the indications in the activity.

- When students are done, have several groups perform for the class.

Definition: Each *etapa* contains the presentation of a new grammatical structure. In *¡YA VERÁS!*, grammar is treated communicatively—that is, grammar is tied logically to the context of the *etapa*, chapter, and unit and to the tasks that students are expected to carry out linguistically. An *Estructura* section offers one of the following three types of presentations.

1. the introduction of a new verb

2. the introduction of a more complex grammatical structure

3. the introduction of a set of lexical items that has grammatical implications (e.g., days of the week, seasons, time)

Classroom Techniques:

In general, all structures can be presented either inductively or deductively, although it is recommended that, whenever possible, an inductive approach be used. In either case, students should have their books closed so that they pay close attention to your examples and explanations. It is generally preferable that you make grammatical presentations in simplified, telegraphic-style Spanish, punctuated by examples. The following demonstrates the presentation of the **preterite.**

1. The inductive approach (from example to rule)

- Put some drawings on the board or use a transparency that show a person going through a series of actions (e.g., some of the things a person does on a typical day).

- Have students say what the person does typically, using the present tense.

- Then put the previous day's date on the board to signal *ayer*.

- Redo each action, using the **preterite.**

- Go through the actions again and have students repeat each item.

- Use yourself and the first person singular to transform each item.

- Then have students individually use the first person to go through the actions again.

- Finally, end your presentation (in Spanish, if possible) with a short, concise explanation about the formation.

- Return to the drawings and have students redo the sequence of actions using different pronouns.

2. The deductive approach (from rule to example)

- This approach is most appropriate for grammar points that do not merit prolonged class time, are particularly simple, have an exact equivalent in English, or do not lend themselves readily to an inductive presentation. Examples of this type of grammatical structure are demonstrative adjectives *(este, esta, ese, esa)*, the interrogative adjective *cuánto* and its various forms, and so forth. Rather than devoting valuable class time to lengthy presentations, such grammatical topics are best dealt with as efficiently as possible to leave more time for practice. Whenever possible, presentations should be made in Spanish. Use a quick translation of the key element, if necessary.

- Put several examples on the board or on a transparency.

- Explain the rule in simple terms using the examples.

- Provide an additional series of examples by eliciting the grammatical structure through personalized questions and answers.

Aquí practicamos

Definition: A series of exercises follows each *Estructura* section. The exercises usually move from controlled or mechanical drills to bridging exercises to open-ended, communicative activities. The grammatical structures are practiced in a variety of contexts.

1. Controlled or mechanical drills

- provide structure and meaning

- usually require some type of transformation or substitution

2. Bridging or meaningful exercises

- provide structure and students provide meaning

- are generally contextualized

3. Open-ended or communicative exercises

- require students to provide structure and meaning

- are highly contextualized and usually personalized

Classroom Techniques:

1. Controlled or mechanical drills

- Correction should be systematic.
- You may do with the whole class or in pairs.
- Make the directions clear.
- Use the first item as a model.
- Continue with the whole class or have students complete in pairs.
- If done in pairs, follow-up with a spot check.

2. Bridging or meaningful exercises

- Do preferably in pairs or in small groups.
- Make the directions clear.
- Have students repeat the model.
- Divide the students into groups and have them complete the exercise.
- Spot-check some items with the whole class.

3. Open-ended or communicative exercises

- Do in pairs or small groups.
- Make the directions clear.
- Model the situation with a student.
- Divide the class into groups.
- When the activity is completed, have several groups role-play the situation for the class or report back the group results.

Important Note: Since small groups tend to progress through exercises at different rates, you can assign all three exercises or the last two as a chain. Make sure that students understand directions and instruct them to proceed to the next exercise when they are done with one. It is not necessary to wait until every pair has finished the entire chain. When the majority of pairs has reached the end of the chain, verify by doing some items with the whole class. This technique gives students the flexibility to progress at their own pace.

Nota gramatical
Palabras útiles
and Aquí practicamos

Definition: These follow-up sections to the *Estructura* present additional refinements to the main grammar point in the chapter or special uses of certain vocabulary items. If needed, the *Nota gramatical* (or *Palabras útiles* if the point is lexical) often comes directly after the mechanical exercise of the *Estructura* section and is followed by the meaningful and communicative exercises.

Use either an inductive or a deductive approach (see *Estructura* explanation), followed directly by the *Aquí practicamos* exercises.

Aquí escuchamos

Definition: In this section students will hear Spanish speakers carry out the function(s) that are being presented and practiced in the *etapa*. They are presented in dialogue or monologue form and also include the vocabulary introduced receptively at the beginning of each *etapa*. Students will be exposed to a wide variety of voices and accents. In order to provide a truly listening-oriented exercise, the script does not appear in the student edition of the textbook. These sections begin with pre-listening activities, designed to activate the students' background knowledge. They are followed by comprehension exercises that are meant be completed during or after listening to the recording. Both the pre-listening and the comprehension exercises are included in the student textbook. This section appears in Units 1 and 2 but not in Units 3 and 4.

 ¡Adelante!

Definition: These end-of-*etapa* exercises are designed to review the vocabulary, functions, and structures of the *etapa*. They will always consist of at least two exercises: an *Ejercicio oral* and an *Ejercicio escrito*. The ¡Adelante! review may be done at the end of a class period or as a warm-up at the beginning of a class.

Classroom Techniques:

1. *Ejercicio oral*

- Books are open.
- Make the directions clear.
- Model the role play with a student
- Divide students into pairs or groups.
- As a follow-up, you may wish to ask some students to perform the role play for the class.

2. *Ejercicio escrito*

- Books are open.
- Make the directions clear.
- Have students brainstorm vocabulary they will need to carry out the exercise.
- Have students look at and comment on each others' work.

En otras palabras

This section presents students with lists of varying lengths of functional expressions to be used in situations associated with the context of the chapters of Units 1 and 2. (It is not contained in Units 3 and 4.) These "how to" expressions— how to make an invitation, how to accept or refuse an invitation, how to propose an activity, etc.— provide a basic set of conversational strategies that will allow students to function on a practical level.

HOW TO END A CHAPTER

Each chapter culminates with a high interest, culturally oriented reading, called a *Lectura cultural*.

This reading section appears between the chapters of Level 3. Many of the readings are taken from authentic documents (magazines, brochures, advertisements), or from a literary text. The *Lectura cultural* is always an expansion or illustration of the unit theme and is accompanied by exercises that check understanding. Units 3 and 4, which emphasize the further development of reading skills and critical thinking, contain a wider variety of exercises that reflect pre-reading as well as post-reading strategies.

HOW TO END A UNIT

At the end of each unit you will find two parts that serve as a cumulative review.

(Units 1 and 2 only)

Definition: This is a section-opening reading usually taken from authentic documents (newspapers, magazines, brochures, advertisements), including literature. It is usually preceded by a reading strategy that helps students focus their reading. The *Aquí leemos* is always an expansion or illustration of the unit theme and is accompanied by activities that serve as a verification of students' understanding of the text.

Classroom Techniques:

- Have students read the text silently either for homework or in class.

- Impress upon them that they should not be reading word for word but rather should concentrate on the main ideas.

- Move directly to the activities.

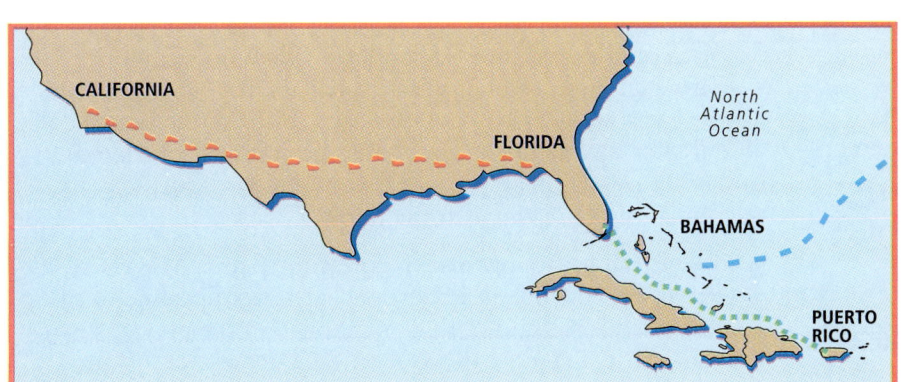

Ya llegamos

(*Actividades orales y escritas*)

Definition: These cumulative, communicative activities are the culminating point of the unit. They combine the vocabulary, functions, structures, and cultural information presented in the unit. Everything in the unit leads up to this performance point, in which students can demonstrate their independence in using the Spanish language. The activities are done in pairs or in small groups. Instructions are given in English to avoid giving away the key structures and vocabulary, and to encourage students to use a variety of ways to express themselves. Using English in the direction lines also approximates the "real" situations in which students might find themselves. For example, if they were to enter a Spanish store, their reason for being there would exist in their minds in English.

The most important thing to remember is that the *Ya llegamos* activities demonstrate what language learning is all about. They show the tasks that students can accomplish with the language they know and in which contexts and with what degree of accuracy they can function. To sacrifice these activities to time constraints or to treat them as optional would be to subvert both the goals of the ¡*YA VERÁS!* program and the goals of proficiency-oriented language instruction and learning. It is therefore imperative that the process be carried out fully and that students have the opportunity to demonstrate their accomplishments.

Classroom Techniques:

- Select the activities you wish your students to do and reserve the rest for another time or simply skip them.

- Make the directions clear.

- Model with one or more students, if necessary.

- If needed, have students brainstorm key vocabulary ahead of time.

- Divide the students into groups.

- When the activity is ended, have a few groups role play the situation for the class.

- If you wish, you may give these groups a grade. The rest of the students can get grades at other times when they perform in front of the class.

Once you have completed the end-of-the-unit section, you can complete the unit with the Teacher Tape.

Play or replay the conversations that correspond to the unit. Again, students' understanding should be considerably enhanced because of the work done in the unit.

Organization of the Reading Units

UNITS 3 AND 4 (TERCER NIVEL): EL ARTE Y LA MÚSICA EN EL MUNDO HISPANO AND EL MUNDO DE LAS LETRAS

In each level of the ¡*YA VERÁS!* program, certain units focus on reading and culture. In Level 3, Units 3 and 4 focus on readings selected to acquaint students with many facets of the Spanish-speaking world. More specifically, we have included various types of texts in order to familiarize the student with art, music, and literature of the Hispanic world. These units differ from the others in Level 3 in two ways: first, there are more reading passages in each *etapa*; second, the units focus on reading and culture in a more systematic way. Furthermore, Chapters 11 and 12 each have an additional *etapa* to allow for a wealth of reading opportunities. We recognize that more material has been included than most classes are likely to complete and encourage the teacher to pick and choose among the reading selections at his or her discretion. In other respects, the unit format remains much the same as Units 1 and 2 and gives students ample opportunity to converse using newly-learned structures and functions.

In order to avoid predictability in presenting the readings in Units 3 and 4, you can alternate among various techniques:

1. **Reading as homework.** You can ask students to read the selections before class, telling them to write down two or three principal ideas in English for discussion. Alternatively, you can ask them to write a series of questions based on the reading that they will then ask their classmates.

2. **Personal experience.** If you have visited one or more of the areas discussed in the readings, tell about your experiences (what you saw, what you did, etc.), bringing up points covered in the readings. This would be an excellent time to bring in your personal slides, photographs, realia, etc. to enhance the readings in the book.

3. **Research as homework.** Before you begin a new *etapa*, have students use an encyclopedia to look up some of the people, places, and objects mentioned in the previous *etapa*. Different students can work on different aspects of the reading. They should jot down some general pieces of information to share with the class.

Spanish for Native Speakers

In the best of all possible worlds, schools would have two Spanish language tracks—one for monolingual speakers of English and another for native speakers of Spanish. Each group would be taught with materials specifically created for them. However, we do not live in a perfect world and many schools typically enroll native speakers alongside non-native speakers in Spanish language classes. What can you do if you find yourself in this situation? ¡YA VERÁS! is a program that has been created to teach Spanish as a foreign language to non-native speakers of the language. We have, however, included suggestions for addressing the special needs of the Hispanic students who may be enrolled in your classes.

Who are Native Speakers?

Let us first begin by discussing the topic of what we mean by native speaker. By this we mean the broad spectrum of Hispanic students who have grown up in this country or immigrated here. If most of their education occurred in the United States, they have probably learned to speak and understand Spanish at home, but have never been taught to read or write it. Oftentimes, when they find themselves in a foreign-language classroom, native speakers feel unchallenged and/or resist the grammatical approach used to teach them a language whose grammatical structures they have already internalized. Many Hispanic students demonstrate a better command of both the listening and speaking skills in Spanish than their non-native classmates; yet too many teachers do not capitalize on the existing language proficiency of these students.

What do Native Speakers Bring to the Classroom?

The first order of business should be to capitalize on the linguistic skills these students already bring to the classroom. Assuming a student already speaks and comprehends Spanish, he or she must be taught to read and write the language. Students raised in a Spanish-speaking home bring a great deal of oral ability to the classroom, however few bring the knowledge of how that ability is expressed in a written mode. Contrary to popular belief, Spanish is not written just the way it sounds—it is not as phonetic as people think. While it may be more phonetic than English or French, it is certainly far from what linguists would term a phonetic language. For example, the sound of /k/ can be written with a number of symbols: qu (*que, queso*); c before a, o, u (*casa, cosa, cuna*); and even with the letter k (*kilo, kimono*). As Spanish-speaking students take their first steps toward becoming literate in Spanish, they must devote some attention to spelling. The following are some of the more problematic sound/symbol correlations they need to master.

Special attention should be paid to words with:

b	v	z + a	z + o
z + u	c + e	c + i	s + any vowel
h	x	ll	y
g + e	g + i	j	

Another area that can be addressed to improve literacy involves reading instruction. We have incorporated a number of reading activities in the ¡YA VERÁS! program that reflect some of the latest research in this area. Hispanic students in foreign language classes generally already read English, for they have most likely been educated and learned to read in American schools. (Students who are not yet literate in English should be in ESL classes rather than foreign language classes.) However, as reading researchers have shown, the transfer of reading skills from one language to another is far from automatic. Students need support when learning to read an additional language. Special attention should be paid to having students go through all of the exercises and activities that accompany the readings in this program.

What about "Standard" Spanish?

As we have said earlier, many Hispanic students already speak Spanish; however, it may not be the variety of language that is taught in the typical classroom. In sociolinguistic terms, people in this group are termed diglossic. This means that while one language is used for all formal or what are termed "high" functions, the other is used in all informal or "low" functions. In the case of the United States, English is generally considered appropriate for formal exchanges (political rallies, business meetings, announcements, sermons, lectures, classrooms, etc.), and Spanish is used in informal situations within the home and among other members of the speech community. Because most of these students' education has taken place in English, they have seldom had the opportunity to hear Spanish as it is used for the high or formal functions of the language. Thus (except for radio and television, where available) they have had no models for this register of the language and have not developed this aspect of Spanish. Most students can expand their range of functions in Spanish. The Spanish that they speak is not wrong. The only mistake they may make is to use their particular variety of Spanish in an inappropriate social situation. Part of these speakers' classroom learning, then, must involve getting acquainted with formal and academic Spanish.

Many, including members of the Spanish teaching profession, often refer to what these students speak as "dialect." Popular belief holds that dialects are substandard, even defective. In fact, any variety of a language is technically a dialect, even the educated standard. Again, drawing from the field of sociolinguistics, everyone speaks a dialect. The tremendous concern over "correct" speech is explicable only when the social functions of dialects are considered, even though it can be shown that no dialect is inherently better or worse than another. It is necessary for students to be able to command educated varieties of speech if they wish to be able to hold certain kinds of jobs. However,

any attempt to teach a standard dialect to a nonstandard speaker must take into account the social reasons that explain why people speak the way they do.

With regard to listening, most students will be able to understand spoken Spanish. Even those students who might be third- or fourth-generation in this country (and who may have weak speaking skills) will probably comprehend the language. What they need to work on most is to gain exposure to the variety of ways that Spanish is spoken. Remember, there are a number of ways to speak Spanish correctly. We all know that a Spaniard does not sound like a Chilean, nor a Bolivian like a Mexican, nor a Puerto Rican like an Argentine, etc. The listening activities, including the video, that accompany the *¡YA VERÁS!* program have been created with this in mind; i.e., students will hear the language as it is spoken in many parts of the Spanish-speaking world.

Finally, it is important to remember that Spanish-speaking students are not beginning from ground zero. It is up to you, the teacher, to meet them where they are and take them as far as you can. Always endeavor to be sensitive to how they express themselves, for while it may be inappropriate to use certain vocabulary words and expressions in the classroom, it may be completely appropriate to do so within their speech community. Rather than "fixing" how they speak and write Spanish, it is up to you to capitalize on the linguistic strengths they bring to your classroom and help them increase their range of linguistic functions.

SPECIFIC SUGGESTIONS:

¿Qué ves?

Have students answer as much as possible in Spanish. Share some of this information with the rest of the class.

Etapa opener

Ask students for variations of new vocabulary. This is a good place to begin showing them that while what they say is quite correct in their particular speech community, in order to communicate with Spanish speakers from other parts of the world it is important for them to add this new vocabulary to their linguistic repertoire.

Estructura

Don't emphasize grammatical terminology. Students should use this section to familiarize themselves with the forms (not the names of the forms) of the Spanish language that may not be part of their linguistic repertoire. After all, it is not necessary to know the names of the 206 bones in the human body in order to walk, run, dance, etc. Have them skip some of the exercises that are very basic practice, which might be much too easy for them.

Aquí escuchamos

Again, ask students for variations. Emphasize that what they say in their speech community is correct, but in order to communi-

cate with other Spanish speakers outside their speech community it is important that they learn other ways of expressing the same thing.

¡Adelante!

Ejercicio oral

You must be sensitive and accept how the students carry out this speaking activity. Don't label their use of vocabulary or certain expressions as wrong. Remember, don't penalize students for something that is sociolinguistically correct within their speech community. This is a good place to point out to the students where their Spanish differs from formal Spanish and to help them work on those elements of the language that are part of a more formal Spanish. Once this is done, have them expand and go beyond the basic instructions for this exercise.

Ejercicio escrito

Always have students complete this section. Have them focus on what and how the book is teaching them to write. Strongly encourage the inclusion of vocabulary from the book to enhance the vocabulary that they already know. Again, stress the idea that in order to communicate with other Spanish speakers outside their speech community it is important that they learn other ways of expressing the same thing. You may want students to edit each other's work so that they might help their fellow students with any spelling errors that might occur.

Comentarios culturales

Ask students how their specific cultural practices may be similar to or different from those expressed in this section. This is a good place to show them that while they might be a minority in this country, they are part of the vast majority of people who are living in the Western Hemisphere.

Vocabulario

Have students pay particular attention to how words are spelled. Make a concerted effort to point out to them the words that contain the more difficult sound/symbol correlations. You might have them keep a special notebook in which they write the vocabulary words. One category could be labeled: *Así lo dice el libro* ...

Another category could be used to allow them to write out those words that are already part of their linguistic repertoire and could be labeled: *Así lo digo yo* ...

Lectura cultural

Always have students go through each of the exercises in this section. Once they have completed the activities, they might be asked to summarize the reading in Spanish in order to give them additional writing practice. They might also be required to keep a notebook with a special list of new vocabulary they might find in the reading selections.

Pedagogical Considerations

A proficiency-oriented, integrative approach to teaching raises certain pedagogical issues that need to be addressed. In particular, these are questions dealing with the development of skills (listening, speaking, reading, writing, critical thinking) and culture as well as questions about classroom management (large, heterogeneous classes; cooperative learning; Total Physical Response; correction strategies; teacher behaviors).

DEVELOPING LANGUAGE AND CRITICAL THINKING SKILLS

Developing the Listening Skill

Through the Teacher Tape, the Video Program, the Laboratory Tapes, and appropriate teacher speech, *¡YA VERÁS!* seeks to develop the listening skill in a systematic way. The focus is on listening comprehension as it would occur in real life, using speech samples that are both scripted and unscripted and free of artificial grammatical and lexical manipulation. As you use these materials, several considerations should be kept in mind.

1. Students will not understand every word that they hear and this is not necessary. They should be encouraged to listen for gist. In real life, we do not necessarily hear every word that is said to us (noise interference, etc.) and students should become accustomed to this.

2. Students need to be able to demonstrate that they have understood something. At the beginning of the program this means that they will probably use English to indicate their comprehension. As they progress, an increased number of activities can be done in Spanish, although this will always depend on the complexity of the comprehension check.

3. Listening comprehension develops more quickly than speaking. It is therefore important to integrate listening activities fully into the learning process since it can serve as a confidence builder.

4. Since listening in real life is done for a variety of purposes, some comprehension activities are limited to understanding the main point while others require the comprehension of specific details.

5. General comprehension should usually be ascertained first, before an analysis of details is undertaken. The activities in the text and Listening Activity Masters follow this general to specific pattern.

6. Listening comprehension activities vary from simple multiple-choice and true/false items to more extensive summary-type exercises. In the *Aquí escuchamos* section, carefully designed pre-listening activities draw out students' background knowl-

edge, which serves as a framework for comprehension. This helps students to acquire and organize new concepts. Follow-up activities check for accurate listening and the understanding of meaning in context.

7. You, the teacher, are one of the best sources for listening materials. Even your inductive presentations of grammatical structures contribute to the development of listening comprehension, providing, of course, that you speak at your normal rate of speech whenever possible.

Developing the Speaking Skill

If speaking is to become truly functional (i.e., students can accomplish real tasks with the language), a number of conditions must be met in the classroom. It is essential that learners be surrounded with interesting, age-appropriate materials if they are to acquire a new language in its cultural context. The *¡YA VERÁS!* program provides such material, including a range of oral practice from controlled to meaningful to open-ended that is necessary for the development of the speaking skill. When seeking to develop oral proficiency, the following pedagogical principles should be kept in mind.

1. Students should be corrected systematically when they're engaged in highly controlled exercises.

2. Correction should be delayed until after communicative, interactive activities have been completed. Real communication should not be interrupted with grammatical corrections.

3. The sequence of exercises in *¡YA VERÁS!* should be carried through completely whenever possible.

4. Students should be asked to speak in complete sentences when mechanical exercises require it, but sentence fragments are acceptable in communicative situations.

5. Small-group activities must be a regular part of classroom strategies. Students should work in pairs or small groups at least once and, if possible, more frequently during each class period.

6. Recognition must be given in grading for the message (content) as well as for grammatical accuracy. Students should feel that they get credit not just for how they say something but also for what they say.

When assessing spoken language, a procedure such as an oral proficiency interview or a modified version that elicits a speech sample through a somewhat standardized format, is generally quite helpful. An approach that takes into account ranges of performance at different levels allows for determining whether a student's proficiency meets or does not meet expectations. A sample of this kind of criterion-referenced scoring, which means that a speech sample should be held accountable to the criteria itself and not to other samples, is provided below. The overall evaluation should identify the sustained level of performance with regard to:

Syntactic control
Vocabulary usage and fluency
Pronunciation

9 VERY GOOD TO EXCELLENT
Very good to excellent command of the language. Very few errors of syntax. Wide range of vocabulary, including idiomatic usage. High level of fluency.

7–8 CLEARLY DEMONSTRATES COMPETENCE
Good command of the language. Few errors of syntax. Above-average range of vocabulary. Good idiomatic usage and little awkwardness of expression. Good fluency and intonation.

5–6 SUGGESTS COMPETENCE
Comprehensible expression. Some serious errors of syntax and some successful self-correction. Some fluency, but hesitant. Moderate range of vocabulary and idiomatic usage.

3–4 SUGGESTS INCOMPETENCE
Poor command of the language marked by frequent serious errors of syntax. Limited fluency. Poor pronunciation. Narrow range of vocabulary and of idiomatic usage. Frequent anglicisms and structure which force interpretation of meaning by the listener. Occasional redeeming features.

1–2 CLEARLY DEMONSTRATES INCOMPETENCE
Unacceptable from almost every point of view. Glaring weakness in syntax and pronunciation. Few vocabulary resources. Little or no sense of idiomatic usage.

0 IRRELEVANT SPEECH SAMPLE
Narrative irrelevant to task or assignment.

Developing the Reading Skill

Of all the language skills, reading is perhaps the most durable and should be developed systematically. The ¡YA VERÁS! program provides many opportunities for students to demonstrate their reading comprehension skills.

1. In the *Aquí leemos* section at the end of Units 1 and 2. This text can take a variety of forms and be read for a variety of purposes. It is always includes a comprehension check that deals with both the gist of the text and its details.

2. In each *etapa* of the Workbook, corresponding to the *etapas* in the Student Text. Each Workbook unit therefore contains an additional seven readings related to the unit topic. Again, comprehension checks accompany the texts.

3. In the reading units, which focus on various aspects of the Spanish-speaking world. In Level 3, the readings units are Units 3 and 4.

As in listening, a number of factors have been taken into consideration in the development of the program.

1. Reading should be done in class as well as for homework.

2. Reading should be tested along with all the other skills.

3. In real life we read a variety of texts for a variety of purposes. In ¡YA VERÁS! students are guided in their reading through specific reading strategies. Furthermore, reading sections include diverse texts, from menus to ads to magazine/newspaper articles to literary selections.

4. Since reading comprehension skills develop more quickly than speaking and writing skills, early comprehension checks should be done in English rather than Spanish. As students progress, these checks can be done in Spanish depending on the level of difficulty of the text and the exercise.

Reading Strategies

The reading selections in Level 3 are intended to further the development of students' reading skills. To this end, they work with cognates, words of the same family, and key words essential to the understanding of the texts.

In order to develop reading skills, students should be reading first for comprehension, second for detail, and, finally, for grammatical and/or vocabulary analysis (if you find such an analysis desirable). Vocabulary and unknown structures should be treated receptively without the expectation that students will be able to reproduce them in speaking. It is likely, of course, that they will retain some of the vocabulary for production, but this is not the aim of these lessons. As students work through the reading selections, they will become more and more comfortable with the idea of reading for meaning and for information. Since students will be timed as they read (see next paragraph), they should also get used to reading without understanding every single word, thus increasing their reading rate. It might be helpful to point out to them that they should not

be trying to decipher every word, but should look at the meaning of a whole sentence or paragraph.

In-class, timed reading is perhaps the best strategy for teaching students to read smoothly and fluently. At first, they may not complete a text in the allotted time. But as they gain practice and realize that comprehension depends on key words, they will increase their reading speed. To develop their reading skills effectively, students should be asked to read silently rather than aloud. This corresponds to the way we read most frequently in real life and represents our true rate of reading.

To arrive at the approximate silent reading time for a given text, read the passage twice out loud. The amount of time it takes you to do this will equal a realistic amount of time for students to read the same text silently in class.

In *Developing Reading Skills* (Cambridge: Cambridge University Press, 1981, p. 4), François Grellet points out that in real life our purposes for reading constantly vary. There are also specific types of reading: (1) skimming, or quickly running one's eyes over a text to get the gist of it; (2) scanning, or quickly going through a text to find a particular bit of information; (3) extensive reading, or reading longer texts, usually for pleasure; and (4) intensive reading, or reading shorter texts, usually to extract specific information. These different types of reading are not mutually exclusive. One often skims through a passage to see what it is about before deciding whether it is worth scanning a particular paragraph for the information one is seeking. Several of the exercises that accompany the readings in this text (especially those in Units 3 and 4) have been created with this in mind.

Word Study

We consider word study to be fundamental if students are to learn to read a second language. In Levels 1 and 2, several of the reading passages were accompanied by exercises in which students had to look for cognates and guess at the meanings of a few words in context. The readings in *¡YA VERÁS!* Level 3 also include exercises to help students acquire these reading skills. A feature of this book is the inclusion of a short lesson in which students are instructed in the fundamentals of using a Spanish/English dictionary. Thus, several of the readings are followed by exercises in which the student will learn to use a bilingual dictionary.

Developing the Writing Skill

Real-life writing involves many different tasks that are carried out for a variety of purposes. In *¡YA VERÁS!,* the writing skill is developed along similar lines as speaking. That is, students are required to move through a sequence of exercises, from mechanical to meaningful to communicative, at every stage of their language development. Additional writing practice is included in the *Ejercicio escrito* that appears in the *¡Adelante!* section at the end of each *etapa.*

In accordance with a proficiency orientation, the final stage of this sequence (communicative activities) is the goal of all writing tasks. Students are asked to make lists, write sentence-level notes, postcards, messages, and, finally, produce writing at the paragraph level. Since none of this writing will be error free, it is important for you to recognize and give credit to the successful communication of the message before addressing the question of accuracy. This usually means that you assign a number of points for content and message, or you may decide simply to give two grades for each major writing assignment.

In Level 3 of *¡YA VERÁS!*, we have introduced a systematic writing program (along the lines of a freshman English composition course), that moves students through the basic levels of writing: from word to sentence to multiple sentences to paragraphs to multiple paragraphs. The writing done in Level 3 therefore serves as a capstone before students move to the types of writing required of them in Spanish 4 and 5 classes.

Encouraging risk-taking is an essential factor in developing the writing skill. Traditionally, students who wrote error-free compositions that showed very little innovation and imagination have been rewarded more than students who tried to express meaningful and personalized messages. The result has usually been that students used only grammatical structures and vocabulary of which they were absolutely certain, resulting in rather boring and artificial compositions. The traditional students had few red marks on the paper. The innovative students were faced with red-pen punishment. We suggest that this trend be reversed by assigning points both for message and accuracy so that both types of students are rewarded for the efforts they have made. We would also suggest that correction techniques be modified to become less punitive. For example, comment first on what students do well before making suggestions and corrections. We further encourage you to consider underlining what is correct and to throw away the red pen! Furthermore, students can be given the opportunity to edit what they have written so that they receive two grades for their work—one grade for the first effort, another grade for their final writing sample.

Portfolios

A portfolio is any collection of student work. Most often, it is a folder containing some of the better work a student has produced. Instructionally, a portfolio allows students to examine the work they have produced, to select special pieces of work, and to reflect on what they have learned and how they learned it. A portfolio is a collection of work that exhibits a student's efforts, progress, and achievement in a given area, in this case, writing.

The purpose of a portfolio is to record student growth over time, allowing students to think about what and how they have learned. Throughout the process, students gain a sense of pride and confidence in their abilities. The portfolio also provides a record of student achievement for teachers, parents, and other audiences. In this way, the portfolio becomes a window through which student learning and performance can be viewed.

The *Ejercicio escrito* that is found at the end of each *etapa* can serve as the piece of writing that could be included in the students' portfolios.

Developing Cultural Awareness

The *¡YA VERÁS!* program integrates culture at all stages of language learning. Culture is not just dealt with in terms of facts, but includes cultural analysis and appropriate behavior in terms of language use. Authenticity of expression is an essential aspect of the program so that students develop a sense of social/contextual appropriateness. In the process, it is hoped that they become more accepting and non-judgmental of other cultures, that they become less ethnocentric about their own culture, and that they realize that the Spanish language represents peoples of various cultures.

Several factors come into play in the development of cultural awareness.

1. You should avoid judgmental or stereotypical statements.

2. You should challenge judgmental or stereotypical statements.

3. Students must understand that facts are important but that they are not the only definition of culture. Culture is embedded in the language. The language is a reflection of cultural attitudes.

4. Understanding another culture depends largely on one's ability to observe and analyze. As students look at the photographs in the textbooks or view the videotapes, they should be taught to become keen observers of behavior patterns.

5. Cultural awareness should not be developed solely through the observation of differences but also through the noting of similarities between one's own culture and the target culture. For example, students should note that Spanish-speaking youth tend to dress much the same way as American youth. Similarities and differences are pointed out in the cultural observation notes in the Teacher's Edition.

6. Students should be made aware that the words they use in commenting about other cultures may tend to be judgmental and should be avoided. Words such as "weird," "bizarre," "stupid," "nerdy," (or whatever words happen to be in vogue at a particular time) indicate that the speaker assumes that his or her own culture is somehow superior to the target culture. Perhaps this lesson will carry over into students' dealings with their peers and with adults!

Developing the Critical Thinking Skills

The foreign language class is an ideal place for developing critical thinking skills. As students acquire skills in a new language and information about a variety of cultures, they can also develop their ability to observe, analyze, synthesize, evaluate, and integrate new information in a variety of ways. In the *¡YA VERÁS!* program, activities which encourage students to practice analyzing, synthesizing, and evaluating information are labeled in the student margin. Additional critical thinking activities and strategies are suggested in the margin notes of the Teacher's Edition.

A number of general principles apply to the development of critical thinking skills.

1. Critical thinking involves a number of conditions and subskills, including the following.

   — flexibility of mind (the ability to change one's mind)
   — open-mindedness (sensitivity to multiple points of view)
   — the ability to evaluate various points of view without bias
   — the ability to observe and listen actively
   — the ability to analyze (to break down issues into their component parts)
   — the ability to synthesize (to combine separate elements to form a new unified, coherent whole)
   — the ability to evaluate (to determine worth, to judge)
   — the ability to integrate new information into what is known
   — the ability to apply knowledge to a new issue
   — the ability to make associations

2. The general categories of analyzing, synthesizing, and evaluating can be identified more explicitly. The following are examples and definitions of subheadings used in these groups.

Analysis
— **Analyzing** (examining an object or an idea, studying it from every angle to see what it is, how it works, how many similarities and differences it has from other objects or ideas, and how its parts relate or fit together)
— **Categorizing** (organizing information into groups with similar qualities or attributes)
— **Comparing and contrasting** (Looking for similarities and/or differences between ideas, people, places, objects, and/or situations)
— **Making associations** (using an idea, person, event, or object to trigger the memory of another; seeing relationships between two or more things)
— **Sequencing** (arranging details in order according to specified criteria)

Synthesis
— **Synthesizing** (pulling together pieces of information and ideas to create a new whole)
— **Drawing inferences** (guessing logical explanations or reasons for choices, actions, events, or situations)
— **Hypothesizing** (making an assertion as a basis for reasoning or argument)
— **Predicting** (expecting behavior, actions, or events based on prior experience and/or available facts)
— **Seeing cause-and-effect relationships** (anticipating a logical result from an action or event)
— **Creating** (producing an original product of human invention, originating, bringing about, dreaming up)

Evaluation
— **Evaluating** (determining worth, judging)
— **Determining preference**s (making personal value judgments)

—**Prioritizing** (establishing precedence in order of importance or urgency; determining relative value)

3. Critical thinking skills can be taught and should be inherent in foreign language teaching and learning. Teaching students to think critically is an ongoing process that is enhanced by directing student attention to the examination and understanding of their own thinking.

Developing Learning Strategies

In addition to listings of critical thinking skills, many of the activities in *¡YA VERÁS!* are labeled as to the specific learning strategies being emphasized in the activity. The learning strategies noted in the student margin can be considered to be in four different categories: **receptive strategies, productive strategies, organizational strategies,** and **multi-tasking strategies.**

The following lists provide sample entries in the four categories.

Receptive
Active listening
Reading
Drawing meaning

Productive
Describing
Giving directions
Listing

Organizational
Brainstorming
Interviewing
Creating a chart

Multi-tasking
Explaining
Negotiating
Summarizing from context

Cooperative Learning and Classroom Management

LARGE AND HETEROGENEOUS CLASSES

Two of the major problems in today's classrooms are the high number of students and, by definition, the varying levels of abilities represented. The *¡YA VERÁS!* program addresses these issues in a variety of ways.

1. Regular paired and small-group work maximizes student participation time and has the effect of turning a large class into many small classes.

2. In some parts of the program (e.g., *Aquí llegamos*), activities can be individualized in that different groups can be asked to work on different activities. If several weaker students are grouped together, for example, they can be given a less complex task to accomplish.

3. The *¡YA VERÁS!* program is highly motivating and thus gives the slower student a sense of accomplishment.

Although some students will always learn more quickly than others, the program has a kind of leveling effect in that all students can be successful at different times.

4. Regular recycling and review of material helps weaker students "catch up" and gives stronger students the opportunity to reinforce what they know.

5. In the *¡YA VERÁS!* program, we do not expect students to learn all of the vocabulary about each topic. We assume that, for example, in lists of foods, students will focus on expressing their own likes and dislikes. In this instance, what one student likes is not necessarily the preference of another student. The same is true about vocabulary for family. Since every family has a slightly different configuration, students should first learn to speak about what applies to them, leaving the rest to be dealt with receptively. All of our materials, including the testing program, give students the flexibility to express their own situations and preferences.

PRINCIPLES OF COOPERATIVE LEARNING

The major principles of cooperative learning techniques are inherent to the *¡YA VERÁS!* program. These principles help to define the roles of teachers and students in class and to acknowledge and utilize a variety of student learning styles. They are based on the idea that students can learn effectively from one another if their work is carefully detailed and assigned with specific information about the goal, the process, the timing, and the reporting of the results of their task. The foreign language classroom is an excellent setting for putting cooperative learning strategies into practice.

The following principles are central to cooperative learning.

- Teaching must be student-centered.

- Paired and small-group work is essential to engage students in frequent communication that is meaningful, based on real-world experiences, relatively free of anxiety, and challenging to various learner styles and abilities.

- It encourages multiple ways of expression.

- It promotes multiple points of view through the use of heterogeneous teams.

- It reduces dependence on the teacher and fosters linguistic independence and individual accountability.

- It promotes positive interdependence and creates a positive social atmosphere in which students learn to accept the contributions that others can make to their learning.

- It fosters the willingness to be helpful to others through shared responsibility.

- It promotes individual expression of likes, dislikes, and preferences rather than "cloned" behavior.

- It gives students a chance to raise language issues that are of interest to them and that might not surface in a teacher-centered classroom.

- It allows students to manipulate language in ways that are most suitable to them.

- It gives teachers the opportunity to relax and be the observers of student behavior, thus enhancing sensitivity to student needs and interests.

It is important to recognize that in order for an activity to be considered true cooperative learning, it must call for an outcome, such as a group product or decision, resulting from initial individual input and then a final negotiated consensus developed by all members of the team.

PAIR WORK AND SMALL-GROUP WORK IN THE ANNOTATIONS

This Teacher's Edition also contains annotations suggesting particular pair and group "structured" activities that can be used at logical places in a chapter. Each "structure" has a particular name, such as Jigsaw, Pairs Check, or Corners and is based on structures developed by researchers such as Johnson and Johnson, Slavin, and Kagan. Once you have learned to use these "structures" successfully, you can use them at other times in the course that seem appropriate to you.

Some structures are more useful for certain learning objectives than for others. For instance, Corners is particularly useful for warm-up activities because it gets students moving and communicating while setting the context for the chapter. Student Teachers (also known as Telephone) is good for pronunciation work because it forces students to listen carefully. Team Decisions (also called Numbered Heads Together) and Pairs Check are useful when your goal is mastery. Jigsaw works extremely well for reading comprehension, and Round Robin and Roundtable are useful for vocabulary practice.

Notice that in many group activities, you are asked to have students number off. This ensures that you call on students randomly to perform certain tasks or to give an individual response to a question already practiced with the group. In this way each student's individual accountability is guaranteed. Notice also that we often suggest doing warm-up activities in English. These activities appear at the beginning of the chapter in which the necessary contexts and skills to do the activity in Spanish will be taught. Students ought to be able to do a similar exercise in Spanish at the end of the chapter.

We suggest that before attempting a new and unfamiliar structure, you should (1) read through all of the directions, (2) be sure you can provide the materials, and (3) practice carrying out the activity (including saying the directions). When you become more familiar with the activities and structures, you will discover that they are not only simple and predictable, but that the results are very rewarding.

HOW TO DETERMINE GROUP SIZE

- In ¡YA VERÁS!, group size is usually determined by the nature of the communicative activity. A symbol in the Teacher's Edition indicates the number of students per group.

- In cases where group size may be variable, it is important to make sure that every student has the opportunity to make a valuable contribution to the activity and that no one be allowed to sit on the sidelines while others do the work. Unless each student has a clearly defined role to play, it is not advisable to have groups larger than four students. Three or four students per group is probably the optimal size unless an activity specifies paired work.

- The advantage of groups of three or four (particularly at higher levels in discussion activities) is that more than two points of view tend to eliminate the trap of "right" and "wrong." This is crucial when dealing with cultural topics.

HOW TO DETERMINE THE COMPOSITION OF THE GROUP

- Throughout the school year it is important to vary group composition so that students can regularly interact with different classmates.

- Various group combinations can be made: 1) stronger with weaker students; 2) groups of stronger students only, weaker students only; 3) random selection of students without concern for weaknesses and strengths. All of these combinations have merit and have their advantages and disadvantages.

HOW TO PUT STUDENTS INTO GROUPS

- If students are selected according to strengths and weaknesses, it is best to do this ahead of time during your lesson planning. Group selection wastes valuable class time which should be spent doing the activities themselves.

- Forming groups randomly can be accomplished in a variety of ways.

  1. As students enter the classroom, have them take a number out of a bowl or box. All students with the same number form a group. This can also be done with colors. Note that this may become chaotic as students try to find each other in order to do the assigned activity.

  2. Give students group assignments. Have them stay in the same groups for a couple of weeks. At the end of that period, change group assignments.

3. Have students count off in Spanish before the activity begins. Either groups are formed from like numbers or in numerical order (e.g., 1–3, 1–4).

4. Have students choose their own groups. Caution: This can lead to the exclusion of some students and the formation of cliques if used too often.

5. Ask students to form groups with the people sitting closest to them.

6. If students are given the option to work on different activities, they can group themselves according to the activity that interests them the most.

GUIDELINES TO SMALL-GROUP INTERACTION

As has already been noted, small-group interaction is essential for maximizing practice time and giving students a sense of linguistic independence and accomplishment. To avoid confusion in the classroom and make the best use of time, some basic guidelines should be followed.

Students should become used to pair and small-group work from the outset. They also need to learn the rules for this type of work very quickly. You, as the teacher, need to realize that you are not relinquishing control over the class: you make the rules, you give the direction lines, you expect accountability for the work done. For students, however, you are providing the illusion of freedom. This illusion very quickly becomes a reality because students find they can use language to communicate without the constant presence of a teacher.

The following are some guidelines for small-group classroom management.

1. The task that students are to accomplish has to be clearly defined and be relatively short. Students should not have to wonder what they are supposed to do once they have divided into groups.

2. A time limit should be placed on the activity and students should not be allowed to prolong it. Time to stop occurs when the groups finish the activity.

3. It should be made clear that students have to speak Spanish in their groups. They should be taught how to ask for information from other students: *¿Cómo se dice* star *en español?* Only if communication breaks down completely should students raise their hand to get your attention. With proper preparation, this should occur very seldom.

4. The ideal group sizes are two, three, or four students. With larger groups, some students tend to dominate while others will not participate at all or only minimally.

5. Unless the activity task is obvious, it should be modeled in front of the class before students work on their own. This model clarifies the task and provides linguistic suggestions.

6. It is usually advisable to have a couple of groups report back to the whole class, playing out the situation or giving the information they have gathered. Since students don't know which groups will be called upon to perform, this should be an added incentive to stay on task. You may wish to use reporting back as a way to assign grades for different students on different days. Alternative: Create a couple of new groups to perform the activity for the class.

CORRECTION STRATEGIES

Students should learn very quickly that the goal of correction is not to punish them but to help them communicate more accurately. It should be a confidence builder. This suggests that we should point out the things that were done well before we make comments on what needs to be corrected.

Error correction can occur at different times during the class.

1. When students are engaged in a controlled, mechanical, or semi-mechanical exercise, correction should be systematic. Students need the immediate feedback so that they can work on their linguistic accuracy.

2. When students are in a communicative situation, i.e., in small groups or in meaningful interaction with you, error correction should be delayed until the communication can be completed. For example, students should not be interrupted for errors when they are working in pairs or small groups or when they are performing an activity for the class. Only when they have finished the task at hand should some of the errors be pointed out, with perhaps additional controlled practice by the whole class to correct the error. At this point, it is not necessary to identify the student who made the original error.

After the reporting-back stage, discuss with students some of the alternate language structures or vocabulary they could have used in the given situation. This short discussion raises cultural questions, grammar considerations, and communicative strategies that integrate and expand what students have done in their groups.

TEACHER BEHAVIORS

Because a proficiency orientation has as its essential premise real-life linguistic behaviors, our interaction with students should mirror the interaction we have with strangers and friends in real life. In order to simulate such behaviors in a learning environment, we will probably have to modify some of our ways of dealing with students. These behaviors can be divided into four basic categories:

Speech and General Behavior

1. Our rate of speech should be our own. We should not slow down into artificial speech rates because we underestimate

our students' ability to understand. Speech should be slowed down only when we have ascertained that there is, in fact, a comprehension problem, not because we anticipate such a problem.

2. We should limit or eliminate "teacher talk." Teacher talk (*muy bien, de acuerdo, bien*) is typically evaluative of grammatical accuracy. It rarely responds to the message. In communicative situations, i.e., when students say something personalized, the most positive feedback we can give them is to respond to the message naturally as we would in real life. This shows them that they were understood. (*¿Es verdad? ¡No me digas! ¿En serio? ¡Qué interesante!*) Then ask follow-up questions to keep the conversational ball rolling for a few seconds. The added advantage of natural speech is that students gradually learn the many expressions you use and will eventually incorporate them into their own language.

3. We should not automatically repeat everything we say (*¿Qué hiciste ayer? ¿Qué hiciste ayer?*). Repetition underestimates students' ability to understand the first time. More importantly, it hinders the development of listening comprehension skills as students learn not to listen the first time we say something. Repetition should be used if students have truly not understood the first time, in which case the statement should probably be rephrased. If they did not hear what was said, students should be taught to say *Perdón, no comprendí.*

4. We should not finish students' sentences when they hesitate or grope for words. It is preferable to teach them to use some hesitation markers, such as, *este...* so that they can give themselves time to think. We should help out only if it becomes clear that communication has stalled completely.

5. We should not systematically repeat everything students say (Student: *El fin de semana pasado fui a una fiesta.* Teacher: *El fin de semana pasado fui a una fiesta.*) Because such repetition is often used as a correction strategy, it can become a behavior pattern even when no correction is needed. Again, repetition should be used as it would be in real life (*Ah, qué bien. ¿Fuiste a una fiesta? ¿Y qué tal la fiesta?*).

6. We should not interrupt real communication with grammatical correction. It is important for students to be able to complete their thoughts and to feel that the message is valued. Correction can occur after conversational exchange has ended.

7. The blackboard should be used sparingly. In order to foster the development of listening comprehension skills, students should not always see everything in writing. The blackboard is a teaching tool, not a substitute for communication.

Body Language

1. When addressing individual students, we should move as close to them as possible. Although this may be strategically more difficult in large classes, aisles can be created to reduce the space between the teacher and individual students.

2. We should keep eye contact with the student with whom we are interacting. As teachers, we are sometimes preoccupied with the next question we are going to ask the next student. Almost imperceptibly this can lead us to abandon eye contact with a student before the communication has been completed.

3. We should move around the entire classroom, not just stay at the front. Besides moving closer to students, this movement helps to maintain the energy level of the class.

4. We should avoid looking down on students physically. Since they are seated and we are standing, there is a tendency to hover over them. If we place some empty seats in different parts of the room, we can sit down for a couple of seconds and address students in that part of the room. We can also assume a half-stance by bending our knees and adjusting to students' eye level. Research has shown that eye-level interaction is less threatening and has a positive impact on student performance.

Silence

1. It takes the mind approximately three seconds to process information (e.g., a question). Given this fact, we should give students enough time to think of a response, allowing for enough silence so that the response can be formulated. Interfering too quickly by repeating, for example, the question in different ways in rapid-fire succession inhibits thinking and is likely to be very frustrating for students.

2. We need to be sensitive to silences that are constructive and those that become uncomfortable. Only when the discomfort stage sets in should we help the student out by reformulating the question.

General Attitude

1. We should always have a positive attitude toward students. This does not mean that we should underestimate them or teach them to rely on us in an unrealistic way. It does mean, however, that we have to have a fundamental belief that all students are able to learn Spanish, although some will learn more quickly and better than others.

2. Rather than being actors and actresses in class, we should be ourselves. We should be willing to share information about ourselves and not ask students questions we are not willing to answer ourselves. For instance, when dealing with leisure time, students are regularly put into the position of talking about their activities in detail. We should be prepared to do the same. This has the added effect of serving as a good linguistic model for students to imitate.

3. We must, at all times, be willing to give students the responsibility for their own language learning. We are essentially the facilitators for this process: in the final analysis, what matters is how well students learned what we taught.

An example of this is the student who has been taught the imperfect in class but does not use it when he or she is examined in an oral test. Achievement in class in tests and classroom performance will only translate into proficiency if students have regularly been given the responsibility and the opportunity to accomplish linguistic tasks on their own.

Yearly Syllabus for ¡YA VERÁS!, Tercer nivel

The following is a suggested yearly syllabus based on 180 class days. The goal of our program is for you to be able to complete the material in Level 3 in one year. We have not, however, included specific time requirements for the completion of each *etapa* because we believe that you need to retain as much flexibility as possible in designing your own yearly plan. Some *etapas* will take longer than others, depending on the general ability of the students and the complexity of the material. For example, *Estructura* sections that are essentially vocabulary-based require less time than those that involve primarily grammatical structures.

Text content: one *Capítulo preliminar*, plus 4 units
Total number of class days: 180

- 20–25 days reserved for administrative details, review, testing, and class cancellations due to extracurricular activities

- 12–15 days for the *Capítulo preliminar*

- 25–30 days for each of the 4 units

The number of days for each category can be modified according to your particular school calendar and your own preferences. For example, you may prefer to allow fewer or more days for the *Capítulo preliminar,* testing, and other activities.

If you use the suggested maximum number of class days for the units, you will need to adjust the number of class days for the other components accordingly.

If you use the suggested maximum number of days for each component, you will use exactly 160 days. This will leave 20 days that may be used in a variety of ways: (1) to increase the number of days for each unit, (2) to add reading materials to the course, (3) to build in additional review periods, or (4) to take more time for the *Capítulo preliminar.*

¡YA VERÁS! and Longer Class Periods (Block Scheduling/ Concentrated Curriculum)

The *etapa* structure of ¡YA VERÁS! is uniquely well suited to the challenges and promises of longer class periods. The *etapa* is in fact a lesson plan for a 90- to 100- minute class, during which vocabulary and structures are introduced, practiced, and reinforced by student performance. The closely integrated components provide for the variety of instructional approaches that longer class periods demand, while assuring that students' attention remains focused on developing language accuracy in specific functions and contexts. Moreover, the longer instructional periods allow students to receive immediate feedback from performance and other types of evaluations, a motivating experience which keeps them learning more efficiently and effectively.

The suggested pacing for ¡YA VERÁS! 1 includes time for presentation, practice, performance, evaluation, and enrichment.

> 6 units with 3 chapters per unit
> One unit presented every 15 instructional days
> One chapter presented every 5 instructional days
> First chapter of each unit (3 *etapas*): 1–1/2 instructional days per *etapa*, 1/2 day leeway
> Second and third chapters (2 *etapas* each): 2 instructional days per *etapa*
> *Ya llegamos:* 2 instructional days

The suggested pacing for ¡YA VERÁS! 2 includes time for presentation, practice, performance, evaluation, and enrichment.

> *Capítulos preliminares:* 7–8 instructional days
> 5 units with 3 chapters per unit
> One unit presented every 16 instructional days
> One chapter presented every 5–6 instructional days
> One *etapa* presented every 2 instructional days
> *Ya llegamos:* 2 instructional days

The suggested pacing for ¡YA VERÁS! 3 includes time for presentation, practice, performance, evaluation, and enrichment.

> *Capítulo preliminar:* 7–8 instructional days
> 4 units with three chapters per unit
> One unit presented every 18 instructional days
> One chapter presented every 6 instructional days
> One *etapa* presented every 3 instructional days
> *Ya llegamos:* 2 instructional days

THE ¡YA VERÁS! PROGRAM

Unit	Functions	Contexts	Accuracy
1	Meeting and greeting people Ordering something to eat or drink Discussing likes and dislikes Finding out about other people	**Café, bar de tapas,** restaurant Meeting and conversing with new people	**Gustar** + infinitive Indefinite articles **un, una** Present tense -**ar** verbs Subject pronouns Conjugated verb + infinitive Present tense **ser**
2	Identifying personal possessions Discussing preferences Talking about your family Finding out about other people Describing people and places	School, home, various other settings (museum, park, cinema, shopping)	Definite articles **Hay** + noun Possessive adjectives (1st, 2nd person) **Gustar** + noun **Ser** + **de** for possession **Ser** + adjective Present tense -**er**, -**ir** verbs Present tense **tener; Tener que** + inf.
3	Identifying and locating places / buildings in a city / town Expressing desires and preferences Taking about your age Giving and asking for directions Giving orders Suggesting activities Asking for and giving the time Discussing feelings	Downtown, festival	Present tense (continued) Contractions **al, del** Expressions of frequency (**rara vez,** etc.) Commands with **Ud., Uds.** Irregular commands Telling time **Estar** + adjective Possessive adjectives (3rd person) Prepositions, adverbs of place
4	Talking about the future Identifying what to do in town Giving directions for using the subway Buying tickets Taking a taxi Making plans for a trip	Downtown, subway station, travel agency	**Ir** + **a** for immediate future **Tener ganas de** Present tense **hacer, poder, esperar** Adverbs **hoy, mañana**, etc. Future with **pensar** Numbers 100–1,000,000
5	Discussing leisure time activities Talking about events / activities in the past, present, future Talking about sports	Leisure time activities	Preterite -**ar**, -**er**, -**ir** verbs Preterite **hacer, ir, andar, estar, tener** Adverbs, prepositions, etc. to indicate the past (**ayer,** etc.) **Hace, hace que** Preterite -**gar**, -**car** verbs Present progressive
6	Expressing likes and dislikes Making purchases Indicating quantities Asking for prices Making comparisons Pointing out places, objects, people Giving orders	Shopping mall, various stores (music, cards, sports, clothing, shoes) Grocery store, open-air market	**Gustar** (3rd person) Familiar commands Negative familiar commands Demonstrative adjectives **Cuál, cuáles** Demonstrative pronouns **Tan… como** to express equality

PRIMER NIVEL

Unit	Functions	Contexts	Accuracy
	Capítulos preliminares **A, B,** and **C** are a review of all major functions, structures, and vocabulary covered in *¡Ya verás! Primer nivel.*		
1	Describing the weather Understanding weather reports Describing objects Describing people	Using the weather to talk about a vacation site Meteorological maps Watching / reading / listening to weather reports	Months / seasons of the year / date Present tense of stem-changing verbs Present tense of **saber, conocer** Agreement and position of adjectives Plural forms of adjectives **Saber** vs. **conocer** Personal **a** **Ser para** + pronouns Shortened adjectives **(buen, mal, gran)**
2	Renting and paying for a hotel room Understanding classified ads / lodging brochures Describing a house or apartment Telling time using the 24-hour clock	**La Guía Michelín** (tourist guide) Hotels, apartments, houses Flight schedules, newspaper ads	Ordinal numbers Preterite **dormir** Present and preterite **salir, llegar, decir, poner** Time expressions / Parts of an hour The 24-hour clock Expressions with **decir**
3	Talking about one's daily routine Organizing weekend activities Discussing vacation plans	School, home Magazines with entertainment listings Various other settings (vacation sites)	Present tense of reflexive verbs **Ud., Uds., tú** commands of reflexive verbs Direct object pronouns Position of direct object pronouns Immediate future of reflexive verbs Reflexive vs. nonreflexive verbs Use of pronouns with the imperative
4	Taking about health / physical condition Referring to habitual actions in the past Using reflexive verbs in the past Indicating what you can and cannot do	Pharmacy, school Sports, pastimes	The imperfect and its uses Imperfect **ser, ver, ir** Preterite of reflexive verbs Present and preterite **dar, pedir** Present tense **doler** Indirect object pronouns Definite articles with parts of the body Expressions **desde cuándo, desde (que), cuánto tiempo hace, hace (que)**
5	Discussing leisure time activities Talking about sports Narrating and describing in the past	Home, school, public places, sporting events	Geographical names Preterite of some irregular verbs Uses of **ponerse** Imperfect and preterite: past actions, descriptions, interrupted actions, changes of meaning and translation

SEGUNDO NIVEL

Unit	Functions	Contexts	Accuracy
	The **Capítulo preliminar** is a comprehensive review of the materials presented in *¡Ya verás! Segundo nivel.*		
1	Purchasing clothing / shoes Asking for information Commenting on clothing / food Making restaurant plans Understanding a menu / recipe Ordering / paying for food	Department store, clothing store, shoe store Restaurant, grocery store / supermarket, open-air market	Posición de los pronombres de complemento indirecto y directo **Gustar** y otros verbos Usos de **se** **Estar** + adjetivos para estados y condiciones **Ser** y **estar** + adjetivo
2	Organizing a trip Using the telephone Talking about means of transportation Making travel arrangements Understanding a road map	Airport, train station, bus terminal, on the road	El tiempo futuro y sus usos Usos especiales del tiempo futuro Preposiciones para localizar Otras preposiciones útiles: **antes de, después de** Pronombres preposicionales Los tiempos perfectos: presente y pasado
3	Offering opinions Some abstract topics Dealing with symbolism Expressing emotions Expressing wishes, preferences	Travel in various Spanish-speaking countries	El subjuntivo para expresar la imposición indirecta de la voluntad El subjuntivo para expresar la emoción Expresiones impersonales para expresar la emoción
4	Understanding a variety of texts about the Spanish-speaking world Expressing doubt, uncertainty, improbability Talking about conditions contrary to fact Supporting an opinion	Cultural issues of the Hispanic world in the press, media, literature	El subjuntivo para expresar la duda, la incertidumbre, la irrealidad El subjuntivo con antecedentes indefinidos El subjuntivo con **creer** El condicional y sus usos Claúsulas con **si** + subjuntivo Claúsulas con **si** + indicativo El subjunctivo y la secuencia de tiempos

TERCER NIVEL

TERCER NIVEL

¡Ya verás!

SECOND EDITION

TERCER NIVEL

¡Ya verás!

SECOND EDITION

JOHN R. GUTIÉRREZ

The Pennsylvania State University

HARRY L. ROSSER

Boston College

HH

Heinle & Heinle Publishers

An International Thomson Publishing Company • Boston, MA 02116 U.S.A.

I(T)P

Visit us on the internet   http://www.thomson.com/heinle.html

The publication of *¡Ya verás! Tercer nivel 2/e* was directed by the members of the Heinle & Heinle School Publishing Team:

Editorial Director: Beth Kramer
Market Development Director: Pamela Warren
Production Editor: Mary McKeon
Developmental Editor: Regina McCarthy
Publisher/Team Leader: Stanley J. Galek
Director of Production/Team Leader: Elizabeth Holthaus

Also participating in the publication of this text were:

Manufacturing Coordinator: Barbara Stephan
Project Manager: Kristin Swanson
Interior Design: Susan Gerould/Perspectives
Composition: NovoMac Enterprises
Cover Art: Mark Schroder
Cover: Corey McPherson Nash
Photo/Video Specialist: Jonathan Stark

Gutiérrez, John R.
    Ya veras! tercer nivel / John R. Gutiérrez, Harry L. Rosser. — 2nd ed.
        p.   cm.
    Includes index.
    ISBN 0-8384-6178-6
        1. Spanish language—Textbooks for foreign speakers—English.
    I. Rosser, Harry L. II. Title.
    [PC4129.E5G892   1997]
    468.2'421—dc20   95-39433
                                                                          CIP

Manufactured in the United States of America.

ISBN 0-8384-6178-6 Student

To the Student

As you continue your study of Spanish, you will not only discover how much you can already do with the language, but you will also learn to build on what you know. By now, you know how to talk about yourself, your family, and your friends; you can get around towns, use the subway in Madrid, and give directions; you are able to make purchases in a variety of stores; you can talk about the diversity of the Spanish-speaking world, including parts of the United States; and you have learned to use appropriate language in a variety of social interactions.

In Level Three of *¡Ya verás!* your cultural knowledge will expand to include information about foods, art, popular art, music, and literature of various parts of the Spanish-speaking world. You will learn to talk about food, clothing, art, music, and literature, and you will be able to make travel plans using various modes of transportation. Finally, by being exposed to a great variety of texts (recipes, menus, articles from magazines and newspapers, poetry, short stories, and even excerpts from some of the literary masterpieces of the Spanish language), you will hone your Spanish language reading skills. *Remember that the most important task ahead of you is NOT to accumulate a large quantity of knowledge about Spanish grammar and vocabulary, but rather to USE what you do know as effectively and creatively as you can.*

Communication in a foreign language means understanding what others say and transmitting your own messages in ways that avoid misunderstandings. As you learn to do this, you will make the kinds of errors that are necessary to language learning. DO NOT BE AFRAID TO MAKE MISTAKES! Instead, try to see errors as positive steps toward effective communication. They don't hold you back; they advance you in your efforts.

¡Ya verás! has been written with your needs in mind. It places you in situations that you as a young person might really encounter in a Spanish-speaking environment. Whether you are working with vocabulary or grammar, it leads you from controlled exercises (that show you just how a word or structure is used) to bridging exercises (that allow you to introduce your own personal context into what you are saying or writing) to open-ended exercises (in which you are asked to handle a situation much as you might in actual experience). These situations are intended to give you the freedom to be creative and express yourself without fear or anxiety. They are the real test of what you can DO with the Spanish you have learned.

Learning a language is hard work, but it can also be lots of fun. We hope that you find your experience with *¡Ya verás!* both rewarding and enjoyable.

v

Acknowledgments

reating a secondary program is a long and complicated process which involves the dedication and hard work of a number of people. First of all, we would like to express our heartfelt thanks to our Editorial Director, Beth Kramer, whose expertise and support were crucial for guiding the project through its realization. We are also grateful to our Developmental Editor, Regina McCarthy, who worked closely with us to facilitate our work each step of the way. Our Production Editor, Mary McKeon, managed the many facets of the process with skill, timeliness, and good humor. Vivian Novo-MacDonald flawlessly handled her typesetting responsibilities. Kristin Swanson was a particularly effective Project Manager and we greatly appreciate her keen eye, poignant comments, and excellent suggestions at every phase of the process. We would like to thank many other people who played a role in the production of the program: Susan Gerould, Mary Lemire, María Silvina Persino, Camilla Ayers, Sharon Inglis, and Esther Marshall.

Our thanks also go to others at Heinle and Heinle who helped make this project possible: Charles Heinle and Stan Galek, for their special interest and support; Vincent DiBlasi and Erek Smith for their marketing and technical knowledge; and Jeannette Bragger and Donald Rice, authors of *On y va!* We also wish to express our appreciation to the people responsible for revising the fine set of supporting materials available with the *¡Ya verás!* program: Greg Harris, Workbook; Chris McIntyre and Jill Welch, Teacher Edition; Joe Wieczorek, Laboratory Tape Program; Marge Morales, Testing Program; Jeff Morgenstein, Software; and Frank Domínguez, Ana Martínez-Lage and Jeff Morgenstein for creating the excellent *Mundos hispanos* multimedia program.

Finally, a very special word of acknowledgment goes to the authors' children:
— To Mía (age 12) and Stevan (age 9) who are always on their daddy's mind and whose cultural heritage is ever present throughout *¡Ya verás!*

— To Susan, Elizabeth, and Rebecca Rosser, whose enthusiasm and increasing interest in Spanish inspired their father to take part in this endeavor.

John R. Gutiérrez and Harry L. Rosser

The publisher and authors wish to thank the following writers for the contributions to *¡Ya verás!* second edition.

Critical Thinking Skills, Learning Strategies

Jane Harper
Tarrant County Junior College

Madeleine Lively
Tarrant County Junior College

Mary K. Williams
Tarrant County Junior College

Reading Strategies, Aquí leemos

Laura Martin
Cleveland State University

The publisher and authors wish to thank the following teachers who pilot-tested parts of all the *¡Ya verás!* program. They used the materials with their classes and made invaluable suggestions as our work progressed. Their feedback benefits all who use this final product. We are grateful to each one of them for their dedication and commitment to teaching with the program in a prepublication format.

Nola Baysore
Muncy JHS
Muncy, PA

Barbara Connell
Cape Elizabeth Middle
School
Cape Elizabeth, ME

Frank Droney
Susan Digiandomenico
Wellesley Middle School
Wellesley, MA

Michael Dock
Shikellamy HS
Sunbury, PA

Jane Flood Clare
Somers HS
Lincolndale, NY

Nancy McMahon
Somers Middle School
Lincolndale, NY

Rebecca Gurnish
Ellet HS
Akron, OH

Peter Haggerty
Wellesley HS
Wellesley, MA

José M. Díaz
Hunter College HS
New York, NY

Claude Hawkins
Flora Mazzucco
Jerie Milici
Elena Fienga
Bohdan Kodiak
Greenwich HS
Greenwich, CT

Wally Lishkoff
Tomás Travieso
Carver Middle School
Miami, FL

Manuel M. Manderine
Canton McKinley HS
Canton, OH

Grace Angel Marion
South JHS
Lawrence, KS

Jean Barrett
St. Ignatius HS
Cleveland, OH

Gary Osman
McFarland HS
McFarland, WI

Deborah Decker
Honeoye Falls-Lima HS
Honeoye Falls, NY

Carrie Piepho
Arden JHS
Sacramento, CA

Rhonda Barley
Marshall JHS
Marshall, VA

Germana Shirmer
W. Springfield HS
Springfield, VA

John Boehner
Gibson City HS
Gibson City, IL

Margaret J. Hutchison
John H. Linton JHS
Penn Hills, PA

Edward G. Stafford
St. Andrew's-Sewanee School
St. Andrew's, TN

Irene Prendergast
Wayzata East JHS
Plymouth, MN

Tony DeLuca
Cranston West HS
Cranston, RI

Joe Wild-Crea
Wayzata Senior High
School
Plymouth, MN

Katy Armagost
Manhattan HS
Manhattan, KS

William Lanza
Osbourn Park HS
Manassas, VA

Linda Kelley
Hopkinton HS
Contoocook, NH

John LeCuyer
Belleville HS West
Belleville, IL

Sue Bell
South Boston HS
Boston, MA

Wayne Murri
Mountain Crest HS
Hyrum, UT

Barbara Flynn
Summerfield
Waldorf School
Santa Rosa, CA

The publisher and authors wish to thank the following people who reviewed the manuscript for the second edition of the *¡Ya verás!* program. Their comments were invaluable to the development of this edition.

Georgio Arias, Juan De León, Luís Martínez (McAllen ISD, McAllen, TX); **Katy Armagost** (Mt. Vernon High School, Mt. Vernon, WA); **Yolanda Bejar, Graciela Delgado, Bárbara V. Méndez, Mary Alice Mora** (El Paso ISD, El Paso, TX); **Linda Bigler** (Thomas Jefferson High School, Alexandria, VA); **John Boehner** (Gibson City High School, Gibson City, IL); **Kathleen Carroll** (Edinburgh ISD, Edinburgh, TX); **Louanne Grimes** (Richardson ISD, Richardson, TX); **Greg Harris** (Clay High School, South Bend, IN); **Diane Henderson** (Houston ISD, Houston, TX); **Maydell Jenks** (Katy ISD, Katy, TX); **Bartley Kirst** (Ironwood High School, Glendale, AZ); **Mala Levine** (St. Margaret's Episcopal School, San Juan Capistrano, CA); **Manuel Manderine** (Canton McKinley Sr. High School, Canton, OH); **Laura Martin** (Cleveland State University, Cleveland, OH); **Luís Millán** (Edina High School, Minneapolis, MN); **David Moffett, Karen Petmeckey, Pat Rossett, Nereida Zimic** (Austin ISD, Austin, TX); **Jeff Morgenstein** (Hudson High School, Hudson, FL); **Rosana Pérez, Jody Spoor** (Northside ISD, San Antonio, TX); **Susan Polansky** (Carnegie Mellon University, Pittsburgh, PA); **Alva Salinas** (San Antonio ISD, San Antonio, TX); **Patsy Shafchuk** (Hudson High School, Hudson, FL); **Terry A. Shafer** (Worthington Kilbourne High School, West Worthington, OH); **Courtenay Suárez** (Montwood High School, Socorro ISD, El Paso, TX); **Alvino Téllez, Jr.** (Edgewood ISD, San Antonio, TX); **Kristen Warner** (Piper High School, Sunrise, FL); **Nancy Wrobel** (Champlin Park High School, Champlin, MN)

Middle School Reviewers:

Larry Ling (Hunter College High School, New York, NY); **Susan Malik** (West Springfield High School, Springfield, VA); **Yvette Parks** (Norwood Junior High School, Norwood, MA)

CONTENTS

Capítulo preliminar: Vamos a repasar XX

Primera etapa 1
¿Qué hiciste durante las vacaciones?

Repaso: Uses of the preterite and the imperfect
¿Recuerdan?: Information questions
Repaso: Direct objects
Contexto: En el Hotel Regina
Contexto: El tiempo
Contexto: Vamos a hacer planes
Lectura: Andalucía y los andaluces

Segunda etapa 14
¿Qué haces tú de costumbre?

Repaso: Reflexive verbs
Repaso: The formation and use of adjectives
Repaso: Indirect object pronouns
Contexto: En la farmacia
Contexto: Un pequeño accidente
Contexto: Comemos bien
Contexto: El verano pasado
Contexto: Deportes populares
Lectura: Las mariposas monarcas de México

UNIDAD UNO   La ropa y la comida 28

Capítulo uno: Vamos de compras 30

Primera etapa 31
Ropa para mujeres

Estructura: Double object pronouns: indirect object pronouns **me, te, nos** with direct object pronouns
Nota gramatical: Position of object pronouns with infinitives and present participles
Aquí escuchamos: ¿De qué talla?
En otras palabras: *Expresiones para hablar de la ropa*

Segunda etapa 39
Ropa para hombres

Estructura: Indirect object pronouns: **le** and **les** with direct object pronouns
Nota gramatical: Position of object pronouns with commands
Aquí escuchamos: De compras: Ropa para caballeros
En otras palabras: *Más expresiones para hablar de la ropa*

Lectura cultural: Tú y la moda   48

Capítulo dos: La comida de España   50

Primera etapa 51
El menú

Estructura: **Gustar** and verbs like **gustar**
Aquí escuchamos: Un restaurante elegante
En otras palabras: *Expresiones para pedir una mesa en un restaurante, para pedir la comida y para pedir la cuenta*

Segunda etapa 58
La guía del ocio

Estructura: Impersonal **se**
Comentarios culturales: La guía del ocio
Aquí escuchamos: Vamos a buscar un buen restaurante
En otras palabras: *Expresiones para hablar del hambre y para indicar sus preferencias*

Lectura cultural: El gazpacho   **67**

Capítulo tres: La comida de la América Latina   69

Primera etapa 70
Un menú mexicano

Comentarios culturales: Xitomatl
Estructura: **Estar** + adjectives to express states or conditions
Nota gramatical: Adding emphasis to a description
Aquí escuchamos: Un restaurante mexicano
En otras palabras: *Expresiones para comentar si te gusta la comida*

Segunda etapa 77
La comida Tex-Mex

Comentarios culturales: El chile
Estructura: Negative and affirmative expressions
Aquí escuchamos: Un almuerzo Tex-Mex
En otras palabras: *Expresiones para comentar sobre el sabor de la comida*

Aquí leemos: Receta: Moros y cristianos   **84**
Ya llegamos   86
Expansión cultural   El chocolate: Regalo de los dioses   **88**
Las profesiones   90

UNIDAD DOS ¡Vamos de viaje! 92

Capítulo cuatro: Vamos a hacer un viaje 94

Primera etapa 95
Atocha y las otras estaciones de Madrid

Estructura: The future tense
Nota gramatical: The future of irregular verbs
Comentarios culturales: Los trenes en España
Aquí escuchamos: ¿Vamos a la playa?
En otras palabras: *Expresiones para proponer cualquier cosa y para responder afirmativamente*

Segunda etapa 104
Para llamar por teléfono

Comentarios culturales: El número de teléfono
Estructura: Special uses of the future tense
Aquí escuchamos: ¿Estás libre esta noche?
En otras palabras: *Expresiones para hablar con alguien por teléfono, para invitar a alguien a hacer algo, para aceptar una invitación y para rechazar una invitación*

Lectura cultural: El tren de la fresa **115**

Capítulo cinco: Iremos en tren 117

Primera etapa 118
El horario de trenes

Comentarios culturales: El calendario de RENFE
Estructura: Prepositions of place
Palabras útiles: Other useful prepositions **Antes de, después de**
Aquí escuchamos: En la estación de Atocha
En otras palabras: *Expresiones para reservar plazas en un tren*

Segunda etapa 128
Ofertas de RENFE

Estructura: Prepositional pronouns
Aquí escuchamos: El tren para Valencia
En otras palabras: *Expresiones para obtener información en la estación de trenes*

Lectura cultural: Los exploradores **138**

CONTENTS **xi**

Capítulo seis: ¿Cómo vamos?   140

Primera etapa 141
El mapa de carreteras

Comentarios culturales: Los ángeles verdes
Estructura: The present perfect tense
Nota gramatical: Irregular past participles
Aquí escuchamos: Un viaje en coche
En otras palabras: *Expresiones para hablar del tiempo que se necesita para viajar en coche*

Segunda etapa 152
El Aeropuerto Internacional de México Benito Juárez

Comentarios culturales: Los taxis en la Ciudad de México
Estructura: The past perfect tense
Aquí escuchamos: ¿Dónde está la maleta?
En otras palabras: *Expresiones para reclamar equipaje perdido*

Aquí leemos: Nacido para triunfar   **163**
Ya llegamos   166
Expansión cultural   Un recorrido por el metro mexicano   **168**
El arte gráfico   170

UNIDAD TRES   El arte y la música en el mundo hispano 174

Capítulo siete: La pintura 176

Primera etapa 177
El muralismo mexicano

Estructura: The subjunctive mood
Palabras útiles: The subjunctive with **ojalá que**
LECTURA: Frida Kahlo

Segunda etapa 190
Tres pintores españoles del siglo XX: Picasso, Miró, Dalí

Estructura: The subjunctive of verbs with spelling changes
Nota gramatical: Other verbs in the subjunctive
LECTURA: Guernica

Capítulo ocho: *El arte popular* 203

Primera etapa 204
Las molas de los indios cunas

Estructura: Subjunctive of reflexive
  verbs
Nota gramatical: The subjunctive of
  verbs with spelling changes
LECTURA: Las pintorescas carretas
  de Sarchí

Segunda etapa 215
México y sus máscaras

Estructura: The subjunctive for the
  indirect transfer of will
LECTURA: Los santeros de Nuevo
  México

Capítulo nueve: *La música en el mundo hispano* 227

Primera etapa 228
La historia de "La bamba"

Comentarios culturales: La letra de
  "La bamba"
Estructura: The subjunctive for con-
  veying emotions and reactions
Nota gramatical: The subjunctive of
  verbs that end in **-cer** and **-cir**
LECTURA: El tango

Segunda etapa 238
La música mariachi

Comentarios culturales: Los laureles
Estructura: Expressions to convey an
  emotion or a reaction
LECTURA: El flamenco

Ya llegamos 248
Expansión cultural Jon Secada, un éxito bilingüe **250**
La literatura en los países de habla española **254**

UNIDAD CUATRO   El mundo de las letras 258

Capítulo diez: Periódicos y revistas   260

Primera etapa 261
Una fotonovela: *Un amor secreto*

Estructura: The subjunctive to express unreality, uncertainty, and doubt
Nota gramatical: **Creer** and **no creer** with the subjunctive
LECTURA: Cela gana el quinto Premio Nóbel de Literatura

Segunda etapa 271
La revista *Enciclopedia popular*

Comentarios culturales: La población hispana en los Estados Unidos
Estructura: The subjunctive with indefinite, nonexistent, or imaginary antecedents
Nota gramatical: The subjunctive with the conjunctions **en caso de que, sin que, con tal de que, antes de que, para que, a menos que**
Nota gramatical: The subjunctive and indicative with **cuando** and **aunque**
LECTURA: Octavio Paz: El pájaro

Capítulo once: Las raíces de la literatura   285

Primera etapa 286
Las leyendas prehispánicas y lo maravilloso

LECTURA: Leyenda maya —El agua lo trajo, el agua se lo llevó
Estructura: The conditional
Nota gramatical: The conditional of other verbs
LECTURA: Leyenda maya —La muerte, comadre del batab

Segunda etapa 297
El realismo y el idealismo

Comentarios culturales: La popularidad de *El Quijote*
Estructura: Special uses of the conditional tense
LECTURA: Don Quijote —Los molinos de viento

Tercera etapa 309
La influencia afro-hispanoamericana

Estructura: The imperfect subjunctive and actions in the past
LECTURA: *El reino de este mundo* —Los extraordinarios poderes de Mackandal
LECTURA: Luis Palés Matos: Danza negra

Capítulo doce: El mundo de la fantasía 326

Primera etapa 327
El realismo mágico

Estructura: The imperfect subjunctive and **si** clauses
LECTURA: *Cien años de soledad* —El bloque de hielo

Segunda etapa 338
La fantasía y el sueño

Estructura: The indicative and **si** clauses
Nota gramatical: The imperfect subjunctive and the sequence of tenses
LECTURA: Julio Cortázar: El esbozo de un sueño

Tercera etapa 350
Los mundos fantásticos del hogar

Estructura: More about the subjunctive and the sequence of tenses
LECTURA: *Como agua para chocolate* —Las cebollas y el nacimiento de Tita

Ya llegamos 363
Expansión cultural Lecturas sin fronteras **365**
Using a Spanish/English Dictionary 368
LISTS OF STRATEGIES 373
GLOSSARY OF FUNCTIONS 378
VERB CHARTS 381
GLOSSARIES 387
INDEX 419

GUATEMALA HONDURAS
MAR CARIBE
EL ALVADOR
NICARAGUA
Barranquilla
Cartagena
Caracas
Lago de Maracaibo
VENEZUELA
GUAYANA
SURINAM
GUAYANA FRANCESA
OCÉANO ATLÁNTICO
COSTA RICA
PANAMÁ
Manizales
Bogotá
Río Orinoco
Cali
ECUADOR
COLOMBIA
Quito
ECUADOR
Iquitos
Río Amázonas
PERÚ
BRASIL
ANDES
Lima
Machu Picchu
Cuzco
Ayacucho
BOLIVIA
Lago Titicaca
La Paz
Sucre
Potosí
Río Paraná
OCÉANO
PACÍFICO
PARAGUAY
CHILE
Salta
Asunción
Iguazú
Río Uruguay
OCÉANO
ATLÁNTICO
URUGUAY
Santiago
ARGENTINA
Buenos Aires
Montevideo
NIGERIA
ÁFRICA
CAMERÚN
Malabo
GUINEA ECUATORIAL
AMÉRICA
DEL SUR
ISLAS MALVINAS (Br.)
ECUADOR
Estrecho de Magallanes
GABÓN
0   1000 km.
0   600 millas
TIERRA DEL FUEGO
ÁFRICA

MÉXICO, AMÉRICA CENTRAL Y EL CARIBE

N

OCÉANO ATLÁNTICO

OCÉANO PACÍFICO

GOLFO DE MÉXICO

MAR CARIBE

ESTADOS UNIDOS

MÉXICO

Baja California

Península de Yucatán

GUATEMALA
BELICE
HONDURAS
EL SALVADOR
NICARAGUA
COSTA RICA
PANAMÁ

CUBA
JAMAICA
HAITÍ
REPÚBLICA DOMINICANA
PUERTO RICO

VENEZUELA
COLOMBIA

Nueva York
Chicago
San Antonio
Río Bravo
Nuevo Laredo
Monterrey
San Luis Potosí
León
Guadalajara
México, D.F.
Taxco
Puebla
Cuernavaca
Oaxaca
Acapulco
Veracruz
Palenque
Tampico
Mérida
Chichén Itzá
Cancún
Santa Fe
Albuquerque
El Paso
Ciudad Juárez
Nogales
Los Ángeles
San Diego
Tijuana
Mexicali
Mazatlán
Puerto Vallarta
Miami
La Habana
Santiago
Guatemala
San Salvador
Tegucigalpa
Managua
San José
Panamá
Canal de Panamá
San Juan
Santo Domingo
Caracas
Bogotá

0   1000 km.

ESPAÑA

FRANCIA

MAR CANTÁBRICO

OCÉANO ATLÁNTICO

ANDORRA

PIRINEOS

PAÍS VASCO

Bilbao
Santander
Santiago
GALICIA
ASTURIAS
CANTABRIA
Pamplona
NAVARRA
CASTILLA Y LEÓN
Valladolid
Salamanca
Segovia
LA RIOJA
Río Ebro
Zaragoza
ARAGÓN
CATALUÑA
Gerona
Barcelona
Costa Brava
MENORCA
MALLORCA
ISLAS BALEARES
IBIZA
MAR MEDITERRÁNEO
Río Tajo
MADRID
Madrid
Toledo
CASTILLA-LA MANCHA
Ciudad Real
COMUNIDAD VALENCIANA
Valencia
Alicante
MURCIA
Murcia
EXTREMADURA
Río Guadalquivir
ANDALUCÍA
Córdoba
Sevilla
Granada
Málaga
Cádiz
Costa del Sol
Estrecho de Gibraltar
Gibraltar (Br.)
Ceuta (Esp.)
Melilla (Esp.)
MARRUECOS
PORTUGAL

ISLAS CANARIAS
TENERIFE
GRAN CANARIA
100 km.
100 m.
0
0

150 km.
100 millas
0
0

Chapter Objectives

This chapter is designed to re-acquaint students with Spanish, to give them the chance to talk about their vacations and get to know each other, and to reacquaint them with the major lexical groups presented in *¡Ya verás!* Level 2.

Functions: Describing people and things; talking about daily routines, leisure activities, the weather, travel and health; making plans

Context: Vacations; hotels; home; the pharmacy

Accuracy: Preterite and imperfect; question words; direct objects; reflexive verbs; adjectives; indirect object pronouns

Cultural Context

Point out to students that houses and apartment buildings with whitewashed walls and decorative iron gratings are typical throughout the Spanish-speaking world. One particularly well-known neighborhood of this kind is the **Barrio de Santa Cruz** in Sevilla.

VAMOS A REPASAR

Las típicas casas blancas de Andalucía

Objetives:

>>> **R**eview describing people and things;

>>> **R**eview talking about daily routines, leisure-time activities, the weather, travel, and health;

>>> **R**eview making plans;

>>> **R**eview the uses of the preterite and the imperfect tenses;

>>> **R**eview information questions;

>>> **R**eview direct and indirect object pronouns;

>>> **R**eview reflexive verbs;

>>> **R**eview the formation and use of adjectives.

Strategies:

>>> **R**eading for vocabulary in context

>>> **D**escribing

>>> **E**xpressing past time

>>> **C**ategorizing

>>> **M**aking associations

Etapa Support Materials

Workbook: pp. 1–11
Transparencies: #4, #5
Lab Manual: p. 1
Tapescript: p. 1

Teacher Tape

Quiz: Testing Program: p. 1

PRIMERA ETAPA

¿Qué hiciste durante las vacaciones?

Me llamo Margarita Lezcano y vivo en Madrid. Mi familia tiene una casa pequeña en Nerja, un pueblo en la Costa del Sol. Cada año pasamos el mes de agosto en nuestra casa, donde tenemos una bella vista del mar. Como de costumbre, el verano pasado fuimos de vacaciones. Salimos el 2 de agosto. Hicimos el viaje en coche en diez horas. Tuvimos buena suerte porque hizo buen tiempo el día que viajamos.

Los primeros días tuvimos mucho trabajo que hacer para arreglar la casa. Mi hermano y yo les ayudamos a nuestros padres. Limpiamos los cuartos, hicimos las camas y compramos comida —huevos, patatas, pan y fruta.

Después nos divertimos mucho. Mi hermano y yo nos encontramos con nuestros amigos, fuimos al cine, hicimos excursiones a la playa y comimos muchas cosas deliciosas. También fuimos a varias fiestas.

A fines de agosto cerramos la casa y volvimos a Madrid. Ahora estoy lista para volver a la escuela.

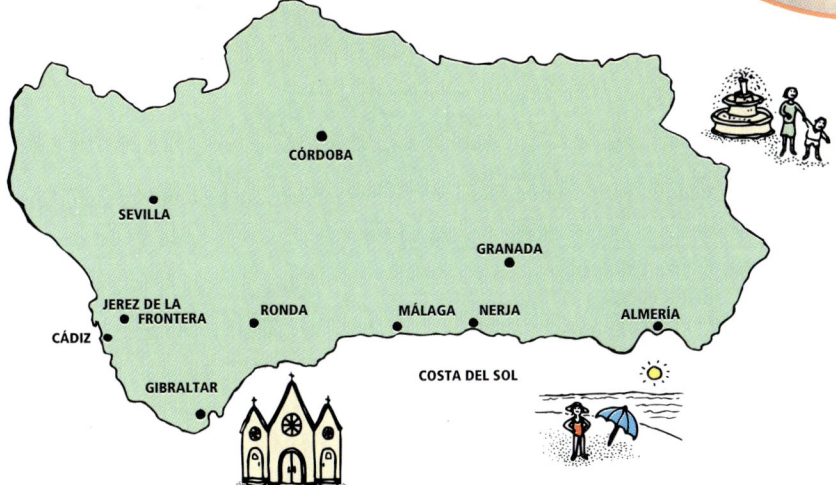

Me llamo Esteban Beltrán y vivo en Burgos con mi familia. El verano pasado hicimos un viaje por Andalucía. Mi abuela vive en Sevilla y también tengo primos en Córdoba. Hacía mal tiempo cuando salimos de Burgos. Hicimos el largo viaje a Granada en un sólo día. Estábamos muy cansados cuando llegamos al Parador de San Francisco. Dormimos bien esa noche.

El día siguiente comenzamos a explorar Granada. Visitamos la Alhambra, una fortaleza que construyeron los árabes en el siglo XIV. Visité el Alcázar con mis padres. Después nadé en la piscina del hotel.

De Granada viajamos a Córdoba donde visitamos la Mezquita, ahora una catedral famosa en el centro de la ciudad.

Pasamos unos días con mis primos. Vimos un concurso de baile flamenco, visitamos el Museo Arqueológico y comimos en un restaurante elegante.

Después de dos semanas de viaje, regresamos a Burgos. Estaba muy contento de volver a casa y ver a mis amigos otra vez.

Comprensión

A. *¿Los Lezcano o los Beltrán?* Decide si las oraciones que siguen se refieren a la familia Lezcano o a la familia Beltrán, según la información en las dos descripciones. Halla la frase de la lectura que justifica tu decisión en cada caso. Sigue el modelo.

 **Modelo:** Comieron muchas cosas deliciosas.
los Lezcano, porque la primera lectura dice en el tercer párrafo: "…hicimos excursiones a la playa y comimos muchas cosas deliciosas."

1. Visitaron Granada.
2. Tienen una casa pequeña en la Costa del Sol.
3. Tienen dos hijos.
4. Hicieron un viaje por Andalucía.
5. Salieron de viaje a principios de agosto.
6. Visitaron a su abuela y a sus primos.
7. Son del norte de España.
8. El día que salieron de Madrid hacía buen tiempo.
9. Visitaron varios lugares de interés histórico.
10. Pasaron la mayor parte de sus vacaciones en un sólo lugar.

2

Presentation: Repaso

Tell students about your summer to reacquaint them with the tenses in a real-life context.

¡REPASO!

Uses of the preterite and the imperfect

The following table outlines the uses of the preterite and the imperfect tenses. Remember:

1. Both the preterite and the imperfect are past tenses.
2. Most Spanish verbs may be put into either tense, depending on the context in which they appear and the meaning that the speaker wishes to convey.
3. As a general rule, the preterite moves a story's action forward in past time.

   Visitamos el Museo del Prado, **vimos** muchos cuadros famosos y después fuimos a un restaurante elegante donde **comimos** paella.

4. As a general rule, the imperfect tends to be more descriptive and static.

   Hacía buen tiempo, el sol **brillaba** y nosotros **jugábamos** en la playa mientras nuestros padres **descansaban** en el hotel.

Imperfect	Preterite
Descriptions of characteristics (of people, things, physical conditions, and mental states)	
Su tío **era** un hombre inteligente. El jardín **estaba** lleno de flores. **Estábamos** muy enfermos. Carlos **tenía** miedo de subir al avión.	
Habitual actions	Single occurrences
Durante las vacaciones siempre **íbamos** a Andalucía.	El verano pasado **fuimos** a Andalucía.
Indefinite period of time	Definite period of time
Cuando **era** niño, **tenía** un perro.	En 1989, **pasé** dos meses en Venezuela.
Generalmente **hacía** buen tiempo.	El sábado **hizo** buen tiempo.
Actions repeated an unspecified number of times	Actions repeated a specified number of times
A menudo **jugábamos** al tenis en el parque.	El domingo por la tarde **jugamos** al tenis dos veces.

3

Ex. B: writing

Implementation, Ex. B: Go through the exercise first with your own information.

Possible answers, Ex. B:
1. El verano pasado fui a Nantucket. 2. El primer día desayuné en un restaurante. 3. Primero visité un museo interesante. 4. Después vi un molino de viento muy viejo. 5. Esa noche fui al cine para ver una película. 6. El día siguiente compré unos regalos. 7. Más tarde comí helado. 8. Después de unos días salí de la isla. 9. Por fin, regresé a casa en Philadelphia.

Ex. C: pair work

writing

Implementation, Ex. C: Have students do the exercise in pairs once you've established the model. When they're done, quickly have them give the answers as a class for verification.

Answers, Ex. C: 1. Yo miraba la televisión…. 2. Yo estaba en la playa…. 3. Yo ponía la mesa…. 4. Él jugaba al fútbol…. 5. Ellas estaban en la cocina…. 6. Nosotros comíamos…. 7. Yo caminaba por el parque…. 8. Ellos lavaban el coche….

Ex. D: pair work

Implementation, Ex. D: Give students a sample monologue about your own childhood. Provide the opportunity for them to ask you some follow-up questions.

Learning Strategy:
Expressing past actions

B. Mis vacaciones Usa los siguientes verbos y expresiones para hablar de tus vacaciones más recientes. Usa el pretérito, según el modelo, para indicar qué hiciste. Si en realidad no fuiste de vacaciones, inventa los detalles *(details)*.

Modelo: el verano pasado / ir
El verano pasado nosotros fuimos a Boston.

1. el verano pasado / ir
2. el primer día / desayunar
3. primero / visitar
4. después / ver
5. esa noche / ir
6. el día siguiente / comprar
7. más tarde / comer
8. después de unos días / salir
9. por fin / regresar

Learning Strategy:
Expressing past actions with background information

C. ¿Qué hacías? ¿Dónde estabas? Contesta las preguntas, usando la información entre paréntesis. Sigue el modelo.

Modelo: ¿Qué hacías tú cuando comenzó a llover? (trabajar en el jardín)
Yo trabajaba en el jardín cuando comenzó a llover.

1. ¿Qué hacías tú cuando Juan entró? (mirar la televisión)
2. ¿Dónde estabas tú cuando Mario tuvo el accidente? (estar en la playa)
3. ¿Qué hacías tú cuando ella llamó por teléfono? (poner la mesa)
4. ¿Qué hacía él cuando vio a su profesor? (jugar al fútbol)
5. ¿Dónde estaban ellas cuando tú te caíste? (estar en la cocina)
6. ¿Qué hacían ustedes cuando llegó Isabel? (comer)
7. ¿Dónde estabas tú cuando tu mamá te llamó? (caminar por el parque)
8. ¿Qué hacían ellos cuando recibieron la noticia? (lavar el coche)

Learning Strategies:
Organizing information, describing in the past

D. Cuando yo era niño(a)… Descríbele tu niñez *(childhood)* a un(a) amigo(a). (1) ¿Dónde vivías? (2) ¿Qué tiempo hacía en esa región? (3) ¿A qué escuela asistías? (4) ¿Qué hacías durante las vacaciones? (5) ¿Qué te gustaba hacer durante los fines de semana? Usa el imperfecto en tu descripción.

Learning Strategies:
Organizing information, expressing past actions with background information

E. El verano pasado Diles a tus compañeros lo que hiciste el verano pasado. Cuéntales de tus actividades, de lo que hacías los fines de semana, de un viaje que hiciste, etc. Usa las descripciones de Margarita y de Esteban como modelos. Presta atención a los usos del pretérito y del imperfecto.

4

Ex. E: groups of four or more

Follow-up, Ex. E: After groups have shared activities, use the information revealed to create another exercise. Have individual students say, "While Bryan was working at the library, I was building a garage." The next student says, "While he was building …, I was …" etc. This will reinforce the ongoing nature of the imperfect.

¿Recuerdan?

To ask for information, use the question words **cuándo** *(when)*, **por qué** *(why)*, **qué** *(what / which)*, **dónde / adónde** *(where)*, **cuánto / cuánta / cuántos / cuántas** *(how much, how many)*, **quién / quiénes** *(who)*, **con quién / con quiénes** *(with whom)*, **cómo** *(how)*, or **cuál / cuáles** *(what / which)*.

¿**Cuándo** regresaste de tus vacaciones, Esteban?
¿**Por qué** visitaste Granada?
¿**Qué** viste en esa ciudad?
¿**Dónde** vive tu abuela?
¿**Adónde** fueron después de Córdoba?
¿**Cuántos** días pasaron en Sevilla?
¿**Quién** visitó el Museo Arqueológico?
¿**Con quiénes** fuiste al concurso de baile flamenco?
¿**Cómo** hicieron el viaje por Andalucía?
¿**Cuál** fue tu lugar favorito?

F. ¡Qué curioso! Por cada cosa que dice tu compañero(a), hazle tres preguntas para obtener más información. Tu compañero(a) tiene que inventar los detalles para responder a tus preguntas. Sigue el modelo.

 **Modelo:** Este verano estuve en España.
  —*¿Cuándo saliste para España?*
  —*El 2 de julio.*
  —*¿Qué ciudades visitaste?*
  —*Madrid y Barcelona.*
  —*¿Con quiénes estuviste en España?*
  —*Con mis padres.*

1. Este verano acampamos.
2. El año pasado mi familia y yo estuvimos en Andalucía.
3. Anoche mis amigos y yo comimos en un restaurante.
4. El fin de semana pasado me quedé en casa.
5. Nuestro profesor pasó el verano en España.
6. Mis padres acaban de comprar un coche.
7. El sábado pasado fui al centro.

G. Una entrevista Entrevista a uno(a) de tus compañeros sobre el tema de las vacaciones. Hazle por lo menos seis preguntas. Después explícale a la clase lo que tu compañero(a) hizo durante el verano.

Learning Strategy:

Requesting and providing information

Critical Thinking Strategy:

Making associations

Learning Strategies:

Requesting and providing information in past time, active listening, reporting

---

5

Ex. F: pair work

Suggestion, Ex. F: Indicate to students that follow-up questions are a conversational strategy to keep conversations going and to show interest on the part of the listener.

Ex. G: pair work

Follow-up, Ex. G: Ask students to write up the results for homework.

More-prepared students, Ex. G: More-prepared students should design their interviews for maximum interest and then audio-tape the interview. Ask them to select a magazine in which to publish the interview and to plan their questions with that magazine's readership in mind. Have them write a brief biography of the student interviewed and then write up the interview, making grammar corrections where necessary.

Less-prepared students, Ex. G: Less-prepared students can select a famous person they would like to interview and write eight to ten questions they would like to ask about that person's past. Have them underline their verbs and check them for accuracy.

REPASO

Direct objects

A direct object is a person or thing that is directly affected by the action of the verb. To simplify communication and avoid repeating the noun for that person or thing over and over again, a direct object pronoun may be used in its place.

¿Compró Carlos la **cámara japonesa?**	Sí, **la** compró.
¿Leyó tu padre **el libro** anoche?	Sí, mi padre **lo** leyó anoche.
¿Quieren **las entradas?**	Sí, **las** queremos.
¿Vieron a **los actores?**	No, no **los** vimos.

Remember that the direct object pronoun is placed immediately in front of a conjugated verb. When used with a conjugated verb and an infinitive together, the direct object pronoun may be attached to the end of the infinitive, or it may come before the verb and the infinitive.

Lo leo.
Quiero leer**lo**.
Lo quiero leer.

H. En pocas palabras Habla de los detalles del viaje, reemplaza los complementos directos con los pronombres correspondientes. Sigue el modelo.

> **Modelo:** Marta hizo los arreglos para el viaje.
> *Marta los hizo.*

1. Mi hermano llevó las maletas al coche.
2. Mi padre compró los pasajes.
3. El taxi llevó a la familia a la estación de trenes.
4. Leí una revista mientras esperábamos.
5. Vimos una cafetería nueva en la estación.
6. Quería beber un refresco.
7. Mi hermana vio a unos amigos suyos.
8. El conductor anunció la hora de la salida.

I. Es decir... Indica lo que *buscaste, pediste* o *viste* en un viaje al centro. En los comentarios que haces en el pretérito usa los pronombres que corresponden a los siguientes complementos directos. Sigue el modelo.

> **Modelo:** un restaurante mexicano
> *Lo busqué.* o: *Lo vi.*

6

1. a un mesero joven
2. una mesa pequeña
3. el menú
4. tacos de pollo
5. a unos amigos
6. una ensalada
7. la cuenta
8. el teléfono

J. *No quiero hacerlo.*   Dile a un(a) amigo(a) que no quieres hacer lo que se sugiere. Usa los pronombres que corresponden a los complementos directos. Sigue el modelo.

Modelo: ver la película
   No quiero verla.   o:
   No la quiero ver.

1. llevar a mi hermano a la escuela
2. hacer las maletas
3. ver el museo
4. comprar ese disco compacto
5. saber su opinión
6. hacer la tarea
7. mirar los mapas
8. llevar calcetines
9. perder el partido

Contexto: En el Hotel Regina

—Buenos días, señor.
—Buenos días, señora. ¿En qué puedo servirle?
—Quisiera reservar dos habitaciones por tres noches. Una habitación para dos personas y una habitación individual.
—Cómo no. ¿Bajo qué nombre, por favor?
—Bajo el nombre de Álvarez.
—Muy bien. Dos habitaciones por tres noches. ¿Con baño o sin baño?
—Con baño, por favor.
—Bien. Una habitación para dos personas a 6600 pesetas por persona y una habitación para una persona a 9500 pesetas. ¿Le parece bien?
—Sí, perfecto. ¿Está incluido el desayuno?
—No, señora. Usted tiene que pagar un suplemento de 750 pesetas por el precio del desayuno.
—De acuerdo.

Regina sin rest, San Vicente 97, ✉ 41002, 𝄄 490 75 75, Fax 490 75 62 – ▮ ▤ TV ☎ ⇌.
AE ① E VISA. ✄   FR d
⎍ 750 – **68 hab** 11000/15000, 4 suites.

Learning Strategy:

Reading for vocabulary in context

7

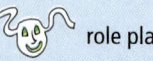

Learning Strategies:

Requesting and providing information, scanning for details

¡Aquí te toca a ti!

K. *En el hotel* You and your family are in Madrid checking into the Hotel Carlos V. Because you are the only one in the family who speaks Spanish, you make the arrangements at the desk. Get the number of rooms necessary for your family, decide if you want a bathroom in each room, find out the price, and ask if breakfast is included. Your classmate will play the desk clerk and use the following guidebook entry to give you the correct information.

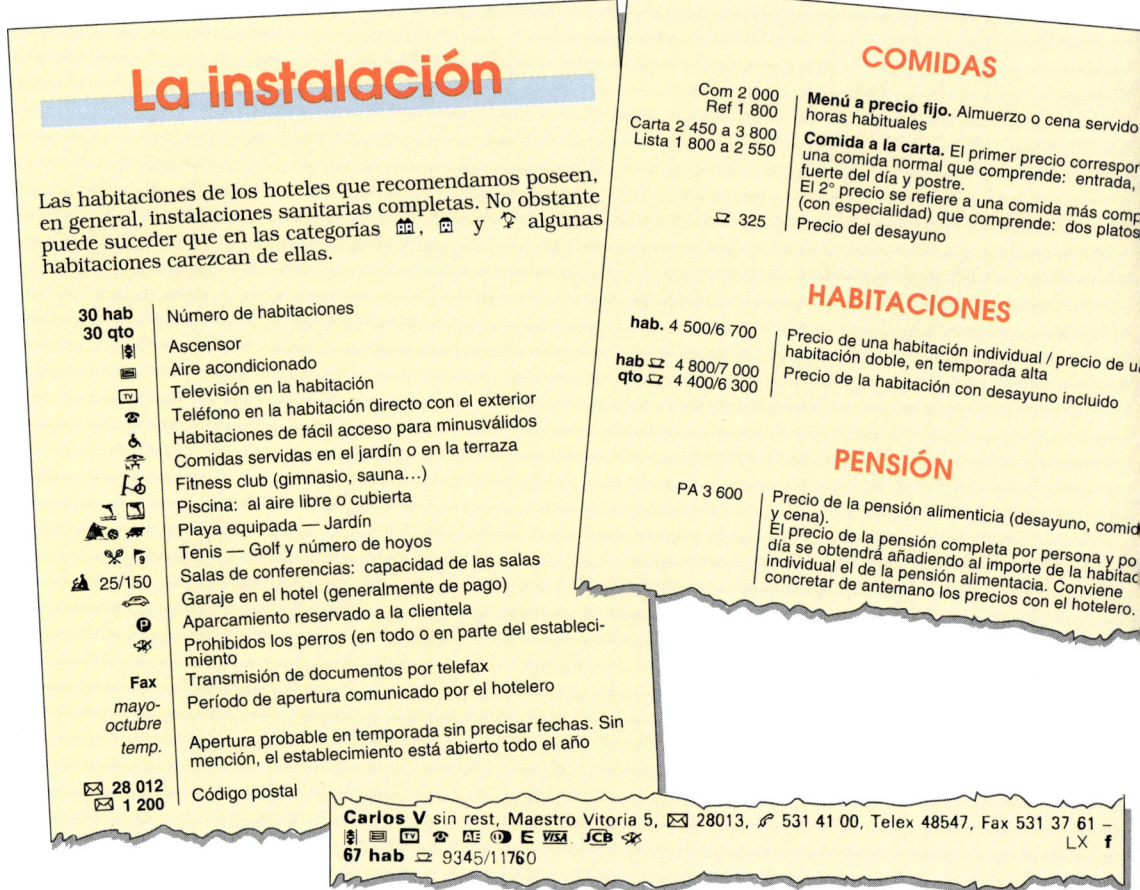

La instalación

Las habitaciones de los hoteles que recomendamos poseen, en general, instalaciones sanitarias completas. No obstante puede suceder que en las categorías 🏨, 🏨 y ⚲ algunas habitaciones carezcan de ellas.

30 hab **30 qto**	Número de habitaciones
🛗	Ascensor
	Aire acondicionado
TV	Televisión en la habitación
☎	Teléfono en la habitación directo con el exterior
♿	Habitaciones de fácil acceso para minusválidos
	Comidas servidas en el jardín o en la terraza
	Fitness club (gimnasio, sauna…)
	Piscina: al aire libre o cubierta
	Playa equipada — Jardín
✂ ⛳	Tenis — Golf y número de hoyos
🏛 25/150	Salas de conferencias: capacidad de las salas
🚗	Garaje en el hotel (generalmente de pago)
Ⓟ	Aparcamiento reservado a la clientela
⊗	Prohibidos los perros (en todo o en parte del establecimiento
Fax	Transmisión de documentos por telefax
mayo-octubre temp.	Período de apertura comunicado por el hotelero
	Apertura probable en temporada sin precisar fechas. Sin mención, el establecimiento está abierto todo el año
✉ 28 012 ✉ 1 200	Código postal

COMIDAS

Com 2 000 Ref 1 800	**Menú a precio fijo.** Almuerzo o cena servido horas habituales
Carta 2 450 a 3 800 Lista 1 800 a 2 550	**Comida a la carta.** El primer precio correspor una comida normal que comprende: entrada, fuerte del día y postre. El 2° precio se refiere a una comida más comp (con especialidad) que comprende: dos platos
☕ 325	Precio del desayuno

HABITACIONES

hab. 4 500/6 700	Precio de una habitación individual / precio de u habitación doble, en temporada alta
hab ☕ 4 800/7 000 qto ☕ 4 400/6 300	Precio de la habitación con desayuno incluido

PENSIÓN

PA 3 600	Precio de la pensión alimenticia (desayuno, comid y cena). El precio de la pensión completa por persona y po día se obtendrá añadiendo al importe de la habitac individual el de la pensión alimentada. Conviene concretar de antemano los precios con el hotelero.

Carlos V sin rest, Maestro Vitoria 5, ✉ 28013, ☎ 531 41 00, Telex 48547, Fax 531 37 61 – LX f
🛗 TV ☎ ♿ AE ① E *VISA* JCB ⊗
67 hab ☕ 9345/11760

Support material, Ex. K:
Transparency #4

Ex. K: 🏔 pair work

🙂 role play

Explanation, Ex. K: In the **Hotel Carlos V** entry the figures 9345/11760 represent the minimum and maximum prices for rooms without meals.

Suggestion, Ex. K: Ask for volunteers to present their dialogues to the class. You might want to offer extra credit for students who do a longer dialogue— for example, returning to the front desk to register a complaint, and then working out the problem with the desk clerk.

Contexto: El tiempo

Si piensas hacer un viaje, es buena idea consultar la sección meteorológica del periódico. Mira el mapa y lee el pronóstico del tiempo del periódico antes de hacer el ejercicio que sigue.

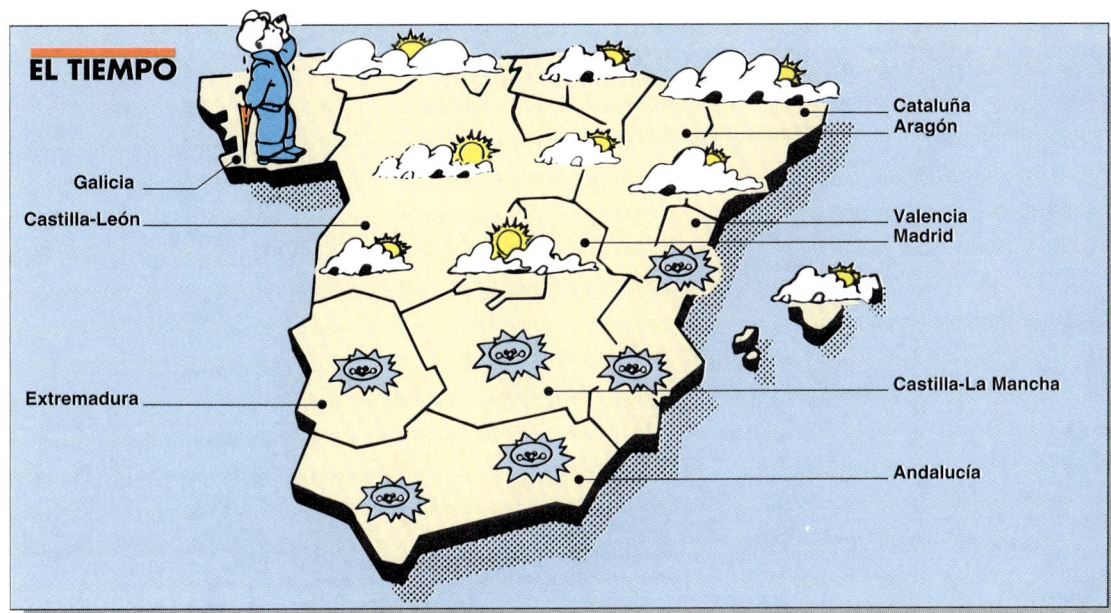

Excepto Galicia, soleado

Más lentamente de lo esperado va a **mejorar** la situación atmosférica en la mayoría de las regiones españolas, con predominio de los cielos parcialmente nubosos o despejados. Únicamente **habrá** tiempo nublado y algo inestable en Galicia y algunos intervalos nubosos frecuentes en las costas norteñas.

Andalucía. Máxima, de 22° a 26°; mínima, de 11° a 19°. **Ambiente** templado, con cielos despejados. Áreas de **marejada.**

to improve

there will be

Atmosphere
heavy seas

9

Support material, El tiempo: Transparency #5

Presentation: El tiempo

Ask students some basic content questions before moving to the exercises (i.e., **¿Hace sol o llueve en Andalucía? ¿Qué tiempo hace en Madrid?**)

Support material, El tiempo:

Suggestion, Ex. L: Before
having the students work in pairs
on Ex. L, go around the room and
ask general questions about the
information on the weather map.
This will remind students of active
vocabulary without being too con-
trolling.

Ex. L: pair work

morning

Aragón. Máxima, de 16° a 21°; mínima, de 10° a 15°. Predominio de los cielos parcialmente nubosos, con bancos de niebla **matinales** en el valle del Ebro y ambiente suave.

Castilla–La Mancha. Máxima, de 19° a 24°; mínima, de 10° a 13°. Ambiente suave, con cielos despejados y algunas neblinas matinales.

A cooling off

Castilla–León. Máxima, de 17° a 21°; mínima, de 10° a 13°. **Refrescamiento,** con intervalos nubosos, más frecuentes en las áreas montañosas, con algunas pre-cipitaciones débiles ocasionales.

Cataluña. Máxima, de 17° a 24°; mínima, de 10° a 16°. Cielos parcialmente nubosos en el norte. Predominio de los grandes claros, con bancos de niebla matinales en el resto. Marejada.

Extremadura. Máxima, de 23° a 25°; mínima, de 14° a 18°. Neblinas mati-nales, con predominio de los cielos poco nubosos o despejados y ambiente templado durante el día.

Galicia. Máxima, de 19° a 21°; mínima, de 11° a 14°. Predominio de los cielos nubosos, con frecuentes bancos de niebla matinales, ambiente suave y tiem-po algo inestable con lluvias ocasionales. Marejada.

Madrid. Máxima, de 22° a 25°; mínima, de 11° a 14°. Predominio de los cielos poco nubosos o despejados, con ambiente templado y agradable durante el día. Neblinas y fresco nocturno y matinal.

dry

Valencia. Máxima, de 23° a 25°; mínima, de 15° a 17°. Tiempo **seco** y cielos poco nubosos o despejados, con ambiente muy templado durante el día y nieblas matinales. Marejadilla.

¡Aquí te toca a ti!

Learning Strategies:

*Expressing weather
conditions in the imme-
diate future, expressing
preferences*

**Critical Thinking
Strategies:**

*Associating clothing
choices with weather,
seeing cause-and-effect
relationships*

L. *¿Qué tiempo va a hacer mañana?* Trabajando con un(a) compañero(a), imagínense que estén viajando en España. Estudien el mapa meteorológico de España y la información que lo acompaña en las páginas 9 y 10. Cada persona escogerá tres regiones distintas que le interesan visitar. Hablará del tiempo que va a hacer en cada lugar y entonces preguntará a su compañero(a) qué ropa conviene llevar bajo las condiciones que describe en cada una de las tres regiones. Entonces, su compañero(a) escogerá tres regiones, preguntando qué ropa conviene lle-var allí. Usen las expresiones *va a hacer…* y *va a estar…* (i.e., *"Va a hacer sol; Va a hacer frío"*; etc. y *"Va a estar nuboso".)* en sus descripciones y *"La temperatura está a* + **grados"** al hablar de la temperatura.

10

Estos estudiantes de Madrid están celebrando el cumpleaños de una amiga.

Support material, Vamos a hacer planes: Teacher Tape /CD Track #3

Presentation: Vamos a hacer planes

Have students listen to the dialogue a few times and answer some basic content questions.

Ex. M: groups of three

Suggestion, Ex. M: Ask students what else they would add to the list (formal/informal, party theme, door prizes, music, etc.).

Contexto: Vamos a hacer planes

—¿Qué vas a hacer el sábado por la noche?
—No sé. ¿Qué quieres hacer tú?
—Podemos ir al cine.
—Si tú quieres… Pero yo… pues yo prefiero organizar una fiesta.
—De acuerdo. ¡Buena idea! ¿Dónde vamos a tener la fiesta?
—Pues, en mi casa. ¿Qué te parece? Yo invito a algunos amigos y tú compras algo para beber y comer.
—De acuerdo. ¿A qué hora va a comenzar?
—A las ocho.
—¿Tú tienes muchos discos compactos y cintas? Todos podemos bailar.
—¡Claro que sí! Bueno, adiós. Hasta el sábado.

Learning Strategy:

Reading for vocabulary in context

¡Aquí te toca a ti!

M. *Una fiesta para la clase de español*   Con la ayuda de dos amigos, organiza una fiesta para la clase. Decidan:

- dónde van a tenerla.
- el día.
- la hora.

- qué refrescos y comida van a servir.
- qué actividades prefieren.

Learning Strategies:

Making plans, expressing preferences, negotiating

11

Ex. N: groups of four or more

Ex. O: groups of three

N. *El fin de semana pasado*   In groups of four or more, discuss the way you spent last weekend, looking for the similarities and differences among you. Discuss your leisure-time activities, your responsibilities, where and with whom you had your meals, and what the weather was during your different activities. Be careful to distinguish between which verbs you use in the preterite tense and which verbs you use in the imperfect tense. Among you, find (1) three elements you all had in common; (2) one thing that only one of you did; (3) the one most interesting activity someone did; (4) the one most interesting responsibility someone had; (5) the most prevalent weather condition when you were having fun; (6) one food you all ate; and (7) one food that only one of you ate.

O. *Un lugar que yo conozco*   Tell the members of your group about a city or another state or country you have visited and know well. Tell when you last went to this place, what mode(s) of transportation you used, what the place visited was like, what you did there, whom you visited and/or met, how the weather was, etc. Be sure to use the preterite and the imperfect appropriately when you talk about the past.

Among you, find (1) two elements that all of your trips have in common; (2) one unique element that only one of you experienced; (3) the location visited that is the farthest away; and (4) the one visit that had the most "extreme" weather conditions during your trip.

Lectura: *Andalucía y los andaluces*

Las ocho provincias andaluzas forman la región más extensa de España. Los primeros habitantes de la región, entre los años 750 y 500 antes de Cristo, fueron de la antigua civilización de los tartesios. Tuvieron contacto comercial con otros grupos como los fenicios y griegos hasta que los cartagineses los dominaron. Más tarde llegaron los romanos. Bajo ellos, aumentó la producción de trigo, vinos y metales en la región.

Los árabes invadieron el sur de España en el año 711 y nombraron el territorio "Al Andalus". Llegó a ser un brillante centro del Islam durante muchos siglos. Todavía es evidente la influencia árabe en la arquitectura, la artesanía, la comida y los nombres de Andalucía.

Cuando pensamos en el folklore andaluz, pensamos inmediatamente en el arte flamenco, una expresión cultural rica y variada en su música, canciones y bailes. El plato andaluz más conocido es el gazpacho, del que existen innumerables variedades. Otro plato típico es el pescado frito.

12

Cultural Expansion

The Arabs controlled parts of Spain for over seven centuries, ceding their last stronghold in Granada **(La Alhambra)** to the Spanish in 1492. Their lives and culture intertwined with those of the Christians and Jews even though they maintained separate religions. Their official expulsion was ordered by the Spanish at the end of the fifteenth century. Arab influence is still very much present in modern-day Spain in family lineage, art and architecture, customs, agricultural techniques, recipes, and in the Spanish language itself.

Comprensión

P. *Lo que yo sé sobre Andalucía*   Usa el mapa en la página 9, la información que dan Margarita y Esteban en las páginas 1 y 2 y la lectura en la página 12 para hablar un poco en español de lo que ya sabes de los siguientes temas.

1. la posición geográfica de Andalucía
2. los primeros grupos que vivieron en la península
3. unas atracciones turísticas
4. la influencia árabe
5. el folklore andaluz
6. la comida

Learning Strategies:

Reading for cultural information, reading for main ideas, reading for details

Suggestion, Ex. P: This activity could be done individually or in pairs.

Answers, Ex. P: 1. el sur de España   2. los tartesios, los fenecios, los griegos, los cartagineses, los romanos, los árabes   3. la arquitectura, la artesanía, el flamenco   4. la arquitectura, la artesanía, la comida, los nombres   5. el arte flamenco   6. el gazpacho, el pescado frito

Support material, Capítulo preliminar, primera etapa: Lab Manual listening activities, Laboratory Program, Tapescript, and Teacher's Edition of the Workbook/ Lab Manual

Los jardines del Generalife

13

Presentation: ¿Qué haces tú de costumbre?

Point out Chile and its capital on the map.

Students will be able to use these monologues as models when they speak about their own daily routines and leisure-time activities.

Possible questions:

1. Where was Norma born?
2. Where does she live now?
3. At what time does Norma get up? 4. What does she do after school? 5. What does she have for breakfast?

1. ¿Dónde nació Norma?
2. ¿Dónde vive ahora? 3. ¿A qué hora se levanta Norma?
4. ¿Qué hace después de la escuela? 5. ¿Qué come para el desayuno?

Cultural Expansion

Chile extends along the western edge of the South American continent for 4,200 km and has a width that varies from 90 km to 445 km. Its mountains are part of the Andean chain that provides spectacular peaks and valleys, as well as dense forests, winding rivers, and beautiful lake areas. Because of its enormous length, Chile has a very diversified climate.

Support material, ¿Qué haces tú de costumbre?: Teacher Tape/CD Track #4

SEGUNDA ETAPA

¿Qué haces tú de costumbre?

Learning Strategies:

Reading for cultural information, reading for vocabulary in context

Me llamo Norma Bravos Oñate y vivo en Viña del Mar, Chile. Nací en Santiago, la capital de nuestro país, pero ahora mi familia y yo vivimos en Viña del Mar. Todos los días tengo la misma rutina: me levanto a las 6:30, me baño y me visto. Para el desayuno tomo jugo de naranja y como pan tostado y mermelada.

Generalmente, salgo a la escuela a las 7:30. Después de mis clases trabajo en la farmacia de mi papá. Soy una dependienta. Me gusta el trabajo porque es interesante y variado.

Todos los días llegan clientes que necesitan de todo. Algunos traen recetas del médico y mi padre tiene que atenderlos. También llegan otros con catarro o la gripe. Generalmente yo les vendo aspirinas, gotas para los ojos o la nariz, pastillas para la garganta o antihistamínicos.

Raramente estoy enferma, pero hoy no fui a la escuela porque tengo un poco de fiebre. Mi papá dice que no es muy grave, pero me siento verdaderamente mal. Tengo dolor de cabeza, estornudo sin parar y tengo

14

Etapa Support Materials

Workbook: pp. 12–20
Transparency: #6
Listening Activity masters: p. 4
Tapescript: p. 7
Teacher Tape

Quiz: Testing Program, p. 5
Chapter Test: Testing Program, p. 10

Support material: ¿Qué haces tú de costumbre?: Teacher Tape

escalofríos. Parece que tengo la gripe. Estoy un poco enojada porque voy a perder mi clase de ejercicios aeróbicos. Va a ser un día verdaderamente desagradable.

Me llamo Alejandro Gutiérrez y vivo en Santiago de Compostela, España. Normalmente en un día típico estoy muy ocupado. Por la mañana me despierto a eso de las 6:30, pero en general no me levanto hasta las 7:00. Me ducho, me afeito y me visto. Por lo general, como pan tostado y tomo un café con leche. Después me lavo los dientes y salgo para tomar el autobús un poco antes de las 8:00. Mi escuela no está lejos de mi casa, pero prefiero ir en autobús porque puedo charlar con mis amigos.

En la escuela tengo un horario bastante ocupado. Tengo cursos de alemán, inglés, historia, química, geografía y álgebra.

Después de la escuela generalmente voy a la casa de unos amigos o a la piscina. Mis amigos y yo a veces jugamos al básquetbol o vamos a jugar al fútbol. Si hace buen tiempo, me gusta ir a correr o jugar al tenis. Creo que es muy importante hacer ejercicio y estar en buena forma.

Vuelvo a mi casa a eso de las 6:30. Todos cenamos juntos entre las 7:30 y las 8:00. Hago mi tarea y si tengo tiempo miro la tele o escucho mis discos compactos. Por fin, me acuesto a eso de las 11:00.

15

Presentation: ¿Qué haces tú de costumbre? cont.

Point out Santiago de Compostela on the map. Explain the importance of the name Santiago, both for people and places, for Spanish-speaking people. Santiago, or St. James, is the patron saint of Spain. It is believed that during the long centuries that Spain fought the Moors to regain lost territory Santiago often appeared in battle to inspire Spanish warriors on to victory. Annual pilgrimages to his shrine in Santiago de Compostela have been a long-standing part of the tradition of Spanish Christians.

Possible questions:

1. Where does Alejandro live? 2. At what time does Alejandro get up? 3. What does he have for breakfast? 4. At what time does he leave his house? 5. How many classes does he have? **1. ¿Dónde vive Alejandro? 2. ¿A qué hora se levanta Alejandro? 3. ¿Qué come para el desayuno? 4. ¿A qué hora sale de casa? 5. ¿Cuántos cursos tiene Alejandro?** 1. Santiago 2. 7:00 3. pan tostado y un café con leche 4. un poco antes de las 8:00 5. seis

Ex. A: pair work

Learning Strategies:

Requesting information, providing information based on personal information, reading for details

Comprensión

A.  *Una conversación*   Alejandro y Norma hablaron de su rutina diaria en las páginas 14–15 y ahora quieren saber cómo es un día típico para ti. Uno(a) de tus compañeros hace el papel de Alejandro y otra el papel de Norma. Contesta sus preguntas. Sigan el modelo.

Modelo: **Alejandro:** Generalmente me despierto a las 6:30. ¿A qué hora te despiertas tú?
          Tú: *Yo me despierto a eso de las 7:00.*

1. **Alejandro:** Yo vivo en Santiago de Compostela. ¿Dónde vives tú?
2. **Norma:** Yo nací *(I was born)* en Santiago. ¿Dónde naciste tú?
3. **Alejandro:** Antes de ir a la escuela, yo me ducho, me afeito, me visto y como algo. ¿Qué haces tú antes de ir a la escuela?
4. **Alejandro:** Yo tomo el autobús para ir a la escuela. ¿Cómo vas tú a la escuela?
5. **Alejandro:** Para el desayuno yo como pan tostado y tomo un café con leche. ¿Qué comes y tomas tú?
6. **Norma:** Por la tarde yo trabajo en la farmacia de mi padre. ¿Trabajas tú? ¿Qué haces?
7. **Norma:** Raramente estoy enferma. ¿Cuánto tiempo hace que estuviste enfermo(a)? ¿Qué tenías?
8. **Alejandro:** Me gustan mucho los deportes. ¿Te gustan los deportes? ¿Qué deportes practicas?
9. **Norma:** Tres veces por semana yo voy a una clase de ejercicios aeróbicos. ¿Haces ejercicios aeróbicos también?
10. **Alejandro:** Yo estoy muy ocupado durante mi tiempo libre. ¿Qué te gusta hacer durante el fin de semana cuando tienes tiempo libre?

Reflexive verbs

Verbs may be used reflexively to express two different meanings. They may express:

1. an action that reflects back on the subject.
    Yo **me lavo.**   I *wash (myself).*
    Ella **se levanta.**   She *gets up.* (Literally: *She gets herself up.*)

16

2. an action in which two or more subjects interact.

Nosotras **nos reunimos** por la tarde.	We *get together* in the afternoon.
Ellas **se miran.**	They *look at each other*.

In both cases, the subject (noun or pronoun) is accompanied by the corresponding reflexive pronoun **(me, te, se, nos, os, se).** When the verb is conjugated, the reflexive pronoun precedes it.

Yo **me levanto** temprano todos los sábados.

When the verb is an infinitive, the reflexive pronoun usually is attached to it.

Mañana **tengo que levantarme** a las 5:30.

In a command, the reflexive pronoun is attached to the verb if the command is affirmative.

¡Levántate ahora mismo!

The reflexive pronoun precedes the verb if the command is negative.

¡No **te levantes!**

Notice how the following reflexive verbs are used in various tenses.

Present tense:	Él **se afeita.**
Immediate future:	Él **va a levantarse** a las 7:00.
Preterite:	Él **se acostó** tarde anoche.
Imperfect:	Nosotros siempre **nos levantábamos** tarde.
Imperative:	**Levántate** ahora mismo.
	No **te levantes.**

Here are some of the most commonly used reflexive verbs:

acostarse
afeitarse
bañarse
desayunarse
dormirse
ducharse
encargarse
encontrarse con
lavarse
lavarse los dientes
levantarse
llamarse
maquillarse
mirarse
moverse
ocuparse de
peinarse
ponerse
quedarse
quitarse
reunirse
sentarse
servirse
vestirse

B. *Un día típico*   Di a qué hora haces lo siguiente. Usa el presente de los verbos indicados. Sigue el modelo.

Modelo: despertarse
Yo me despierto a las 6:00.

1. despertarse
2. levantarse
3. ducharse
4. desayunarse
5. lavarse los dientes
6. afeitarse o maquillarse
7. acostarse
8. dormirse

Learning Strategy:
Providing personal information

17

Presentation:
Repaso

Enumerate for students what you usually do in the morning (present tense). Then ask about their routine. Tell them what you did this morning and follow up with personalized questions (preterite). Continue the same patterns talking about next weekend (not a school day), using the immediate future.

Suggestion, Ex. B: This activity could be written or it could be done in pairs, interview style.

Answers, Ex. B: 1. Yo me despierto a las... . 2. Yo me levanto a las... . 3. Yo me ducho a las... . 4. Yo me desayuno a las... . 5. Yo me lavo los dientes a las... . 6. Yo me afeito (me maquillo) a las... . 7. Yo me acuesto a las... . 8. Yo me duermo a las... .

Reteaching, Ex. B: Write out these verbs on cards and have students arrange them in chronological order on the board (possibly under times/clocks you have already written/drawn). Students can stand beside a verb and act it out.

Ex. C: pair work

Suggestion, Ex. D: This activity could be written or done in pairs.

Answers, Ex. D: Students substitute the cues following the model, using these forms of the verbs: 1. me despierto / me desperté 2. me levanto / me levanté 3. me desayuno / me desayuné 4. me ducho / me duché 5. me pongo / me puse 6. me encuentro con / me encontré con 7. me acuesto / me acosté 8. me duermo / me dormí

Ex. E: pair work

Suggestion, Ex. E: Have students try to think of positive and negative aspects of changing their normal routines for vacation days.

Presentation: Repaso

Ask students *either/or* questions: **¿Es el libro nuevo o viejo? ¿Es química fácil o difícil?**, etc. Review the basic colors and apply the rules for adjective formation to them. Review some of the common adjectives of nationality to illustrate the rule regarding the feminine version of masculine adjectives of nationality that end in **-s**.

Learning Strategy:

Requesting and providing personal information

Learning Strategy:

Reporting based on personal information

Critical Thinking Strategy:

Comparing and contrasting

Learning Strategy:

Reporting based on personal information

Critical Thinking Strategy:

Comparing and contrasting

18

C. ¿Y tú? Usa los verbos del Ejercicio B para hacerle preguntas a un(a) compañero(a) sobre tu rutina diaria. Tu compañero(a) va a contestar tus preguntas. Sigue el modelo.

 **Modelo:** despertarse
—¿A qué hora te despiertas por la mañana?
—Me despierto a las 7:15.

D. Unas comparaciones Compara lo que hiciste el fin de semana pasado con lo que haces en un fin de semana típico. Usa los verbos indicados para decir primero lo que haces de costumbre. Después di lo que hiciste el fin de semana pasado. Sigue el modelo.

Modelo: despertarse
De costumbre me despierto a las 6:30. Pero el fin de semana pasado, me desperté a las 9:00.

1. despertarse
2. levantarse
3. desayunarse
4. ducharse
5. ponerse
6. encontrarse con
7. acostarse
8. dormirse

E. Un día de vacaciones Explícale a un(a) compañero(a) en qué se diferencia un día típico de un día de vacaciones. Usa por lo menos tres verbos reflexivos.

REPASO

The formation and use of adjectives

An adjective must agree in gender and number with the noun it modifies. Many adjectives end in **-o** if they are masculine and in **-a** if they are feminine. If the masculine form of an adjective ends in **-e**, the feminine form also ends in **-e**. To make both these types of adjectives plural, you simply add **-s**.

Juan es **alto**.
Los jugadores de básquetbol son **altos**.
El **libro** es **interesante**.
Esos **libros** son **interesantes**.

María es **alta**.
Las **norteamericanas** son **altas**.
La **lección** es **interesante**.
Esas **novelas** son **interesantes**.

Adjectives ending in **-sta** have the same ending for both the masculine and feminine forms. To make these adjectives plural, you simply add **-s.**

>**José** es **pesimista** pero **Marta** es **optimista**. Sus **hijos** son **optimistas.**

If an adjective ends in **-l, -s,** or **-z,** it keeps that ending in both the masculine and feminine forms. To make these adjectives plural, add **-es.** Notice that for adjectives ending in **-z,** the **z** changes to **c** before adding **-es.**

El **examen** es **difícil.**	Las **preguntas** son **difíciles.**
El **libro** es **gris.**	Las **faldas** son **grises.**
El **niño** es **feliz.**	Las **niñas** son **felices.**

Remember: The only exception to this rule is that when an *adjective of nationality* ends in **-s** in the masculine form, the feminine form ends in **-sa.**

El **profesor** es **francés.**	La **profesora** es **francesa.**

In Spanish, most adjectives are placed after the noun. When two adjectives modify the same noun, they are placed after the noun and connected with the word **y.**

>una escuela **grande y bonita**
>unos muchachos **inteligentes y responsables**

F. *¡Más información, por favor!*   Usa los adjetivos entre parén-tesis en las siguientes oraciones. Cuidado con las formas de los adjetivos.

1. Nosotros tenemos un perro. (pequeño)
2. Me gusta mucho la música. (moderno)
3. Yo compré unos libros. (viejo)
4. Prefiero a los actores. (inteligente)
5. No me gustan las novelas. (triste)
6. Es un hotel. (elegante)
7. Es una iglesia. (viejo)
8. Es un amigo. (ideal)
9. Es una joven. (inglés)
10. Son unos jóvenes. (extraño)

G. *¿Cómo es... ?*   Usa la siguiente lista de adjetivos para describir a uno(a) de tus parientes *(relatives)*. Sigue el modelo.

>**Modelo:**   *Yo tengo tres primos. Mi primo Jack es alto y simpático.*

Parientes: primo / prima / tío / tía / abuelo / abuela / sobrino / sobrina / hermano / hermana / padre / madre / hermanastro / hermanastra / padrastro / madrastra

Adjetivos: feo / bonito / viejo / joven / pequeño / grande / aburrido / interesante / alegre / triste / bueno / malo / divertido / extraño / opti-mista / pesimista / romántico / inteligente / tradicional / serio / sincero

Learning Strategies:

Describing based on personal information, organizing information

Ex. H:  pair work

writing

Variation, Ex. H: As a whole-class activity, have students describe a member of the class or a popular student or teacher at the school. The student who correctly identifies the person gets to do the next description.

Exs. I and J: groups of three

More-prepared students, Ex. I: Have more-prepared students write a proposal for a new television situation comedy about a family. They can describe the physical aspects of the family members as well as their personalities, and perhaps even write (and act out) the first episode.

Learning Strategies:

Describing based on visual cues, organizing information, verifying

H. Mi vecino(a) Mira con cuidado a la persona que está a tu lado. Presta atención a sus características físicas —ojos, pelo, nariz, boca, cara. Cierra los ojos y trata de describir a esta persona. Después, abre los ojos y verifica tu descripción. Sigue el modelo.

Modelo: *Mike es alto y delgado. Tiene los ojos verdes y el pelo rojo. Tiene una boca pequeña y una cara ovalada.*

Características físicas:

Ojos: azul / verde / gris / café
Pelo: rubio / negro / rojo / moreno
Nariz: grande / pequeño
Boca: grande / pequeño
Cara: redondo / cuadrado / ovalado / triangular

¿Puedes describir a este madrileño?

Learning Strategies:

Describing based on personal information, organizing information

I. Nuestros vecinos Conversa con tus compañeros sobre una familia que vive cerca de tu casa (o de tu apartamento). Primero habla de los miembros de la familia. Entonces describe las características físicas de cada persona. Finalmente, describe la personalidad de cada persona.

20

J. *Mi mejor amigo(a)*   Describe a tu mejor amigo(a). Menciona su edad, sus características físicas y su personalidad, etc. Habla también de la familia de tu amigo(a) y lo que hace para divertirse, etc. Tus compañeros pueden hacerte preguntas. Incluye en la descripción: (1) su nombre, (2) su edad, (3) el lugar donde vive, (4) las personas en su familia, (5) una descripción física y (6) una descripción de su personalidad.

Learning Strategies:
Describing based on personal information, organizing information

Critical Thinking Strategy:
Categorizing

Indirect object pronouns

Él **me** escribió una carta.
Ella **te** compró un disco compacto.
Mi mamá **me** dio un jarabe para la tos.
¿**Le** dio una receta el médico **a Juan?**

Indirect object pronouns are used to indicate what person or thing receives the direct object.

The indirect object pronouns in Spanish are

me	*to (for) me*	**nos**	*to (for) us*
te	*to (for) you*	**os**	*to (for) you*
le	*to (for) him, her, you*	**les**	*to (for) them, you*

Me gusta el español, pero no **me gustan** las matemáticas.
Hoy **me duele** la cabeza. Voy a tomar una aspirina.
Cuando corro mucho **me duelen** las piernas.

Remember that indirect object pronouns are used with certain verbs like **gustar** and **doler** and that only the third person singular and plural forms of these verbs are used, depending on whether what hurts or what you like is singular or plural.

21

Presentation: Repaso

To clarify the differences between direct and indirect objects, use various classroom items as direct objects and have students give them to each other (e.g., **Tamika le da el libro a Mike; Megan le da el cuaderno a Ernesto; Devon me da la mochila.**).

Review some of the parts of the body with the verb **doler** as you explain the uses of **duele** and **duelen.**

Review the redundant prepositional phrase of clarification that is often used with indirect object constructions, especially to clarify who **le** or **les** is.

El médico **le** dio una receta
} a Juan.
} a María.
} a Ud.
} a mi papá.
} a mi mamá.

Mi mamá **les** dio un jarabe
} a los niños.
} a las niñas.
} a mis hermanitos.
} a Uds.
} a ellos.

Remind the students that with any indirect object pronoun construction, the prepositional phrase is optional, but the pronoun is obligatory.

This redundant phrase can also be used with **me, te, nos,** and **os** in order to add emphasis. **El médico** *me* **dio** *a mí* **una receta. No** *te* **dio una receta** *a ti.* **El médico** *nos* **dio una receta** *a nosotros.* **No** *os* **dio una receta** *a vosotros.*

If you go over this with your students, remind them of the special pronouns that are needed for the first and second person singular, i.e., **mí** and **ti.**

Ex. L:  groups of four or more

Cultural Observation

Tell students about the significance of the "green cross," (the universal symbol for pharmacies). Ask them if we have a similar symbol here. Point out to them that the symbol used in the U.S. comes from the Latin word *recetam,* meaning prescription, from which Spanish gets the word **receta.**

K. *El médico le dio la medicina a…* Indica a quién le dio el médico cada cosa. Sigue el modelo.

Modelo: el jarabe / Mario
El médico le dio el jarabe a Mario.

1. la medicina / Laura
2. el jarabe / mis hermanos
3. el antibiótico / nosotros
4. la receta / mi mamá
5. las gotas para los ojos / yo
6. las aspirinas / mis primos
7. el antihistamínico / Ud.
8. las pastillas / mi padre

L. *¿Qué te duele?* Pregúntales a varios compañeros de clase si les duele alguna parte del cuerpo. Sigue el modelo.

Modelo: la muñeca / la espalda
—*¿Te duele la muñeca?*
—*No, no me duele la muñeca. Me duele la espalda.*

1. el tobillo / los pies
2. los ojos / la cabeza
3. la espalda / las piernas
4. las orejas / el brazo
5. la rodilla / la garganta
6. el hombro / las piernas

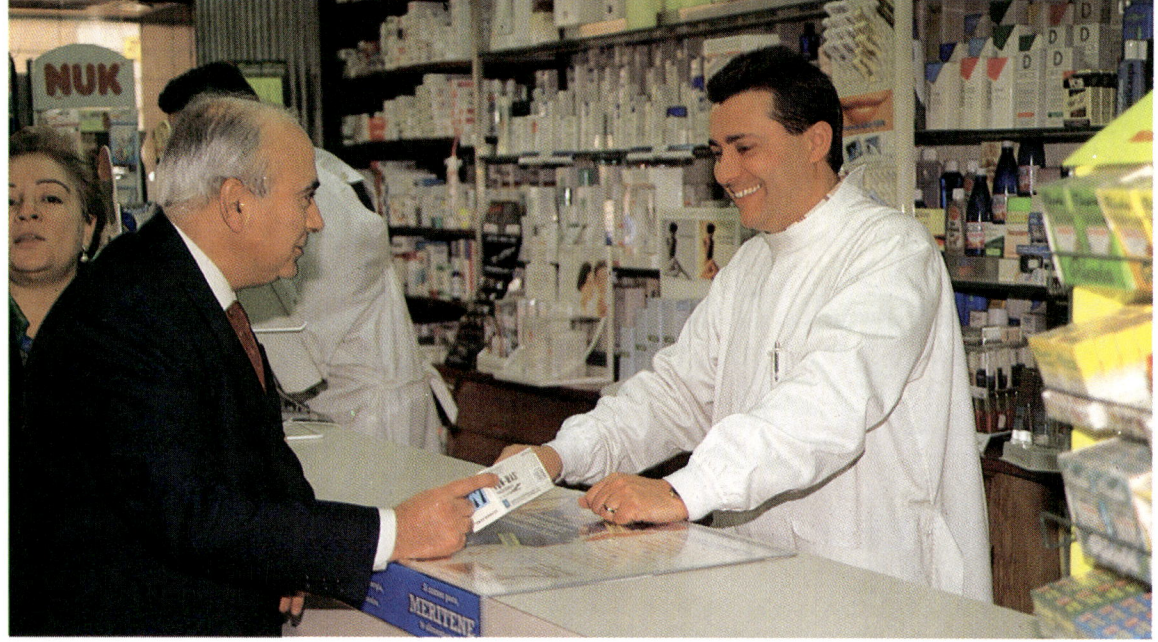

¿Tiene algo para la tos y el dolor de garganta?

22

M. *¿Qué te da tu mamá o tu papá cuando... ?* Pregúntales a varios compañeros de clase lo que les da su mamá o su papá cuando están enfermos o tienen otros problemas. Escoge tres de los problemas en la lista de sugerencias y hazles la entrevista a tres compañeros diferentes para cada problema.

Sugerencias: la gripe, un catarro, un dolor de cabeza (estómago, etc.), una alergia

Prepara una lista de tus resultados. Entonces, decide (1) cuál es el remedio más popular y (2) cuál es el más interesante.

Contexto: En la farmacia

—Buenos días, señor. ¿En qué puedo servirle?
—Creo que tengo gripe. Toso sin parar, tengo dolor de garganta y también tengo un poco de fiebre.
—Pues, parece que es un resfriado.
—¿Tiene Ud. algo para la tos?
—Claro que sí. Le voy a dar un jarabe para la tos y unas pastillas para el dolor de garganta.
—Muchas gracias. ¿Puede darme unas aspirinas también?
—Aquí tiene, señor. Descanse y beba agua y jugo de naranja.

¡Aquí te toca a ti!

N. *Estoy enfermo(a).* No te sientes bien y necesitas medicinas. Ve a la farmacia y explícale al (a la) farmacéutico(a) tus síntomas. Tu compañero(a) de clase va a hacer el papel del (de la) farmacéutico(a) y va a sugerirte medicinas (aspirinas, gotas, pastillas, antihistamínicos, jarabe, etc.).

Learning Strategies:

Interviewing, taking notes, compiling information, reporting results

Critical Thinking Strategies:

Analyzing, evaluating

Learning Strategy:

Reading for vocabulary in context

Learning Strategies:

Organizing information, describing, recommending

Critical Thinking Strategies:

Imagining, making associations, seeing cause-and-effect relationships

23

Ex. M:  groups of four or more

Support material, En la farmacia: Teacher Tape /CD Track #5

Presentation: En la farmacia

Possible questions: 1. What are the client's symptoms? 2. What does the woman give to the client? 3. For which symptoms? 4. What else does the client ask for? 5. What advice does the woman have for him?

1. ¿Cuáles son los síntomas del cliente? 2. ¿Qué le da la señorita al cliente? 3. ¿Para qué síntomas? 4. ¿Qué más pide el cliente? 5. ¿Qué consejos le da la señorita?

Ex. N: pair work

role play

Less-prepared students, Ex. N: Have less-prepared students write down their symptoms and what remedies they are interested in. The student playing the pharmacist role can take the list and work from there.

Support material, *Un pequeño accidente:*

Teacher Tape /CD Track #6

Presentation: Un pequeño accidente

Possible questions:

1. Where did Felipe cut himself?
2. When did he twist his ankle?
3. When did he hurt his knee?
4. When did he break his arm?

1. ¿En qué parte del cuerpo se cortó Felipe? 2. ¿Cuándo se torció el tobillo? 3. ¿Cuándo se lastimó la rodilla? 4. ¿Cuándo se rompió el brazo?

Ex. O: groups of three

Support material, Comemos bien: Teacher Tape

Presentation: Comemos bien

Possible questions: 1. What does the teacher say they will be discussing in class today? 2. What does the girl say is good for your health? 3. Which are some of the foods that the students say aren't good for your health? 4. What does the teacher say we should eat?

1. ¿Qué dice la profesora que van a discutir en clase hoy? 2. ¿Qué dice la muchacha que es bueno para la salud? 3. ¿Cuáles son algunas de las comidas que no son buenas para la salud? 4. ¿Qué dice la profesora que debemos comer?

Ex. P: pair work

Learning Strategy:

Reading for vocabulary in context

Learning Strategies:

Reporting in the past, organizing information

Critical Thinking Strategies:

Comparing and contrasting, evaluating

Learning Strategy:

Reading for vocabulary in context

Learning Strategies:

Reporting based on personal information, expressing past time, recommending

Critical Thinking Strategies:

Categorizing, evaluating

Contexto: Un pequeño accidente

—¡Ay, ay, ay, Felipe! ¿Qué te pasó?

—No es nada, mamá. Me corté el dedo, es todo.

—¡Tienes que tener más cuidado! Tú tienes accidentes constantemente.

—Sí, sí, sí, yo sé. Pero los accidentes nunca son serios.

—De acuerdo, pero siempre me asusto *(I get frightened)* cuando tienes un accidente. La semana pasada te torciste el tobillo cuando jugabas al fútbol. El mes pasado te lastimaste la rodilla en tu clase de gimnasia. Y hace tres meses te rompiste el brazo cuando andabas en tu bicicleta. ¡No me parece muy normal!

—Sí, sí, sí, yo sé. ¡Pero por lo menos nunca estoy enfermo!

¡Aquí te toca a ti!

O. *Mi propio accidente* Habla con tus compañeros de clase sobre un accidente que tú o un(a) amigo(a) tuvo. Incluye los detalles —¿qué pasó y qué te lastimaste?— (1) Encuentra dos cosas que tienes en común con un(a) compañero(a) de clase sobre unos accidentes que describen y entonces (2) decide lo más especial de todos sus accidentes.

Contexto: Comemos bien

La profesora:	Hoy vamos a hablar de las comidas que son buenas y malas para la salud. ¿Quién comienza?
Ángela:	Yo. Como muchos vegetales. Los vegetales son buenos para la salud.
La profesora:	Tienes razón, Ángela. ¿Y tú, Marcos?
Marcos:	Mi mamá dice que la sal no es buena para la salud. Ella no usa la sal cuando prepara nuestras comidas.
La profesora:	Tu mamá tiene razón.
Alberto:	Sí, y no es bueno comer mucha carne roja, y debemos comer menos dulces…
La profesora:	Es verdad, Alberto. Es mejor comer pescado o pollo. Y si queremos mantener la salud, no debemos comer muchos postres. Creo que Uds. saben muy bien la importancia de la comida apropiada.

¡Aquí te toca a ti!

P. *Lo que como de costumbre y lo que comí ayer* Habla con uno(a) de tus compañeros de clase sobre las comidas que comes de

24

costumbre, mencionando la categoría de comida cada vez. Después habla de lo que comiste ayer que está en la misma categoría. Tus compañeros van a decir si las comidas que comiste son buenas o malas para la salud y si deciden que son malas, van a recomendar algo mejor. Sigue el modelo.

Modelo:

Tú: *Generalmente yo como algo dulce todos los días. Ayer, comí chocolate.*
Estudiante 1: *El azúcar no es bueno para la salud. Es mejor comer fruta.*

Q. *Mi vida diaria* Habla con tus compañeros de tu rutina diaria. Habla de las cosas que comes, tus actividades preferidas y la gente con quien hablas. Tus compañeros van a hacerte preguntas para saber más detalles.

Learning Strategies:

Requesting and providing information, active listening, analyzing information

R. *Durante las vacaciones...* Ahora explícales a tus compañeros cómo cambia tu rutina durante las vacaciones. También menciona lo que comes cuando estás de vacaciones.

Learning Strategies:

Providing information, organizing ideas

Critical Thinking Strategy:

Comparing and contrasting

Contexto: El verano pasado

—¿Qué tal tu viaje a Costa Rica?
—¡Estupendo! Fui a visitar a mis primos y me llevaron a muchos lugares interesantes.
—¿Ah sí? ¿Qué hicieron?
—Pues, acampamos en un parque nacional por tres días y allí montamos en bicicletas, nadamos en el mar, corrimos en la playa y caminamos hasta la cima de un volcán. ¿Y adónde fuiste tú?
—Yo fui a San Francisco por dos semanas. Visité a un amigo que me enseñó a hacer windsurfing. ¡Es divertidísimo! Y fuimos a varias discotecas y a varias tiendas.
—¡Qué bien!

Learning Strategy:

Reading for vocabulary in context

¡Aquí te toca a ti!

S. *Un viaje interesante* Habla con uno(a) de tus compañeros de clase sobre un viaje que hicieron durante las vacaciones del verano pasado. Háganse preguntas para saber detalles sobre las actividades que hicieron.

Learning Strategies:

Requesting and providing information, narrating in the past

25

Exs. Q and R: groups of three

Presentation: El verano pasado

Support material, El verano pasado: Teacher Tape /CD Track #8

Possible questions:

1. Where was the first vacation, and who did they visit? 2. What did they do while they were there? 3. Where did the second person go, and for how long? 4. What did they do while they were there?

1. ¿Adónde fue la primera persona, y a quién visitó? 2. ¿Qué hizo durante su visita? 3. ¿Adónde fue la segunda persona, y por cuánto tiempo? 4. ¿Qué hizo mientras estaba allí?

Ex. S: pair work

Learning Strategy:

Reading for vocabulary in context

Contexto: Deportes populares

—¿Quién ganó el partido de básquetbol anoche?
—Pues, nuestro equipo ganó otra vez.
—¡Muy bien! ¿Jugaste mucho tú?
—Sí, jugué casi todo el partido y anoté 20 puntos, fíjate.
—¡Oye, qué bien! ¡Felicidades!
—¿Por qué no fuiste tú al partido?
—Ah, porque Raúl y yo conseguimos boletos para ver un partido de fútbol americano: los "Jets" de Nueva York contra los "Dolphins" de Miami.
—¡No me digas! Vi en el periódico que ganaron los "Jets."
—Sí, ganaron en el último minuto del partido.
—¡Qué suerte!

Learning Strategies:

Requesting and providing personal information, narrating in the past, expressing preferences, supporting an opinion

¡Aquí te toca a ti!

T. Yo prefiero... Habla con un(a) compañero(a) de clase sobre un partido de básquetbol o de fútbol americano. Háganse preguntas para saber los detalles: cuándo fue, dónde fue, quiénes jugaron, quién ganó, etc. También mencionen cuál de los dos deportes prefieren y por qué.

Como una lluvia de flores, cada año millones de mariposas migran a México.

Lectura: Las mariposas monarcas de México

La migración anual de millones y millones de mariposas monarcas es uno de los fenómenos más impresionantes de la naturaleza. Durante el invierno estas mariposas vuelan dos meses y más de 2.500 millas desde muchas partes de los Estados Unidos y Canadá a una región montañosa en el sur de México. Es una migración que, según los científicos, es única en el mundo de los insectos. Los científicos todavía no han podido explicar el misterio de cómo las mariposas saben adónde tienen que ir ni cómo llegan allí, ya que ninguna de estas mariposas ha volado anteriormente por esa ruta.

26

Se cree que desde hace siglos estas mariposas hacen esta migración a México porque en el arte de los indios precolombinos encontramos representaciones de monarcas y otras mariposas. Por ejemplo, el dios de la primavera, Xipe Totec, es representado con una mariposa monarca en los labios. Pero es curioso que el área adonde migran —mide 30 por 50 millas— no fue descubierta por los científicos hasta mediados de la década de los años 1970. Kenneth Brugger, un norteamericano que vivía en México, y Fred Urquhart, un biólogo canadiense, fueron los dos científicos que encontraron ese lugar con la ayuda de la gente que vivía cerca de allí.

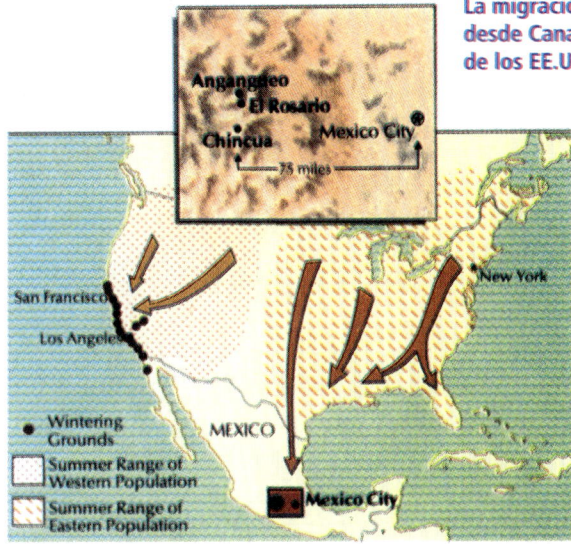

La migración de las mariposas desde Canadá y el este de los EE.UU. a México

Comprensión

U. *Las mariposas que migran a México* Answer the following questions about the reading on pages 26–27. You may answer in English.

Learning Strategies:

Reading for main ideas, reading for details

1. In general, what is the reading about?
2. When do these insects return to Mexico?
3. What is still a mystery for scientists?
4. How do we know that the migration has been going on for centuries?
5. Who is Xipe Totec? Why is he significant?
6. How big is the area to which the butterflies migrate?
7. When was the place to which the butterflies migrate discovered?
8. What are the nationalities of the two scientists who discovered the place?

27

Answers, Ex. U: 1. the migration of the monarch butterfly 2. every winter   3. how the butterflies know the route never having migrated before   4. Indian art 5. the god of spring; he is represented with a monarch butterfly on his lips.   6. 30 by 50 miles 7. in the 1970s   8. American and Canadian

Support material, Capítulo preliminar: Lab Manual listening activities, Laboratory Program ⌒, Tapescript, and Teacher's Edition of the Workbook/Lab Manual

Support material, Capítulo preliminar: Lab Manual Ya llegamos listening activities, Laboratory Program ⌒, Tapescript, and Teacher's Edition of the Workbook/Lab Manual

Unit Organization

Throughout *¡Ya verás!* Level 3, all units end with an **Expansión cultural.** This section offers cultural readings or information in a visual presentation along with follow-up exercises.

Cultural Observation

Have students comment on the fashion demonstrated in the photos on pages 29 and 30. What different types of clothing do they represent?

Cultural Brainstorming

After students have compared the two photos, ask them what they think the American equivalents are for traditional and contemporary clothing. Do they think that styles change from region to region in the U.S.? Why, or why not? Have students evaluate the role of the mass media in determining a national versus a regional style of dress.

Spanish speakers, ¿Qué ves?: Have Spanish speakers talk about traditional dishes from the country where their family originated.

¿Qué ves?

» ¡Te gusta la comida mexicana? ¿Cuáles son tus platos preferidos

» ¡Sabes lo que es una paella? ¿Qué ingredientes tiene?

» ¡Sigues la moda? ¿Qué tipo de ro prefieres?

OBJECTIVES

IN THIS UNIT YOU WILL LEARN:

■ **T**o name and describe articles of clothing and kinds of shoes;
■ **T**o make purchases in clothing and shoe stores;
■ **T**o ask for and give information about clothing and shoes;
■ **T**o read a menu and order a meal in a restaurant;
■ **T**o understand a recipe;
■ **T**o understand cultural aspects of the foods of the Hispanic world.

28

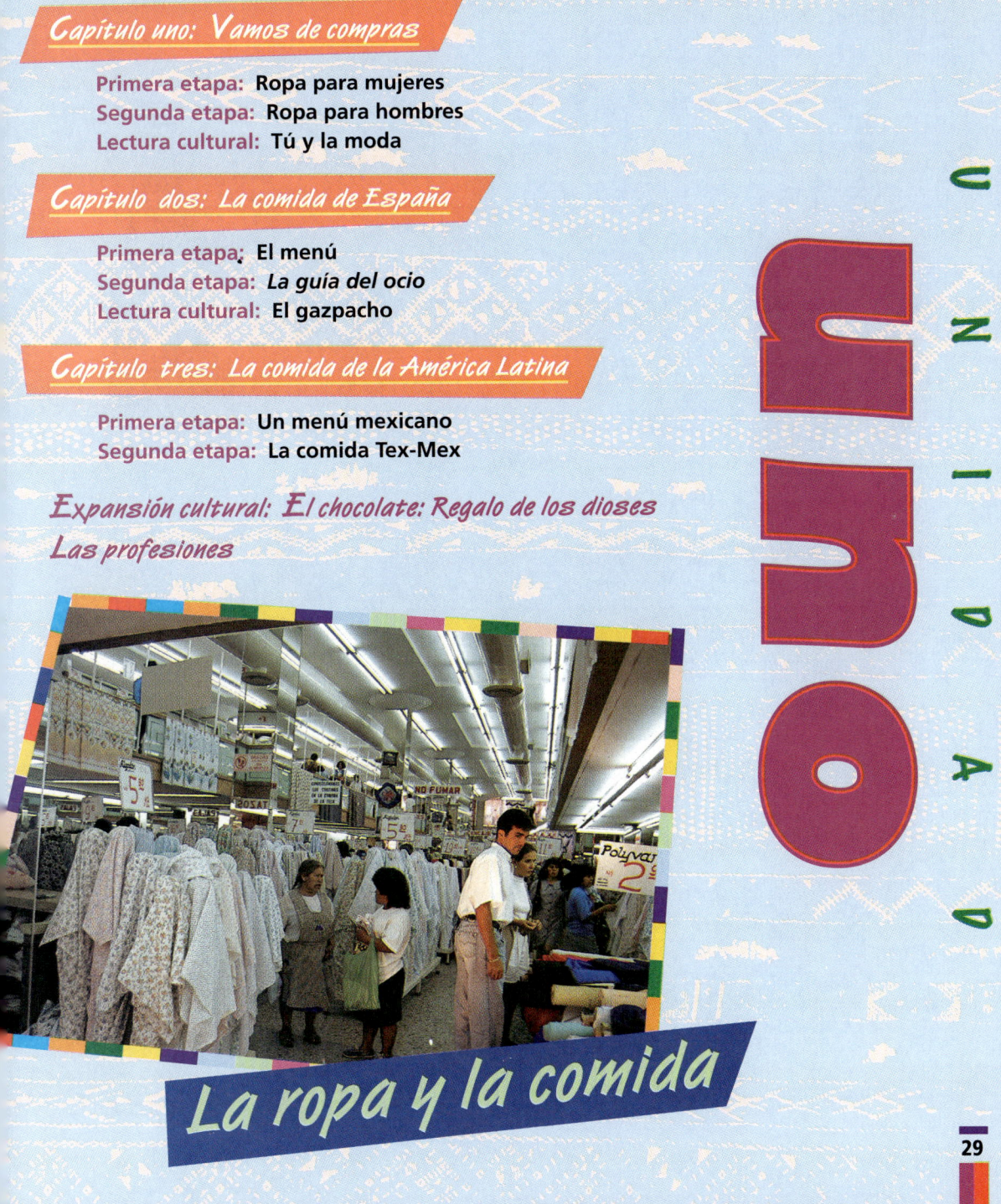

Capítulo uno: Vamos de compras

Primera etapa: **Ropa para mujeres**
Segunda etapa: **Ropa para hombres**
Lectura cultural: **Tú y la moda**

Capítulo dos: La comida de España

Primera etapa: **El menú**
Segunda etapa: *La guía del ocio*
Lectura cultural: **El gazpacho**

Capítulo tres: La comida de la América Latina

Primera etapa: **Un menú mexicano**
Segunda etapa: **La comida Tex-Mex**

Expansión cultural: El chocolate: Regalo de los dioses
Las profesiones

La ropa y la comida

UNIDAD

uno

29

Video/Laserdisc

Mosaico cultural: *Images from Spanish-speaking Cultures* is a series of ten-minute programs that provide students and teachers with cultural facts, acts, and attitudes for better understanding the ways of other people. A number of the themes coincide with those in Level 3 of *¡Ya verás!*. In the "Introduction" to the series, detailed suggestions are provided as to how to make the best use of these programs with viewers who are at various stages of language acquisition.

Additional suggestions appear in an accompanying Guidebook. It also contains previewing exercises, the scripts of the narrator's text, and transcriptions of the commentary of the various speakers in each program.

Guidance for differentiating between programs (from easier to more challenging) is indicated by the following codes:
∂ = in English
′ = easiest
″ = more challenging
‴ = most challenging
Beyond the thirteen programs for *¡Ya verás!*, additional programs may be ordered from Heinle and Heinle Publishers.

Video/Laserdisc

Mosaico cultural: "Millones en el mercado," "Ricos sabores"
Mosaico cultural Video Guide

Planning Strategy

If you do not assign the Planning Strategy (Workbook, p. 21) for homework, or if students have difficulty coming up with English expressions, you might try asking several students to role play various situations in English: two friends talking about clothes they like and dislike, a salesperson and customer in a clothing store, and a waiter/waitress and restaurant customer. After each response, point out the expressions used and ask the class to suggest other possibilities.

Functions: Describing women's and men's clothing; purchasing clothing

Context: Department stores; clothing stores

Accuracy: Double object pronouns and their positions with infinitives, present participles, and commands; **le** and **les** with direct object pronouns

Cultural Brainstorming

The students pictured are wearing contemporary clothing. In a few years, however, the styles will change and these items will appear dated. Have students think of past decades and what items of fashion they associate with them: the '50s (saddle shoes, poodle skirts, cardigans, letter jackets); the '60s (tie-dyed clothing, sandals, beads, miniskirts, bell-bottom pants); the '70s (disco fashion, synthetic fabrics, wide-leg pants, leisure suits), the '80s (parachute pants, pants and jackets with lots of zippers, big shoulder pads, the return of miniskirts), etc.

CAPÍTULO 1

VAMOS DE COMPRAS

—¿Te gusta esta tienda?
—No, no es mi tipo de ropa.

Objectives:

>> **D**escribing women's and men's clothing
>> **P**urchasing clothing

Strategies:

>> **R**eporting
>> **P**roviding information
>> **V**erifying
>> **A**nalyzing
>> **C**reating

30

PRIMERA ETAPA

Preparación

>> ¿**T**e gusta comprar ropa nueva?

>> ¿Qué artículos de ropa sabes decir en español?

/*/*/*/*/*/*/*/*/*/*/

Learning Strategy:
Previewing

LAS PRENDAS DE VESTIR

Ropa para mujeres

Las prendas de vestir:
Articles of clothing

el sombrero
los pantalones cortos
el chaleco
la camiseta
el cinturón
el traje de baño
los vaqueros
las botas
el abrigo
las sandalias
el pañuelo
la blusa
el vestido
los pantalones
la falda
las medias
los zapatos
los zapatos de tacón

31

Presentation: Ropa para mujeres

Identify the clothing that the girls in the class and you (if you are a woman) are wearing. Your list may include some items that are not listed here, but are introduced in the next **etapa**.

Additional vocabulary:

camisa de manga corta
camisa de manga larga

Review of the basic colors:

azul
amarillo
rojo
verde
violeta
marrón or **café**
negro
anaranjado
blanco

Spanish speakers, Ropa para mujeres: Ask Spanish speakers for variations in vocabulary of the clothing items that are introduced here or other items that have not been listed here (e.g., **poncho, rebozo,** etc). Although they may know how to pronounce these variations, many may have never seen how they are written. Help them with the spelling of these variations by writing them on the board or overhead. Don't forget to remind them about the **c** in **cinturón**, the **z** in **zapatos**, and the **v** in **vaqueros, vestido.**

Etapa Support Materials

Workbook: pp. 22–31
Transparencies: #7, #7a, #8
Teacher Tape
Quiz: Testing Program, p. 15

Support material, **Ropa para mujeres:**
Transparencies #7, #7a

Vocabulary Activities

The **¡Aquí te toca a ti!** activities practice the new vocabulary in each **etapa**.

Support material, Ex. A:
Transparency #8

Variation, Ex. A: If you have a talented artist in the class, have him or her draw the items on a transparency while the class guesses the names of the pieces of clothing.

Answers, Ex. A: 1. Sara lleva unos pantalones, un cinturón y un suéter.   2. Lisa lleva un vestido y un sombrero.   3. Ana María lleva una falda, una blusa y un saco (una chaqueta).   4. Silvia lleva un vestido, un pañuelo y unas medias. 5. Diana lleva unos pantalones cortos, una camiseta y un chaleco.

Ex. B: groups of three

Suggestion, Ex. B: Be sure that each group has both boys and girls in it.

¡Aquí te toca a ti!

A. ¿Qué llevan ellas?   Identifica la ropa para mujeres. Sigue el modelo.

Modelo: *María lleva pantalones cortos y una camiseta.*

1. Sara lleva…   **2.** Lisa lleva…

3. Ana María lleva…   **4.** Silvia lleva…   **5.** Diana lleva…

Learning Strategy:
Reporting based on visual cues

Learning Strategies:
Reporting based on personal knowledge, expressing a preference

B. Yo tengo… Yo prefiero…   Muchachas: Miren los dibujos en el Ejercicio A y digan qué prendas de vestir tienen y qué prendas no tienen. Muchachos: Miren los dibujos y digan qué ropa prefieren y qué ropa no prefieren. Sigan el modelo apropiado.

Modelos: Muchacha: *Yo tengo una falda pero no tengo un sombrero.*
Muchacho: *Para las muchachas, yo prefiero pantalones; no me gustan las faldas.*

32

C. *Descripciones*   Describe la ropa que llevan Sara, Lisa, Ana María, Silvia y Diana en los dibujos del Ejercicio A. Incluye los colores. Sigue el modelo.

Learning Strategies:

Describing, reporting based on visual cues

Modelo: *María lleva unos pantalones cortos azules y una camiseta blanca.*

ESTRUCTURA

Double object pronouns: indirect object pronouns
me, te, nos with direct object pronouns

—¿Cuándo **te** compró tu mamá   When did your mom buy the
el vestido?   dress *for you?*
—Ella **me lo** compró ayer.   She bought *it for me* yesterday.
—¿**Te** compró tu papá las camisetas?   Did your dad buy the tee shirts *for you?*
—Sí, él **me las** compró.   Yes, he bought *them for me.*

Direct object pronouns

	Singular		**Plural**
me	*me*	**nos**	*us*
te	*you (familiar)*	**os**	*you (familiar)*
lo	*you (formal), him, it (m.)*	**los**	*you (formal), them (m.)*
la	*you (formal), her, it (f.)*	**las**	*you (formal), them (f.)*

Indirect object pronouns

me	*to me* or *for me*	**nos**	*to us* or *for us*
te	*to you* or *for you*	**os**	*to you* or *for you*

In *¡Ya verás! Segundo nivel,* you learned about direct and indirect object pronouns. When the direct object is already known from the context of the conversation, you replace it with a direct object pronoun. It is more natural to speak with pronouns since it is easier to use them than to repeat the noun each time you want to refer to the direct object. Notice how unnatural the following conversation sounds without the use of direct object pronouns.

Ana: ¿Quién te compró el vestido?
Julia: Papá me compró el vestido.
Ana: ¿Cuándo te compró el vestido?
Julia: Me compró el vestido ayer.

33

Answers, Ex. C: 1. Sara lleva unos pantalones azules, un cinturón blanco y un suéter verde. 2. Lisa lleva un vestido blanco y amarillo y un sombrero anaranjado. 3. Ana María lleva una falda azul, una blusa blanca y una chaqueta anaranjada (un saco anaranjado). 4. Silvia lleva un vestido y un pañuelo morados y unas medias blancas. 5. Diana lleva unos pantalones cortos pardos, una camiseta morada y un chaleco anaranjado.

Follow-up, Ex. C: Have students identify favorite female singers and actresses and describe how they dress. Perhaps bring in a magazine article about best-/worst-dressed women and have the students agree or disagree with the author's decisions and give their reasons.

Presentation: Estructura

You may bring in various clothing items to have students practice double object pronouns with the verb **comprar.** Use the questions in the examples or create similar ones to elicit the indirect object pronouns **me, te, nos** with the direct object pronouns (**¿Quién te compró la blusa? Mi novio me compró la blusa.**). To keep it simple, use only double object pronouns with the indirect object pronouns **me, te,** and **nos.** After students learn double object pronouns in this construction, we will show how they are used with **le** and **les.**

Have students conduct a conversation in English similar to the exchange between Ana and Julia. Point out that their language has a similar construction and make them aware of how they use these pronouns in their everyday speech.

Now observe how much more natural the conversation sounds when you use direct and indirect object (double object) pronouns:

Ana: ¿Quién te compró el vestido?
Julia: Papá me lo compró.
Ana: ¿Cuándo te lo compró?
Julia: Me lo compró ayer.

Because of the shared information that Ana and Julia have (both are referring to **el vestido**), they don't have to repeat the words **el vestido** each time they have to refer to the dress. When a direct and indirect object pronoun are used together, both are placed before the conjugated verb—with the indirect object pronoun always preceding the direct object pronoun.

Aquí practicamos

D. Sustituye las palabras en cursiva con las palabras entre paréntesis y haz los cambios necesarios.

1. Yo me compré *el vestido*. (los guantes / un pañuelo / las medias / un sombrero / la falda)
2. Tu hermano te compró *el traje de baño*. (un chaleco / los pantalones / unas botas / la camiseta / el suéter)
3. Mis padres nos compraron *unas blusas*. (los vaqueros / las sandalias / un cinturón / unos pantalones cortos / los pañuelos)

Ahora repite el ejercicio, pero sustituye cada complemento directo por un pronombre. Sigue el modelo.

Modelo: Mi papa me compró *el vestido*. (los guantes)
Mi papá me los compró.

E. Van de compras.   Sustituye el complemento directo en cada frase por un pronombre de complemento directo.

1. La dependienta me mostró *(showed)* una blusa azul.
2. Él nos compró un pañuelo rojo.
3. Mi mamá me trajo unas botas de Texas.
4. Mi papá me compró el suéter ayer.
5. Ellos nos compraron el cinturón en México.
6. Ellas nos trajeron el sombrero de Panamá.
7. El dependiente te mostró los vaqueros.
8. Mi novio me compró la falda.
9. Mi hermana me trajo el abrigo de Argentina.
10. Mi hermana me compró unas medias en Nueva York.

34

Exercise Progression

The activities in each **¡Aquí te toca a ti!** and **Aquí practicamos** section progress from mechanical practice through meaningful or bridging practice, ending with open-ended expression.

F. *¿Quién te compró...?*   Contesta las siguientes preguntas, empleando pronombres de complemento indirecto y directo, según el modelo.

 **Modelo:**   ¿Quién te compró el sombrero? (mi novio[a])
Mi novio(a) me lo compró.

1. ¿Quién te compró el cinturón? (mi papá)
2. ¿Quién te mostró los pantalones? (la dependienta)
3. ¿Quién te trajo el abrigo? (mi hermano)
4. ¿Quién te compró las sandalias? (mi mamá)
5. ¿Quién te mostró la falda? (el dependiente)
6. ¿Quién te trajo el pañuelo? (mi tío)
7. ¿Quién te compró las botas? (mi hermana)
8. ¿Quién te mostró los pantalones cortos? (mi amiga)
9. ¿Quién te trajo el vestido? (mi papá)
10. ¿Quién te compró la blusa? (mi novio[a])

Nota gramatical

Position of object pronouns with infinitives and present participles

Papá va a comprár**melo**.	Dad is going to buy *it for me*.
Juan está comprándo**melo**.	Juan is buying *it for me*.

Papá **me lo** va a comprar.	Dad is going to buy *it for me*.
Juan **me lo** está comprando.	Juan is buying *it for me*.

Double object pronouns may be attached to the end of an infinitive or present participle, or they may go before the conjugated form of the verb that is being used with the infinitive or present participle. Notice that when you attach the two pronouns, an accent mark is added to the vowel before the **-ndo** of the present participle or to the vowel before the **-r** of the infinitive.

G.   Sustituye el pronombre en cursiva con el pronombre de complemento directo que corresponde a cada sustantivo. Sigue el modelo.

 **Modelo:**   Mi papá quiere comprár*me*la. (un vestido)
Mi papá quiere comprármelo.

1. Mi papá quiere comprár*me*la. (un vestido / las botas / los vaqueros / las medias / una camiseta)

35

More-prepared students, Ex. F: Have more-prepared students add a comment to each question (**¿Quién te compró el cinturón? Es muy diferente.**) and to each answer (**Gracias. Mi papá me lo compró el año pasado en Argentina.**) They could do the same activity with what they are actually wearing.

Ex. F: 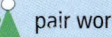 pair work

 writing

---

Ex. F: Question and Answer Pairs

Learning Strategy: Peer Tutoring

- Divide the class into pairs of differing abilities.
- Explain to the pairs that they are going to read and answer the questions to Ex. F together, as a team. They will take turns asking and answering the questions, and when one student is having difficulty answering, the other one is to encourage and help.
- Instruct students to start answering the questions. Be sure to allow enough time for students to answer. Remind the pairs to take turns answering, so that each student participates equally.

Answers, Ex. F: 1. Mi papá me lo compró.   2. La dependienta me los mostró.   3. Mi hermano me lo trajo.   4. Mi mamá me las compró.   5. El dependiente me la mostró.   6. Mi tío me lo trajo. 7. Mi hermana me las compró. 8. Mi amiga me los mostró.   9. Mi papá me lo trajo.   10. Mi novio(a) me la compró.

Presentation: Nota gramatical

Review some common infinitive constructions (**tener que, querer, pensar,** and **ir** + **a** + inf.), and show how pronouns will be attached to the infinitive. Point out the accent mark when the pronouns are attached.

  Review the formation of the present participle along with its use with **estar** to form the present progressive and show how pronouns will be attached to the participle. Point out the accent mark when the pronouns are attached.

Answers, Ex. G: 1. comprármelo, comprármelas, comprármelos, comprármelas, comprármela

Answers, Ex. G, cont.:

2. mostrártelo, mostrártelas, mostrártelos, mostrártelo, mostrártelo   3. traérnoslos, traérnoslos, traérnoslas, traérnoslas, traérnoslos
4. mostrándotelas, mostrándotelo, mostrándotelos, mostrándotelo, mostrándotelo   5. vendiéndome-las, vendiéndomelo, vendiéndomela, vendiéndomelos, vendiéndomelas

Suggestion, Ex. H: This activity could be written or done in pairs.

Answers, Ex. H: 1. Mi her-mana me lo va a comprar (va a comprármelo).   2. La dependienta me lo está mostrando (está mostrándomelo).   3. Mi tío me las va a traer (va a traérmelas).   4. Mi papá me lo está comprando (está comprándomelo).   5. El depen-diente me lo va a mostrar (está mostrándomelo).   6. Mi amiga me la está mostrando (está mostrán-domela).

Support material, Aquí escuchamos: Teacher Tape 🎧/CD Track #10

Presentation: Aquí escuchamos

The conversations are to be played in conjunction with the **En otras palabras** section of the **etapa**. Play the tape before continuing to the **¡Aquí te toca a ti!** exercise on page 37. The script is found in the Tapescript.

Have students write down some of the expressions from **En otras palabras**. Have them place a check mark next to the expression each time they hear it on the tape.

---

2. Voy a mostrárte*la*. (el suéter / las sandalias / los zapatos / el pañuelo / el sombrero)
3. Mi mamá piensa traérnos*la*. (los zapatos de tacón / los trajes de baño / las camisetas / las faldas / los abrigos)
4. La dependienta está mostrándote*la*. (unas botas / el sombrero / los zapatos de tacón / el pañuelo / un suéter)
5. El dependiente está vendiéndome*lo*. (las medias / un traje de baño / una falda / los vaqueros / las sandalias)

H. ¿Quién va a comprar... ? Contesta las siguientes preguntas. Emplea pronombres de complemento indirecto y directo, según el modelo.

Modelo: ¿Quién va a comprarte el sombrero? (mi novio[a])
Mi novio(a) va a comprármelo.   o:
Mi novio(a) me lo va a comprar.

1. ¿Quién va a comprarte el pañuelo? (mi hermana)
2. ¿Quién está mostrándote el abrigo? (la dependienta)
3. ¿Quién va a traerte las botas? (mi tío)
4. ¿Quién está comprándote el suéter? (mi papá)
5. ¿Quién va a mostrarte el vestido? (el dependiente)
6. ¿Quién está mostrándote la blusa? (mi amiga)

Aquí escuchamos:
"¿De qué talla?"

/////////////////////
Learning Strategy:
Previewing

/////////////////////
Learning Strategy:
Listening for details

36

Antes de escuchar

Linda y Diana van de compras en una tienda para mujeres. Van a la tienda y hablan sobre lo que van a comprar. Antes de escuchar la conversación, repasa las expresiones en la sección **En otras palabras** en la página 37. También contesta las siguientes preguntas.

1. ¿Qué crees que van a comprar?
2. ¿Cómo van a comentar sobre el color?
3. ¿Cómo van a expresar que les gusta o no les gusta?

START

Después de escuchar

1. ¿Quién se prueba la blusa?
2. ¿Por qué no compra la primera blusa?
3. ¿Por qué no compra la segunda blusa?

Spanish speakers, Aquí escuchamos: Remember, most Spanish speakers, even those who are third or fourth generation, will understand spoken Spanish. The exercises that accompany this section should pose relatively little problem for Spanish speakers. They should, however, be directed to focus on "listening in context" to any new vocabulary.

Suggestion, Aquí escuchamos: Select a portion of the tapescript and present it to the class as a dictation. Have them check their own work using a transparency that you provide.

Answers, Aquí escuchamos: 1. Diana   2. she doesn't like the color/**no le gusta el color**   3. it's too big/**le queda grande**

En otras palabras

Expresiones para hablar de la ropa

¿Puede **mostrarme** ese vestido?	Can you *show me* that dress?
Voy a **probarme** el vestido.	I am going *to try on* the dress.
¿Cómo **me queda** este vestido?	How does this suit *look on me?*
Te queda muy bien.	*It looks* very good *on you.*
Te queda chico.	*It looks* small *on you.*
¿Cómo **me quedan** estos pantalones?	How do these pants *look on me?*
Te quedan grandes.	*They look* big *on you.*
Te quedan mal.	*They look* bad *on you.*

¡Aquí te toca a ti!

1. ¿Cómo me queda... ? Imagina que un(a) compañero(a) y tú van de compras. Tú te pruebas varias prendas de ropa y tu compañero(a) comenta.

—¿Qué te parece?
—Te queda muy bien.

37

En otras palabras

The expressions presented in these sections are intended to help students become more functional and more native-sounding with the language they have at their disposal.

Spanish speakers, En otras palabras: Ask Spanish speakers to provide other vocabulary and expressions that they might know and that convey the same meaning as those listed here.

Ex. I: pair work

Review of the Etapa

The activities in the **¡Adelante!** section serve as **etapa** culminating activities and often involve role plays or other kinds of open expression.

Ex. J: pair work

 role play

Spanish speakers, Ex. J: Remember that most Spanish speakers already have a command of the language in informal contexts. In this situation, students can focus on vocabulary that may be new for them. Emphasize that it may be necessary to use such vocabulary when talking to speakers who are from other parts of the Spanish-speaking world. Remember to be sensitive and accept how the students say things the first time. What they have said may be totally appropriate in their speech community. This is a good place to have them focus on the differences between how they say something in their speech community and how the book is teaching them to express this. Remember, rather than "correcting" how they speak, your objective is to expand the range of contexts in which these students can use Spanish.

Ex. K: writing

Suggestion, Ex. K: This can be done as a small-group exercise in class or can be assigned for homework. Whatever the method, first compose a model on the board or a transparency, with all students contributing to the model. The expressions for opening and closing letters are found in the Workbook.

Learning Strategies:

Listing, providing information, reporting based on personal knowledge

Critical Thinking Strategies:

Categorizing, prioritizing

Learning Strategies:

Describing, providing information, reporting based on personal knowledge, organizing information

Critical Thinking Strategies:

Analyzing, making associations

38

¡Adelante!

EJERCICIO ORAL

J. ¿Qué llevo? An exchange student from Caracas has arrived in your town. She doesn't know what clothes to wear for various occasions. Tell her what kinds of clothes girls in your school wear to an informal party, to a dance, to a school football game, to a movie, and to a restaurant with a date. Suggest the three most important items that she should add to her wardrobe if she doesn't have them. Be sure to answer all of her questions.

EJERCICIO ESCRITO

K. Una carta The exchange student's sister will be coming to your town to visit her from Caracas, Venezuela, in a week. She plans to stay for three months. You are helping the exchange student write a letter to her sister to tell her what to bring. (1) Tell her about the climate for the next three months in your region. Also, (2) tell her about four events that she will want to attend while in town. Then (3) tell her what clothing she should bring.

Spanish speakers, Ex. K: Always have Spanish speakers fully carry out this activity. Remember, while many of them already speak and understand spoken Spanish, they may not know how to write the language. This is a good place to start building basic literacy skills in Spanish. Have them pay special attention to the spelling of the vocabulary that has been introduced in this **etapa,** especially words that may have problematic spelling combinations. This is a good place to have them engage in peer-editing. Have them look at the written work of a partner and focus on the spelling.

SEGUNDA ETAPA

Preparación

» ¿**T**e gusta comprar ropa nueva?

» ¿**Q**ué ropa llevan los hombres? Haz una lista de la ropa que ya sabes en español.

Learning Strategies:

Previewing, brainstorming

Ropa para hombres

la gorra

la chaqueta

la bufanda

los guantes

la corbata

el saco

las sudaderas

los calcetines

los zapatos de tenis

la camisa

el traje

el suéter

el impermeable

39

Presentation: Ropa para hombres

Begin by describing the clothing worn by you (if you are a man) and some of the boys in the class. Then refer to the pictures to have students identify the items of clothing.

Ask questions using the materials and designs in the list. **¿Es la camisa de Joe de cuero o de lana? ¿Es el suéter de Steve de mezclilla o de lana? ¿Son los guantes de Bárbara de seda o de lana?,** etc.

Spanish speakers, Ropa para hombres: Ask Spanish speakers for variations in vocabulary of the clothing items that are introduced here or other items that have not been listed here (e.g., **huaraches, alpargatas,** etc). They may know how to pronounce these variations, but many may have never seen how they are written. Help them with the spelling of these variations by writing them on the board or overhead. Don't forget to remind them about the **qu** in **chaqueta,** the **j** in **traje,** and the **v** in **vaqueros, vestido.**

Etapa Support Materials

Workbook: **pp. 32–43**
Transparencies: **#9, #9a, #10**
Listening Activity masters: **p. 13**
Tapescript: **p. 17**
Teacher Tape ⌒

Quiz: **Testing Program, p. 18**
Chapter Test: **Testing Program, p. 22**

Support material, **Ropa para hombres:**
   Transparencies #9, #9a

Support material, Ex. A:

Transparency #10

Possible answers, Ex. A:

1. Juan lleva un traje y una corbata.
2. Leonardo lleva unos pantalones, una chaqueta y una gorra.
3. Alberto lleva unas sudaderas, unos calcetines y unos zapatos de tenis.   4. Silvio lleva un impermeable.   5. Diego lleva una camiseta, unos pantalones cortos y unas sandalias.

Ex. B: groups of three

Ex. B: Corners

Learning Strategies: Clustering, supporting choices

Critical Thinking Strategy: Categorizing

- Designate corners and say which corner represents which kind of dress. All the students whose dress fits the corner's category go to that corner. Pick categories that fit girls as well; for example, all students who are wearing white socks go to one corner, all those wearing shorts to another, pants to another, etc.
- Once the students are in their corners, have them pair up and explain to each other why they chose to wear what they are wearing.
- Then have each pair get together with another pair and compare reasons. Everyone in the group should hear everyone else's reasons.
- Call on a student from each corner to summarize the group's reasons for their dress.

Expresiones para hablar de materiales y diseños

de algodón	cotton	**de mezclilla**	denim
de cuero	leather	**de poliéster**	polyester
de lana	wool	**de rayas**	striped
de lunares	polka-dotted	**de seda**	silk

¡Aquí te toca a ti!

Learning Strategy:

Reporting based on visual cues

A. *¿Qué llevan ellos?* Identifica la ropa para hombres. Sigue el modelo.

Modelos: *José lleva pantalones cortos y una camiseta.*

1. Juan lleva…

2. Leonardo lleva…

3. Alberto lleva…

4. Silvio lleva…

5. Diego lleva…

Learning Strategies:

Reporting based on personal knowledge, expressing a preference

B. *Yo tengo... Yo prefiero...* Muchachos: Miren los dibujos en el Ejercicio A y digan qué prendas de vestir tienen y cuáles no tienen. Muchachas: Miren los dibujos y digan qué ropa prefieren y qué ropa no prefieren. Sigan el modelo apropiado.

Modelos:
Muchacho: *Yo tengo un impermeable pero no tengo un traje.*
Muchacha: *Para los muchachos, yo prefiero camisetas; no me gustan las camisas.*

40

C. Descripciones   Describe la ropa que llevan Juan, Leonardo, Alberto, Silvio y Diego en los dibujos del Ejercicio A. También di de qué tela está hecha cada prenda de vestir. Si no estás seguro(a) de la tela, inventa una respuesta. Sigue el modelo.

Learning Strategies:
Describing, reporting based on visual cues

Modelo: *José lleva unos pantalones cortos de poliéster y una camiseta de algodón.*

Repaso

D. Para mi cumpleaños...   Un(a) amigo(a) está haciéndote preguntas sobre unos regalos que recibiste o vas a recibir para tu cumpleaños. Contesta empleando pronombres de complemento indirecto y directo.

1. ¿Quién te compró el chaleco?
2. ¿Quién te dio la bufanda?
3. ¿Quién te trajo las sandalias?
4. ¿Quién va a comprarte los zapatos?
5. ¿Quién piensa traerte las botas?
6. ¿Quién quiere comprarte el abrigo?

E. Unas mujeres que están de moda.   Describe la ropa que llevan estas mujeres.

Learning Strategy:
Describing

41

Suggestion, Ex. C: This activity could be written or done in pairs.

Possible answers, Ex. C:
1. Juan lleva un traje verde de seda y una corbata de rayas.   2. Leonardo lleva unos pantalones amarillos de poliéster, una chaqueta roja de lana y una gorra blanca de algodón.   3. Alberto lleva unas sudaderas azules de algodón, unos calcetines blancos y unos zapatos de tenis de cuero.   4. Silvio lleva un impermeable amarillo.   5. Diego lleva unos pantalones cortos de mezclilla, una camiseta verde de algodón y unas sandalias de cuero.

Recycling Activity

The **Repaso** activity in the second (and third) **etapas** of each chapter recycles material from the previous **etapa**.

Ex. D:  pair work

Possible answers, Ex. D:
1. Mi novio me lo compró.   2. Mi hermana me la dio.   3. Mi amigo me las trajo.   4. Mis padres me los van a comprar (van a comprármelos).   5. Mi primo piensa traérmelas (me las piensa traer). 6. Mi tía quiere comprármelo (me lo quiere comprar).

Ex. E: pair work

writing

Less-prepared students, Ex. E: Give groups of less-prepared students an additional photo from a fashion magazine. Ask some groups to present their descriptions to the class.

More-prepared students, Ex. E: Combine clothing vocabulary for women and men by staging a fashion show. The more verbal more-prepared students could do the commentary while various other students "model" in front of the class. Encourage students to use descriptive adjectives.

Presentation: Estructura

Create questions to elicit the indirect object pronouns **le** and **les** with the direct object pronouns (**¿Quién le compró la blusa? Su novio le compró la blusa.**). Once the students learn how to use **le** and **les** with the complete direct object, lead them into converting these to **se** before **lo, la, los,** and **las.**

Answers, Ex. F, Part 2:

1. se lo compró, se los compró, se las compró, se lo compró, se la compró   2. se los compró, se los compró, se las compró, se los compró, se las compró   3. se las compraron, se las compraron, se los compraron, se los compraron, se los compraron

Answers, Ex. G: 1. La dependienta se la mostró.   2. Él se la compró.

ESTRUCTURA

Double object pronouns: indirect object pronouns le and les with direct object pronouns

—¿Quién **le** compró la camisa **a Jorge?**   Who bought the shirt *for Jorge?*
—Su novia **se la** compró.   His girlfriend bought it *for him.*
—¿Quién **les** trajo el libro **a tus hermanitos?**   Who brought the book *for your little brothers?*
—Mi papá **se lo** trajo.   My dad brought *it for them.*

You will recall from *¡Ya verás! Segundo nivel,* that the indirect object pronouns for the third person singular and plural are **le** and **les.** Notice that these pronouns become **se** when used with the direct object pronouns **lo, la, los,** and **las.** The following chart may help you remember this.

| le | + | { lo la los las | = | se | + | { lo la los las |
| les | + | | | | | |

F. Sustituye las palabras en cursiva con las palabras entre paréntesis y haz los cambios necesarios.

1. Mi papá le compró *el traje* a mi hermano. (los calcetines / las camisas / el saco / la corbata)
2. Tu hermano les compró *los trajes de baño* a tus hermanitos. (los suéteres / las gorras / los guantes / las sudaderas)
3. Mis padres les compraron *unas camisas* a mis hermanos. (unas chaquetas / unos impermeables / unos zapatos de tenis / unos sacos)

Ahora repite el ejercicio, pero sustituye el complemento directo con un pronombre. Recuerda que tienes que cambiar *le* y *les* a *se* cuando estos pronombres se usan con *lo, la, los* y *las*. Sigue el modelo.

Modelo: Mi papá le compró *el traje* a mi hermano. (los calcetines)
Mi papá se los compró.

G. ¿Qué compraron?   Sustituye el complemento directo con un pronombre y haz los otros cambios necesarios. Sigue el modelo.

Modelo: La dependienta le mostró una blusa a Cecilia.
La dependienta se la mostró.

1. La dependienta le mostró una camisa azul a José.
2. Él les compró una corbata de seda.

42

3. Mi mamá le trajo unas botas a mi hermano.
4. Mi papá les compró los guantes a mis hermanos ayer.
5. Ellos les compraron el cinturón a mis hermanos.
6. Ellas le trajeron el sombrero de Panamá a Enrique.
7. El dependiente le mostró los vaqueros a mi hermana.
8. Mi novia le compró la corbata a su papá.
9. Mi hermana le trajo el abrigo a mi papá.
10. Mi mamá les compró unas medias a mis hermanas en Nueva York.

H. ¿Quién lo hizo? Contesta las siguientes preguntas, empleando pronombres de complemento indirecto y directo, según el modelo.

 **Modelo:** ¿Quién le compró el sombrero a Alberto? (mi tío)
Mi tío se lo compró.

1. ¿Quién le compró el cinturón a Julián? (mi papá)
2. ¿Quién les mostró los pantalones a tus amigos? (la dependienta)
3. ¿Quién le trajo el abrigo a tu papá? (mi hermano)
4. ¿Quién les compró las sandalias a tus hermanas? (mi mamá)
5. ¿Quién les mostró las corbatas a tus amigos? (el dependiente)
6. ¿Quién le trajo la bufanda a María? (mi tío)
7. ¿Quién le compró las botas a Rogelio? (mi hermana)
8. ¿Quién les mostró los pantalones cortos a tus hermanas? (mi amiga)
9. ¿Quién le trajo el vestido a Diana? (mi papá)
10. ¿Quién les compró las blusas a ellas? (mi novio[a])

Nota gramatical

Position of object pronouns with commands

¿Te compro el vestido?	Should I buy you the dress?
Sí, **cómpramelo.**	Yes, *buy it for me.*
No, **no me lo compres.**	No, *don't buy it for me.*
¿Le compro el sombrero a Marcos?	Should I buy Marcos the hat?
Sí, **cómpraselo.**	Yes, *buy it for him.*
No, **no se lo compres.**	No, *don't buy it for him.*

As you learned in *¡Ya verás!, Segundo nivel,* when a pronoun is used with an affirmative command, it is attached to the end of the command. If the command is negative, the pronoun must be placed before the command form. The same is true when two pronouns are used together. Notice that for regular verbs when you attach both pronouns to the end of an affirmative command, you then put an accent mark on the fourth to the last syllable. Remember, the indirect object pronoun always comes *before* the direct object pronoun.

43

Suggestion, Ex. I: This exercise could be written or done orally in pairs. If it is done in pairs, make sure students switch roles so they can practice all the forms.

Answers, Ex. I: 1. Sí, muéstramelas (no me las muestres, muéstremelas, no me las muestre). 2. Sí, cómpramelos (no me los compres, cómpremelos, no me los compre).   3. Sí, tráemelo (no me lo traigas, tráigamelo, no me lo traiga).   4. Sí, muéstramelos (no me los muestres, muéstremelos, no me los muestre).   5. Sí, cómpramelo (no me lo compres, cómpremelo, no me lo compre).   6. Sí, tráemelas (no me las traigas, tráigamelas, no me las traiga). 7. Sí, cómpranoslas (no nos las compres, cómprenoslas, no nos las compre).   8. Sí, muéstranoslos (no nos los nuestres, muéstrenoslos, no nos los muestres).   9. Sí, tráenoslos (no nos los traigas, tráiganoslos, no nos los traiga).   10. Sí, cómpranosla (no nos la compres, cómprenosla, no nos la compre).

Ex. J:  pair work

writing

I. Contesta las siguientes preguntas, empleando mandatos afirmativos informales, según el modelo apropiado.

> **Modelos:**   ¿Te compro este vestido?   ¿Les muestro los guantes?
> *Sí, cómpramelo.*   *Sí, muéstranoslos.*

1. ¿Te muestro las corbatas?
2. ¿Te compro estos guantes?
3. ¿Te traigo el impermeable?
4. ¿Te muestro los zapatos de tenis?
5. ¿Te compro el suéter?
6. ¿Te traigo las sudaderas?
7. ¿Les compro esas camisas?
8. ¿Les muestro esos vestidos?
9. ¿Les traigo aquellos zapatos?
10. ¿Les compro aquella gorra?

Ahora repite el ejercicio, empleando mandatos negativos informales, según el modelo.

> **Modelos:**   ¿Te compro este vestido?   ¿Les muestro los guantes?
> *No, no me lo compres.*   *No, no me los muestres.*

Ahora repite el ejercicio otra vez, empleando mandatos afirmativos formales, según el modelo.

> **Modelos:**   ¿Le compro este vestido?   ¿Les muestro los guantes?
> *Sí, cómpremelo.*   *Sí, muéstremelos.*

Ahora repite el ejercicio por última vez, empleando mandatos negativos formales, según el modelo.

> **Modelos:**   ¿Le compro este vestido?   ¿Les muestro los guantes?
> *No, no me lo compre.*   *No, no me los muestre.*

J. *¿Te compro... ?*   You have been invited to spend the weekend with your friend at the country home of his (her) grandparents. (1) Make a list of the clothes that you expect to need and, therefore, plan to take. (2) Then compare your list with that of your friend (partner). (3) Name a few activities you anticipate doing and tell which clothes you plan to wear for each. (4) Determine at least three activities in which you both can participate and be appropriately dressed.

Cooperative Learning

Learning Strategies:

Listing, making plans, verifying

Critical Thinking Strategies:

Analyzing, comparing and contrasting, categorizing

44

Aquí escuchamos:
"De compras: Ropa para caballeros"

Antes de escuchar

Jaime y su papá van de compras en una tienda para caballeros. Van a una tienda, miran la ropa y después van a comprar algunas cosas. Antes de escuchar la conversación, repasa las expresiones abajo en la sección **En otras palabras.** También contesta las siguientes preguntas.

1. ¿Qué crees que van a comprar?
2. ¿Cómo van a comentar sobre la ropa?
3. ¿Quién crees que va a pagar?

START

Learning Strategies:
Brainstorming, previewing

Después de escuchar

1. ¿Qué le compró su mamá a Jaime la semana pasada?
2. ¿Qué le compra primero su papá?
3. ¿De qué color es la corbata de lana?
4. ¿Por qué el papá no le compra la camisa a Jaime?

Learning Strategy:
Listening for details

En otras palabras

Más expresiones para hablar de la ropa

Esa camisa **no hace juego** con esos pantalones. No la compres.
That shirt *doesn't go* with those pants. Don't buy it.

Esa blusa **hace juego** con esa falda. Cómprala.
That blouse *goes* with that skirt. Buy it.

Luces bien en ese vestido. ¿Te lo compro?
You look good in that dress. Should I buy it for you?

Sí, cómpramelo.
Yes, buy it for me.

Esa corbata **luce bien** con ese saco. Cómprala.
That tie *looks good* with that suit coat. Buy it.

Esa bufanda **luce mal** con ese suéter. No la compres.
That scarf *doesn't look good* with that sweater. Don't buy it.

45

Support material, Aquí escuchamos: Teacher Tape 🎧/CD Track #11

Presentation: Aquí escuchamos

Have students write down some of the expressions from **En otras palabras.** Have them place a check mark next to the expression each time they hear it on the tape. Or have them write the following words on a piece of paper: **saco, corbata(s), lana, seda,** and **camisa.** Then have them indicate with a check mark each time they hear the words.

Spanish speakers, Aquí escuchamos: Remember, most Spanish speakers, even those who are third or fourth generation, will understand spoken Spanish. The exercises that accompany this section should pose relatively little problem for Spanish speakers. They should, however, be directed to focus on "listening in context" to new vocabulary.

Answers, Aquí escuchamos: 1. pantalones   2. un saco   3. roja   4. no tiene dinero

Spanish speakers, En otras palabras: Ask Spanish speakers to provide other words and expressions that they might know that convey the same meaning as those listed here.

 **Ex. K:** pair work

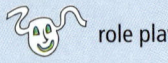 role play

 Ex. L: groups of three

Spanish speakers, Ex. L:
Remember that most Spanish speakers already have a command of the language in informal contexts. In this situation, students can focus on new vocabulary. Emphasize that it may be necessary to use such vocabulary when talking to speakers from other parts of the Spanish-speaking world. Remember to be sensitive and accept how the students do it the first time. What they have said may be totally appropriate in their speech community. This is a good place to have them focus on the differences between how they say something in their speech community and how the book is teaching them to express this. Remember, rather than "correcting" how they speak, your main objective is to expand the range of contexts in which these students can use Spanish.

 Ex. M: writing

Spanish speakers, Ex. M:
Always have Spanish speakers fully carry out this activity. Remember, while many of them already speak and understand spoken Spanish, they may not know how to write the language. This is a good place to start building basic literacy skills in Spanish. Have them pay special attention to the spelling of the vocabulary that has been introduced in this **etapa,** especially words that may have problematic spelling combinations. This is a good place to have them engage in peer-editing. Have them look at the written work of a partner and focus on the spelling.

¡Aquí te toca a ti!

K. **Ropa nueva** Tú vas a una tienda para comprar la ropa indicada. Conversa con un(a) compañero(a) de clase. Para cada prenda de ropa, imagina una conversación con el (la) dependiente(a). Sigue el modelo.

 **Modelo:** una chaqueta / 4.800 ptas.
—*Quisiera comprar una chaqueta.*
—*¿De qué color y material?*
—*Azul.... y de algodón.*
—*Aquí hay unas chaquetas de algodón.*
—*Muy bien. ¿Cuánto cuesta esta chaqueta azul?*
—*4.800 pesetas.*
—*Muy bien. Voy a comprarla.*

Ropa para mujeres

1. una falda / 4.000 ptas.
2. unos pantalones / 3.200 ptas.
3. un vestido / 6.500 ptas.
4. un abrigo / 15.000 ptas.
5. un pañuelo / 800 ptas.

Ropa para hombres

6. una camisa / 3.500 ptas.
7. unos vaqueros / 2.800 ptas.
8. unos pantalones cortos / 5.600 ptas.
9. una chaqueta / 5.600 ptas.
10. una camiseta / 1.800 ptas.

 **¡Adelante!**

EJERCICIO ORAL

L. **Vamos de compras.** Organize a clothes-shopping trip in your town with two of your friends. Assume that each of you has $250 to spend. (1) First, determine for what occasion you want to buy something new (for example, a party, family event, school, or camp). (2) Then decide whether all three of you will go together or whether you will go to separate events at different times (making some borrowing possible). (3) Decide which stores you will visit and which articles of clothing you will buy, using your best guess as to approximate prices. (4) Make a list of your purchases.

EJERCICIO ESCRITO

M. **Una carta** Your friend from Spain has written and is curious about your shopping habits. Write and tell about a recent shopping trip. Tell where you went and the clothing items you looked at, tried on, and bought.

Cooperative Learning

Learning Strategies:

Active listening, expressing preferences, listing, brainstorming, negotiating, supporting choices

Critical Thinking Strategies:

Analyzing, determining preferences

Learning Strategies:

Describing, providing information, reporting based on personal knowledge, organizing information in a letter

46

Vocabulario

Temas y contextos

Las prendas de vestir

el abrigo
la blusa
las botas
la bufanda
los calcetines
la camisa
la camiseta
el chaleco
la chaqueta
el cinturón
la corbata

la falda
la gorra
los guantes
el impermeable
las medias
los pantalones
los pantalones cortos
el pañuelo
el saco
las sandalias
el sombrero

las sudaderas
el suéter
el traje
el traje de baño
los vaqueros
el vestido
los zapatos
los zapatos de tacón
los zapatos de tenis

Para charlar

Para hablar de la ropa

Hace juego con…
Luce bien.
    mal.
Te queda chico.
        grande.
        mal.
        muy bien.
¿Puede mostrarme… ?
Voy a probármelo.

Expresiones para hablar de materiales y diseños

de algodón
de cuero
de lana
de lunares

de mezclilla
de poliéster
de rayas
de seda

Vocabulario: Cooperative Dictation

Learning Strategies: Organizing vocabulary in a story, taking dictation

- Form four teams differing by ethnicity, skills, age, and gender. Explain that the teams are going to write a story that will include the vocabulary words that you assign to them. Each student should write at least one sentence for the team's story. Team members need to communicate with each other and agree about what goes into the story.
- Divide the categories in the **Vocabulario** so that each team is responsible for the same number of words and expressions. Explain to the class that their task is to find a way to use all of the expressions in a story less than a page long. They should underline the expressions as they use them.
- Give the students time to get together to write their stories. While they are working, circulate to make sure that you can understand what they are writing. Remind students to proofread what they have written and to make sure that they have used all the expressions.
- As the teams finish, collect the stories and mark passages that could be used for a dictation. Any problems that the students might have experienced in writing the stories will emerge in the dictation, and then you can help them with their vocabulary and language skills.

Support material, Capítulo 1: Improvised Conversations, Teacher Tape/CD Track #12 and Tapescript; Lab Manual listening activities, Laboratory Program , Tapescript, and Teacher's Edition of the Workbook/Lab Manual

Lectura cultural

In Units 1 and 2, the first two chapters of each unit end with a reading, the **Lectura cultural.** (Chapters 3 and 6 are followed by the end-of-unit **Aquí leemos** section.)

Prereading: Have students think and talk about the power of fashion at their school. Do they make judgments about other students and teachers based on how they dress? Do they think it is fair to stereotype students according to their choice of dress? Have them consider the pros and cons of their school dress code compared to a very different dress code from another school (for example, public versus private schools). Do they feel their choice of clothing is more influenced by TV, magazines, or music? Have they noticed any striking similarities or differences in the way the Spanish-speaking young people are dressed in this textbook?

Answers, Ex. A: La encuesta (7 preguntas); Comentarios (3 partes)

Lectura
CULTURAL

TÚ Y LA MODA

Antes de leer

1. Mira el título de esta lectura y las fotos que aparecen aquí. ¿Cuál va a ser el tema de la lectura?
2. ¿Te interesa la moda? ¿Tienes un estilo original o sigues la moda?
3. ¿Sabes lo que es una encuesta? ¿Cuál es el formato de una encuesta?

Guía para la lectura

A. Mira rápidamente la encuesta en la página 49. ¿Cuáles son las dos categorías principales? ¿Cuántas partes tiene cada categoría?

48

B. Repasa el vocabulario que sigue. Lee la encuesta y busca las palabras. Une una(s) palabra(s) de la Columna A con una(s) de la Columna B.

A	B
las vitrinas	hairdresser
un conjunto	jeans
los vaqueros	store windows
el peluquero	outfit

C. Completa la encuesta. ¿Qué comentarios te corresponden?

D. Ahora explícale a un(a) compañero(a) tus resultados de la encuesta.

La encuesta del mes

1. ¿Lees revistas de moda?
   a. Frecuentemente. (3 puntos)
   b. A veces. (2 puntos)
   c. Nunca. (1 punto)
2. Cuando vas a comprar ropa…
   a. no tienes idea. La (El) dependienta(e) decide por ti. (1)
   b. compras la ropa en las vitrinas de los almacenes grandes. (2)
   c. compras lo que está de moda en ese momento. (3)
3. ¿Dónde compras tu ropa?
   a. En los almacenes grandes. (2)
   b. En las tiendas de descuento. (1)
   c. En las tiendas de diseñadores. (3)
4. ¿Qué tipo de ropa llevas generalmente?
   a. Cada día, llevas un conjunto diferente. (3)
   b. Siempre llevas el mismo conjunto: vaqueros, camiseta, zapatos de tenis. (1)
   c. Depende de la ocasión. (2)

5. Cuando vas al (a la) peluquero(a)…
   a. sabes qué estilo quieres porque lo viste en una revista de moda. (3)
   b. le dices al (a la) peluquero(a), "Como siempre". (1)
   c. experimentas con un corte nuevo. (2)
6. Esta temporada, los pantalones largos con flores están de moda.
   a. Tal vez los vas a comprar. (2)
   b. Los vas a comprar inmediatamente. (3)
   c. Jamás los vas a comprar. (1)
7. ¿Haces tu propia ropa?
   a. No, siempre compras la ropa. (3)
   b. A veces haces tu propia ropa y a veces la compras. (2)
   c. Siempre haces tu propia ropa porque es más barato. (1)

Tú y la moda: Comentarios

Entre 17 y 21 puntos: Estás muy de moda. Esto no es muy bueno porque debes ser más original de vez en cuando.

Entre 11 y 16 puntos: Te interesa la moda un poco. Tienes gustos personales y eres un poco original.

Menos de 11 puntos: Tienes gustos que son muy originales. No te interesa la moda. Tampoco te importa lo que piensan los otros de ti.

49

Answers, Ex. B: **las vitrinas** store windows; **un conjunto** outfit; **los vaqueros** jeans; **el peluquero** hairdresser

Suggestion, Ex. C: Take the test along with your students.

Ex. D: pair work

Suggestion, Ex. D: Model the activity by talking about yourself first, according to your results on the test. Then divide the class into pairs for the activity.

Reading Strategies

Have students scan the text and pick out any cognates or familiar vocabulary.

Functions: Commenting, ordering, and paying for food; planning leisure-time activities
Context: Restaurants
Accuracy: **Gustar** and verbs like **gustar;** impersonal **se**

Cultural Observation

Have students look at the photo. What similarities do they see to restaurants in the U.S.? What differences do they see?

Cultural Brainstorming

Tell students that restaurants serving "foreign food" are popular throughout the Spanish-speaking world. If they were planning to open a restaurant serving typically "American" food, what would they put on the menu? Have them create a menu that includes different appetizers, soups, main dishes, desserts, and beverages. Did they have a hard time coming up with foods that were native to the U.S. and not borrowed from other countries' cuisines?

CAPÍTULO **2**

LA COMIDA DE ESPAÑA

Un restaurante típico en Madrid, España

Objectives:

》》 **C**ommenting on ordering, and paying for food
》》 **P**lanning leisure-time activities

Strategies:

》》 **R**eading a menu
》》 **P**ersuading
》》 **S**upporting choices
》》 **D**etermining preferences
》》 **E**valuating

50

PRIMERA ETAPA

Preparación

›› ¿**Q**ué sabes de la comida del mundo hispano?

›› ¿**P**uedes nombrar algunos platos típicos de España?

Learning Strategy:
Brainstorming

Learning Strategy:
Reading for cultural information

El menú

Restaurante La Barraca

▼▼▼▼▼▼▼

Aperitivos

Espárragos a la parmesana   Chorizo
Tortilla española   **Jamón serrano**
Calamares **fritos**   **Gambas al ajillo**

Sopas

Gazpacho andaluz   Sopa de pescado
Sopa de **ajo**   Sopa del día

Entradas

Pescado frito   **Ternera asada**
Paella valenciana   **Chuletas de cordero**
Pollo al chilindrón   Bistec

Ensaladas

Ensalada mixta (lechuga, cebolla, tomate)

Postres

Flan   **Queso manchego**
Fruta   Helados **variados**

Bebidas

Agua mineral con gas   Té
              sin gas   Refrescos **surtidos**
Café

▼▼▼

aperitivos: appetizers
espárragos: asparagus
jamón serrano: Spanish ham, like prosciutto / *fritos:* fried / *gambas al ajillo:* shrimp in garlic

gazpacho andaluz: cold soup with tomatoes, garlic, onion (from Andalucía) / *ajo:* garlic

ternera asada: roast veal
paella valenciana: rice, shellfish, chicken / *chuletas de cordero:* lamb chops / *pollo al chilindrón:* chicken in a spicy tomato sauce

queso manchego: cheese from La Mancha / *variados:* assorted

surtidos: assorted

51

Presentation: El menú

Some unfamiliar and unglossed words are used in the menus in this unit. Thus, students face a situation that would probably occur in a Spanish-speaking country. Encourage them to ask the "waiter" for explanations, when needed.

Have students determine the basic categories into which the menu is divided. Ask them to find familiar words.

Begin by having students repeat category names (e.g., **aperitivos, sopas),** then the food names **(chorizo, gambas al ajillo).**

Spanish speakers, El menú: Ask Spanish speakers who may be familiar with food in Spain for variations in vocabulary of the menu items that are introduced here or other items that have not been listed here. (e.g., **morcilla, caracoles,** etc.) They may know how to pronounce these variations, but many may have never seen how they are written. Help them with the spelling of these variations by writing them on the board or overhead. Don't forget to remind them about **j** in **jamón, ajillo, ajo;** the **z** in **gazpacho, andaluz,** and the **v** in **valenciana, variados.**

Etapa Support Materials

Workbook: pp. 44–53
Transparencies: #11, #12, #12a
Teacher Tape
Quiz: Testing Program, p. 28

Support material, El menú: Transparency #11

Support material, **La mesa:** Transparencies #12, #12a

Spanish speakers, **La mesa:** Point out the spelling of some of the words like **azúcar, taza** with a **z,** and **vaso, servilleta** with **s.**

Suggestion, Exs. A and B: These activities could be written or done in pairs.

Answers, Ex. A: 1. Puedo comer los espárragos a la parmesana como aperitivo.   2. Puedo comer el chorizo o el jamón serrano como aperitivo.   3. Puedo comer las gambas al ajillo como aperitivo y la paella valenciana como entrada.   4. Debo evitar la sopa de pescado y el pescado frito. 5. Sirven pollo al chilindrón, ternera asada, chuletas de cordero y bistec.

Possible answers, Ex. B: 1. Le recomiendo los calamares fritos, la sopa de pescado, el pescado frito y el flan.   2. Le recomiendo las gambas al ajillo, la sopa del día, la paella valenciana y helados variados.   3. Le recomiendo los espárragos a la parmesana, la sopa de ajo, la ensalada mixta y la fruta.   4. Le recomiendo la tortilla española, la sopa de pescado, el bistec, la ensalada mixta y el queso manchego.   5. Le recomiendo el jamón serrano, la sopa de pescado, el bistec y los helados variados.   6. Le recomiendo los espárragos a la parmesana, el gazpacho andaluz, la ensalada mixta y el flan.

LA MESA

el azúcar — la pimienta — la mantequilla — el vaso — la taza — el plato hondo — la sal — el platillo — el tenedor — el cuchillo — la cucharita — la cuchara — la servilleta — el plato

¡Aquí te toca a ti!

A. *¿Qué vas a comer?*   Consulta el menú del Restaurante La Barraca en la página 51 y contesta las preguntas que siguen.

1. Tengo ganas de comer vegetales. ¿Qué puedo comer como aperitivo?
2. Tengo ganas de comer carne. ¿Qué puedo comer como aperitivo?
3. Tengo ganas de comer mariscos. ¿Qué puedo comer como aperitivo? ¿Qué puedo comer como entrada?
4. No quiero comer pescado. ¿Qué platos debo evitar *(avoid)*?
5. ¿Qué tipos de carne sirven como entrada?

B. *¿Qué le recomiendas?*   Consulta el menú del Restaurante La Barraca (página 51) y pide una comida que incluya aperitivo, sopa, entrada y postre para cada una de las siguientes personas.

1. A una persona que quisiera pescado.
2. A una persona que quisiera mariscos.
3. A una persona que es vegetariana.
4. A una persona que come mucho.
5. A una persona que quisiera comer comida norteamericana tradicional.
6. A una persona que no come carne.

52

Repaso

C. *¿Te compro... ?* Hazle preguntas a un(a) compañero(a) de clase basándote en las claves dadas. Él (Ella) debe contestar, empleando mandatos familiares y pronombres de complemento indirecto y directo. Sigan el modelo.

Modelo: comprar / el chaleco
—*¿Te compro el chaleco?*
—*Sí, cómpramelo.* o:
   No, no me lo compres.

1. traer / unas botas
2. mostrar / el vestido
3. comprar / la bufanda
4. vender / estos zapatos
5. traer / las sandalias
6. mostrar / el traje de baño
7. comprar / los vaqueros
8. vender / la falda

53

Ex. C: pair work

Answers, Ex. C: 1. ¿Te traigo unas botas? —Sí, tráemelas. (No, no me las traigas.) 2. ¿Te muestro el vestido? —Sí, muéstramelo. (No, no me lo muestres.) 3. ¿Te compro la bufanda? —Sí, cómpramela. (No, no me la compres.) 4. ¿Te vendo estos zapatos? —Sí, véndemelos. (No, no me los vendas.) 5. ¿Te traigo las sandalias? —Sí, tráemelas. (No, no me las traigas.) 6. ¿Te muestro el traje de baño? —Sí, muéstramelo. (No, no me lo muestres.) 7. ¿Te compro los vaqueros? —Sí, cómpramelos. (No, no me los compres.) 8. ¿Te vendo la falda? —Sí, véndemela. (No, no me la vendas.)

Reteaching, Ex. C: A review of familiar commands should precede this activity. Have students write a list of do's and don'ts for incoming freshmen at their school, or for someone traveling abroad for the first time. Then have them share their ideas orally. Remind students that **tú** commands would *not* be appropriate in the restaurant setting.

Less-prepared students, Ex. C: Have less-prepared students first write their answers to 1–8 using both affirmative and negative responses. They could then do the exercise orally.

More-prepared students, Ex. C: Have more-prepared students offer an alternative and/or explanation for their affirmative or negative choices. (**"No, no me lo compres. No me gusta mucho.**)

Presentation: Estructura

You may want to review the redundant prepositional phrase of clarification that is used with indirect object pronouns and that is used in the examples to the left. Point out that it is more common to use it with **le** and **les** as a means of clarifying who **le** and **les** are. It can also be used with **me, te, nos,** and **vosotros** in order to add emphasis as in, **A mí me gusta la comida china,** pero **a ti no te gusta.** Remind the students that with any indirect object pronoun construction, the prepositional phrase is optional, but the pronoun is obligatory.

Answers, Ex. D: 1. ¿Te gustan las chuletas? ¿Te gusta el pescado? ¿Te gusta el queso? ¿Te gusta el pollo? ¿Te gustan las gambas? 2. Me encanta la tortilla española. Me encantan los postres. Me encanta el jamón serrano. Me encantan las gambas al ajillo. Me encanta la fruta fresca. 3. Nos falta una cuchara. Nos faltan dos cuchillos. Nos falta una servilleta. Nos falta la sal. Nos faltan tres vasos.

ESTRUCTURA

Gustar and verbs like gustar

—¿Qué **te gusta** comer?	What *do you like* to eat?
—**Me gusta** comer comida china.	*I like* to eat Chinese food.
—¿Qué **le gusta** a Juan?	What *does John like*?
—A Juan **le gusta** la paella.	*John likes* paella.
—Y a Lourdes, ¿qué **le gusta**?	And what *does Lourdes like*?
—A Lourdes **le gustan** las chuletas de cordero.	*Lourdes likes* lamb chops.
—Y a ustedes, ¿qué **les gusta**?	And what *do you (plural) like*?
—A nosotros **nos gusta** el pescado.	*We like* fish.
—Y a ellos, ¿qué **les gusta**?	And what *do they like*?
—A ellos **les gusta** el pollo frito.	*They like* fried chicken.

Gustar and verbs like it are used only in the third person singular (**gusta**) or plural (**gustan**) forms along with the indirect object pronouns: **me, te, le, nos, os,** and **les.**

—¿**Te gusta** comer?	*Do you like* to eat?
—Sí, **me gusta** comer.	Yes, *I like* to eat.
—¿Qué **te gusta** hacer en tu tiempo libre?	What *do you like* to do in your free time?
—**Me gusta** comer, estudiar y dormir.	*I like* to eat, study, and sleep.

When **gustar** is followed by an infinitive, regardless of how many infinitives are used, the third person *singular* is always used.

Here are some other verbs that may be used in the same way as **gustar.**

encantar	*to like very much*	**tocar**	*to be one's turn*
faltar	*to need, lack*	**apetecer**	*to appeal*

Aquí practicamos

 D. Sustituye las palabras en cursiva con las palabras entre paréntesis y haz los cambios necesarios.

1. ¿Te gusta *la comida china?* (las chuletas / el pescado / el queso / el pollo / las gambas)
2. Me encantan *los calamares fritos.* (la tortilla española / los postres / el jamón serrano / las gambas al ajillo / la fruta fresca)
3. Camarero, por favor, nos falta *un tenedor.* (una cuchara / dos cuchillos / una servilleta / la sal / tres vasos)

54

4. ¿Te apetecen *unas chuletas de cerdo?* (un gazpacho / una sopa de ajo / unas gambas / un bistec / unos calamares fritos)
5. A *Juan* le toca pagar la cuenta. (ella / nosotros / ellos / Uds. / él)

E. *¿A quién le gusta... ?*
Haz preguntas y contéstalas refiriéndote a las personas indicadas entre paréntesis, según el modelo.

 **Modelo:**
gustar / sopa de ajo (Juan)
¿A quién le gusta la sopa de ajo?
A Juan le gusta la sopa de ajo.

1. encantar / calamares (nosotros)
2. tocar / pagar la cuenta (Jaime)
3. faltar / tenedor (Linda)
4. tocar / comprar las bebidas (ellas)
5. faltar / dinero (nosotros)
6. encantar / paella (la profesora)
7. faltar / servilleta (ella)
8. apetecer / una ensalada mixta (vosotros)

F. *¿Qué le falta a... ?*
Tú y tus amigos llegan a su mesa en un restaurante y notan que les faltan algunas cosas. Sigan el modelo.

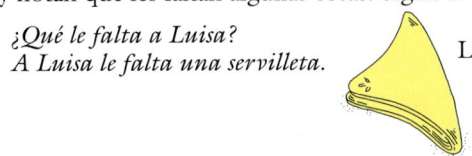

 **Modelo:**
¿Qué le falta a Luisa?
A Luisa le falta una servilleta.
Luisa

Learning Strategy:
Reporting based on visual cues

      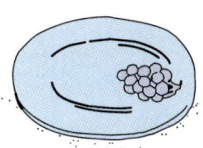      

1. Mónica   2. Jaime   3. Sara   4. Tomás   5. Carmen

Aquí escuchamos:
"Un restaurante elegante"

Antes de escuchar

El Sr. y la Sra. Pérez van a cenar en un restaurante elegante. La conversación que Ud. va a oír es entre el camarero y el Sr. y la Sra. Pérez. Piensa en el orden en que van a pedir lo que van a comer. Antes de escuchar la conversación, repasa las expresiones en la sección **En otras palabras** en la página 56. También contesta las preguntas en la página 56.

Learning Strategies:
Brainstorming, previewing

55

Answers, Ex. D, cont.: 4. ¿Te apetece un gazpacho? ¿Te apetece una sopa de ajo? ¿Te apetecen unas gambas? ¿Te apetece un bistec? ¿Te apetecen unos calamares fritos? 5. A ella le toca pagar la cuenta. A nosotros nos toca… . A ellos les toca… . A Uds. les toca… . A él le toca… .

Ex. E: pair work

Answers, Ex. E: 1. ¿A quién le encantan los calamares? A nosotros nos encantan los calamares. 2. ¿A quién le toca pagar la cuenta? A Jaime le toca pagar la cuenta. 3. ¿A quién le falta un tenedor? A Linda le falta un tenedor. 4. ¿A quién le toca comprar las bebidas? A ellas les toca comprar las bebidas. 5. ¿A quién le falta dinero? A nosotros nos falta dinero. 6. ¿A quién le encanta la paella? A la profesora le encanta la paella. 7. ¿A quién le falta una servilleta? A ella le falta una servilleta. 8. ¿A quién le apetece una ensalada mixta? A vosotros os apetece una ensalada mixta.

Ex. F: pair work

Answers, Ex. F: 1. ¿Qué le falta a Mónica? A Mónica le faltan dos cucharas/cucharitas. 2. A Jaime le falta un vaso. 3. A Sara le falta un plato. 4. A Tomás le faltan dos tenedores. 5. A Carmen le falta un cuchillo.

Suggestion, Ex. F: You might want to act out a version of this exercise. Have them set a table and name the items used, then tell students not to look while you remove various items. Students then say what they are missing.

Support material, Aquí escuchamos: Teacher Tape /CD Track #13

Presentation: **Aquí escuchamos**

Have students write down some of the expressions from **En otras palabras** on page 56. Have them place a check mark next to the expression each time they hear it on the tape. Or have them write the following words on a piece of paper: **gambas, gazpacho, sopa, chuletas,** and **ensalada.** Then have them indicate with a check mark each time they hear the words.

Spanish speakers, Aquí escuchamos: Remember, most Spanish speakers, even those who are third or fourth generation, will understand spoken Spanish. The exercises that accompany this section should pose relatively little problem for Spanish speakers. They should, however, be directed to focus on "listening in context" to any new vocabulary.

1. ¿Qué le van a pedir al camarero cuando primero llegan al restaurante?
2. ¿Qué van a pedir para comer primero?
3. ¿Qué van a pedir cuando terminan la cena?

START

Learning Strategy:
Listening for details

Después de escuchar

1. ¿Dónde pide la mesa el Sr. Pérez?
2. ¿Piden un aperitivo? ¿Qué?
3. ¿Qué tipo de sopa pide la Sra. Pérez?
4. ¿Quién pide el pescado?
5. ¿Qué piden de postre?

En otras palabras

Expresiones para pedir una mesa en un restaurante

| **Quisiera** **Quisiéramos** | una mesa para… personas, por favor. |
| *I would like* *We would like* | *a table for . . . people, please.* |

Expresiones para pedir la comida

| **¿Qué quisiera pedir como** | aperitivo? sopa? | *What would you (sing.) like for* | *an appetizer?* *a soup?* |
| **¿Qué quisieran pedir como** | entrada? postre? | *What would you (pl.) like for* | *an entree?* *a dessert?* |

| **Como** | aperitivo sopa entrada postre | **quisiera…** | *For* | *an appetizer a soup an entree a dessert* | *I would like . . .* |

Expresiones para pedir la cuenta

La cuenta, por favor.	*The check, please.*
¿Podría traernos la cuenta, por favor?	*Could you bring us the check, please?*
Quisiera la cuenta, por favor.	*I would like the check, please.*
Quisiéramos la cuenta, por favor.	*We would like the check, please.*

56

¡Aquí te toca a ti!

G. *Por favor, señor (señorita)*   Tu papá (mamá) estará en España para un viaje de negocios y quiere aprender a pedir una comida en un restaurante. Contesta sus preguntas sobre lo que debe decir en español.

Learning Strategy:

Asking questions

1. How do I ask for a table?
2. How will the waiter ask me if I would like an appetizer?
3. How do I order my meal?
4. How will the waiter ask me if I would like dessert?
5. How do I get the check?

H. *¿Qué desean?*   Consulta el menú del Restaurante La Barraca en la página 51 y escoge la comida que vas a pedir (aperitivo o sopa, entrada, ensalada, postre y bebida). Otro(a) estudiante va a hacer el papel del (de la) camarero(a).

Learning Strategies:

Reading a menu, expressing preferences

EJERCICIO ORAL

I. *En el restaurante*   You go to a restaurant with a friend. (1) Request a table, (2) discuss what each of you likes and does not like on the menu, and (3) order your meal. Ask for at least one item which is not on the menu. One of your classmates will play the role of the waiter, who will indicate that one of the courses you order is no longer available. (Use the menu on page 51.)

Learning Strategies:

Reading a menu, expressing preferences, active listening

EJERCICIO ESCRITO

J. *Un menú*   You and your partner are planning to open a Spanish restaurant in your town. Design a short but interesting menu for the new restaurant. Agree on at least five listings for each category (**aperitivo, sopa, entrada, postre**). Remember to name your restaurant and to give your menu an attractive design.

Cooperative Learning

Learning Strategies:

Listing, expressing preferences, brainstorming, negotiating, persuading

Critical Thinking Strategies:

Categorizing, creating

57

Spanish speakers, Ex. I:
Remember that most Spanish speakers already have a command of the language in informal contexts. This situation is an informal one, but have the students focus on new vocabulary. Emphasize that it may be necessary to use such vocabulary when talking to speakers who are from other parts of the Spanish-speaking world. Remember to be sensitive and accept how the students say things the first time. What they have said may be totally appropriate in their speech community. This is a good place to have them focus on the differences between how they say something in their speech community and how the book is teaching them to express this. Remember, rather than "correcting" how they speak, your objective is to expand the range of contexts in which these students can use Spanish.

Ex. J: writing

Spanish speakers, Ex. J:
Always have Spanish speakers fully carry out this activity. Remember, while many of them already speak and understand spoken Spanish, they may not know how to write the language. This is a good place to start building basic literacy skills in Spanish. Have them pay special attention to the spelling of the vocabulary that has been introduced in this **etapa,** especially words that may have problematic spelling combinations. This is a good place to have them engage in peer-editing. Have them look at the written work of a partner and focus on the spelling.

Answers, Ex. G: 1. Quisiera / Quisiéramos una mesa para… personas, por favor.   2. ¿Qué quisiera pedir como aperitivo?   3. Como…, quisiera… .   4. ¿Qué quisiera pedir como postre?   5. La cuenta, por favor.

Exs. H and I: pair work   role play

Presentation: *La guía del ocio*

Have students scan the text looking for cognates or familiar vocabulary. Then choose one or two restaurants and explain how to read the entries. Point out any differences with the telephone numbers and the addresses.

Find the current exchange rate in a newspaper or ask students to do so at home. Once you have the rate, ask students to convert the **pesetas** to dollars and ask questions using **caro, barato, más caro, más barato,** etc.

Spanish speakers, La guía del ocio: Ask Spanish speakers about where they find information about things to do in their community. For example, is there a special publication that announces the events of the community? Have them bring in these announcements and share them with the class.

SEGUNDA ETAPA

Preparación

/-/-/-/-/-/-/-/-/-/

Learning Strategies:

Brainstorming, previewing

›› **¿D**ónde buscas información sobre películas? ¿conciertos? ¿restaurantes? ¿eventos especiales?

›› **¿H**ay en tu pueblo o ciudad alguna publicación con este tipo de información?

La guía del ocio

/-/-/-/-/-/-/-/-/-/

Learning Strategy:

Reading for cultural information

■ **¡A TODO MEXICO!** San Bernardino, 4. Tel. 541 93 59. Plaza República del Ecuador, 4. Tel. 259 48 33. San Leonardo, 3. Tel. 247 54 39. Cocina mexicana. Especialidad: tamales, carnitas, mole poblano. Admite tarjetas. **(3).**

■ **AIRIÑOS DO MAR. ORENSE,** 39. Tel. 556 00 52. Cocina gallega. Especialidad: pescados y mariscos. Cerr. dom. **(3).**

■ **ASADOR REAL.** Dr. Fleming, 22 (esquina a Panamá). Tel. 250 84 60. Esp. cordero asado. Cerr. fest. noche y dom. **(3).**

■ **LA BARANDA.** Augusto Figueroa, 32. Tel. 522 55 99. De 13 a 16 y de 21 a 24 h. Vier. y sáb. hasta a 1 h. Ensaladas, crepes, pizzas y pastas. **(2).**

■ **LA BARRACA.** Reina, 29. (Centro-Cibeles). Tel. 532 71 54. Especialidad: paellas, arroces y cocina española. **(3).**

■ **EL CACIQUE.** C/ Padre Damián, 47. Tel. 259 10 16. Cocina Argentina. Especialidad: Carnes a la brasa. Pankeke y dulces de leche. **(4).**

■ **CASA FABAS.** Plaza Herradores, 7. Tel. 541 11 03. Cocina casera. Especialidad: Fabada Asturiana. Callos. Cordero asado. Repostería casera. Cierra domingos noche y lunes todo el día. **(2).**

■ **CASA GADES.** Conde Xiquena, Tel. 522 75 10. Cocina Italiana. Especialidad: pastas, pizzas y postres caseros. **(3).**

■ **CASA GALLEGA.** Bordadores, 11 (frente a Iglesia San Ginés). Tel. 541 90 55. Cocina gallega. Esp.: mariscos, pescados y carnes. **(3).**

■ **CASA PEDRO.** Nuestra Señora de Valverde, 119. Tel. 734 02 01. Cocina castellana. Horno de leña. Esp.: cordero, cochinillo y perdices. Leche frita. **(4).**

■ **LOS CHAVALES.** Plaza Valvanera, 4 (parque de San Juan Bautista). Tel. 415 79 86. Especialidad en mariscos. Cerrado domingos tarde. No admite tarjetas. **(2).**

■ **CHIKY.** Restaurante-Pub. Mayor, 24 (Centro-Sol) y Cololeros, 3. Tel. 266 24 57 y 265 94 48. Especialidad: todos los días, paella y cocido madrileño. Hasta las 2 h. **(2).**

■ **DA NICOLA.** Plaza de los Mostenses, 11 (junto a parking). Tel. 542 25 74. Cocina italiana y pizzas para llevar. Abierto todo el verano. **(2).**

■ **DE LA DIVA.** Cochabamba, 13. (250 77 57). De lunes a viernes de 13 a 18 horas. Cocina casera. Especialidad: Almejas a la marinera con arroz blanco y cola de gambas. Pecho de ternera al horno. **(3).**

■ **DON EMILIANO.** Plaza de los Herradores, 10. (541 13 72). Coc. mexicana, regionales. Esp.: carnes, aves, pescados, mariscos y cócteles tropicales. No admite tarjetas. **(2).**

■ **DONZOKO.** Echegaray, 3 y 9 (Centro). (429 57 20 y 429 62 24). Cocina japonesa. Cerrado domingos. No admite tarjetas. **(2).**

■ **FIGON FAUSTINO.** Palencia, 29. (253 39 77). Cocina segoviana. Cordero y cochinillo encargado. Sábados cerrado. Visa. **(2).**

■ **LA FLOR DE LA CANELA.** General Orgaz, 21 (altura Orense, 39). (571 18 13). Cocina española-peruana. Especialidad: paellas y arroces. Abierto domingos y festivos mediodía. Paellas y platos de encargo. **(2).**

■ **PAPARAZZI.** Sor Angela de la Cruz, 22 (Centro). (279 67 67). Cocina italiana. Esp.: pastas, frito mixto de gambas y calamares, pallarda. Tarjetas. **(2).**

■ **XOCHIMILCO.** Piano-bar. Esquilache, 4 (Cuatro Caminos). (535 17 98). Cocina mexicana. Esp. desde "antojitos" a "chiles en nogada". Admite tarjetas. Cierra domingos noche. **(3).**

58

Etapa Support Materials

Workbook: pp. 54–62
Critical Thinking Master: Chapter 2, segunda etapa, Activity B
Transparency: #13
Listening Activity masters: p. 19
Tapescript: p. 29

Teacher Tape
Quiz: Testing Program, p. 31
Chapter Test: Testing Program, p. 35

Support material, *La guía del ocio:*
Transparency #13

GUÍA DE PRECIOS

En España la mayoría de los restaurantes abre, aproximadamente, de las 12:30 a las 16:00 horas y de las 20:00 a las 24:00 horas. Los números entre paréntesis que aparecen al final del texto de cada restaurante indican el precio aproximado por persona: (1) menos de 1.000 pesetas; (2) de 1.000 a 2.000 pesetas; (3) de 2.000 a 3.000 pesetas; (4) de 3.000 a 4.000 pesetas y (5) más de 4.000 pesetas.

Learning Strategy:

Reading for cultural information

¡Aquí te toca a ti!

A. *Recomendaciones*

While in Madrid, you receive a letter from your parents asking you to help some of their friends who are touring Spain. When you meet the friends, they ask for help in choosing a place to go to dinner. Consult the listings from *La guía del ocio* to determine what restaurants you will recommend to someone who wants:

Learning Strategies:

Scanning for cognates, reading for details

1. paella
2. seafood
3. lamb
4. pizza
5. Italian food
6. Argentine food
7. Japanese food
8. Galician food
9. shrimp and squid
10. Mexican food
11. Peruvian food
12. a place that takes credit cards

Once you have selected twelve restaurants, give an estimate as to how much it will cost one person to eat at each of the restaurants.

Repaso

B. *¿Te gusta... ?*

Do a survey of five of your classmates concerning their food preferences. Using the following numbers to indicate the degree to which each student likes or dislikes each item, create a chart like the one on page 60 to record their responses. Follow the model.

Learning Strategies:

Polling, recording information in a chart, ranking

Critical Thinking Strategies:

Determining preferences, evaluating

Modelo: gambas
—*¿Te gustan las gambas?*
—*Sí me encantan las gambas.*   o:
No, detesto las gambas.

1. = Lo (La, Los, Las) detesto.
2. = No me gusta.
3. = Lo (La, Los, Las) puedo comer.
4. = Me gusta.
5. = Me encanta.

59

Suggestion, Ex. A: This activity could be written or done n pairs.

Answers, Ex. A: 1. La Barraca, Chiky, La Flor de la Canela 2. Airiños do Mar, Casa Gallega, Los Chavales, De la Diva, Don Emiliano, Paparazzi 3. Asador Real, Casa Fabas, Casa Pedro, Figón Faustino 4. La Baranda, Casa Gades, Da Nicola 5. La Baranda, Casa Gades, Da Nicola, Paparazzi 6. El Cacique 7. Donzoko 8. Airiños do Mar, Casa Gallega 9. Paparazzi 10. ¡A Todo México!, Don Emiliano Xochimilco 11. La Flor de a Canela 12. ¡A Todo México!, Figón Faustino, Paparazzi, Xochimilco

¡A todo México!—de 2.000 a 3.000 pesetas, Airiños do mar—de 2.000 a 3.000 pesetas, Asador Real—de 2.000 a 3.000 pesetas, La Baranda—de 1.000 a 2.000 pesetas, La Barraca—de 2.000 a 3.000 pesetas, El Cacique—de 3.000 a 4.000 pesetas, Casa Fabas—de 1.000 a 2.000 pesetas, Casa Gades—de 2.000 a 3.000 pesetas, Casa Gallega—de 2.000 a 3.000 pesetas, Casa Pedro—de 3.000 a 4.000 pesetas, Los Chavales—de 1.000 a 2.000 pesetas, Chicky—de 1.000 a 2.000 pesetas, Da Nicola—de 1.000 a 2.000 pesetas, De la Diva—de 2.000 a 3.000 pesetas, Don Emiliano—de 1.000 a 2.000 pesetas, Donzoko—de 1.000 a 2.000 pesetas, Figon Faustino—de 1.000 a 2.000 pesetas, La Flor de la Canela—de 1.000 a 2.000 pesetas, Paparazzi—de 1.000 a 2.000 pesetas, Xochimilco—de 2.000 a 3.000 pesetas

Ex. B: groups of four or more

Ex. B: Cooperative Survey

Learning Strategies: Polling, summarizing results, reporting

Critical Thinking Strategy: Comparing

- Pair up students with partners with whom they have not worked often. Have them use the questions in Ex. B to survey students about what they like and don't like to eat. They may add questions, but they must ask all of the questions in the exercise.
- Have students divide up the questions and start the survey. Remind them that they need to agree on a method of recording the answers. They may want to ask the first two questions together as a pair, to check that they are performing the task correctly.
- After they have started the survey, have the pairs split up to ask the remaining questions.
- When the students have finished their surveys, tell them to summarize their results so they can be reported to the class.
- Then have each pair get together with another pair to compare their results.
- Have each new team of four get together with another group of four to compare their results.
- Then call on one student from each group of eight to report on the cumulative results of the group. This makes all of the students dependent on each other for information.

	Mi amigo(a) 1	Mi amigo(a) 2	Mi amigo(a) 3	Mi amigo(a) 4	Mi amigo(a) 5
gambas					
espárragos					
calamares					
chuletas de cordero					
pescado frito					
ternera asada					
flan					
café					
té					
sopa de pescado					
ensalada mixta					

ESTRUCTURA

Impersonal se

Se habla español aquí.
Se come bien en España.

You (People, They, One) speak(s) Spanish here.
You (People, They, One) eat(s) well in Spain.

There are several ways in Spanish to express an action that is carried out by an unmentioned person or persons. This is called an *impersonal* action. In English several words can be used to refer to impersonal actions that are performed by no one in particular: *one, you, they, people.* In Spanish, one way to make these impersonal statements is to place **se** before the third person form of the verb: **se come, se habla, se vende,** etc.

Aquí practicamos

C. Sustituye las palabras en cursiva con las palabras entre paréntesis y haz los cambios necesarios.

Se come bien en España. (vivir bien en este país / servir buena comida en ese restaurante / estudiar mucho en esta escuela / trabajar demasiado en la universidad / hablar francés en Francia)

D. Cambien las oraciones en la página 61 según el modelo.

 **Modelo:** Vivimos bien en España.
Se vive bien en España.

60

---

1. Comen bien en España.
2. Sirven una paella excelente en ese restaurante.
3. Siempre bailamos en las fiestas.
4. Estudian mucho en la universidad.
5. Viven bien en España.
6. Bajan por esta escalera.
7. No compran fruta en la farmacia.
8. Antes de la sopa, sirven el aperitivo.
9. Después de la entrada, sirven el postre.
10. En España comen la ensalada después de la entrada.

COMENTARIOS
CULTURALES

La guía del ocio

La guía del ocio es una publicación semanal que contiene información sobre lo que hay que hacer en Madrid durante el tiempo libre, o sea las horas de ocio. En esta publicación podemos encontrar información sobre exhibiciones de arte, funciones dramáticas, conciertos, eventos deportivos, restaurantes y mucho más.

Learning Strategy:

Reading for cultural information

61

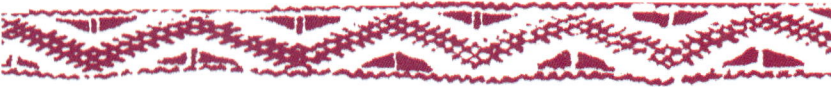

Critical Thinking: Strategy:

Making associations

E. ¿Qué se hace? Hagan unos comentarios impersonales sobre las actividades que la gente debe hacer o no hacer en las siguientes situaciones o lugares. Sigan el modelo.

Modelo: la biblioteca
Se estudia en la biblioteca.   o:
Se lee en la biblioteca.   o:
No se habla en la biblioteca.

1. el restaurante
2. el fin de semana
3. un día típico
4. la iglesia
5. una fiesta de cumpleaños
6. la escuela

Aquí escuchamos:
"Vamos a buscar un buen restaurante"

Learning Strategies:

Brainstorming, previewing

Antes de escuchar

Laura y Miguel tienen mucha hambre. Están en el centro y buscan un restaurante. Antes de escoger *(Before choosing)* un restaurante, ¿qué tienen que decidir Laura y Miguel? Antes de escuchar la conversación, repasa las expresiones en la sección **En otras palabras** en la página 63. También contesta las siguientes preguntas.

1. ¿Cómo van a decir que tienen mucha hambre?
2. ¿Cómo van a decir que quieren comer cierta comida?
3. ¿Cómo van a decir que les gusta o no les gusta una comida?

Learning Strategy:

Listening for details

Después de escuchar

1. ¿Cuántos restaurantes hay cerca de donde están Laura y Miguel?
2. ¿Dónde ven los menús?
3. ¿Cómo se llama el primer restaurante?
4. ¿Cuál es la especialidad de este restaurante?
5. ¿Qué tiene ganas de comer Laura?
6. ¿Dónde comen por fin?

62

En otras palabras

Expresiones para hablar del hambre

¡Estoy que me muero de hambre!	*I'm dying of hunger!*
Tengo tanta hambre que me podría comer un toro.	*I'm so hungry I could eat a horse* (literally, *a bull*).

Expresiones para indicar sus preferencias

Tengo ganas de comer…	*I feel like eating . . .*
Yo quisiera comer…	*I would like to eat . . .*
Me encanta la comida china (griega, italiana, francesa, etc.).	*I love Chinese (Greek, Italian, French, etc.) food.*

¡Aquí te toca a ti!

F. *¿A qué restaurante vamos?* Tú y tu amigo(a) van en busca de un restaurante. A tu amigo(a) no le gusta la primera sugerencia en la página 64, pero él (ella) acepta el segundo restaurante que le sugieres. Sigan el modelo.

Modelo: un restaurante donde la especialidad es pescado / un restaurante conocido por la carne asada
—*Mira, estoy que me muero de hambre.*
—*Yo también. Me podría comer un toro.*
—*¿Por qué no buscamos un restaurante?*
—*Buenísima idea. Allí hay un restaurante donde se sirve un pescado frito excelente.*
—*No. No me gusta mucho el pescado. Prefiero la carne.*
—*Ah, allí hay un restaurante donde la carne asada es la especialidad.*
—*Perfecto. Me encanta la carne asada.*

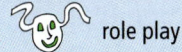

Learning Strategies:
Expressing preferences, supporting choices

Spanish speakers, En otras palabras: Ask Spanish speakers to provide other words and expressions that they might know that convey the same meaning as those listed here.

Follow-up, En otras palabras: Some students may ask about **hambre** and whether it is feminine or masculine. Technically it is a feminine noun; however, nouns that begin with a stressed **a** or **ha** take the masculine definite article in the singular, but not in the plural. This is to break up the sound of the two "**a**"s coming together. With other modifiers such as **tanta, mucha,** etc. the feminine is used (e.g., **el hambre** but: **las hambres, tanta hambre, mucha hambre**). Other common nouns that follow this rule are **el hada** *(the fairy),* **el hacha,** *(the ax),* **el águila,** *(the eagle),* **el agua,** but: **las aguas, el agua fría, tanta agua, mucha agua.**

Ex. F: pair work

role play

63

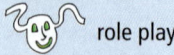

Ex. G: groups of three

role play

Suggestion, Ex. G: Some groups might like to present a skit taking place at the restaurant they selected. You might wish to enter the skit as the restaurant manager to give groups an unrehearsed opportunity to listen, speak, and perhaps problem-solve.

Spanish speakers, Ex. G: Remember that most Spanish speakers already have a command of the language in informal contexts. This situation is an informal one, but have the students focus on using new vocabulary. Emphasize that it may be necessary to use such vocabulary when talking to speakers who are from other parts of the Spanish-speaking world. Remember to be sensitive and accept how the students say things the first time. What they have said may be totally appropriate in their speech community. This is a good place to have them focus on the differences between how they say something in their speech community and how the book is teaching them to express this. Remember, rather than "correcting" how they speak, your objective is to expand the range of contexts in which these students can use Spanish.

Ex. H: writing

Spanish speakers, Ex. H: Always have Spanish speakers fully carry out this activity. Remember, while many of them already speak and understand spoken Spanish, they may not know how to write the language. This is a good place to start building basic literacy skills in Spanish. Have them pay special attention to the spelling of the vocabulary that has been introduced in this **etapa,** especially words that may have problematic

1. un restaurante italiano / un restaurante chino
2. un restaurante vegetariano / un restaurante donde la especialidad es los mariscos
3. un restaurante donde la carne asada es la especialidad / un restaurante griego
4. un restaurante donde las chuletas de cordero son la especialidad / un restaurante francés
5. un restaurante donde el pollo asado es la especialidad / un restaurante mexicano

¡Adelante!

EJERCICIO ORAL

G. *¿Adónde vamos a comer?* While visiting Madrid, you and your friend(s) are trying to choose a restaurant for your evening meal. Consult the listings from *La Guía del ocio* on page 58 at the beginning of this **etapa.** Discuss what each of you would prefer to eat and how much you are willing to spend for dinner. Decide on a restaurant that everyone can afford and where each person can order a meal that he or she will enjoy.

EJERCICIO ESCRITO

H. *Anoche nosotros cenamos en...* Imagine that last night you and your family had dinner at the restaurant whose menu appears on page 51. Write a postcard to your Spanish teacher, telling him or her about the meal. (1) Describe the restaurant. (2) Tell what each member of your family ordered. (3) Describe the best main course served at your table. (4) Indicate whether you would like to return to the restaurant and why. (5) Remember to date and sign your postcard.

Cooperative Learning

Learning Strategies:

Reading for details, expressing preferences, negotiating, persuading, supporting choices

Critical Thinking Strategies:

Comparing and contrasting, determining preferences

Learning Strategies:

Reading for details, describing, expressing an opinion, organizing information in a letter, supporting choices

Critical Thinking Strategies:

Analyzing, evaluating

64

spelling combinations. This is a good place to have them engage in peer-editing. Have them look at the written work of a partner and focus on the spelling.

Cultural Observation

Have students compare how addresses are written in this country to how they are written in Spain (the number after the name of the street, separated by a comma). You can find examples of this in *La guía del ocio,* p. 58.

Vocabulario

Para charlar

Para pedir una mesa en un restaurante

Quisiera
Quisiéramos } una mesa para… personas, por favor.

Para pedir la comida

¿Qué quisiera pedir como aperitivo?
                                    sopa?
¿Qué quisieran pedir como entrada?
                                    postre?

Como { aperitivo
       sopa
       entrada   quisiera…
       postre

Para hablar del hambre

¡Estoy que me muero de hambre!
Tengo tanta hambre que me podría comer un toro.

Para indicar preferencias

Tengo ganas de comer…
Yo quisiera comer…
Me encanta la comida china (griega, italiana, francesa, etc.).
Se come bien en este restaurante.

Para pedir la cuenta

La cuenta, por favor.
¿Podría traernos la cuenta, por favor?
Quisiera
Quisiéramos } la cuenta, por favor.

Temas y contextos

El menú

Aperitivos

    calamares fritos
    chorizo
    espárragos a la parmesana
    gambas al ajillo
    jamón serrano
    tortilla española

Entradas

    bistec
    chuletas de cordero
    paella valenciana
    pescado frito
    pollo al chilindrón
    ternera asada

Ensaladas

    ensalada mixta

Postres

    flan
    fruta
    helados variados
    queso manchego

Sopas

    gazpacho andaluz
    sopa de ajo
    sopa del día
    sopa de pescado

Bebidas

    agua mineral con gas
               sin gas
    café
    té
    refrescos surtidos

Vocabulario general

Verbos como gustar

apetecer
encantar
faltar
tocar

La mesa

el plato hondo

Lectura CULTURAL

EL GAZPACHO

Antes de leer

1. Repasa el menú de la página 51 y presta atención especial a las sopas. ¿Cuántas hay en el menú?
2. Mira la foto que acompaña esta lectura en la página 68. ¿Cuál de las sopas que aparecen en el menú corresponde a la sopa que aparece en esta foto?
3. ¿Qué vocabulario esperas encontrar en una receta?
4. ¿Qué formato sigue una receta?

Guía para la lectura

A. Repasa el vocabulario que sigue. Lee la receta y busca las palabras. Trata de adivinar lo que significan las palabras. Une una(s) palabra(s) de la Columna A con una(s) de la Columna B.

A	B
mezcla (del verbo **mezclar**)	diced
agrega (del verbo **agregar**)	a clove of garlic
sazona (del verbo **sazonar**)	cubes
un diente de ajo	season
picados	mix
cubitos	add

B. Lee la receta otra vez y haz una lista de los vegetales que son necesarios.

C. Lee otra vez y haz una lista de los otros ingredientes que se necesitan.

D. Un(a) amigo(a) quiere hacer gazpacho para una fiesta pero no puede leer español. Explícale en inglés, paso a paso, cómo se hace y cómo se sirve.

//////////////////////
Learning Strategy:
Reading for cultural information

//////////////////////
Learning Strategy:
Drawing meaning from context

//////////////////////
Learning Strategies:
Reading for details, describing

67

El gazpacho

E l gazpacho es una sopa que se toma fría. El plato se prepara en Andalucía, en el sur de España, donde el clima es bastante caliente. En un día de verano, cuando la temperatura está a 40°C, no hay nada más refrescante que un plato hondo de gazpacho, especialmente cuando se sirve bien frío.

El gazpacho

Ingredientes

tres cucharadas de aceite de oliva	sal, pimienta
tres cucharadas de vinagre	cubitos de hielo
un litro de jugo de tomate	pan
dos dientes de ajo, picados	una cebolla grande,
cuatro tomates grandes, picados	picada
medio pepino	
un pimiento rojo	} picados, para servir como adorno
un pimiento verde	

Para preparar el gazpacho

1. Se mezclan el aceite, el vinagre y el ajo.
2. Se agrega el jugo de tomate.
3. Se agrega el tomate picado.
4. Se agrega la cebolla picada.
5. Se sazona con sal y pimienta.
6. Se pone en el refrigerador hasta que esté bien frío.
7. Antes de servir, se agregan los cubitos de hielo.
8. Se sirve con el pimiento verde, pimiento rojo y el pepino picados como adorno.

68

LA COMIDA DE LA AMÉRICA LATINA

Aquí se puede probar las numerosas especialidades de la comida mexicana.

Objetivos:

≫≫ **D**escribing, ordering, and paying for food

Strategies:

≫≫ **R**eading for cultural information

≫≫ **O**rganizing notes in a chart

≫≫ **P**araphrasing

≫≫ **C**ategorizing

≫≫ **S**eeing cause-and-effect relationships

69

Chapter Objectives

Functions: Describing, ordering, and paying for food
Context: Restaurants
Accuracy: **Estar** + adjectives; **un poco, muy, algo,** and **bien** with adjectives; negative and affirmative expressions

Presentation: Un menú mexicano

Have students look at the menu and determine the basic categories into which it is divided. Ask them to find familiar words.

Begin by having students repeat category names, then the food names in the various categories.

Discuss the differences between food in Spain and Mexico. Note that several words can mean the same thing (e.g., **camarón** and **gamba** mean *shrimp),* and one word can have several meanings (e.g., **tortilla**).

Spanish speakers, Un menú mexicano: Ask Spanish speakers familiar with Mexican food what dishes they might have at home and which are their favorites. Although they may know how to pronounce these variations, many may have never seen how they are written. Help them with the spelling of these variations by writing them on the board or overhead.

Video/Laserdisc

Mosaico cultural: "Latinos en los Estados Unidos"
Mosaico cultural Video Guide

PRIMERA ETAPA

Learning Strategies:
Brainstorming, previewing

Learning Strategies:
Reading for cultural information, using cognates for meaning

Preparación

» **¿Q**ué sabes de la comida mexicana?

» **¿P**uedes nombrar algunos platos típicos de México?

» **¿C**uál es tu comida mexicana favorita?

verduras: vegetables / *camarones:* shrimp / *atún:* tuna / *costilla de res:* beef ribs / *pepitos:* sandwich made with tender filet of beef in a Mexican hard roll *(bolillo)* / *chilaquiles:* dish made with corn tortillas and chiles / *parrillada:* a variety of meats cooked on a grill *(parrilla)* / *pechuga:* breast

Un menú mexicano

SOPAS

Sopa Especial de Pollo

Sopa de Tortilla

Sopa del Día

Sopa de Verduras Frescas

ENSALADAS

Nuestra Ensalada
Especial del Chef
Lechuga, gajos de jitomate, tiras de jamón pollo y queso, rebanadas de huevo cocido.

Ensalada de Camarones
Lechuga, gajos de jitomate, camarones frescos, huevo cocido.

Ensalada de Atún
Lechuga, gajos de jitomate, atún aderezado y huevo cocido.

Ensalada de
Lechuga, Jitomate y Pepino

BEBIDAS

Nuestro Famoso Café

Té Caliente o Helado	Leche
Chocolate Caliente	Naranjada
Chocolate Frío	Limonada
Refrescos	

ESPECIALIDADES MEXICANAS

Tacos de Pollo (4)
Servidos con guacamole, crema y frijoles refritos

Tacos de Bistec (3)
Acompañados de cebollitas de cambray asadas, servido con frijoles charros.

Costilla de Res a la Parrilla (2)
Servida con chilaquiles y frijoles charros. servidas con arroz, enchilada, guacamole y frijoles refritos.

Pepitos (2)
Tierno filete de res en bolillos, acompañado de guacamole, frijoles refritos, rajas con crema y papas a la francesa.

Chilaquiles Verdes o Rojos
Gratinados con queso y servidos con crema, cebolla y frijoles refritos.

Con pollo.
Con pollo y huevo.

ENCHILADAS

Enchiladas Suizas
Elaboradas con pollo y salsa suiza, preparadas con nuestra receta especial

Enchiladas Verdes o Rojas
Preparadas con pollo, queso al gratín y una generosa porción de salsas deliciosamente condimentadas.

Enchiladas de Mole
Elaboradas con pollo, ajonjolí, cebolla y delicioso mole poblano.

CARROUSEL DE HAMBURGUESAS

Hamburguesa
Servida con jitomate y lechuga
Con queso

Combinación
Riquísima hamburguesa acompañada de papas a la francesa. A su elección, sopa del día o ensalada con aderezo especial.

Combinación Gigante
Riquísima hamburguesa de 200 gramos, acompañada de papas a la francesa. A su elección, sopa del día o ensalada con aderezo especial.

Plato Dieta
Hamburguesa en pan de centeno, acompañada de queso cotage, rebanada de jitomate y huevo cocido.

CARNES, AVES Y PESCADO

Parrillada Mixta
Preparada con filete de res, pollo, cerdo y chorizo, servida con guacamole, frijoles charros y tortillas.

Pechuga de Pollo
Tierna pechuga de pollo empanizada, servida con puré de papa, lechuga y jitomate.
O asada a la plancha
acompañada de verduras salteadas.

Filete de Pescado
Fresco filete empanizado, servido con puré de papa y salsa tártara o preparado ricamente al mojo de ajo y servido con papas a la francesa.

70

Etapa Support Materials

Workbook: pp. 63–71
Transparency: #14
Teacher Tape 🎧
Quiz: Testing Program, p. 39

Critical Thinking Master: pp. 2–3

Support material, Un menú mexicano:
Transparency #14

¡Aquí te toca a ti!

A. ¿Qué van a pedir?   Adivina lo que van a pedir las siguientes personas.

1. ¿Qué va a pedir alguien que no come carne?
2. ¿Qué va a pedir alguien que quiere comer algo ligero?
3. ¿Qué va a pedir un(a) turista que no quiere comer comida mexicana?
4. ¿Qué tipo de tacos va a pedir alguien que no come carne?
5. ¿Qué va a pedir alguien que quiere comer varios tipos de carne?

Learning Strategies:

Reading for cultural information, reading for details

Critical Thinking Strategy:

Categorizing

Repaso

B. ¿Qué se hace... ?   Un(a) amigo(a) español(a) tiene varias preguntas sobre la vida en los Estados Unidos. Contesta sus preguntas empleando oraciones impersonales con *se*.

1. ¿Qué se hace aquí en la escuela?
2. ¿Qué se hace en una fiesta?
3. ¿Qué se come en una fiesta?
4. ¿Qué se hace en general los fines de semana?
5. ¿Qué se hace en el verano?

Learning Strategies:

Listing, describing

Learning Strategy:

Reading for cultural information

COMENTARIOS
CULTURALES

▶ **X**itomatl

Xitomatl es la palabra náhuatl para el tomate. Esta lengua todavía se habla en México y es la que hablaban los aztecas cuando llegaron los españoles en 1519. Hoy día en México se usa la palabra *jitomate* en vez de *xitomatl*, pero en otras partes del mundo hispano se usa la palabra *tomate*. Se cree que esta fruta se cultiva en México y en partes de la América Central desde hace más de cinco mil años. Los exploradores españoles fueron los que introdujeron esta fruta en Europa.

71

Suggestion, Ex. B: This activity could be written or done orally in pairs.

Possible answers, Ex. B:
1. En la escuela se aprende.   2. En una fiesta se charla con amigos.
3. En una fiesta se comen platos como nachos (entremeses).
4. Los fines de semana se va al cine.   5. En el verano se toman unas vacaciones.

Cultural Expansion

As plants taken back to Europe took root, diets and cuisines changed. Have students think about what Italian cuisine would be without the tomato.

Corn and potatoes—now two of the world's staple foods—also originated in the Americas more than 5,000 years ago. In the pre-Columbian Americas, corn was the most important crop, flourishing from southern Chile to southern Canada. Corn, however, could not grow in the high Andes. There farmers cultivated hundreds of varieties of potatoes as their daily staple. These crops have been introduced all around the globe, and both have promising futures: ethanol is a corn-based fuel, and potatoes have been used in the development of starch-based plastics.

Possible answers, Ex. A: 1. Una persona que no come carne va a pedir la sopa de verduras frescas, una ensalada de lechuga, jitomate y pepino, unos chilaquiles verdes y una bebida. 2. Una persona que quiere comer algo ligero va a pedir la sopa del día y el plato dieta.   3. Un turista que no quiere comer comida mexicana va a pedir la sopa especial de pollo y una hamburguesa.   4. Una persona que no come carne va a pedir los chilaquiles verdes o rojos.   5. Una persona que quiere comer varios tipos de carne va a pedir la parrillada mixta.

Presentation: Estructura

Review the conjugation of **estar** in the present tense.

You might want to point out that there are a few common adjectives like these that would change meaning when used with **ser** or **estar.** Without going into great detail you could indicate the differences between the following: **está/es verde; está/es listo; está/es aburrido.**

Remind the students that adjectives must agree in number and gender with the nouns they modify.

Spanish speakers, Estar + adjectives: Ask the students to provide other adjectives that describe a state or condition and that have not been listed here.

Answers, Ex. C: 1. Jorge está aburrido, yo estoy aburrido(a), nosotros estamos aburridos, la profesora está aburrida, mis hermanas están aburridas

ESTRUCTURA

Estar + adjectives to express states or conditions

Yo **estoy nervioso** hoy porque tengo un examen.
I *am nervous* today because I have an exam.

Marta **está triste** hoy porque no hace sol.
Marta *is sad* today because it is not sunny.

Camarero, este plato **está sucio.** Tráigame otro, por favor.
Waiter, this plate *is dirty.* Please bring me another one.

The verb **estar** is used with certain adjectives to express conditions that are true at a given moment, but not necessarily permanent. Some common adjectives that are used with **estar** to express these types of conditions are:

abierto(a)	*open*	**limpio(a)**	*clean*
aburrido(a)	*bored*	**lleno(a)**	*full*
alegre	*happy*	**mojado(a)**	*wet*
caliente	*hot*	**nervioso(a)**	*nervous*
cansado(a)	*tired*	**ocupado(a)**	*busy*
cerrado(a)	*closed*	**preocupado(a)**	*worried*
contento(a)	*happy*	**seco(a)**	*dry*
enfermo(a)	*sick*	**sucio(a)**	*dirty*
frío(a)	*cold*	**triste**	*sad*
furioso(a)	*furious*	**vacío(a)**	*empty*

Remember that when a singular adjective ends in **-o** it has four forms and must agree in both number and gender with the noun it modifies:

El vaso está **limpio.**   **La cuchara** no está **limpia.**
Los vasos están **limpios.**   **Las cucharas** no están **limpias.**

Adjectives that end in **-e** in the singular have only two forms and need only agree in number with the noun they modify:

Alberto está **triste** y **Marta** está **alegre.**
Las **niñas** están muy **alegres** hoy.

Aquí practicamos

C. Sustituye las palabras en cursiva y haz los otros cambios necesarios.

1. *Josefina* está aburrida hoy porque no hace sol. (Jorge / yo / nosotros / la profesora / mis hermanas)

2. *Yo* no estoy preocupado hoy porque no hay examen. (Diana / mi amigo / mis compañeros / tú / nosotras)
3. ¿Por qué están nerviosos *Uds.* hoy? (Diego / Marta y Sara / tú / la profesora / José y León)

D. ¿Cómo están? Un(a) compañero(a) de clase te hace varias preguntas sobre cómo están varias personas que Uds. conocen. Contesta sus preguntas según el modelo.

tu mejor amiga / aburrido
—*¿Cómo está tu mejor amiga hoy?*
—*Está aburrida.*

1. tu padre / furioso
2. la maestra de español / ocupado
3. tus amigas favoritas / triste
4. tus compañeros de clase / cansado
5. tu mamá / preocupado
6. tú / alegre

E. Tráigame una... Cuando tú y tus compañeros llegan a la mesa en un restaurante, hay varias cosas sucias. Pídanle al mesero otras limpias según el modelo.

cuchara
Mesero, esta cuchara está sucia. Tráigame una cuchara limpia, por favor.

1. tenedor
2. vaso
3. cuchillos
4. servilletas
5. platos
6. taza

Nota gramatical

Adding emphasis to a description

¿Cómo está Alberto hoy?	How is Alberto today?
Está **un poco** cansado.	He is *a little* tired.
Estoy **muy** nervioso hoy.	I am *very* nervous today.
Me gustan los refrescos	I like soft drinks when
cuando están **bien** fríos.	they are *very* cold.
¿Estás preocupado ahora?	Are you worried now?
Sí, estoy **algo** preocupado.	Yes, I am *somewhat* worried.

Un poco, muy, bien, and **algo** may be placed before an adjective of condition in order to add emphasis to the description.

73

Ex. F:    writing

   groups of
four or more

Follow-up, Ex. F: After they've
finished this exercise, you may
wish to ask students why they feel
the way they do.

Ex. G: pair work

Possible answers, Ex. G:
1. ¿Cuándo estás cansado(a)?
Estoy cansado(a) cuando no
duermo bien.   2. ¿Cuándo estás
preocupado(a)? Estoy preocu-
pado(a) cuando no estudio para un
examen.   3. ¿Cuándo estás triste?
Estoy triste cuando no veo a mi
familia.   4. ¿Cuándo estás
nervioso(a)? Estoy nervioso(a)
cuando tengo que hablar en
público.   5. ¿Cuándo estás alegre?
Estoy alegre el día de mi
cumpleaños.   6. ¿Cuándo estás
aburrido(a)? Estoy aburrido(a)
cuando hace mal tiempo.
7. ¿Cuándo estás ocupado(a)?
Estoy ocupado(a) durante la semana.   8. ¿Cuándo estás furioso(a)?
Estoy furioso(a) cuando el autobús
llega tarde.

F. *¿Cómo está Tina hoy?*   Create a chart like the following one.
Describe how you feel today by placing an *X* appropriately for each
adjective.

	(no)	un poco	algo	muy
aburrido(a)				
alegre				
cansado(a)				
nervioso(a)				
ocupado(a)				
preocupado(a)				
triste				

Learning Strategies:

*Requesting informa-
tion, describing based
on personal informa-
tion, recording infor-
mation in a chart*

Now make another copy of the original chart. This time move around the
room asking your classmates how they feel today. Write the name of the
person in the appropriate cell of the chart. Try to fill all the cells in the
time alloted.

Learning Strategies:

*Asking questions,
reporting based on per-
sonal information*

**Critical Thinking
Strategy:**

Making associations

G. *Intercambio*   Siempre se conoce mejor a una persona cuando sabemos sus sentimientos. Hazle preguntas a uno(a) de tus compañeros y
luego comparte la información con el resto de la clase. Sigan el modelo.

Modelo: cansado
—*¿Cuándo estás cansado(a)?*
—*Estoy cansado(a) cuando no duermo bien.*

1. cansado(a)	**3.** triste	**5.** alegre	**7.** ocupado(a)
2. preocupado(a)	**4.** nervioso(a)	**6.** aburrido(a)	**8.** furioso(a)

74

Aquí escuchamos:
"Un restaurante mexicano"

Antes de escuchar

Luis y Sonia van a pedir su comida en un restaurante. Repasa el menú en la página 70 para tener una idea de lo que van a pedir. Antes de escuchar la conversación, repasa las expresiones abajo en la sección En otras palabras. También contesta las siguientes preguntas.

1. ¿Qué crees que van a pedir para comenzar?
2. ¿Qué van a pedir para tomar?
3. ¿Cómo van a comentar sobre la comida?

Learning Strategies:
Brainstorming, previewing

START

Después de escuchar

1. ¿Qué tipo de sopa pide Sonia?
2. ¿Qué tipo de tacos pide Sonia?
3. ¿Pide Luis sopa?
4. ¿Qué va a tomar Luis?
5. ¿Por qué pide Luis otro tenedor?

Learning Strategy:
Listening for details

En otras palabras

Expresiones para comentar si te gusta la comida

¿Qué tal está la sopa?	*How's the soup?*
¡Está muy rica! (¡Está riquísima!)	*It's very good!*
¿Qué tal están los tacos?	*How are the tacos?*
Están muy ricos. (¡Están riquísimos!)	*They're very good!*
¡Qué rica está la hamburguesa!	*This hamburger is great!*
¡Qué ricos están los tacos!	*These tacos are great!*

75

Support material, Aquí escuchamos: Teacher Tape /CD Track #16

Spanish speakers, Aquí escuchamos: Remember, most Spanish speakers, even those who are third or fourth generation, will understand spoken Spanish. The exercises that accompany this section should pose relatively little problem for Spanish speakers. They should, however, be directed to focus on "listening in context" to any new vocabulary.

Answers, Aquí escuchamos: 1. una sopa de tortilla 2. tacos de bistec 3. no 4. té helado 5. porque el tenedor está sucio

Suggestion, Aquí escuchamos: For dictation practice, read the expressions in the **En otras palabras** box and then have the students check their own work.

Spanish speakers, En otras palabras: Ask Spanish speakers to provide other words and expressions that they might know that convey the same meaning as those listed here.

Presentation: Aquí escuchamos

Have students write down some of the expressions from **En otras palabras.** Have them place a check mark next to the expression each time they hear it on the tape. Or have them write the following words on a piece of paper: **ensalada, hamburguesa, bistec, lechuga, tenedor,** and **servilleta.** Then have them indicate with a check mark each time they hear the words.

Point out the use of the word **sabroso(a)** to comment on food; this word can be used interchangeably with **rico(a).**

Ex. H: pair work

 role play

 Ex. I: groups of three

 role play

Suggestion, Ex. I: Encourage students to include a complaint or two, as they have already practiced.

Spanish speakers, Ex. I: Remember, most Spanish speakers already have a command of the language in informal contexts. This situation is an informal one, but have the students focus on new vocabulary. Emphasize that it may be necessary to use such vocabulary when talking to speakers from other parts of the Spanish-speaking world. Remember to be sensitive and accept how the students say things the first time. What they have said may be totally appropriate in their speech community. This is a good place to have them focus on the differences between how they say something in their speech community and how the book is teaching them to express this. Remember, rather than "correcting" how they speak, your objective is to expand the range of contexts in which these students can use Spanish.

¡Aquí te toca a ti!

/I./I./I./I./I./I./I./I./I.

Cooperative Learning

Learning Strategies:

Asking questions, active listening, organizing notes in a chart

Critical Thinking Strategies:

Categorizing, determining preferences

H. *A comer en casa* You offer to make a meal for a friend. Ask him or her to name several foods that he or she (1) really likes, (2) really dislikes, (3) prefers to eat at home, and (4) likes to order in a restaurant. Tell your friend which of these dishes you can prepare. Suggest three other things that you can prepare well. Use a chart like the following one to record the information. Agree on a menu that your friend likes and that you can prepare at home.

Le gusta	No le gusta	Prefiere comer en casa	Le gusta pedir en un restaurante	Mis ideas

¡Adelante!

/I./I./I./I./I./I./I./I./I.

Learning Strategies:

Active listening, expressing preferences, paraphrasing, verifying

EJERCICIO ORAL

I. *¿Qué van a pedir?* In groups of three, practice ordering a meal from the menu on page 70 at the beginning of this **etapa.** One of you will play the role of the waiter or waitress. The other two will order dinner, including soup, salad, a main course, and something to drink. The waiter (waitress) will verify the order.

/I./I./I./I./I./I./I./I./I.

Learning Strategies:

Describing, providing information, organizing ideas in a letter

EJERCICIO ESCRITO

J. *Una postal* While traveling through Mexico, you have dinner in a restaurant one evening. You consider the meal to be one of the best that you have ever eaten. Write a letter to a friend telling him or her about the wonderful dinner, describing each course. Remember to date and sign your letter.

76

Ex. J: writing

Spanish speakers, Ex. J: Always have Spanish speakers fully carry out this activity. Remember, while many of them already speak and understand spoken Spanish, they may not know how to write the language. This is a good place to start building basic literacy skills in Spanish. Have them pay special attention to the spelling of the vocabulary that has been introduced in this **etapa,** especially words that may have problematic spelling combinations. This is a good place to have them practice peer-editing. Have them look at the written work of a partner and focus on the spelling.

SEGUNDA ETAPA

Preparación

» **P**iensa en la comida mexicana que sirven en los Estados Unidos. ¿Qué sirven?

» **¿H**ay restaurantes mexicanos en tu pueblo o ciudad?

Learning Strategies:

Brainstorming, previewing

Learning Strategy:

Reading for cultural information

La comida Tex-Mex

¿Cuál es tu plato mexicano favorito? ¿Los tacos? ¿Las enchiladas? ¿Los nachos con salsa picante? Los norteamericanos están acostumbrados a la comida mexicana, pero la comida mexicana que se come en los Estados Unidos —la comida Tex-Mex— no es como la comida que generalmente se prepara en México. La comida Tex-Mex que comemos aquí en este país es una adaptación de las **recetas** que se usan en México.

Esta comida tiene una larga historia. En 1800, en Álamo, Texas, **nació** el famoso "chile con carne", hoy el plato oficial de la cocina tejana. **Hoy día** la mayoría de los supermercados en este país tienen una sección especial que está dedicada a los productos que se usan para preparar la comida Tex-Mex.

Desde los años 80, la comida Tex-Mex **ha disfrutado** de una popularidad fenomenal en este país. Un caso interesante de esta comida son los nachos. En México no se conocen los nachos, **o sea** es una comida que se inventó aquí en los EE.UU. Pero los nachos son tan populares que hasta en los partidos de béisbol se comen en vez de los "hot dogs". Otros platos de la cocina Tex-Mex son las fajitas, los burritos y los tacos. Estos platos se sirven siempre con una salsa **al lado**. La salsa puede ser picante o no picante, según los **gustos** de cada persona.

recetas: recipes / *nació:* was born / *Hoy día:* Today / *ha disfrutado:* has enjoyed / *o sea:* that is / *al lado:* on the side / *gustos:* tastes, preferences

Ejemplos de la comida Tex-Mex

77

Presentation:
La comida Tex-Mex

Begin by asking the students what kind of Mexican restaurants they like to frequent and talk about the kinds of foods they like to eat. Have students scan this text looking for cognates and vocabulary they recognize.

Spanish speakers, La comida Tex-Mex: Ask Spanish speakers familiar with Tex-Mex food to add to the list of foods that are presented here (e.g., **chimichangas, tamales, flautas,** etc). They may know how to pronounce these words, but may have never seen how they are written. Help them with the spelling of these variations by writing them on the board or overhead.

Etapa Support Materials

Workbook: pp. 72–79
Listening Activity masters: p. 23
Tapescript: p. 35
Teacher Tape

Quiz: Testing Program, p. 42
Chapter Test: Testing Program, p. 44

Support material: *La comida Tex-Mex*

Learning Strategies:

Reading for main ideas, reading for details

Learning Strategies:

Reporting based on personal knowledge, describing

Critical Thinking Strategies:

Making associations, seeing cause-and-effect relationships

Learning Strategy:

Reading for cultural information

¡Aquí te toca a ti!

A. ¿Puedes decir… ?   Contesta las siguientes preguntas según lo que comprendiste de la lectura en la página 77.

1. ¿En qué se diferencia la comida Tex-Mex de la comida mexicana?
2. ¿Cuándo se inventó el chile con carne?
3. ¿Dónde se puede comprar productos para preparar los platos Tex-Mex?
4. ¿Dónde se inventaron los nachos?
5. ¿Con qué se sirven los platos Tex-Mex?
6. ¿Cuál es tu plato favorito de la cocina Tex-Mex?

Repaso

B. ¿Cómo te sientes… ?   Di cómo te sientes en cada situación.

1. cuando tienes un examen
2. cuando no hay escuela
3. cuando tienes que estudiar
4. cuando llueve y no tienes paraguas
5. cuando sacas una "A" en un examen
6. cuando no puedes dormir

COMENTARIOS CULTURALES

El chile

Los chiles son un ingrediente importante en la comida Tex-Mex. Hay más de 2.000 tipos de *chile*s. La palabra *chile* viene de la lengua náhuatl, igual que la palabra *xitomatl* que aprendiste en la primera etapa de este capítulo. Muchas variedades de chiles se cultivaban en la América Latina en tiempos precolombinos. Los chiles se preparan de diferentes maneras, o sea a veces se muelen *(they are ground)* para hacer salsas o se sirven enteros o cortados según la receta. Hay chiles rojos, verdes y amarillos. Algunos de los chiles más conocidos son el jalapeño, el serrano, el pequín, el chipotle y el ancho. Dicen que el habanero, cultivado en Yucatán, es probablemente el más picante de todos los chiles cultivados en la América Latina.

Un hispano en Nuevo México cultiva sus plantas de chile.

78

Cultural Expansion

The fiery hot or sweetly mild fruit of the capsicum shrub is used to enliven cuisines throughout the world: fresh, dried, pickled, roasted, stuffed, or ground as hot cayenne or sweet paprika. Chiles were first cultivated in Mexico and Central America more than 3,000 years ago. Early uses may have been medicinal. The misnomer "pepper" arose when Columbus confused this native flavoring with black pepper. In the 16th century the cultivation and use of chiles spread via trade routes throughout Europe, Africa, Asia, the Orient, and Indonesia. With these peppers Asians invented fiery curries. They are also used in the spicy dishes characteristic of Chinese, Thai, and Vietnamese cuisines.

ESTRUCTURA

Negative and affirmative expressions

—Alberto **no** va a la fiesta y
Mario **no** va **tampoco**.

Alberto is *not* going to the party
and Mario is *not* going *either*.

—¿Quiere **alguien** ir al partido?
—**No** quiere ir **nadie**.

Does *someone* want to go to the game?
No one wants to go.

—Sabes tú **algo** de biología?
—**No**, no sé **nada** de biología.

Do you know *anything* about biology?
No, I *don't* know *anything* about biology.

—¿Hay **algún** estudiante aquí?
—**No**, no hay **ningún** estudiante.

Is there *a* student here?
No, there is *not a single* student.

—¿Va Alberto **o** Nico a la fiesta?
—**No** va **ni** Alberto **ni** Nico.

Is *either* Alberto *or* Nico going to the party?
Neither Alberto *nor* Nico is going.

You have already learned that you can make Spanish sentences negative by placing **no** before the conjugated verb. Another common way to make sentences negative in Spanish is to use a double negative construction: ***No va nadie a la fiesta.*** Notice that the words **alguno** and **ninguno** become **algún** and **ningún** before a singular masculine noun.

Another negative word that can be used to mean *never* is **jamás** as in: ***Jamás voy a comer en ese restaurante.*** (I'll never eat in that restaurant again.) The combination **nunca jamás** can be used to express an even more emphatic *never*, perhaps equivalent to *never ever* as in: **Nunca jamás voy a comer en ese restaurante.** (I'll never ever eat in that restaurant again.)

Here are some negative words in Spanish along with their affirmative counterparts.

nadie	*no one, nobody*	**alguien**	*someone, somebody*
		todo el mundo	*everyone*
ningún		**algún**	
ninguno }	*none*	**alguno** }	*a, an*
ninguna		**alguna**	
		algunos }	*some*
		algunas	
nada	*nothing*	**algo**	*something*
tampoco	*neither, not either*	**también**	*also*
		una vez	*once*
		algún día	*some day*
nunca	*never*	**siempre**	*always*
		todos los días	*every day*
ni… ni…	*neither . . . nor*	**o… o…**	*either . . . or*

79

Cultural Expansion

Tell students that these words are used with great frequency in Spanish. If you have time, give them some of the following **refranes** that contain negative words and see if they can guess the meanings.

***Nada* creas, hasta que veas.**
Don't believe anything until you see it.

Quien debe y paga, *no* debe *nada*.
He who owes and pays, owes nothing.

Persona parada *no* hace *nada*.
A person standing still does nothing.

***Ni* el amor *ni* el humo pueden ocultarse.**
You can hide neither love nor smoke.

***Todos* nacen llorando, *nadie* muere riendo.**
Everyone is born crying, no one dies laughing.

En un día ventoso, en *ningún* sitio hay reposo.
On a windy day, there is no place to find shelter.

C. *No, no y no* Expresa negativamente. No olvides la negativa doble.

Modelo: Nilda va a ese restaurante todos los días.
Nilda nunca va a ese restaurante.

1. Alberto va a pedir la paella también.
2. Alguien quiere comer calamares.
3. Yo quiero comer algo antes de salir de casa.
4. Su familia come en un restaurante cada día.
5. Elena siempre pide la misma comida que su hermana.
6. Algunos estudiantes van a comer pizza el viernes.
7. O Alberto o Enrique va al mercado.
8. Alicia come ensaladas todos los días.

D. *Otra vez no* Contesta las siguientes preguntas negativamente.

1. ¿Va tu amigo a cenar con nosotros también?
2. ¿Hay algún restaurante bueno en este barrio?
3. ¿Sirven algún plato típico en este restaurante?
4. ¿Hay algo interesante en el menú?
5. ¿Sirven paella en este restaurante también?
6. ¿Alguien te recomendó este restaurante?

E. *No quiero...* Tú estás de muy mal humor hoy. Un(a) compañero(a) te sugiere varias posibilidades, pero tú siempre le contestas negativamente.

1. ¿Quieres invitar a alguien a cenar con nosotros?
2. ¿Quieres llamar a algún amigo por teléfono?
3. ¿Quieres mirar algo en la televisión?
4. Pero tú siempre quieres mirar la televisión, ¿verdad?
5. ¿O quieres leer o salir a cenar?
6. ¿Quieres hacer algo esta noche?

Aquí escuchamos:
"Un almuerzo Tex-Mex"

Antes de escuchar

Luis y Alberto deciden comer en un restaurante Tex-Mex. Tienen mucha hambre y van a pedir mucha comida. Antes de escuchar la conversación, repasa las expresiones en la sección **En otras palabras** en la página 81. También contesta las preguntas en la página 81.

80

1. ¿Cómo van a decir que tienen mucha hambre?
2. ¿Qué crees que van a pedir para tomar?
3. ¿Qué crees que van a pedir para comer?
4. ¿Cómo van a comentar sobre la comida?

Después de escuchar

1. ¿Qué va a comer Alberto?
2. ¿Qué pide Alberto para tomar?
3. ¿Qué pide Luis para comer?
4. ¿Qué pide Luis para tomar?
5. ¿Por qué Luis pide salsa?
6. ¿Piden los dos postre?

En otras palabras

Expresiones para comentar sobre el sabor (taste) de la comida

Está un poco (muy, algo, bien) **picante.**	It's a little (very, somewhat, pretty) *spicy.*
Está un poco (muy, algo, bien) **dulce.**	It's a little (very, somewhat, pretty) *sweet.*
Está un poco (muy, algo, bien) **salado(a).**	It's a little (very, somewhat, pretty) *salty.*
Está un poco (muy, algo, bien) **sabroso(a).**	It's a little (very, somewhat, pretty) *tasty.*
No tiene(n) sabor.	It's tasteless.

¡Aquí te toca a ti!

F. *En un restaurante Tex-Mex* In groups of three, practice ordering a meal in a Tex-Mex restaurant. One of you will play the role of the waiter or waitress. The other two will order. The waiter (waitress) will verify the order. After being served, comment on the meal.

81

Support material, Aquí escuchamos: Teacher Tape /CD Track #17

Presentation: Aquí escuchamos

Have students write down some of the expressions from **En otras palabras.** Have them place a check mark next to the expression each time they hear it on the tape. Or have them write the following words on a piece of paper: **té, pollo, salsa,** and **postre.** Then have them indicate with a check mark each time they hear the words.

Spanish speakers, Aquí escuchamos: Remember, most Spanish speakers, even those who are third or fourth generation, will understand spoken Spanish. The exercises that accompany this section should pose relatively little problem for Spanish speakers. They should, however, be directed to focus on "listening in context" to any new vocabulary.

Answers, Aquí escuchamos: 1. unos nachos 2. té helado 3. fajitas de pollo y un guacamole 4. agua con mucho hielo 5. porque las fajitas no tienen sabor 6. No, solamente Alberto pide postre (flan).

Spanish speakers, En otras palabras: Ask Spanish speakers to provide other words and expressions that they might know that convey the same meaning as those listed here.

Ex. F: groups of three

Ex. G: pair work

Variation, Ex. G: Make up small cards with the name of a typical American food on each card. Volunteers will stand up, take a card, and describe the food in Spanish until a classmate guesses it correctly. (Note: You can do the same for Spanish, Mexican, and Tex-Mex food.)

Ex. H:  pair work

 role play

Spanish speakers, Ex. H: Remember, most Spanish speakers already have a command of the language in informal contexts. This situation is an informal one, but have the students focus on new vocabulary. Emphasize that it may be necessary to use such vocabulary when talking to speakers who are from other parts of the Spanish-speaking world. Remember to be sensitive and accept how the students say things the first time. What they have said may be totally appropriate in their speech community. This is a good place to have them focus on the differences between how they say something in their speech community and how the book is teaching them to express this. Remember, rather than "correcting" how they speak, your objective is to expand the range of contexts in which these students can use Spanish.

Ex. I: pair work

 writing

G. *¿Cómo se hace y cómo es?* Tu amigo(a) español(a) va a cenar contigo en un restaurante norteamericano. Contesta sus preguntas sobre algunos de los platos que están en el menú del restaurante.

La salsa es un elemento esencial en la comida Tex-Mex.

1. ¿Cómo es el "Clam Chowder"? (*clams* = **almejas**)
2. ¿Cómo es el "Southern Fried Chicken"?
3. ¿Cómo es una "tossed salad"?
4. ¿Cómo es el "Banana Cream Pie"?
5. ¿Son muy picantes los "Barbecued Spare Ribs"?
6. ¿Es muy dulce el "Blueberry Pie"?

EJERCICIO ORAL

H. *La comida Tex-Mex* Your friend from Peru wants to know about certain Tex-Mex foods. Describe what the following foods are like. Be sure to comment in Spanish on whether you like them or not.

1. nachos
2. tacos
3. salsa picante
4. burritos
5. chile con carne

EJERCICIO ESCRITO

I. *Una fiesta Tex-Mex* With a partner, plan a Tex-Mex party. Prepare a menu for the party, then make a shopping list of the ingredients you will need to prepare those items. Include at least three dishes and two beverages in your menu.

82

Spanish speakers, Ex. I: Always have Spanish speakers fully carry out this activity. Remember, while many of them already speak and understand spoken Spanish, they may not know how to write the language. This is a good place to start building basic literacy skills in Spanish. Have them pay special attention to the spelling of the vocabulary that has been introduced in this **etapa**, especially words that may have problematic spelling combinations. This is a good place to have them engage in peer-editing. Have them look at the written work of a partner and focus on the spelling.

Vocabulario

Para charlar

Expresiones para comentar sobre el sabor de la comida

¿Qué tal está(n)… ?
Está muy rico(a).
Están muy ricos(as).
¡Está riquísimo(a)!
¡Están riquísimos(as)!
¡Qué rica(o) está… !

¡Qué ricos(as) están… !
Está un poco (muy, algo, bien) picante.
Está un poco (muy, algo, bien) dulce.
Está un poco (muy, algo, bien) salado(a).
Está un poco (muy, algo, bien) sabroso(a).
No tiene(n) sabor.

Temas y contextos

Expresiones para dar énfasis

algo	un poco
bien	muy

Expresiones afirmativas y negativas

algo	cada día	nunca
alguien	nada	o… o
algún / alguno /	nadie	siempre
alguna / algunos /	ni… ni	también
algunas	ningún /	tampoco
algún día	ninguno /	todos los días
	ninguna	una vez

Vocabulario general

Adjetivos

abierto(a)	enfermo(a)	ocupado(a)
aburrido(a)	frío(a)	preocupado(a)
alegre	furioso(a)	seco(a)
caliente	limpio(a)	sucio(a)
cansado(a)	lleno(a)	triste
cerrado(a)	mojado(a)	vacío(a)
contento(a)	nervioso(a)	

Sustantivos

el atún
los camarones
los chilaquiles
la costilla de res
los gustos
la parrillada
la pechuga
los pepitos
las recetas
las verduras

Verbos

nacer

Otras palabras y expresiones

al lado
ha disfrutado
hoy día
o sea

Support material, Capítulo 3: Improvised Conversation, Teacher Tape/CD Track #18 and Tapescript; Lab Manual listening activities, Laboratory Program , Tapescript, and Teacher's Edition of the Workbook/Lab Manual

Vocabulario: Strip Stories

Learning Strategy: Organizing ideas based on personal experience into strip stories

- Put students into teams of four or five students of differing ages, genders, and skills. Explain to them that each team is going to create a story about teenagers, using the affirmative and negative expressions presented in the **Vocabulario.**

- Distribute a strip of paper to each of the students in the class, and instruct the members of each team to write a statement on his or her strip of paper using one of the **expresiones afirmativas o negativas.** Ask them to check off the vocabulary words as they use them.

- Then tell the students to circulate the strips of paper from left to right, within their team, to continue the story. Encourage students to write from their own experience and to try to follow some general theme so that what they write is as coherent as possible.

- When each team has used all of the expressions and everyone has had a turn writing and reading what has been written, have them exchange strip stories with another team. Continue the process so that all the teams get to read each other's stories. Repeated exposure to the expressions, written from their own experiences, should help students master the vocabulary.

- Call on different students to tell about the story they liked the most, and why.

Aqui leemos

Prereading

Have students brainstorm the contents (quantities, ingredients, etc.) and the format (list of ingredients followed by description of the steps to follow) of a recipe. Point out that metric measurements are commonly used outside the U.S.

Reading Strategies

Have students scan the recipe and point out all the words that are familiar, either cognates or vocabulary they already know. Repeat the process with the steps involved in preparing the recipe.

Answers, Guía para la lectura: **A: una pizca** a pinch; **hoja** leaf; **arroz de grano largo** long grain rice; **la cocción** the liquid; **se sofríen** to sauté; **se tapa** to cover; **se apaga** to turn off   **B:** pimientos, frijoles negros, cebolla   **C:** aceite de oliva, orégano, hoja de laurel, agua, arroz, ajo, sal, pimienta

Antes de leer

1. Mira la foto que acompaña esta lectura en la página 85. ¿Qué ingredientes puedes identificar?
2. ¿Qué vocabulario esperas encontrar en una receta?
3. ¿Qué formato sigue una receta?

Guía para la lectura

A. Repasa el vocabulario que sigue. Lee la receta y busca las palabras. Trata de adivinar lo que significan las palabras. Une una(s) palabra(s) de la Columna A con una(s) de la Columna B.

A	B
una pizca	to sauté
hoja	a pinch
arroz de grano largo	long grain rice
la cocción	leaf
se sofríen *(del verbo **sofreir**)*	to cover
se tapa *(del verbo **tapar**)*	to turn off
se apaga *(del verbo **apagar**)*	the liquid

B. Ahora lee la receta otra vez y haz una lista de los vegetales que son necesarios para preparar esta comida.

C. Lee la receta otra vez y haz una lista de los otros ingredientes que se necesitan.

D. ¿Cómo se hace este plato? Un(a) amigo(a) quiere hacer moros y cristianos para una fiesta pero no puede leer español. Explícale en inglés, paso a paso, cómo se hace este plato y cómo se sirve.

Etapa Support Materials

Workbook: pp. 80–82
Unit Review Blackline Masters: Unit 1 Review
Listening Activity masters: p. 26
Tapescript: p. 43
Unit Exam: Testing Program, p. 48

Atajo, Writing Assistant Software

supports
ATAJO

Receta: Moros y cristianos

En el año 711 después de Cristo, los moros invadieron la Península Ibérica —lo que hoy es España y Portugal. Los moros no fueron expulsados por los cristianos hasta 1492; es decir, su dominación de la península duró casi 800 años. Esta comida de la foto, moros y cristianos, que se hace con frijoles negros y arroz blanco, alude al color de los dos grupos (blanco —los cristianos; negro —los moros) que lucharon casi 800 años por el dominio de la península.

Moros y cristianos

Ingredientes

media taza de aceite de oliva
dos pimientos verdes
una pizca de orégano seco
una hoja de laurel
dos tazas de frijoles negros
diez tazas de agua
tres tazas del agua caliente de la cocción de
   los frijoles
dos tazas de arroz de grano largo

una cebolla
seis dientes de ajo
sal
pimienta

Elaboración

1. Se cocinan los frijoles hasta se estén blandos.
2. Se pican los pimientos, la cebolla y los dientes de ajo.
3. Se sofríen estos tres ingredientes en el aceite caliente.
4. Se agregan los frijoles y se sofríen ligeramente, junto con el agua caliente donde se cocinaron.
5. Se agregan el orégano, el laurel, el arroz, la sal y la pimienta.
6. Se tapa bien la cazuela y se hierve a fuego lento durante treinta minutos.
7. Se apaga el fuego y se dejan asentar durante diez minutos antes de servir.

Ya llegamos

Spanish speakers, Actividades orales:

Remember that most Spanish speakers already have a command of the language in informal contexts. These situations are informal, but have the students focus on new vocabulary. Emphasize that it may be necessary to use such vocabulary when talking to speakers who are from other parts of the Spanish-speaking world. Remember to be sensitive and accept how the students say things the first time. What they have said may be totally appropriate in their speech community. This is a good place to have them focus on the differences between how they say something in their speech community and how the book is teaching them to express this. Remember, rather than "correcting" how they speak, your objective is to expand the range of contexts in which these students can use Spanish.

Ex. A: pair work

 role play

Ex. B: 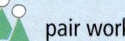 pair work

Ex. C: pair work

Ya llegamos

Learning Strategies:
Describing, organizing details, supporting opinion

Critical Thinking Strategies:
Imagining, associating occasion and clothing

Learning Strategies:
Describing based on visual cues, organizing details

Learning Strategies:
Describing and recommending based on personal experience, organizing details, supporting opinion

Critical Thinking Strategies:
Categorizing, evaluating

Cooperative Learning

Learning Strategies:
Expressing preferences, recommending, supporting opinion, negotiating, organizing details

Critical Thinking Strategies:
Categorizing, associating occasion and foods

Actividades orales

A. **El gran almacén**   Imagine you have just returned from a shopping trip to your favorite department store where you bought a great new outfit for a particular occasion. (1) Call your friend and tell him or her all about the outfit; (2) discuss colors, fabrics, and price. (3) Be sure to mention shoes and accessories that you plan to wear with it, as well as a coat if that is relevant. (4) Tell why you think your choice of outfit is appropriate for the occasion, (5) mentioning exactly where you are going and with whom.

B. **Un modelo**   Find a picture of a fashion model in a magazine or catalog and describe what he or she is wearing. Include shoes and accessories. Remember to talk about fabrics, colors, prints, etc.

C. **En el restaurante**   Imagine that a Spanish-speaking friend has come to town and has invited you to go out to dinner. Since your friend isn't familiar with your town or city, he or she asks you to recommend a rather special restaurant that you know. Describe the restaurant's ambiance (decor, music, clientele, service) and then mention one or two dishes that you particularly like in each of the different categories of the menu (**aperitivos, sopas, entradas, ensaladas, postres, bebidas**). Describe how the food tastes, any interesting features about the food preparation and the quality of the service. Then give your friend an idea of the range of prices.

D. **Una cena especial**   With three classmates, plan a special meal honoring someone on an important occasion. Include the four of you and either your parents or your Spanish teacher as guests along with your guest-of-honor. Decide when and where you will serve the meal, whom you will invite, if you will have a "theme," and what you will prepare. Together arrange what each of you will contribute to the meal: appetizer, main course, salad, dessert, drinks, and decorations. Estimate how much the meal will cost and divide that cost by four to see how much each of you will have to pay.

86

Ex. D:  groups of four or more

Suggestion, Ex. D (Una cena especial): This would be a good opportunity for the class to share what they are learning. Have the students select interested members of the school or community (other language teachers, administrators, cafeteria workers, parents, local restaurant owners, incoming students, for example) to be honored at this special meal. Students can present a mini-workshop on the food they prepare and, if time allows, a fashion show after the meal.

Support material, Unidad 1: Lab Manual Ya llegamos listening activities, Laboratory Program, Tapescript, and Teacher's Edition of the Workbook/Lab Manual

Actividades escritas

E. Un inventario In planning your next trip to the mall, you make an inventory of at least ten items of clothing in your closet that you would like to replace with others. Write the name of each article of clothing and briefly describe it. Be sure to include shoes and accessories.

F. Nuestra cena especial Prepare a written invitation for the dinner you planned in Activity D, stating who your guest-of-honor will be and why that person is being honored. Include information about time, location, and the "theme" of the dinner, if you will have one. Then write up a menu card to feature on the table.

G. Una carta You have just received a letter from a friend in Spain who asks about a typical holiday meal in the U.S. (Choose a holiday: **Día de Acción de Gracias, la Navidad, Hanukkah, el Día de la Independencia.**) Write and tell him or her about a typical meal for that day. Be sure to mention appetizers, soups, salads, main course, and desserts.

Learning Strategies:
Listing, describing

Critical Thinking Strategy:
Determining preferences

Learning Strategies:
Organizing details in an invitation, selecting appropriate tone and style

Critical Thinking Strategies:
Categorizing, associating occasion and writing style

Learning Strategies:
Listing, describing based on personal experience, organizing details

Critical Thinking Strategies:
Associating holidays and menus, categorizing

El famoso restaurante Sanborn's en la ciudad de México

87

partner and focus on the spelling and the basic grammatical structures that have been introduced in this unit.

Ex. F: writing

Ex. G : writing

Writing Activities

Atajo, Writing Assistant Software supports ATAJO

Writing suggestions:
Remind students to refer for help in writing to the **Para charlar** and **Temas y contextos** sections of the chapter **Vocabulario,** as well as to the **Estructura** and **Nota gramatical** sections in the **etapa.** If you have access to **Atajo** software, students will find assistance there as well, both in the dictionary and in indexes labeled Functional Vocabulary, Topic Vocabulary, and Grammar. For instance, in Unit 1 students might refer to the following **Atajo** categories.

Functional vocabulary:
Appreciating food; describing objects; etc.

Topic vocabulary: Breakfast; cheeses; clothing; colors; cooking; drinks; fabrics; fish and seafood; fruits; legumes and vegetables; meals; meat; pastry; quantity; restaurant; spices, seasonings, and condiments; **tapas;** etc.

Grammar: Pronouns: direct and indirect objects; verbs: **gustar-**type; pronouns: reflexive; verbs: **ser** and **estar**; adjectives: descriptive; negation; etc.

Ex. E: writing

Spanish speakers, Actividades escritas:
Have Spanish speakers fully carry out this activity. Remember, while many of them already speak and understand spoken Spanish, they may not know how to write it. This is a good place to start building basic literacy skills in Spanish. Have them pay special attention to the spelling of the vocabulary that has been introduced in this unit, especially words that may have problematic spelling combinations. This is a good place to have them engage in peer-editing. Have them look at the written work of a

All units in *¡Ya verás!* Level 3 end with the **Expansión cultural,** which consists of a reading followed by comprehension questions and an extension activity.

Prereading: Have students brainstorm the various occasions in the United States when chocolate is especially significant (as a romantic gift on Valentine's Day, in Easter baskets, in beverage form on cold winter days, in chocolate chip cookies after school, etc.). Determine the relative enthusiasm for chocolate among the class members before introducing them to its history.

Spanish speakers,
Expansión cultural:
Have the Spanish-speaking students go through each of the exercises in this section. There are a number of reading activities in the *¡Ya verás!* program that reflect some of the latest research in this area. Spanish-speaking students already read English, for they have been educated in American schools. However, as reading researchers have shown, the transfer of reading skills from one language to another is far from automatic. They must be taught to read. Special attention should be paid to having these students go through all of the exercises and activities that accompany the readings in this program. Once they have completed the activities, they might be asked to summarize the reading in Spanish for additional writing practice. They might also be required to keep a notebook with a list of new vocabulary they find in the reading selections.

Expansión
CULTURAL

Antes de leer

1. Mira el título de esta lectura y las fotos que aparecen aquí. ¿Cuál va a ser el tema de la lectura?
2. ¿Qué sabes de esta comida? ¿De dónde crees que viene?

Guía para la lectura

A. Lee la lectura en la página 89 y en una hoja de papel haz una lista de los nombres que se mencionan.

B. En la lectura aparecen las siguientes fechas. Búscalas y escribe en el papel a qué se refieren.
1502
1519
1528
1615

C. Ahora escribe un resumen del contenido de esta lectura con un(a) compañero(a). Incluye la información obtenida en A y B. Puedes usar las siguientes preguntas como guía.
¿De dónde viene la palabra chocolate?
¿Qué españoles probaron el chocolate?
¿Dónde?
¿Cuándo?
¿Quién lo llevó a España?
¿Cómo conocieron los franceses el chocolate?

El cacao, del cual se hace el chocolate

Answers, Guía para la lectura: **A**: Cristóbal Colón, Cortés, Moctezuma, Carlos V, Ana de Austria, Luis XIII
B: 1502 cuarto viaje al Nuevo Mundo de Colón; 1519 Cortés probó el chocolate; 1528 Cortés llevó el chocolate a Carlos V; 1615 Ana de Austria se casó y llevó el chocolate a Luis XIII, su esposo

El chocolate: Regalo de los dioses

La palabra *xocoatl* es la palabra azteca para el chocolate… sí, el chocolate —divino, delicioso y delectable. La palabra *xoco* significa **amargo** en la lengua náhuatl y *atl* significa *agua*. Las dos palabras juntas significan *agua amarga* porque así es el sabor del chocolate antes de ponerle azúcar.

Las leyendas entre los indios precolombinos nos dicen que el chocolate fue un regalo de los dioses. Cristóbal Colón fue el primer europeo que probó el chocolate durante su cuarto viaje al Nuevo Mundo en 1502. Después, en 1519, otro español, Cortés, probó el chocolate en Tenochtitlán, la capital de la civilización azteca. Cortés pudo tomar chocolate en la corte del emperador Moctezuma. Moctezuma tenía la costumbre de dar unas cenas elegantes en las que se servía carne de **ciervo** y **pavo** exquisitamente preparada junto con varios tipos de frutas exóticas. Después de la cena **se llevaba a cabo** una ceremonia en la que las servientas se lavaban las manos y les servían a los huéspedes chocolate —mezclado con **miel,** especias y vainilla— en unas tazas **hechas de** oro. Así fue como Cortés probó el chocolate por primera vez. Moctezuma era gran aficionado al chocolate y se dice que tomaba cincuenta pequeñas tazas de chocolate cada día.

El sabor del chocolate impresionó mucho a Cortés y en 1528, cuando volvió a España, le llevó chocolate a Carlos V, el rey de España en aquella época. La bebida fascinó a Carlos V y llegó a ser una bebida preferida entre los reyes y nobles. Estos mezclaban el chocolate con **canela**, pistachos, almendras y otras especias. Hasta 1615 el chocolate fue un secreto de los españoles pero en ese año **se casó** Ana de Austria, una princesa española, con Luis XIII de Francia. Como regalo, Ana le trajo chocolate a su nuevo esposo. Durante los años en que gobernaron Ana y Luis, una de las invitaciones más prestigiosas entre los nobles era ir al palacio de los reyes para tomar el chocolate de Ana. El chocolate llegó a ser muy popular en Francia y los franceses lo introdujeron al resto del mundo, pero fueron los indios precolombinos los que primero probaron esta delicia.

canela: cinnamon / *se casó:* married

Regalo de los dioses: Gift of the gods

bitter

deer / turkey
they carried out

honey
made of

Reading Strategies

Have students glance at the reading briefly, and then move on to the **Antes de leer** and **Guía para la lectura** sections.

Profesiones

En muchas profesiones saber el español es una gran ventaja porque permite comunicarse con el gran número de personas que hablan español en el mundo de hoy. En los Estados Unidos el español es la segunda lengua más importante después del inglés. No sólo se estudia mucho en las escuelas y en las universidades, sino que se requiere su conocimiento para muchos tipos de trabajo. Las personas que se presentan aquí son buenos ejemplos de cómo su preparación e interés en las culturas hispánicas les ha ayudado a tener éxito en sus profesiones.

ELIZABETH CUFARI

Soy Elizabeth Cufari y nací en Rochester, Nueva York. Estudié español por muchos años en la escuela secundaria y en la universidad. Viví en Salamanca, España, por un año y medio y en México por un verano. Trabajé por dos años con una compañía internacional que tenía muchos contratos con los países hispanos. Ahora soy directora de programas de intercambio académico internacional en una universidad norteamericana.

PATRICIA MAXWELL

Soy de Bloomington, Indiana, pero cuando era niña mi familia se mudó a Detroit, Michigan. Empecé a estudiar español en la universidad después de trabajar en un campamento de verano donde conocí a un hombre de Panamá. Ahora él es mi esposo. Los dos somos médicos en un hospital grande en Ann Arbor, Michigan. Muchos de nuestros pacientes son hispanohablantes que acaban de llegar a los Estados Unidos de varios países latinoamericanos.

ERNIE LEGER

Me llamo Ernie Leger. Soy de Las Vegas, Nuevo Mexico. Cuando era niño, muchos de mis amigos eran de origen méxico-americano y aprendí a hablar español con ellos. En la universidad seguí estudiando el español y ciencias políticas. Después estudié derecho y ahora soy abogado en la ciudad de Albuquerque. Muchos de mis clientes hablan español y yo les ayudo con sus asuntos legales.

90

JOHN G LYDAY

Me llamo John Lyday. Nací en State College, Pennsylvania. Soy gerente de negocios para una compañía de ropa en Pittsburgh. Empecé a estudiar el español en el primer año de secundaria. Después estudié español en la universidad y pasé un semestre en Salamanca, España. Uso el español todos los días porque en mi trabajo tenemos mucho negocio con México.

BERT HERNÁNDEZ

Yo soy Bert Hernández. Mis abuelos vinieron a este país de Cuba en los años '50. Yo nací en Hartford, Connecticut. A veces hablaba español en casa y lo estudié en la universidad. Ahora soy agente de viajes en Chicago. Hablo español con algunos de mis clientes y por teléfono con otros agentes porque hay mucho turismo a América Latina y España.

SUSAN ROSSER

Mi nombre es Susan Rosser y nací en Chapel Hill, North Carolina. Antes de ir a la universidad, estudié español por cinco años. En la universidad me especialicé en español y psicología. Después de graduarme trabajé en un orfanato cerca de Cuernavaca, México. Ahora soy maestra de niños bilingües en una escuela primaria en Boston.

RAY FLEMING

Me llamo Ray Fleming y nací en Los Ángeles, California. El español fue la primera lengua extranjera que estudié porque hay muchos hispanos en California y me quería comunicar con ellos. Después aprendí italiano y alemán. Ahora soy profesor de literatura comparada en una universidad grande en la Florida, donde hay muchos estudiantes y profesores hispanohablantes.

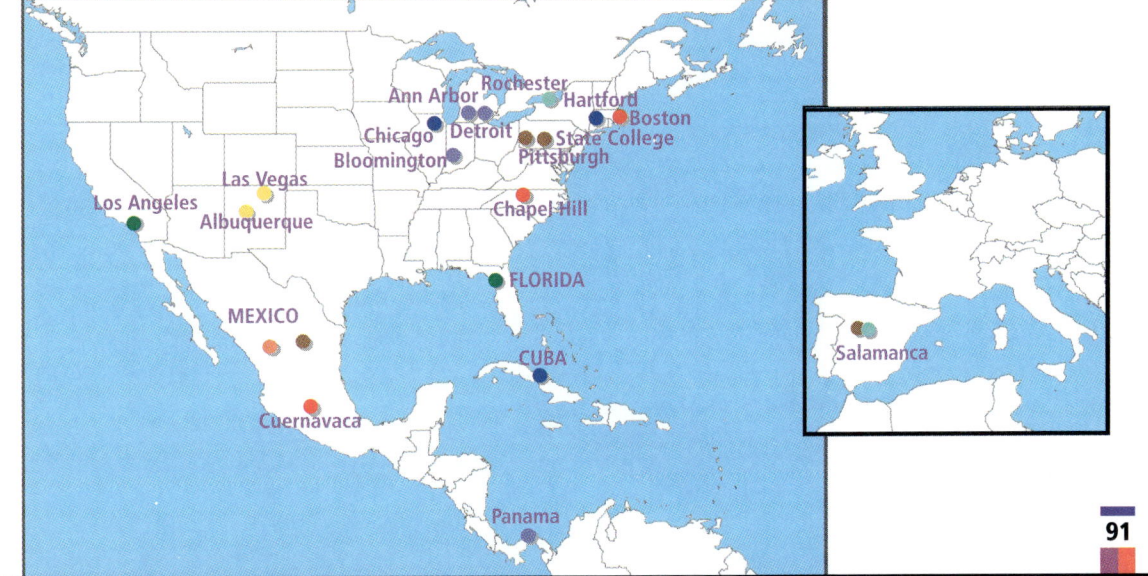

91

Cultural Context

By now, students have read and learned about a number of famous places in the Spanish-speaking world. As an advance organizer for the unit, see if students can match the following sights with the countries in which they are located.

1. Chichén Itza (d)
2. Angel Falls (a)
3. Machu Picchu (e)
4. the Alhambra (b)
5. the Pampa (c)

a. Venezuela
b. Spain
c. Argentina
d. Mexico
e. Peru

Cultural Brainstorming

Now see if students can think of American counterparts to the places listed in the Cultural Context. Possibilities include: Chichén Itza and Machu Picchu—the missions and ghost towns of the Old West, Native American communities; Angel Falls—Niagara Falls; the Alhambra—cathedrals such as St. John the Divine in New York City, old homes and estates such as Monticello and the mansions in Newport, Rhode Island, elaborate government buildings, such as the Capitol Building in Washington, D.C.; the Pampa—the great plains region of the U.S.

Then have students decide on five other items they would add to a list of natural and man-made wonders of the U.S.

Learning Strategy: Brainstorming

Critical Thinking Strategies: Making associations, comparing

¿Qué ves?

>> ¿Dónde está la gente en la fotografía a la derecha?

>> ¿Qué hay en las fotos de esta página?

>> ¿Te gusta viajar? ¿Por qué sí o por no?

OBJECTIVES

IN THIS UNIT YOU WILL LEARN:

■ **T**o organize a trip;

■ **T**o use the telephone;

■ **T**o make arrangements to travel by train, car, or plane;

■ **T**o ask and answer questions about schedules and places.

92

Capítulo cuatro: *Vamos a hacer un viaje*

Primera etapa: Atocha y las otras estaciones de Madrid
Segunda etapa: Para llamar por teléfono
Lectura cultural: El tren de la fresa

Capítulo cinco: *Iremos en tren*

Primera etapa: El horario de trenes
Segunda etapa: Ofertas de RENFE
Lectura cultural: Los exploradores

Capítulo seis: *¿Cómo vamos?*

Primera etapa: El mapa de carreteras
Segunda etapa: El Aeropuerto Internacional
de México Benito Juárez

Expansión cultural: Un recorrido por el metro mexicano
El arte gráfico

¡Vamos de viaje!

93

If you do not assign the Planning Strategy (Workbook, p. 83) for homework, or if students have difficulty coming up with English expressions, you might try asking several students to role play the various situations in English: planning a group trip, asking for information over the phone, asking for information at the train station, or buying tickets from the ticket seller or travel agent. After each response, point out the expressions used and ask the class to suggest other possibilities. As a follow-up, you might break the class into four groups and make each group responsible for coming up with a list of expressions to present to the rest of the class, who could then add their own suggestions.

Chapter Objectives

Functions: Making travel plans; using the telephone; issuing, accepting, and refusing invitations

Context: The train; Spain; travel agencies

Accuracy: The future tense of regular and irregular verbs; special uses of the future tense

Cultural Brainstorming

Ask students what the American counterpart to RENFE is (Amtrak). Then ask them if they have ever taken an Amtrak train. How often do students use public transportation for longer trips as opposed to driving? If they do use public transportation, what is used most frequently, plane, train, or bus? What reasons do students give for selecting their means of transportation? Create a "tick mark" graph charting responses to this question. What reasons can the students infer for the class's infrequent and most common selections?

Explain to students that in the U.S. people rely much more on the automobile for transportation than do most people in Spain and Latin America. When traveling in these countries, it is often less expensive and more efficient to use public transportation than to rent a car. Gas can be very expensive in Europe. However, as the highway systems improve, especially in the more remote parts of Latin America, travel by car is becoming more common.

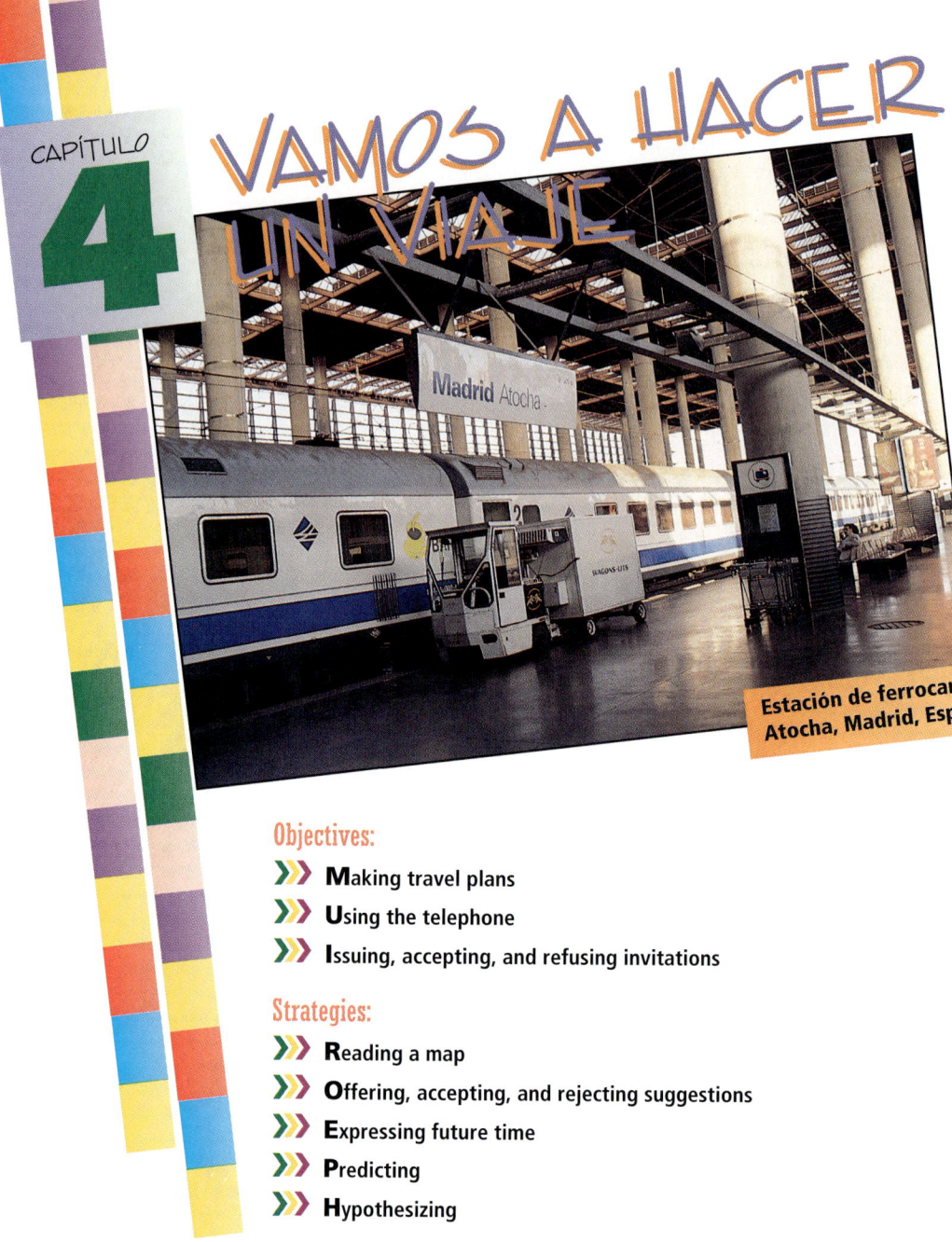

CAPÍTULO **4**

VAMOS A HACER UN VIAJE

Estación de ferrocarril de Atocha, Madrid, España

Objectives:

>>> **M**aking travel plans
>>> **U**sing the telephone
>>> **I**ssuing, accepting, and refusing invitations

Strategies:

>>> **R**eading a map
>>> **O**ffering, accepting, and rejecting suggestions
>>> **E**xpressing future time
>>> **P**redicting
>>> **H**ypothesizing

94

Learning Strategies: Brainstorming, polling, supporting choices

Critical Thinking Strategies: Comparing, drawing inferences

PRIMERA ETAPA

Preparación

>> ¿**T**e gusta viajar en tren? ¿Por qué sí o por qué no?

>> ¿**A**dónde vas normalmente cuando viajas en tren?

>> **C**uando vas a viajar, ¿hablas con un agente de viajes?

Learning Strategy:

Previewing

Atocha y las otras estaciones de Madrid

Learning Strategy:

Reading for cultural information

RENFE (**Red** Nacional de Ferrocarriles Españoles) administra el sistema **ferroviario** español. Su centro geográfico y administrativo es Madrid. La capital tiene tres estaciones principales: Atocha, Chamartín y Norte. La estación más antigua es Atocha que está localizada en el centro de Madrid. Chamartín, en el norte de la ciudad, es la estación más grande. Cada estación sirve como punto de partida a diferentes regiones del país y de Europa. Por eso, cuando alguien desea viajar desde Madrid, es importante saber no sólo la estación de destino, sino cuál de las tres estaciones es la de origen para cierta región. El mapa reproducido aquí muestra la red ferroviaria y su relación con las tres estaciones de Madrid.

Network / railway

Estación Madrid — Atocha:
Córdoba, Sevilla, Granada, Toledo, Málaga, Valencia y Portugal

Estación Madrid — Chamartín:
Barcelona, Burgos, Bilbao, San Sebastián, Santander, Portugal y Francia

Estación Madrid — Norte:
Barcelona, Sevilla, Granada, Galicia y Salamanca

95

¡Aquí te toca a ti!

Learning Strategies:

Reading a map, reading for details

A.   ¿De qué estación salimos?   Después de pasar una semana en Madrid, tus amigos norteamericanos quieren visitar otras partes de España y Europa. Diles a qué estación tienen que ir para comenzar sus viajes según la información en la página 95.

1. Mark and his parents are going to spend a week in Cataluña.
2. Elizabeth and her brother want to travel to France.
3. Carol and her cousins are heading for the beaches of Andalucía in southern Spain.
4. Rebecca and her grandparents want to visit Valencia.
5. Paul and his father are going to Salamanca.
6. Laura and her mother want to visit Bilbao.
7. Susan and her family are going to visit some friends in Galicia.
8. John and his uncle want to spend a week in Portugal.

Learning Strategies:

Reading a map, calculating distance conversions

B.   ¿Cuál es la distancia entre... y... ?   En otros países las distancias se miden en kilómetros. Para convertir kilómetros en millas sigue estos pasos:

    a. Divide el número de kilómetros por 8.
    b. Multiplica el resultado por 5.

Usa el mapa en la página 95 para calcular la distancia en millas entre las ciudades indicadas. Sigue el modelo.

 **Modelo:**   Madrid — Valencia (352 km)
    a. 352 ÷ 8 = 44
    b. 44 x 5 = 220
    Son trescientos cincuenta y dos kilómetros, que son aproximadamente doscientas veinte millas.

1. Madrid — Barcelona
2. Madrid — Sevilla
3. Madrid — Burgos
4. Madrid — Salamanca
5. Madrid — Santander
6. Madrid — Granada

96

ESTRUCTURA

The future tense

—¿**Visitaremos** el castillo mañana? *Will we visit* the castle tomorrow?
—Sí, **llamaré por teléfono** para Yes, *I'll call* to confirm it.
confirmarlo.
—¿Dónde **nos encontraremos?** Where *will we meet?*
—Te **esperaré** enfrente del banco. *I'll wait* for you in front of the bank.

So far, to talk about future time you have used either the present tense with a future reference (**Mañana visitamos a tus primos.**), the immediate future (**ir a** + *infinitive* — **Vamos a ver una película esta noche.**), or an expression that implies the future (**quiero, pienso, espero** + *infinitive* — **Espero ir a Madrid este verano.**). Spanish also has a future tense that, like the future tense in English, expresses what will happen. In Spanish, however, this tense is not used in everyday conversation with as much frequency as the two alternatives you already know.

To form the future tense, simply add the endings **-é, -ás, -á, -emos, -éis,** and **-án** to the infinitive form of the verb (whether it is an **-ar, -er,** or **-ir** verb).

llegar

llegar *(infinitive)*			
yo	llegar**é**	nosotros(as)	llegar**emos**
tú	llegar**ás**	vosotros(as)	llegar**éis**
él, ella, Ud.	llegar**á**	ellos, ellas, Uds.	llegar**án**

ver

ver *(infinitive)*			
yo	ver**é**	nosotros(as)	ver**emos**
tú	ver**ás**	vosotros(as)	ver**éis**
él, ella, Ud.	ver**á**	ellos, ellas, Uds.	ver**án**

pedir

pedir *(infinitive)*			
yo	pedir**é**	nosotros(as)	pedir**emos**
tú	pedir**ás**	vosotros(as)	pedir**éis**
él, ella, Ud.	pedir**á**	ellos, ellas, Uds.	pedir**án**

97

Presentation: Estructura

Because the future tense is not used as frequently in speaking as in writing, you may want to emphasize more than the usual writing exercises for this topic.

Aquí practicamos

C. Viajaremos Cambia los verbos de las oraciones, usando la forma apropiada del tiempo futuro. Sigue el modelo.

Modelo: Mis tíos van a ir a Portugal.
Mis tíos irán a Portugal.

1. Mi familia va a visitar Portugal este verano.
2. Si quieres, tú nos vas a acompañar.
3. Mi padre va a comprender bien el portugués pero yo no.
4. Vamos a ver muchos pueblos pequeños en la costa.
5. Voy a comer platos típicos del país.
6. Ustedes van a ir a la famosa playa de Cascais.
7. Mis hermanos van a volver a Madrid después del viaje.

The future of irregular verbs

Some of the verbs that you have learned don't use the infinitive to form the future tense. Because of this they are considered "irregular." The endings that attach to this form, however, are the same as those you just learned (**-é, -ás, -á, -emos, -éis, -án**). Some commonly used irregular verbs in the future tense are:

decir   dir-

yo	**diré**	nosotros(as)	**diremos**
tú	**dirás**	vosotros(as)	**diréis**
él, ella, Ud.	**dirá**	ellos, ellas, Uds.	**dirán**

hacer	**har-**	yo **haré**	} -ás, -á, -emos, -éis, -án
querer	**querr-**	yo **querré**	

Note that in the following verbs the **-e** of the infinitive is dropped to form the new stem.

poder	**podr-**	yo **podré**	} -ás, -á, -emos, -éis, -án
saber	**sabr-**	yo **sabré**	

Remember that **hay** *(there is, there are)* comes from the verb **haber,** which forms the future in the same way as **poder** and **saber.** Therefore, the future form of **hay** is **habrá** *(there will be).*

98

In these next verbs the **-er** or **-ir** infinitive ending is replaced by **-dr** before adding the future tense endings.

poner	**pondr-**	yo **pondré**
salir	**saldr-**	yo **saldré**
tener	**tendr-**	yo **tendré**
venir	**vendr-**	yo **vendré**

} **-ás, -á, -emos, -éis, -án**

D. *De vacaciones*   Indica lo que harán las personas en la Columna A durante sus vacaciones. Escoge dos actividades de la Columna B para cada persona y forma oraciones en el tiempo futuro, según el modelo.

 **Modelo:**   Mario está en Madrid.
Mario estará en Madrid.
Visitará el Museo del Prado.
Después irá a Toledo.

A

1. Juanita tiene ganas de estar al aire libre.
2. Vamos a la playa.
3. Jorge y su primo van a Sevilla.
4. Voy a Portugal.
5. Estás en casa.

B

cuidar a un hermano
ir al campo con sus padres
comer mucho gazpacho
ir de campamento
poder tomar el sol y nadar
recibir cartas de amigos
escribir una tarjeta postal
estar allí por tres días
aprender a bucear
quedarse en casa de sus abuelos

E. *Ayer no, pero hoy sí*   Di que las personas siguientes harán hoy lo que no pudieron hacer ayer. Sigue el modelo.

 **Modelo:**   ¿Pudiste ir de compras ayer?
Ayer no, pero iré hoy.

1. ¿Tu hermana pudo llevar a los niños al parque ayer?
2. ¿Pensaban estudiar ayer ustedes?
3. ¿Fuiste al cine con tu novio(a) ayer?
4. ¿Carmen pudo llamarnos por teléfono ayer?
5. ¿Quería usted tomar el tren a Granada ayer?
6. ¿Pudieron ustedes salir temprano de la casa ayer?

99

Ex. F: pair work

Possible answers, Ex. F:

1. ¿Qué harás tú después de esta clase? Yo iré a casa.   2. ¿Qué harás tú esta tarde después de volver a tu casa? Estudiaré.

3. ¿Qué harás esta noche? Miraré la televisión.   4. ¿Qué verás en el cine la semana próxima? Veré una película muy buena.   5. ¿Qué comprarás en la nueva tienda de ropa? Compraré un suéter.

6. ¿Qué comerás en el restaurante mexicano? Comeré tacos de pollo.

7. ¿Qué recibirás como regalo de cumpleaños? Recibiré unos libros.

8. ¿Qué aprenderás a hacer el próximo verano? Aprenderé a nadar.   9. ¿Qué harás el año próximo? Estudiaré en España.

10. ¿Adónde viajarás el mes que viene? Viajaré a Washington.

Follow-up, Ex. F: For more writing practice, have students write notes to each other, asking their friends what they will do after class, where they are going tonight, etc. Allow them to exchange notes, answer them using future tense, and return them. You might wish to announce that you will collect some of the notes at random and read them to the class.

Learning Strategies:

Requesting and providing personal information, expressing future time, expressing preferences

Critical Thinking Strategies:

Comparing and contrasting, evaluating

Learning Strategy:

Reading for cultural information

F. Intercambio   Usa los elementos indicados para hacerle preguntas a un(a) compañero(a), que después te contestará. Indica el futuro empleando el tiempo futuro o con un verbo o una expresión. Sigue el modelo. Entonces, identifica una actividad de tu compañero(a) que te gustaría hacer también y una que no te interesaría hacer.

Modelo: hacer / después de la clase
—*¿Qué harás tú después de la clase?*
—*Yo iré (voy, voy a ir, pienso ir, etc.) al centro.*

1. hacer / después de esta clase
2. hacer / esta tarde después de volver a tu casa
3. hacer / esta noche
4. ver / en el cine la semana próxima
5. comprar / en la nueva tienda de ropa
6. comer / en el restaurante mexicano
7. recibir / como regalo de cumpleaños
8. aprender a hacer / el próximo verano
9. hacer / el año próximo
10. viajar / el mes que viene

COMENTARIOS
CULTURALES

Los trenes en España

Como España es un país relativamente pequeño, mucha gente viaja más en tren que en avión. La red nacional española de trenes es bastante eficaz *(efficient)* y su importancia es similar a la que tienen las líneas aéreas en los Estados Unidos. Los españoles están orgullosos *(proud)* del desarrollo extenso del sistema ferroviario en los últimos diez años. Los trenes generalmente ofrecen buen servicio y son cómodos y bastante puntuales. En algunas líneas (Madrid — Barcelona, Valencia — Madrid) la velocidad ha subido *(has risen)* a 160 km por hora. El gobierno español, que administra el sistema de transporte conocido como RENFE, ha contribuido con más de 3.000 millones de pesetas para mejorar las vías *(rail routes)* y aumentar la velocidad de los trenes. Todavía no son velocidades que se puedan comparar a las francesas o a las japonesas, pero es un punto de partida.

100

Aquí escuchamos:
"¿Vamos a la playa?"

Tres amigas —Raquel, Marisa y Victoria— hablan de sus vacaciones. Quieren ponerse de acuerdo sobre el lugar adónde irán.

Antes de escuchar

En preparación para la conversación que vas a escuchar, repasa las expresiones para proponer ideas y llegar a un acuerdo en la sección **En otras palabras** en la página 102. También contesta las siguientes preguntas.

1. ¿Adónde crees que las amigas van a ir de vacaciones?
2. ¿Qué crees que van a discutir?
3. ¿Qué expresión van a usar para proponer una idea?
4. ¿Cómo van a comentar que les gusta una idea?

Learning Strategy:

Previewing

Critical Thinking Strategy:

Predicting

Después de escuchar

1. ¿Adónde deciden ir de vacaciones las tres amigas?
2. ¿Por qué deciden no ir a Alicante?
3. ¿Qué hay de interés especial en Ronda?
4. ¿Cómo se llama la cueva?
5. ¿Cuándo se pintaron algunas de las antiguas pinturas?

Learning Strategy:

Listening for details

101

Support material, Aquí escuchamos: Teacher Tape /CD Track #19

Presentation: Aquí escuchamos

Have students write down some of the expressions from **En otras palabras.** Have them place a check mark next to the expression each time they hear it on the tape. Or have them write the following words on a piece of paper: **playa(s), Alicante, Ronda, cueva, pinturas.** Then have them indicate with a check mark each time they hear the words.

Ask the students to write down the expressions they hear for responding to suggestions (**buena idea, de acuerdo, me parece bien, cómo no**).

Answers, Aquí escuchamos: 1. Marbella y Ronda. 2. Hay demasiada gente. 3. una cueva con pinturas antiguas 4. la Cueva de la Pileta 5. Hace más de 25.000 años.

Suggestion for Dictado: Select a brief portion of **Aquí escuchamos** to use as a dictation. After dictating twice, reveal the dictation on the board or on the overhead so students can check their own answers.

Ex. G: groups of three

Ex. H: groups of three

En otras palabras

Expresiones para proponer cualquier cosa y para responder afirmativamente

—**¿Qué tal si vamos a... ?**	*What if we go to . . . ?*
—**Buena idea.**	*Good idea.*
—**¿Por qué no** + verb?	*Why not + verb?*
—**De acuerdo.**	*O.K. (I agree.)*
—**Tengo una idea. Vamos a...**	*I have an idea. Let's go to . . .*
—**Me parece bien.**	*That sounds good to me.*
—**¡Cómo no!**	*Sure.*

¡Aquí te toca a ti!

G. ¿Adónde iremos? Quieres organizar un viaje con dos amigos. Ustedes no están de acuerdo con las dos primeras sugerencias que hacen, pero sí con la tercera idea. Sigan el modelo.

 **Modelo:** a Andalucía, mucho calor / a Galicia, el año pasado / a San Sebastián

> **Amigo(a) 1:** *¿Por qué no vamos a Andalucía?*
> **Amigo(a) 2:** *No, hace mucho calor. Tengo una idea. Vamos a Galicia.*
> **Tú:** *No, yo estuve en Galicia el año pasado. ¿Qué tal si vamos a San Sebastián?*
> **Amigo(a) 1:** *Sí, sí. Buena idea.*
> **Amigo(a) 2:** *Me parece bien. ¡Cómo no!*
> **Tú:** *Bien, de acuerdo. ¡Vamos a San Sebastián!*

1. a los Pirineos, mucho frío / a Pamplona, el verano pasado / a Málaga
2. a Portugal, mucho calor / a Italia, el año pasado / a Francia
3. a Alicante, muchos turistas / a Barcelona, el año pasado / a Sevilla
4. a Roma, mucho calor / a Londres, demasiada gente / a Portugal
5. a Cádiz, muy lejos / a Túnez, mucho calor / a Mallorca

H. ¿Por qué no vamos a... ? Sugiéreles a dos compañeros de clase que vayan a los siguientes lugares. Usa las expresiones *¿Qué tal si vamos a... ?, ¿Por qué no vamos a... ?, Tengo una idea. Vamos a...* . Tus compañeros deben responder a tus sugerencias con expresiones apropiadas.

las montañas	la Costa del Sol	Portugal
la ciudad de Ronda	la playa de Marbella	Madrid

102

¡Adelante!

EJERCICIO ORAL

I. ¡Vamos a organizar un viaje! You and two classmates are planning a short vacation trip that will begin in Madrid. As you plan where to go, each of you will (1) propose one of the places listed below and (2) suggest an activity of interest to do in that place. As you listen to the suggestions of your partners, (3) object to one of their suggestions, and (4) give your reason for not wanting to go there. Then, all three of you will (5) agree on a destination (perhaps even a fourth one chosen from the list below) and (6) mention the activity(ies) you will do there. Finally, refer back to the list of train stations and their destinations on page 95 in order to (7) find out from which station your train will leave. Possible destinations: **Toledo / Bilbao / Burgos / Valencia / Santander / Salamanca / Sevilla / Granada.**

> **Cooperative Learning**
>
> **Learning Strategies:**
>
> *Supporting choices, negotiating, expressing preferences*
>
> **Critical Thinking Strategy:**
>
> *Evaluating*

EJERCICIO ESCRITO

J. ¿Por qué no vas con nosotros? Write a short note to a friend, describing the trip that you and your classmates planned in Activity I and inviting your friend to join you. Follow the outline given. Begin the note with **Querido(a) (nombre de tu amigo[a])** and end it with **Tu amigo(a) (tu nombre)**.

> **Learning Strategies:**
>
> *Organizing ideas in a letter, reporting, calculating distance conversions, offering an invitation*

1. Tell what you are doing in Madrid and what side trip you are planning to take.
2. Tell who is going with you and how you are traveling.
3. Tell from where you are planning to leave.
4. Mention what distance you plan to travel in kilometers and what that would be in miles.
5. Tell what activity(ies) of interest you plan to do there.
6. Indicate when you plan to return to Madrid and then when you plan to return to the United States.
7. Invite your friend to accompany you.

103

Ex. I: groups of three

Suggestion, Ex. I: This activity is a wonderful opportunity to discuss day and weekend trip possibilities from Madrid before students begin planning. Various groups can research possible destinations and report to the class. Be sure groups have access to a detailed map of Spain.

Ex. J: writing

Prereading

Have students scan the ad for cognates, saying them out loud as they find them.

Preparation: Read, Pair, Share

Learning Strategy: Peer tutoring

- Tell the students to pair with another student with whom they have not worked recently. Explain that the students will first read independently, and then together.
- Instruct students to skim the brochure for its context. Then tell them to read the questions in Ex. A and the brochure again, looking for the information they need. Reassure the students that they are not expected to understand every word in the brochure.
- Now direct the students to share with their partners their understanding of the brochure and their answers to the questions.
- When the students have had sufficient time, quickly ask the questions of students in different parts of the classroom. If there is trouble with a question, call on a student to explain where he or she and his or her partner found the answer.

SEGUNDA ETAPA

Preparación

>> ¿**D**ónde hay teléfonos públicos generalmente?

>> ¿**C**uánto cuesta una llamada en un teléfono público?

>> ¿**C**uántos teléfonos hay en tu casa?

>> ¿**A**lguien en tu familia tiene un teléfono celular? ¿Quién(es)? ¿En el coche? ¿Lo compró más para los negocios o para la seguridad?

>> ¿**C**uándo te gusta hablar por teléfono y por qué? ¿Cuándo (o con quién) no te gusta hablar por teléfono y por qué no?

Learning Strategies:

Previewing, supporting choices

Para llamar por teléfono

"¿Sólo dijiste AT&T Español?…"

"Sí, y me ayudaron en español."

Tan sencillo como eso. Porque AT&T tiene muchas opciones para hacer sus llamadas de larga distancia y AT&T Español es una de ellas.

Con AT&T Español usted obtiene asistencia para completar sus llamadas de persona a persona, por cobrar, hechas con la tarjeta "AT&T Card" y llamadas cobradas a un tercer número, así como crédito inmediato por llamadas a números equivocados y muchos beneficios más.

Para hacer sus llam de larga distancia con a tencia de operadora, si ayuda inmediata y efect en español…sólo marqu "0" más el número al qu desea llamar y diga "AT Español" a la operado

Disfrute la opció utilizar AT&T Español

AT&T
La mejor decisión

104

Etapa Support Materials

Workbook: **pp. 93–104**
Transparency: **#16**
Lab Manual: **p. 29**
Tapescript: **p. 47**

Teacher Tape
Quiz: **Testing Program, p. 58**
Chapter Test: **Testing Program, p. 61**

¡Aquí te toca a ti!

A. Lee el anuncio en la página 104 y contesta las preguntas en inglés.

1. What is the special feature of the phone service that is offered in the ad?
2. What are the four types of phone calls that can be made with operator assistance?
3. What happens if you call a wrong number *(número equivocado)*?
4. What number do you dial and what do you say in order to use one of the services offered by this phone company?
5. Do you think this ad would have wide appeal in the United States? Why or why not?

B. *El teléfono para coche* Lee el anuncio abajo y contesta las preguntas en inglés.

1. How large is the telephone that is being advertised?
2. Where is the best place to attach it to the car?
3. Can this phone be used only inside the vehicle?
4. What kind of memory capacity does the telephone have?
5. Is the company successful? How do you know this?
6. What do you think the man in the drawing is doing?
7. Do you like the idea of a car phone? What are some advantages? What are some disadvantages? Do the advantages justify the cost? Explain. How can one keep the cost in line?

Cuando llamar es necesario, Teléfono para coche Indelec.

Las ventajas de un líder.

No espere hasta verse en una situación tan apurada para usar el teléfono para coche INDELEC. Disfrute ahora de todas las ventajas de una gran compañía.

Porque no sólo puede utilizarlo en su coche, sino convertirlo en portátil. Para llevarlo con usted donde quiera. Porque la disposición horizontal del microtelé-

fono supone una mayor comodidad en el manejo y una perfecta adaptabilidad al tablero de su coche.

Y porque el teléfono para coche **1-4000** de INDELEC dispone de 99 memorias, equipo totalmente extraíble, display líquido de 16 cifras, regulación del volumen de audición, sistema de

operación "manos libres" y un montón de ventajas más que hace que los teléfonos para coche fabricados por IND-ELEC sean los más vendidos en nuestro país.

Solicite información al
900-100 336

indelec
Comunicación en marcha.

105

Postreading suggestion:
Give each group of students six cards with one of these instructions on each card. Ask them to put the cards in chronological order, and then to read them aloud while another student acts them out.

Learning Strategy:

Reading for vocabulary in context

106

Cómo llamar por teléfono en una cabina

1. Descuelga el auricular del teléfono.
2. Deposita las monedas necesarias o introduce la tarjeta de crédito para pagar la tarifa indicada.
3. Espera hasta escuchar la señal de marcar.
4. Marca el número deseado.
5. Habla con la persona que contesta.
6. Después de terminar, cuelga el auricular y saca la tarjeta.

C. *Marcando números*

Tu compañero(a) debe tener el libro cerrado. Dile a él (ella) los números de teléfono de la Columna A. Él (Ella) debe escribirlos. Después, él (ella) te leerá los números de la Columna B, mientras tú escribes los números que oyes. Finalmente, comparen los números escritos con los números de las dos columnas para ver si son correctos.

Learning Strategies:

Active listening, checking accuracy

A	B
1. 34–14–18–14–36	1. 54–17–18–22–46
2. 34–53–32–18–48	2. 35–10–75–11–32
3. 52–54–92–55–07	3. 56–2–10–05–91
4. 57–13–66–17–52	4. 58–22–82–14–4

D. *Vamos a llamar por teléfono.*

Imagina que estás en España haciendo planes para visitar varias ciudades allí. Llama a un(a) amigo(a) español(a) para pedirle ayuda con tus planes. Trabaja con un(a) compañero(a) de clase que hará el papel de tu amigo(a) español(a). En cada situación dile (1) dónde estás, (2) qué planes tienes y (3) el número de teléfono dónde estás para que tu amigo(a) pueda llamarte. En cada caso, (4) invita a tu amigo(a) a acompañarte cuando estarás en su ciudad.

Learning Strategies:

Organizing ideas, requesting favors, issuing invitations, giving reasons for declining, making plans

Tu amigo(a) va a (1) aceptar o negar a ayudarte, (2) decidir si va a acompañarte o no, (3) dar razones si no puede aceptar tu invitación y (4) establecer el lugar y la hora de su cita si acepta.

1. You are in Madrid talking to a friend in Barcelona. Next week you would like to go to Barcelona and stay in a hotel you've heard about. Can your friend in Barcelona call ahead and get a room for you for two nights? It's the Hotel Presidente, Av. Diagonal 570, 200–21–11.
2. Now you are in Barcelona talking to a friend in Madrid. Next week, when you visit your friend in Madrid, you would like to go eat at a restaurant your Spanish teacher recommended. It is called Casa Botín and its address and phone number are Cuchilleros 17, 266–42–17. You would like your friend to call and make a reservation for the two of you.
3. Now you are in Madrid talking to a friend in Sevilla. You need to call some family friends whose last names are Martínez Estrada. They live in Sevilla and their number, you think, is 57–92–16. Ask your friend in Sevilla to verify their name and number in the phone book in that city.
4. You are still in Madrid talking once again to your friend in Barcelona. You plan to visit Barcelona again in two weeks and meet your parents there. Tell your friend that they will be staying at the Hotel Covadonga, Av. Diagonal 596, 209–55–11, and that you would like to get together with him or her there and then go with your parents to see a play.

107

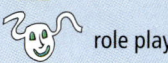

Ex. C: pair work

Ex. D: pair work

role play

Suggestion, Ex. D: Have volunteers present their telephone conversations to the class. Provide telephones if possible, and have volunteers sit back to back. Ask students what some of the differences are between a telephone conversation and a face-to-face one. You may wish to refer them to the expressions on pages 111–112.

Ex. E: writing

Answers, Ex. E: 1. Podremos manejar... .   2. No tendremos... .
3. No habrá... .   4. Haremos... .
5. Podremos pasar... .   6. Estudiaremos... .   7. Los niños aprenderán... .   8. Sabremos... .   9. Venderán... .   10. Vendrán...

Variation, Ex. E: You could also have students predict their own futures, and/or those of friends and family members. Control verb use by providing a list of regular and irregular verbs from which to choose.

Presentation: Comentarios culturales

Dictate six or eight telephone numbers, repeating each one as students listen and write out the digits. Check to see how many students wrote the numbers correctly.

Learning Strategies:

Organizing ideas, describing, expressing future time

Critical Thinking Strategies:

Imagining, predicting, seeing cause-and-effect relationships

Learning Strategy:

Reading for cultural information

Repaso

E. En el año 2025   Imagina cómo será el mundo en el año 2025. Escoge cinco de las situaciones en la lista y coméntalas usando el tiempo futuro para describir el mundo en ese año. Para cada situación de la lista que discutes, añade por lo menos otros dos detalles que puedas inventar o resultados que puedas predecir *(predict)*.

1. Podemos manejar automóviles en el aire.
2. No tenemos más armas nucleares.
3. No hay contaminación del aire.
4. Hacemos viajes interplanetarios.
5. Podemos pasar las vacaciones en la luna.
6. Estudiamos en las universidades hasta la edad de 40 años.
7. Los niños aprenden por lo menos cuatro lenguas en la escuela.
8. Sabemos curar el cáncer.
9. Venden la comida en forma de pastilla.
10. Vienen a la tierra habitantes de otros planetas.

COMENTARIOS CULTURALES

El número de teléfono

Un número de teléfono en algunas de las ciudades grandes de España, como Madrid, tiene siete cifras *(digits);* en otras, como Segovia, tiene seis. Estas cifras forman el número de la zona telefónica y el de la línea local (por ejemplo: *2–10–16–46* o *22–28–70*). Generalmente, se dice el número de esta manera: *dos diez, dieciséis cuarenta y seis* o *veintidós, veintiocho, setenta.*

Si la llamada es de larga distancia dentro de España, hay que incluir otro número, el *indicativo,* para marcar la ciudad. Si la llamada tiene su origen en otro país, hay que marcar el código territorial *(country code).* (Por ejemplo, **34** indica que la llamada es a España.) Es decir, para una llamada de larga distancia hay diez cifras en total.

En otros países de habla española los números de teléfono generalmente tienen cinco o seis cifras para una llamada ordinaria (en México, por ejemplo, **28–03–94** es un número típico).

108

F. Las ciudades de España En el siguiente mapa, identifica las ciudades de España que están marcadas con una estrella *(star)*. Consulta el mapa en la página 95 si es necesario.

1. Madrid
2. Barcelona
3. Sevilla
4. Granada
5. Toledo
6. Málaga
7. Burgos
8. Valencia
9. Salamanca
10. Córdoba
11. San Sebastián
12. Bilbao

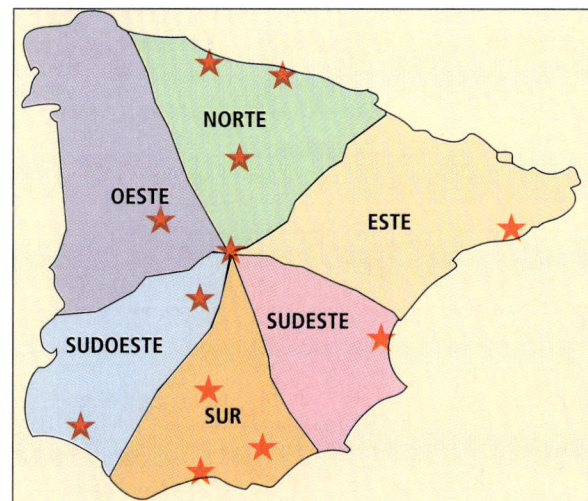

Learning Strategies:

Reading a map, identifying cities on a map

ESTRUCTURA

Special uses of the future tense

—¿Cuántos años **tendrá** ese actor?   *I wonder how old that actor is.*
—**Tendrá** unos treinta.   *He's probably (He must be) about thirty.*
—¿Quién **será** esa persona?   *I wonder who that person is. (Who can that person be?)*

The future tense is often used in Spanish to wonder out loud about an action or a situation related to the present. This special use of the future tense always takes the form of a question: **¿Dónde estará Margarita?** *(Where can Margarita be?)*

Another common use of the future tense is to express probability or uncertainty with regard to an action or a situation in the present. In other words, when you make a comment that is really more of a guess or speculation, rather than actual knowledge, the future tense is used: **Margarita estará en la biblioteca a estas horas.** *(Margarita is probably in the library about this time.)*

109

Presentation: Estructura

Point out that the use of the future tense for speculation purposes (i.e., "I wonder") is very much in use today in Spanish-speaking countries. The other use, to indicate that something will or shall happen, is gradually being replaced in everyday speech by the present tense or the **ir a** + infinitive form.

Aquí practicamos

G. *Me pregunto...* Cambia las siguientes oraciones en el presente a preguntas en el futuro para expresar la probabilidad o la duda. Sigue el modelo.

Modelo: El tren sale a tiempo.
¿El tren saldrá a tiempo?

1. El tren llega más tarde.
2. Comemos en el restaurante de la estación.
3. Puedo pagar con un cheque viajero.
4. Sirven el desayuno en el tren.
5. Hay muchos pasajeros alemanes.
6. Los ingleses van a Málaga.
7. Mi padre tiene problemas con las maletas.
8. Al llegar a Jerez de la Frontera estamos cansados.

H. *¡No sé, José!* El hijo de un amigo español viaja en el mismo tren contigo. Como todos los niños, hace muchas preguntas. No sabes las respuestas exactamente, entonces tienes que inventar respuestas. Usa el futuro para expresar incertidumbre. Sigue el modelo.

Modelo: ¿Qué hora es?
¡No sé, José! Serán las nueve.

1. ¿Cómo se llama el conductor del tren?
2. ¿Qué sirven para comer en el tren?
3. ¿Qué tipo de música escucha esa chica en su "Walkman"?
4. ¿Qué tiene esa señora en su maleta?
5. ¿A qué hora llega ese señor a su casa?
6. ¿Cuántas personas hay en este tren?
7. ¿Qué pueblo es éste?
8. ¿A cuántos kilómetros por hora vamos en este momento?

Aquí escuchamos:
"¿Estás libre esta noche?"

Antes de escuchar

Mercedes Benítez llama por teléfono a su amiga Alicia Videla para invitarla a cenar. En preparación para este diálogo entre las dos

110

amigas, repasa las expresiones para hacer, aceptar y rechazar una invitación en la sección **En otras palabras** (abajo y en la página 112). También contesta las siguientes preguntas:

1. ¿Qué crees que van a discutir las dos amigas?
2. ¿Cómo se invita a una persona a hacer algo?
3. ¿Cómo va a responder Alicia a la invitación si no puede aceptarla?

Después de escuchar

1. ¿Qué le invita a hacer Mercedes a su amiga Alicia?
2. ¿A quién más piensa invitar Mercedes?
3. ¿Con qué nombre cariñoso se refiere Alicia a su amiga Mercedes en dos ocasiones?
4. ¿Acepta Alicia la invitación para esa noche, el miércoles?
5. ¿Cuándo deciden cenar juntas las dos amigas?
6. ¿Alicia ya conoce a Raúl?

Learning Strategy:

Listening for details

En otras palabras

Expresiones para hablar con alguien por teléfono

¿Diga? / ¿Dígame? (España)	
¿Aló? (Colombia, Perú, Ecuador)	*Hello?*
Hola. (Argentina, Uruguay)	
¿Bueno? (México)	
¿De parte de quién?	*Who's calling?*
¿Quién habla, por favor?	*Who's speaking, please?*
Soy (nombre). / **Habla** (nombre).	*I'm (name). / (Name) speaking.*
Quisiera hablar con (nombre).	*I'd like to speak with (name).*
¿Está (nombre)?	*Is (name) there?*
Un momento, por favor.	*One moment, please.*
Te lo (la) paso.	*I'll get him (her).*
Tiene un número equivocado.	*You have a wrong number.*
Lo siento, no está.	*I'm sorry, he (she) isn't here.*
¿Podría decirle... ?	*Could you tell him (her) . . . ?*
¿Puedo dejarle un recado?	*May I leave him (her) a message?*
Dígale que le llamó (nombre), **por favor.**	*Please tell him (her) that (name) called.*

111

Support material, Aquí escuchamos: Teacher Tape /CD Track #20

Presentation: Aquí escuchamos

Have students write down some of the expressions from **En otras palabras,** and place a check mark next to the expression each time they hear it on the tape. Or have them write the following words on a piece of paper: **esta noche, invitar** (any form of the verb), **pasado mañana, viernes.** Then have them indicate with a check mark each time they hear the words.

Answers, Aquí escuchamos: 1. cenar en su casa 2. su primo Raúl 3. Merche 4. no 5. el viernes 6. sí

Suggestions, En otras palabras: Have students look at the expressions in **En otras palabras** while they are doing Exs. I, J, and K on pages 112–113, or put some of the expressions on the board for easy access.

Ex I: pair work

Implementation, Exs. I and J: Have students switch partners for each exercise.

Expresiones para invitar a alguien a hacer algo

¿Estás libre?	*Are you free?*
¿Quieres (infinitivo)**?**	*Would you like to* (verb)*?*
Te invito a (infinitivo).	*I'm inviting you to* (verb).
Quiero invitarte a (infinitivo).	*I want to invite you to* (verb).
¿Podría (infinitivo) **con nosotros?**	*Could you* (verb) *with us?*
Quisiera invitarlo(la) a (infinitivo).	*I'd like to invite you to* (verb).

Expresiones para aceptar una invitación

Sí, me parece bien.	*Yes, that sounds good to me.*
¡Cómo no! ¡Estupendo!	*Sure! Great!*
¡Claro que sí! Sería un placer.	*Of course! It would be a pleasure.*
Me encantaría.	*I'd be delighted.*
Acepto con gusto.	*I gladly accept.*

Expresiones para rechazar (refuse) una invitación

Oh, lo siento mucho, pero no puedo.	*Oh, I'm sorry, but I can't.*
Me gustaría, pero no estoy libre.	*I'd like to, but I'm not free.*
Muchas gracias, pero ya tengo planes.	*Thanks very much, but I already have plans.*
Es una lástima, pero no será posible.	*It's a shame, but it won't be possible.*
Me da pena, pero no estoy libre.	*It's a pity (I'm sorry), but I'm not free.*

¡Aquí te toca a ti!

I. *¿Aló?...*   Sigue los modelos para hacer unas llamadas telefónicas.

Modelo: Patricia Arizpe / su prima
—*Aló. Habla* (nombre). *¿Eres tú, Patricia?*
—*No. Soy su prima.*
—*Ah, perdón. ¿Está Patricia?*
—*Sí. Te la paso.*

1. Daniel Flores / su hermano   **2.** Juan Carlos Rodríguez / su primo

Modelo: Luis Prado / 35–84–92
—*¿Diga?*
—*¿Aló? ¿Éste es el 35–84–92?*
—*Sí, señor (señorita).*
—*Quisiera hablar con Luis Prado, por favor.*
—*¿De parte de quién?*
—*De parte de* (nombre).

112

—*Un momento, por favor. Voy a ver si está…
  Lo siento, ya salió.*
—*¿Podría decirle que* (nombre) *le llamó?*
—*Sí, cómo no, señor (señorita).*
—*Muchas gracias, señor (señorita). Adiós.*
— *Adiós.*

3. Elena Cardozo / 45–37–88   **4.** Benjamín Briseño / 23–17–65

J. *Voy a invitar a estas personas a cenar.* Llama por teléfono para hacer las invitaciones siguientes. Un(a) compañero(a) de clase hará el papel de la persona invitada que contesta el teléfono.

Learning Strategies:

Organizing ideas in an invitation, applying appropriate expressions

1. Invita a un(a) amigo(a) a cenar en tu casa.
2. Invita a un(a) amigo(a) a cenar en un café contigo y dos amigos(as).
3. Invita a dos amigos(as) a almorzar en tu casa.
4. Invita a los padres de un nuevo estudiante a cenar en un restaurante contigo, con tu amigo y con tus padres. La madre contesta el teléfono.
5. Invita a tu profesor(a) a cenar en tu casa.

¡Adelante!

EJERCICIO ORAL

K. *Una llamada telefónica* You and your family have just arrived in Madrid. You call your Spanish friend Verónica Velázquez, who lives in a suburb of Madrid. A family member (played by your partner) answers the phone and says that Verónica is away on vacation for several days. (1) Identify yourself as Verónica's American friend, (2) find out when she will be back, and (3) leave details of your stay in Madrid. (4) Say that you hope to invite her out while you are there and (5) give a phone number where you can be reached.

Learning Strategies:

Applying appropriate expressions, requesting and providing personal information, organizing ideas in a message

EJERCICIO ESCRITO

L. *Un mensaje breve* (A brief message) Your friend Verónica Velázquez still has not gotten in touch with you. You have called back several times, but no one has answered the phone. You write her a short message in which you tell her you're in Madrid with your family, say how much longer you will be there, and invite her to join you and your family for dinner one night next week.

Learning Strategies:

Applying appropriate expressions, organizing ideas in a message

113

Ex. J: 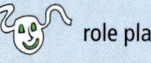 pair work

role play

Ex. K:  pair work

role play

Implementation, Ex. K: Have students work with different partners than those they had in Exs. I and J.

Follow-up, Ex. K: Have students try the "telephone game" they probably played as children. Whisper a message to one student, who whispers it to another, etc., having the last student announce the message. Compare with the original.

Suggestion, Ex. K: Students might be interested in listening to actual answering machine messages left in Spanish for you or for a Spanish-speaking friend. Bring in the tape and let students figure out the messages.

Ex. L: writing

Cooperative Learning

Vocabulario: Round Robin

- Divide the class into teams of three, and have them sit facing each other with their books open.
- Explain to them that they are to conduct a conversation about travel plans. Each student must use a different expression from the **Vocabulario** when inviting someone to travel, responding to an invitation, telephoning, etc., until each team has used all of the expressions from the different sections of vocabulary in a coherent conversation.
- Instruct students to begin the exercise, moving from left to right, with each student in succession asking or answering a question, or making a telephone call. Remind them to check off the vocabulary expressions as they are used.
- If one team finishes before the others, ask the students in that team to circulate around the class, helping others to find ways to use the expressions in a communicatively meaningful manner. As other teams finish, they may continue talking about their plans, provided that they are communicating in Spanish.
- Ask for volunteers to share some of the more memorable sequences from their teams.

Support material,
Capítulo 4: Improvised Conversation, Teacher Tape/CD Track #21 and Tapescript; Lab Manual listening activities, Laboratory Program , Tapescript, and Teacher's Edition of the Workbook/Lab Manual

Vocabulario

Para charlar

Para sugerir algo o para invitar a alguien a hacer algo

¿Estás libre?
¿Podría + (infinitivo) con nosotros?
¿Por qué no + (verbo)?
¿Qué tal si vamos a… ?
¿Quieres + (infinitivo)?

Quiero invitarte a + (infinitivo).
Quisiera invitarlo(la) + (infinitivo).
Te invito a + (infinitivo).
Tengo una idea. Vamos a + (infinitivo).

Para responder a una invitación o sugerencia

Afirmativo
Acepto con gusto.
¡Buena idea!
¡Claro que sí! Sería un placer.
¡Cómo no! ¡Estupendo!
De acuerdo.
Me encantaría.
Me parece bien.

Negativo
Lo siento, pero no puedo.
Es una lástima, pero no será posible.
Me gustaría, pero no estoy libre.
Me da pena, pero no estoy libre.
Muchas gracias, pero ya tengo planes.

Para hablar con alguien por teléfono

¿Aló?
¿Bueno?
¿Diga?
Hola.
¿De parte de quién?
Dígale que llamó (nombre), por favor.
¿Quién habla, por favor?
Habla (nombre).
Soy (nombre).

¿Está (nombre)?
Quisiera hablar con (nombre).
Un momento, por favor.
Te lo (la) paso.
Lo siento, no está.
¿Puedo dejarle un recado?
¿Podría decirle… ?
Por favor, dígale (dile) que le llamó (nombre).
Tiene un número equivocado.

Vocabulario general

Adjetivos	Sustantivos		Verbos	
ferroviario	el auricular	las monedas	colgar	haber
	la cifra	la red	descolgar	marcar
	el código territorial	la señal de marcar		

Lectura CULTURAL

EL TREN DE LA FRESA

Antes de leer

1. En preparación para la lectura, mira las palabras que tienen un equivalente en inglés en el margen. Después lee el texto en la página 116 rápidamente para buscar palabras cognadas.
2. Busca los verbos que están en el tiempo futuro. Lee estos verbos en voz alta.

Guía para la lectura

A. Lee el primer párrafo para saber lo siguiente:

1. la estación de que sale el tren
2. la ciudad adónde va este tren
3. las horas de salida y de llegada

B. Lee el segundo y el tercer párrafo para saber lo siguiente:

1. lo que tiene este tren antiguo
2. quiénes acompañan a los viajeros
3. dónde almorzarán los viajeros
4. cuándo llegarán a Madrid

C. Indica si las oraciones siguientes son verdaderas o falsas. Corrige *(Correct)* las oraciones falsas con la ayuda de la información del texto.

1. Aranjuez queda bastante lejos de Madrid.
2. Oímos la hora de nuestra salida por los altoparlantes.
3. El tren en que viajamos se llama "el tren de la fresa".
4. Este tren especial es moderno y rápido.
5. Las azafatas sirven manzanas a los pasajeros.
6. En Aranjuez visitaremos varios lugares de interés histórico.
7. Volveremos a Madrid a las doce de la noche.

115

Prereading

Have students complete the steps in the **Antes de leer** section first, then use the **Guía para la lectura** to guide them through the reading. If this is approached as a class activity, you may want to copy this page onto an overhead and project it at the front of the room so students don't have to flip back and forth between the **Guía** and the reading.

Answers, Guía para la lectura: **A.** 1. Delicias 2. Aranjuez 3. Sale a las 10:10 y llega a las 11:20. **B.** 1. vagones de madera y una locomotora de vapor 2. azafatas vestidas a la moda antigua 3. En "El Faisán" 4. 20:00 **C.** 1. F 2. V 3. V 4. F 5. F 6. V 7. F

Cultural Observation

Have the students notice the frequent use of the future tense in the information provided by the brochure. Point out that this use of the future is part of a marketing style to convince passengers of the reliable and secure nature of the trip they will be taking. Ask them about the difference in tone if **ir a** + infinitive were used instead. (It would sound a bit less formal, more casual, and perhaps less reassuring.)

El tren de la fresa

voice
loudspeakers
heart

E stamos en la estación de Madrid—Delicias y la **voz** que oímos por los **altoparlantes** nos anuncia la salida de nuestro tren. Cada uno de los Trenes Turísticos nos llevará al **corazón** de ciudades y regiones con mucha historia… monumentales, llenas de anécdotas, de leyendas, de viejos lugares y nuevas experiencias. Esta vez iremos a Aranjuez, que queda a poca distancia de Madrid. Saldremos a las 10:10 de la mañana y llegaremos a Aranjuez a las 11:20.

leap
strawberry / cars
hostesses

Este será un viaje especial porque haremos un **salto** al pasado en el famoso "tren de la **fresa**". Este tren del siglo anterior tiene **vagones** de madera y una locomotora de vapor. Nos acompañarán **azafatas** vestidas a la moda antigua, que ofrecerán fresas e información sobre el tren a todos los viajeros.

Tendremos tiempo libre en Aranjuez para una visita guiada del Palacio Real, El Jardín de la Isla y el Monumento a Joaquín Rodrigo, el gran compositor de música clásica para la guitarra. Almorzaremos en el restaurante "El **Faisán**". Según el horario, saldremos de Aranjuez a las 7:05 de la tarde. Llegaremos a Madrid a las 20:00. Estamos seguros de que disfrutaremos de un día **inolvidable**. La semana próxima viajaremos a Burgos y a otras ciudades del norte del país.

pheasant

unforgettable

Spain

ESTACION DE LAS DELICIAS
(Tren de la Fresa)

¡Buen viaje en el tren de la fresa!

116

IREMOS EN TREN

Vamos en tren a Cuenca para el fin de semana.

Objectives:

>> **R**eading train schedules and related information
>> **M**aking train reservations

Strategies:

>> **E**xpressing probability
>> **S**upporting decisions
>> **O**rganizing information
>> **C**lassifying

117

Chapter Objectives

Functions: Reading train schedules and related information; making train reservations
Context: Spain; trains; travel agencies
Accuracy: Prepositions of place; **antes de, después de;** prepositional pronouns

Cultural Context

Traveling by train in the Spanish-speaking world is often a family affair. It is not uncommon to see whole families taking up an entire train compartment, complete with a basket full of food for the trip. In certain types of trains and compartments, the seats can be folded down at night to create a giant cushion that takes up the entire compartment and allows family members to stretch out together for a good night's sleep.

Presentation: El horario de trenes

Before doing the exercises on p. 119 related to this train schedule, ask students to read the information on the card called **Composición de los trenes** and to report about the services offered on board. You might then elicit a bit more information by asking questions like **¿Qué quiere decir "servicio de vídeo"?,** and having them respond with comments such as: **Podemos ver una película a bordo.** Take a look also at the card called **Otros signos** and ask students what some of the symbols mean with questions such as: **¿Qué significa el signo de un círculo? ¿de un cuadro?,** etc. Point out to them that the word **"Talgo"** refers to one of RENFE's special superliner trains, a term which also appears in the information card on p. 127.

Video/Laserdisc

Mosaico cultural: "Pasajeros a bordo"
Mosaico cultural Video Guide

Support material,
El horario de trenes:
Transparency #17

PRIMERA ETAPA

Learning Strategies:
Brainstorming, previewing

Learning Strategy:
Reading for cultural information

Preparación

>> **¿D**ónde se puede encontrar información sobre los trenes?

>> **¿Q**ué tipo de información necesitas saber cuando viajas en tren?

>> **¿C**ómo se dice *horario* en inglés?

El horario de trenes

RENFE prepara horarios regionales que indican las salidas y llegadas de los trenes entre la mayoría de las ciudades principales de España. Estudia este horario de los trenes entre Madrid y Valencia.

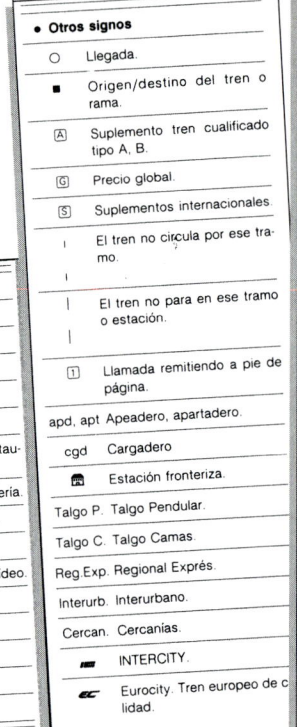

118

Etapa Support Materials

Workbook: pp. 105–115
Transparencies: #17, #18
Teacher Tape 🎧
Quiz: Testing Program, p. 66

¡Aquí te toca a ti!

A. *Un horario* Contesta en español las siguientes preguntas sobre el horario de los trenes entre Madrid y Valencia (página 118).

1. ¿Cuántos trenes diarios hay entre Madrid y Valencia?
2. ¿Cuántas horas tarda el viaje entre Madrid y Valencia?
3. Si estás en Cuenca y quieres ir a Valencia, ¿cuántas horas toma el viaje? ¿Hay trenes directos que no paran en otros lugares?
4. ¿Hay un tren con servicio de restaurante entre Madrid y Valencia?
5. ¿Cuáles trenes van a Cuenca como destino final?

B. *Más información* Varios de tus amigos quieren tomar el tren entre Madrid y Valencia pero necesitan más información. Consulta el horario en la página 118 para contestar a sus preguntas. Sigue el modelo.

Modelo: Quiero llegar a Cuenca a las 12:00. ¿Qué tren debo tomar desde Madrid?
Es necesario tomar el tren de las 9:15.

1. Quiero llegar a Valencia esta noche a las 8:00 para cenar con la familia. ¿Qué tren debo tomar desde Madrid?
2. Voy a Valencia pero quiero desayunar con amigos a las ocho antes de salir. ¿Qué tren puedo tomar?
3. ¿Cuántas paradas *(stops)* hace el tren de las 6:00 entre Madrid y Cuenca?
4. Quiero llegar a Valencia antes de las 9:00 esta noche. ¿Qué tren debo tomar desde Madrid?

COMENTARIOS CULTURALES

El calendario de RENFE

RENFE divide el calendario del año en tres períodos: *días blancos, días rojos* y *días azules*. Los días de viaje preferibles son *los días azules* porque hay menos viajeros y el precio de los billetes es más barato por los descuentos *(discounts)* que RENFE ofrece en esos días. Los precios son más caros para los *días blancos* (los fines de semana de ciertos meses) y especialmente para los *días rojos* (días festivos).

119

Repaso

C. Así será.   En la estación de trenes la gente te hace muchas preguntas. Al contestar las siguientes preguntas, usa el tiempo futuro para expresar probabilidad, indicando que no sabes si tu respuesta es correcta o no.

Modelo:    ¿Dónde está tu billete para el tren?
No sé. Estará en casa.

1. ¿Cuántas personas viajan en este tren?
2. ¿A qué hora abre el coche comedor para el almuerzo?
3. ¿En cuántas horas hace el viaje desde Madrid a Málaga este tren?
4. ¿Qué estación de trenes en Madrid tiene más tráfico?
5. ¿Quién nos espera en la estación adónde vamos?
6. ¿Cuándo llega este tren a Barcelona?
7. ¿Cuál es el precio de un viaje de ida y vuelta *(round trip)* entre Madrid y París?
8. ¿De dónde es ese pasajero que habla inglés?
9. ¿Qué les sirven de beber a los pasajeros?
10. ¿Cuál es la ciudad más grande de España?
11. ¿Dónde tienen revistas y periódicos en el tren?
12. ¿Cuál es la velocidad máxima de este tren?

ESTRUCTURA

Prepositions of place: *a, en, de, por, para, entre, hasta, hacia, cerca de, lejos de*

En julio iremos **a** España.	In July we'll go *to* Spain.
Comeremos gazpacho **en** Sevilla y mariscos **en** la costa.	We'll eat gazpacho *in* Sevilla and seafood *on* the coast.
Saldremos **de** Nueva York.	We'll leave *from* New York.
Viajaremos **por** todo el país.	We'll travel *through(out)* the entire country.
Después saldremos **para** Francia.	Then we'll leave *for* France.
¿Qué distancia hay **entre** Madrid y París?	What's the distance *between* Madrid and Paris?
Seguiremos **hasta** la frontera italiana.	We'll continue *all the way to* the Italian border.
Caminaremos **hacia** los Pirineos.	We'll walk *in the direction of* the Pyrenees.
Segovia está **cerca de** Madrid.	Segovia is *close to (near)* Madrid.
Cádiz está **lejos de** Madrid.	Cádiz is *far from* Madrid.

120

Answers, Ex. D: 1. para
2. en 3. a 4. de 5. lejos de
6. entre 7. a 8. entre 9. de

Ex. E:  pair work

All of the prepositions shown are often used to tell something about a location. These prepositions describe places in the following ways:

- as the location itself **(en)**
- as a starting point or place of origin **(de)**
- as a final destination **(a, hasta)**
- as movement toward a place **(hacia, para)**
- as a reference to the distance between it and another place **(entre)**
- as a reference to traveling through a place **(por)**
- as an indication of general proximity **(cerca de, lejos de)**

Aquí practicamos

D. *Lugares, lugares*   Según el contexto, indica cuál de las preposiciones entre paréntesis es la correcta. Sigue el modelo.

> **Modelo:** Mis tíos ahora viven (de / en / hasta) México.
> *Mis tíos ahora viven en México.*

1. Mañana el tren sale (entre / en / para) Andalucía a las 8:05.
2. ¿Quiénes quieren almorzar (hasta / entre / en) el Parque del Retiro?
3. Prefiero ir (en / a / entre) la Costa del Sol.
4. Aranjuez está a 25 km (hacia / de / a) Madrid.
5. ¿Sólo son 25 km? Entonces Aranjuez no está (cerca de / lejos de / para) Madrid.
6. Dicen que el tren hace seis paradas (en / por / entre) Madrid y Málaga.
7. Pienso llevar a mi sobrino (de / en / a) la playa este fin de semana.
8. El niño durmió en el tren (para / entre / a) Barcelona y Zaragoza.
9. El plan es salir (lejos de / de / hacia) la estación de Atocha porque tiene los trenes más rápidos.

E. *Preguntas sobre un viaje*   Hazle las preguntas en la página 122 sobre las vacaciones a un(a) compañero(a). Cada vez que haces una pregunta, llena *(fill)* los espacios en blanco con la preposición que corresponde a la(s) palabra(s) que aparece en inglés entre paréntesis. Después el (la) compañero(a) contestará la pregunta con *sí* o *no,* usando la misma preposición. Sigan el modelo.

> **Modelo:** ¿Irás _____ la playa con tu familia este verano? *(to)*
>
> **Tú:**   *¿Irás a la playa con tu familia este verano?*
> **Él (Ella):**   *Sí, iré a la playa con mi familia.*   o:
>   *No, iré a la playa con mis amigos.*

121

Learning Strategy:
Drawing meaning from context

Presentation:
Palabras útiles

Remind students that an infinitive
always follows a preposition in
Spanish, in contrast to English,
which uses the present participle or
the *ing* form after a preposition.
Practice this structural difference
after presenting an example or two:
después de comer vs. *after eat-
ing*; **para dormir** vs. *for sleeping*,
etc.

1. ¿Estarán Uds. _____ una ciudad? *(far from)*
2. ¿Cuándo regresarás _____ tu casa? *(to)*
3. En su viaje, ¿pasarán _____ el pueblo donde viven tus abuelos? *(through)*
4. ¿Podrán conducir _____ Francia en un coche tan viejo? *(all the way to)*
5. ¿Irán _____ norte el segundo día de su viaje? *(in the direction of)*
6. ¿Comerás _____ el famoso restaurante de mariscos que está _____ la costa? *(in/on)*

Palabras útiles

Other useful prepositions: *antes de, después de*

Antes del viaje, hablaré con
mis padres por teléfono.
Antes de comprar los billetes,
quiero ver el horario de trenes.
Después de las vacaciones,
no estaré cansado.
Después de visitar los museos, mis
padres sabrán mucho sobre España.

Before the trip, I'll speak to
my parents on the phone.
Before buying the tickets, I
want to see the train schedule.
After vacation, I will not be
tired.
After visiting the museums, my parents
will know a lot about Spain.

The prepositional phrase **antes de** *(before)* may be used with a noun **(antes del viaje)** or an infinitive **(antes de comprar)**. The prepositional phrase **después de** *(after)* may also be used with a noun **(después de las vacaciones)** or an infinitive **(después de visitar)**.

Remember that when the masculine singular article **el** is used with **de,** it becomes **del.**

F. Sustituye las palabras en cursiva con las palabras entre paréntesis y haz los cambios necesarios.

1. Antes de *la salida del tren*, pensamos desayunar. (la llegada / el viaje / la parada / la llamada telefónica)
2. Después de *la visita al museo*, pasaré por tu casa. (la película / el desayuno / las vacaciones / el viaje)
3. Antes de *visitar a mi abuela*, llamaremos por teléfono. (ir al restau- rante / organizar el viaje / ir a la estación / salir para Segovia)
4. Después de *hacer las reservaciones*, regresaremos al hotel. (consultar el horario / caminar por el parque / llamar por teléfono)

122

G. *¿Quieres llamar por teléfono? ¡Es muy fácil!* Explícale a un(a) compañero(a) de clase cómo hacer una llamada telefónica en España. Cada vez que tú dices algo, tu amigo(a) lo repetirá, usando la frase preposicional *después de* y el infinitivo del primer verbo que tú usaste.

Modelo: Llegas al centro, entonces buscas una cabina telefónica.
Después de llegar al centro, buscas una cabina telefónica.

1. Encuentras una cabina telefónica, entonces entras.
2. Entras en la cabina, entonces descuelgas el teléfono.
3. Descuelgas el teléfono, entonces esperas la señal.
4. Oyes la señal, entonces depositas las monedas necesarias.
5. Pones las monedas, entonces marcas el número.
6. Hablas con la persona que contesta, entonces cuelgas el teléfono.
7. Cuelgas el teléfono, entonces sales de la cabina.
8. Sales de la cabina, entonces sales de la estación de trenes.

Aquí escuchamos:
"En la Estación de Atocha"

Antes de escuchar

Enrique va a la Estación de Atocha en Madrid para comprar billetes de tren y para reservar dos plazas. En preparación para el diálogo entre Enrique y el empleado, repasa las expresiones para reservar plazas en la sección **En otras palabras** en la página 124. También contesta las siguientes preguntas.

1. ¿Qué información crees que va a pedir Enrique al comprar sus billetes?
2. ¿Qué tipo de preguntas crees que el empleado le va a hacer al Enrique?

Learning Strategies: *Brainstorming, previewing*

Después de escuchar

1. ¿Adónde piensa viajar Enrique?
2. ¿A qué hora sale el tren que prefiere Enrique?
3. ¿Qué tipo de billetes compra Enrique?
4. ¿De qué clase son los billetes?
5. ¿Qué día quiere volver a Madrid Enrique?
6. ¿Qué información importante le da el empleado a Enrique?

Learning Strategy: *Listening for details*

123

En otras palabras

Expresiones para reservar plazas en un tren

Quisiera reservar tres plazas para Barcelona.	*I'd like to reserve three seats for Barcelona.*
Una plaza de ida y vuelta, por favor.	*One round-trip seat, please.*
Necesito dos plazas de primera clase, por favor.	*I need two first-class seats, please.*
¿Me da una plaza de segunda clase, por favor?	*Could you give me a second-class seat, please?*
¿Sería posible reservar una plaza en el tren de las 14:35?	*Would it be possible to reserve a seat on the 2:35 afternoon train?*
Quisiera una plaza en la sección de no fumar.	*I'd like a seat in the non-smoking section.*

124

Exs. H and I: 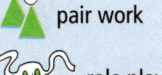 pair work

role play

¡Aquí te toca a ti!

H. *En la taquilla*  Compra unos billetes para el tren, usando la información que sigue. Uno(a) de tus compañeros hará el papel del (de la) empleado(a). Sigan el modelo.

> **Modelo:** 4 / Sevilla / ida / segunda clase
>
> **Estudiante 1:** *Quisiera reservar (Necesito) cuatro plazas para Sevilla, por favor.*
> **Estudiante 2:** *¿De ida y vuelta?*
> **Estudiante 1:** *No, de ida nada más.*
> **Estudiante 2:** *¿Primera o segunda clase?*
> **Estudiante 1:** *Segunda, por favor.*

1. 1 / San Sebastián / ida / primera clase
2. 3 / Bilbao / ida y vuelta / segunda clase
3. 2 / Granada / ida y vuelta / segunda clase
4. 4 / Valencia / ida / segunda clase

I. *¡Vamos a reservar nuestras plazas!*  Usa la información que sigue para reservar unas plazas para viajar en tren. Un(a) de tus compañeros hará el papel del (de la) empleado(a). Sigan el modelo.

> **Modelo:** 3 / salida (16 de septiembre, 14:25) / no fumar / vuelta (26 de septiembre, 9:00)
>
> **Estudiante 1:** *Quisiera reservar tres plazas, por favor.*
> **Estudiante 2:** *¿Cuándo quiere salir?*
> **Estudiante 1:** *El 16 de septiembre. ¿Es posible reservar tres plazas en el tren de las 14:25?*
> **Estudiante 2:** *Sí, ¡cómo no! ¿En la sección de fumar o no fumar?*
> **Estudiante 1:** *No fumar.*
> **Estudiante 2:** *Y la vuelta, ¿para cuándo?*
> **Estudiante 1:** *La vuelta para el 26 de septiembre, a las nueve de la mañana, si es posible.*

1. 2 / salida (28 de agosto, 8:45) / no fumar / vuelta (4 de septiembre, 10:15)
2. 4 / salida (12 de junio, 11:25) / no fumar / vuelta (19 de junio, 15:30)
3. 1 / salida (3 de julio, 22:00) / no fumar / vuelta (31 de julio, 21:00)
4. 3 / salida (25 de mayo, 12:05) / no fumar / vuelta (10 de junio, 18:30)

125

Follow-up, Ex. I: If students seem to be mastering and enjoying the train role plays, you might wish to stage an entire simulation, complete with train station and onboard activities. Be sure to keep in mind the diverse skills of students and have level-appropriate activities for each person. Have students plan as much of the simulation as possible.

Support material, Ex. J:
Transparency #18

Ex. J: pair work

Follow-up, Ex. J: Tell students in groups of four that they are in charge of making cutbacks in services due to budget problems. Their task is to eliminate three of the seven services on page 127 and defend their decisions. Afterwards, groups can share their decisions with the rest of the class. (Alternatively, you could suddenly award RENFE a million dollars to add services. Organize the activity in the same way as above.)

Ex. K: pair work

role play

Learning Strategies:

Active listening, describing, supporting an opinion

Critical Thinking Strategies:

Seeing cause-and-effect relationships, determining preferences

Learning Strategies:

Active listening, expressing preferences, requesting and providing information, reading for information, reading for details

¡Adelante!

EJERCICIOS ORALES

J. Comodidades para el viajero   You and a friend are thinking of taking a trip by train. After consulting the RENFE brochure on page 127, call your friend and tell him (her) about three conveniences on the train for a person traveling in Spain. Your friend will then tell you which of these services he or she likes most and why. Then you will tell your friend which one you consider the most important and why.

K. ¡Vamos a hacer nuestras reservaciones!   Imagine that you and several members of your family wish to take the train from Madrid to the city of your choice—**Sevilla, Granada, Valencia, San Sebastián,** or **Barcelona.** Go to the appropriate Madrid train station. (See page 95 for help with this information.) Make reservations for the trip, including all the necessary details regarding arrival and departure days and times, noting how long it takes to make the trip. Remember to indicate which class of travel you prefer and whether you want a seat in the non-smoking section. Find out the price of the ticket. Your partner will play the role of the rail station clerk.

126

Ex. L:  writing

SALIDAS, LLEGADAS, ENLACES
Descanse cómodamente y relajado antes o después de su trayecto. En las Salas "RAIL CLUB" respirará el confort que Vd. merece.

PRENSA DIARIA Y REVISTAS
Disfrute plácidamente de los periódicos y revistas que el servicio "RAIL CLUB" pone en su mano. Manténgase a la espera manteniéndose informado.

TV
O, simplemente, olvídese de todo frente a los monitores de TV.

BAR "RAIL CLUB"
Donde podrá gozar de un buen café o bebida refrescante sin pagar nada a cambio.

Si desea encaragar otras consumiciones, nuestras azafatas se las proporcionarán.

*Actualmente los trenes pertenecientes a la Red EUROCITY Europea son los siguientes:
—Talgo Camas Madrid-París y vy (París-Madrid Talgo)
—Talgo Camas Barcelona-París y vy (Barcelona Talgo)
—Talgo diurno Barcelona-Ginebra y vy (Catalán Talgo)

INFORMACIÓN MEGAFÓNICA
Las Salas "RAIL CLUB" son un buen lugar para escuchar con claridad las salidas y entradas de trenes. Nuestro servicio de megafonía le mantendrá informado continuamente.

TELÉFONO PÚBLICO
Al alcance de su mano en cualquier momento para que Vd. resuelva con una llamada cualquier tema que le urja o preocupe.

APARCAMIENTO GRATIS
Para que todo marche sobre ruedas, el servicio "RAIL CLUB" le da derecho a utilizar gratuitamente durante 48 horas, los aparcamientos vigilados de Madrid-Chamartín, Barcelona Sants y Valencia Término.

SALAS ABIERTAS
Actualmente están abiertas al público las salas siguientes (1):
EN MADRID: Estación de Chamartín. Vestíbulo principal, lateral más próximo, a bajada andenes vía 1 (ver croquis).
Estación de Atocha. Paso superior de la cafetería en andenes de largo recorrido. Instalación provisional (ver croquis).
EN BARCELONA: Estación de Sants. Vestíbulo principal, lateral más próximo a la entrada de la estación frente a locutorio de teléfonos (ver croquis).
EN VALENCIA: Estación de Valencia Término, Situada en lateral más próximo al andén nº 1 (ver croquis).
EN VIGO: Situada junto a cafetería (ver croquis).
EN ZARAGOZA: Próxima apertura.

EJERCICIO ESCRITO

L. Escribe un mensaje. Write a note to your Spanish family in Barcelona (or wherever your final destination was in Activity K), giving the important information about the tickets you bought for your trip. Tell them (1) how many members of your family are traveling with you, (2) your day and time of departure, (3) your day and time of arrival, (4) which class you are traveling, and (5) the price of the tickets. (6) Remember to date and sign your note.

Learning Strategies:

Reading for information, reading for details, organizing details in a paragraph

127

Presentation: Ofertas de RENFE

Ask the students to read one ticket plan at a time. After each one, ask them questions about the content in preparation for the exercise that follows.

You might bring in an Amtrak ad and compare in Spanish its services with those offered by RENFE. You could also discuss prices for regions in U.S. from "All Aboard" brochure information on Amtrak.

Video/Laserdisc

Mosaico cultural: "A caballo"
Mosaico cultural Video Guide

SEGUNDA ETAPA

Preparación

Learning Strategies:

Brainstorming, previewing

>> **¿P**refieres viajar en tren o en coche? ¿Por qué?

>> **¿Q**ué servicios hay generalmente en un tren?

>> **¿H**ay precios especiales para los estudiantes que viajan en tren?

Ofertas de RENFE

Learning Strategy:

Reading for cultural information

RENFE ofrece una variedad de tarjetas y planes de descuento, además de ciertos beneficios especiales, a los que viajan en tren.

Tarjeta familiar
Permite obtener descuentos del 50 al 70% para 3 viajeros o más. Menores de 4 años no pagan. La Tarjeta Familiar o Libro de Familia también permite obtener la tarjeta "Rail Europa Familiar", válida para descuentos en toda Europa en días azules.

Tarjeta joven
half
will give / free of charge
Birth

advantage

Para viajar por la **mitad** del precio en días azules. Para jóvenes entre 12 y 26 años. RENFE **regalará** con la tarjeta un viaje **gratis** en coche cama. Sólo necesitarás presentar Certificado de **Nacimiento** o Pasaporte. Sólo necesitarás 2.500 pesetas, y poco más, para viajar por Europa. Ser joven con RENFE es una **ventaja**.

Coche guardería
stewardesses
in caring for / nursery

Para niños entre 2 y 11 años de edad. Durante el viaje, estarán con **azafatas** con experiencia **en cuidar a** los menores de edad. Abriremos la **guardería** 15 minutos después de la salida del tren y la cerraremos 15 minutos antes de la llegada.

Auto expreso
Para viajar en tren con coche. Los descuentos dependerán del número de billetes y del viaje. En días azules las reducciones de los precios podrán variar entre un 20 y un 100%.

Especial parejas
traveling companion

Para viajar con su pareja en coche cama. Todos los días azules. Su **acompañante** sólo pagará 2.000 pesetas adicionales al precio de su billete.

128

Etapa Support Materials

Workbook: **pp. 116–126**
Transparencies: **#19, #20**
Lab Manual: **p. 32**
Tapescript: **p. 54**
Teacher Tape

Quiz: **Testing Program, p. 68**
Chapter Test: **Testing Program, p. 70**

Departamentos exclusivos

En días azules permitiremos usar en exclusiva **departamentos de literas** o **plazas sentadas**. En coche litera viajarán 6 personas y sólo pagarán 4. En segunda clase viajarán 8 por el precio de 5.

berth compartments
seats

Moto expreso

A partir de ahora, será posible llevar tu moto a cualquier lugar y a 160 km por hora. RENFE pondrá tu moto en las mismas plataformas en las que van los coches, pero por la mitad del precio. Y tranquilo, somos especialistas en transporte; sabemos que tu moto es frágil y la llevaremos con el mayor cuidado.

Animales domésticos

Los **animales domésticos** viajarán con la familia en su departamento de cama o, si lo desea, en nuestras **perreras** especiales.

household pets
kennels

¡Aquí te toca a ti!

A. *Es una oferta perfecta para...*   Con la ayuda de uno(a) o dos compañeros de clase, clasifica a cada una de las personas que se describen en la página 130 con la oferta especial de RENFE más apropiada para su situación. Indiquen dos ventajas de la oferta que les parecen más apropiadas para la persona mencionada.

Learning Strategies:

Reading for information, providing information, supporting decisions

Critical Thinking Strategies:

Classifying, making associations

129

Presentation:
Ofertas de
RENFE, cont.

You might ask students to write up another service that could be added to the list (i.e., rental of a TV or earphones—**auriculares** or **audífonos**—for listening to music). Have them give some information about this other service in two or three sentences.

Ex. A: groups of three

1. La Sra. Méndez tiene tres hijos de menos de nueve años. Su esposo no puede viajar con ellos en esta ocasión. ¿Qué servicio hay para ella?
2. La familia Cohen es de Chicago y quiere viajar por toda Europa durante el verano. El señor y la señora viajan con un hijo de 16 años y una hija de 12 años. ¿Qué oferta será de más interés para ellos?
3. Mario Bermúdez, de Madrid, tiene una motocicleta nueva que compró para su hermano Martín, que vive en Barcelona. Piensa visitar a su hermano el día de su cumpleaños y quiere llevarle la moto como una sorpresa. ¿Qué solución hay para Mario?
4. Marisol y su hermana Catalina van a visitar a sus primos en Málaga en agosto. No pueden dejar sus dos gatos en casa porque sus padres también estarán de viaje ese mes. ¿Qué pueden hacer las hermanas?
5. Lalo y Lulú celebrarán su segundo aniversario con un viaje a Granada. Van en tren porque se conocieron por primera vez en un tren. Son inseparables y muy románticos. ¿Qué oferta les conviene más?
6. Susan Spaulding y Martha Davis son estudiantes norteamericanas que quieren viajar en tren para conocer España. Las dos tienen 17 años. El problema es que tienen tiempo para viajar pero no tienen mucho dinero. ¿Cuál es el mejor plan para ellas?

Repaso

Learning Strategies:

Brainstorming, negotiating, supporting an opinion

B.   Planes para nuestro viaje   Consulta el siguiente mapa con un(a) compañero(a). Hablen de un viaje que piensan hacer. Usen Madrid como punto de partida y destino final e indiquen la ruta circular que van a seguir en su viaje. Hagan planes para visitar por lo menos tres de las ciudades en el mapa. Usen todas las preposiciones posibles de la lista que sigue al hablar de sus planes: *a, en, de, por, para, hacia, hasta, entre, cerca de, lejos de.* También se puede usar los siguientes verbos: *ir, salir, llegar, regresar, parar, seguir, pasar.*

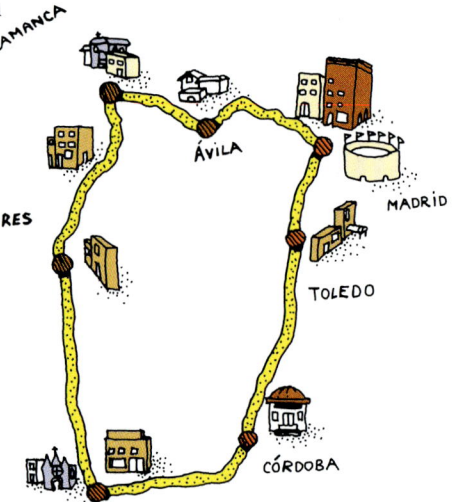

SALAMANCA

ÁVILA

MADRID

CÁCERES

TOLEDO

CÓRDOBA

SEVILLA

130

ESTRUCTURA

Prepositional pronouns

Pablo vive lejos de **ella**.	Pablo lives far from *her*.
Ella vive cerca de **nosotros**.	She lives near *us*.
¿Van ustedes a viajar con **él?**	Are you going to travel with *him?*
Los billetes son para **ustedes**.	The tickets are for *you*.
—¿Hablan ustedes de **mí?**	Are you talking about *me?*
—No, no hablamos de **ti**.	No, we're not talking about *you*.
—¿Quieres ir **conmigo?**	Do you want to go *with me?*
—Sí, quiero ir **contigo**.	Yes, I want to go *with you*.

A prepositional pronoun is any pronoun that follows a preposition. Prepositional pronouns are exactly the same as subject pronouns, except for **yo** and **tú** which change to **mí** and **ti**. (**Mí** has an accent in order to distinguish it from the possessive pronoun **mi**.)

Subject Pronouns	Prepositional Pronouns
yo	**mí**
tú	**ti**
él, ella, Ud.	**él, ella, Ud.**
nosotros(as)	**nosotros(as)**
vosotros(as)	**vosotros(as)**
ellos, ellas, Uds.	**ellos, ellas, Uds.**

Mí and **ti** combine with the preposition **con** to form **conmigo** and **contigo**.

Aquí practicamos

C. Sustituye las palabras en cursiva con las palabras entre paréntesis y haz los cambios necesarios.

1. El agente de viaje comprará los billetes para *la familia*. (ustedes / nosotros / tú / usted / él)
2. Los empleados hablaron mucho de *los turistas*. (usted / yo / ella / vosotros / tú)
3. Josefina y José viven cerca de *la profesora*. (usted / nosotros / tú / ellos / yo)
4. Carlitos no irá a la escuela sin *compañeros*. (ellos / ustedes / yo / él / tú)
5. Mis padres dicen que siempre piensan en *los hijos*. (nosotros / tú / ella / yo / ustedes / él)

131

Ex. D: pair work

Ex. E: pair work

Ex. E: Telephone Pairs

- Tell students to sit back-to-back with another student. Have them practice the model for Ex. E. Instruct one student in each pair to say: **¿Para quién es? ¿Para Juan?** Tell the other student in each pair to say: **No, no es para él. Es para Claudia. Quiere hablar con ella.**

- Once all pairs have practiced the model, have them proceed to the exercise. Make sure that they remain back-to-back, since people cannot see each other during telephone conversations. Tell the students to switch roles after every two items.

- When they have finished, call on students from different pairs to demonstrate in front of the class, using a new example provided by you. This ensures individual accountability.

D. ¿Con quién?

Un(a) compañero(a) te hace las siguientes preguntas. Cada vez que menciona a una persona, tú contestas que con esa(s) persona(s) no tienes planes, pero con otra(s) sí. Identifica a esta(s) persona(s).

Modelo: ¿Con quién piensas ir al concierto? ¿Con Mercedes?
No, con ella no. Con (nombre).

1. ¿Con quién vas a salir este fin de semana? ¿Con Pablo?
2. ¿Piensas salir para el centro conmigo muy temprano?
3. ¿Fuiste al cine con Francisco anoche?
4. ¿Vamos a hablar con Carlos y Guillermo esta tarde?
5. ¿Con quiénes iremos al cine el sábado? ¿Con Alberto y Jorge?
6. ¿Con quiénes van a viajar ustedes a Málaga? ¿Con sus padres?

E. ¿Para quién es?

Cuando tú contestas el teléfono, un(a) compañero(a) pregunta para quién es la llamada. Dile que no es para la persona que él (ella) menciona sino para otra persona. Usa los pronombres preposicionales apropiados. Sigue el modelo.

Modelo: ¿para Juan? / (para Claudia)
Tu amigo(a): *¿Para quién es? ¿Para Juan?*
Tú: *No, no es para él. Es para Claudia. Quiere hablar con ella.*

1. ¿para Juan? / (para Ramón)
2. ¿para tu hermano? / (para mi papá)
3. ¿para mí? / (para mi)
4. ¿para Alicia? / (para ti)
5. ¿para tus padres? / (para nosotros)
6. ¿para ti? / (para ti)

//.//.//.//.//.//.//.//

Learning Strategy:
Previewing

Aquí escuchamos:
"El tren para Valencia"

Antes de escuchar

Es el día que Carmen y Antonio Altabé comienzan sus vacaciones. Llegan a la Estación de Atocha para tomar el tren para Valencia. En preparación para la conversación entre los Altabé y el empleado,

132

repasa las expresiones para obtener información sobre los trenes en la sección **En otras palabras** (abajo). También contesta las siguientes preguntas.

1. ¿Qué detalles crees que van a discutir con el empleado sobre el viaje en tren?
2. ¿Qué palabra se usa en español para hablar del lugar de donde sale un tren?
3. ¿Cómo se dice **railroad car** en español?

Después de escuchar

1. ¿A qué hora sale el próximo tren para Valencia?
2. ¿Dice el empleado que el tren saldrá a tiempo?
3. ¿De qué andén saldrá el tren?
4. ¿Cuál es el número del vagón en que tienen plazas Antonio y Carmen?
5. ¿Qué van a hacer Carmen y Antonio mientras esperan el tren?

Learning Strategy:

Listening for details

En otras palabras

Expresiones para obtener información en la estación de trenes

¿A qué hora sale el próximo tren para Burgos?	*What time does the next train for Burgos leave?*
¿A qué hora llega el tren de Valencia?	*What time does the train from Valencia arrive?*
¿El tren llegará tarde / temprano / a tiempo?	*Will the train arrive late / early / on time?*
¿El tren llegará retrasado / adelantado / a tiempo?	*Is the train late / early / on time?*
¿De qué andén sale el tren para Sevilla?	*From what platform does the train for Sevilla leave?*
¿Cómo se llega al andén B?	*How do you get to platform B?*
¿Queda de este lado?	*Is it on this side?*
¿Queda del otro lado?	*Is it on the other side?*
¿Dónde está el vagón número 15?	*Where is car number 15?*

133

Support material, Aquí escuchamos: Teacher Tape /CD Track #23

Presentation: Aquí escuchamos

Have students write down some of the expressions from **En otras palabras.** Have them place a check mark next to the expression each time they hear it on the tape. Or have them write the following words on a piece of paper: **andén, quiosco, vagón, a tiempo, retrasado.** Then have them indicate with a check mark each time they hear the words.

Answers, Aquí escuchamos: 1. a las 15:00   2. No, está retrasado.   3. andén C   4. vagón número 10   5. Van a comer algo.

Support material, Exs. F and G: Transparency #19

Answers, Ex. F: 1. El primer tren para Córdoba sale a las 15:12. 2. El primer tren llega a Córdoba a las 19:39. 3. Tengo que esperar media hora más o menos. 4. La estación de trenes en Sevilla se llama San Bernardo. 5. El tren llega a Cádiz a las 9:00. 6. El primer tren que va de Córdoba a Cádiz sale a las 16:03.

//.//.//.//.//.//.// ¡Aquí te toca a ti!

Learning Strategies:

Reading a schedule, reading for details

F. El horario de trenes   Son las 14:38 y acabas de llegar a la Estación de Atocha en Madrid. Consulta el horario de trenes (abajo) para contestar las preguntas a continuación sobre las salidas de los trenes.

Origen		■	■	■	■	■	■	■	■
Madrid-Chamartín		8 25	10 30	15 00	15 00	16 35	22 15	22 15	23 05
Madrid-Atocha	○	8 35	10 41	15 10	15 10	16 45			
Madrid-Atocha		8 36	10 42	15 12	15 12	16 46			
Aranjuez		9 05	11 16			17 14			0 07
Alcázar de San Juan	○	9 53	12 09	16 30	16 30	18 01	0 06	0 06	1 09
Alcázar de San Juan		9 53	12 10	16 31	16 31	18 01	0 10	0 10	1 13
Manzanares		10 18	12 37			18 24			1 44
Valdepeñas		10 33	12 53			18 37			
Santa Cruz de Mudela			13 03						
Almuradiel-Viso del Marqués			13 15						
Vilches			13 49						3 03
Linarez Baeza	○	11 54	14 04	18 08	18 08	19 49	2 14	2 14	3 23
Linarez Baeza		11 55	14 06	18 10	18 10	19 50	2 20	2 20	3 51
Espeluy	○	|	14 23	18 27	18 27				
Espeluy			14 24	18 29	18 29				
Andújar		12 29	14 48	18 46	18 46	20 24	3 02	3 02	4 37
Villa del Río			15 10				3 27	3 27	
Montoro			15 22						
El Carpio de Córdoba									
Córdoba	○	13 15	15 55	19 39	19 39	21 11	4 20	4 20	5 45
Córdoba		13 16	16 03	19 43	19 43	21 13	4 30	4 30	5 55
Palma del Río			16 45				5 08	5 08	6 38
Lora del Río			17 03				5 32	5 32	7 03
Los Rosales	○	|	17 16						7 19
Los Rosales			17 17						7 20
Sevilla-San Bernardo	○	14 31	17 44	21 00	21 00	22 35	6 23	6 23	8 00
Sevilla-San Bernardo		■		|	21 12	■	|	6 55	■
La Palma del Condado					22 11			8 07	
Huelva-Término	○	▼	▼	▼	22 41		▼	8 45	
Sevilla-San Bernardo			17 48	21 08	■		6 41	■	
Dos Hermanas (apt-cgd)			17 58						
Utrera			18 09				7 02		
Lebrija			18 32				|		
Jerez de la Frontera			18 54	22 04			7 57		
Puerto de Santa María			19 07	22 15			8 17		
Puerto Real (apt-cgd)			19 14				|		
San Fernando de Cádiz			19 25	22 31		8	8 39		
Cádiz	○		19 40	22 46			9 00		
Destino		■	■	■	■	■	■		

● Composición de los trenes

1, 2	1ª y 2ª clase
⊢	Coche-literas
⊌	Coche-camas
⊌	Cama Gran Clase
⊿	Cama Ducha
✕	Tren con servicio de restaurante
▮	Tren con servicio de cafetería
▽	Tren con servicio de bar
⊻	Mini-bar
▭	Tren con servicio de vídeo
♫	Megafonía
↩	Coche guardería
⊕↟	Coche Rail Club
⊨	Autoexpreso
⊷	Motoexpreso

1. ¿A qué hora sale de Madrid el primer tren para Córdoba?
2. ¿A qué hora llega el primer tren de Madrid a Córdoba?
3. Vas a Sevilla. Mira el reloj. ¿Cuánto tiempo tienes que esperar para la salida del tren que quieres tomar?

134

4. ¿Cuál es el nombre principal de la estación de trenes en Sevilla?
5. ¿A qué hora llega a Cádiz el tren que sale de Madrid—Chamartín a las 22:15?
6. ¿A qué hora sale el primer tren que va de Córdoba a Cádiz?

G. *Dime.* Vas a viajar con un(a) amigo(a) que organizó todos los detalles *(details)* para ustedes. Cuando llegas a la estación, le haces preguntas sobre el viaje. Él (Ella) te contesta según la información indicada.

Learning Strategy:

Requesting and providing information

Tú quieres saber:
- a qué hora sale su tren
- de qué andén sale
- el número del vagón donde tienen plazas
- si tienen mucho tiempo

Modelo: 13:27 / B / 11 / 13:00

Tú:	*¿A qué hora sale nuestro tren?*
Tu amigo(a):	*Sale a la una y veintisiete.*
Tú:	*¿De qué andén sale?*
Tu amigo(a):	*Del andén B.*
Tú:	*¿Cuál es el número de nuestro vagón?*
Tu amigo(a):	*Es el 11.*
Tú:	*Tenemos mucho tiempo, ¿no?*
Tu amigo(a):	*Oh, sí. Sólo es la una.* o:
	¡No! Ya es la una y veinticinco. ¡Vamos ya! ¡Corre!

1. 9:44 / F / 18 / 9:25
2. 11:40 / A / 14 / 11:37
3. 15:51 / B / 12 / 15:50
4. 18:20 / C / 16 / 18:05

¡Adelante!

EJERCICIO ORAL

H. *Un itinerario* You and your parents are in Madrid and are going to visit Burgos, the birthplace of El Cid, a famous Spanish leader and warrior. The city is also known for its gothic architecture and medieval art. After getting information from the brochure on page 136, call a friend to invite him (her) to go with you. Give the details on page 136.

Learning Strategies:

Reading for information, providing information

135

Ex. G:  pair work

role play

Ex. H: 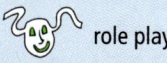 pair work

role play

Suggestion, Ex. H: Assign groups various aspects of Burgos's history and culture to research and present to the class.

Support material, Ex. H:
Transparency #20

Cultural Expansion

El Cid (Campeador), whose given name was Rodrigo Díaz de Vivar, became a legendary hero in Spanish history for the many victories he had in battles against the Moors during the **Reconquista.** He lived in the eleventh century and is best known for conquering Valencia from the Moors. The first official piece of Spanish literature is an epic poem about this larger-than-life figure entitled *El cantar del Mío Cid,* composed in the twelfth century. It focuses on the concept of honor as manifested in the hero's relationships with his king, family, peers, and followers. **El Cid** and his wife, Jimena, are buried in the Burgos Cathedral in northern Spain.

Ex. I: writing

Suggestion, Ex. I: For added challenge, have students write the letter in pairs, but tell each group to say they had a great time or a horrible time and provide details.

1. what day you are going to leave
2. from which station in Madrid the train leaves
3. to what city you're going to take the train
4. what time the train leaves for this city
5. whether there is a stop along the way
6. what time you will arrive at your destination
7. where you will stay during the visit
8. what you plan to visit in the city
9. what day you will be leaving Madrid
10. what time you will be back in Madrid

TIERRAS DEL CID

PROGRAMA

Sábado

8.30 h.	Salida en tren TER de Madrid—Chamartín
11.23 h.	Llegada a Lerma. *Transbordo a autocar. Circuito a Lerma.
13.30 h.	Covarrubias. Visita a la Colegiata. Tiempo libre para almorzar.
16.30 h.	Salida en autocar para visitar Santo Domingo de Silos y La Yecla.
20.00 h.	Llegada a Burgos. Traslado al hotel. Tiempo libre.
21.30 h.	Saludo del Ayuntamiento en el antiguo Monasterio de San Juan, vino y actuaciones folclóricas. Elección de la madrina del Tren.

Domingo

8.00 h.	Desayuno en el hotel.
8.30 h.	Recogida en el hotel en autobús. Visita guiada a la Catedral, Monasterio de las Huelgas, Monasterio de San Pedro de Cardeña (posibilidad de oír misa) y Cartuja.
14.00 h.	Tiempo libre para almorzar.
16.30 h.	Visita panorámica de la Ciudad. Traslado a la Estación.
17.45 h.	Salida en tren TER hacia Madrid.
21.30 h.	Llegada a Madrid-Charmartín. Fin de viaje.

* NOTA: El tren TER continúa a Burgos, llegando a las 12.10 h. Los viajeros no interesados en la excursión pueden continuar a Burgos y hacer uso de sus habitaciones en el hotel elegido.

Burgos, cuna del Cid. Donde el romántico y el gótico se entremezclan para formar una de las provincias más ricas en arte medieval. Lerma, Covarrubias, Silos y Burgos capital, donde el gótico culmina en una gran obra, la Catedral.

Learning Strategies:

Reading for information, organizing information in a letter

EJERCICIO ESCRITO

I. *Una carta a tu profesor(a)* You, your parents, and a friend have just returned from the trip you planned in Activity H. Write a letter to your Spanish teacher telling about your visit to the city where El Cid was born. Begin and end your letter appropriately.

136

 Vocabulario

Para charlar

Para reservar una plaza en el tren

¿Me da una plaza de segunda clase, por favor?
Necesito una plaza de primera clase, por favor.
Quisiera reservar una plaza para (destino).
Quisiera una plaza en la sección de no fumar.
¿Sería posible reservar una plaza en el tren de (hora)?
Una plaza de ida y vuelta, por favor.

Para obtener información en la estación

¿A qué hora llega el tren de... ?
¿A qué hora sale el próximo tren para… ?
¿Cómo se llega al andén… ? ¿Queda de este lado? ¿Queda del otro lado?
¿De qué andén sale el tren para… ?
¿Dónde está el vagón número… ?
¿El tren llegará retrasado / adelantado / a tiempo?
¿El tren llegará tarde / temprano / a tiempo?

Vocabulario general

Sustantivos	Adjetivos	Preposiciones	
el (la) acompañante	gratis	a	en
el animal doméstico		antes de	entre
la azafata		cerca de	hacia
el departamento de literas		conmigo	hasta
el departamento de plazas sentadas	**Verbos**	contigo	lejos de
la guardería	cerrar	de	para
la mitad	cuidar	después de	por
el nacimiento	oscilar		
la pareja	regalar		
la perrera			
la ventaja			

Support material,
Capítulo 5: Improvised Conversation, Teacher Tape/CD Track #24 and Tapescript; Lab Manual listening activities, Laboratory Program , Tapescript, and Teacher's Edition of the Workbook/Lab Manual

LOS EXPLORADORES

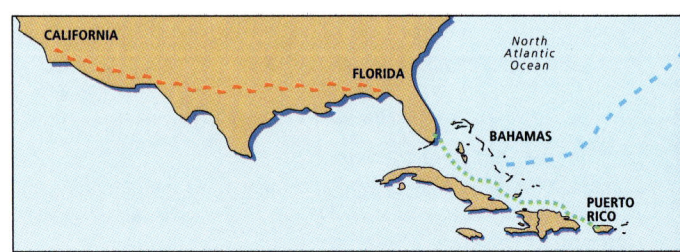

Prereading

Ask students what they know about early explorations by Spaniards before reading about the three explorers presented here.

Video/Laserdisc

For more information on the expansion of the Spanish Empire in the Americas, see program **"A caballo"** (I) in the **Mosaico cultural** series. This lead program is largely in English by design and serves as an introduction to a number of cultural and historical issues raised in later programs.

Answers, Guía para la lectura: **B.** 1. tres meses 2. a San Salvador, una isla que hoy forma parte de las Bahamas 3. al Japón y China   4. la fuente de la juventud 5. no 6. murió en una lucha con los indios   7. desde la Florida hasta el Golfo de California

Antes de leer

En preparación para la lectura, piensa un poco sobre estas preguntas generales.

1. ¿Qué crees tú que es un(a) explorador(a)?

2. ¿Te parece buena la idea de ser explorador(a)? ¿Por qué sí o por qué no?

Guía para la lectura

A. Lee el primer párrafo. Después indica las diferencias entre los primeros exploradores y los exploradores modernos.

B. Ahora lee los mini-retratos de tres de los primeros viajeros de la época de los grandes descubrimientos. Después contesta las siguientes preguntas.

1. ¿Cuánto duró el primer viaje de Colón?

2. ¿Adónde llegó Colón primero?

3. ¿Adónde creía Colón que había llegado?

4. ¿Qué buscaba Ponce de León en la Florida?

5. ¿Encontró Ponce de León lo que buscaba?

6. ¿Qué le pasó a Ponce de León al final?

7. ¿De dónde a dónde caminó Cabeza de Vaca con sus tres amigos?

8. ¿Cuál es el viaje más largo que tú has hecho en tu vida?

9. ¿Adónde te interesa viajar en el futuro? ¿Por qué?

Learning Strategies:

Brainstorming, previewing

Learning Strategy:

Reading for main ideas

Critical Thinking Strategy:

Contrasting

Learning Strategies:

Reading for details, expressing preferences

138

Los exploradores

Exploradores: personas que viajan, que quieren ver nuevos lugares. Los modernos viajan en tren, en avión o en coche. Pero los primeros grandes viajeros salían para descubrir el Nuevo Mundo, viajaban en barco y andaban por distancias increíbles.

1. En 1492, Cristóbal Colón salió con tres pequeños barcos del sur de España. Tenía la idea de buscar un camino a la India, pero después de navegar por tres meses, llegó a una pequeña isla que él llamó San Salvador. Esta isla forma parte de las Bahamas hoy en día. Colón hizo tres viajes más a otras islas y a las costas de Venezuela y Centroamérica. Cuando estaba a punto de **morir**, en 1506, indicó en su testamento que creía que había llegado hasta el Japón y China.

2. Juan Ponce de León, gobernador de Puerto Rico, navegó hacia el noroeste y descubrió la Florida en 1513. Por muchos años exploró la región en busca de la fuente de la juventud, que él creía que existía cerca de allí. Según la leyenda, sus aguas impedían el proceso de **envejecimiento**. Pero Ponce de León nunca encontró la fuente. Murió en una **lucha** con los indios.

3. Alvar Núñez Cabeza de Vaca navegó al Nuevo Mundo en 1527 en una expedición a la Florida que fue un desastre. Pudo salvarse del **naufragio** con tres compañeros, pero **se perdieron** porque no conocían el territorio. Caminaron durante más de ocho años por el inmenso continente americano —desde la Florida hasta el Golfo de California. Exploraron las regiones que hoy forman el sur de los Estados Unidos. Sus compañeros y él aprendieron las lenguas y las costumbres de los indígenas, casi **olvidándose** del español.

naufragio: shipwreck / *se perdieron:* they got lost / *olvidándose:* forgetting

En 1992, para celebrar el Quinto Centenario del increíble viaje de Colón, el gobierno español mandó construir réplicas exactas de la Niña, la Pinta y la Santa María.

/·/·/·/·/·/·/·/·/·/·/·/·/

Learning Strategy:

Reading for cultural information

die

aging
fight

139

Cultural Expansion

You may want to bring up some fascinating information recently presented by archaeologists and historians about the actual first European colony established in America. Rather than St. Augustine in Florida, founded by the Spanish in 1565, or Roanoke, "the lost colony" founded some ten years later by the British in North Carolina, it appears now that the first European colony in the Americas was along the Georgia coast. In 1526 hundreds of Spanish settlers established the short-lived colony of **San Miguel de Guadalupe,** long before Georgia was named after an English king. The area was known originally as "the land of Ayllón," named after Lucas Vásquez Ayllón, a contemporary of Columbus who tried to settle it.

Chapter Objectives

Functions: Reading maps; recognizing traffic signs; making plans to travel by car; making plans to travel by plane; describing lost luggage

Context: Mexico; cars; airports

Accuracy: The present perfect tense; irregular past participles; the past perfect tense

Cultural Observation

Many short excursions and day trips can be made by car from Mexico City. Forty-two kilometers east of the city is Acolman, with a fortress-like convent and the church of San Agustín. Nine kilometers beyond Acolman is Teotihuacán, the ancient Aztec city, with its giant Pyramids of the Sun and the Moon. These pyramids are the largest artificial mounds on the American continent. Tula (Tula de Allende), some 65 kilometers from Mexico City, is the most important Toltec site in Mexico. Among its ruins are two ball courts, pyramids, a color frieze, and sculptures over six meters high.

CAPÍTULO **6**

¿CÓMO VAMOS?

A mucha gente le gusta viajar por las carreteras para disfrutar de las vistas.

Objectives:

》》 **R**eading maps
》》 **R**ecognizing traffic signs
》》 **M**aking plans to travel by car and by plane
》》 **D**escribing lost luggage

Strategies:

》》 **R**eading for the main idea
》》 **D**rawing meaning from context
》》 **E**xpressing past time
》》 **A**nalyzing
》》 **S**equencing

140

PRIMERA ETAPA

Preparación

›› ¿**V**iajas mucho en coche?

›› ¿**C**uándo fue la última vez que hiciste un viaje largo en coche? ¿Adónde fueron?

›› **C**uando haces un viaje largo en coche, tal vez a otro estado, ¿usas mapas?

›› ¿**Q**ué tipo de información necesitas cuando haces un viaje de larga distancia?

///.////.///.///.///.///

Learning Strategies:

Brainstorming, previewing

///.////.///.///.///.///

Learning Strategy:

Reading for cultural information

El mapa de carreteras

El Departamento de Turismo publica una serie de mapas detallados de cada región de México. Estudia el siguiente mapa. **Fíjate en** la capital del país y en otras ciudades y pueblos cerca de ella.

Notice

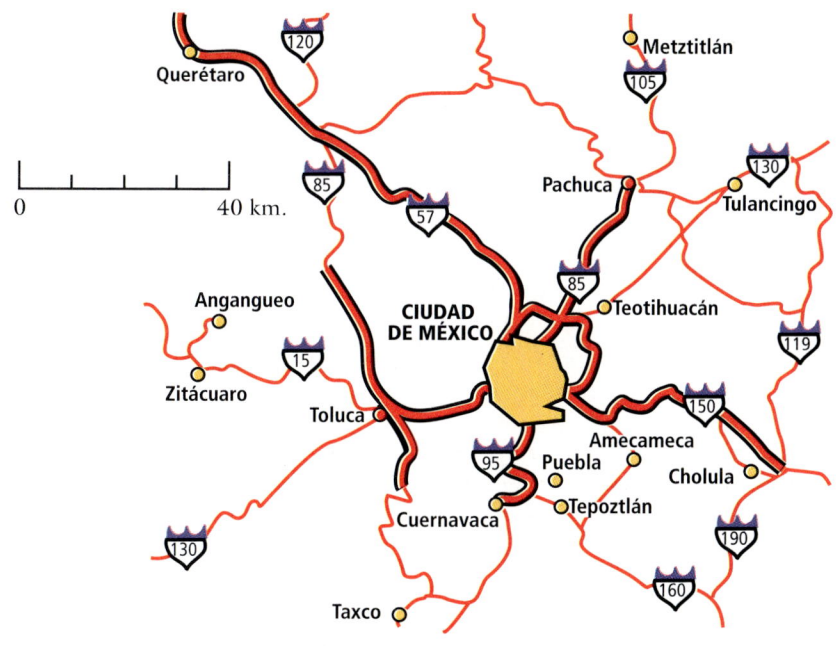

141

Presentation:
El mapa de carreteras

You may want to do a preliminary map skill exercise before turning to Exs. A and B on pages 142 and 143. Using Mexico City as the main reference point, ask students questions such as: **¿Dónde está Toluca? (Toluca está al oeste de la Ciudad de México.)** or **¿Dónde está Querétaro? (Querétaro está al noroeste de la Ciudad de México.).**

Support material,
El mapa de carreteras:
Transparency #21

Etapa Support Materials

Workbook: pp. 127–137
Critical Thinking Master: p. 4
Transparencies: #21, #22, #22a

Teacher Tape

Quiz: Testing Program, p. 75

Ex. A:

   pair work

   writing

Ex. A: Map-reading Trios

Learning Strategy: Reading a map

Critical Thinking Strategy: Evaluating

- Divide the class into teams of three. Note: One student in each team needs to have a U.S. road map for this activity.
- To set the context for the students (and to find out if they know how to read American road maps), tell them to take out their road maps and turn to their team members to share map-reading skills. Explain that each student will name a point of departure and a destination (at least 100 miles apart) and that together they will choose the best route for getting from one point to the other. Tell them that they might want to consider whether they want the fastest or the most scenic route. When they have finished, call on students at random to explain to the class how they figured out the best route to take for their trip.
- Now have the teams apply their map-reading skills to the map on p. 141.
- Explain that one student will be the navigator, one student will help the navigator, and the third will represent the family.
- Tell the students to begin addressing each question. Instruct them to rotate roles after each one.
- When they have completed the exercise, pose a new request using the map, and ask students at random to answer the question.

Learning Strategy: Reading for cultural information

COMENTARIOS CULTURALES

Los ángeles verdes

Muchas de las carreteras de México pasan por regiones muy montañosas. Para ayudar a los viajeros en caso de emergencia, el Departamento de Turismo tiene una flota *(fleet)* de más de 250 camiones *(trucks)* verdes asignados a policías especiales que hablan inglés. Los policías llevan uniformes del color de sus vehículos. Estos "ángeles verdes", como los llaman los mexicanos, ofrecen asistencia mecánica y primeros auxilios *(first aid)*. Además, tienen información sobre la condición de las carreteras. Todo esto es gratis, con excepción de la gasolina, el aceite *(oil)*, o piezas de repuesto *(spare parts)*. La Asociación Mexicana Automovilística (AMA) también ofrece muchos servicios a los miembros de su organización.

¡Aquí te toca a ti!

Learning Strategies: Reading a map, giving directions

A. *Vamos a mirar el mapa.*   You are traveling with your family in southern Mexico. You have picked up a rental car in **la Ciudad de México** and are heading south on Route 95 in the direction of **Cuernavaca**, a city that has been known for its beautiful homes and gardens as far back as the times of the **conquistador** Hernán Cortés in the early 16th century. Because you speak and read Spanish, you are the navigator. Answer your family's questions based on the map on page 141, explaining the best route to take in each case.

You are near the **Tepoztlán** exchange, highway number 160.
1. Your mother says, "I'd like to go to **Toluca** in a few days. Is it far from **Cuernavaca**? How do we get there?"
2. Your sister says, "We studied about the pyramids of **Teotihuacán** in school. I'd like to see the ruins and climb the big pyramid. Is that anywhere around here? How can we get there?"
3. Your grandmother, who is reading a guidebook of the region, adds, "It says here that in **Cholula** there is an amazing sight: more than 350 chapels were built by the Spanish on top of as many small pyramids, and you can still see many of them. Can we get there from here?"

142

Answers, Ex. A: 1. It is approximately 80 km to Toluca from Cuernavaca. We would need to take route 95 N back to Ciudad de México, and then route 130 to Toluca.   2. Teotihuacán is only about 30 km from Ciudad de México. We can take route 85 to route 130.   3. To get to Cholula, we need to take route 150 from Ciudad de México.   4. Querétaro is about 150 km north of Cuernavaca and 130 km north of Ciudad de México.   5. Taxco is about 60 km from Cuernavaca. We should go tomorrow.

4. You remember reading in your Spanish class about the colonial city of **Querétaro** where there is a centuries-old aqueduct. Tell your family where **Querétaro** is located in relation to **Cuernavaca** and **la Ciudad de México**.

5. Finally, your mother says, "Well, it looks like we'll be in **Cuernavaca** in time for lunch. Later this afternoon I would like to go on to **Taxco**, the old silver-mining town, and buy some earrings and bracelets. How far do you think **Taxco** is from **Cuernavaca**? Should we wait until tomorrow to go there?"

B. *Las señales de tránsito* (Traffic signs)

Algunas de las señales de las carreteras del mundo hispano son como las señales de los Estados Unidos. Otras son muy diferentes. Mira las señales que siguen. Identifica lo que significan en inglés.

a.    b.    c.    d.    e.    f.

| a. No adelantar | b. No virar | c. No hay paso | d. En obras / trabajo | e. Aduana | f. No estacionar |

1. Do not enter
2. Customs
3. No parking
4. Do not pass
5. No turns
6. Construction zone

Repaso

C. *¡Decisiones, decisiones!*

Después de leer la siguiente información, contesta las preguntas. Usa solamente la preposición y el pronombre preposicional apropiados.

1. Estás en la estación de trenes. Ves a un hombre viejo con dos maletas y a una muchacha joven con tres maletas. El pobre hombre obviamente tiene prisa. La muchacha está sentada y te mira.
   a. *¿Con quién* vas a hablar primero?
   b. *¿A quién* vas a ayudar?
   c. *¿Por quién* tienes más compasión?

2. Tus amigos te invitan a ir a una fiesta el sábado. Tu tío Alberto te invita al concierto en que él va a tocar el violín esa noche. Tienes que decidir con quién vas a salir el sábado.
   a. *¿A quién/quiénes* le (les) vas a decir que no podrás ir?
   b. ¿En realidad *con quién/quiénes* prefieres salir?
   c. *¿De quién/quiénes* recibes más invitaciones, por lo general?

143

Presentation: Estructura

You might indicate that the present
perfect tense is often used in Spain
(as well as in some of the Andean
countries, like Bolivia) in place of
the preterite. Students would need
only to recognize this usage, not
necessarily adopt it themselves.

3. Yo soy tu padre. Tú y yo vamos a viajar alrededor de la Ciudad de
   México. Tú quieres ir a las pirámides y yo quiero ir a Taxco, que
   queda en la otra dirección. Háblame de las alternativas para decidir lo
   que podemos hacer.
   a. ¿Quién puede ir *con quién* a las pirámides primero?
   b. ¿Quién puede ir *con quién* a Taxco después?
   c. ¿Puede cada uno ir al lugar de preferencia *sin la otra* persona?

ESTRUCTURA

The present perfect tense

¿**Han hablado ustedes** con él?	*Have you spoken* with him?
He visitado España y Portugal.	*I've visited* Spain and Portugal.
Esta noche **has comido** temprano.	Tonight *you've eaten* early.
¿No **ha salido** el tren para Segovia?	*Hasn't* the train *left* for Segovia?
Nunca **he comprendido** tu actitud.	*I've* never *understood* your attitude.

The present perfect tense is used to talk about an action that has happened already, either in
the general past or quite recently in relation to the moment of speaking. The equivalent in
English is *to have done* something. Sometimes it may be used to suggest that the effects of a
past event carry over into the present: "I've always done it that way *(and still do)."*

This tense has two parts, exactly as in English: the first part is called a "helping" verb *(have*
in English and **haber** in Spanish). The second part is called a past participle. The past
participle of an **-ar** verb is formed by substituting **-ado** for **-ar**. The ending for both **-er** and
-ir verbs is **-ido.**

Note that this two-part verb is *not* split up in Spanish by a negative as it is in English.

Carlos **no ha llegado.**	Carlos *has* **not** arrived.

Notice also that this compound verb is not split up by the subject or subject pronoun when it
is used in a question as it is in English.

¿**No ha salido** *el tren?*	*Hasn't* **the train** left?
¿**Ha llamado** *Julia?*	Has **Julia** called?

144

The present tense of haber + past participle

	-ar	-er	-ir
yo **he**			
tú **has**			
él, ella, Ud. **ha**			
nosotros(as) **hemos**	hablado	comido	salido
vosotros(as) **habéis**			
ellos, ellas, Uds. **han**			

Here are some more examples of past participles:

-ar verbs		**-er verbs**		**-ir verbs**	
bailar	**bailado**	aprender	**aprendido**	ir	**ido**
dar	**dado**	comer	**comido**	seguir	**seguido**
estar	**estado**	comprender	**comprendido**	pedir	**pedido**

Aquí practicamos

D. Sustituye las palabras en cursiva con las palabras entre paréntesis y haz los cambios necesarios.

1. *Nosotros* hemos bailado el mambo. (ustedes / ellos / él / Silvia y Ramón / tú)

145

2. *La profesora* ha leído muchas novelas españolas. (mi padre / nosotros / ella / yo / vosotros)
3. *Mi hermano* no ha podido comprar los billetes. (yo / usted / Raquel y José / el Sr. Méndez / tú)
4. ¿No ha salido *el tren*? (tus amigos / ustedes / ella / los autobuses / Carlos)
5. *Mi hermana* nunca ha estado en México. (nosotros / ellos / tú / yo / vosotros / la familia de Pablo)
6. *Tú* has vivido en España. (el profesor / mis primos / ella / yo / nosotros)
7. ¿Han comido *ustedes* burritos? (sus padres / tú / él / Maricarmen / usted)

Learning Strategy:

Expressing past time

E. ¿Qué ha pasado antes?   Mario y Marta Mendoza han llegado a la estación de trenes. Explica lo que han hecho antes de su llegada. Sigue el modelo.

Modelo: leer la guía turística sobre España
Han leído la guía turística sobre España.

1. ir a su agencia de viajes
2. discutir sus planes
3. pedir reservaciones de plazas en el tren
4. llevar el gato a la casa de un amigo
5. comer bien
6. preparar las maletas
7. salir temprano de la casa
8. tomar un taxi a la estación

Learning Strategies:

Asking and answering questions, taking notes in a chart, reporting based on personal knowledge, expressing past time

F. Las experiencias   Pregúntales a tres compañeros de clase si han hecho las actividades en la lista. Si alguien ha tenido la experiencia, pregunta cuándo lo hicieron, dónde y con quién, etc. Si contestan que no, pregúntales si tienen interés en hacerlo en el futuro. Organiza tu información en un diagrama como el diagrama en la página 147. Sigan el modelo.

Modelo:

Tú:	*¿Has ido a un concierto de Red Hot Chile Peppers?*
Estudiante A:	*Sí, yo he ido a uno de sus conciertos.*
Tú:	*¿Cuándo fuiste al concierto?*
Estudiante A:	*Fui el verano pasado.*
Tú:	*¿Con quién fuiste?*
Estudiante A:	*Fui con mi amigo Carlos.*
Tú:	*¿Adónde fueron para el concierto?*
Estudiante A:	*Fuimos a Madison Square Garden en Nueva York.*

146

	Amigos	¿Cuándo?	¿Dónde?	¿Con quién?	¿En el futuro?
Aprender un poema de memoria	1. 2. 3.				
Montar a caballo	1. 2. 3.				
Navegar	1. 2. 3.				
Viajar en avión	1. 2. 3.				
Ir a un país latinoame-ricano	1. 2. 3.				
Comer comida española	1. 2. 3.				
Jugar al fútbol	1. 2. 3.				
Bailar el cha-cha-chá	1. 2. 3.				
Perder dinero	1. 2. 3.				

Nota gramatical

Irregular past participles

He hecho las reservaciones para el tren.

I've made the reservations for the train.

¿Has visto la guía turística?

Have you seen the tourist guidebook?

Mis primos me **han escrito** tarjetas postales de México.

My cousins *have written* postcards to me from Mexico.

147

Suggestion, Ex. F: After they complete the activity, ask students to share the most interesting information they have gathered.

More-prepared students, Ex. G: More-prepared students can continue the exercise, writing original, personalized sentences using regular and irregular past participles.

Less-prepared students, Ex. G: Less-prepared students can review orally and in writing the irregular forms of these past participles and could perhaps quiz each other before beginning this exercise.

Ex H: pair work

Answers, Ex. H: 1. Sí, ya he ido allí.   2. Sí, ya las he hecho.   3. Sí, ya les he dicho.   4. Sí, ya lo he visto.   5. Sí, ya la he puesto en el coche.   6. Sí, ya la he hecho.   7. Sí, ya la he escrito.

Follow-up, Ex. H: For more practice with this compound tense, have students share their "claims to fame"—what incredible things they, their friends, or their relatives have done, where they have gone, what famous people they have seen or met, etc.

When some verbs are used in the present perfect tense, they do *not* follow the same patterns in the formation of the past participles you learned on pages 144–145.

Infinitive	Past participle
abrir	**abierto**
decir	**dicho**
escribir	**escrito**
hacer	**hecho**
poner	**puesto**
ver	**visto**
volver	**vuelto**

G. *Más experiencias*   Forma una oración completa de una manera lógica, usando las sugerencias en las tres columnas. Usa el tiempo verbal del presente perfecto. Sigue el modelo.

Modelo: Carolina   ver   la nueva película de Rosie Pérez
Carolina ha visto la nueva película de Rosie Pérez.

A	*B*	*C*
Carolina	volver	unas postales
mi hermano	hacer	el concierto
yo	escribir	de Valencia
mis amigos y yo	ver	la película de Andy García
el (la) profesor(a)	poner	la puerta de la casa
tú	abrir	las reservas de plazas
el taxista	decir	las maletas en el coche
el agente de viajes		la hora que sale el tren
los estudiantes		la mesa

H. *Ya lo he hecho.*   Un(a) amigo(a) te hace preguntas sobre un viaje que vas a hacer. Contéstale que ya has hecho todo lo necesario. Usa pronombres para abreviar *(to abbreviate)* tus respuestas. Sigan el modelo.

Modelo: ¿Ya viste los nuevos billetes que venden?
Sí, ya los he visto.

1. ¿Ya fuiste a la agencia de viajes?
2. ¿Ya hiciste todas las preparaciones?
3. ¿Ya les dijiste a tus padres que vas a ir a Málaga?
4. ¿Ya viste el horario de trenes?
5. ¿Ya pusiste tu maleta en el coche?
6. ¿Ya hiciste una llamada telefónica a Málaga?
7. ¿Ya escribiste la lista de regalos que vas a comprar?

148

Aquí escuchamos:
"Un viaje en coche"

Antes de escuchar

Patricia del Valle va de viaje en coche con sus dos hijos, Alonso, de 10 años, y Claudia, de 7 años. Viven en la Ciudad de México. Van a pasar ocho días con la hermana de Patricia en Querétaro. Están en camino en la carretera número 57. Repasa las expresiones para hablar de un viaje en coche en la sección **En otras palabras** (abajo). También contesta las siguientes preguntas.

1. ¿Cómo crees que va a ser el viaje en coche con dos niños?
2. ¿Qué crees que los niños van a querer saber durante el viaje?
3. ¿Cómo se comenta sobre el tiempo que se necesita para viajar en coche?

Learning Strategies:
Brainstorming, previewing

Después de escuchar

1. ¿Cuánto dura el viaje de la Ciudad de México a Querétaro?
2. ¿Qué quieren los hijos que les compre su mamá?
3. ¿Qué le prometen los niños a su mamá?
4. ¿Qué dice la niña que tiene que hacer?
5. ¿Dónde paran por fin?

Learning Strategy:
Listening for details

En otras palabras

Expresiones para hablar del tiempo que se necesita para viajar en coche

¿Cuánto tiempo se necesita para ir a… ?	*How much time do you need to go to . . . ?*
Se necesita(n)…	*You need . . .*
¿Cuánto dura el viaje de… a… (en coche)?	*How long does the trip take from . . . to . . . (by car)?*
Son… horas de viaje de… a… (en coche).	*The trip from . . . to . . . takes . . . hours (by car).*

149

Support material, Aquí escuchamos: Teacher Tape /CD Track #25

Presentation: Aquí escuchamos

Have students write down some of the expressions from **En otras palabras.** Have them place a check mark next to the expression each time they hear it on the tape. Or have them write the following words on a piece of paper: **tener sed, parar, paramos,** verbs in the present perfect tense (i.e., **hemos bebido, hemos estado, he oído,** refresco, Querétaro. Then have them indicate with a check mark each time they hear the words.

Answers, Aquí escuchamos: 1. 4 horas 2. un refresco 3. que no la van a molestar más 4. tiene que ir al baño 5. en una gasolinera

Dictado, Aquí escuchamos: Select a list of key words or phrases, read them twice to the class, and have students write what you say. For extra credit, they can write a statement or question with the words.

Ex. I: groups of three

    role play

¿En cuánto tiempo se hace el viaje de… a… (en coche)?	How much time does it take to make the trip from . . . to . . . (by car)?
Se hace el viaje de… a… en… horas (en coche).	You can make the trip from . . . to . . . in . . . hours (by car).

¡Aquí te toca a ti!

I. *¿Es largo el viaje de México a Cuernavaca?* Oyes a dos jóvenes mexicanos hablar de un viaje. Van a ir en coche con su familia. Tú no conoces bien la geografía de México y quieres saber si el viaje será largo. Por eso les haces varias preguntas. Sigue el modelo.

 **Modelo:** México — Cuernavaca (105 km / 1 hora y ½)

—*¿Es largo el viaje de la Ciudad de México a Cuernavaca?*
—*No, no muy largo. Cuernavaca está a ciento cinco km de México.*
—*¿Cuánto tarda el viaje de México a Cuernavaca en coche?* o:
—*¿Cuánto tiempo se necesita para hacer el viaje de México a Cuernavaca en coche?*
—*Es una hora y media de México a Cuernavaca en coche.* o:
—*Se hace el viaje de México a Cuernavaca en una hora y media en coche.*

1. México — Acapulco (418 km / 6 horas)
2. México — Taxco (173 km / 2 horas y 1/2)
3. Guadalajara — Puerto Vallarta (330 km / 4 horas y 1/2)
4. Toluca — México (66 km / 45 minutos)
5. Puebla — Veracruz (280 km / 3 horas y 1/2)
6. México — Puebla (125 km / 1 hora 45 minutos)

150

J. ¡Los coches se han descompuesto (broken down)!

Tu familia y tú van de viaje en coche. Cada vez que ven un coche que se ha descompuesto al lado de la carretera, una persona comenta sobre lo que ha pasado. Indica qué dibujo corresponde a lo que dice cada persona.

a.   b.   c.   d.

1. ¡Miren! Se les ha acabado la gasolina. Han salido de su coche. Están poniendo gasolina en el depósito ahora.
2. ¡Ay, qué mala suerte! ¡Pobres! Han abierto la capota. ¡Se ha descompuesto el motor! Necesitan un mecánico.
3. ¡Miren a ese pobre hombre! Ha tenido un pinchazo y por eso ha parado su coche. Tendrá que cambiar la llanta (o el neumático).
4. Creo que no se ha descompuesto el coche de esa pareja. Parece que han parado porque no saben el camino. Están leyendo un mapa.

¡Adelante!

EJERCICIO ORAL

K. ¿Quieres ir con nosotros?

Invite a Mexican student visiting your school to go on a day trip by car with your family. Decide upon your destination in advance. A classmate will play the role of the exchange student and ask you about the distance, the time the trip takes, and the route. He or she will then decide whether to accept your invitation.

EJERCICIO ESCRITO

L. Una tarjeta postal

Write a postcard to a friend. In the first part talk generally about your trip and use the present perfect tense to tell four things that you have done lately. In the second part tell about a specific incident that happened with the car (refer to words and expressions in Activity J) and use the preterite tense to pinpoint the time, day, etc., when the problem occurred. Begin and end your card appropriately.

Learning Strategy:

Identifying based on visual cues

Critical Thinking Strategies:

Analyzing, making associations

Learning Strategies:

Active listening, asking for information, reporting

Critical Thinking Strategy:

Evaluating

Learning Strategies:

Reporting, organizing information in a letter, expressing past time

151

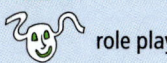

Cultural Expansion

Benito Juárez (1806–1872), an indigenous Mexican of Zapotec origin from Oaxaca, is revered as a great president in Mexican history. He established social and economic reforms through the Constitution of 1856 and later helped maintain the union in Mexico in the face of a major invasion and occupation of the country by the French under Napoleon III and the Emperor Maximilian of Hapsburg.

El Aeropuerto Internacional: Read, Pair, Share

Learning Strategy: Peer tutoring, reading for main idea, verifying

- Give the students time to read independently about **El Aeropuerto Internacional de México Benito Juárez** (reading on p. 153). Tell them to see how much they can understand independently, before pairing with another student.
- Then instruct students to pair up with a person across from them and to work out with their partner what they haven't understood on their own.
- Now have them pair up with another pair to get further questions answered.
- Finally, ask the students whether questions remain, and give each group the opportunity to agree on one question to ask.
- Now verify that all students got the main idea of the passage, by calling on students at random to answer additional questions about the passage.

SEGUNDA ETAPA

Preparación

›› **¿H**as viajado en avión? ¿Adónde?

›› **¿C**uánto tiempo duró el viaje más largo que has hecho en avión?

›› **¿T**e gusta viajar en avión? ¿Por qué sí o por qué no?

›› **¿C**uál es uno de los aeropuertos más grandes en los Estados Unidos?

›› **¿C**uál es la manera más rápida de llegar al aeropuerto cerca de dónde tú vives?

Learning Strategies:

Brainstorming, previewing

Learning Strategy:

Reading for cultural information

El Aeropuerto Internacional de México Benito Juárez

Este aeropuerto es uno de los más importantes del mundo. Por sus puertas pasan millones de viajeros cada año.

152

Etapa Support Materials

Workbook: **pp. 138–145**
Critical Thinking Master: **p. 5**
Lab Manual: **p. 36**
Tapescript: **p. 62**

Teacher Tape
Quiz: **Testing Program, p. 78**
Chapter Test: **Testing Program, p. 81**

En general, los aviones que van de los Estados Unidos a México llegan al Aeropuerto Internacional de México Benito Juárez. El aeropuerto queda bastante lejos del centro de la Ciudad de México pero hay muchas maneras de hacer el viaje entre el aeropuerto y la ciudad —en la línea roja del metro a la Estación Pantitlán, en autobús (o camión, como también lo llaman los mexicanos) y, por supuesto, en taxi.

La manera preferida de viajar para mucha gente es en un *colectivo*. Cada persona paga un precio fijo para compartir el coche o la **camioneta** con otras personas que tienen la misma destinación o que viajan en la misma dirección. El conductor vende los boletos a las zonas en que está dividida la ciudad antes de comenzar el viaje.

El Aeropuerto Internacional Benito Juárez es famoso por ser uno de los centros de tráfico aéreo más importantes del mundo. Casi todas las aerolíneas extranjeras llegan a este aeropuerto. En un año típico, pasan millones de turistas extranjeros y nacionales por la ciudad, y muchos de ellos viajan por avión. Los pasajeros siempre tienen una vista espectacular de la capital de México.

En la ciudad de México, los pilotos tienen que despegar y aterrizar sus aviones con cuidado, porque grandes montañas rodean la ciudad.

Como la Ciudad de México está a una altura de 2.240 m (más de 7.000 pies) sobre el **nivel del mar,** pero dentro de un gran valle **rodeado** de altos volcanes, los pilotos reciben un **entrenamiento** especial. Tienen que aprender a **despegar** y **aterrizar** los aviones dentro de un espacio bastante limitado. Para hacer esto sin problemas, tienen que saber subir o descender en grandes círculos con mucha **destreza** por las muchas montañas que rodean la ciudad. ¡Para algunos pasajeros es una experiencia inolvidable!

camioneta: van
sea level / surrounded
training
to take off / to land

skill

¡Aquí te toca a ti!

A. *Al llegar a la Ciudad de México...* En inglés, contesta las preguntas sobre la lectura.

1. What are the ways to go from the Benito Juárez Airport into the center of Mexico City?
2. What is one of the most popular ways to go to and from this airport?
3. Which way would you guess takes the most time?
4. How is it decided who will ride in a **colectivo**?
5. What is another word for **autobús** in Mexico?
6. How would you describe this airport in terms of its air and passenger traffic?

Learning Strategies:

Reading for the main idea, reading for details

Critical Thinking Strategy:

Hypothesizing

153

Answers, Ex. A: 1. To go from the Benito Juárez Airport into the center of Mexico City, you can take the red line of the **metro,** a bus, or a taxi.   2. The most popular way to go to and from the airport is in a **colectivo.**   3. A bus probably takes the most time.   4. People with the same destination ride in the **colectivo.**   5. Another word for **autobús** in Mexico is **camión.**   6. This airport is one of the most important in the world.

Answers, Ex. A, cont.:

7. The airport is more than 7,000 feet above sea level.   8. Mexico City is in a valley, surrounded by volcanoes.   9. Pilots must learn to land and take off in a limited space to fly in and out of this airport safely.

Ex. B:  pair work

7. At what altitude is Mexico City's airport?
8. What is so unique about Mexico City's location?
9. What kind of special training must pilots have to fly in and out of this airport safely?

Learning Strategy:

Reading for cultural information

COMENTARIOS
CULTURALES

Los taxis en la Ciudad de México

La Ciudad de México es famosa por sus numerosos taxis, o *libres* como dicen los mexicanos. (Cuando hay uno "libre", o no ocupado, está a la disposición del pasajero que lo necesita.) Hay taxis de muchos colores y de muchos modelos. Algunos, como los anaranjados, tienen el número de su sitio *(taxi stand)* pintado en la puerta y reciben llamadas telefónicas. Otros, como los amarillos, van por las calles en busca de pasajeros.

Los chóferes casi ya no usan medidores *(meters)* por el cambio constante en los precios que causa el problema de la inflación que tiene el país. Generalmente el pasajero tiene que preguntarle el precio y, a veces, llegar a un acuerdo con el chófer antes de tomar el taxi. La costumbre es siempre dar una buena propina después de llegar a la destinación. Por lo general, este tipo de transporte *(transportation)* es bastante económico para el pasajero que quiere conocer la ciudad en taxi.

Repaso

B. *Siempre / Nunca ha sido así, pero esta vez...* Forma una oración basándote en la información en la página 155. Úsala para explicarle a un(a) amigo(a) lo que ha sido típico (o no) para ti o para las personas mencionadas, pero dile que esta vez va a haber un cambio. Sigue el modelo.

Modelo: Yo / siempre / viajar a España / pero esta vez / viajar a México
Yo siempre he viajado a España, pero esta vez voy a viajar a México.

154

1. Yo / siempre / leer novelas de misterio / pero esta vez / leer una novela romántica
2. Mi hermano / siempre / jugar al tenis / pero esta vez / jugar al golf
3. Yo / nunca / ver una película de horror / pero esta vez / ver una
4. Mis padres / siempre / escribir cartas / pero esta vez / escribir postales
5. Nosotros / nunca / comer caracoles / pero esta vez / comer algunos
6. Su mamá / nunca / hacer un pastel de chocolate / pero esta vez / hacer uno
7. Ustedes / siempre / ir en tren / pero esta vez / ir por avión
8. El profesor / nunca / dar un examen los lunes / pero esta vez / dar un examen el lunes
9. Los empleados / siempre / abrir la tienda a las 10:00 / pero esta vez / abrir la tienda a las 9:00
10. El jefe / nunca / decir nada sobre la economía / pero esta vez / decir algo
11. Isabel y yo / siempre / bailar el cha-cha-chá / pero esta vez / bailar el merengue
12. Roberto / siempre / pedir tacos en este restaurante / pero esta vez / pedir tamales

ESTRUCTURA

The past perfect tense

Carlos no fue porque ya **había visto** la película.
Mis padres **habían llegado** a Madrid cuando me llamaron.
El tren ya **había salido** cuando llegamos a la estación.

Carlos didn't go because he *had* already *seen* the movie.
My parents *had arrived* in Madrid when they called me.
The train *had* already *left* when we arrived at the station.

The past perfect tense is used to indicate that something had already happened before something else occurred. Just as in English, this tense needs another action in the past as a reference point, whether it is stated or not, in order to make sense. Like the present perfect, the past perfect has two parts: the "helping" verb **haber** and the past participle. The only difference between the present perfect and past perfect tenses is in the form of **haber**, which is formed with imperfect tense endings when using the past perfect.

155

The imperfect tense of haber + past participle			
	-ar	**-er**	**-ir**
yo **había**			
tú **habías**			
él, ella, Ud. **había**			
nosotros **habíamos**	**hablado**	**comido**	**salido**
vosotros **habíais**			
ellos, ellas, Uds. **habían**			

Aquí practicamos

Learning Strategy:

Expressing past time

C. ¿Qué habían hecho? Forma oraciones completas de una manera lógica, usando las sugerencias de las tres columnas. Usa el tiempo verbal pluscuamperfecto. Sigue el modelo.

Modelo: Carlos   haber salido   antes de las 8:00
Carlos había salido antes de las 8:00.

A	B	C
Mariana y yo	haber conocido	el viaje
tú y ella	haber visto	a los pilotos
Felipe y Ana	haber escrito	antes de las 8:00
vosotros	haber estado	una tarjeta postal
Carlos	haber dicho	el horario
yo	haber salido	en tren
Leonor y Miguel	haber viajado	las reservaciones
ustedes	haber comprado	de la estación
el tren	haber hecho	los boletos
el agente de viajes	haber explicado	a Salamanca

Learning Strategy:

Expressing past time

D. Ya había pasado cuando... Cambia las oraciones según el modelo para indicar que algo ya había pasado antes de otra cosa.

Modelo: El agente llegó a la oficina y después yo llamé por teléfono.
El agente había llegado a la oficina cuando yo llamé por teléfono.

1. El avión llegó y después yo llamé por teléfono.
2. El agente de viajes preparó el itinerario y después Mario compró los boletos.
3. Vimos el horario y después fuimos a comer.
4. El empleado nos dijo algo sobre el vuelo y después oímos las noticias.

156

5. Pediste una mesa en la sección de no fumar y después nos llamó el mesero.
6. Mi papá hizo las reservaciones y después yo llegué.
7. En el restaurante comimos demasiado y después nos sirvieron el postre.
8. Yo salí para Barcelona y después me mandaste la tarjeta.
9. Le escribí cinco postales a mi novio(a) y después él (ella) llamó por larga distancia.
10. Ustedes se durmieron en el avión y después el piloto nos habló de las condiciones atmosféricas.

E. *Antes de cumplir trece años...*   Averigua *(Find out)* tres o cuatro cosas interesantes o inolvidables de la vida de tres de tus compañeros(as) de clase antes de los trece años de edad: *¿Qué cosa(s) interesante(s) habías hecho antes de cumplir trece años? (Antes de cumplir trece años, yo/él/ella ya había... o Cuando cumplí/cumplió trece años él/ella/yo ya había...).*

	Compañero(a) 1	Compañero(a) 2	Compañero(a) 3
Cosa 1			
Cosa 2			
Cosa 3			

//·//·//·//·//·//·//

Learning Strategies:

Expressing past time, asking for information, reporting based on personal knowledge, taking notes in a chart

Aquí escuchamos:
"¿Dónde está la maleta?"

Antes de escuchar

Durante un vuelo a Guadalajara, Judy Miller ha conocido a dos mexicanos, el Sr. y la Sra. Castillo. Judy les ha dicho que está un poco nerviosa porque es su primer viaje a México y su primer vuelo en avión. Los Castillo le explican lo que hay que hacer en el aeropuerto: mostrar su documentación, ir a la sala de equipaje para recoger *(to pick up)* las maletas que ha facturado, abrir las maletas en la sala de inspección y pasar por la aduana. Finalmente los tres bajan del avión. En preparación para la conversación entre Judy y los Castillo sobre un problema con las maletas, repasa las expresiones en la sección En otras palabras en las páginas 158–159. También contesta las preguntas en la página 158.

//·//·//·//·//·//·//

Learning Strategies:

Brainstorming, previewing

157

Learning Strategy:

Listening for details

1. ¿Has perdido una maleta alguna vez durante un viaje en avión?
2. ¿Cómo van a comentar sobre el color de una maleta?
3. ¿Cómo se dice **identification tag** en español?

START

Después de escuchar

1. ¿Cuántas maletas tiene Judy?
2. ¿De qué color es la maleta que Judy no ha encontrado?
3. ¿Es grande o pequeña la maleta que busca Judy?
4. ¿Qué identificación lleva la maleta perdida?
5. ¿Dónde cree Judy por fin que dejó la maleta?
6. ¿Qué lección dice Judy que aprendió?

En otras palabras

Expresiones para reclamar equipaje perdido (to reclaim lost luggage)

—¿Ha perdido usted su maleta (bolsa, valija, maletín)?	Have you lost your suitcase (purse, valise, briefcase)?
—Sí, la he dejado en el avión.	Yes, I've left it on the plane.
o:	or:
—Sí, la facturé, pero no he podido encontrarla.	Yes, I checked it, but I haven't been able to find it.
—¿En qué avión? ¿En qué vuelo?	On what plane? On what flight?
—Aeroméxico, vuelo 208.	Aeromexico, flight 208.
—¿De qué color es la maleta?	What color is the suitcase?
—Es azul.	It's blue.
—¿De qué material es?	What kind of material is it?
—Es de tela (de cuero, de plástico).	It's cloth (leather, plastic).
—¿De qué tamaño es?	What size is it?
—Es grande (pequeña).	It's large (small).
—¿Lleva la maleta alguna identificación?	Does the suitcase have some kind of identification on it?
—Lleva una etiqueta con mi nombre y dirección.	It's got a tag with my name and address.

158

> —**¿Qué contiene la maleta?** o: *What does the suitcase contain?* or:
> —**¿Qué lleva Uds. en la maleta?**   *What do you have in the suitcase?*
> —**Contiene ropa, unos**   *It contains clothes, some dresses, some*
> **documentos,** etc.   *documents,* etc.

¡Aquí te toca a ti!

F. *La llegada al aeropuerto*   Explícale a un(a) amigo(a) lo que tiene que hacer cuando llega al Aeropuerto Internacional Benito Juárez. Usa las expresiones que siguen pero en el orden correcto. Usa también las palabras *primero, entonces, después,* y *finalmente.* Sigue el modelo.

Modelo: *Primero, bajas del avión. Después tú…,* etc.

ir a la aduana / mostrar tu pasaporte y tu visa / tomar un autobús o un taxi al centro de la ciudad / ir a la puerta *(gate)* número 36 / ir a la sala de reclamación de equipaje / abrir las maletas en la sala de inspección de la aduana / recoger *(pick up)* las maletas facturadas

Learning Strategies:

Organizing and providing information

Critical Thinking Strategy:

Sequencing

G. *¿Has perdido algo?*   Explícale al (a la) agente del aeropuerto que has perdido las maletas en los dibujos. Después contesta las preguntas que hace el (la) agente sobre las maletas. Tu compañero(a) de clase hará el papel del (de la) agente con la ayuda de las preguntas a continuación.

Learning Strategies:

Requesting information, providing information based on visual cues, describing

1.   2.   3.   4.   5.

1. ¿Ha perdido su maleta (bolsa, valija, maletín)?
2. ¿En qué avión? ¿En qué vuelo?
3. ¿De qué color es la maleta?
4. ¿De qué material es?
5. ¿Lleva la maleta alguna identificación?
6. ¿Qué contiene la maleta? o ¿Qué lleva en la maleta?

159

Ex. H: writing

Ex. I: pair work

¡Adelante!

EJERCICIO ESCRITO

Learning Strategies:

Providing information, organizing information in a letter

Critical Thinking Strategy:

Sequencing

H. *Te recojo* (I'll pick you up) *en el aeropuerto.* A Mexican friend who doesn't speak English is coming to visit you in the United States. He or she will be coming by plane—either flying directly to where you live or changing planes (and going through customs) at a major city before reaching your local airport. He will go through customs at the first U.S. airport he reaches. In a letter, explain briefly to him (her) what to do upon arrival at the airport (in your city and/or in the major city).

EJERCICIO ORAL

Learning Strategies:

Providing information, describing, organizing ideas

I. *Desde que llegué, he hecho lo siguiente* (the following)... Play the role of your Mexican friend, who has now been with you for a week and has called his (her) parents in Mexico City. He (She) tells them over the telephone the things that have happened and what he (she) has done since arriving in the United States. Use the present perfect tense for recounting the activities.

160

Vocabulario

Para charlar

Para hablar del tiempo que se necesita para viajar en coche

¿Cuánto tarda el viaje de... a... ?
¿Cuánto tiempo se necesita para ir a... ?
¿En cuánto tiempo se hace el viaje de... a... (en coche)?
Se necesita(n)...
Son... horas de viaje de... a... (en coche).
Se hace el viaje de... a... en... horas (en coche).

Para reclamar equipaje perdido

¿Ha perdido su maleta (bolsa, valija, maletín)?
Sí, la he dejado en el avión.
Sí, la facturé pero no he podido encontrarla.
¿En qué avión? ¿En qué vuelo?
(Línea aérea), vuelo (número)
¿De qué color es la maleta?
¿De qué material es?
Es (color). Es de tela (cuero, plástico).
¿De qué tamaño es?
Es grande (pequeña).
¿Lleva la maleta alguna identificación?
Lleva una etiqueta con mi nombre y dirección.
¿Qué contiene la maleta?
¿Qué lleva en la maleta?
Contiene...

Temas y contextos

El coche

la carretera
la llanta
el mapa de carreteras
el neumático

Los vuelos

el avión
facturar la maleta (la bolsa, la valija, el maletín)
el pasaporte
reclamar el equipaje (perdido)
la visa

Vocabulario: Team Charades

Learning Strategies: Describing, active listening, paraphrasing

You may want to give students the assignment on one day and have them act out the charades on the following day, in case they need props.

- Explain that teams of students will make up charades using the vocabulary from the themes of the **Vocabulario.**
- Divide students into four teams. Assign each team one or two expressions from each category. You do not want the teams to know each other's words, so assign them by whispering, pointing, or handing each team a sheet of paper with their expressions on them. Instruct the students that all members of the teams are to participate equally in the planning and the execution of their team's charade.
- Tell the students to plan their charades.
- Have each team perform its charade for the class.
- After each charade, ask students to describe in order what happened.
- Then ask members of the original team to describe what they did. This makes the students individually accountable for both listening and recounting.

Support material, Capítulo 6: Improvised Conversation, Teacher Tape/CD Track #27 and Tapescript; Lab Manual listening activities, Laboratory Program , Tapescript, and Teacher's Edition of the Workbook/Lab Manual

Vocabulario general

Sustantivos	Verbos	Adjetivos
la ayuda	aterrizar	rodeado(a)
el boleto	compartir	
la camioneta	despegar	
la destreza	fijarse en	
el entrenamiento		
el nivel		

Aquí leemos

Antes de leer

Para tener una idea del contenido de la lectura en las páginas 164–165, contesta las siguientes preguntas:

1. ¿Has visto alguna vez una carrera de automóviles? ¿Dónde?
2. ¿Es interesante ser piloto de coches de carrera? ¿Por qué?

Learning Strategy:
Previewing

Guía para la lectura

A. Busca las palabras cognadas en cada párrafo de la lectura.

B. Lee la oración con que comienza cada uno de los párrafos para saber de qué trata.

C. Lee las preguntas del cuestionario para saber más de qué se trata la lectura.

D. Ahora lee la lectura para saber los detalles sobre el piloto de coches de carrera. Después contesta las siguientes preguntas.

1. ¿De dónde es Roberto José Guerrero?
2. ¿Cuándo empezó a tener interés en los coches de carrera?
3. ¿Por qué decidió ir a Inglaterra?
4. ¿En qué lugar terminó Guerrero en su primera carrera en Indianápolis?
5. ¿Qué le pasó en 1987 mientras probaba llantas para Goodyear?
6. ¿Qué hizo después de salir del hospital?
7. ¿Quién es Emerson Fittipaldi? ¿Qué piensa Guerrero de él?
8. En general, ¿cómo se puede caracterizar la carrera de piloto que ha tenido Guerrero hasta ahora?
9. ¿Cómo se siente Guerrero cuando habla de su profesión?

Learning Strategies:
Drawing meaning from cognates, previewing, reading for details

163

Support Materials

Workbook: pp. 146–149
Unit Review Blackline Masters: **Unit 2 Review**
Lab Manual: **p. 39**
Tapescript: **p. 69**
Unit Exam: **Testing Program, p. 85**
Atajo, Writing Assistant Software *supports*

Prereading

Ask students to scan one paragraph at a time and make a list of the cognates they see. Then have them read aloud the first sentence of each paragraph in order to have an idea of the general content of the magazine article. You might then ask them to tell you what they think each paragraph is about before reading for specific information that will help them answer the content questions provided.

Answers, Guía para la lectura: **D.** 1. Roberto José Guerrero es de Medellín, Colombia. 2. Empezó a tener interés en los coches de carrera desde que tiene memoria. 3. Decidió ir a Inglaterra para estudiar en la escuela de pilotaje de Jim Russell. 4. Terminó en segundo lugar en su primera carrera en Indianápolis. 5. En 1987 tuvo un accidente. 6. Después de salir del hospital regresó a las pistas. 7. Emerson Fittipaldi es un gran campeón. Guerrero respeta mucho a Fittipaldi. 8. Guerrero ha sido un piloto consistentemente superior. 9. Guerrero se siente muy afortunado.

Follow-up, More-prepared students, Guía para la lectura, D: Have more-prepared students work in pairs. One student plays the role of an interviewer and the other plays Roberto José Guerrero. The student may answer the interviewer's questions based on the information in the reading and may also invent other details.

Nacido para triunfar

*Roberto José Guerrero se recuperó
milagrosamente de un coma de 17 días
para seguir corriendo con más ganas.*

team

improved
races

career

driving

demanding

start up / laps

was testing
broke loose
struck
miraculously

Roberto José Guerrero tiene muchas razones para
considerarse un hombre afortunado. A los 31
años es el piloto principal de Patrick Racing, el
equipo campeón del circuito CART para autos
Indy en los Estados Unidos.

Guerrero conducirá el coche March con motor
Alfa Romeo. Este coche es una versión **mejorada**
del que ganó cinco de las 16 **carreras** que corrió
en 1989. Éstas incluyen la gran Carrera de las 500
Millas de Indianápolis con el brasileño Emerson
Fittipaldi como piloto.

Para Guerrero, que nació en Medellín, Colombia, ésta es la culminación
de una **carrera** como piloto que empezó desde que tiene memoria.
Cuando era niño, Roberto José observaba a su padre que corría "karts"
en Medellín. Guerrero nunca ha querido ser otra cosa que piloto de carreras. Después de correr karts durante su adolescencia, decidió estudiar
en la escuela de pilotaje de Jim Russell en Inglaterra.

Poco a poco, Guerrero pasó por las diferentes categorías de **pilotaje**,
incluyendo dos años en Fórmula 1, donde pudo competir en un total de
21 carreras. En 1984 decidió participar en el **exigente** circuito Indy de los
Estados Unidos. En su primera carrera en las 500 Millas de Indianápolis,
Guerrero terminó en segundo lugar. En los años siguientes quedó tercero, cuarto y segundo otra vez. Casi ganó en 1987 cuando iba en primer
lugar, pero su coche no **arrancó** después de una parada, sólo 30 **vueltas**
antes de terminar.

En septiembre de ese mismo año, mientras **probaba** llantas para
Goodyear, tuvo un accidente. Una de las llantas **se desprendió** del coche
y lo **golpeó** en la cabeza. Guerrero permaneció en el hospital en coma 17
días. Cuatro meses más tarde, Guerrero se había recuperado **milagrosa-**

164

mente. Regresó a las **pistas.** En 1988, en su primera carrera después del accidente, Guerrero quedó en segundo lugar tras Mario Andretti en el circuito de Phoenix.

tracks

Para Guerrero, una de sus más grandes satisfacciones ha sido la de seguir al gran campeón Fittipaldi como piloto principal del equipo Patrick Racing. "Cuando yo era niño, ya no había lugar en mi cuarto para una foto más de Fittipaldi", dice, "Ahora ha pasado de ser mi ídolo a mi competidor".

Aunque ganar nunca ha sido fácil, en este caso Guerrero tiene todo lo que necesita para **desarrollar** sus **capacidades**. El piloto colombiano ha terminado entre los cinco primeros pilotos en 19 de las 82 carreras en que ha participado en el circuito Indy y 26 veces entre los primeros 10 pilotos. Obviamente ha sido un piloto consistentemente superior. Esta vez tiene tres carros a su disposición. Al Unser, miembro del equipo de Guerrero para la carrera de Indianápolis, **manejará** uno de ellos.

to develop / abilities

will drive

"Este año y el próximo, van a ser los años de ganar carreras", dice Guerrero, quien está casado y es padre de dos hijos. "Me siento muy afortunado. Estoy ganando mucho dinero, haciendo lo que más me gusta hacer: correr coches a su velocidad máxima".

Roberto Guerrero lleva el automovilismo en las venas.

Ex. A: groups of three

Follow-up, Ex. A: From here, students can work on a role play convincing their parents of the value of the proposed trip. Remind them to include budget plans: How much money do they need to take? Do they intend to borrow money? How will they repay it? They can also promise to give presentations to Spanish classes at their school.

Ex. B:  groups of four or more

Follow-up, Ex. B: After students have completed this activity, suggest that they stage a competition for who would accompany the lottery winner on the trip. Have students give oral presentations on their own behalf or for others, or write an application letter.

Support material, Unidad 2: Lab Manual *Ya llegamos* listening activities, Laboratory Program, Tapescript, and Teacher's Edition of the Workbook/Lab Manual

---

Cooperative Learning

Learning Strategies:

Making plans, expressing future time, negotiating, making decisions, organizing details in sequence, creating and completing a chart

Critical Thinking Strategies:

Determining preferences, prioritizing, sequencing

Learning Strategies:

Making plans, expressing future time, making decisions, supporting choices, organizing details, persuading

Critical Thinking Strategies:

Imagining, determining preferences, prioritizing, sequencing

Learning Strategies:

Reporting, describing, expressing past time, selecting and organizing information

Critical Thinking Strategies:

Comparing and contrasting, determining preferences, evaluating

166

Ya llegamos

Actividades orales

A. *Planes para un viaje*   You and two friends want to travel in Spain. Plan a one- or two-week trip starting and ending in Madrid. Decide (1) what area(s) you will visit, (2) how you will travel (train, rented car, bicycles, or a combination of these), and (3) what itinerary you'll follow. Write out a calendar to reflect the decisions made in your discussions, showing (a) day, (b) date, (c) city visited on that day, (d) mode of transportation, (e) distance traveled each day in both kilometers and miles (consult map on page 95 in **Capítulo 4, Primera etapa**), and (f) activities of special touristic interest. Be prepared to present your itinerary to the rest of the class.

B. *El viaje ideal*   Imagine that you have just won a large sum of money in a lottery and have decided to spend some of it on treating your Spanish class to the "ideal trip". You can go anywhere you want in the world. Decide (1) which countries you want to visit and why (include points of interest to be visited, languages spoken there, etc.), (2) the order in which you will visit the different locations on your itinerary and how much time you will spend in each place, and (3) how you will travel from place to place (plane, bus, bicycles, etc.). Be prepared to present your plan to the class. After all the presentations, the class will decide which "trip" they would prefer to take.

C. *¡Vamos a descubrir los Estados Unidos!*   Tell the rest of the class about one or two states that you have visited and know fairly well. Give your reactions to this (these) state(s). As each student talks about a state, you should ask questions and share your ideas and opinions. Suggestions: (1) name the state, (2) tell when and where you visited it, (3) tell some things you saw and did there, (4) tell something you learned about that state that makes it unique, (5) mention one advantage that state has over the one where you live, and finally, (6) point out one advantage that your state has over the one visited.

Actividades escritas

D. *¡A ti te toca organizar el viaje!* Write out the itinerary for the trip that you planned with your classmates in Activity A. Also create a list of clothing you plan to take, depending on the season during which you will be traveling, your mode(s) of travel, and the activities planned.

E. *Un diario* (diary) *del viaje* When on a trip, travelers often keep a diary, making notes each evening about where they went and what they did that day, giving their personal evaluation of the experiences. Imagine that you are on the trip you planned in Activity B. Write your diary entries for each day of the trip.

F. *Unas tarjetas postales* When traveling, you often don't have time to write letters; it is much easier just to send postcards. Imagine that you are on a one-week trip in Spain or Mexico. Each day you send a postcard to your Spanish teacher telling him or her where you are and what you have done.

Learning Strategies:

Reporting plans, expressing future time, organizing details in sequence, organizing information in a paragraph

Critical Thinking Strategy:

Associating weather, activities, and clothing

Learning Strategies:

Reporting, expressing past time, organizing details in sequence, organizing ideas in a paragraph, selecting appropriate tone and style

Critical Thinking Strategies:

Imagining, evaluating

Learning Strategies:

Reporting, expressing past time, organizing ideas in a paragraph, selecting appropriate tone and style

Critical Thinking Strategy:

Imagining

Writing Activities

Atajo, *Writing Assistant Software*

supports

Functional vocabulary: Greeting and saying good-bye; planning a vacation; writing a letter (informal); writing a news item; etc.

Topic vocabulary: Calendar; city; clothing; colors; countries; days of the week; direction and distance; fabrics; geography; mail; meals; months; people; seasons; sports; stores; time expressions; time of day; traveling; etc.

Grammar: Verbs: future; prepositions; pronouns: indirect; verbs: **haber;** verbs: participles; etc.

167

Expansión
CULTURAL

Learning Strategies:
Previewing, drawing meaning from context

Learning Strategies:
Verifying, paraphrasing, listing, reading for details

Antes de leer

1. ¿Has viajado en metro alguna vez?
2. ¿Te gusta viajar en metro? ¿Por qué sí o por qué no?
3. Lee el título y mira la foto que acompaña el artículo. ¿Qué ideas generales dan sobre su contenido?

Guía para la lectura

A. Haz lo siguiente para entender mejor la lectura.

1. Lee la breve introducción para confirmar tu impresión general. ¿Qué más sabes ahora?
2. Busca todos los números en los dos primeros párrafos. ¿Qué importancia tienen?
3. Lee la primera oración de cada párrafo y resume la información que da.
4. Haz una lista de los países mencionados en el artículo.
5. Haz una lista de los nombres de figuras famosas en la historia mexicana.

B. Contesta las siguientes preguntas sobre el artículo.

1. ¿Cuándo abrieron el metro mexicano por primera vez?
2. ¿Cuáles son las horas más populares para viajar en el metro?
3. En comparación con el uso de los metros de otros países, ¿qué lugar ocupa México en el mundo?
4. ¿Qué encontraron cuando los obreros hicieron las excavaciones?

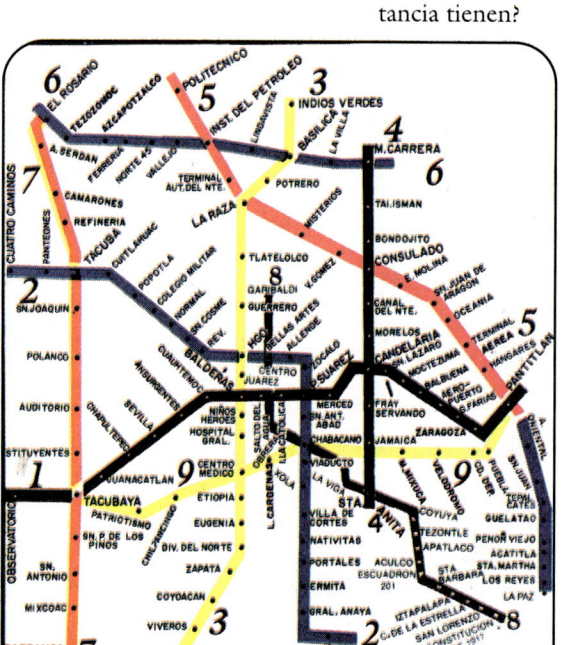

líneas del metro
sub-way stations

Un recorrido por el metro mexicano

El Sistema de Transporte Colectivo de la Ciudad de México es uno de los más extensos del mundo. La Ciudad de México es uno de los centros urbanos más grandes del mundo con más de 20 millones de habitantes que necesitan un metro limpio y eficiente como éste.

El metro mexicano se inauguró en septiembre de 1969. Para poder servir bien al público, tiene nueve líneas de diferentes colores, 105 estaciones y 136 km de **vías.** En ciertas partes el metro corre a una velocidad máxima de 90 km por hora, aunque el **promedio** en general es 35 km por hora. Es una manera de viajar bastante económica y muy popular.

Todos los días, más de 4,5 millones de personas viajan en el metro. Al comparar los números de pasajeros que usan el metro mexicano con los de otros países, México ocupa el tercer lugar en el mundo, después de Moscú en Rusia y Tokio en el Japón. Claro está, durante las horas más populares (antes de las 10:00 de la mañana y después de las 4:00 de la tarde), el metro está completamente lleno.

Es interesante notar que durante las excavaciones que hicieron para el sistema subterráneo, los **obreros,** arquitectos y arqueólogos encontraron muchas ruinas de las antiguas civilizaciones de la época antes de la llegada de Colón y los conquistadores y colonizadores españoles. La Ciudad de México está construida sobre Tenochtitlán, la antigua capital de los aztecas. Por eso descubrieron pequeños templos, como el que está en el centro de la estación de Pino Suárez, y muchos artefactos de la época: artículos artísticos de piedras semipreciosas, pequeñas figuras de **barro** y **joyas** de oro y de plata.

workers

tracks

clay / jewels

average

Critical Thinking

Tell students that Mexico City's subway system is one of the most famous in the world. See if they can name major cities in the U.S. that have large subway systems (New York City; Boston; Washington, D.C.; San Francisco). What advantages can they see to taking the subway rather than taking a bus? (You wait inside and are not exposed to the weather; the stations are clearly marked so that it is easy to figure out where you are going; rush-hour traffic doesn't slow down service; the subway cars don't have to stop for traffic signals; service isn't slowed by bad weather.)

Video/Laserdisc

Mosaico cultural, "Pueblos indígenas"
Mosaico cultural Video Guide

El arte gráfico

Beginning with this reading there are a number of activities that deal with word study. A special section on using a bilingual dictionary appears after Unit 4. This may be a good time to cover this lesson since students may need to use a dictionary to carry out the various word study exercises.

Prereading

Learning Strategies: Predicting based on visual information, reading for gist

Have students look at the artwork reproduced here. Have them predict what the reading will be about and do Ex. B. Before reading the selection, have them skim, paragraph by paragraph, for cognates and familiar vocabulary. Then have them proceed to Exs. C–G.

Answers, Ex. C: 1. c   2. a   3. d   4. e   5. b

El arte gráfico

Calendario azteca

Bisonte de las cuevas de Altamira

Antes de leer

A. Mira el título y los dibujos que acompañan esta lectura. ¿Qué ejemplos de arte gráfico se representan aquí?

B. ¿Quién crees que creó estas obras de arte?

C. Encuentra el cognado inglés en la lista a la derecha que corresponde a la palabra en español en la lista a la izquierda.

1. grandiosas	a. series
2. serie	b. amphitheater
3. lámparas	c. grandiose
4. desastres	d. lamps
5. anfiteatro	e. disasters

170

D. Basándote en el contexto en que se usa la palabra en la lectura sobre el arte gráfico, escoge la definición que mejor corresponde a las siguientes palabras.

1. dibujos
2. policromas
3. renovada
4. igualdad
5. llamativos

a. *adj* 1. exciting thirst 2. showy, bright
b. *adj* 1. polychrome 2. multicolored
c. *n* 1. design 2. drawing 3. sketch 4. description
d. *n* 1. equality 2. conformity 3. levelness
e. *adj* 1. renovated 2. reformed 3. polished

Guía para la lectura

E. Lee el artículo rápidamente y busca el párrafo en que se mencionan:

1. obras prehistóricas
2. obras mexicanas
3. obras en los Estados Unidos
4. obras pintadas por los aztecas

F. Organiza las siguientes oraciones en orden cronológico. Busca las fechas en el texto para justificar tus respuestas.

1. Los artistas méxico-americanos pintan murales en los EE.UU.
2. El Dr. Atl animó a otros artistas mexicanos a que pintaran murales.
3. Los tlacuilos pintaron los códices.
4. El hombre prehistórico pintó dibujos en las cuevas de Altamira.

G. Contesta las siguientes preguntas en español.

1. ¿Dónde están las cuevas de Altamira?
2. ¿Qué animales aparecen entre las figuras pintadas en estas cuevas?
3. ¿De qué tamaño son estas figuras?
4. ¿Qué era un tlacuilo?
5. ¿Por qué son importantes los dibujos que pintaron los tlacuilos?
6. ¿Cuál es el nombre verdadero del Dr. Atl?
7. ¿Qué tipos de personas están representadas en los murales mexicanos?
8. ¿Cómo se caracteriza la década de los '60 en los EE.UU.?
9. ¿Por qué hay murales en ciudades como Los Ángeles, San Antonio, Denver, Albuquerque y Chicago?
10. ¿Qué tema tienen en común los murales pintados en este país?

171

Learning Strategies: Reading for main ideas, reading for cultural information

Students find reading to be less threatening and more accessible when they work together. In the **Lecturas** of Unit 3, students will be actively working on using dictionary skills and learning strategies of cognates and association to figure out the meaning of their readings. Relating reading to a familiar context also facilitates comprehension, so you may want to begin by asking students to talk about caves, what they are like, how they feel, etc., and then talk about art.

- Divide the class into pairs.
- Explain to the students that each pair is going to work on understanding **El arte gráfico** by establishing the meaning of each paragraph and then integrating the meaning of the paragraphs into the meaning of the whole passage. Tell the students that they are to agree on the meaning of each paragraph, formulate one summary, and be prepared to explain their conclusions.
- One student in each pair will be the summarizer (relates in his or her own words the meaning of a paragraph) and the other will be an accuracy checker (corrects inaccuracies, adds anything left out, encourages and coaches, and tries to relate the meaning of the paragraph to previous experience). Ask students to alternate roles after each paragraph.
- Tell the students to begin by skimming the whole passage briefly to get the general idea before they look at the individual paragraphs.

Códices aztecas

H. Usa la información de la lectura para escribir un informe breve en español sobre la historia del arte gráfico en el mundo hispano. Usa un mapa del mundo para ilustrar cómo evolucionó esta forma de arte desde tiempos prehistóricos hasta el presente. Incluye también las fechas apropiadas en el mapa.

El arte gráfico

caves

average / length

reindeer / bears
light

Para hablar del arte gráfico hay que empezar con las figuras y los dibujos que crearon los hombres prehistóricos. Una de las representaciones más grandiosas y magníficas de este tipo de arte se encuentra en las **cuevas** de Altamira, en el norte de España. Estas cuevas consisten en un vestíbulo, que probablemente servía como habitación, y una serie de galerías. Las galerías están decoradas con una serie de figuras relativamente grandes con un **promedio** de metro y medio de **longitud**. Son además policromas, combinando distintos colores, como el rojo, el amarillo y el negro. Entre las figuras encontramos bisontes, mamuts, **renos** y **osos**. Pintadas en el interior de las cuevas, a la **luz** de lámparas de grasa, muchas de ellas tenían un significado religioso o mágico. Se estima que fueron pintadas hace más de 10.000 años. Podemos decir que en estas cuevas, en el año 8000 antes de Cristo, comenzó el arte gráfico hispano.

172

- When the pairs are done, ask students at random to name the main topics of the passage. Then ask them to tell the class about their impression of what the cave art is like.
- Ask students to relate what they initially said about caves and art to what they have learned from the reading.

En América, sobre todo en México, también existía una antigua tradición de arte gráfico. A partir de los años 1000 a 1500 después de Jesucristo, existían dibujos llamados "códices". Éstos fueron pintados por los "tlacuilos", que eran reporteros del emperador azteca. Éstos viajaban por todo el imperio azteca dibujando todo lo que veían en cada región. Así podían documentar las costumbres, tradiciones, **guerras** o desastres naturales que ocurrieron.

wars

Esta tradición fue renovada por los llamados muralistas mexicanos. Las primeras manifestaciones del muralismo de México **se remontan a** 1910, año en que Gerardo Murillo, conocido como el Dr. Atl, y varios estudiantes de la Academia de San Carlos organizaron una exposición y **propusieron** decorar con murales el anfiteatro de la Escuela Preparatoria en la ciudad de México. Se trataba de un arte monumental y político, **realizado** por artistas comprometidos que trataban de crear un arte público para todo el pueblo. También

date back to

proposed

carried out

trataban de revalorizar la legendaria cultura prehispánica. Las composiciones **solían** estar protagonizadas por indígenas prehispánicos, conquistadores españoles, **campesinos, obreros,** políticos y revolucionarios.

En los años sesenta el mundo entero vivió en un período de revolución, de **lucha** por la igualdad y de **orgullo** por las **raíces** étnicas. Durante esta década, este género de arte gráfico se extendió a los Estados Unidos. En muchas de las ciudades grandes de este país, como Los Ángeles, San Antonio, Denver, Albuquerque, Chicago; o sea, donde hay gente de origen mexicano, podemos encontrar murales pintados con colores llamativos. Los temas de estas obras de arte muchas veces ilustran el dilema del méxico-americano de vivir entre dos culturas; es decir, no ser mexicano ni tampoco norteamericano.

solían: tended / *campesinos:* farmers / *obreros:* workers /
lucha: struggle / *orgullo:* pride / *raíces:* roots

Mural en San Francisco

173

Cultural Observation

Have students look at this mural and note its theme. Ask them whether they have seen murals like these somewhere in the U.S. Virtually any city with any sort of Hispanic population in this country will have murals like these reflecting the tradition that began back in Altamira in prehistoric times.

Unit Organization

Unit 3 of *¡Ya verás!* Level 3 has a different organization than previous units. In order to emphasize reading practice, each **etapa** begins and ends with a cultural reading related to the unit theme. To allow extra time, these readings and the activities that go with them replace the **Aquí escuchamos** section of each **etapa**. Also, because of the ample amount of reading throughout the unit, there is no **Aquí leemos** section at the end.

Planning Strategy

If you do not assign the Planning Strategy (Workbook, p. 151) for homework, or if students have difficulty coming up with English expressions, you might try asking several students to role play situations related to the expressions called for: a person talking to an art critic; a person talking to a music critic; two people talking about their wishes, desires, and hopes for the future; and two people discussing things they are unhappy or sad about. Alternatively, you might divide the class into four groups and have each group generate a list of words and expressions related to one of the objectives listed.

Video/Laserdisc

Mosaico cultural: "Detalles y colores", "Sones y ritmos", "Hecho a mano"
Mosaico cultural Video Guide

¿Qué ves?

>> ¡Te gusta el arte?
>> ¡Te gusta el arte popular?
>> ¿Cuál es un ejemplo de arte popular?

OBJECTIVES

IN THIS UNIT YOU WILL LEARN:

■ **T**o understand texts about art, popular art, and music in the Spanish-speaking world;
■ **T**o express wishes, desires, and hopes;
■ **T**o express emotions and reactions;
■ **T**o talk about art and music.

174

Capítulo siete: La pintura

Primera etapa: El muralismo mexicano
Segunda etapa: Tres pintores españoles del siglo XX: Picasso, Miró, Dalí

Capítulo ocho: El arte popular

Primera etapa: Las molas de los indios cunas
Segunda etapa: México y sus máscaras

Capítulo nueve: La música en el mundo hispano

Primera etapa: La historia de "La bamba"
Segunda etapa: La música mariachi

Expansión cultural: Jon Secada, un éxito bilingüe

La literatura en los países de habla española

UNIDAD tres

El arte y la música en el mundo hispano

175

CAPÍTULO **7**

LA PINTURA

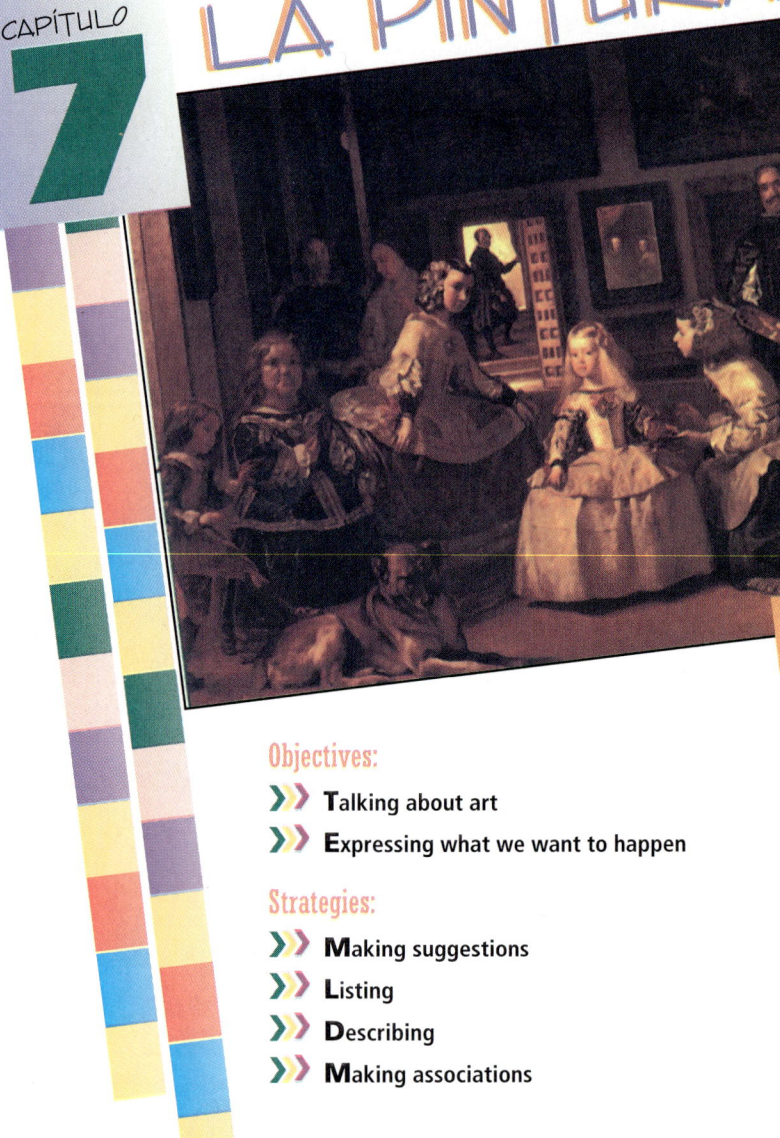

"Las meninas", Diego de Velázquez, pintor español

Objectives:

>> **T**alking about art
>> **E**xpressing what we want to happen

Strategies:

>> **M**aking suggestions
>> **L**isting
>> **D**escribing
>> **M**aking associations

176

PRIMERA ETAPA

Preparación

>> ¿Quiénes son algunos de los artistas que tú conoces?

>> **A** veces un artista pinta un mural en un lugar público para que toda la gente pueda apreciarlo. ¿Hay murales en lugares públicos en tu ciudad o pueblo?

/././././././././././././.
Learning Strategies:
Brainstorming, previewing

/././././././././././././.
Learning Strategy:
Reading for cultural information

El muralismo mexicano

José Clemente Orozco, "Zapatistas"

El arte de Diego Rivera constituyó uno de los pilares en que se basa el muralismo mexicano. Rivera nació en la ciudad de Guanajuato, en el estado de Guanajuato, el 8 de diciembre de 1886. Después del **traslado** a la capital mexicana cuando tenía diez años, obtuvo una **beca** del gobierno para asistir a

traslado: move / *beca:* scholarship

177

Etapa Support Materials

Workbook: pp. 152–163
Lab Manual: p. 41
Critical Thinking Master: p. 6
Transparencies: #23, #24, #25, #26
Quiz: Testing Program, p. 92
Tapescript: p. 71

---

la Academia de Bellas Artes. Después pasó unos años en Europa donde investigó la técnica mural del pintor italiano prerrenacentista Giotto, cuya influencia le hizo **apartarse** del cubismo, un movimiento artístico que estaba en boga durante aquella época. En 1921 regresó a México y **fundó,** junto con David Alfaro Siqueiros y José Clemente Orozco, un movimiento pictórico conocido como la escuela mexicana de pintura. Durante estos años pintó varios murales en México y con la expansión de su fama **expuso** algunas obras en Nueva York. Después de esta exhibición recibió el **encargo** de pintar grandes murales en el Instituto de Arte en Detroit y otro en Rockefeller Center. El tema principal de Rivera era la lucha de las clases populares indígenas. Su última obra, un mural épico sobre la historia de México, quedó incompleta cuando murió en la ciudad de México el 25 de noviembre de 1957.

Otro pilar de este movimiento artístico fue David Alfaro Siqueiros, que nació en Chihuahua el 29 de diciembre de 1896. Después de iniciar sus estudios artísticos en la ciudad de México, pasó una temporada en Europa con el objeto de **ampliar** su formación. Los temas de las obras de Siqueiros son el **sufrimiento** de la clase obrera, el conflicto entre el socialismo y el capitalismo y la decadencia de la clase media. El arte para Siqueiros era un **arma** que se podía utilizar para el progreso del pueblo y como un **grito** que podía inspirar la rebelión entre la

gente que sufría la injusticia y la miseria. Durante su vida sufrió varios **encarcelamientos** y **destierros** debido a sus actividades políticas, pero esto no impidió que sus murales decoraran importantes edificios públicos en la capital mexicana. Uno de sus últimos trabajos, "Del porfirismo a la revolución", ocupa una **superficie** de 4.500 metros cuadrados en el Museo de Historia Nacional. Otro, que mide 4.000 metros cuadrados y está en el Hotel de México, se llama "La marcha de la humanidad". Fue terminado en 1971 después de cuatro años de exhaustivo trabajo. Siqueiros murió en Cuernavaca el 6 de enero de 1974.

David Alfaro Siqueiros, "Etnografía", *1931*

apartarse: distance himself / *fundó:* founded / *expuso:* exhibited / *encargo:* commission / *ampliar:* to expand, widen / *sufrimiento:* suffering / *arma:* weapon / *grito:* cry, shout / *encarcelamientos:* imprisonments / *destierros:* exiles / *superficie:* surface

178

Mural por José Clemente Orozco, Guadalajara, México

Diego Rivera, "Vendedor de flores", 1935

El tercer pilar del muralismo mexicano fue José Clemente Orozco. Éste nació en Zapotlán, en el estado de Jalisco, el 23 de noviembre de 1883, y a los siete años se trasladó, con su familia, a la capital. Allí, como estudiante en la Academia de San Carlos, pronto mostró su **genio** para el arte pictórico. Aquí conoció al Dr. Atl, que **animaba** a sus compañeros **a que dejaran** las culturas extranjeras y cultivaran los temas de la tierra mexicana. Orozco pintó grupos de campesinos e imágenes de destrucción, sacrificio y renacimiento después de la Revolución de 1910. Su fama se extendió fuera de México y en 1927 recibió el encargo de pintar un mural para Pomona College en California. En 1932 fue profesor de pintura mural en Dartmouth College, donde hoy día podemos ver varios murales que pintó allí. Orozco murió el 7 de septiembre de 1949 en la ciudad de México.

genio: genius / *animaba:* inspired / *a que dejaran:* that they leave

179

Cultural Expansion

Note that Padre Hidalgo, shown in Orozco's mural, is considered the father of Mexican independence. On September 16, 1810, he issued the famous **grito de Dolores** declaring Mexico independent from Spain. He was living in Dolores when independence was declared. You can also compare Mexico's declaration of independence from Spain with that of the 13 colonies (U. S.) from England.

Support material,
Transparencies #23, #24

Comprensión

A. *Estudio de palabras*   Trata de adivinar el significado de varias palabras en la lectura en las páginas 177–179 sobre el muralismo mexicano. Encuentra la(s) palabra(s) en inglés en la lista a la derecha que corresponde(n) a la(s) palabra(s) en español en la lista a la izquierda.

1. pilares	**a.** season, period of time
2. obtuvo	**b.** because of
3. cuya	**c.** rebirth
4. en boga	**d.** whose
5. quedó	**e.** pillars
6. temporada	**f.** obtained
7. debido a	**g.** in vogue, in style
8. extranjeras	**h.** remained
9. renacimiento	**i.** foreign

B. *Un bosquejo*   Completa el siguiente bosquejo *(outline)* que se basa en la lectura sobre el muralismo mexicano.

El muralismo mexicano
A. Diego Rivera
    1. _____ 1886
    2. con otros artistas fundó un movimiento pictórico en 1921
    3. _____ 1957
B. _____
    1. nació en Chihuahua el 29 de diciembre de 1896
    2. _____ 1971
    3. _____ 1974
C. _____
    1. _____ 1883
    2. _____ 1927
    3. murió el 7 de septiembre de 1949

C. *¿Qué sabes sobre el muralismo?*   Contesta las siguientes preguntas en español.

1. ¿Quiénes son los tres muralistas mexicanos más importantes?
2. ¿Quién fue el mayor? ¿Quién fue el menor?
3. ¿En qué orden murieron?
4. ¿Quién fue Giotto?
5. ¿Quién pintó algunos murales en Detroit?
6. ¿Quién pintó algunos murales en Dartmouth College?
7. ¿Qué influencia tuvo el Dr. Atl en los muralistas?
8. ¿Cuál de los muralistas empezó más controversias y aun fue encarcelado por sus ideas?

Ex. A: writing

Answers, Ex. A: 1. e 2. f
3. d 4. g 5. h 6. a 7. b 8. i
9. c

More-prepared students, Ex. A: More-prepared students might be interested in seeing definitions of some of these words in a Spanish dictionary. Have them say whether the word is a noun, verb, adjective, etc., and look for key words in the definition.

Ex. B: writing

Answers, Ex. B: A. 1. Rivera nació en Guanajuato, el 8 de diciembre de 1886.   3. Rivera murió en la ciudad de México el 25 de noviembre de 1957.   B. David Alfaro Siqueiros   2. Terminó su trabajo "La marcha de la humanidad" en 1971.
3. Siqueiros murió en Cuernavaca el 6 de enero de 1974.   C. José Clemente Orozco   1. Nació en Zapotlán el 23 de noviembre de 1883.   2. Recibió el encargo de pintar un mural para Pomona College en California en 1927.

Ex. C: writing

Answers, Ex. C: 1. Los tres muralistas mexicanos más importantes son Diego Rivera, David Alfaro Siqueiros y José Clemente Orozco.   2. El mayor fue David Alfaro Siqueiros. El menor fue José Clemente Orozco.   3. José Clemente Orozco murió primero, Diego Rivera segundo y Siqueiros tercero.
4. Giotto fue un pintor italiano prerrenacentista que influyó a Rivera.   5. Rivera pintó algunos murales en Detroit.
6. Orozco pintó algunos murales en Dartmouth College.   7. El Dr. Atl animaba a los pintores a que dejaran las culturas extranjeras y cultivaran los temas de la tierra mexicana.   8. Siqueiros fue encarcelado por sus ideas y empezó más controversias que los otros dos muralistas.

Variation, Ex. C: Students might enjoy a game of "Jeopardy" using the names of muralists, as well as other people they have studied in their Spanish classes. (Instead of providing the answer, students provide the appropriate question.)

D. El muralismo mexicano Usa la información de la lectura para escribir un informe breve sobre uno de los muralistas mexicanos. Escoge una de las pinturas en las páginas 177–179 y descríbela brevemente para ilustrar tu informe.

ESTRUCTURA

The subjunctive mood

Mi papá quiere **que** yo **estudie** más.	My father wants me *to study* more.
Es necesario **que** tú **estudies** más.	It is necessary *that* you *study* more.

The subjunctive is used to express things we want to happen, things we try to get other people to do, and activities that we are reacting to emotionally. We will focus on the forms of the subjunctive and on the structure of a type of sentence in which it is used. In later chapters you will learn more about concepts associated with the Spanish subjunctive.

The subjunctive mood is used in sentences that have more than one clause and where the subjects in the two clauses are different. In the examples shown, the person in the first part of the sentence expresses necessity or a desire regarding the person in the second part. Notice that the two parts of the sentence are connected by the word **que.** The verb following **que** is in the *present subjunctive*.

For most verbs, the present subjunctive is formed by removing the **o** of the **yo** form of the present indicative tense and adding the following endings.

-ar verbs

habl**ar**	→	habl**o**	→	habl**e** habl**emos**
				habl**es** habl**éis**
				habl**e** habl**en**

-er verbs

com**er**	→	com**o**	→	com**a** com**amos**
				com**as** com**áis**
				com**a** com**an**

181

Ex. D: ✎ writing

Presentation: Estructura

We are introducing the subjunctive in a way that differs greatly from the manner in which it has traditionally been presented. Research has shown that we make too much of the subjunctive. (Tracy Terrell. "The Subjunctive in Spanish interlanguage: accuracy and comprehensibility," in VanPatten, et al. *Foreign Language Learning.* Rowley, Mass.: Newbury House, 1987) Subjunctives comprise only about 3 percent of all the verb forms a native speaker of Spanish uses in conversation. Students never really internalize all of the uses of the subjunctive that are presented in a typical textbook and are apt to make errors when they try to use it. Although students may not use a verb correctly in the subjunctive, if the syntactic pattern is correct, the message is conveyed and the error is not considered by native speakers to be serious. We have simplified the explanation of the subjunctive by avoiding excessive and confusing jargon.

We are focusing on (1) the forms of regular **-ar, -er,** and **-ir** verbs in the present subjunctive and (2) the syntactic pattern most commonly associated with the use of the subjunctive, i.e., main clause followed by the subjunctive in the **"que"** clause. We have chosen two of the most common expressions that require the use of the subjunctive: **querer** and **es necesario.**

Although these two structures may seem monotonous, we are focusing on the syntactic pattern that characterizes the use of the subjunctive and the basic verb forms of this mood. After all the verbs have been introduced and practiced with these two expressions, other expressions requiring the use of the subjunctive will be introduced.

Presentation:
Estructura, cont.

Write the following sentences on the board: *My father/mother wants me to walk to school.* **Mi padre/ madre quiere que yo camine a la escuela.** *It is necessary for me to walk to school.* **Es necesario que yo camine a la escuela.** Use these sentences to compare the syntactic structures used in both languages. Where English uses the infinitive with a prepositional pronoun, Spanish requires the subjunctive and a subject pronoun.

Before proceeding to Ex. E, have students generate a number of sentences in English with *it is necessary for me to . . .* and *my father/mother wants me to . . .* so that they get the feel for how to say these things in English, before trying to say them in Spanish.

Answers, Ex. E: 1. ella estudie, Uds. estudien, Marisa estudie, ellas estudien, Ud. estudie 2. tú contestes, Marisol conteste, Uds. contesten, él conteste, vosotros contestéis 3. mi hermano aprenda, nosotros aprendamos, Uds. aprendan, ellas aprendan, tú aprendas

Less-prepared students, Ex. E: Have these students first identify both verbs in each sentence, noticing that the first is in the indicative mood and the second in the subjunctive. Then have them translate each sentence, keeping in mind that they will not translate literally (English uses the infinitive). They can then do the transformations.

-ir verbs

escrib**ir** →	escrib**o** →	escrib**a**	escrib**amos**
		escrib**as**	escrib**áis**
		escrib**a**	escrib**an**

You can use this rule for forming the present subjunctive of the following verbs you have previously encountered in *¡Ya verás!* as well as for all new verbs.

-ar verbs

acampar	charlar	expresar	preguntar
ahorrar	comprar	ganar	presentar
alquilar	contestar	gustar	prestar
andar	cuidar	hablar	regatear
anunciar	cultivar	llamar	regresar
aprovechar	descansar	llevar	sudar
arreglar	desear	mandar	terminar
bailar	disfrutar de	mirar	tomar
bajar	doblar	nadar	trabajar
cambiar	escuchar	necesitar	trotar
caminar	esperar	odiar	viajar
cantar	estudiar	pasar	visitar
cenar	exagerar	planear	

-er verbs

aprender	correr	leer	ver
comer	creer	romper	
comprender	deber	vender	

-ir verbs

asistir a	discutir	recibir
compartir	escribir	subir
describir	insistir en	vivir

Aquí practicamos

E. Sustituye las palabras en cursiva con las palabras entre paréntesis y haz los cambios necesarios.

1. Quiero que *tú* estudies más. (ella / Uds. / Marisa / ellas / Ud.)
2. La profesora quiere que *nosotros* contestemos las preguntas. (tú / Marisol / Uds. / él / vosotros)
3. Mi papá quiere que *yo* aprenda español. (mi hermano / nosotros / Uds. / ellas / tú)

182

4. Es necesario que *él* lea las instrucciones. (yo / tú / nosotros / Uds. / ellas)
5. Es necesario que *ella* escriba la carta. (yo / nosotros / Uds. / Alberto y Sempronio / tú)
6. El médico quiere que *nosotros* descansemos después de correr. (ellas / Marirrosa / tú / yo / Uds.)

F. Quiero que... Tú quieres expresar lo que quieres que hagan otras personas. Crea frases según el modelo.

 Uds. comen más.
Quiero que Uds. coman más.

1. Tú ahorras dinero.
2. Pedro alquila un coche.
3. El mesero arregla la cuenta.
4. Juana baila el merengue.
5. Los profesores bajan al primer piso.

Ahora quieres expresar lo que quiere tu mamá que hagan otras personas.

 Yo como menos.
Mi mamá quiere que yo coma menos.

6. Yo camino a la escuela.
7. Mi amigo cena con nosotros.
8. Mi papá compra un coche nuevo.
9. Mi hermana mayor cuida a mi hermanito.
10. La vecina charla con ella.

Ahora quieres expresar lo que es necesario que hagan tú y los otros miembros de tu familia. Sigue el modelo.

 Mi hermanito come mucho.
Es necesario que mi hermanito coma mucho.

11. Mis padres disfrutan de sus vacaciones.
12. Nosotros escuchamos las instrucciones de mi padre.
13. Mi hermanito no mira la televisión mucho.
14. Mi padre nada 30 minutos cada día.
15. Mi hermana y yo regresamos temprano a casa todos los días.
16. Tú terminas la tarea de matemáticas temprano esta noche.
17. Yo tomo seis vasos de agua cada día.
18. Mi papá viaja a Chicago cada mes.
19. Mi mamá camina cinco millas cada lunes, miércoles y viernes.
20. Nosotros visitamos a nuestros abuelos en diciembre.

183

Answers, Ex. E, cont.: 4. yo lea, tú leas, nosotros leamos, Uds. lean, ellas lean 5. yo escriba, nosotros escribamos, Uds. escriban, Alberto y Sempronio escriban, tú escribas 6. ellas descansen, Marirrosa descanse, tú descanses, yo descanse, Uds. descansen

Suggestion, Ex. F: This exercise could be done in pairs or in writing.

Answers, Ex. F: 1. Quiero que tú ahorres dinero. 2. Quiero que Pedro alquile un coche. 3. Quiero que el mesero arregle la cuenta. 4. Quiero que Juana baile el merengue. 5. Quiero que los profesores bajen al primer piso. 6. Mi mamá quiere que yo camine a la escuela. 7. Mi mamá quiere que mi amigo cene con nosotros. 8. Mi mamá quiere que mi papá compre un coche nuevo. 9. Mi mamá quiere que mi hermana mayor cuide a mi hermanito. 10. Mi mamá quiere que la vecina charle con ella. 11. Es necesario que mis padres disfruten de sus vacaciones. 12. Es necesario que nosotros escuchemos las instrucciones de mi padre. 13. Es necesario que mi hermanito no mire la televisión mucho. 14. Es necesario que mi padre nade 30 minutos cada día. 15. Es necesario que mi hermana y yo regresemos temprano a casa todos los días. 16. Es necesario que tú termines la tarea de matemáticas temprano esta noche. 17. Es necesario que yo tome seis vasos de agua cada día. 18. Es necesario que mi papá viaje a Chicago cada mes. 19. Es necesario que mi mamá camine cinco millas cada lunes, miércoles y viernes. 20. Es necesario que nosotros visitemos a nuestros abuelos en diciembre.

More-prepared students, Ex. F: Prepare a list of similar sentences that are more communicative or have the students prepare a list of their shortcomings. These students will write the logical rejoinder: **Yo no estudio mucho. Mi mamá quiere que estudie más.**

Suggestion, Ex. G: This activity could be written or done orally in pairs.

Answers, Ex. G: 1. Es necesario que Julia nade hoy.   2. Es necesario que Julián estudie francés.   3. Es necesario que mi hermanito coma vegetales.   4. Es necesario que nosotros regresemos temprano.   5. Es necesario que Beatriz y Rosa arreglen su cuarto.   6. Es necesario que tú cenes conmigo.   7. Es necesario que Magda ahorre dinero para la universidad.   8. Es necesario que mi hermano cuide al niño esta noche.   9. Es necesario que nosotros veamos el programa de televisión en PBS.   10. Es necesario que Marcos y Laura corran todos los días.

More-prepared students, Ex. G: These students could provide alternatives in response to these statements. In item #1, for example, for **Julia no quiere nadar hoy,** students can say what they want her to do instead: **Entonces, quiero que lea un libro al lado de la piscina.**

Presentation:
Palabras útiles

We introduce **ojalá que** to relieve the monotony and still allow the student to focus on form and syntax. Have students generate a few examples in English to familiarize them with this construction.

Point out that the origin of **ojalá que** is Arabic *(may Allah grant that . . .)* and dates back to the Arab domination of the Iberian Peninsula, 711 to 1492. Note that during this period many Arabic words found their way into Spanish. Linguists have determined that there are about 4,000 words of Arabic origin in modern Spanish. Most of the words in Spanish that begin with **al-** are of Arabic origin: **alcohol, álgebra, alcachofa, alfalfa, alberca, alcoba, algodón, almendra, almohada,**

G. *No quiere...*   Varias personas que tú conoces no quieren hacer nada. Pero tú sabes que es necesario que ellos hagan las actividades indicadas. Sigue el modelo.

Modelo: Simón no quiere escuchar a la profesora.
Es necesario que Simón escuche a la profesora.

1. Julia no quiere nadar hoy.
2. Julián no quiere estudiar francés.
3. Mi hermanito no quiere comer vegetales.
4. Nosotros no queremos regresar temprano.
5. Beatriz y Rosa no quieren arreglar su cuarto.
6. Tú no quieres cenar conmigo.
7. Magda no quiere ahorrar dinero para la universidad.
8. Mi hermano no quiere cuidar al niño esta noche.
9. Nosotros no queremos ver el programa de televisión en PBS.
10. Marcos y Laura no quieren correr todos los días.

Palabras útiles

The subjunctive with *ojalá que*

—¿Vas al cine el viernes? | Are you going to the movies on Friday?

—**¡Ojalá que** pueda ir! | *I hope* I can go!

—¿Puedes llamarme por teléfono esta noche? | Can you call me tonight?

—Tengo mucho que estudiar. | I have a lot to study. *I hope* I
¡Ojalá que tenga tiempo! | have time!

Ojalá que is an expression in Spanish that means *I hope*. It is normally used to make an exclamation and is always followed by a verb in the subjunctive.

184

almanaque, alfombra, albóndigas. Some Spanish words that begin with **a-** also are of Arabic origin: **aceite, aceituna, ajedrez, ajonjolí, arroz, azúcar, aduana, azulejo, azucena.** Other interesting words of Arabic origin are: **jazmín, jarabe, naranja, cifras** and **cénit.** Some of these words have also found their way into the English language: *alcohol, algebra, almond, alfalfa, almanac, alcove, jasmine,* and *zenith.*

Ex. H: pair work

H. ¿Con quién... ?

Un(a) amigo(a) te pregunta lo que vas a hacer y tú le contestas con lo que esperas hacer empleando la expresión *ojalá que*.

Modelo: comer mañana
—*¿Con quién vas a comer mañana?*
—*¡Ojalá que coma con Yara!*

1. estudiar
2. bailar
3. caminar a la escuela
4. cenar el viernes por la noche
5. mirar la televisión esta noche
6. escuchar tu disco compacto nuevo
7. viajar a España el verano próximo
8. asistir al concierto el sábado próximo

Possible answers, Ex. H:
1. ¿Con quién vas a estudiar mañana? ¡Ojalá que estudie contigo!   2. ¿Con quién vas a bailar mañana? ¡Ojalá que baile con Juan!   3. ¿Con quién vas a caminar a la escuela? ¡Ojalá que camine a la escuela con mi hermano!   4. ¿Con quién vas a cenar el viernes por la noche? ¡Ojalá que cene con mi familia!   5. ¿Con quién vas a mirar la televisión esta noche? ¡Ojalá que mire la televisión con mi novia!   6. ¿Con quién vas a escuchar tu disco compacto nuevo? ¡Ojalá que escuche mi disco compacto nuevo con mi vecina!   7. ¿Con quién vas a viajar a España el verano próximo? ¡Ojalá que viaje con Felipe!   8. ¿Con quién vas a asistir al concierto el sábado próximo? ¡Ojalá que asista al concierto con David!

LECTURA: FRIDA KAHLO

Antes de leer

1. Mira el título de la lectura y la reproducción que aparece en la página 186. ¿Conoces a esta artista?
2. ¿Qué animales aparecen en la pintura?

Learning Strategy:
Previewing

Guía para la lectura

1. Lee la lectura rápidamente. Busca todas las fechas en la lectura y escríbelas en una hoja de papel.
2. Ahora escribe lo que aconteció *(happened)* en cada fecha.
3. Lee la lectura otra vez y haz las actividades que siguen.

Learning Strategies:
Listing, reading for details

Frida Kahlo

rida Kahlo nació el mismo año en que se inició la Revolución Mexicana: 1910. Más que ningún otro artista mexicano, ella combina el pasado precolombino, la imaginería católica del período colonial, las artes populares de México y la vanguardia europea. Con colores sumamente brillantes **deja constancia** de su dolor físico, su **muerte cercana** y su tempestuoso matrimonio con Diego Rivera.

En 1951 Frida le dijo a una periodista, "He sufrido dos accidentes graves en mi vida. En uno, **un tranvía me atropelló** cuando yo tenía dieciséis años: fractura de columna, veinte años de inmovilidad... El

Learning Strategy:
Reading for cultural information

she left evidence
rapidly approaching death

a streetcar hit me

Answers, Guía para la lectura: 1./2. 1910–nació Frida Kahlo; 1951–entrevista con periodista; 17 de septiembre de 1925–accidente; 23 de agosto de 1929–boda de Frida y Diego Rivera; 1937–1945–Frida se autorretrató con monos; 1945–pintó "Autorretrato con changuito"; 1943–pintó "Autorretrato como tehuana"; 13 de julio de 1954–murió Frida Kahlo

185

Cultural Expansion

Note the use in the reading of **mono** and **chango (changuito)** for the English word *monkey.*

Support material:
Transparency #25

Frida Kahlo, "Autorretrato con perro Ixcuincle y sol"

otro accidente es Diego…" El primer accidente ocurrió el 17 de septiembre de 1925, cuando Frida era estudiante y se preparaba para **ingresar** en la escuela de medicina de la universidad. El autobús en que ella viajaba **chocó con** un tranvía. Se fracturó la columna en dos lugares, la pelvis en tres y además la pierna derecha.

El segundo accidente fue su matrimonio con el famoso muralista mexicano Diego Rivera. A los trece años, Frida vio a Rivera, gordo y feo, por primera vez. Se enamoró de él y les confesó a sus amigas que se iba a casar con él. Frida y Diego se casaron el 23 de agosto de 1929. Ella tenía diecinueve años y él, establecido como el pintor más importante de México, tenía cuarenta y tres.

Muchas de las pinturas de Frida son autorretratos, y entre 1937 y 1945 se autorretrató varias veces con **monos.** Por ejemplo, en su "Autorretrato con changuito", 1945, incluye

ingresar: to enroll / *chocó con:* ran into / *monos:* monkeys

Frida Kahlo, "Autorretrato con changuito y loro", *1942*

186

Suggestion, Ex. I: Before doing Ex. I, you may want to refer students to the section entitled "Using a Spanish/English dictionary" on pp. 368–371.

un tipo de perro precolombino casi extinto en la actualidad, llamado "ixcuincle". En tiempos precolombinos el ixcuincle **se sepultaba** con su **amo** para que el muerto disfrutara de su compañía juguetona y su cariño en la otra vida. En este autorretrato tal vez Kahlo esté usando el perrito para anunciar su muerte. En su "Autorretrato como tehuana", 1943, lleva el vestido tradicional de una india tehuana y en la frente tiene un retrato de Diego.

was buried with / master

Para principios de la década de los años cincuenta la salud de Frida se había deteriorado mucho. El 13 de julio de 1954 murió en su casa en Coyoacán, en las afueras de la ciudad de México, donde nació, vivió con Diego Rivera y pintó muchas de sus obras. La casa, que ahora es el Museo Frida Kahlo, contiene muchos recuerdos suyos y su colección de arte.

Comprensión

I. Cognado, contexto o diccionario   Haz un diagrama como el siguiente. Busca las palabras en la lectura en las páginas 185–187. Al tratar de adivinar el significado de las siguientes palabras, indica con una palomita (√) si la palabra es un cognado, si la adivinaste por medio del contexto o si tuviste que buscar la palabra en el diccionario. Si tuviste que buscar la palabra en un diccionario, indica la forma de la palabra que aparece en el diccionario y el significado que encontraste allí.

Learning Strategies:

Using cognates for meaning, drawing meaning from context, using a dictionary, taking notes in a chart

	Cognado	Contexto	Forma en el diccionario	Significado en el diccionario
imaginería				
enamorarse				
casarse				
autorretratos				
disfrutar				
juguetona				
cariño				
afueras				
recuerdos				

187

Learning Strategies:

Verifying, supporting answers

J. *El orden cronológico...*   Organiza las siguientes oraciones en orden cronológico. Busca las fechas en el texto para justificar tus respuestas.

1. Se casó con Diego Rivera.
2. Fue atropellada por un tranvía.
3. Pintó "Autorretrato con changuito".
4. Nació.
5. Murió en la ciudad de México.

Learning Strategy:

Reading for details

K. *Frida Kahlo*   Contesta las siguientes preguntas en español.

1. ¿Cuándo nació Frida Kahlo?
2. ¿Qué elementos combina en su arte?
3. ¿Cuáles fueron sus dos accidentes?
4. ¿Qué sufrió en uno de sus accidentes?
5. ¿Qué diferencia había en cuanto a edad entre Frida y Diego?
6. ¿Qué pintó Frida entre 1937 y 1945?
7. ¿Qué es un ixcuincle?
8. ¿Qué significado tiene el perrito en el "Autorretrato con changuito" de Frida?
9. ¿Cuántos años tenía cuando murió?
10. ¿Dónde está el Museo Frida Kahlo?

¡Adelante!

Learning Strategy:

Asking and answering questions based on personal information

Critical Thinking Strategy:

Comparing and contrasting

EJERCICIO ORAL

L. *Mi mamá quiere...*   Pregúntale a un(a) amigo(a) lo que no le gusta hacer pero que su mamá quiere que haga. Establece tres actividades diferentes preguntando sobre diferentes días o aspectos del día (mañana, noche, antes de la escuela, después de la escuela, sábado, etc.). Sigan el modelo.

—*¿Qué te gusta hacer por la noche?*
—*Me gusta mirar la televisión, pero mi mamá quiere que yo estudie.*

Learning Strategies:

Listing, expressing an opinion, recommending

EJERCICIOS ESCRITOS

M. *Es necesario que mi amigo(a)...*   Specify a goal for your friend, such as improving his or her grades during this grading period or

188

getting into better physical condition. Write a series of sentences that reflect at least six things your friend must do in order to accomplish the goal. Use *es necesario que* to begin your statements.

Frida Kahlo, "Frida y Diego Rivera", 1931

N. *La obra de Frida Kahlo*   Escoge uno de los cuadros de Frida Kahlo y descríbelo. Dos están en la página 186 y otro está arriba. Trabaja con un(a) compañero(a).

Learning Strategy:
Describing

189

Ex. M: writing

Suggestion, Ex. M: You might wish to begin this exercise by asking students to name various goals they have. Write them on the board and have the students do sample sentences using **Para... es necesario....**

Ex. N: pair work

writing

Support material:
Transparency #26

Presentation: Picasso, Miró, Dalí

After talking about cubism, have students point out as many geo-metrical figures as possible in the painting below.

Cultural Observation

Picasso's **Tres músicos** is consid-ered his cubist masterpiece. Have students look at it and try to dis-cern all of the geometric figures that comprise this work.

Support material:
Transparency #27

SEGUNDA ETAPA

Preparación

>> ¿**Q**ué sabes del arte del siglo XX?

>> ¿**Q**uiénes son algunos de los pintores más importantes?

>> ¿**H**as visto una obra cubista? ¿una surrealista?

Learning Strategies:
Brainstorming, previewing

Tres pintores españoles del siglo XX: Picasso, Miró, Dalí

Learning Strategy:
Reading for cultural information

Pablo Picasso, "Tres músicos", 1921

190

Etapa Support Materials

Workbook: pp. 164–173
Transparencies: #27, #28, #29

Quiz: Testing Program, p. 94
Chapter Test: Testing Program, p. 97

Pablo Picasso, "Familia de saltimbanquis", *1905*

Picasso

Probablemente el artista español más universal es Pablo Picasso. Su obra dejó una profunda **huella** en la pintura moderna. Nació en Málaga el 15 de octubre de 1881. Su padre, pintor y profesional del dibujo, lo inició en el arte pictórico. Picasso demostró muy pronto una aptitud extraordinaria para la pintura y fue admitido, cuando sólo tenía 14 años, a la Escuela de Bellas Artes en Barcelona. Desde 1900 hizo varios viajes a Madrid y París, donde finalmente estableció su **taller**.

Entre 1900 y 1906 Picasso pasó por sus períodos azul y rosa. Estas dos épocas se llaman así por las tonalidades predominantes en las obras que pintó durante esos años. Después de esto, junto con Georges Braque, creó el estilo que hoy se conoce como el "cubismo". Este movimiento artístico se caracteriza por el uso o predominio de formas geométricas. Picasso es una de las figuras más representativas de este movimiento artístico. También hizo unas excursiones esporádicas en el **ámbito** de la escultura. Dos de estas obras son: "La cabra" que está en el Museo de Arte Moderno en Nueva York y una escultura gigantesca de metal que se encuentra en la ciudad de Chicago. Picasso murió en la Riviera francesa el 8 de abril de 1973.

mark, imprint

studio, workshop

medium

191

Cultural Expansion

Tell students that as well as going through color periods, Picasso also went through various thematic periods, including circus performers and acrobats (as in the *Familia de saltimbanquis*), bulls and bullfighting, still lifes, and studies of women.

Joan Miró, "Mujer y pájaro por la noche", 1945

Miró

Joan Miró nació el 20 de abril de 1893 en Barcelona. Desde 1948 dividió su tiempo entre España y París. En esta época el pintor comenzó una serie de obras de intenso contenido poético cuyos símbolos estaban basados en el tema de la mujer, el pájaro y la **estrella.** En las obras de Miró podemos ver un juego de colores brillantes, contrastes fuertes y líneas que sólo sugieren imágenes. Su abundante obra representa la búsqueda de un lenguaje artístico abstracto, con el que **intentaba plasmar** la naturaleza tal como la **veía** un hombre primitivo o un niño. Su obra **desemboca** en un surrealismo mágico, rico en color. Miró murió el 25 de diciembre de 1983 en Mallorca.

star

he tried to mold / would see
meets, joins with

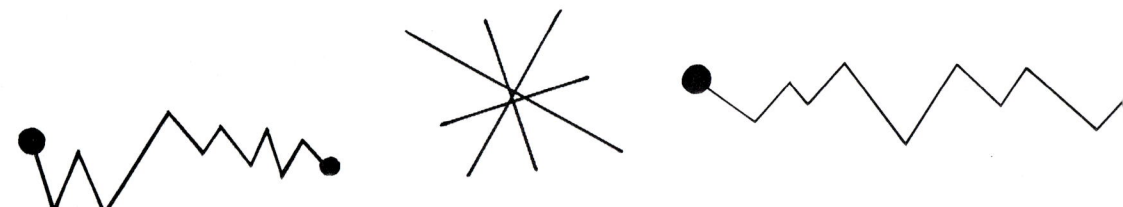

192

Dalí

Salvador Dalí nació en Figueras el 11 de mayo de 1904. Pronto mostró habilidades para el dibujo, y su padre lo envió a Madrid a estudiar en la Escuela de Bellas Artes de San Fernando. En 1928, impulsado por el pintor Joan Miró, **se mudó** a París y se adhirió al movimiento surrealista. En estos años colaboró con Luis Buñuel en dos célebres películas —*Un chien andalou (Un perro andaluz)* y *L'âge d'or (La edad de oro)*— y pintó algunas de sus mejores obras: "La persistencia de la memoria" y "El descubrimiento de América". Su exposición en 1933 lo **lanzó** a la fama internacional y comenzó a llevar una vida llena de excentricidades. Esta actitud, considerada por algunos como una forma de comercializar sus obras y su falta de postura política, causaron su expulsión del grupo surrealista. Murió en Barcelona el 23 de enero de 1989.

he moved

launched

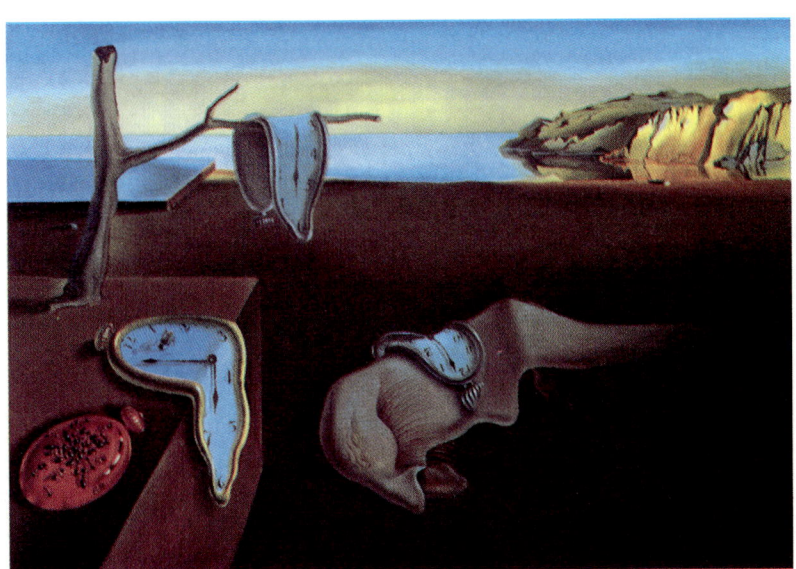

Salvador Dalí, "La persistencia de la memoria", 1931

193

Cultural Expansion

Learning Strategies: Brainstorming, identifying attributes

Critical Thinking Strategy: Making associations

After talking about Dalí, have students point out what is unusual about his paintings. Note that the surrealists wanted to evoke the world of dreams in their paintings. Have the class examine the representations of Dalí's work on this page and brainstorm to identify two or three qualities that they think characterize his work. You may also want to have students brainstorm to identify specific features of the painting **La persistencia de la memoria** that seem to be significant for the title and explain the significance of each feature.

Support material, Transparency #29

Sidebar (left column)

Exs. A, B, and C:  writing

Answers, Ex. A: 1. b 2. d
3. g 4. a 5. j 6. c 7. h 8. f
9. e 10. i

Answers, Ex. B: 1. Miró
2. Picasso 3. Dalí 4. Miró
5. Dalí 6. Picasso 7. Miró
8. Picasso 9. Dalí 10. Picasso

Suggestion, Ex. B: Students
might benefit from imagining a col-
laboration among Picasso, Miró,
and Dalí. What might a painting of
theirs look like? Interested students
could actually paint the project.

Answers, Ex. C: 1. Picasso
fue el mayor. 2. Dalí fue el
menor. 3. Picasso murió primero,
Miró segundo y Dalí tercero.
4. Georges Braque creó el cubismo
con Picasso. 5. El cubismo es un
estilo que se caracteriza por el uso
de formas geométricas. 6. Miró
trataba de mostrar la naturaleza
tal como la veía un hombre primitivo o un niño. 7. Dalí se mudó a
París porque fue impulsado por
Miró. 8. Luis Buñuel fue un
creador de películas surrealistas.
9. Su vida estaba llena de excentricidades. 10. Los surrealistas
expulsaron a Dalí de su grupo
porque llevaba una vida llena de
excentricidades y no tenía una
postura política.

Ex. D: writing

Variation, Ex. D: Creative students might enjoy pretending to be
one of the painters (including Frida
Kahlo) and addressing the class
about his or her life and work.

Learning Strategy boxes (center column)

Learning Strategy:

Drawing meaning from
key words and context

Learning Strategies:

Reading for cultural
information, reading
for details

*Critical Thinking
Strategy:*

Categorizing

Learning Strategies:

Reading for cultural
information, reading
for details

Learning Strategies:

Reading for main ideas,
reading for cultural
information, reading
for details, summariz-
ing, selecting and orga-
nizing information,
describing

194

Main content (right column)

Comprensión

A. *Estudio de palabras*   Trata de adivinar el significado de varias
palabras de la lectura sobre los tres artistas españoles del siglo XX.
Encuentra la(s) palabra(s) en inglés en la lista a la derecha que corres-
ponde(n) a la(s) palabra(s) en español en la lista a la izquierda.

1. tonalidades	**a.** suggest
2. predominio	**b.** tones
3. esporádicas	**c.** influenced
4. sugieren	**d.** predominance
5. búsqueda	**e.** attitude
6. impulsado	**f.** eccentricities
7. se adhirió a	**g.** intermittent, sporadic
8. excentricidades	**h.** he joined
9. actitud	**i.** political position
10. postura política	**j.** search

B. *¿Picasso, Miró o Dalí?*   Indica si las siguientes oraciones se
refieren a Picasso, Dalí o Miró.

1. Nació en Barcelona.
2. Nació en Málaga.
3. Murió en Barcelona.
4. Murió en Mallorca.
5. Fue surrealista.
6. Fue escultor.
7. Sus temas incluyen pájaros y estrellas.
8. Fue cubista.
9. Trabajó en dos películas.
10. Tiene una escultura en Chicago.

C. *Sobre los artistas*   Contesta las siguientes preguntas en
español.

1. ¿Cuál de los tres artistas fue el mayor?
2. ¿Cuál de los tres artistas fue el menor?
3. ¿En qué orden murieron?
4. ¿Quién fue Georges Braque?
5. ¿Qué es el cubismo?
6. ¿Qué trataba de mostrar Miró en su arte?
7. ¿Por qué se mudó Dalí a París?
8. ¿Quién fue Luis Buñuel?
9. ¿Cómo era la vida de Dalí después de llegar a ser famoso internacio-
nalmente?
10. ¿Por qué expulsaron los surrealistas a Dalí de su grupo?

D. *El arte español del siglo XX*   Usa la información de la lectura
para escribir un informe breve sobre uno de los artistas españoles del siglo
XX. Escoge una de las pinturas en las páginas 190–193 y descríbela brevemente en tu informe.

Repaso

E. Quiero que tú... Tú le estás diciendo a un(a) amigo(a) lo que quieres que haga y no haga. Construye frases originales que empiecen con *Quiero que tú...* Emplea los verbos que siguen. Sigue el modelo.

Modelo: estudiar...
Quiero que tú estudies tres horas. o:
Quiero que tú estudies en la biblioteca.

1. estudiar...	3. mirar... en la televisión	5. asistir al concierto de...
2. cenar con...	4. escuchar...	6. compartir el libro con...

Learning Strategy:
Making suggestions

F. Es necesario que... Ahora, sigue diciéndole a un(a) amigo(a) lo que es necesario que haga. Construye frases originales que empiecen con *Es necesario que...* y emplea los verbos que siguen.

1. llamar a... por teléfono	3. regresar a... a las...	5. leer...
2. caminar a...	4. discutir el problema con...	6. comprar...

Learning Strategy:
Making suggestions

ESTRUCTURA

The subjunctive of verbs with spelling changes

Listed are some common verbs that you may have already learned in *¡Ya verás!* and that undergo certain spelling changes when conjugated in the present subjunctive. They are listed below with their **yo** form and the forms of the present subjunctive.

Verbs with *g* in the stem

decir	digo	diga, digas, diga, digamos, digáis, digan
hacer	hago	haga, hagas, haga, hagamos, hagáis, hagan
oír	oigo	oiga, oigas, oiga, oigamos, oigáis, oigan
poner	pongo	ponga, pongas, ponga, pongamos, pongáis, pongan
salir	salgo	salga, salgas, salga, salgamos, salgáis, salgan
tener	tengo	tenga, tengas, tenga, tengamos, tengáis, tengan
traer	traigo	traiga, traigas, traiga, traigamos, traigáis, traigan
venir	vengo	venga, vengas, venga, vengamos, vengáis, vengan

Verbs that change *e* to *ie*

entender	entiendo	entienda, entiendas, entienda, entendamos, entendáis, entiendan
pensar	pienso	piense, pienses, piense, pensemos, penséis, piensen
perder	pierdo	pierda, pierdas, pierda, perdamos, perdáis, pierdan
querer	quiero	quiera, quieras, quiera, queramos, queráis, quieran

195

Suggestion, Exs. E and F:
These activities could be written or done in pairs.

Possible answers, Ex. E:
1. Quiero que tú estudies el español. 2. Quiero que tú cenes conmigo. 3. Quiero que tú mires el partido de fútbol en la televisión. 4. Quiero que tú me escuches. 5. Quiero que tú asistas al concierto de rock. 6. Quiero que tú compartas el libro con ella.

Suggestion, Ex. E: You might wish to review command forms here. Discuss similarities and differences between using a command and saying, *"I want you to. . . ."*

Possible answers, Ex. F:
1. Es necesario que tú llames a tu mamá por teléfono. 2. Es necesario que tú camines a la sinagoga. 3. Es necesario que tú regreses a casa a las doce. 4. Es necesario que tú discutas el problema con tu profesor. 5. Es necesario que tú leas el libro de Cervantes. 6. Es necesario que tú compres un regalo para Juan.

Presentation: Estructura

Help students make associations among these verbs by reminding them that they all have a **-g** in the stem. Emphasize that once they know the **yo** form, they simply have to attach the endings for **-er** and **-ir** verbs.

The **e** changes to **ie** in all forms except **nosotros** and **vosotros**.

Verbs that change o to ue

encontrar	encuentro	encuentre, encuentres, encuentre, encontremos, encontréis, encuentren
poder	puedo	pueda, puedas, pueda, podamos, podáis, puedan
volver	vuelvo	vuelva, vuelvas, vuelva, volvamos, volváis, vuelvan

The **o** changes to **ue** in all forms except **nosotros** and **vosotros**.

dormir	duermo	duerma, duermas, duerma, durmamos, durmáis, duerman

The **o** of **dormir** changes to **ue** in all forms except in the **nosotros** and **vosotros** forms, where the **o** changes to **u**.

Verbs that change e to i

pedir	pido	pida, pidas, pida, pidamos, pidáis, pidan
repetir	repito	repita, repitas, repita, repitamos, repitáis, repitan
seguir	sigo	siga, sigas, siga, sigamos, sigáis, sigan

The **e** changes to **i** for these verbs in all forms, *including* **nosotros** and **vosotros**.

Aquí practicamos

G. Sustituye las palabras en cursiva con las palabras entre paréntesis y haz los cambios necesarios.

1. Es necesario que *tú* hagas la tarea. (yo / ella / nosotros / Uds. / él)
2. El profesor quiere que *yo* traiga el libro a la clase. (tú / Bárbara / Uds. / él / nosotros)
3. Es necesario que *yo* piense antes de hablar. (Julián / nosotros / Uds. / tú / el niño)
4. Ojalá que *nosotras* no tengamos tarea esta noche. (Uds. / tú / él / ellas / vosotras)

H. El profesor quiere que...   Tú estás comentando sobre lo que quiere el profesor de español que hagan tú y tus compañeros de clase. Haz frases según el modelo.

Modelo: Yo repito la respuesta.
El profesor quiere que yo repita la respuesta.

1. Tú haces la tarea.
2. Ella trae su libro a clase.
3. Juan no duerme durante la clase.
4. Nosotros salimos después de la clase.
5. Sara encuentra su tarea.
6. Tú piensas antes de hablar.

196

I. *Es necesario que...*
Tú les estás dando consejos a tus compañeros de clase. Empieza tus consejos con *Es necesario que*.

Modelo: Tú repites la respuesta.
Es necesario que tú repitas la respuesta.

1. Él dice la verdad.
2. Ellos vienen a clase temprano.
3. Tú no pierdes tus libros.
4. Ella entiende las instrucciones del profesor.
5. Nosotros dormimos ocho horas cada noche.
6. Yo vuelvo a casa temprano hoy.

Learning Strategy:
Making suggestions

Nota gramatical

Other verbs in the subjunctive

The following six verbs form the subjunctive in a way that is not based on the **yo** form of the present tense.

dar	dé	des	dé	demos	deis	den
estar	esté	estés	esté	estemos	estéis	estén
haber	haya	hayas	haya	hayamos	hayáis	hayan
ir	vaya	vayas	vaya	vayamos	vayáis	vayan
saber	sepa	sepas	sepa	sepamos	sepáis	sepan
ser	sea	seas	sea	seamos	seáis	sean

J. Sustituye las palabras en cursiva con las palabras entre paréntesis y haz los cambios necesarios.

1. El profesor quiere que *yo* sepa las respuestas a los ejercicios. (tú / nosotros / ellos / Juan / Ud.)

Ex. I: pair work

writing

Answers, Ex. I: 1. Es necesario que él diga la verdad.
2. ...que ellos vengan a clase temprano.   3. ...que tú no pierdas tus libros.   4. ...que ella entienda las instrucciones del profesor.
5. ...que nosotros durmamos ocho horas cada noche.   6. ...que yo vuelva a casa temprano hoy.

Suggestion, Ex. I: You might want to encourage students to add a little more to the dialogue: **¡Sí, ojalá que él diga la verdad!**

Follow-up, Ex. I: Have students compile a list of what is necessary to do for success in their school: **Es necesario que los estudiantes asistan a clase y participen en todas las actividades.**

Ex. J: writing

Answers, Ex. J: 1. tú sepas, nosotros sepamos, ellos sepan, Juan sepa, Ud. sepa

2. Mi mamá quiere que *yo* vaya con ella al cine. (mi papá / mis hermanos / tú / Uds. / vosotros)
3. Jaime quiere que *nosotros* demos un paseo por el parque con él. (yo / Uds. / ella / tú / Ud.)
4. Es necesario que *tú* estés aquí. (nosotras / él / Marta / Uds. / vosotros)
5. Es necesario que *yo* sea más responsable. (tú / mi hermano / Javier / nosotros / Ud.)

Learning Strategy:

Making suggestions

K. **No quiere...** Alguien indica que otra(s) persona(s) no quiere(n) hacer algo, pero tú le(s) dices que es necesario que lo haga(n). Sigue el modelo.

Modelo: Miguel no quiere ser más atlético.
Es necesario que Miguel sea más atlético.

1. Javier no quiere estar aquí mañana.
2. Lilia no quiere dar un paseo ahora.
3. Nosotros no queremos saber si hay un examen mañana.
4. Tú no quieres ir a la biblioteca.
5. Francisco y Ramón no quieren ser más responsables.
6. Yo no quiero saber si vas o no vas.
7. Uds. no quieren estar en la clase mañana.
8. Paula y Raúl no quieren ir a la escuela.

LECTURA: GUERNICA

Learning Strategies:

Brainstorming, previewing

Antes de leer

1. Mira el título de la lectura y la pintura que aparece en la página siguiente. ¿Conoces esta pintura?
2. ¿Qué ves en la pintura?

Learning Strategy:

Listing, reading for cultural information

Critical Thinking Strategies:

Analyzing, drawing inferences, making associations

Guía para la lectura

1. Lee la lectura rápidamente. Busca todos los nombres en la lectura y escríbelos en una hoja de papel. ¿Qué importancia tienen?
2. Lee la lectura otra vez. Busca todos los nombres de lugares *(place names)* en la lectura y escríbelos en la misma hoja de papel. ¿Qué importancia tienen?
3. Lee el último párrafo y con un(a) compañero(a) busca en la pintura lo que se describe en ese párrafo de la lectura.

Guernica

na de las pinturas más famosas del arte moderno es "Guernica" que fue pintada por Pablo Picasso para el pabellón español de la Exposición Internacional de París en 1937. El tema de esta pintura,

198

Pablo Picasso, **"Guernica"**, *1937*

que mide 7,82 por 3,50 metros, es la representación simbólica de las trágicas consecuencias del bombardeo de Guernica, una ciudad en el norte de España.

El bombardeo ocurrió durante la guerra civil española, que duró desde 1936 hasta 1939. Los dos grupos que **lucharon** en esta guerra fueron los republicanos y los nacionales. Cuando la violencia de la guerra aumentó, Alemania e Italia, que estaban en el poder de Hitler y Mussolini, les ayudaron a los nacionales, bajo el mando de Francisco Franco, con tropas y armas nuevas que querían probar. Una de las técnicas nuevas que probaron fue el uso del avión para el bombardeo. En estos bombardeos se usó el avión por primera vez para atacar a una población civil **indefensa.** Como protesta contra la masacre y para honrar a las miles de víctimas inocentes, Picasso pintó esta famosa pintura. La pintura se encontró en el Museo de Arte Moderno en Nueva York por muchos años y en 1981 fue enviada a España donde fue instalada en el Casón del Buen Retiro, un anexo del Museo del Prado. En 1992, trasladaron esta pintura al Museo Reina Sofía, un museo de arte nuevo donde se exhibirán obras de varios artistas españoles del siglo XX.

Podemos interpretar la pintura de muchas maneras y lo más importante es que Picasso nos muestra la agonía y el terror que la guerra puede causar para los inocentes —niños, mujeres, animales. Por ejemplo, a la izquierda notamos la expresión en la cara de la mujer cuyo niño ha

struggled, fought

defenseless

199

Cultural Expansion

Point out the location of Guernica on a map. Note that in English the word is pronounced [*gwér-nika*]. The *u* is pronounced and the stress is on the first syllable. In Spanish, the **u** is silent and the stress is on the second syllable: [***ger-ni-ka***]. Many English speakers who speak Spanish, including Spanish teachers, mispronounce the word.

Amidst much controversy, the *Guernica* was moved from **El Casón del Buen Retiro,** an annex of the **Museo del Prado,** to the new **Museo Reina Sofía** during the summer of 1992. The museum will house works by several 20th century Spanish artists.

Cultural Expansion

Learning Strategy: Calculating metric conversions

Have students convert from meters to feet and determine if this painting is small or large. Remind them that a meter is a little more than a yard. The work measures approximately 8 yards by 3.5 yards, or about 25 feet by 11.5 feet. *Guernica* is a good example of a cubist painting. See how many geometrical figures the students can find in the painting.

notice
burning
soldier
horse
human beings

muerto a causa del bombardeo. A la derecha nos podemos **fijar en** la expresión de horror en la cara de la mujer cuya casa está **ardiendo.** Observen también el cuerpo mutilado del **soldado.** Y finalmente miren la expresión del **caballo** en el centro de la pintura que simboliza los animales inocentes que siempre han sufrido a causa de los **seres humanos.**

Comprensión

Learning Strategy:

Using cognates for meaning

L. *Cognados*   Encuentra el cognado inglés en la lista a la derecha que corresponde a la palabra en español en la lista a la izquierda.

1. pabellón
2. bombardeo
3. tropas
4. armas
5. masacre
6. agonía
7. mutilado

a. mutilated
b. arms
c. pavilion
d. agony
e. troops
f. massacre
g. bombing

Learning Strategy:

Drawing meaning from context

M. *Usando el diccionario*   Basándote en el contexto en que se usa la palabra en la lectura sobre el "Guernica", escoge la definición que mejor corresponde a las siguientes palabras.

1. durar
2. aumentar
3. poder
4. mando
5. probar

a. *v* 1. to be able to 2. can (+ *infinitive*)
   nm 1. power 2. authority
b. *v* 1. to prove 2. to establish 3. to try out
   4. to try on
c. *v* 1. to survive 2. to last 3. to endure 4. to wear well
d. *v* 1. to add to 2. to increase 3. to magnify
   4. to enlarge 5. to step up
e. *nm* 1. command 2. control

Learning Strategies:

Reading for details, verifying

N. *Verdadero o falso*   Indica si las siguientes oraciones son verdaderas o falsas. Si la oración es falsa, explica por qué.

1. Picasso pintó "Guernica" en 1981.
2. Hitler y Mussolini les ayudaron a los republicanos.
3. Guernica es una ciudad en el sur de España.
4. La guerra civil española duró desde 1936 hasta 1939.
5. No hay animales en la pintura.

Learning Strategies:

Reading for details, describing

O. *Vamos a hablar de "Guernica".*   Contesta las siguientes preguntas en español.

1. ¿Dónde se exhibió "Guernica" por primera vez?
2. ¿Es "Guernica" relativamente grande o pequeño?

200

3. ¿Quién fue Francisco Franco?

4. ¿Qué puedes comentar sobre la mujer en la parte izquierda de la pintura?

5. ¿Qué puedes comentar sobre la mujer en la parte derecha de la pintura?

6. ¿Por qué pintó Picasso "Guernica"?

EJERCICIO ORAL

P. *¿Qué quiere el (la) profesor(a)?* Repasa los verbos en las páginas 195–196. Después haz comentarios sobre lo que quiere el (la) profesor(a) que hagan varios compañeros de clase.

EJERCICIOS ESCRITOS

Q. *Es necesario que un(a) buen(a) estudiante...* Repasa los verbos en las páginas 195–196 y 197 y escribe una lista de por lo menos diez recomendaciones sobre lo que es necesario que haga o no haga un(a) buen(a) estudiante.

R. *Vamos a describir la pintura.* Con un(a) compañero(a), describe una de las pinturas que aparece en las páginas de este capítulo.

Learning Strategy:
Making suggestions
Critical Thinking Strategy:
Hypothesizing

Learning Strategy:
Making suggestions
Critical Thinking Strategy:
Seeing cause-and-effect relationships

Learning Strategy:
Describing

Mural por Diego Rivera, Palacio Nacional, México

201

Ex. O: writing

Answers, Ex. O, cont.:
2. *Guernica* es grande.   3. Francisco Franco era el líder de los nacionales. Fue un dictador de España.   4. Se nota la agonía en la cara de la mujer cuyo niño ha muerto a causa del bombardeo.
5. Se nota el horror en la expresión de la mujer cuya casa está ardiendo.   6. Picasso pintó *Guernica* para mostrar la agonía y el terror que la guerra puede causar para los inocentes.

Ex. P: groups of four or more

Ex. Q: writing

Ex. R: pair work

writing

- Divide the class into pairs.
- Explain to the class that each pair is going to discuss the terms listed in **Para hablar del arte** with the objective of practicing the vocabulary, understanding the art, and expressing their views as clearly as possible.
- Tell the students to think independently about what **el (la) artista** means to them. How would they express their views in Spanish?
- When all of the students have thought about their explanations, tell them to share their thoughts with their partners. Remind them to listen carefully to each other's explanation. Make sure that all students are participating equally.
- Now tell the pairs that their task is to create a new answer that is better than each member's initial response. They are to do this through the process of association, building on each other's thoughts, and synthesizing. Model with a student to show the students the process.
- Have them repeat the same process, taking turns speaking first, for as many words as time permits.
- While the students are working, call on them at random to share their synthesized explanations of the terms with the class.
- You and your students may want to do a follow-up exercise by giving reports in a cooperative fashion (groups working together and contributing equally to a project).

Vocabulario

Para hablar del arte

Sustantivos

el (la) artista
el autorretrato
el color
el cubismo
el dibujo
la imagen
la imaginería
el mural
el muralismo
la obra
la pintura
el surrealismo
el taller
el tema
la tonalidad

Verbos

dibujar
exponer
sugerir

Otras palabras y expresiones

ojalá que

Support material, Capítulo 7: Lab Manual listening activities, Laboratory Program ⌒ , Tapescript, and Teacher's Edition of the Workbook/Lab Manual

CAPÍTULO

8

EL ARTE POPULAR

El arte popular de América Latina es muy diverso y muy famoso.

Objectives:

》》 **T**alking about art

》》 **E**xpressing what you and other people want, wish, or hope others will do

Strategies:

》》 **U**sing a dictionary

》》 **U**sing cognates and context for meaning

》》 **V**erifying and supporting answers

》》 **P**rioritizing

203

Chapter Objectives

Functions: Talking about art; expressing what you and other people want, wish, or hope others will do
Context: Folk art
Accuracy: The subjunctive of reflexive verbs and verbs with spelling changes; the subjunctive for the indirect transfer of will

Cultural Expansion

Learning Strategy:
Cultural brainstorming

Have students examine the photo of **molas** on this page. Tell them that these are examples of traditional Cuna Indian folk art. Then ask if they can think of various kinds of folk art found in the U.S. (Answers include early American quilts and Native American art and crafts such as weaving, beadwork, woodcarving, and pottery.) Tell students that even though many people think of quilting as typically American, it is also done in many countries throughout the world, including Africa.

Prereading

Set the stage by having the students locate Panama on the maps at the beginning of the book.

PRIMERA ETAPA

Preparación

Learning Strategies:
Brainstorming, previewing, reading for cultural iformation

›› **¿H**as ido a un festival de arte popular?

›› **¿D**ónde?

›› **¿Q**ué tipos de objetos artísticos hay allí? ¿Cerámica? ¿Tejidos? *(weavings)*

molas: appliquéd designs in fabric

Las molas de los indios cunas

204

Etapa Support Materials

Workbook: pp. 174–182
Lab Manual: p. 46
Critical Thinking Master: p. 7
Quiz: Testing Program, p. 102
Tapescript: p. 78

Video/Laserdisc

Mosaico cultural, "Detalles y colores"

Cerca de la costa **oriental** de Panamá hay más de 300 islas idílicas de las cuales sólo 50 están habitadas por los indios cunas. En las otras sólo se ven playas desiertas de arena fina y agua transparente, donde los peces nadan por entre los **arrecifes** coralinos. Desde que Cristóbal Colón navegó por la costa de Panamá en 1502, en su cuarto viaje, los indios cunas se relacionan con el mundo exterior. La cuestión es: ¿Cómo mantienen los cunas sus tradiciones, si **se tiene en cuenta** que prácticamente todas las tribus de indios americanos que tenían algo que los europeos deseaban (tierras, artesanías, etc.) sucumbieron ante las influencias extranjeras?

eastern

reefs

one realizes, takes into account

Los cunas **poseen** todos estos atractivos. No sólo son las islas donde viven bellísimas, **sino que** los propios indios son atractivos en su físico y en su manera de ser. Es gente amable y es raro que **levanten la voz.** Lo que más se oye en las **aldeas** de esta tribu es la **risa** de los niños. Las mujeres **deslumbran** a los occidentales al ser **muestrarios** de **rasgos** culturales considerados exóticos: **narigueras**, pectorales de oro, inmensos **pendientes** que se mueven, y **desde luego,** las blusas hechas con molas —un gran ejemplo de artesanía en el mundo hispánico.

possess
but also
they raise their voices
villages / laughter / dazzle
examples / characteristics
nose rings / earrings / of course

Si las mujeres son las **embajadoras** de los cunas ante el mundo, las molas son su estandarte. Las tiendas de regalos de grandes ciudades como Nueva York, Boston, San Francisco, Tel Aviv y Tokio tienen a la venta estos rectángulos de vivos colores, hechos de **telas** superpuestas con incrustaciones que forman diseños geométricos o de flora y fauna reales o de la mitología. Al andar por una aldea a cualquier hora del día se ve a las mujeres **coser,** moviendo las manos con gran rapidez.

ambassadors

fabrics

sewing

Las molas son una innovación relativamente reciente, pues **surgieron** en la segunda mitad del siglo XIX como sustituto de la pintura del cuerpo. Tradicionalmente las mujeres se pintaban el cuerpo con dibujos complicados y cuidadosos, pero el cristianismo y el comercio no eran compatibles con la desnudez del torso. Para adaptarse a la situación, las mujeres **traspasaron** los colores y los dibujos del cuerpo a las telas con las que se hicieron blusas y entraron en la "civilización moderna" llevando molas. La variedad de molas es **sorprendente** y revela una diversidad impresionante de formas y temas. Entre los numerosos motivos de la flora y la fauna figuran los pajaritos y las flores. Los dibujos abstractos son **semejantes** a las formas geométricas que **solían** verse en las primeras molas.

appeared

transferred, transposed

surprising

similar
one tended

Una mujer cuna cosiendo molas

205

Lectura: Read and Summary Pairs

Learning Strategy: Reading for details

 pair work

Since this text is rich in detail, the Read and Summary Pairs exercise is an efficient and nonthreatening way to approach it.

- Divide the class into pairs.
- Explain to the students that the partners will alternate reading a sentence and orally summarizing or paraphrasing it. One reads and summarizes while the other helps by checking for accuracy and adding anything left out.
- Tell the students to alternate with each sentence.
- When they are finished, call on students at random to share a fact they learned from the reading.
- Ask for volunteers to summarize the text.

Postreading

After reading about **molas** and the designs that characterize them, have students look at the **molas** on pp. 204, 205, and 207 and tell what designs they see in them.

Comprensión

Learning Strategy: Drawing meaning from key words

A. Estudio de palabras Trata de adivinar el significado de varias palabras en la lectura sobre las molas de los indios cunas. Encuentra la(s) palabra(s) en inglés en la lista a la derecha que corresponde(n) a la(s) palabra(s) en español en la lista a la izquierda.

1. habitadas	a. behavior, way of being
2. arena fina	b. breastplates
3. coralinos	c. banner; standard
4. tribu	d. placed on top of
5. artesanía	e. sell
6. sucumbieron	f. nudity
7. manera de ser	g. kind, amiable
8. amable	h. careful, meticulous
9. pectorales	i. similar
10. estandarte	j. coral
11. tienen a la venta	k. fine sand
12. superpuestas	l. inhabited
13. cuidadosos	m. gave into, succumbed
14. desnudez	n. crafts
15. semejantes	o. tribe

Learning Strategy: Scanning for details

B. ¿Aparece o no aparece en la lectura? Lee la lectura sobre los indios cunas e indica si los siguientes lugares, nombres, temas, etc. se mencionan. Si se menciona, indica en qué párrafo se encuentra.

1. pájaros y flores
2. Nueva York y Boston
3. rasgos exóticos
4. Francisco Pizarro
5. Nicaragua
6. el siglo XX
7. gente desagradable
8. islas

Learning Strategy: Scanning for details

C. Más sobre molas y los indios cunas Contesta las siguientes preguntas en español.

1. ¿Cuántas de las islas panameñas están habitadas por los indios cunas?
2. ¿Cuándo pasó Colón por la costa de Panamá?
3. Haz una lista de las características de los indios cunas.
4. ¿Cuáles son algunos de los adornos que llevan las mujeres cunas?
5. ¿Dónde podemos comprar molas?
6. ¿Qué diseños caracterizan las molas?
7. ¿Cuál es el origen de la mola?
8. ¿Qué plantas y animales se encuentran frecuentemente en las molas?

D. Las molas Usa la información de la lectura para escribir un informe breve sobre la evolución de las molas de los indios cunas.

206

Mujeres cunas vestidas de molas tradicionales

Repaso

E. Ojalá que... Tú estás haciendo comentarios sobre el fin de semana. Haz frases originales que empiecen con *Ojalá que...* Emplea los verbos y expresiones que siguen.

1. hacer la tarea
2. tener tiempo para mirar la televisión el viernes por la noche
3. ir con mis amigos al centro el sábado
4. no perder nuestro equipo de...
5. poder ir a la fiesta el sábado por la noche
6. mi amigo(a) traer... a la fiesta

F. Es necesario que los estudiantes... Tú eres el (la) nuevo(a) profesor(a) de español y te toca hacer las reglas. Haz frases originales que empiecen con *Es necesario que los estudiantes...* Emplea los verbos que siguen.

1. decir
2. salir
3. venir
4. entender
5. dormir
6. pedir

Learning Strategy:

Making suggestions

Critical Thinking Strategy:

Seeing cause-and-effect relationships

207

Ex. E:  pair work

writing

Suggestion, Ex. E: Point out to your students that this exercise refers to the coming weekend, not the past weekend. To personalize the activity, encourage them to add sentences of their own that relate to their own hopes for the weekend.

Possible answers, Ex. E:
1. Ojalá que mi hermano haga mi tarea.   2. Ojalá que tengamos tiempo para mirar la televisión el viernes por la noche.   3. Ojalá que vaya con mis amigos al centro el sábado.   4. Ojalá que no pierda nuestro equipo de fútbol.   5. Ojalá que pueda ir a la fiesta el sábado por la noche.   6. Ojalá que mi amigo traiga comida a la fiesta.

Ex. F: role play

Possible answers, Ex. F:
1. Es necesario que los estudiantes siempre digan la verdad.
2. ...salgan después de la clase.
3. ...vengan a clase todos los días.
4. ...entiendan lo que digo.
5. ...no duerman en clase.
6. ...no pidan buenas notas.

Presentation: Estructura

We have included all of the reflexive verbs that the students have had in all three levels of *¡Ya verás!* Students should focus on the syntactic pattern that characterizes the use of the subjunctive as they review the reflexives.

For more complete review of reflexives before you get into the subjunctive of these verbs, you may refer the students to pages 16–17 at the beginning of this text.

Answers, Ex. G: 1. ella se levante, Uds. se levanten, Ramón se levante, ellas se levanten, Ud. se levante   2. tú te sientes, Marisa se siente, Uds. se sienten, nosotros nos sentemos, ellos se sienten   3. mi hermano se acueste, nosotros nos acostemos, mis primas se acuesten, ellas se acuesten, mi hermana se acueste   4. yo me ponga, tú te pongas, nosotras nos pongamos, Uds. se pongan, vosotras os pongáis   5. yo me vista, nosotros nos vistamos, Uds. se vistan, Alberto se vista, tú te vistas   6. ellas se queden, Catarina se quede, tú te quedes, nosotras nos quedemos, Uds. se queden

ESTRUCTURA

The subjunctive of reflexive verbs

Es necesario que yo **me levante** temprano.	It is necessary (for) me *to get up* early.
Mi mamá quiere que yo **me acueste** temprano.	My mother wants (for) me *to go to bed* early.

Reflexive verbs form the subjunctive in the same way as nonreflexive verbs. The reflexive pronoun is in the same position in the subjunctive mood as in its other uses. Here are some of the most common reflexive verbs you have already learned:

acostarse (ue)	llamarse
afeitarse	maquillarse
bañarse	moverse (ue)
desayunarse	peinarse
dormirse (ue, u)	ponerse
ducharse	quedarse
encargarse	quitarse
encontrarse con (ue)	sentarse (ie)
lavarse	servirse (i, i)
lavarse los dientes	vestirse (i, i)
levantarse	

Aquí practicamos

G. Sustituye las palabras en cursiva con las palabras entre paréntesis y haz los cambios necesarios.

1. Quiero que *tú* te levantes más temprano. (ella / Uds. / Ramón / ellas / Ud.)
2. La profesora quiere que *Juanito* se siente ahora mismo. (tú / Marisa / Uds. / nosotros / ellos)
3. Mi papá quiere que *yo* me acueste a las 10:00 cada noche. (mi hermano / nosotros / mis primas / ellas / mi hermana)
4. Es necesario que *él* se ponga el abrigo. (yo / tú / nosotras / Uds. / vosotras)
5. Es necesario que *ella* se vista con más elegancia. (yo / nosotros / Uds. / Alberto / tú)
6. Es necesario que *yo* me quede en casa el viernes por la noche. (ellas / Catarina / tú / nosotras / Uds.)

H. Mi mamá quiere que...

Tú le estás contando a un(a) amigo(a) lo que quiere tu mamá que hagan los miembros de tu familia. Haz frases según el modelo.

Modelo: Nosotros nos bañamos todos los días.
Mi mamá quiere que nosotros nos bañemos todos los días.

1. Yo me acuesto a las 10:30 cada noche.
2. Mi hermano se levanta a las 6:30 todos los días.
3. Nosotros nos duchamos a las 7:00.
4. Mi hermana no se maquilla todos los días.
5. Mi hermano se afeita antes de ducharse.
6. Nosotros nos vestimos antes de bajar al comedor.
7. Mi hermanito se peina con más cuidado.
8. Nosotros nos desayunamos a las 7:30.
9. Nosotros nos lavamos los dientes después de comer.
10. Yo me pongo un suéter antes de salir de casa.

I. Es necesario...

Ordena las siguientes actividades cronológicamente. Usa las expresiones *primero, entonces* y *finalmente* para establecer el orden. Sigue el modelo.

Modelo: desayunarse, lavarse los dientes, ducharse
Primero es necesario que te duches.
Entonces es necesario que te desayunes.
Finalmente es necesario que te laves los dientes.

1. acostarse, dormirse, bañarse
2. desayunarse, lavarse los dientes, levantarse
3. maquillarse, peinarse, vestirse
4. encontrarse con amigos, llamarse por teléfono, sentarse en el café
5. quitarse la ropa, acostarse, ducharse

Critical Thinking Strategy: Sequencing

More-prepared students, Ex. H: These students can add personal, parenthetical comments to each item, for example, #1: **(En realidad, mi mamá quiere que me acueste a medianoche.)**

209

Ex. H: pair work

writing

Follow-up, Ex. I: Students can next play the role of the exasperated parent, who finally resorts to direct commands: **¡Acuéstate! ¡Duérmete!** etc.

Presentation: Nota gramatical

Point out to the students that they have seen some of these verbs make these changes when they learned to use them in the preterite.

The change from **z** to **c** before **e** or **i** is simply a spelling change that was dictated by the **Real Academia de la Lengua** in order to avoid any combination of **z + e** or **z + i.** It was a completely artificial rule since whether the word is spelled with a **c + e** or a **z + e,** it would be pronounced the same way whether you are a speaker of peninsular Spanish or the Spanish of the Americas. The rule was also applied to words that Spanish borrowed from other languages and were spelled with the **"ze"** or **"zi"** combination, e.g., **cero** (zero), **cebra** (zebra), **cénit** (zenith), **circón** (zircon), **cítara** (zither).

The change from **c** to **qu** is not artificial, however. It is there to conserve the sound of **/k/** when the **-e** is added to the stem of the infinitive. Review with the students the sounds of:

a café c + o comer u cubano

and have them compare these sounds to:

e cena c + i cine

On a transparency or on the board you may want to write the word **practicar;** take off the **ar** and add the **-e** so you have **practice** and have the students pronounce the word. Point out to them that the reason for changing the **c** to **qu** is to conserve the **/k/** sound of the infinitive.

The change from **g** to **gu** is not artificial, either. It is there to conserve the sound of **/g/** when the **-e** is added to the stem of the infinitive. Review with the students the sounds of:

a gato g + o gordo u gustar

and have them compare these sounds to:

e general g + i gimnasio

Nota gramatical

The subjunctive of verbs with spelling changes

Verbs that change *z* to *c*

comenzar	→ comienzo →	comience, comiences, comience, comencemos, comencéis, comiencen
cruzar	→ cruzo →	cruce, cruces, cruce, crucemos, crucéis, crucen
empezar	→ empiezo →	empiece, empieces, empiece, empecemos, empecéis, empiecen

Verbs that change *c* to *qu*

buscar	→ busco →	busque, busques, busque, busquemos, busquéis, busquen
practicar	→ practico →	practique, practiques, practique, practiquemos, practiquéis, practiquen
roncar	→ ronco →	ronque, ronques, ronque, ronquemos, ronquéis, ronquen
sacar	→ saco →	saque, saques, saque, saquemos, saquéis, saquen
tocar	→ toco →	toque, toques, toque, toquemos, toquéis, toquen
tonificar	→ tonifico →	tonifique, tonifiques, tonifique, tonifiquemos, tonifiquéis, tonifiquen

Verbs that change *g* to *gu*

jugar	→ juego →	juegue, juegues, juegue, juguemos, juguéis, jueguen
llegar	→ llego →	llegue, llegues, llegue, lleguemos, lleguéis, lleguen
pagar	→ pago →	pague, pagues, pague, paguemos, paguéis, paguen

J. Sustituye las palabras en cursiva con las palabras entre paréntesis y haz los cambios necesarios.

1. Quiero que *tú* practiques el piano más. (ella / Uds. / Ramón / ellas / vosotras)
2. La profesora quiere que *Antonio* comience la lección ahora mismo. (tú / Marisa / Uds. / nosotros / ellos)
3. Mi papá no quiere que *yo* juegue al fútbol. (mi hermano / nosotros / Uds. / ellas / vosotros)

On a transparency or on the board you may want to write the word **pagar;** take off the **ar** and add the **-e** so you have **page** and have the students pronounce the word. Point out to them that the reason to change the **g** to **gu** is to conserve the **/g/** sound of the infinitive.

Answers, Ex. J: 1. ella practique, Uds. practiquen, Ramón practique, ellas practiquen, vosotras practiquéis   2. tú comiences, Marisa comience, Uds. comiencen, nosotros comencemos, ellos comiencen   3. mi hermano juegue, nosotros juguemos, Uds. jueguen, ellas jueguen, vosotros juguéis

Una carreta típica de Sarchí, Costa Rica

4. Es necesario que *él* empiece a estudiar ahora. (yo / tú / nosotros / Uds. / ellas)

5. Es necesario que *ella* saque la basura cada tarde. (yo / nosotras / Uds. / Alberto / tú)

6. Es necesario que *yo* llegue a clase a tiempo. (ellas / Mariela / tú / nosotros / Uds.)

K. **Es necesario...**   Tú quieres expresar lo que es necesario que hagan tú y tus compañeros. Haz frases según el modelo.

Modelo: Yo saco la basura todos los días.
Es necesario que yo saque la basura todos los días.

1. Yo tonifico el cuerpo con ejercicio aeróbico.
2. Tú llegas temprano a la escuela.
3. Yo cruzo la calle con mi hermanito.
4. Ellas tocan el piano en la fiesta.
5. Sara empieza a estudiar a las 7:30.
6. Tú practicas algún deporte.
7. Nosotros pagamos la cuenta.
8. Yo busco las llaves antes de salir de casa.

LECTURA: LAS PINTORESCAS CARRETAS DE SARCHÍ

Antes de leer

1. Mira el título de esta lectura y las fotos que aparecen arriba y en la página 213. ¿Qué objetos aparecen en las fotos?
2. ¿Hay alguna palabra en el título de la lectura que corresponde a estos objetos?
3. ¿Qué hace el señor en una de las fotos?

Learning Strategy:
Previewing

211

Answers, Ex. J, cont.: 4. yo empiece, tú empieces, nosotros empecemos, Uds. empiecen, ellas empiecen 5. yo saque, nosotras saquemos, Uds. saquen, Alberto saque, tú saques 6. ellas lleguen, Mariela llegue, tú llegues, nosotros lleguemos, Uds. lleguen

Ex. K: writing

Answers, Ex. K: 1. Es necesario que yo tonifique el cuerpo con ejercicio aeróbico. 2. Es necesario que tú llegues temprano a la escuela. 3. Es necesario que yo cruce la calle con mi hermanito. 4. Es necesario que ellas toquen el piano en la fiesta. 5. Es necesario que Sara empiece a estudiar a las 7:30. 6. Es necesario que tú practiques algún deporte. 7. Es necesario que nosotros paguemos la cuenta. 8. Es necesario que yo busque las llaves antes de salir de casa.

Cultural Expansion

Point out Costa Rica on the map of Central America at the beginning of the book. Note that Costa Rica has the highest standard of living of any Central American country. It also has the highest literacy rate of any country in North or South America, including the U.S. Costa Rica is considered the Switzerland of the Americas because it has traditionally been a neutral country and is one of the few countries in the world that has no army.

Video/Laserdisc

For more on art in the Spanish-speaking world and a conversation with the man painting the **carreta** in the photo on p. 213, see the section on **"Detalles y colores"** in the **Mosaico cultural** video.

Answers, Guía para la lectura: **1.** a. 2 b. 3 c. 1
2. a. Colón le dio el nombre. b. en 1502 c. Llueve mucho y hay gran variación del terreno. **3.** a. en un valle hondo y elevado entre montañas b. porque su pintura es creativa c. Pintan con motivos geométricos en tres colores: anaranjado rojizo, azul celeste y blanco. **4.** Es el primer año de una celebración que honra a Sarchí como centro de artesanías.

Guía para la lectura

1. Lee el artículo rápidamente y busca el párrafo en que se menciona(n)…

a. una descripción de Sarchí.
b. la fecha de una celebración nacional.
c. datos históricos sobre Costa Rica.

2. Lee el primer párrafo rápidamente y contesta las siguientes preguntas.

a. ¿Cómo recibió su nombre Costa Rica?
b. ¿En qué año?
c. ¿Por qué llegó a ser la carreta el medio de transporte ideal en Costa Rica?

3. Lee el segundo párrafo y contesta las siguientes preguntas.

a. ¿Dónde está situado Sarchí?
b. ¿Por qué son especiales las carretas de Sarchí?
c. ¿Qué colores y diseños usa la gente para pintar las carretas?

4. Lee el último párrafo y contesta la siguiente pregunta: ¿Por qué es el año 1985 tan importante para la gente de Sarchí?

Las pintorescas carretas de Sarchí

butterflies

Las carretas de Costa Rica, policromas como las **mariposas,** van pasando a la historia como símbolo de la nación y parte integral de su folklore. Costa Rica es un país singular de playas tropicales y grandes montañas. Colón descubrió la costa oriental de Costa Rica en 1502 y el nombre que le dio fue muy apropiado, pues esa tierra resultó ser sumamente "rica", no de la manera que pensaban los conquistadores **codiciosos,** sino porque atrajo a muchos colonizadores. Los colonizadores trajeron caballos y **vacas.** Eran personas trabajadoras que construyeron viviendas y **labraron** la tierra. La carreta de **bueyes** pronto llegó a ser el medio más práctico de transporte en esa tierra, donde llueve torrencialmente de mayo a octubre y donde la variación del terreno va desde la arena de las playas de ambas costas hasta las **llanuras** extensas, los valles amplios y los precipicios de la escarpada Cordillera Central.

greedy
cows
worked, cultivated / oxen

plains

deep / little streams
rocky river beds
hardwoods

Sarchí, que hoy día tiene casi 10.000 habitantes, está situado en un valle **hondo** y elevado entre montañas, por donde millares de **arroyuelos** bajan por **cauces pedregosos.** Allí prosperó la fabricación de carretas, porque había gran diversidad de **maderas duras** para hacerlas fuertes y hombres que combinan la habilidad para la pintura y un

212

Ex. L: 📝 writing

Implementation, Ex. L: Refer to p. 214 for a model of how to set up a chart for this activity, or use the corresponding Critical Thinking blackline master.

Un artesano pinta carretas en Sarchí, Costa Rica. Los colores que se usan para pintar las carretas son intensos.

espíritu creador. A principios de este siglo empezaron a pintar carretas con motivos geométricos en tres colores fundamentales: anaranjado rojizo, azul celeste y blanco.

Cada año cuando termina la temporada de lluvias, sale el sol y se aclara el cielo. Florecen los **bosques** de orquídeas y **relucen** las carretas pintadas, verdaderas obras de arte popular. El 22 de septiembre de 1985 tuvo lugar la primera celebración nacional que honra a Sarchí como centro costarricense de artesanías, evento que se va a efectuar todos los años. Ese día **hubo** desfiles, fiestas y **se bendijeron** las carretas pintadas en los colores de siempre: anaranjado rojizo, azul celeste y blanco.

bosques: forests / *relucen:* shine / *hubo:* there were / *se bendijeron:* they blessed

Comprensión

L. *Cognado, contexto o diccionario*   Al tratar de adivinar el significado de las siguientes palabras de la lectura, indica si la palabra es un cognado, si la adivinaste por medio del contexto o si tuviste que buscar la palabra en el diccionario. Haz un diagrama como el de la página 214 para organizar la información. Si tuviste que buscar la palabra en un diccionario, indica la forma de la palabra que aparece en el diccionario y el significado que encontraste allí.

Learning Strategies:

Using cognates for meaning, drawing meaning from context, using a dictionary, taking notes in a chart

213

Follow-up, Ex. O: Have interested students bring in an example of folk art from the U.S. or elsewhere and tell the class about it.

	Cognado	Contexto	Forma en el diccionario	Significado en el diccionario
atrajo				
trabajadoras				
viviendas				
terreno				
escarpada				
millares				
espíritu creador				
anaranjado rojizo				
azul celeste				
se aclara				
cielo				
florecen				
orquídeas				
se va a efectuar				

¡Adelante!

Learning Strategies:

Listing, making suggestions

Learning Strategies:

Listing, making suggestions

Learning Strategy:

Describing

EJERCICIO ORAL

M. *¿Qué quiere tu mamá o tu papá que hagas?* Repasa los verbos en las páginas 208 y 210 y haz por lo menos diez comentarios sobre lo que quiere tu mamá o papá que tú hagas.

EJERCICIOS ESCRITOS

N. *¿Qué es necesario que haga por la mañana?* Repasa los verbos en las páginas 208 y 210 y escribe una lista de recomendaciones sobre lo que es necesario que una persona haga antes de ir a la escuela cada mañana.

O. *Las molas* Escoge una de las molas que están en las páginas 204–205 y descríbela. Trabaja con un(a) compañero(a).

214

SEGUNDA ETAPA

Preparación

》》 ¿**H**as creado alguna vez una máscara o un disfraz? ¿Cuándo?

》》 **E**n tu opinión, ¿para qué se usa una máscara?

》》 ¿**Q**ué prefieres, comprar una máscara en una tienda o hacerla tú mismo(a)?

》》 ¿**T**ienes algún ejemplo de artesanía en tu casa? Descríbelo.

Learning Strategy:
Previewing

Learning Strategy:
Reading for cultural information

Máscara mexicana

México y sus máscaras

Miles de años antes de que vinieran los europeos, en muchas partes del Nuevo Mundo se hacían máscaras. Todavía se hacen y se usan en México. Las máscaras, fascinantes de ver, son más que esculturas; son símbolos de **dioses** y hombres, del bien y del mal y del **peligro** y del bienestar. Nos dan una **clave** para entender la vida interior de un pueblo.

gods

danger
clue, key

215

Etapa Support Materials

Workbook: pp. 183–195
Critical Thinking Master: p. 8
Quiz: Testing Program, p. 104
Chapter Test: Testing Program, p. 107

Antes de la conquista española, las máscaras eran una parte integral e íntima de la vida religiosa de la gente. Principalmente en las zonas rurales, esto sigue siendo verdad. Pero también se usan en los centros urbanos: en la época de carnaval, durante la celebración del Día de los Difuntos, en las **peregrinaciones** y celebraciones importantes. En las pinturas murales y las esculturas en los sitios arqueológicos se pueden ver los festivales religiosos de los indios precolombinos, y a veces los hombres llevaban máscaras. Las excavaciones arqueológicas también han revelado bellas máscaras de **piedra** que se usaban en las antiguas ceremonias.

pilgrimages

stone

Las fiestas modernas también reflejan el aspecto teatral de las fiestas antiguas. Antes de la conquista **se creaban** escenas suntuosas y complejas como fondo para actores que **se disfrazaban** de pájaros y animales y llevaban máscaras apropiadas e imitaban los movimientos de éstos en las danzas. Entre los mayas, los comediantes **recorrían** las aldeas divirtiéndose y **recogiendo** regalos. Los **sacerdotes** mayas se vestían de dioses, se ponían máscaras y andaban por las calles pidiendo regalos. Las fiestas **actuales** se componen de una variedad de elementos importantes: música, danza, comida, trajes especiales y ceremonias religiosas relacionadas con la iglesia católica de la aldea donde las máscaras tienen un **sentido** mágico.

they created
disguised themselves

toured through / gathering
priests
contemporary

meaning

La mayoría de estos festivales son regionales, particularmente la danza del tigre y el baile de moros y cristianos. El baile de moros y cristianos tiene su origen en España y se introdujo en México a principios de la Conquista. Siempre refleja una batalla en la que los cristianos combaten con un número mayor de moros y les ganan gracias a la intervención de **seres** sobrenaturales. En el baile puede haber **embajadores,** ángeles, santos, reyes, princesas y **diablos,** todos con su propia máscara.

beings
ambassadors
devils

Hay muchas variaciones de la danza del tigre, pero todas tienen un tema común: la **cacería,** captura y muerte de un tigre que está causando **daños** a la gente, las cosechas o los animales domésticos. Junto con los **cazadores** y el tigre, los otros personajes que forman parte del grupo son **venados,** perros, coyotes, **halcones, buitres, conejos**

hunt

damage, harm

hunters

deer
falcons / vultures / rabbits

216

y otros animales. Los bailarines que representan a los animales y a los cazadores siempre llevan máscaras.

Las máscaras mexicanas originales deben tener un lugar importante entre las máscaras famosas de las diferentes partes del mundo y, sin duda, las máscaras contemporáneas **sobresalen** por su variedad y cantidad. Dondequiera que hay danzas, **se halla** un aldeano que hace máscaras. Muchos de los bailarines **tallan** sus propias máscaras, un arte que a menudo se pasa de padres a hijos. Pero ya sean de metal, madera o papel, las máscaras mexicanas siempre son un producto original y espontáneo que **brota de** la ingeniosidad del artista popular mexicano.

stand out
one finds
carve

spring from

Comprensión

A. *Cognados* Encuentra el cognado inglés en la lista a la derecha que corresponde a las palabras en español en la lista a la izquierda.

1. máscara	a. complex
2. han revelado	b. reflect
3. reflejan	c. battle
4. suntuosas	d. mask
5. complejas	e. have revealed
6. batalla	f. sumptuous

Learning Strategy:
Using cognates for meaning

B. *Estudio de palabras* A continuación vas a encontrar unas palabras de la lectura sobre las máscaras mexicanas. Trata de adivinar el significado por medio del contexto en que se usa la palabra. Si es absolutamente imposible, busca la palabra en un diccionario.

1. bienestar   3. reyes   5. aldeano   7. a menudo
2. sobrenaturales   4. dondequiera   6. bailarines

Learning Strategy:
Drawing meaning from context

C. *¿Aparece o no aparece en la lectura?* Lee la lectura sobre las máscaras mexicanas e indica si los siguientes temas se mencionan. Si se menciona el tema, indica en qué párrafo se encuentra.

1. lo que simbolizan las máscaras
2. el uso de máscaras en la ciudad
3. el uso de máscaras entre los indios precolombinos
4. alguna tribu específica de indios
5. descripciones de bailes específicos
6. los nombres de muchas plantas
7. el uso de máscaras en los EE.UU.
8. los materiales de que se hacen las máscaras
9. las mujeres que hacen las máscaras
10. algunas ocasiones específicas cuando se usan las máscaras

Learning Strategy:
Drawing meaning from key words

217

Margin (left column)

Ex. D: writing

Answers, Ex. D: 1. Se usan las máscaras en México desde hace miles de años.   2. Las máscaras pueden simbolizar dioses, hombres, bien, mal, peligro y bienestar.   3. Sabemos que los indios precolombinos usaban máscaras porque aparecen en las pinturas murales y las esculturas de los indios precolombinos y, también, las excavaciones arqueológicas han revelado máscaras de piedra. 4. El baile de moros y cristianos tiene su origen en España. 5. Venados, perros, coyotes, halcones, buitres, conejos y otros animales participan en la danza del tigre.   6. Hoy en día se usan metal, madera o papel para hacer las máscaras.   7. Los indios precolombinos usaban madera o piedra para hacerlas.

Ex. E: writing

Possible answers, Ex, F:
1. Mis amigos quieren que yo me levante temprano.   2. …que yo me acueste temprano.   3. …que yo me despierte a las 8:00.
4. …que yo me vista con más elegancia.   5. …que yo me quede en casa.   6. …que yo me encuentre con ellos en el café.

Main body

Se vende un surtido de máscaras en este mercado.

D. *Más sobre las máscaras mexicanas*   Contesta las siguientes preguntas en español.

1. ¿Desde cuándo se usan las máscaras en México?
2. Haz una lista de lo que pueden simbolizar las máscaras.
3. ¿Cómo sabemos que los indios precolombinos usaban máscaras?
4. ¿Cuál es el origen del baile de moros y cristianos?
5. Haz una lista de los animales que participan en la danza del tigre.
6. ¿Qué materiales se usan para hacer las máscaras hoy en día?
7. ¿Qué usaban los indios precolombinos para hacer máscaras?

E. *Celebraciones mexicanas*   Usa la información de la lectura para escribir un informe breve sobre el uso de máscaras en algunas celebraciones mexicanas.

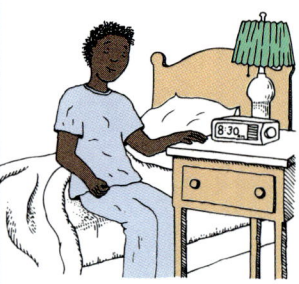

Repaso

F. *Mis amigos quieren que yo…*   Tus amigos te están dando consejos sobre lo que ellos quieren que tú hagas. Haz frases originales que empiecen con *Mis amigos quieren que yo…* y emplea los verbos que siguen.

1. levantarse
2. acostarse
3. despertarse
4. vestirse
5. quedarse
6. encontrarse con

218

G. *Yo quiero que tú...* Imagina que tú tienes tres hijos y les dices lo que quieres que hagan. Emplea los siguientes verbos y expresiones: *levantarse, ducharse, peinarse, desayunarse, lavarse los dientes, ponerse el abrigo.*

H. *Es necesario...* Haz frases originales que empiecen con *Es necesario*. Emplea los verbos que siguen.

1. cruzar
2. empezar
3. sacar
4. practicar
5. pagar
6. llegar

ESTRUCTURA

The subjunctive for the indirect transfer of will

You have already learned several expressions that take the subjunctive (**querer, es necesario, ojalá que**). You may have noticed that these expressions convey a feeling (a transferring of will) that influences the action of the verb in the **que** clause. (**Quiero que** tú **estudies.**) Because of the effect that these verbs and expressions have on the verb in the **que** clause, this verb must be in the subjunctive. Here are some other verbs and expressions that convey a similar effect and trigger the use of the subjunctive in the **que** clause that follows.

esperar	to hope	**prohibir**	to forbid, to prohibit
preferir (ie, i)	to prefer	**es importante**	it is important
mandar	to order	**es aconsejable**	it is advisable
insistir en	to insist that		

Aquí practicamos

I. Sustituye las palabras en cursiva con las palabras entre paréntesis y haz los cambios necesarios.

1. *Yo* espero que María practique el piano un poco más. (ella / Uds. / Ramón / ellas / vosotros)
2. *La profesora* prefiere que Alberto comience la lección ahora mismo. (tú / Elena / Uds. / nosotras / yo)
3. *Mi papá* prohibe que mi tío fume en casa. (mi hermano / nosotros / Uds. / tú / vosotras)
4. *Ella* insiste en que Graciela estudie más. (mi papá / nosotros / ellas / tú / yo)
5. *El director de la escuela* manda que yo llegue a clase a tiempo. (mi mamá / tú / Uds. / los profesores / vosotros)

219

Left margin column

Ex. J:  writing

Answers, Ex. J: 1. Es importante que yo no fume.   2. Es importante que tú leas mucho.   3. Es importante que Isabel se levante temprano.   4. Es importante que nosotros no nos acostemos muy tarde.   5. Es importante que ellas hagan ejercicio para tonificar el cuerpo.   6. Es importante que Uds. hablen español en la clase.

Ex. K: 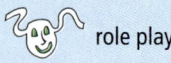 writing

Answers, Ex. K: 1. Es aconsejable que yo me lave los dientes después de comer.   2. Es aconsejable que tú leas dos horas cada día.   3. Es aconsejable que Ud. estudie cuatro horas cada noche.   4. Es aconsejable que nosotros hagamos ejercicios todas las tardes después de la escuela.   5. Es aconsejable que mis hermanos se levanten temprano los sábados.   6. Es aconsejable que Uds. se acuesten temprano antes de un examen.

 role play

Variation, Ex. K: Have students play the parts of patient and doctor with the patient confessing health practices and the doctor giving advice.

Ex. L:  pair work

writing

Main column

J. *Es importante...*   Haz frases según el modelo.

Modelo: Yo estudio cinco horas todos los días.
Es importante que yo estudie cinco horas todos los días.

1. Yo no fumo.
2. Tú lees mucho.
3. Isabel se levanta temprano.
4. Nosotros no nos acostamos muy tarde.
5. Ellas hacen ejercicio para tonificar el cuerpo.
6. Uds. hablan español en la clase.

K. *Es aconsejable...*   Haz frases según el modelo.

Modelo: Yo duermo ocho horas cada noche.
Es aconsejable que yo duerma ocho horas cada noche.

1. Yo me lavo los dientes después de comer.
2. Tú lees dos horas cada día.
3. Ud. estudia cuatro horas cada noche.
4. Nosotros hacemos ejercicios todas las tardes después de la escuela.
5. Mis hermanos se levantan temprano los sábados.
6. Uds. se acuestan temprano antes de un examen.

L. *Prefiero / Espero / Es importante o aconsejable que...*
Usa las expresiones en la página 219 y haz comentarios sobre lo que *prefieres* o *esperas* o *lo que es importante* o *es aconsejable* que hagan tus amigos cuando están de vacaciones.

Learning Strategy:
Making suggestions

Learning Strategy:
Using cognates and context for meaning

Critical Thinking Strategy:
Hypothesizing

Learning Strategy:
Reading for main ideas, reading for cultural information

LECTURA: LOS SANTEROS DE NUEVO MÉXICO

Antes de leer

1. Mira el título de esta lectura y las fotos que aparecen en las páginas 222–224. ¿Qué palabras reconoces en el título?
2. ¿Qué crees que representan las figuras en las fotos? ¿Qué palabras indican lo que son estas figuras?
3. ¿Cuántas figuras aparecen aquí? ¿Cómo se llaman?

220

Guía para la lectura

1. Lee el artículo rápidamente y busca el párrafo en que se menciona…

   a. el nombre de un santero en Nuevo México.
   b. el nombre de dos estados.
   c. otras regiones del mundo con la tradición de tallar santos.

2. Lee el primer párrafo y di si las siguientes oraciones son verdaderas o falsas. Si son falsas, explica por qué.

   a. Los nuevo mexicanos no eran muy religiosos.
   b. Los retablos son diferentes de los bultos.

3. Lee el segundo párrafo y di si la siguiente oración es verdadera o falsa. Si es falsa, explica por qué.

   En América del Sur también esculpían santos.

4. Lee el tercer párrafo y di si las siguientes oraciones son verdaderas o falsas. Si son falsas, explica por qué.

   a. En los años 50 casi murió esta tradición en Nuevo México.
   b. Eulogio Ortega y su esposa viven en una aldea en las montañas de las Filipinas.

5. Ahora lee las descripciones de los santos individuales y contesta las siguientes preguntas.

   a. ¿En qué es San Antonio diferente de San Francisco?
   b. ¿Quién es el santo más popular entre los franciscanos?
   c. ¿Dónde es San Isidro un santo importante?
   d. ¿Por qué es importante Santiago?
   e. ¿Qué milagro se asocia con San Rafael?
   f. ¿Cuál de los santos no es hombre?

Learning Strategy:
Reading for details

Learning Strategies:
Reading for details, verifying, supporting answers

Learning Strategy:
Reading for details

Critical Thinking Strategy:
Contrasting

Los santeros de Nuevo México

Durante los siglos XVIII y XIX las **aldeas** en lo que hoy es el norte de Nuevo México y el sur de Colorado estaban bastante aisladas del resto del mundo hispano. Los habitantes hispanos en esta parte de la Nueva España, como en el resto del mundo hispano, eran sumamente religiosos. A causa del **aislamiento** y la falta de atención que recibían de la ciudad de México, que era la capital de la Nueva España, surgieron aquí varias tradiciones religiosas que son un poco diferentes de las del resto del mundo hispano. En las iglesias había

villages

isolation

221

Cultural Expansion

Remind the students that Francisco de Coronado first explored the area of what is now New Mexico in 1540–42. Juan de Oñate founded San Gabriel about 30 miles north of Santa Fe, the first colony in what was later to become northern New Mexico, in 1598. The first order of business for the early colonizers was to build a chapel; like all Catholic chapels, it had to be decorated with the saints who were important to the community. Thus, these **"santos"** were carved from whatever materials there were in the region. In the case of New Mexico, aspen and cottonwood were most commonly used because they are relatively soft and easy to carve. Point out to the students that Spanish has been spoken continuously in that part of the U.S. since 1598. Santa Fe, the oldest capital city in the U.S., was founded in 1610.

You may want to remind students that the Southwest (New Mexico, Arizona, Texas, California, Nevada, Utah, and part of Colorado) was only annexed to the United States in 1848 through the Treaty of Guadalupe Hidalgo, which brought an end to the Mexican-American War. Before 1848, the area had been part of New Spain **(La Nueva España)** until 1821, when Mexico declared its independence from Spain. Thus, from 1521 to 1821 it was part of Spain and from 1821 to 1848 it was part of Mexico.

Cultural Expansion

San Isidro Labrador appears with the angel, the plow, and one or two oxen. The belief among the people is that when it is time to work the fields, San Isidro goes off to pray, and the angel appears and does the plowing for him.

pieces

una falta de objetos religiosos, así que la gente empezó a crear pinturas y esculturas de imágenes religiosas. A veces pintaban escenas religiosas en **trozos** de madera. También tallaban esculturas en madera de los santos más importantes. Las pinturas se conocen como "retablos" mientras que las esculturas se conocen como "bultos".

La tradición de tallar santos no sólo ocurrió en esta región, sino también en otras partes del mundo que colonizaron los españoles. Por ejemplo en Puerto Rico y en las Islas Filipinas también esculpían santos por las mismas razones que en Nuevo México. Los bultos pueden ser de dos clases. Una clase se pinta con colores llamativos mientras que la otra clase no se pinta. Tenemos con estas imágenes religiosas una impresionante muestra de arte popular.

San Isidro Labrador

teachers
Upon retiring

En Nuevo México a mediados de este siglo casi murió esta tradición, pero recientemente ha ocurrido una especie de renacimiento. Algunas personas se han interesado en la historia y en las tradiciones hispanas y han resucitado esta forma de arte popular. Un buen ejemplo de esto es Eulogio Ortega y su esposa Zoraida Gutiérrez de Ortega que viven en Velarde, una aldea en las montañas del norte de Nuevo México. Ambos fueron **maestros** de escuela primaria en el norte de Nuevo México por más de cuarenta años. **Al jubilarse,** el Sr. Ortega empezó a tallar santos en madera. Como él no ve los colores muy bien, después de tallar un santo la Sra. Gutiérrez de Ortega lo pinta. Juntos han contribuido al renacimiento de esta forma de arte popular en Nuevo México. Aparte del bulto de Santiago, las fotografías en estas páginas muestran algunos bultos que ha tallado el Sr. Ortega con una breve descripción para ayudarles a identificar algunos de los santos más populares en Nuevo México.

workers

plow

San Isidro Labrador
Lleva un saco azul y pantalones negros, chaleco rojo y un sombrero. Debe ser como se vestían los **labradores** en la época colonial en Nuevo México. Siempre aparece con uno o dos bueyes y un **arado** y a veces también aparece con un ángel. Es el santo patrón de Madrid y de los labradores de Nuevo México.

San Francisco de Asís

El fundador de la Orden de los Franciscanos, lleva su hábito azul de monje y siempre lleva barba. Generalmente lleva una cruz en la mano derecha y una **calavera** en la otra.

San Antonio de Padua

San Antonio es, después de San Francisco, el santo más popular para los franciscanos. Lleva su hábito azul de **monje** y nunca lleva barba. Frecuentemente lleva un libro y un niño.

San Antonio de Padua

Santiago

Nuestra Señora de Guadalupe

Siempre se representa como aparece en el **retrato** que está en la Basílica de Guadalupe en la Ciudad de México. Lleva un vestido rojo y una **manta** azul. A sus pies siempre hay un ángel y una **luna creciente**.

Nuestra Señora de Guadalupe

Santiago

Según las leyendas, Santiago, el santo patrón de España, aparecía durante las batallas entre moros y cristianos y les **ayudaba** a los españoles a triunfar. En el Nuevo Mundo se dice que apareció varias veces en batallas entre españoles e indios. Una de estas apariciones ocurrió en Nuevo México en 1599 cuando Santiago le ayudó a Juan de Oñate y a sus soldados españoles mientras luchaban contra los indios en el pueblo de Acoma.

calavera: skull / *monje:* monk / *retrato:* portrait / *manta:* shawl / *luna creciente:* crescent moon / *ayudaba:* helped

223

Cultural Expansion

James Michener, in his classic book *Iberia,* tells us that two of the earliest disciples chosen by Jesus were the brothers James (Santiago) and John. Their mother Salome was the sister of the Virgin Mary, which meant that the two brothers were cousins of Jesus. Both brothers were present at the crucifixion and in AD 44. Santiago, having persisted in his energetic propagation of the faith, was beheaded, by an order given by King Herod, thus becoming the first of the followers of Jesus to achieve martyrdom. Legend says that Santiago's body was taken to Spain for burial sometime around AD 44. In 812 a hermit happened to see in the heavens a bright star hovering over a vacant field and when he reported this fact to his religious superiors, excavations were begun and the body of Santiago was brought to light, uncorrupted by the passage of time. He would often appear in battles between Christians and Moors and in the legendary Battle of Clavijo in 844 he was clearly seen by the Spanish Christians, riding before them on a white horse, swinging a great sword and killing Moors by the thousands. Hence he gained the name by which he has come to be known in Spain, **Santiago Matamoros.**

Santiago became the patron saint of Spain and his burial place became the most sacred spot in Spain, **Santiago de Compostela.** Santiago's shrine at Compostela became a great pilgrimage center, equal to Jerusalem and Rome. Pilgrims adopted the cockleshell found on Galician beaches as their badge. Santiago is often shown as a pilgrim with a shell. For a more thorough discussion of Santiago and the Road to Santiago, see Michener's book.

Ex. M: writing

Implementation, Ex. M:
Have students refer to the model of a chart on this page or you can use the corresponding Critical Thinking master.

Cultural Expansion

In his classic, *A History of Mexico,* Henry Bamford Parkes provides us with considerable information on the **Virgen de Guadalupe.** To begin with, Spanish Catholicism, with its devotion to the Virgin Mary, to the patron saint Santiago, and to the countless other saints on the Christian calendar, leaned toward polytheism. This blended quite easily with the polytheism of the Indians and thus, in becoming Christians, the Indians did not cease to be polytheistic. Instead of **Huitzilopochtli** (the Humming-bird Wizard who represented the sun who wrestled at night with the stars and moon in order to bring in each new day) and **Tlaloc** (the rain god), they now worshipped the Virgin Mary and the other saints. These personages were represented by wooden and bejeweled images which had miraculous powers and were able to cure diseases and control weather. Of these religious objects, the most celebrated was the **Virgen de Guadalupe.** According to the legend, in December of 1531, a mere ten years after Cortés completed his conquest of Mexico, a newly baptized Indian peasant, Juan Diego, was crossing a hill **(el Cerro de Tepeyac)** a few miles north of Mexico City when the Virgin appeared in front of him and informed him that she wished a church to be built in her honor on the spot where she was standing. Juan Diego informed the bishop, who would not believe him. So the Virgin appeared to Juan Diego a second time and

he should catch / burn
ashes
blind
sight

San Rafael
Es el ángel que se le apareció a Tobías. San Rafael le dijo a Tobías que **cogiera** un pescado, lo **quemara,** y que le pusiera las **cenizas** en los ojos a su padre que era **ciego.** Según la leyenda, el papá de Tobías recobró la **vista** a causa de esto. San Rafael siempre se representa con un pescado.

San Rafael

Comprensión

Learning Strategies:

Using cognates for meaning, drawing meaning from context, using a dictionary, taking notes in a chart

M. *Cognado, contexto o diccionario*   Al tratar de adivinar el significado de las siguientes palabras indica si la palabra es un cognado, si la adivinaste por medio del contexto o si tuviste que buscar la palabra en el diccionario. Haz un diagrama como el siguiente para organizar la información. Si tuviste que buscar la palabra en un diccionario indica la forma de la palabra que aparece en el diccionario y el significado que encontraste allí.

	Cognado	Contexto	Forma en el diccionario	Significado en el diccionario
aisladas				
sumamente				
surgieron				
tallaban				
santos				
razones				
muestra				
especie				
han resucitado				
cruz				
recobró				

224

¡Adelante!

EJERCICIO ORAL

N. El (La) profesor(a) prohibe... Repasa las expresiones en la página 219 y haz por lo menos cinco comentarios sobre lo que el (la) profesor(a) prohibe en la clase. ¿Cuál es el más importante para la buena operación de la clase?

EJERCICIOS ESCRITOS

O. Es aconsejable... Un(a) amigo(a) de Costa Rica quiere venir a este país a estudiar el año próximo. Escríbele una carta y dale consejos sobre lo que es aconsejable o importante que él (ella) haga cuando esté aquí. ¿Cuál de los consejos es el más importante para ser buen(a) estudiante? ¿Cuál es el más importante para la vida social (estar contento[a] y tener amigos)?

P. Los santos de Nuevo México Usa la información en la lectura sobre los santos de Nuevo México en las páginas 221–224 y prepara una breve presentación oral sobre este tema. Usa un mapa de los Estados Unidos y México para ilustrar tu presentación.

Learning Strategy:

Making suggestions

Critical Thinking Strategy:

Prioritizing

Learning Strategies:

Reporting based on personal knowledge, organizing information in a letter

Critical Thinking Strategy:

Prioritizing

Learning Strategies:

Reading for cultural information, reading for main ideas, reading for details, reading a map, organizing ideas, making an oral presentation

225

ordered him to climb to the top of the hill and gather roses, which he would find there, and place them in his cloak. He climbed the hill and found—in a place where nature produced only cactuses—a miraculous garden of roses. He wrapped the roses in his cloak and again went to the bishop, and when he opened the cloak, he found upon it the image of the Virgin. The news that the Virgin had personally appeared to a member of the conquered race caused the greatest excitement among the Indians—particularly when the Pope stated that no other race in history had been honored in such a fashion. Thus, the task of converting the Indians was made considerably easier.

The picture was housed in a church built at the foot of the hill, in the town of Guadalupe, and this became the favorite place of pilgrimage for all the Indians of Mexico. Of special interest is the fact that the town of Guadalupe had formerly been the sanctuary of the Indian deity **Tonantzin,** the mother of gods. The same ceremonies with which **Tonantzin** had formerly been worshipped were now performed in honor of her successor, the **Virgen de Guadalupe.**

Juan Diego's cloak was made of a coarse fabric woven from cactus fiber. Although this material usually deteriorates in approximately 10 years, this cloak has shown no deterioration over 400 years. The colors have never faded and although artists have tried to reproduce them, the composition of the coloring remains a mystery. Our Lady of Guadalupe is the patron saint of Mexico.

For more information on the Aztecs see Victor W. Von Hagen's *The Aztec: Man and Tribe.*

Ex. N:  pair work

Ex. O: writing

Ex. P: writing

Support material,
Capítulo 8: Lab Manual
listening activities, Laboratory
Program , Tapescript, and
Teacher's Edition of the Workbook/
Lab Manual

Vocabulario

Para hablar del arte popular

Adjetivos

abstracto(a)
complicado(a)
creador(a)
cuidadoso(a)
llamativo(a)
mitológico(a)
policromal
real
superpuesto(a)

Sustantivos

el dibujo
el diseño
la diversidad
el espíritu
la fabricación
la fauna
la flora

la forma
la incrustación
el motivo
el rectángulo
la tela
el tema

Verbos

coser
pintar
tallar

Vocabulario general

Verbos

empezar

Para charlar

Para expresar necesidad o preferencias

Él (Ella) manda que…
Es aconsejable que…
Es importante que…
Espero que…

Insisto en que…
Prefiero que…
Prohibo que…

CAPÍTULO 9

LA MÚSICA EN EL MUNDO HISPANO

El Teatro Colón, Buenos Aires

Objetivos:

>>> **T**alking about music
>>> **E**xpressing emotions and reactions

Strategies:

>>> **O**rganizing ideas
>>> **M**aking an oral presentation
>>> **E**valuating
>>> **P**rioritizing

227

Chapter Objectives

Functions: Talking about music; expressing emotions and reactions

Context: Traditional Latin American and Spanish music

Accuracy: The subjunctive for conveying emotions and reactions; the subjunctive of verbs that end in **-cer** and **-cir**; expressions for conveying emotions or reactions

Cultural Expansion

Tell students that Spain and Latin America have inspired a number of works of classical music, in addition to their contributions to the world of popular music. Probably the most famous of these is the opera *Carmen* by Georges Bizet, based on a story by Prosper Mérimée. The opera, which has a Spanish setting, tells the tale of a tragic triangle between Carmen and her two lovers. Several versions of the opera have been filmed, including one by the Spanish director Carlos Saura.

PRIMERA ETAPA

Preparación

>> **¿T**e gusta la música?

>> **¿Q**ué tipo prefieres?

>> **¿H**as escuchado canciones en español?

>> **¿C**onoces la música de algún cantante del mundo hispano?

Learning Strategies:

Brainstorming, previewing

La historia de "La bamba"

Learning Strategy:

Reading for cultural information

Se dice que esta canción, indudablemente una de las más populares de todos los tiempos, llegó al puerto de Veracruz con los **esclavos** que procedieron de un lugar en África llamado Mbamba.

esclavos: slaves

Ritchie Valens

Etapa Support Materials

Workbook: pp. 196–204
Listening Activity masters: p. 51
Critical Thinking Master: p. 9
Transparency: #30
Teacher Tape

Tapescript: p. 84
Quiz: Testing Program, p. 112

Support material, La historia de "La bamba":
    Teacher Tape , **Transparency #30**

Video/Laserdisc

Mosaico cultural: "Sones y ritmos"
Mosaico cultural Video Guide

Support material, La historia de "La Bamba": Teacher Tape/CD Track #28 , Transparency #30

Ex. A: writing

¿Es "La bamba" la canción más conocida del hemisferio occidental? Probablemente sí. Su **reconocimiento** es instantáneo, feliz y bilingüe. La canción **pertenecía** solamente a la América hispanohablante hasta finales de 1958, cuando Richard Valenzuela, cuyo nombre artístico fue Ritchie Valens, la amplificó e **injertó** en la melodía tradicional un alegre ritmo de *rock and roll* —como se ve en la película del mismo título que fue dirigida por Luis Valdez. Desde entonces se ha convertido en un elemento básico del repertorio de toda banda de barrio desde el este de Los Ángeles hasta el sur del Bronx. Treinta años después de que Valens introdujo la canción con su letra en español en la cultura americana, "La bamba" se ha convertido en un clásico en prácticamente todos los países desde Canadá hasta Argentina.

recognition

belonged

inserted

La canción que ahora **resuena** en clubes nocturnos, fiestas y radios de todas partes tuvo sus orígenes en la costa sur de Veracruz, México, donde la música regional se caracteriza por el humor de sus letras y sus instrumentos de **cuerda:** guitarras de varios **tamaños,** un arpa pequeña, a menudo **un bajo de pie** y algunas veces un violín.

resounds

string
sizes / a bass

Desde que Hernán Cortés llegó a la costa del golfo en 1519, Veracruz ha **presenciado** la llegada de misioneros católicos, piratas caribeños, esclavos africanos y tropas extranjeras. El resultado ha sido la fusión de la tradición española con la vida africana, caribeña y nativa. La población de **sangres mezcladas** vino a ser llamada "mestiza", y sus canciones, junto con sus bailes y ritmos únicos, fueron conocidas como canciones al estilo "jarocho". De los centenares de melodías que evolucionaron de ese híbrido, la de "La bamba" es la más **duradera.**

witnessed

mixed blood

long lasting

"La bamba" vivirá para siempre, pero sus orígenes precisos son desconocidos. Entre las teorías existentes, una de las más interesantes es la de su posible origen africano. A principios del siglo XVII, los españoles llevaron esclavos a la costa del golfo de diferentes partes de África occidental incluyendo un lugar llamado Mbamba. Hacia el final de ese **siglo,** una canción llamada "La bamba" surgió en esa misma parte de Veracruz. "La bamba" era aparentemente una fusión del español y lenguas africanas.

century

Comprensión

A. *Cognado, contexto o diccionario*   Al tratar de adivinar el significado de las palabras en la página 230, indica si la palabra es un cognado, si la adivinaste por medio del contexto o si tuviste que buscar la palabra en el diccionario. Si tuviste que buscar la palabra en un diccionario, indica la forma de la palabra que aparece en el diccionario y el significado que encontraste allí.

Learning Strategies:

Using cognates for meaning, drawing meaning from context, using a dictionary, taking notes in a chart

229

Implementation, Ex. A:
Refer to page 230 for a model of how to set up a chart for this activity, or use the corresponding Critical Thinking master.

Ex. B: writing

Ex. C: writing

	Cognado	Contexto	Forma en el diccionario	Significado en el diccionario
indudablemente				
procedieron				
occidental				
hispanohablante				
ritmo				
nocturnos				
arpa				
tropas extranjeras				
centenares				
híbrido				
desconocidos				
teorías				

Learning Strategy:

Drawing meaning from key words

B. *¿Aparece o no aparece en la lectura?* Lee la lectura sobre la bamba e indica si las siguientes expresiones se mencionan. Si se mencionan, indica en qué párrafo se encuentran.

1. una ciudad en la costa sur de México
2. un autor
3. un explorador español
4. un lugar en África
5. un país europeo
6. un director de cine
7. un artista de cine
8. un país de la América del Sur

Learning Strategies:

Reading for details, reading for cultural information

C. *Para bailar "La bamba" se necesita...* Contesta las siguientes preguntas en español.

1. ¿En qué parte de México se originó esta canción?
2. ¿Quién fue Ritchie Valens?
3. ¿Quién es Luis Valdez?
4. ¿Qué tipos de gente han venido a esa parte de México?
5. ¿Cuál es una teoría sobre los orígenes de la canción?
6. ¿Cuándo apareció la canción por primera vez?

230

D. *Evolución de "La bamba"...*   Usa la información en la lectura en las páginas 228–229 y escribe un informe breve sobre la evolución de la canción. Usa un mapa del mundo para ayudarte a ilustrar tu presentación.

Learning Strategies:

Reading for cultural information, reading for main ideas, reading a map, organizing ideas, making an oral presentation

COMENTARIOS
CULTURALES

La letra de "La bamba"

Learning Strategy:

Reading for cultural information

Para bailar la bamba,
para bailar la bamba
se necesita una poca de gracia
una poca de gracia
pa' mi y pa' ti
y arriba y arriba
¡y arriba y arriba
por ti seré, por ti seré, por ti seré!
Yo no soy marinero
yo no soy marinero, soy capitán,
yo no soy marinero, soy capitán,
Bamba, bamba

Repaso

E. *Los quehaceres*   Tú y tus compañeros tienen que arreglar la casa para una cena especial. Contesta las preguntas de tu amigo(a) empleando los verbos *esperar* o *preferir*. Sigue el modelo.

Learning Strategy:

Making suggestions

Modelo: sacar la basura / Juan
—*¿Quién va a sacar la basura?*
—*Espero que Juan la saque.*   o:
—*Prefiero que Juan la saque.*

1. limpiar la cocina / Lourdes
2. hacer la cama / tú
3. poner la mesa / Esteban
4. hacer la ensalada / Uds.
5. preparar el postre / Luis
6. quitar la mesa / Carmen

231

Ex. D:  writing

Follow-up, Ex. D: For extra credit, some students might like to write their own lyrics to **"La bamba"** and sing it for class. You may supply possible topics.

Suggestion, Comentarios culturales: You may want to bring in a recording of this song. Virtually all recording artists who sing in Spanish have recorded their own version.

Ex. E: pair work

role play

Answers, Ex. E: 1. ¿Quién va a limpiar la cocina? Espero que Lourdes la limpie.   2. ¿Quién va a hacer la cama? Prefiero que tú la hagas.   3. ¿Quién va a poner la mesa? Espero que Esteban la ponga.   4. ¿Quién va a hacer la ensalada? Espero que Uds. la hagan.   5. ¿Quién va a preparar el postre? Espero que Luis lo prepare.   6. ¿Quién va a quitar la mesa? Espero que Carmen la quite.

Cultural Expansion

Point out to your students that the words to **"La bamba"** can vary, as is common among popular folk songs. As a listening excercise, it may be fun to compare various presentatations of the song, from Ritchie Valens's version, to the one by Los Lobos, to the one on the teacher tape by Flor de Caña.

Support material:
Transparency #30

Ex. F: pair work

Presentation: Estructura

Use the examples to point out how these words and expressions affect what is going on in the subordinate clause, thus requiring subjunctive.

F. *Es necesario...*   Un(a) compañero(a) de clase te va a hacer las siguientes preguntas. Contéstale empleando una de las expresiones que siguen: *es necesario, es importante, es aconsejable*. Sigan el modelo.

Modelo: —¿Te levantas temprano cada día?
—*Sí, (No, no) es necesario que yo me levante temprano.*
o:
—*Sí, (No, no) es importante que yo me levante temprano.*
o:
—*Sí, (No, no) es aconsejable que yo me levante temprano.*

1. ¿Estudias mucho para la clase de español?
2. ¿Llegas a clase a tiempo?
3. ¿Te levantas temprano los miércoles por la mañana?
4. ¿Sacas la basura cada día después de la escuela?
5. ¿Te desayunas antes de ir a la escuela?
6. ¿Te acuestas temprano los lunes por la noche?

ESTRUCTURA

The subjunctive for conveying emotions and reactions

Estoy contento de que **puedas** ir a la fiesta.	*I am happy* that *you can* go to the party.
Me alegro de que tú **estudies** conmigo.	*I am happy* that you *are studying* with me.
Siento que él no **vaya** mañana.	*I am sorry* that he *is* not *going* tomorrow.
Temo que no **podamos** asistir a la conferencia.	*I fear we can't* attend the lecture.
Es bueno (Es malo, Es mejor) que **leas** el libro.	*It's good (It's bad, It's better)* that *you read* the book.

When a verb or expression in the main clause of the sentence expresses an emotion or some sort of reaction, the verb in the **que** clause must be in the subjunctive. Some of the more common verbs and expressions that convey an emotion or reaction are listed below.

alegrarse de	*to be happy*	**es mejor**	*it's better*
estar contento(a)	*to be happy*	**es bueno**	*it's good*
sentir (ie, i)	*to regret*	**es malo**	*it's bad*
temer	*to fear*		

232

Aquí practicamos

G. Sustituye las palabras en cursiva con las palabras entre paréntesis y haz los cambios necesarios.

1. *Yo* estoy contento de que Gloria vuelva temprano. (él / Uds. / nosotros / ellas / vosotros)
2. *La profesora* se alegra de que Alberto llegue a clase a tiempo. (tú / Adela / yo / nosotras / ellos)
3. *Mi papá* siente que Juan no pueda venir a cenar. (mi hermano / nosotros / tú / ellas / vosotras)
4. *Ella* teme que Marisa no estudie para el examen. (mi papá / nosotros / yo / tú / los profesores)

H. ¿Es bueno o es malo? Di si es bueno o malo lo que hacen tú y tus compañeros de clase. Sigue el modelo.

Modelo: Jaime estudia cinco horas todos los días.
Es bueno que Jaime estudie cinco horas todos los días.
o:
Es malo que Jaime estudie cinco horas todos los días. Debe divertirse más.

1. Tú no fumas.
2. Julia lee mucho.
3. Isabel se acuesta temprano.
4. Nosotros nos levantamos a las 6:30.
5. Ellos hacen ejercicios para tonificar el cuerpo.
6. Nosotros hablamos español en la clase.

> **Critical Thinking Strategy:**
> *Evaluating*

I. Me alegro de... Un(a) compañero(a) está contando lo que hacen algunos de tus compañeros de clase. Tú reaccionas con una frase que empieza con *Me alegro de...* . Sigue el modelo.

Modelo: María / dormir ocho horas cada noche
—*María duerme ocho horas cada noche.*
—*Me alegro de que María duerma ocho horas cada noche.*

1. Sara / lavarse los dientes después de comer
2. Benito / ducharse todos los días.
3. Sebastián / estudiar cuatro horas cada noche
4. Nora / hacer ejercicios cada tarde después de la escuela
5. Jaime / levantarse temprano los sábados
6. Susana / acostarse temprano antes de un examen

233

- When the students have finished the exercise, check on their comprehension by making statements to the class that are personalized. Encourage the students to interrupt you by contradicting what you say. Be careful to make statements that cannot hurt any of the students' feelings.

Possible answers, Ex. H:
1. Es bueno que tú no fumes.
2. Es bueno que Julia lea mucho.
3. Es bueno que Isabel se acueste temprano. 4. Es bueno que nosotros nos levantemos a las 6:30. 5. Es bueno que ellos hagan ejercicios para tonificar el cuerpo 6. Es bueno que nosotros hablemos español en clase.

Ex. I:  pair work

Answers, Ex. I: 1. Sara se lava..., Me alegro de que Sara se lave... 2. Benito se ducha..., Me alegro de que Benito se duche... 3. Sebastián estudia..., Me alegro de que Sebastián estudie... 4. Nora hace ejercicios..., Me alegro de que Nora haga ejercicios... 5. Jaime se levanta..., Me alegro de que Jaime se levante... 6. Susana se acuesta ..., Me alegro de que Susana se acueste...

Follow-up, Ex. I: Personalize this exercise by having students continue, saying **Me alegro de que** and following with something pleasant from their own lives. Allow them to complain, too: **Es malo que... .**

Answers, Ex. G: 1. Él está contento..., Uds. están contentos..., Nosotros estamos contentos..., Ellas están contentas..., Vosotros estáis contentos... 2. Tú te alegras..., Adela se alegra..., Yo me alegro..., Nosotras nos alegramos..., Ellos se alegran... 3. Mi hermano siente..., Nosotros sentimos..., Tú sientes..., Ellas sienten..., Vosotras sentís... 4. Mi papá teme..., Nosotros tememos..., Yo temo..., Tú temes..., Los profesores temen...

x. H: groups of three

Ex. H: Interrupting Trios

Learning Strategy: Expressing opinions

- Divide the class into groups of three. One student will make a statement: **Jaime estudia cinco horas todos los días.** The second student will interrupt, voicing an opinion: **Es bueno** or **Es malo.** The third student disagrees and makes the opposite statement. Tell the students to keep their comments moving quickly, as in real conversation. Remind them to rotate roles as they proceed.

Ex. J: pair work

Answers, Ex. J: 1. ¿Debo estudiar solo? Sí, es mejor que estudies solo.   2. ¿Debo acostarme temprano? Sí, es mejor que te acuestes temprano.   3. ¿Debo mirar la televisión? No, es mejor que no mires la televisión. 4. ¿Debo ver una película la noche antes del examen? No, es mejor que no veas una película la noche antes del examen.   5. ¿Debo prestar atención en la clase? Sí, es mejor que prestes atención en la clase.   6. ¿Debo hablar por teléfono con un amigo? No, es mejor que no hables por teléfono con un amigo.

Suggestion, Ex. J: Encourage students to say why they chose what they did.

Ex. K: writing

Answers, Ex. K: 1. Uds. conozcan, nosotros conozcamos, ellas conozcan, Ud. conozca, vosotros conozcáis   2. tú traduzcas, yo traduzca, Uds. traduzcan, nosotros traduzcamos, ellos traduzcan   3. mi hermano conduzca, nosotros conduzcamos, Uds. conduzcan, ellas conduzcan, vosotras conduzcáis

Critical Thinking Strategy:

Evaluating

J. *Es mejor...* Tu amigo(a) te hace preguntas sobre lo que es mejor y lo que no es mejor que él (ella) haga para sacar una buena nota en el próximo examen.

Modelo: acostarse tarde
—*¿Debo acostarme tarde?*
—*No, es mejor que te acuestes temprano.*

1. estudiar solo
2. acostarse temprano
3. mirar la televisión
4. ver una película la noche antes del examen
5. prestar atención en la clase
6. hablar por teléfono con un(a) amigo(a)

The subjunctive of verbs that end in -cer and -cir

Quiero que tú **conozcas** a Beno.   I want you *to meet* Beno.
—¿Puedes leer estas frases escritas en alemán?   Can you read these sentences written in German?
—No, es necesario que el profesor las **traduzca**.   No, it is necessary for the professor *to translate* them.

Verbs ending in **-cer** or **-cir** form the subjunctive from the **yo** form of the verb and use the standard endings for **-er** and **-ir** verbs.

conocer	*to know*	conozco	**conozca, conozcas,** etc.
conducir	*to drive*	conduzco	**conduzca, conduzcas,** etc.
traducir	*to translate*	traduzco	**traduzca, traduzcas,** etc.
ofrecer	*to offer*	ofrezco	**ofrezca, ofrezcas,** etc.

K. Sustituye las palabras en cursiva con las palabras entre paréntesis y haz los cambios necesarios.

1. Él está contento de que *Gloria* conozca a Mónica. (Uds. / nosotros / ellas / Ud. / vosotros)
2. La profesora se alegra de que *Alejandro* traduzca las frases. (tú / yo / Uds. / nosotros / ellos)
3. Mi papá no quiere que *Óscar* conduzca el coche. (mi hermano / nosotros / Uds. / ellas / vosotras)

234

LECTURA: EL TANGO

Antes de leer

Mira el título y la foto que acompaña esta lectura (página 236). ¿Qué sabes de este baile?

Guía para la lectura

1. Lee la lectura rápidamente e indica si los siguientes temas se mencionan (sí o no). Si se menciona el tema, indica en qué párrafo se encuentra.

   a. nombres de ciudades
   b. los Estados Unidos
   c. nombres de instrumentos musicales
   d. nombres de países europeos
   e. algunas fechas
   f. nombre de una mujer que cantaba tangos

2. Lee la lectura otra vez y contesta las siguientes preguntas.

   a. ¿Dónde se originó el tango?
   b. ¿Qué es la milonga?
   c. ¿Cuándo aparecieron los primeros tangos?
   d. ¿Qué sentimientos expresan los tangos?
   e. ¿Qué instrumentos pueden acompañar al cantante de tangos?
   f. ¿Quién fue Carlos Gardel?
   g. ¿Cuál fue la primera reacción al tango?

El tango

El tango surgió de los **ambientes** llamados "orilleros", barrios formados por inmigrantes en las afueras de Buenos Aires. Se le llama "tango" a diversas danzas del **ámbito** hispano con variedades en las Antillas, Brasil y Argentina. **No obstante,** es el tango argentino que ha trascendido el ámbito local para dar lugar a un estilo de baile y a una forma musical de fama universal. Evolucionado desde la música de clase baja, el tango manifiesta en su ritmo y en su estructura las influencias de "la milonga" —otro baile hispano.

atmosphere, environments

boundary, field
Nevertheless

Los primeros tangos rioplatenses con sus propios **rasgos** datan de la década de 1880. Inicialmente **rechazados** por las clases de procedencia media-alta, se introdujeron en los círculos de sociedad hacia el año 1900, con lo que experimentaron rápidas modificaciones en su música y

traits
rejected

235

---

*Learning Strategy:
Cultural brainstorming*

*Critical Thinking Strategy:
Making associations*

Throughout this chapter, students are reading about various kinds of music that are strongly tied to one country or another. Ask them if they can think of certain kinds of music that are associated with the United States. Why do they think that those associations exist? (Possible kinds of music include country and western, Dixieland jazz, ragtime, blues, rock and roll.)

Answers, Guía para la lectura: 1. a. párrafos 1 y 3 b. no aparece   c. párrafo 2 d. párrafo 3   e. párrafos 2 y 3 f. no aparece

2. a. El tango surgió de los ambientes llamados "orilleros", barrios formados por inmigrantes en las afueras de Buenos Aires. b. La milonga es otro baile hispano.   c. Los primeros tangos aparecieron en la década de 1880. d. Expresan intensa melancolía y sufrimientos del desengaño amoroso.   e. El piano, la guitarra, el violín y el bandoneón pueden acompañar al cantante.   f. Carlos Gardel fue el cantante de tangos más famoso.   g. Inicialmente, el tango fue rechazado por las clases de procedencia media-alta.

Learning Strategies:
Brainstorming, reporting based on personal knowledge

Learning Strategy:
Scanning for details

Learning Strategies:
Reading for cultural information, reading for details

content

deception

essential / large accordion

contenido hasta convertirse en símbolo nacional argentino. Durante la década de 1910 este baile penetró con notable éxito en los ambientes europeos. Los tangos generalmente expresan intensa melancolía y el tema del **desengaño** amoroso y los sufrimientos que causa es muy común. Los instrumentos que se usan para acompañar al tango pueden ser el piano, la guitarra, el violín, pero es **imprescindible** un **bandoneón.**

show
launched

Club de tango, Buenos Aires

El cantante de tangos más famoso fue Carlos Gardel, que nació en Francia el 11 de diciembre de 1890 y que emigró a Argentina cuando sólo tenía tres años. Comenzó a cantar en los cafés de los suburbios de Buenos Aires cuando era muy joven. En 1917 una **actuación** en un teatro bonaerense lo **lanzó** a la fama por su impresionante forma de interpretar tangos. Murió en un accidente de aviación en Medellín, Colombia, el 24 de junio de 1935.

236

Comprensión

L. *Estudio de palabras*   A continuación vas a encontrar unas palabras de la lectura sobre el tango en las páginas 235–236. Trata de adivinar el significado por medio del contexto en que se usa la palabra. Si es absolutamente imposible, busca la palabra en un diccionario.

1. orilleros
2. afueras
3. ha trascendido
4. dar lugar
5. manifiesta
6. rioplatenses
7. experimentaron
8. melancolía
9. bonaerense
10. accidente de aviación

Learning Strategy:

Drawing meaning from context

Learning Strategy:

Listing

Critical Thinking Strategies:

Evaluating, prioritizing

¡Adelante!

EJERCICIO ORAL

M. *Temo... estoy contento(a)...*   Repasa las expresiones en la página 232. Después, exprésale a un(a) amigo(a) por lo menos cinco cosas que temes y cinco cosas con que estás contento(a). ¿Qué temes lo más? ¿Con qué estás el (la) más contento(a)?

Learning Strategies:

Listing, making suggestions

Critical Thinking Strategies:

Evaluating, prioritizing

EJERCICIOS ESCRITOS

N. *Es bueno... es malo...*   Escribe una lista de por lo menos diez consejos sobre lo que es bueno y lo que es malo para llevar una vida sana. Después, indica dos que son los más importantes.

O. *El tango y "La bamba"*   Repasa la información sobre el tango y "La bamba" en las páginas 228–229 y 235–236 y prepara una breve presentación en la que describes la evolución geográfica de esta música.

Learning Strategies:

Reading for cultural information, reading for main ideas, organizing ideas, making an oral presentation

Critical Thinking Strategy:

Sequencing

237

Presentation: La música mariachi

Linda Ronstadt has recorded some popular Mexican songs, accompanied by a **mariachi.** You may want to play some of the music and have students discuss the themes of the songs.

La música mariachi: Comprehension Trios

Learning Strategies: Brainstorming, negotiating meaning, taking notes

- Put students into groups of three and assign the roles of reader (reads a sentence aloud), recorder (takes notes on what the group thinks the sentence means), and checker (facilitates to make certain that everyone understands and agrees). Tell the students to alternate roles.
- Direct students to read **La música mariachi** in the above fashion.
- Call on students at random to explain the meaning of different sentences.
- After reading, have the groups do Ex. A (p. 240) together.

Learning Strategies:
Brainstorming, previewing

Learning Strategy:
Reading for cultural information

SEGUNDA ETAPA

Preparación

>> ¿**H**ay cantantes en los Estados Unidos que cantan en español?

>> ¿**C**ómo se llaman?

>> ¿**D**e dónde son?

>> ¿**T**e gusta la música de estos cantantes?

La música mariachi

Arriba: Mariachis en Texas
Izquierda: Mariachis en México

238

Etapa Support Materials

Workbook: pp. 205–215
Critical Thinking Masters: pp. 10–11
Transparency: #31
Teacher Tape 🎧
Quiz: Testing Program, p. 115
Chapter Test: Testing Program, p. 117

Para quienes están acostumbrados a considerar el mariachi como la máxima expresión musical del **charro** mexicano, es una sorpresa ver cuántas mujeres participan en los mariachis estudiantiles y cuántos de los músicos aprendices no son mexicanos, **ni siquiera** latinos. **A juzgar** por la participación juvenil de la Octava Conferencia Internacional del Mariachi en Tucson, Arizona, el futuro de este género musical está asegurado, pero los intérpretes cambiarán radicalmente. Lo que no cambia son las canciones sobre charros **corajudos** y mujeres que los **rechazan**.

cowboy

not even / To judge

hot-tempered
reject

Tucson ha sido la **cuna** de prominentes figuras musicales mexicano-americanas como Luisa Ronstadt Espinel (tía de Linda Ronstadt), Manuel Montijo, Jr., Julia Rebeil y Lalo Guerrero. Es hoy uno de los centros más importantes del género mariachi. No hay mariachi juvenil que pueda competir en profesionalismo y talento con la agrupación de estudiantes de secundaria Los Changuitos Feos de Tucson. De Los Changuitos Feos salió el mariachi local de más **proyección,** Mariachi Cobre, hoy día en residencia permanente en Epcot Center de Disney World en Orlando, Florida, bajo la dirección de Randy Carrillo.

cradle

visibility

Son numerosas las agrupaciones de mariachi en ciudades con población méxico-americana. En Los Ángeles, por ejemplo, el Mariachi Los Camperos, bajo la dirección de Nati Cano, atrae a un público tan internacional a sus presentaciones que hasta han incorporado canciones japonesas a su repertorio. Pero también en la muy caribeña ciudad de Miami, uno de los talentos musicales más **cotizados** por el público latino es el Mariachi Mara Arriaga. Hay mariachis en Nueva Jersey, y varios restaurantes mexicanos neoyorquinos anuncian la presentación de *Live Mariachi Music.*

sought after

Según la teoría, el mariachi desciende de los **conjuntos** del siglo pasado que tocaban en los bailes de **boda** durante la ocupación francesa de México bajo el Emperador Maximiliano. Hoy es la **onda** musical más identificada en todo el mundo con la cultura mexicana.

groups
wedding
wave

En Tucson, la conferencia del mariachi atrajo a un público de entusiastas que vinieron de otros estados y también de México. El público pudo disfrutar de la presentación del grupo mexicano que se considera el máximo **exponente** de esta música, el Mariachi Vargas de Tecatitlán.

example

Para ciertos números, Cobre, Los Camperos y Vargas se juntaron para formar un supermariachi que acompañó a los invitados especiales. Entre ellos fueron Beatriz Adriana, una de las primeras figuras femeninas de la canción "ranchera", y José Luis Rodríguez, "El Puma", quien hace poco se aventuró en el campo de la canción mexicana. Ambas **estrellas** fueron recibidas calurosamente, pero el aplauso máximo fue para Linda Ronstadt, no tanto por su enorme fama internacional, sino porque Linda es de Tucson —la talentosa niña local que ha conquistado el mundo.

stars

239

Video/Laserdisc

For more on **mariachi** groups in Mexico as well as a variety of other musical groups in Spain and Latin America, see program **"Sones y ritmos"** in the **Mosaico cultural** series. Also of interest for this unit is a panoramic view of Hispanics in the U.S. in the program **"Latinos en los Estados Unidos."**

Comprensión

Learning Strategy:

Drawing meaning from context

A. *Estudio de palabras*   A continuación vas a encontrar unas palabras de la lectura sobre la música mariachi en la página 239. Trata de adivinar el significado por medio del contexto en que se usa la palabra. Si es absolutamente imposible, busca la palabra en un diccionario.

1. aprendices
2. asegurado
3. género
4. agrupación
5. repertorio
6. restaurantes neoyorquinos
7. atrajo
8. entusiastas
9. calurosamente
10. talentosa

B. *Verbos y adjetivos*   Como sabes, la base de muchos adjetivos es la forma infinitiva de un verbo. ¿Cuál es la base verbal de cada uno de los siguientes adjetivos que aparecen en la lectura?

1. acostumbrados
2. asegurado
3. pasado
4. identificada
5. recibidas

Learning Strategies:

Reading for details, verifying, supporting answers

C. *Verdadero o falso*   Di si las siguientes frases son verdaderas o falsas. Si la oración es falsa, explica por qué.

1. No hay mujeres en los grupos de mariachis.
2. Solamente la gente latina forma parte de los grupos de mariachis.
3. La tía de Linda Ronstadt es una cantante famosa de México.
4. Hay un grupo de mariachis en residencia permanente en Disney World en Florida.
5. La música mariachi no es muy popular en la parte del este de los EE.UU.
6. En la conferencia en Tucson había gente de México y de los EE.UU.

Learning Strategies:

Reading for details, reading for cultural information

D. *Sobre la música mariachi*   Contesta las siguientes preguntas en español.

1. ¿Cuál es el tema de las canciones que cantan los mariachis?
2. ¿Dónde trabaja el famoso Mariachi Cobre?
3. ¿Qué grupo incluye canciones japonesas en su repertorio?
4. ¿Dónde y cuándo se originó la música mariachi?
5. ¿Por qué es especial el Mariachi Vargas de Tecatitlán?
6. ¿Por qué fue recibida Linda Ronstadt tan calurosamente en la conferencia?

Learning Strategies:

Reading for cultural information, reading for main ideas, organizing ideas

E. *La evolución de la música mariachi*   Usa la información en la lectura para escribir un informe breve sobre la evolución de la música mariachi.

240

COMENTARIOS
CULTURALES

Los laureles

Una de las canciones más populares —y una de las que se pide con más frecuencia a un grupo de mariachis— se conoce como "Los laureles". Aquí tienen la letra de esta canción.

Support material, Comentarios culturales:
Teacher Tape /CD Track #29, Transparency #31

Suggestion, Comentarios culturales: You may want to play Linda Ronstadt's recording of **"Los laureles"** and have students follow along. There are other recordings of this Mexican standard and virtually every singer who is well known in Mexico has recorded it. Flaco Jiménez, Lucha Villa, and Lola Beltrán have excellent recordings of this song.

> *¡Ay qué laureles tan verdes,*
> *qué flores tan **encendidas**!*
> *si piensas abandonarme*
> *mejor quítame la vida.*
> ***Alza** los ojos a verme*
> *si no estás **comprometida**.*
> *Eres **mata de algodón***
> *que vives en **el capullo**.*
> *¡Ay, qué tristeza me da*
> *cuando **te llenas de orgullo**,*
> *de ver a mi corazón*
> ***enredado** con el tuyo!*
> *Eres rosa de Castilla*
> *que sólo en mayo se ve.*
> *Quisiera hacerte un invite,*
> *pero la verdad, no sé.*
> *Si tienes quién te lo dicte*
> *mejor me separaré.*
> *Allí les va la despedida*
> ***chinita** por tus quereres,*
> *la **perdición** de los hombres*
> *son las **benditas** mujeres.*
> *Aquí se acaban cantando*
> *los versos de los laureles.*

Learning Strategy:

Reading for cultural information

glowing, fiery

Raise
promised, engaged
cotton plant
bud

you fill with pride

enmeshed, intertwined

sweet young thing
undoing
blessed

241

Ex. F: pair work

Ex. G: groups of four or more

Suggestion, Ex. G: This is another opportunity to do a "tick mark" chart on the board, this time to determine what the class fears most.

Presentation: Estructura

Show how these expressions convey a reaction to what is going on in the subordinate clause, thus requiring the subjunctive. You may want students to generate some reactions in English so that they get the feel for this construction.

Critical Thinking Strategy:

Creating

Learning Strategies:

Requesting personal information, answering questions based on personal information, taking notes in a chart

Critical Thinking Strategy:

Comparing and contrasting

Repaso

F. *Estoy contento(a) de que...*   Un(a) amigo(a) te hace comentarios y tú contestas con un comentario que empieza con *Estoy contento...* . Sigue el modelo.

Modelo: Él va a México en junio.
Estoy contento(a) de que él vaya a México en junio.

G. *¿Qué temes?*   Haz un diagrama como el siguiente. En la primera columna indica tres cosas que temes. Después, pregúntales a cinco compañeros qué temen. Completa el diagrama con la información. ¿Tienen Uds. respuestas en común?

Yo	Estudiante 1	Estudiante 2	Estudiante 3	Estudiante 4	Estudiante 5
exámenes					
aviones					
perros					

ESTRUCTURA

Expressions to convey an emotion or a reaction

¡Qué bueno que llegues temprano!   *How great* that you're arriving early!
¡Qué raro que Juan no esté aquí hoy!   *How strange* that John is not here today!
¡Qué vergüenza que tú no estudies más!   *What a shame* that you don't study more!

Here are some of the more common expressions that are used in Spanish to express an emotion or a reaction. When used in the first clause of a sentence that has a **que** clause as its second part, these expressions trigger the use of the subjunctive in the **que** clause.

qué bueno	*how great*
qué lástima	*what a pity*
qué malo	*how terrible*
qué maravilla	*how wonderful*
qué pena	*what a shame*
qué raro	*how strange*
qué vergüenza	*what a shame*

242

Aquí practicamos

H. ¡Qué bueno! Haz frases según el modelo.

Modelo: Tú visitas a tu abuela con frecuencia.
¡Qué bueno que tú visites a tu abuela con frecuencia!

1. Lucas estudia solo.
2. Él no come mucho.
3. Susana llega a casa temprano.
4. Uds. hacen su tarea antes de mirar la televisión.
5. Tú vas a la biblioteca ahora.
6. Ellos terminan la lección.

I. ¡Qué malo! Haz frases según el modelo.

Modelo: Tú comes torta de fresas para el desayuno.
¡Qué malo que tú comas torta de fresas para el desayuno!

1. Enrique no trabaja.
2. Él no escucha a la profesora.
3. Ileana sale con Juan.
4. Uds. no estudian para esta clase.
5. Tú no dices la verdad.
6. Ellos quieren ir con nosotros al cine.

J. ¡Qué raro! Haz frases según el modelo.

Modelo: Juan no llega tarde.
¡Qué raro que Juan no llegue tarde!

1. Luis no está aquí.
2. Marisol no viene a clase.
3. Tú no vas con ellos.
4. Jaime y Esteban no conocen a Marilú.
5. Uds. no pueden asistir al concierto.
6. Ellas no tienen tarea esta noche.

K. ¡Qué maravilla! Haz frases según el modelo.

Modelo: Tú comes en un restaurante elegante.
¡Qué maravilla que tú comas en un restaurante elegante!

1. Yo voy al cine con Uds.
2. No hay clase mañana.
3. Nosotros no tenemos tarea esta noche.
4. Nosotros podemos ir a España durante el verano.
5. Él toca el piano muy bien.
6. Sabemos hablar español.

243

Answers, Ex. I: 1. ¡Qué malo que Enrique no trabaje! 2. ¡Qué malo que él no escuche a la profesora! 3. ¡Qué malo que Ileana salga con Juan! 4. ¡Qué malo que Uds. no estudien para esta clase! 5. ¡Qué malo que tú no digas la verdad! 6. ¡Qué malo que ellos quieran ir con nosotros al cine!

Answers, Ex. J: 1. ¡Qué raro que Luis no esté aquí! 2. ¡Qué raro que Marisol no venga a clase! 3. ¡Qué raro que tú no vayas con ellos! 4. ¡Qué raro que Jaime y Esteban no conozcan a Marilú! 5. ¡Qué raro que Uds. no puedan asistir al concierto! 6. ¡Qué raro que ellas no tengan tarea esta noche!

Answers, Ex. K: 1. ¡Qué maravilla que yo vaya al cine con Uds.! 2. ¡Qué maravilla que no haya clase mañana! 3. ¡Qué maravilla que nosotros no tengamos tarea esta noche! 4. ¡Qué maravilla que nosotros podamos ir a España durante el verano! 5. ¡Qué maravilla que él toque el piano muy bien! 6. ¡Qué maravilla que sepamos hablar español!

Answers, Ex. H: 1. ¡Qué bueno que Lucas estudie solo! 2. ¡Qué bueno que él no coma mucho! 3. ¡Qué bueno que Susana llegue a casa temprano! 4. ¡Qué bueno que Uds. hagan su tarea antes de mirar la televisión! 5. ¡Qué bueno que tú vayas a la biblioteca ahora! 6. ¡Qué bueno que ellos terminen la lección!

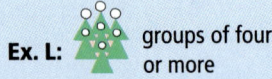

Ex. L: groups of four or more

Follow-up, Ex. L: For a listening exercise, read statements at random from Exs. H–K (p. 243) and have students respond. Personalize the activity by using real-life statements.

Video/Laserdisc

For more on flamenco music, see the **"Sones y ritmos"** segment of the **Mosaico cultural** video.

Answers, Guía para la lectura: 1. a. Verdadero b. Falso. Tiene sus orígenes en la Edad Media.   c. Falso. Se ha extendido a otras regiones.
     2. a. Verdadero   b. Falso. Hay corrientes modernas que coexisten con las tradicionales.   c. Falso. Su música es moderna.

gypsies

date back to

L. ¡Que bueno que...! Repasa las expresiones en la página 242 y reacciona a las actividades de tus amigos.

LECTURA: EL FLAMENCO

Antes de leer

Learning Strategy:

Brainstorming

Mira el título y las fotos (página 245) que acompañan esta lectura. ¿Qué sabes de este baile?

Guía para la lectura

Learning Strategies:

Reading for details, verifying, suppporting answers

1. Lee el primer párrafo y di si las siguientes oraciones son verdaderas o falsas. Si son falsas, explica por qué.

   a. Los gitanos son conocidos por su talento de músicos y de bailarines.
   b. El flamenco surgió en el siglo XX.
   c. El flamenco solamente existe en Andalucía.

2. Lee el segundo párrafo y di si las siguientes oraciones son verdaderas o falsas. Si son falsas, explica por qué.

   a. En el flamenco tradicional siempre hay alguien que canta y alguien que toca la guitarra.
   b. El flamenco se ha mantenido puro a través de los años.
   c. Los Gipsy Kings son un grupo de flamenco tradicional.

El flamenco

En España, los **gitanos,** notables por su talento de músicos y bailarines y asentados en la región de Andalucía desde la Edad Media, se llamaban "flamencos", palabra que con el tiempo ha pasado a designar gran parte del folklore andaluz. El flamenco es una manifestación musical que tiene sus orígenes entre los gitanos andaluces y que se ha extendido a otras regiones de la geografía española. Los orígenes remotos del flamenco **se remontan** a las danzas y cantos precristianos del sur de la Península Ibérica. La inmigración de pueblos gitanos en el siglo XV fue conformando las maneras definitivas de este arte, que es reconocido como tal desde la aparición de las primeras letras de canciones escritas en el siglo XVIII.

Unos cien años después, los gitanos comenzaron a bailar y cantar profesionalmente en los cafés de España y, como consecuencia, surgió la figura del guitarrista que siempre acompaña al (a la) cantante. Es esencial en el flamenco la emoción que anima al (a la) intérprete. La

244

clapping / snapping of fingers / castanets

Suggestion, Ex. M: This activity could be done in pairs.

Answers, Ex. M: 1. c 2. d 3. f 4. h 5. g 6. a 7. b 8. e

emoción se aumenta mediante complejos **redobles de palmas, chasquidos de dedos,** gritos y **castañuelas** que, junto con la danza y el canto, constituyen un componente fundamental del espectáculo. Modernamente, sobre el desarrollo del flamenco actúan influencias diversas que han originado corrientes modernas que coexisten con las tradicionales. Un excelente ejemplo de esto son los Gipsy Kings, un grupo musical que a fines de los años ochenta fue muy popular en este país. Su música, un poco moderna, se basa en los ritmos, cantos y la tradición del flamenco de los gitanos del sur de España.

Arriba (izquierda): Niñas bailando durante La Feria de Sevilla, la feria más famosa de España.
Arriba: El flamenco es muy popular en España, especialmente en Andalucía.

Comprensión

M. *Estudio de palabras* Trata de adivinar el significado de varias palabras en la lectura sobre el flamenco. Encuentra la(s) palabra(s) en inglés en la lista a la derecha que corresponde(n) a las palabras en español en la lista a la izquierda.

Learning Strategy:

Drawing meaning from context

1. notables
2. Edad Media
3. designar
4. reconocido
5. aparición
6. anima
7. intérprete
8. corrientes

a. inspires
b. artist
c. noteworthy
d. Middle Ages
e. trends
f. to designate
g. appearance
h. recognized

245

Ex. N: groups of four or more

Exs. O and P: writing

Variation, Ex. P: For a truly communicative exercise, have your students write letters to the authors of this textbook, c/o Heinle & Heinle Publishers, 20 Park Plaza, Boston, MA 02116, expressing the suggestions in Ex. P as well as reactions to other components of the book. Ask that the authors reply in Spanish.

EJERCICIO ORAL

N.   *Las reacciones*   Repasa las expresiones en la página 242. Primero, haz una lista de seis eventos o situaciones de tu vida ahora. Luego, trabajando con tres compañeros, diles lo que pasa en tu vida. Cada persona debe darte una reacción. Pon la información en un diagrama como el que sigue.

	Amigo(a) 1	Amigo(a) 2	Amigo(a) 3
Voy a México en junio.			

EJERCICIOS ESCRITOS

O.   *¡Qué pena!*   Acabas de recibir una carta en la que un(a) amigo(a) te dice que no puede visitarte en mayo pero que va a visitarte en julio. Repasa las expresiones para expresar una reacción en la página 242 y después escríbele una carta a otro(a) amigo(a) —tu mejor amigo(a)— en la que expreses varias reacciones a los nuevos planes.

P.   *Más reacciones*   Expresa tus reacciones a las varias lecturas sobre el arte y la música que aparecen en esta unidad: el muralismo mexicano; Frida Kahlo; Picasso, Miró y Dalí; Guernica; los indios cunas; Sarchí y sus carretas; las máscaras de México; los santeros de Nuevo México; "la bamba"; el tango; la música mariachi y el flamenco.

Learning Strategies:

Selecting and giving personal information, expressing an opinion, taking notes in a chart

Critical Thinking Strategy:

Evaluating

Learning Strategies:

Selecting and giving personal information, organizing information in a letter

Critical Thinking Strategy:

Evaluating

Learning Strategies:

Expressing an opinion, organizing ideas

Critical Thinking Strategies::

Determining preferences, evaluating

246

Vocabulario

Para hablar de la música

Adjetivos

alegre
conocido(a)
corajudo(a)
rechazado(a)

Sustantivos

el arpa
el baile
el bajo
el bandoneón
la canción
la danza
el desengaño

el estilo
la guitarra
el instrumento de cuerda
el (la) intérprete
la letra
la melancolía
la melodía

la onda
el piano
el rasgo
el ritmo
el repertorio

Verbos

interpretar
resonar (ue)

Para charlar

Para expresar emociones y reacciones

Es bueno que…
Es malo que…
Es mejor que…
Estoy contento(a) de que…
Me alegro de que…
Qué bueno que…
Qué lástima que…

Qué maravilla que…
Qué pena que…
Qué raro que…
Qué vergüenza que…
Siento que…
Temo que…

Vocabulario general

Verbos

conducir
conocer
traducir

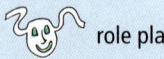

Ex. A: pair work

role play

Suggestion, Ex. A: As a writing exercise, students often enjoy the **"Querida Abby"** format. If you so choose, they can write anonymously, and the identity of "Abby" will be kept secret, too.

Ex. B: groups of three

Ex. C: pair work

Support material, Unidad 3: Lab Manual Ya llegamos listening activities, Laboratory Program , Tapescript, and Teacher's Edition of the Workbook/Lab Manual

---

Learning Strategies:

Selecting and providing information, describing, recommending

Critical Thinking Strategies:

Imagining, analyzing, drawing inferences, seeing cause-and-effect relationships

---

Cooperative Learning

Learning Strategies:

Making plans, making suggestions, negotiating, creating a chart, organizing information in a chart

Critical Thinking Strategies:

Categorizing, ranking, prioritizing

Learning Strategies:

Describing based on visual cues, interpreting

Critical Thinking Strategies:

Analyzing, drawing inferences based on visual and cultural information

---

Ya llegamos

Actividades orales

A. *Los problemas*   Imagine that you are a character on a soap opera and you have an appointment with your therapist. Describe one of your problems to your partner, who will play the role of your therapist and will make recommendations to you on how to solve your problem. He or she will use expressions for transferring will and expressing emotions and reactions, as well as the subjunctive. Then change roles.

B. *Una gran fiesta*   You are meeting with a committee that is planning a big party for your Spanish class. In making the arrangements, discuss which member of your committee will be responsible for which aspect of the planning. Prepare a chart of responsibilities organized according to importance under columns entitled **Es necesario que...** ; **Es importante que..**. ; and **Es aconsejable que...** . Under each heading, list the name of the person followed by the task for which he or she will be responsible. Use the subjunctive of the verbs in these columns for the indirect transfer of will.

C. *Descripciones*   Pick one of the paintings in this unit and describe it to a partner. Describe what is happening in the scene and be sure to talk about colors and style. Give your personal interpretation of the symbol(s) and meaning of the painting.

248

Support Materials

Workbook: **pp. 216–218**
Critical Thinking Master: **p. 12**
Unit Review Blackline Masters: **Unit 3 Review**
Listening Activity masters: **p. 54**
Tapescript: **p. 89**
Unit Exam: **Testing Program, p. 121**

Atajo, Writing Assistant Software

Actividades escritas

D. *Una carta*   You've just received a letter from a Spanish-speaking friend who is coming to spend next semester in your school. He or she is concerned with appearance and wants to make good choices about clothes. Write a letter in which you give your friend advice. Use expressions such as: **es importante, es aconsejable, es necesario**.

E. *Mis recomendaciones personales*   You are concerned that your Spanish-speaking friend may not understand the American educational system well when he or she arrives. You decide to send a letter recommending how he or she can succeed in classes at your school. Use expressions such as: **recomiendo** *(I recommend)*, **sugiero** *(I suggest)*, **es necesario, es importante, es aconsejable, es mejor, es bueno, es malo** plus **que** and the subjunctive. Make at least five suggestions for being a success in school.

F. *Quiero que las clases empiecen a las 10:00.*   Imagine that your school's student government organization has asked for recommendations for changes in some of the policies at your school. Write out five ideas that you have and then present them to a small group of your classmates for discussion. Together, (1) refine your individual lists, and then (2) come up with a group list of eight to ten recommendations. Finally, (3) prepare a document in which you rank your recommendations in order of priority for consideration by your student government organization.

G. *El arte y la música*   Choose one of the themes presented in the readings in this unit. Write a short report in which you use the information provided in the reading and expand on it by doing a little research in the library.

Learning Strategies:

Selecting and organizing information in a letter, recommending

Critical Thinking Strategy:

Determining preferences

Learning Strategies:

Selecting and organizing information in a letter, recommending

Critical Thinking Strategies:

Evaluating, seeing cause-and-effect relationships

Cooperative Learning

Learning Strategies:

Selecting and organizing ideas, recommending, peer tutoring, brainstorming, negotiating

Critical Thinking Strategies:

Evaluating, seeing cause-and-effect relationships, prioritizing, ranking

---

Learning Strategies:

Researching, selecting information, organizing information in a report

---

Exs. D, E, F and G:

 writing

Writing Activities

Atajo, *Writing Assistant Software*

Functional vocabulary: Agreeing and disagreeing; asking for/giving advice; encouraging; expressing an opinion; linking ideas; making transitions; persuading; reassuring; warning; weighing alternatives; writing a letter (informal); etc.

Topic vocabulary: Arts; calendar; classroom; clothing; days of the week; months; time of day; university; etc.

Grammar: verbs: present subjunctive; etc.

Expansión CULTURAL

Antes de leer

Learning Strategy:

Previewing

1. Mira el título y la foto que acompañan esta lectura. ¿Conoces a este cantante?
2. ¿Sabes que canta en español también?
3. ¿Conoces alguna canción que canta en español? ¿En inglés?

Guía para la lectura

Learning Strategy:

Reading for details

A. Lee la lectura rápidamente e indica en qué párrafo se mencionan los siguientes temas.

1. la edad de Secada
2. palabras en inglés
3. nombres de algunas ciudades
4. sus padres
5. algunos números
6. nombres de otros cantantes

B. Lee la lectura otra vez y contesta las siguientes preguntas.

1. ¿Dónde nació Secada?
2. ¿Dónde asistió a la universidad?
3. ¿Cómo se llama su álbum en español?
4. ¿Qué hizo por sus padres?
5. ¿Cuánto tiempo estuvo su *hit* **"Just Another Day"** en la lista de las primeras 10 canciones más populares?
6. ¿Por qué ha tenido éxito en mercado americano?

Learning Strategies:

Using cognates for meaning, drawing meaning from context, using a dictionary, taking notes in a chart

C. Al tratar de adivinar el significado de las palabras en el diagrama en la siguiente página, indica si la palabra es un cognado, si la adivinaste por medio del contexto o si tuviste que buscar la palabra en el diccionario. Si tuviste que buscar la palabra en un diccionario, indica la forma de la palabra que aparece en el diccionario, y el significado que encontraste allí.

	Cognado	Contexto	Forma en el diccionario	Significado en el diccionario
ajustes				
de estatura				
cuerdas vocales				
diploma de maestría				
caja registradora				
ascenso				
escalada				
salto				
cima				
ventaja				

Jon Secada, un éxito bilingüe: Irresistible en inglés y en español

Estamos con Jon Secada quien acaba de volver de una sesión en la que está terminando algunos ajustes a su nuevo álbum. Contento de estar de nuevo en casa, el cantante de 29 años nació en La Habana y se crió en Miami. Moreno y atractivo, no muy alto, quizás mide 5' 10" de estatura, lleva sus incondicionales **"jeans"**, camiseta negra y botas de **"cowboy"** del mismo color. Para mantenerse en forma y verse bien corre, hace ejercicios y juega al tenis. Pero más que su condición física le preocupa el estado de sus cuerdas vocales. "Si ya en la mañana puedo llegar a estas notas altas, sé que el resto del día marchará bien. Presiento que no voy a tener problemas en el estudio", nos dice Jon.

Video/Laserdisc

A segment of **"Personajes inolvidables"** in the **Mosaico cultural** series includes information on another musician from the Spanish-speaking world whose musical specialty was quite different from Jon Secada's: Spanish cellist Pablo Casals. Casals lived in Puerto Rico most of his life.

Jon Secada

Secada no sólo es un cantante bien pareci-do, es un cerebro, un académico certifica-do, probablemente uno de los pocos can-tantes populares con un diploma de maestría en música, específicamente en ejecución de jazz obtenido con dedicación y esfuerzo en la Universidad de Miami. Su historia es de verdadero éxito: trabajó durante sus seis años de universidad can-tando por las noches con una banda llama-da **"The Company."** Hasta hace poco, todavía iba a ayudarles a sus padres a hacer café cubano o en la caja registrado-ra del restaurante de comida cubana que ellos tenían en Hialeah, un suburbio de Miami. Claro, con su gran éxito, Jon ha conseguido que sus padres se jubilen y les ha comprado un auto nuevo y una casa también nueva, más grande y más bonita, en su antiguo barrio.

Cuando le preguntamos qué siente al ser famoso, responde: "Es un sen-timiento bueno. No me puedo quejar, especialmente por el éxito interna-cional. Eso es lo más emocionante — ver el disco en otros lugares y otros países." Su ascenso ha sido rápido. "Recuerdo cuando nos dijeron que **'Just Another Day'** se estaba moviendo" dice refi-riéndose a la escalada de su canción en las listas de populari-dad. "Entonces me dije a mí mismo, 'bueno, lo único que quiero es que se coloque entre los primeros 40 lugares de popularidad.' Cuando se colocó entre ellos dije, 'sólo quiero que llegue a los primeros 20.' Cuando estuvo entre los primeros 20, yo seguí cruzando los dedos: ¡Sería fantástico que llegara a los primeros 10!" Por supuesto todos sus deseos se cumplieron y el disco llegó a los 10 primeros puestos. Jon Secada todavía mueve la cabeza con incredulidad y se ve en la necesi-dad de contar con más detalle cómo fue su salto definitivo a la fama.

"Me acuerdo que regresaba de Toronto. Nos comunicaron que la canción estaba en el número 6. Ahí me di cuenta de que teníamos un verdadero **"hit"** y supe con certeza que la canción iba a quedarse dando vueltas por un tiempito. ¡Estuvo entre las primeras 10 durante 12 semanas!"

Desde entonces, Secada se ha mantenido en la cima. Y con un mérito doble porque ha conquistado el mercado inglés y el español, algo muy raro en el mundo de la música. Durante las Navidades de 1992 se vendieron más de un millón de copias de **"Just Another Day"** mientras que en la América Latina y España se vendió la misma cantidad de "Otro día más sin verte", la versión en español del mismo álbum. Ni siquiera veteranos como Julio Iglesias han conseguido triunfar de una forma tan rápida en el mercado estadounidense. Pero, Secada le lleva bastante ventaja: es cubanoamericano, su inglés es tan impecable como su español y ha vivido 21 años en los Estados Unidos. Tiempo suficiente de cultivar su personalidad de tipo **"cool",** sin duda cultivada en el circuito de jazz latino en Miami y durante años de escuchar a sus ídolos: Stevie Wonder, Elton John, Billy Joel; y ver mucha televisión en este país.

La literatura
EN LOS PAÍSES DE HABLA ESPAÑOLA

Antes de leer

1. Lee los títulos de cada sección. ¿Qué sabes de la literatura?
2. ¿Será posible que la literatura en inglés tenga algo en común con la literatura en español?
3. ¿En qué serían diferentes?

Guía para la lectura

A. Lee cada sección rápidamente. Para cada una, escribe una frase que describa de qué se trata.

B. Lee la primera parte otra vez y responde a las siguientes preguntas.

1. ¿Cúal es el origen de la literatura en general?
2. ¿Qué expresa el escritor?

C. Lee la segunda parte y responde a las siguientes preguntas.

1. ¿Cuáles son algunos de los tipos o géneros de la literatura?
2. ¿Cuáles son algunas de las funciones de la literatura?

D. ¿Cuál es una de las características fundamentales de la formación de los países de habla española?

E. Haz una lista de por lo menos diez ejemplos de lo que incluye la visión del mundo que tienen los escritores de España y América Latina.

254

F. ¿Cuál es un fenómeno literario que se ve más y más en los Estados Unidos?

G. ¿Por qué crees que hay interés en la literatura que refleja influencias latinoamericanas?

¿Qué es "literatura"?

Cuando una civilización llega a tener personas que saben cultivar el arte de la expresión escrita, tiene una literatura. En general, la literatura tiene su origen en la narración oral, transmitida de generación en generación. La literatura es un arte que explora y explica la realidad, —que incluye la naturaleza, la sociedad, la religión, la ciencia, la política y la psicología.

La literatura abre un camino importante hacia el conocimiento de un país y de la cultura de la gente que vive en él. Por medio de un sistema de signos apuntados en papel, el escritor encuentra maneras de representar las múltiples dimensiones de la realidad, entre las que incluye la fantasía. El escritor expresa de una manera artística lo que observa, piensa, imagina y siente ante la vida, creando en el proceso la literatura.

LAS FORMAS Y LAS FUN- CIONES DE LA LITERATURA

El desarrollo de la literatura ocurre cuando los escritores siguen la tradición de convertir una narración en un texto literario. Hay varios tipos o géneros de literatura como el cuento, la poesía, el teatro, la novela o el ensayo. El autor se comunica con el lector por medio de la lengua

255

- Once the students within the expert groups agree on the meaning, their next step is to discuss the most effective ways to teach the members of their home groups about their readings. Remind the groups that all members must contribute equally, listening to and discussing each other's suggestions.
- When the expert groups have agreed on their teaching methods, have them return to their home teams to teach their teammates about their section of the reading. Each teammate is responsible for making sure that all of the students on the team understand each portion of the overall reading.
- When they have finished, ask questions to ensure comprehension, or give a short quiz on the main points brought out in the reading. This is an example of where a team grade based on the lowest individual grade on the team might be appropriate, since each of the teammates is responsible for making sure that everyone on the team has grasped the essentials.

Video/Laserdisc

For more information on writers, see the program **"La literatura es fuego"** of the **Mosaico cultural** video series. Latin American writers Elena Poniatowska (Mexico), Marjorie Agosín (Chile) and Antonio Benítez Rojo (Cuba) are interviewed.

Support material, El Premio Nobel de Literatura—España: Teacher Tape

Cooperative Learning
La literatura: Team Jigsaw

Learning Strategies: Scanning for cognates, reading for ideas, negotiating consensus, selecting and organizing facts for presentation

- Divide the class into home teams of five, one for each section of the reading. Within each team, each student will become an "expert" on one section.

- Explain to the students that they are to leave their home teams and meet together in expert reading groups of students who have been assigned the same section.
- In each of the "expert" groups, students will read their selections cooperatively, working together to identify cognates and to get the main ideas. Explain that all the students in the expert groups should reach an agreement about the main ideas in their reading.

Una ilustración del *Quijote*

literaria. Esta comunicación escrita se realiza a distintos niveles por medio de palabras cargadas de sonidos, imágenes, emociones, ideas y símbolos.

Las funciones de una obra artística son las de llamar atención a la razón, expresar los sentimientos, enseñar algo o simplemente divertir. Un aspecto interesante de la literatura es que la interpretación de un texto puede variar de lector a lector, mostrando así la gran diversidad y variedad del mundo y las maneras de representar la realidad y entenderla por medio del arte literario.

LAS LITERATURAS DEL MUNDO DE HABLA ESPAÑOLA

Las literaturas del mundo de habla española tienen sus orígenes en el siglo XII en España con *El cantar del Mío Cid* sobre la figura heroica de un gran guerrero. De importancia también son los relatos y las historias de las antiguas civiliza-

ciones (como los mayas, los aztecas y los incas) que vivían en América muchos siglos antes de la llegada de los europeos en el siglo XV. Se considera a Miguel de Cervantes el "padre de la novela moderna" por su famosa obra del siglo XVII *Las aventuras del ingenioso hidalgo don Quijote de la Mancha.*

En el siglo XIX el poeta nicaragüense Rubén Darío fue el principal escritor del modernismo, movimiento literario latinoamericano que influyó tanto en España y en Europa por su atención al estilo y a la forma de la poesía y la prosa. En el siglo XX se encuentra un extraordinario número de excelentes escritores en todos los países donde se habla y escribe el español, inclusive en los Estados Unidos.

Rubén Darío

256

Presentation: La Literatura

Mini-portraits of the Spanish and Latin American Nobel Laureats have been recorded on the teacher tape at a normal pace for you to use in different ways: (1) As a listening comprehension exercise, one mini-portrait at a time. (2) As an information gathering exercise, asking them to take notes on a particular author as they hear the paragraph twice. (3) As preparation for more advanced coursework where extended discourse is the norm, having them listen to several of the mini-portraits in a row for general understanding. (4) As a review of the uses of imperfect and preterite tenses, noting the context that determines which tense is used.

LA VISIÓN DEL ARTE LITERARIO Y DEL MUNDO

Por lo general, los países de habla española se formaron a lo largo de los siglos de la mezcla de diversas razas y culturas. Es una de las complejas y fascinantes realidades que se reflejan en su cultura. En efecto, muchos escritores siguen la tradición de Cervantes, que incorporó elementos españoles, europeos, mediterráneos, africanos, orientales y árabes en sus famosos libros de ficción.

Los escritores de lengua española, sean de España o América Latina, tienen en común no sólo el poder expresivo de su idioma, sino también una visión totalizadora del mundo. Esta visión incluye lo histórico y lo mítico, lo divino y lo humano, lo sublime y lo grotesco, lo bello y lo feo, lo real y lo irreal, lo serio y lo cómico. Además, muchos escritores creen que la literatura debe tener en cuenta el contexto histórico y la necesidad de promover la justicia social.

ESCRITORES DE DESCENDENCIA HISPANOHABLANTE

Un fenómeno que se va reconociendo más y más es la actividad literaria en los Estados Unidos de autores de descendencia hispanohablante, —especialmente mexicana, cubana, puertorriqueña y dominicana, que se han dedicado a escribir en inglés y en español. En este grupo de escritores biculturales se encuentra un número impresionante de mujeres que escriben sobre las experiencias de familias, de padres o abuelos que inmigraron a los Estados Unidos en las últimas décadas. Algunas de las escritoras más talentosas son Julia Álvarez (*How the García Girls Lost Their Accents*), Ana Castillo (*So Far From God*), Sandra Cisneros (*The House on Mango Street*) y Cristina García (*Dreaming in Cuban*).

En fin, la amplia circulación de estas nuevas novelas, entre otras, indica que en los Estados Unidos hay mucho interés en la literatura norteamericana que refleja influencias latinoamericanas. Más y más jóvenes, inspirados y talentosos, se están dedicando a participar en el mundo de las letras. Así la trayectoria literaria del mundo hispanohablante seguirá siendo dinámica, innovadora y diversa.

257

Unit Organization

Unit 4 of *¡Ya verás!* Level 3 offers students more reading practice. Each **etapa** begins and ends with a cultural reading related to the unit theme. To allow extra time, these readings and the activities that go with them replace the **Aquí escuchamos** sections of each **etapa.** Additionally, to allow for a greater diversity in readings, an extra **etapa** has been included in Chapters 11 and 12. The **Estructura** sections in these **etapas** provide additional treatment of the sequence of tenses in the subjunctive. *This unit has been designed to provide a wealth of readings, more than are likely to be completed by the average class. Coverage of the readings is at the teacher's discretion.* For example, you may want to assign additional readings as out-of-class work for more-prepared students. Also, because of the ample amount of reading present throughout the unit, there is no **Aquí leemos** section at the end of the unit.

¿Qué ves?

» ¿Te gusta leer?
¿Cuál fue la última novela que leís...

» ¿Lees revistas y el periódico?
¿Cuántas veces a la semana?

» ¿Quién es tu autor(a) preferido(

OBJECTIVES

IN THIS UNIT YOU WILL LEARN:

- **T**o understand a variety of texts about the Spanish-speaking world;
- **T**o express doubt, uncertainty, and improbability;
- **T**o talk about the world of the imagination and unreality;
- **T**o talk about conditions contrary to fact;
- **T**o support your opinions.

258

Capítulo diez: Periódicos y revistas

Primera etapa: Una fotonovela: *Un amor secreto*
Segunda etapa: La revista *Enciclopedia popular*

Capítulo once: Las raíces de la literatura

Primera etapa: Las leyendas prehispánicas y lo maravilloso
Segunda etapa: El realismo y el idealismo
Tercera etapa: La influencia afro-hispanoamericana

Capítulo doce: El mundo de la fantasía

Primera etapa: El realismo mágico
Segunda etapa: La fantasía y el sueño
Tercera etapa: Los mundos fantásticos del hogar

Expansión cultural: Lecturas sin fronteras
Using a Spanish-English Dictionary

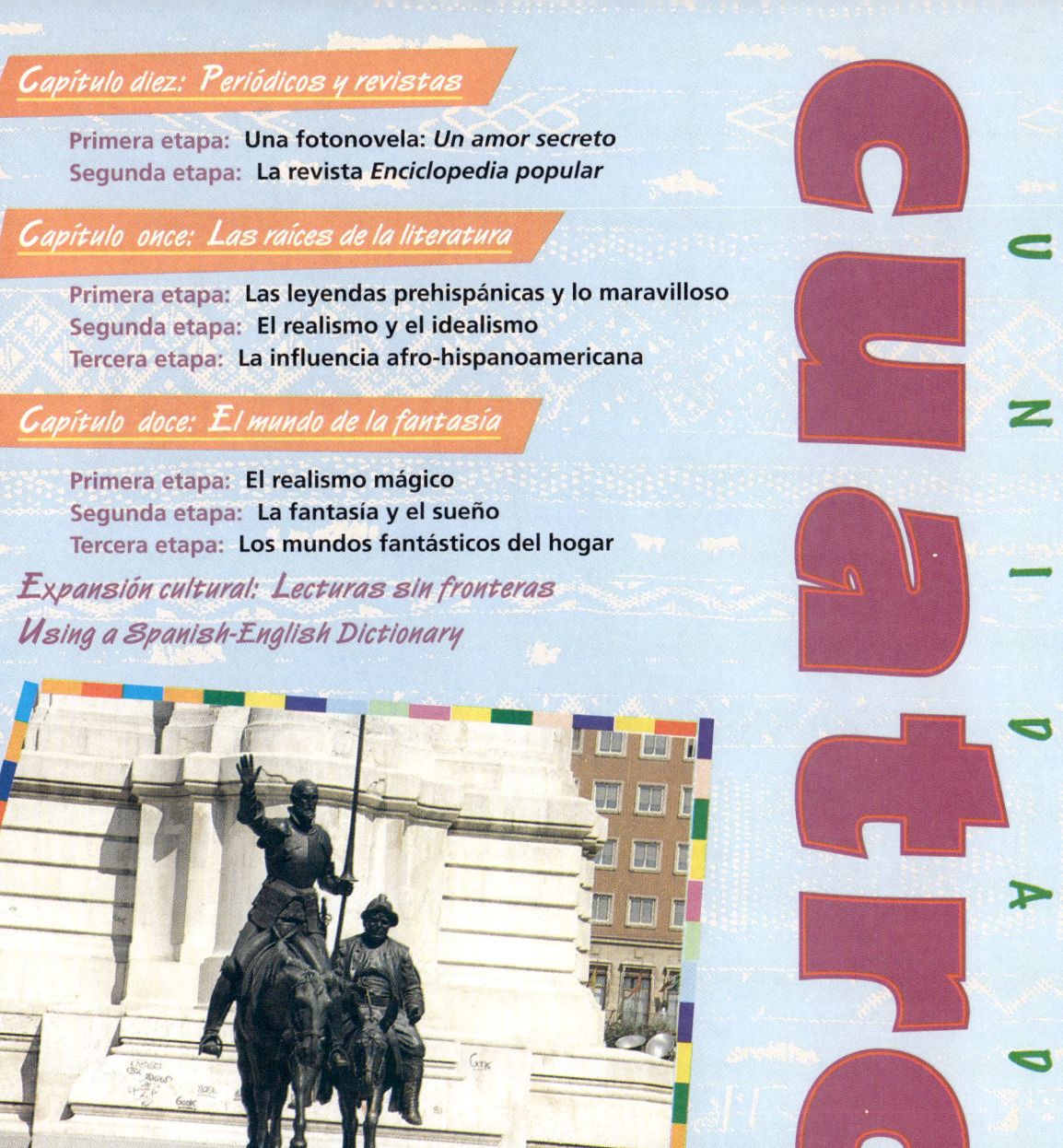

cuatro

UNIDAD

El mundo de las letras

259

Planning Strategy

If you do not assign the Planning Strategy (Workbook, p. 219) for homework, or if students have difficulty coming up with English expressions, you might try asking several students to role play the two situations and have the class keep a list of the words and expressions they use; or, you might divide the class into small groups and give each group one of the situations. Have each group generate a list of words and expressions, and then have groups who worked on the same situation pool their expressions to form two master lists.

Suggestion, Unit 4: This unit focuses on reading for information and, in some instances, for style. You may wish to select certain readings for special emphasis and discussion with students.

Video/Laserdisc

The following programs of the **Mosaico cultural** series relate closely to the topics of this unit: **"Personajes inolvidables,"** famous cultural figures in various countries (Cuauhtémoc, Bolívar, Juan Santamaría, Frida Kahlo, and Pablo Casals); **"La literatura es fuego,"** which contains interviews with novelist Elena Poniatowska (Mexico), poet Marjorie Agosín (Chile) and short story writer Antonio Benítez Rojo (Cuba).

Other programs of interest that relate generally in terms of attitudes, beliefs, and rituals are **"Creencias y observaciones"** and the celebration of All Saints' Days in Mexico in **"Días de muertos."**

Cultural Context

These statues of don Quixote and Sancho form part of an impressive monument to Cervantes in downtown Madrid at the **Plaza de España.** People like to go and have their picture taken next to them.

Chapter Objectives

Functions: Talking about books and literature; expressing unreality, uncertainty, and doubt; talking about indefinite, nonexistent, or imaginary things

Context: Newspapers; magazines; the popular press

Accuracy: The subjunctive to express unreality, uncertainty, and doubt; **creer** and **no creer** with the subjunctive; the subjunctive with indefinite, nonexistent, or imaginary antecedents

Cultural Context

As the number of Spanish-speakers in the United States continues to increase each year, so do the number of publications in Spanish directed at that growing market. Some are Spanish versions of well known English-language magazines, such as *Cosmopolitan* and *Popular Mechanics*. Others are aimed specifically at Spanish-speakers in the U.S., such as **Diario de las Américas.** Still others, such as **Cambio 16** and **La Semana** are imported from other Spanish-speaking countries.

CAPÍTULO

10 PERIÓDICOS Y REVISTAS

¿Qué vas a leer?

260

Objectives:

>>> **T**alking about books and literature

>>> **E**xpressing unreality, uncertainty, and doubt

>>> **T**alking about indefinite, nonexistent, or imaginary things

Strategies:

>>> **E**xpressing certainty and doubt

>>> **I**dentifying tone

>>> **I**dentifying specific instances of poetic symbolism

>>> **G**eneralizing

>>> **P**redicting

>>> **M**aking associations between the common and poetic significance of words

PRIMERA ETAPA

Preparación

›› ¿**T**e gusta leer revistas? ¿Cuál es tu revista favorita?

›› ¿**D**ónde se venden las revistas y los periódicos?

›› ¿**C**uáles son algunas revistas para jóvenes de tu edad?

›› ¿**S**abes lo que es una "fotonovela"?

//.//.//.//.//.//.//.//.//

Learning Strategies:

Previewing, brainstorming

Una fotonovela: "Un amor secreto"

En los quioscos, los supermercados y las tiendas de las ciudades de habla española se encuentra un tipo de revista muy popular —la fotonovela. Existe una gran variedad en cuanto a la calidad de las fotografías y el contenido de estas revistas divertidas. Los temas tienen que ver con el misterio, las aventuras y, por supuesto, el amor. Algunas son a colores; otras sólo se publican en blanco y negro. Hay fotonovelas de todos los precios, pero generalmente no cuestan mucho.

Las fotonovelas que generalmente se venden más son las de tema romántico. Éstas llevan en sus títulos palabras como *pasión, amor, romance, drama, suspenso, ternura, lágrimas,* etc. Las fotonovelas más populares de este tipo contienen actores y actrices que aparecen en las fotonovelas con tanta frecuencia que el público reconoce a algunos como estrellas.

A veces una fotonovela presenta una historia en una serie de episodios que se publican en números semanales o mensuales. Para que el lector pueda recordar el argumento del número previo, siempre hay un resumen de los capítulos anteriores en la primera página. Este resumen que sigue sirve de ejemplo de fotonovela con tema romántico. Va acompañado de una página típica de una fotonovela.

261

Presentation: Una fotonovela

Give the students time to read the selection from the **fotonovela.** Then have them summarize what the characters said to each other. You may also ask for a physical description of the couple before doing the accompanying exercises.

Etapa Support Materials

Workbook: pp. 220–229
Listening Activity masters: p. 57
Transparency: **#32**
Quiz: **Testing Program, p. 126**
Tapescript: **p. 93**

Support material, **Una fotonovela:**
  Transparency #32

Postreading:  writing

pair work

Cooperative Learning

Use transparency #32 to ask questions about the dialogue (i.e., **¿Qué le dice Natalia a Orlando sobre otro hombre? ¿Cómo reacciona Orlando?**) as well as the attitudes suggested by the faces of the characters (i.e., **Natalia parece estar bastante tranquila. Orlando parece estar enojado con Natalia.**) You might also want to cover up the original dialogue and ask the students to be **fotonovela** writers and create their own dialogue together, having two students write suggestions on the board for each character.

Learning Strategies: Drawing inferences based on visual cues, creating dialogue based on visual cues

Critical Thinking Strategies: Making associations, imagining

Support material:
Transparency #32

Orlando le ha dicho varias veces a Natalia que se ha enamorado de ella. Natalia, sin embargo, nunca ha estado realmente enamorada de él. Ella le ha confesado a su amiga Elvira que no ha podido decirle a Orlando que ama a otro hombre. Ese hombre se llama Marco Antonio y es novio de Silvia, una prima de Natalia. Una noche, Marco Antonio, que conoce al padre de Natalia, la invita a cenar. Natalia está sorprendida pero acepta la invitación con mucho gusto. Silvia se enoja cuando descubre esto y va en busca de Natalia para hablar con ella. Mientras tanto, Orlando ha ido a casa de Natalia donde ella por fin le revela que tiene un amor secreto.

❶

Orlando, te quiero decir que otro hombre me ha invitado a cenar esta noche. He aceptado porque estoy enamorada de él. Es mejor que entiendas de una vez: te quiero pero no te amo…

❷

¿Cómo? ¿Otro hombre? ¡No es posible! ¡Te estás burlando de mí!

No quiero que sufras, pero así es. Espero que entiendas.

❸

¿Qué dices? ¡Yo soy un hombre y no me puedes tratar así! Tú sabes que yo te amo, Natalia.

Ya sabía que reaccionarías así. ¡Trata de ser razonable, Orlando!

❹

¿Razonable? ¡No faltaba más! ¿Quién es este otro hombre? ¡Dímelo!

Te he dicho lo que siento en el corazón. No tengo que explicarte más.

262

❺ Sólo quiero que sepas que tengo que ser libre para lo que el destino mande. Tú no me lo puedes impedir. Ni tú ni nadie.

¿Qué dices? ¿No importa lo que hemos tenido?

❻ ¡Basta! ¿Cómo he podido ser tan ciego? ¡Éste es el precio que he pagado por enamorarme de ti! ¡Pues, no quiero volver a verte jamás!

Comprensión

A. *Asociaciones* Las fotonovelas y las telenovelas *(soap operas)* tienen muchos temas en común, como el amor, por ejemplo. Haz una lista de seis temas centrales que tú asocias con las telenovelas más populares.

B. *¿Qué pasó?* De las siguientes posibilidades, escoge la respuesta más apropiada basándote en la fotonovela que acabas de leer.

1. Natalia le explica a Orlando que no podrá salir con él esta noche porque…
   a. es demasiado tarde y ya no tiene hambre.
   b. ella sabe que él está enamorado de otra mujer.
   c. ha aceptado otra invitación para cenar.
   d. ha trabajado todo el día y no se siente bien.
2. En esta situación, la actitud de Orlando es…
   a. inteligente y razonable.
   b. perezosa y pasiva.
   c. impaciente y apasionada.
   d. tranquila y amistosa.
3. Natalia está preocupada más que nada por…
   a. la reacción de su padre si descubre lo que pasa.
   b. no ser controlada por otra persona.
   c. las opiniones de su amiga Elvira.
   d. el trabajo que tiene que hacer para mañana.
4. En cuanto al temperamento de Orlando, se puede decir que él es un hombre que…
   a. tiene muy poco sentido de orgullo personal.
   b. trata de comprender el punto de vista de otras personas.

Learning Strategy:
Listing

Critical Thinking Strategies:
Generalizing, making associations

Learning Strategy:
Reading for details

263

Ex. A:  writing

Follow-up, Ex. A: You might also ask students to discuss how soap operas are like and unlike the lives we lead.

Ex. B: pair work

Ex. B: Choose, Pair, Share

Learning Strategy: Reading for information

- Have students form pairs to answer the questions in Ex. B. Instruct students to take turns answering first. When one student answers a question, the other should either find the frame of the **telenovela** that supports that answer, or suggest another answer.
- When they have finished, ask different students to provide answers to the questions.
- Add new questions, calling on students at random to summarize the main themes of the **telenovela.**

Answers, Ex. B: 1. c 2. c 3. b 4. c

Unit 4, Chapter 10 T263

Answers, Ex. B, cont.: 5. b

Ex. C: pair work

 writing

Variations, Ex. C: Students might also be interested in performing (in class or on video) a final episode of what happens to Natalia and Orlando. Other students might be interested in writing another story line for different characters. Students can write a section and then pass the story on to another group, who continues from there. The teacher can read the final (surprise) product to the whole class.

Presentation: Estructura

Make a statement about someone in the class: **(Paul) tiene dos boletos para el concierto de…** Give some reactions: **Es posible que él tenga dos boletos…,** then **Dudo que…** Make another statement about a different student: **(Elaine) sabe contar de uno a veinte en chino.** Have students react with other possible expressions.

Learning Strategies:

Expressing future time, organizing ideas in a paragraph

Critical Thinking Strategies:

Imagining, predicting, seeing cause-and-effect relationships

---

    c. se enoja fácilmente cuando no quiere aceptar algo.
    d. quiere tanto a Natalia que no quiere ofenderla.
5. Parece que Natalia quiere que Orlando…
    a. le explique la situación a Marco Antonio.
    b. acepte la idea de su independencia como mujer.
    c. la perdone y vuelva a salir con ella.
    d. conozca al hombre con quien está enamorada.

C. *¿Qué pasará?*   Decide con un(a) compañero(a) qué pasará con Natalia y Orlando después de la escena que has leído en las páginas 262–263. Usa cuatro o cinco verbos en el tiempo futuro al resumir el próximo episodio de *Un amor secreto*. Escribe un resumen breve para después leérselo a la clase.

ESTRUCTURA

The subjunctive to express unreality, uncertainty, and doubt

Dudo que Ramón **entienda** la situación política.

I doubt that Ramón *understands* the political situation.

¿Es posible que el tren **llegue** a tiempo?

Is it possible that the train *will arrive* on time?

No es probable que el tren **llegue** a tiempo.

It's not likely that the train *will arrive* on time.

Puede ser que el avión **salga** tarde.

It could be that the plane *will leave* late.

Es increíble que Marisol **tenga** esa actitud.

It's incredible that Marisol *has* that attitude.

As you learned earlier, the subjunctive mood is used to call attention to the impact that willpower or an emotional reaction has on an action or event. Spanish speakers also use the subjunctive to express uncertainty or doubt about people, things, or events and to talk about what is unknown or nonexistent.

1. Whenever a verb or expression in the first half of a sentence (a) expresses doubt about a person, thing, or event, (b) places it within the realm of either possibility or impossibility, or (c) views it as unreal or unknown, the verb in the second half of the sentence is used in the subjunctive. To put it another way, when a person, thing, or event is projected into what could be called "the twilight zone" — where its reality is questioned or negated — the verbs that refer to it are used in the subjunctive mood.

264

2. Most of the following verbs and expressions that convey doubt, uncertainty, and unreality require the use of the subjunctive. So do expressions of possibility, impossibility, probability, and improbability, whether used with **no** or without it.

Dudo que…	**No es verdad…**	**(No) Es posible…**
Es dudoso…	**No es cierto…**	**(No) Es imposible…**
Es increíble…	**No estoy seguro(a)…**	**(No) Es probable…**
Puede ser…		**(No) Es improbable…**

Aquí practicamos

D. Sustituye las palabras en cursiva con las palabras entre paréntesis y haz los cambios necesarios.

1. Dudamos que *Carlos* llegue esta noche. (ustedes / ella / tú / el profesor / vosotras)
2. ¿Es posible que *tus amigos* salgan a las 5:00 de la mañana? (Silvia / tú / ustedes / él / vosotros)
3. No es verdad que *la clase* tenga tarea este fin de semana. (mi hermano / ella / nosotros / yo / ustedes)
4. Es dudoso que *Rafael* hable japonés. (ellas / ustedes / sus padres / la profesora / el empleado)
5. Es increíble que *tus amigos* no tengan música salsa. (Patricia / ustedes / nosotros / mis hermanos / tú)

265

6. ¿Es posible que *el tren* salga temprano? (nosotros / Marta y Raúl / él / los autobuses / sus amigos)
7. Puede ser que *los estudiantes* vayan a España en abril. (mis padres / yo / la familia / ustedes / vosotros)
8. No es probable que *mi hermano* vea el problema. (ellos / el agente / ella / vosotros / los profesores)
9. No estoy seguro de que *Victoria* sea de Colombia. (ellas / ustedes / él / sus primos / el Sr. Valencia)
10. Es improbable que *ellos* ganen tan poco dinero. (ustedes / el jefe / ellas / Federico / vosotras)

E. Lo dudo   Eres dudoso(a) de naturaleza. Usa las expresiones entre paréntesis y el subjuntivo para expresar tus dudas y tus incertidumbres sobre las actividades de tus amigos. Sigue el modelo.

Modelo: Miguel es sincero. (dudo)
Dudo que Miguel sea sincero.

1. Pablo entiende bien la tarea. (no es posible)
2. Mario va a la biblioteca todas las noches. (dudo)
3. Isabelina puede acostarse a la 1:00 de la mañana si quiere. (es imposible)
4. Alejandro navega en tabla de vela. (es improbable)
5. Susana es más inteligente que su hermana. (es dudoso)
6. Manuel pasa sus exámenes sin estudiar. (es improbable)
7. Ramón tiene más paciencia que Alberto. (no puede ser)
8. Alfredo pinta muy bien. (no es verdad)

Learning Strategies:

Selecting and organizing personal information, assessing and expressing certainty and doubt

F. ¿Es posible? ¿Es imposible?   Escribe una serie de seis a ocho oraciones sobre el tema de tu vida: tus actividades, tus proyectos, tus gustos, etc. Algunos comentarios pueden ser verdaderos; otros pueden ser exageraciones. Después, comparte tus oraciones con la clase. Tus compañeros de clase van a reaccionar a lo que dices, usando las expresiones *es posible que, es imposible que, dudo que, es probable que, es improbable que,* etc. Sigue los modelos.

Modelos: —*Tengo diez perros y ocho gatos.*
—*No es posible que tengas diez perros y ocho gatos.*

—*Voy a casarme a la edad de 18 años.*
—*Es improbable que te cases a la edad de 18 años.*
o:
—*Dudo que te cases a la edad de 18 años.*

266

Nota gramatical

Creer and no creer with the subjunctive

¿Crees que lo **compre** Carmen?	*Do you think* Carmen *will buy* it? *(I doubt it* is implied.)
No creemos que Carmen lo **compre.**	*We don't think* Carmen *will buy* it. *(We doubt it* is implied.)
¿Crees que Carlos **tenga/tendrá** tiempo?	*Do you think* Carlos *has/will have* time? (This is a neutral question, and no doubt is implied.)
No creo que **tenga/tendrá** tiempo.	*I don't think he has/will have* time. (I fully believe he won't.)
No creo que lo **tenga.**	*I don't think* he *has* it. (I doubt, but am not certain, that he has it.)
Creo que Carlos lo **tiene/tendrá.**	*I believe* Carlos *has/will have* it. (I fully believe he has it.)

1. **Creer** and **no creer** are used with either the subjunctive or the indicative mood.
2. In a question, **creer** and **no creer** may be used with the subjunctive to cast doubt on the action that follows. They can also be used with the indicative in a question that does not carry doubt.
3. In answer to any question, **creer** is used in the indicative because it expresses the idea of complete certainty. In other words, here it takes on the meaning of what the speaker *believes,* rather than just *thinks* or *wonders* about something.
4. An answer with **no creer** can be either in the subjunctive if there is a good deal of doubt, or in the indicative (usually in the present or future tense) when there is no such doubt.

G. ¿Están seguros que no?   Cambia las siguientes oraciones para decir que las personas indicadas ya no están seguras de la situación. Sigue el modelo.

Modelo: No creo que Roberto hará su trabajo. Estoy seguro(a) que no.
No creo que Roberto haga su trabajo. No estoy seguro(a).

1. No creo que el tren parará en ese pueblo. Estoy seguro(a) que no.
2. Mi padre no cree que yo podré ganar el dinero. Está seguro que no.
3. Verónica no cree que la película será buena. Está segura que no.

267

Answers, Ex. G, cont.:

4. Mis hermanos no creen que yo viaje por México en autobús. No están seguros.   5. No creo que los precios suban este fin de semana. No estoy seguro(a).   6. Los jugadores no creen que pierdan el partido el sábado. No están seguros.   7. Silvia no cree que abran las puertas una hora antes del concierto. No está segura.   8. El jefe no cree que los empleados protesten. No está seguro.

Possible answers, Ex. H:

1. Sí, creo que hablará con nosotros.   2. No, no creo que mis padres compren un coche nuevo.   3. No, no creo que mis primos me visitarán este año.   4. No, no creo que el profesor salga temprano hoy.   5. Sí, creo que servirán tacos en la cafetería hoy.   6. Sí, creo que tendré tiempo después de la clase para ir al centro.   7. No, no creo que en la fiesta mañana la música sea latina.   8. Sí, creo que el autobús llegará tarde.   9. No, no creo que nieve mañana.   10. No, no creo que cancelarán clases esta tarde.

More-prepared students, Ex. H: If these students finish the exercise quickly, have them continue with original, personalized questions of their own—questions for which they truly would like an answer or an opinion.

Prereading

Learning Strategies: Scanning for cognates, reading for gist, summarizing

Have student scan the newspaper article for cognates. Then ask them to work in pairs and write one sentence for each paragraph that summarizes its content.

4. Mis hermanos no creen que yo viajaré por México en autobús. Están seguros que no.
5. No creo que los precios subirán este fin de semana. Estoy seguro(a) que no.
6. Los jugadores no creen que perderán el partido el sábado. Están seguros que no.
7. Silvia no cree que abrirán las puertas una hora antes del concierto. Está segura que no.
8. El jefe no cree que los empleados protestarán. Está seguro que no.

H. ¿Qué crees? Contesta las preguntas con tu opinión. Si es negativa, indica la duda en algunos casos. Sigue el modelo.

 **Modelo:** ¿Crees que lloverá mañana?
Sí, creo que lloverá.   o:
No, no creo que lloverá.   o:
No, no creo que llueva.

1. ¿Crees que el agente de viajes hablará con nosotros?
2. ¿Crees que tus padres compren un coche nuevo?
3. ¿Crees que tus primos te visitarán este año?
4. ¿Crees que el (la) profesor(a) saldrá temprano hoy?
5. ¿Crees que sirvan tacos en la cafetería hoy?
6. ¿Crees que tengas tiempo después de la clase para ir al centro?
7. ¿Crees que en la fiesta mañana la música será latina?
8. ¿Crees que el autobús llegará tarde?
9. ¿Crees que nevará mañana?
10. ¿Crees que cancelarán las clases esta tarde?

LECTURA: CELA GANA EL QUINTO PREMIO NÓBEL DE LITERATURA

Antes de leer

1. Lee el título del artículo periodístico en la página 269 para tener una idea del tema general. ¿De qué trata el artículo?
2. Busca las palabras cognadas que se encuentran en la lectura.
3. Ahora, fíjate en la cantidad de nombres de personas y de lugares que aparecen en el texto. Lee algunos en voz alta.

LA CATIRA
Camilo José Cela (Premio Nóbel 1989)

Una de las novelas principales de Cela. Novela de la tierra, de su gran permanencia entre agitación y muerte, y su fuente de genuina fertilidad frente a la superpuesta y decadente civilización... y el eje del significado de la obra es que lo espontáneo de la vida es lo más valioso; si a veces resulta destructivo, es también fructífero, por ser elemental y tan rico como la misma tierra. Novela del llano y de la selva, subyugante incursión en el habla, la cotidianidad y el trasfondo mítico de las tierras venezolanas, *La catira* es un ejemplo acabado de la maestría de un gran escritor.

No. 0410BCT $16.95

268   **SEIX BARRAL**

Guía para la lectura

1. Lee la primera oración de cada párrafo e indica lo que ahora sabes del contenido de cada párrafo.

2. Ahora lee los dos últimos párrafos en que Cela hace unos comentarios personales e indica lo que Cela dice sobre…

   a. como irá vestido para recoger su premio.
   b. su nacionalidad.
   c. sus planes para el futuro.

Cela gana el quinto Premio Nóbel de Literatura

El escritor Camilo José Cela Trulock ganó ayer el Premio Nóbel de Literatura, llegando a ser de esta manera el quinto español que recibe el prestigioso honor, después de José Echegaray, Jacinto Benavente, Juan Ramón Jiménez y Vicente Aleixandre.

La Real Academia de Suecia **ha premiado** la obra de Cela en base a "su intensa y rica narrativa que provoca emoción y representa una visión **provocadora** de la vulnerabilidad humana".

El autor de *La familia de Pascual Duarte* y *La colmena,* entre otras novelas, recibió la noticia en su casa en Guadalajara directamente del **embajador sueco** en España. "Estaba escribiendo esta mañana en mi casa cuando me informaron, **mejor dicho,** me estaba vistiendo para ir a Madrid", fueron las palabras del nuevo ganador del Premio Nóbel.

Su nominación tuvo lugar una vez más, y después de dos **desengaños** anteriores cuando su nombre había aparecido con los del argentino Jorge Luis Borges y el inglés Graham Greene. Esta vez tuvo que competir con el escritor chino Bei Dao, el indocaribeño V. S. Naipaul y los mexicanos Carlos Fuentes y Octavio Paz.

"El Nóbel me ha llegado a tiempo, no como el Premio Nacional de Literatura de mi propio país, que me llegó con cuarenta años **de retraso**", dijo Cela con una risa. A su manera, también declaró que, "No iré a recoger el premio a Estocolmo vestido de torero, sino **de frac**". Después Cela observó, "Siento un gran orgullo de ser español. En mi familia hay muchos que no son españoles y tengo por ellos una infinita compasión".

Se despidió el escritor diciendo que no piensa retirarse. Quiere seguir escribiendo "porque el pueblo español es muy importante, mucho más importante que sus **políticos**". Pero todavía no ha dicho Cela si los textos que escribe serán novelas o papeles que **acaben** en la **basura**.

has awarded a prize

provocative

Swedish ambassador
better said

disappointments

late, behind schedule

in coattails

politicians
may end up / trash

269

Postreading

Learning Strategies: Reading for information, paraphrasing

Use the paragraph from a book catalogue describing one of Cela's novels as an extra reading and writing exercise, possibly for homework. Remind students that writing in a carefully condensed and accurate fashion is often required in the business, entertainment, and marketing world, as well as in work assigned at school. Ask students to write five or six questions based on the content of the catalogue entry, as well as to supply the answers, but without using all the same words from the passage. (i.e., **Pregunta: ¿Cuál es el tema central de la novela *La catira*? Respuesta: El tema central es el conflicto entre la naturaleza y la civilización.**)

Answers, Guía para la lectura: 2. a. Irá vestido de frac. b. Es español. c. Va a seguir escribiendo.

Ex. I: pair work

 writing

Ex. J: pair work

Ex. K: writing

Follow-up, Ex. K: If you wish, extend this writing exercise. Have students predict where they will live and work, what they will look like, etc., differentiating between what they *know* they will do (indicative), and what they *might* do (subjunctive).

Comprensión

I. *Las cualidades de un autor: Una entrevista con Cela*

Trabajando con otro(a) estudiante, imaginen que son periodistas y que van a hacerle una entrevista al ganador del Premio Nóbel. Decidan ocho preguntas que les gustarían *(would like)* hacer y decidan también el órden en que deben preguntarlas.

EJERCICIO ORAL

J. *¿Cómo?* Hazle las siguientes preguntas a un(a) amigo(a). Él (Ella) te contestará usando sólo la expresión sugerida después de la pregunta para expresar su duda o certeza en cada caso. Tú no entiendes lo que dijo y él (ella) repite la respuesta, usando esta vez el subjuntivo e incluyendo un comentario adicional sobre la situación para apoyar su opinión. Sigan el modelo.

 ¿Ana María está enferma hoy? (es posible)
Estudiante 1: *Es posible.*
Estudiante 2: *¿Cómo?*
Estudiante 1: *Es posible que ella esté enferma. Ayer me dijo que no se sentía muy bien.*

1. ¿Linda va a la fiesta con Leonardo? (no es probable)
2. ¿Juan Carlos sale con la prima de Raúl? (es imposible)
3. ¿Marcos va a invitar a sus padres a la fiesta? (puede ser)
4. ¿Felipe tiene un Mercedes-Benz? (es dudoso)
5. ¿Enrique va a llevar a su hermanito al cine? (es posible)
6. ¿Podemos volver a la casa de Irma después de la película? (no creo)

EJERCICIO ESCRITO

K. *¡Todo es posible!* Piensa en tu futuro y escribe un párrafo en el que (1) describas por lo menos seis cosas que es posible que tú hagas o tengas dentro de cinco años. (2) Da varios detalles en cada caso y entonces (3) explica por qué crees que será posible. Usa las expresiones *es posible, es probable* y *puede ser* en tus comentarios.

270

SEGUNDA ETAPA

Preparación

⟩⟩ **¿C**onoces alguna revista interesante que contenga información sobre nuestro planeta? ¿Los animales? ¿Lugares interesantes? ¿Información científica?

⟩⟩ **¿C**uál es una revista de este tipo?

Learning Strategies:

Previewing, brainstorming

La revista "Enciclopedia popular"

Una revista que circula en varios países de habla española, y que ahora se vende en los Estados Unidos también, es la interesante y colorida *Enciclopedia popular*, publicada cada mes en Buenos Aires, Argentina. Tal como lo indica su nombre, la revista está llena de numerosos artículos sobre una impresionante variedad de temas.

271

Video/Laserdisc

For useful information on Hispanics in the U.S., including comments from a number of young people from Spanish-speaking countries, see the **"Latinos en los Estados Unidos"** segment of the **Mosaico cultural** video.

Video/Laserdisc

Mosaico cultural: "Latinos en los Estados Unidos"
Mosaico cultural Video Guide

Etapa Support Materials

Workbook: pp. 230–239
Transparency: #33
Teacher Tape ⌒
Quiz: Testing Program, p. 129
Chapter Test: Testing Program, p. 133

Ya que el objetivo de esta revista es informar, sorprender y divertir a sus lectores, se presentan entre otras cosas artículos científicos (i.e., los orígenes del universo, los usos de la energía del sol), artículos zoológicos (i.e., las criaturas misteriosas como Pie Grande, serpientes marinas y los dinosaurios) y artículos tecnológicos (i.e., los medios de transporte en el futuro, las computadoras o "cerebros informáticos"). La revista también contiene artículos interesantes sobre la psicología del ser humano (i.e., la violencia en la sociedad), la historia (e.g., la Segunda Guerra Mundial) y sobre las profecías que están por cumplirse.

Todos los artículos, algunos breves y otros de más extensión, están acompañados de brillantes fotografías o de atractivas ilustraciones. Al final de la revista hay una sección de juegos ingeniosos de palabras, dibujos y números que invitan a los lectores a usar el razonamiento así como la imaginación. En fin, *Enciclopedia popular* ofrece una verdadera mina de información y entretenimiento para la persona que quiera leer en español sobre las múltiples realidades de nuestro planeta.

La breve selección que sigue es un ejemplo de la fascinante información que se les ofrece a los lectores interesados en este tipo de revista.

El largo viaje de los dinosaurios

Al haberse retirado las aguas que cubrían las tierras en el Estrecho de Bering, América y Asia se encontraron unidas de nuevo, tal como había ocurrido en épocas anteriores. Volvió a aparecer suficiente tierra para producirse una intensa emigración de animales prehistóricos, entre ellos varias especies de dinosaurios, que iban predominantemente en dirección a América. Mucho más tarde, grupos migratorios de seres humanos también cruzaron entre Asia y América por este mismo "puente" de Bering. Las aguas volvieron a cubrir el Estrecho y ahora hay una distancia de unas 56 millas entre los dos continentes.

Las consecuencias de esa emigración para los antiguos animales americanos fueron desastrosas. Durante 75 millones de años, en las llanuras de América meridional, los herbívoros, o los que sólo comían hierbas, habían vivido completamente aislados del resto del mundo. Como no tenían que enfrentarse con grandes carnívoros que los obligaran a una lucha constante por la supervivencia, dichos dinosaurios habían alcanzado dimensiones gigantescas, aunque sus movimientos eran muy lentos.

Desde el norte, y a través del Estrecho de Bering, empezaron a llegar carnívoros, o los que sólo comían carne, que tenían su origen en el viejo continente de Asia. El resultado fue una verdadera matanza en las tierras de América. Casi todos los enormes herbívoros americanos, incapaces de defenderse, fueron eliminados rápidamente por los feroces

272

carnívoros que habían llegado recientemente. Sin el famoso Estrecho de Bering sería muy diferente el mundo de lo que llegó a ser millones de años después.

Comprensión

A. *Algo para todos*   Con dos compañeros, haz una lista de los varios tipos de artículos que contiene la revista *Enciclopedia popular*. Después de hacer esto, escriban los temas de los artículos que se presentan en la introducción a la revista. Imaginen que ustedes son directores de la revista, consultando su lista de los varios tipos de artículos, escojan tres categorías, o "tipos principales". Ahora sugieran una idea para un nuevo artículo para estas tres categorías.

B. *¿Comprendiste?*   Contesta las siguientes preguntas sobre la revista *Enciclopedia popular*.

1. ¿Cómo se explica en otras palabras el significado del título de la revista?
2. ¿Dónde se publica *Enciclopedia popular*?
3. ¿Con qué frecuencia se publica esta revista?
4. Según la introducción ¿cuáles son los objetivos de la revista?
5. ¿Puedes pensar en dos objetivos más que no se mencionan?
6. ¿Cuáles dos de los temas que se incluyen arriba tienen interés especial para ti? ¿Por qué?
7. ¿Cuál es la sección especial que aparece al final de la revista?
8. Además de una variedad de artículos, ¿qué más hay en la revista?

C. *Comentarios sobre el artículo*   Después de volver a leer el breve artículo que se presenta como un ejemplo del contenido de *Enciclopedia popular,* habla de la información que ofrece con otro(a) estudiante. Prepárense los (las) dos para hablar con los otros estudiantes de la clase después de la conversación en parejas.

1. Con la ayuda de un mapa, explica dónde está el Estrecho de Bering.
2. ¿Qué era el Estrecho de Bering? ¿Qué es hoy?
3. ¿Cómo se formó?
4. ¿Qué empezó a ocurrir una vez que se formó?
5. ¿Con qué se compara el Estrecho?
6. ¿Por cuántos años habían vivido animales prehistóricos en América antes de la llegada de los dinosaurios que cruzaron por el Estrecho de Bering?
7. ¿Qué son *herbívoros* y *carnívoros*?
8. ¿De dónde eran los herbívoros? ¿los carnívoros?
9. ¿Cómo eran los herbívoros cuando llegaron los carnívoros?

273

10. ¿Qué pasó cuando se encontraron estos grandes grupos de animales?
11. ¿Por qué ocurrió lo que ocurrió entre los dinosaurios?
12. ¿Tienes interés en los dinosaurios? ¿Por qué sí o por qué no?

Learning Strategy:

Reading for cultural information

COMENTARIOS CULTURALES

La población hispana en los Estados Unidos

Muchas personas no saben que los Estados Unidos ocupa el quinto lugar en el mundo en términos del número de personas que hablan español. Sólo México, España, la Argentina y Colombia tienen una población de habla española más numerosa. Los estudios demográficos recientes indican que más de 25 millones de hispanohablantes viven en los Estados Unidos. Este número ha subido de nueve millones en 1970 y es muy probable que el crecimiento siga en el futuro.

Repaso

Learning Strategies:

Expressing opinions, expressing certainty and doubt

D. ¿Qué crees tú? Da tu opinión sobre los siguientes comentarios, usando una expresión como *dudo que, es (im)posible que, es (im)probable que, (no) creo que, estoy seguro(a) que,* etc.

Modelo: España es más grande que el estado de Texas.
Dudo que España sea más grande que el estado de Texas.

1. El (La) profesor(a) tiene veinticinco años.
2. En el año 2000 una mujer será presidente de los Estados Unidos.
3. Podemos mandar astronautas al planeta Marte ahora.
4. En general, los muchachos son más atléticos y las muchachas son más intelectuales.
5. Algún día sabremos curar a todas las personas que tengan cáncer.
6. Los jóvenes norteamericanos tienen mucho dinero, por lo general.
7. Vemos demasiada violencia en la televisión norteamericana.
8. Más de 50 millones de personas hablan español en los Estados Unidos.

274

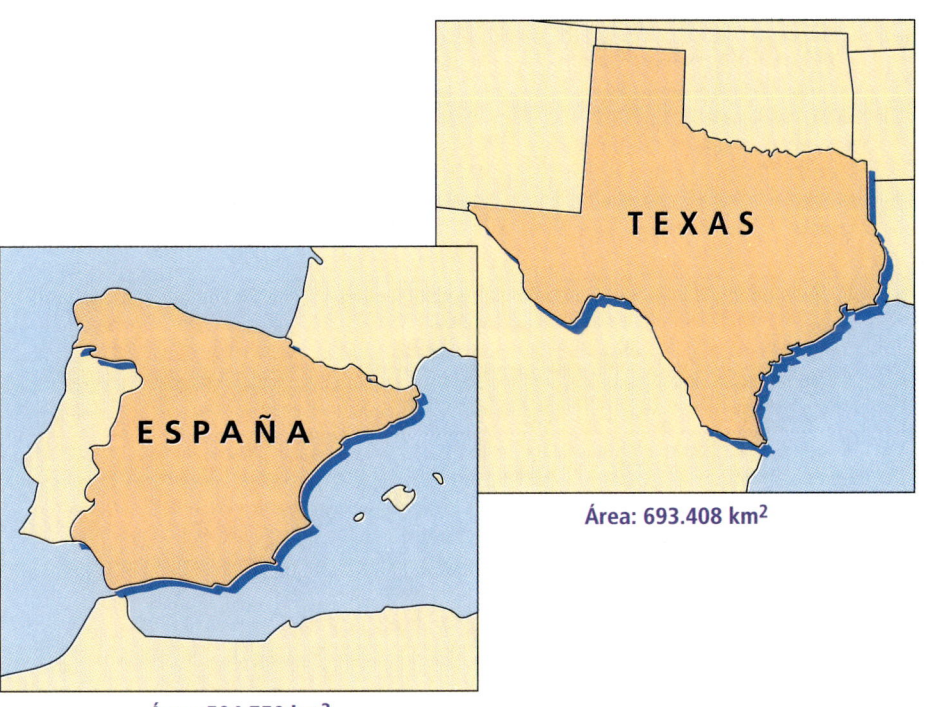

TEXAS

Área: 693.408 km^2

ESPAÑA

Área: 504.750 km^2

ESTRUCTURA

The subjunctive with indefinite, nonexistent, or imaginary antecedents

Necesitamos **un empleado** que **hable** sueco.	We need *an employee* who *speaks* Swedish. (Whoever it may be, we are trying to find a person.)
No conozco a nadie que **hable** sueco.	*I don't know anybody* who *speaks* Swedish. (I know of no such person.)
¿Hay alguien que **entienda** el problema?	*Is there anyone* who *understands* the problem? (There may be no such person available.)
¿Busca a alguien que **pueda** ayudarlo?	*Are you looking for someone* who *may be able* to help you? (It is unclear who that person may be.)

Presentation: Estructura

Begin by reviewing (1) the indicative to express certainty: **Hay alguien aquí que…, Tengo un(a) amigo(a) que…,** (2) the use of the subjunctive to talk about nonexistent people or things that are imagined: **No hay nadie aquí que…, Carlos quiere un coche que…** Ex. E mixes certainty with uncertainty.

275

Ex. E: writing

Answers, Ex. E: 1. tiene

> **El (La) estudiante** que **escriba**
> la mejor composición ganará
> el premio.
>
> *The student* who *writes* the best composition
> will win the prize. (Whoever that student may
> be, he/she is not yet known.)
>
> **Buscamos una casa** que **tenga**
> cuatro dormitorios, una piscina,
> muchos árboles —y que **no**
> **cueste** mucho dinero.
>
> *We're looking for a house* that *has* four
> bedrooms, a pool, lots of trees—and that
> *doesn't cost* much money. (This is the ideal
> kind of house that we have in mind, and we
> would like to find out if such a place exists.)

1. As you have already learned, when the first part of a sentence questions, doubts, denies, or sees as purely imagined the existence of something or someone, any comment about that thing or person in the second half of the sentence will be in the subjunctive. When talking about an unknown outcome, the use of the subjunctive is often linked with the future—the dimension where things that have not yet happened take place.

2. Remember that the indefinite article is used to mark an unknown thing or person, while the definite article is used with something that is already known. (Also, note that the personal **a** is not used before the indefinite article or a direct object referring to a person who may or may not exist, except for **alguien** or **nadie.**) These are small clues that indicate whether a speaker is talking about something imagined or not and they help determine whether to use the subjunctive or the indicative mood.

3. In order to understand the important difference in meaning between the subjunctive and the indicative in these kinds of situations, notice the differences between the following pairs of sentences:

Subjunctive:
Quiero **un** coche que **corra** rápido.   My ideal car is one that's fast.

Indicative:
Quiero **el** coche que **corre** rápido.   I want the fast car that's right over there.

Subjunctive:
Busco **un** hombre que **sea** piloto.   I don't know if he exists, but I'd like to find him.

Indicative:
Busco **al** hombre que **es** piloto.   I know this man, but I don't know where he is.

Aquí practicamos

E. *¿Existe o no existe?*   Completa las siguientes oraciones con la forma apropiada de los verbos entre paréntesis. Decide si es necesario usar el subjuntivo o el indicativo.

1. Éste es el cuadro de Frida Kahlo que el museo no _____ (tener).

276

2. No hay ningún jugador aquí que _____ (jugar) al fútbol como Diego Maradona.

3. ¿Hay alguien aquí que _____ (querer) boletos para el concierto de Celia Cruz?

4. Buscamos una persona que _____ (cantar) bien en español y en inglés.

5. José Canseco es el beisbolista que yo _____ (preferir).

6. Ustedes quieren una persona que _____ (escribir) setenta palabras por minuto.

7. Andy García es uno de los actores hispanos que _____ (trabajar) en Hollywood.

8. ¿Hay un cuarto en el Hotel Tropicana que _____ (costar) un poco menos?

9. Buscamos el famoso teatro que _____ (presentar) El Ballet Folklórico de México.

10. Todos los estudiantes que _____ (leer) la novela *Don Quijote* el verano próximo recibirán el premio de un viaje gratis a España.

F. ¿Qué buscas? Un(a) amigo(a) te menciona algo sobre su vida o su trabajo. Indica que entiendes la situación, haciendo una pregunta con la información entre paréntesis. Sigue el modelo.

Modelo: Esta compañía no paga bien. (una compañía / pagar mejor)
Ah, entonces, ¿buscas una compañía que pague mejor?

1. La película que dan en el cine Variedades es demasiado triste. (una película / ser cómica)

2. Mi amigo Francisco escribe a máquina muy mal. (una persona / escribir bien)

3. No me gusta ese cuadro porque tiene pocos colores. (un cuadro / tener muchos rojos y verdes)

4. Ese programa me parece demasiado político. (un programa / ser más objetivo)

5. Las cintas en esa tienda son muy caras. (unas cintas / costar menos)

6. Ese tren sale demasiado temprano el lunes. (un tren / salir el lunes por la tarde)

7. Mi jefe no entiende la situación. (una persona / entender lo que pasa)

8. Mi tía no sabe usar la nueva computadora. (una persona / saber cómo funciona)

9. El agente de viajes está muy ocupado. (un agente / ayudarte ahora)

10. Ese vuelo no llegará a tiempo para cenar. (un vuelo / llegar a las 5:00)

G. Idealmente... Piensa en *un(a) amigo(a) ideal, una película ideal, un trabajo ideal* o *un viaje ideal*. Prepara un párrafo de por lo menos seis oraciones en que (1) describes las cualidades que prefieres en *tu ideal*. (2) Para cada requisito *(requirement)* que tengas, da tus razones

Learning Strategies:
Expressing preferences, organizing ideas in a paragraph, describing, supporting opinions

Critical Thinking Strategies:
Evaluating, seeing cause-and-effect relationships, prioritizing

277

Answers, Ex. E, cont.:
2. juegue 3. quiera 4. cante
5. prefiero 6. escriba 7. trabaja
8. cueste 9. presenta 10. lean

Ex. F: pair work

Answers, Ex. F: 1. Ah, entonces, ¿buscas una película que sea cómica? 2. ...¿buscas una persona que escriba bien? 3. ...¿buscas un cuadro que tenga muchos rojos y verdes? 4. ...¿buscas un programa que sea más objetivo? 5. ...¿buscas unas cintas que cuesten menos? 6. ...¿buscas un tren que salga el lunes por la tarde? 7. ...¿buscas una persona que entienda lo que pasa? 8. ...¿buscas una persona que sepa cómo funciona? 9. ...¿buscas un agente que pueda poder ayudarte ahora? 10. ...¿buscas un vuelo que llegue a las 5:00?

Less-prepared students, Ex. F: These students might be more comfortable doing this exercise in stages, first picking out the infinitive and writing the subjunctive form of it. Then they can compose the entire sentence.

Ex. G: writing

personales. Finalmente, (3) organiza sus requisitos en orden de prioridad. En algunas de tus oraciones debes usar verbos en el subjuntivo después de una frase tal como *Un _____ ideal para mí es un _____ que...*, etc. Sigue el modelo.

Modelo: *Un amigo ideal para mí es un amigo que sea inteligente*, etc.

Nota gramatical

The subjunctive with the conjunctions *en caso de que, sin que, con tal de que, antes de que, para que, a menos que*

Vamos a correr, **en caso de que salga** temprano el tren.	Let's run, *in case* the train *leaves* early.
El perro no puede salir **sin que** lo **veamos.**	The dog can't get out *without our seeing* him.
Iré al cine **con tal de que** tú **pagues.**	I'll go to the movies *as long as you pay*.
No pueden llamar **a menos que** les **des** tu número.	They can't call *unless* you *give* them your number.
Elsa habla español en casa **para que** sus hijos lo **aprendan.**	Elsa speaks Spanish at home *so that* her children *will learn* it.
¿Piensas comer **antes de que lleguemos?**	Do you plan to eat *before we arrive?*

1. There are certain conjunctions in Spanish that are *always* used with the subjunctive. They are *never* used with the indicative because they usually relate one event to another by projecting them into the realm of the unknown or by linking them to an event that may or may not occur.

2. The following conjunctions are always used with the subjunctive: **en caso de que, sin que, con tal de que, antes de que, para que, a menos que.** (Note: the first letter of each of these conjunctions in this order spells the word **ESCAPA,** which may help you to remember them.)

H. Circunstancias Para indicar que todo depende de ciertas circunstancias, cambia los verbos entre paréntesis a su forma apropiada del subjuntivo.

1. Yo no pienso salir de viaje a menos que ustedes _____ (llegar, terminar, escribir, regresar, llamar).

278

2. Mi tía Alicia dice que está preparada en caso de que yo no _____ (volver, llamar, entender, ganar, correr).

3. El jefe siempre lleva el dinero al banco antes de que los empleados _____ (salir, ir, terminar, insistir, venir).

4. Mis padres hacen todo lo posible para que nosotros _____ (aprender, divertirse, estudiar, viajar, entender).

5. Ese empleado siempre se va temprano sin que el jefe lo _____ (permitir, ver, saber, llamar, parar).

6. Todos te ayudaremos con tal de que tú _____ (trabajar, pagar, venir, estar, volver).

I. Todo depende...

Trabaja con un(a) compañero(a) de clase para completar las oraciones de una manera original, indicando que la situación depende de algo. Sigan el modelo.

Modelo: El editor publica la revista para que la gente…
El editor publica la revista para que la gente lea en español.

1. Dicen que la actriz siempre sale del teatro sin que el público…
2. ¿Quiénes pueden leer esa novela antes de que el profesor… ?
3. No quiero comprar la fotonovela a menos que yo…
4. ¿Qué piensas hacer en caso de que tu papá no… ?
5. Muchos actores de cine dicen que sólo trabajan para que el público…
6. El (La) novelista espera escribir otra obra con tal de que él (ella)…

Critical Thinking Strategy:

Seeing cause-and-effect relationships

Nota gramatical

The subjunctive and indicative with *cuando* and *aunque*

Hablaremos con Mario **cuando llame.**	We'll talk with Mario *when he calls.* (This hasn't happened yet.)
Cuando llegue a México, comeré muchos tacos de pollo.	*When I get* to Mexico, I'll eat lots of chicken tacos. (The next time I go there, whenever that may be, I will do this.)
Comí muchos tacos **cuando llegué** a México.	I ate lots of tacos *when I got* to Mexico. (This is what happened that time.)
Siempre como muchos tacos **cuando voy** a México.	I always eat lots of tacos *whenever I go* to Mexico. (This happens on a regular basis.)

279

Possible answers, Ex. I:

1. Dicen que la actriz siempre sale del teatro sin que el público la vea.
2. ¿Quiénes pueden leer esa novela antes de que el profesor la lea?
3. No quiero comprar la fotonovela a menos que yo pueda leerla primero.   4. ¿Qué piensas hacer en caso de que tu papá no llegue?
5. Muchos actores de cine dicen que sólo trabajan para que el público los conozca.   6. El (La) novelista espera escribir otra obra con tal de que él (ella) tenga tiempo.

Follow-up, Ex. I: Students who finish early can go on to create their own sentences and perhaps put them on the board to share with the class. Encourage them to write sentences that are meaningful to them.

Ex. J: ✏️ writing

Suggestion, Ex. J: Explain that this exercise is an anecdote describing what happens to a central character. Before doing the exercise, give students time to read the sentences for content and to note the accompanying parenthetical information that provides clues as to whether the subjunctive or indicative will be used in the narration.

Answers, Ex. J: 1. manda 2. lee 3. reciba 4. sepa 5. tiene 6. lleguen 7. esperan 8. quiere 9. diga 10. oye 11. es 12. sabe 13. vayamos

1. The conjunction **cuando** can be used with either the subjunctive or the indicative, according to the idea you want to express. It is a conjunction tied to time. The subjunctive is used in the **que** clause when the verb of the main clause is in the future tense. This is because *the next time* is implied and there is no certainty that the action will take place.

2. When the verb in the main clause is in the past, however, the indicative is used after **cuando** because the action has already taken place.

3. When the main-clause verb is in the present tense, **cuando** is also followed by a verb in the indicative because it refers to *whenever* something happens on a regular basis.

Aunque sea inteligente, Vicente no estudia.	*Even though he may be* intelligent, Vicente doesn't study.
Aunque es inteligente, Vicente no estudia.	*Even though he is* intelligent, Vicente doesn't study.
No podré ir, **aunque insistas**.	I won't be able to go, *even though you may insist.*
No podré ir, **aunque insistes**.	I won't be able to go, *even though you are insisting.*

4. **Aunque** is a conjunction that allows for two different meanings, depending on whether it is used with the subjunctive or the indicative. The subjunctive is used after **aunque** when an outcome is seen as indefinite.

5. Used with the indicative, **aunque** conveys the idea that something is an established fact, regardless of the tense that is used in the main clause.

6. Notice that these two conjunctions, like several of the others you have learned, can be used either at the beginning of a sentence, before the main clause, or after it.

//·//·//·//·//·//·//·//·//

Learning Strategy:

Differentiating between need for indicative or subjunctive

J. Premio para un escritor Completa las siguientes oraciones (que todas juntas narran una anécdota) con la forma apropiada del presente del subjuntivo o del indicativo del verbo entre paréntesis. La explicación sugerida entre paréntesis puede ser una ayuda en algunos casos.

1. El escritor Fulano siempre acepta cuando alguien le _____ (mandar) una invitación. (La gente lo invita a menudo.)
2. Esta vez, Fulano sonríe cuando _____ (leer) una carta importante sobre un premio literario. (La carta le da la información.)
3. Irá a la ceremonia aunque él no _____ (recibir) el premio. (No sabe si va a recibirlo.)
4. Quiere hacer el viaje aunque nadie _____ (saber) quién va a ganar. (Es seguro que nadie tiene idea en este momento.)
5. Su bella amiga Lola lo acompañará aunque ella _____ (tener) mucho trabajo. (Sabemos que está muy ocupada con un proyecto.)

280

6. Empezarán las fiestas cuando Fulano y Lola _____ (llegar). (No han llegado todavía.)
7. Aunque todos sus amigos lo _____ (esperar), Fulano llegará un poco tarde. (Todos están esperando ahora.)
8. Fulano siempre hace esto cuando _____ (querer) llamar la atención. (Le gusta la atención.)
9. Estará bien preparado cuando el maestro de ceremonias _____ (decir) su nombre. (Fulano no sabe si lo va a oír.)
10. De pronto, el público dice "¡Bravo!" cuando _____ (oír) el nombre "Lanufo". (Ése es el nombre que el maestro de ceremonias anuncia.)
11. "Está bien", dice Fulano. "Aunque no _____ (ser) mi nombre, tiene todas las letras de mi nombre." (El maestro de ceremonias no dice su nombre.)
12. Aunque Fulano _____ (saber) que no ha ganado el premio esta vez, le dice "¡Felicitaciones!" a Lanufo. (Fulano tiene esta información ahora.)
13. "La próxima vez", Fulano le dice a Lola, "cuando nosotros _____ (ir) a la ceremonia, el premio será para mí. ¡Esta vez sólo perdí por el orden de las letras!" (No han ido todavía a esa ceremonia.)

LECTURA: EL PÁJARO

Al leer este poema es interesante pensar en la idea de Octavio Paz (México, 1914–   ) de que el significado de la poesía es el resultado de un encuentro entre el poema y el lector. Es decir, la interpretación viene de la contribución de la persona que lee los versos con la idea de participar en la creación literaria. Así, lo que dice un poema puede ser momentáneo y cambiante.

Antes de leer

1. Lee el título para saber de qué animal trata el poema en la página 282.
2. ¿En qué piensas tú cuando ves este animal?
3. ¿Qué es posible que diga el poeta de este animal en sus versos?

Guía para la lectura

1. Busca las palabras cognadas que se pueden reconocer fácilmente. Hay por lo menos siete.
2. En la poesía la repetición de palabras sirve para hacer énfasis especial, así como para establecer cierta rima. Pensando en esto, haz una lista de las palabras claves que aparecen por lo menos dos veces en el poema. (Hay como seis de estas palabras.)
3. Lee el poema dos veces con cuidado antes de contestar las preguntas que siguen.

Learning Strategies:

Using cognates for meaning, drawing meaning from key words, listing

Learning Strategies:

Reading for details, reading for ideas, interpreting symbolism, identifying tone, expressing personal reaction, supporting choices

Critical Thinking Strategies:

Making associations, drawing inferences

281

Support Material, "El pájaro": Teacher Tape /CD Track #31

Prereading

Suggestions: Before doing the exercises related to the poem, you may wish to play the recorded reading of it or read it aloud twice, asking students to follow along with the book open and then closed. You might also ask them to work in pairs to come up with appropriate responses to the questions, which you can then go over together with the entire class.

Answers, Guía para la lectura: 1. Los cognados son: silencio, transparente, aire, inmóvil, minuto, quietud, consumía.
2. silencio, transparencia, luz, yerbas, piedras, flecha

Ex. K:  writing

El pájaro

	Un silencio de aire, luz y cielo.
	En el silencio transparente
was resting	el día **reposaba**:
	la transparencia del espacio
	era la transparencia del silencio.
silenced	La inmóvil luz del cielo **sosegaba**
weeds	el crecimiento de las **yerbas**.
creatures	Los **bichos** de la tierra, entre las piedras,
	bajo una luz idéntica, eran piedras.
filled itself up	El tiempo en el minuto **se saciaba**.
absorbed	En la quietud **absorta**
	se consumía el mediodía.
arrow	Y un pájaro cantó, delgada **flecha**.
	Pecho de plata herido vibró el cielo,
	se movieron las hojas,
	las yerbas despertaron...
	Y sentí que la muerte era una flecha
	que no se sabe quién **dispara**
shoots	y en un abrir los ojos nos morimos.

Comprensión

K. Contesta las preguntas que siguen para ayudarte a interpretar el poema.

1. ¿Dónde tienen lugar las escenas que describe Paz?
2. ¿Qué quiere decir el poeta cuando dice que "los bichos de la tierra… eran piedras"? ¿Qué hace que parezcan eso los animales?
3. ¿Cómo pasa el tiempo en el contexto que se describe aquí?
4. ¿Qué le pasó al pájaro? ¿Cómo le pasó esto?
5. ¿A qué conclusión llega el poeta al final del poema? ¿Cómo parece sentirse el poeta al entender este significado?
6. ¿Cuál es el tono general del poema o la actitud del poeta que se comunica en él?
7. ¿Cuáles son algunas de las palabras claves que revelan esta actitud?
8. ¿Qué piensas de la posibilidad de que la voz que dice "sentí que la muerte era una flecha" sea la del pájaro mismo y no la de un observador humano?
9. ¿Qué te hace sentir a ti este poema?
10. ¿Cuál es la parte más importante para ti del poema? ¿Por qué?

282

L. Al volver a leer el poema en la página 282, presta atención a las maneras en que el poeta presenta el movimiento y también la inmovilidad. ¿Cuáles son las palabras claves que usa el poeta para hacer esto?

EJERCICIO ORAL

M. *Una persona ideal*   You and a classmate are discussing your future and you tell each other six qualities that would make for an ideal life partner for you. Begin your remarks with **Una persona ideal para mí es una persona que...** . Be sure to use verbs that follow in the subjunctive since this is all still a part of your imagination: **salga mucho con nuestros amigos, vaya cada semana a la iglesia, gane mucho dinero...** . Then explain why each quality is important to you: **porque me gusta la vida social; es importante que sea religiosa; necesito la seguridad financiera.**

EJERCICIO ESCRITO

N. *Mi mini-retrato*   You have been asked to turn in an autobiographical entry in Spanish for a national publication of *Who's Who in U.S. High Schools*. Your space is strictly limited to no more than ten to twelve sentences. In this condensed description of yourself, include such information as (1) where you've lived and traveled, (2) a person who has influenced you and why, (3) something that you've accomplished, (4) a significant interest of yours, (5) an experience that has helped you understand more about life, (6) a point of view you feel strongly about and, finally, (7) what your hopes are for the future.

283

Vocabulario

Para charlar

Para hablar del mundo de las letras

el (la) autor(a)	el (la) escritor(a)	la obra	el poema
el (la) cuentista	la fotonovela	el (la) periodista	el poeta
el cuento	la literatura	el periódico	la poetisa
el (la) ensayista	la novela	los personajes	la revista
el ensayo	el (la) novelista		el tema

Para expresar duda, incertidumbre e improbabilidad

Dudo que	No creo que	(No) Es posible
Es dudoso	Es increíble	(No) Es imposible
Puede ser	No es verdad	(No) Es probable
No estoy seguro(a)	No es cierto	(No) Es improbable

Para expresar resultados imaginarios o dependientes en acciones previas

Antes de que…	A menos que…
Aunque…	Para que…
En caso de que…	Sin que…
Cuando…	Con tal de que…

Vocabulario general

Sustantivos

el dinosaurio	la incertidumbre
la duda	la irrealidad
la enciclopedia	la muerte
el (la) estrella (de	el premio
cine, de televisión)	la realidad
la flecha	la soledad
la imaginación	

Verbos

ganar
perder

Adjetivos

científico(a)
ideal
literario(a)
tecnológico(a)
zoológico(a)

Otras expresiones

de golpe
¡Felicitaciones!
llamar la atención

11

LAS RAÍCES DE LA LITERATURA

La tradición oral, en que una leyenda pasa de una persona a otra, es una raíz importante de la literatura. Las herencias indígenas, españolas y africanas son tres influencias importantes en la literatura latinoamericana contemporánea.

Objectives:

›› **T**alking about books and literature

›› **T**alking about what might happen

›› **M**aking polite requests

Strategies:

›› **R**eading for the moral of a tale

›› **I**dentifying literary elements of folk tales (tone, fantasy, and irony)

›› **I**dentifying metaphorical representations

›› **M**aking associations between folk tales and cultural perspectives

›› **I**magining

285

Chapter Objectives

Functions: Talking about legends and literature; talking about what might happen; making polite requests

Context: Pre-Hispanic legends, Spanish literature, Afro-Hispanic literature

Accuracy: The conditional; the conditional of irregular verbs; special uses of the conditional; the imperfect subjunctive and actions in the past

Presentation:
Las leyendas prehispánicas y lo maravilloso

Learning Strategy: Reading for ideas

After having the students read the introduction to legends, you might want to check on comprehension by asking the following questions:
1. ¿Cómo trataban las antiguas civilizaciones de explicar el mundo? 2. ¿Qué se contaba en una narración oral? 3. ¿Para qué más sirve un relato oral? 4. ¿Cómo se llama un relato oral que por fin se escribe? 5. ¿Cuál es el rasgo más importante en el contenido de una leyenda? 6. ¿Cuáles son algunos ejemplos de lo maravilloso? 7. ¿De dónde es la leyenda que sigue?

Answers, Presentation questions: 1. Usaban el relato oral. 2. Se contaba las aventuras de los dioses y los héroes (y, más tarde, las actividades de la gente común). 3. Sirve para entretener a la gente y enseñar una lección. 4. Un cuento literario; una leyenda. 5. Lo maravilloso o los elementos fantásticos. 6. Ejemplos: hechos milagrosos, seres sobrenaturales, misterios y sueños. 7. Su origen es la civilización maya.

PRIMERA ETAPA

Preparación

Learning Strategy:
Previewing

》》 **¿Q**ué es *una leyenda?*

》》 **¿S**on interesantes las leyendas? ¿Por qué sí o por qué no?

》》 **¿S**abes una leyenda? ¿De qué trata?

Las leyendas prehispánicas y lo maravilloso

286

Etapa Support Materials

Workbook: pp. 240–247
Listening Activity masters: p. 63
Quiz: Testing Program, p. 138
Tapescript: p. 100

Support Material, Las leyendas prehispánicas y lo maravilloso: Teacher Tape

Desde el comienzo de su historia, a los seres humanos siempre les han fascinado los misterios del universo. Al tratar de explicar el mundo y el origen de los pueblos que viven en él, se usaba el relato oral para contar las aventuras de los dioses y los héroes y, más tarde, las actividades de la gente común y corriente. La narración oral entretenía a la gente y le enseñaba una lección para su vida. De estas tradiciones orales transmitidas durante muchas generaciones pasadas nacieron los mitos, las fábulas y las leyendas. Muchos de los relatos orales más populares llegaron a escribirse, y todavía se siguen escribiendo, en forma de cuentos literarios.

La leyenda es una narración tradicional que se distingue principalmente por su uso de la imaginación. Lo maravilloso se entremezcla con incidentes, creencias y costumbres de la vida diaria. Los elementos fantásticos pueden ser hechos milagrosos, seres sobrenaturales, misterios y sueños. En todo caso, el objetivo principal de una leyenda es el de señalar cuál es la conducta correcta para el ser humano. Por medio de la leyenda se aprende también sobre el carácter y los valores de la gente de otra cultura.

Las dos leyendas en este capítulo son ejemplos de las leyendas de la civilización maya que floreció por muchos siglos antes de la llegada de los españoles en lo que hoy es México y Centroamérica. Fueron adaptadas recientemente de la lengua maya al español por el traductor Domingo Dzul Poot, de Campeche, México.

Leyenda maya —El agua lo trajo, el agua se lo llevó

ata Bus rezaba a San Isidro, el santo patrón de los animales.

—¡Ay, San Isidro! Por favor, dame tan siquiera una vaca con su **becerro.** Te prometo que yo nunca venderé leche mezclada con agua como lo hace mi **vecino** al que llaman **aguador.**

calf

neighbor / someone who cheats by watering down something / miracle

San Isidro hizo un **milagro** y le concedió su deseo. Tata Bus comenzó a vender leche pura de su vaquita a tres personas. Un día vino una señora y le suplicó:

—Tata Bus, véndeme siquiera medio **calabazo** de leche cada día. Tata Bus dijo que iba a pensarlo. Si le ponía medio calabazo de agua a toda la leche que **ordeñaba,** seguramente no se notaría. De ese modo podría venderle a la señora lo que le pedía. Y así lo hizo. Con el dinero que hizo de **la venta** del medio calabazo diario de agua, compró dos vaquitas más. Todos los días las llevaba al campo a pastar.

gourd

milked

the sale

Un día, mientras **pastaba** su **ganado,** cayó un torrencial **aguacero.** Tata Bus se dio prisa a llevar de nuevo sus vacas al pueblo. La vaca que le

grazed / cattle / rainstorm

Support material,
Las raíces de la
literatura: Teacher
Tape/CD Track #32

Suggestion, Reading: Since legends are part of an oral tradition, they lend themselves well to reading aloud. It is a good exercise for aural comprehension purposes to read each legend twice before turning to the questions, asking students to listen with the books closed the first time and open the second.

Dividing the class into pairs or groups of three or four for preparation in answering the questions works well. The questions could also be used as a written homework assignment.

Support material,
Leyenda maya:
Teacher Tape/CD Track #33

Left margin column

Ex. A:  pair work

Answers, Ex. B: 1. Tata Bus vende leche. Es lechero. 2. El vecino es deshonesto porque le pone agua a la leche que vende. 3. San Isidro es el santo patrón de los animales. 4. Le promete que si le da una vaca con un becerro no le pondrá agua a la leche que vende. 5. San Isidro le da a Tata Bus una vaca con un becerro cuando el hombre se la pide. 6. Tata Bus comenzó a vender leche pura, sin ponerle agua. 7. El calabazo sirve para medir la leche y también para ponerle agua. 8. Tata Bus le puso agua a la leche. 9. Dos de las tres vacas se ahogaron en una hondonada. La otra no se ahogó. 10. Lo que dice Tata Bus al final indica que entendió lo que había ocurrido: que perdió las dos vacas que había comprado con el dinero de la venta de la leche aguada y que éstas murieron ahogadas en agua. 11. Después de todo, Tata Bus es una persona deshonesta que no hace lo que promete hacer. 12. *Answers will vary.* Una lección es que es importante ser cumplido y hacer lo que se promete hacer; otra es que no es bueno engañar a la gente; otra es que cuando se hace algo malo hay malas consecuencias, etc. 13. *Answers will vary.*

Ex. C: writing

Second margin column

ravine

fell behind / drowned

who cares?

//-//-//-//-//-//-//-//-//

Learning Strategies:

Selecting and organizing information in definitions, verifying

Critical Thinking Strategies:

Analyzing contextual clues, hypothesizing

//-//-//-//-//-//-//-//-//

Learning Strategies:

Reading for details, reading for main ideas, reading for the moral of a tale

Critical Thinking Strategies:

Generalizing, drawing inferences, making associations between folklore and cultural values

//-//-//-//-//-//-//-//-//

Learning Strategies:

Explaining, identifying conditioning factors for actions

Critical Thinking Strategies:

Making associations, seeing cause-and-effect relationships

Main column

había dado San Isidro cruzó por una **hondonada** pero las dos que había comprado con el dinero de la venta del medio calabazo de agua **se retrasaron** y **se ahogaron** ahí. Entonces Tata Bus dijo:

—¡Y **qué más da!** ¡El agua me las trajo, el agua se las llevó!

Comprensión

A. *Verbos* Con un(a) compañero(a) escriban una definición en español que explique el significado de los siguientes verbos. Después consulten un diccionario para escribir las definiciones "oficiales" de ellas, comparándolas con las que ustedes escribieron.

1. rezar
2. mezclar
3. ordeñar
4. pastar
5. darse prisa
6. cruzar
7. retrasarse
8. ahogarse

B. *El contenido y su interpretación* Contesta las preguntas sobre la leyenda "El agua lo trajo, el agua se lo llevó".

1. ¿Qué tipo de trabajo hace Tata Bus?
2. ¿Qué tipo de persona es el vecino de Tata Bus? ¿Cómo lo sabemos?
3. ¿Quién es San Isidro?
4. ¿Qué le promete Tata Bus a San Isidro?
5. ¿Cuál es el milagro que hace San Isidro?
6. ¿Qué hace Tata Bus inmediatamente después del milagro?
7. ¿Para qué sirve el calabazo?
8. ¿Qué decidió hacer un día Tata Bus con la leche que le pidió una señora?
9. Después de esto, ¿qué pasó con las vacas de Tata Bus?
10. ¿Qué significa lo que dijo Tata Bus cuando pasó esto con sus vacas?
11. Después de todo, ¿qué tipo de persona es Tata Bus?
12. ¿Cuál es una de las lecciones que enseña esta leyenda?
13. ¿Cuál sería otro título que podría tener esta leyenda?

Repaso

C. *¿Qué pasará?* Completa las siguientes oraciones usando expresiones como *en caso de que, sin que, con tal de que, antes de que, para que, a menos que, aunque* y *cuando*. Sigue el modelo y usa la imaginación.

Modelo: Manuel dice que no irá a México…
Manuel dice que no irá a México a menos que yo vaya con él.

288

1. Cuando va mi familia a un restaurante, (nombre de alguien) siempre paga la cuenta...
2. Pensamos invitar a (nombre de alguien) a acompañarnos a...
3. No quiero quedarme una semana más en mi trabajo...
4. Llamaré a (nombre de alguien) esta noche...
5. Mañana yo no llegaré a tiempo a la escuela...
6. No le darán el premio de (nombre de un premio) a (nombre de alguien)...
7. (Nombre de alguien) no quiere viajar por avión...
8. Mis padres me comprarán los boletos al concierto de (nombre de alguien)...
9. Terminaré de leer (nombre de un libro, un artículo o una tarea) mañana...
10. Creo que aprenderemos más sobre la literatura...

Possible answers, Ex. C:

1. Cuando mi familia va a un restaurante, mi tío Raúl siempre paga la cuenta aunque otros la quieran pagar.   2. Pensamos invitar a Tomás a acompañarnos al museo para que vea el arte pre-colombino.   3. No quiero quedarme una semana más en mi trabajo a menos que me den más dinero.   4. Llamaré a mis padres esta noche antes de que salgan.   5. Mañana yo no llegaré a tiempo a la escuela a menos que vaya con papá en su coche.   6. No le darán el premio a ese escritor aunque sea muy popular.   7. Reynaldo no quiere viajar por avión a menos que tú le compres el boleto.   8. Mis padres me comprarán los boletos para el concierto de Jon Secada cuando saque una "A" en la clase de español.   9. Terminaré de leer *War and Peace* mañana aunque sea difícil.   10. Creo que aprenderemos más sobre la literatura con tal de que el profesor explique los conceptos difíciles.

Variation, Ex. C: You might want to assign small groups just one of these items, having them write the stem on one card and their completion on another. After you approve the sentences, shuffle the cards and have the whole class try to find the appropriate pairs.

Presentation: Estructura

Pretend you are in a café and ask students what they want: **¿Te gustaría… ?** After two or three, use **Me gustaría… . ¿Y a ustedes dos, les gustaría… ?** Write forms on board, showing similarity of the stem for future and conditional endings and the difference between the endings of each tense.

ESTRUCTURA

The conditional

Roberto **viajaría** contigo.	Roberto *would travel* with you.
Me gustaría viajar contigo.	*I would like* to travel with you.
¿No **irían** tus primos con ellos?	*Wouldn't* your cousins *go* with them?
¿**Venderías** tu bicicleta?	*Would you sell* your bicycle?
Pedro dijo que **llegaría** a las 6:00.	Pedro said *he would arrive* at 6:00.

1. The conditional tense in Spanish is equivalent to the English structure *would* + verb. It simply expresses what would happen if the conditions were right.

2. Another way to think about the conditional is that it is related to the past the way the future is to the present. That is, the conditional refers to the *future* of an action in the *past*.

Dicen que **volverán** temprano.	*They say they will return* early.
Dijeron que **volverían** temprano.	*They said they would return* early.

3. The conditional tense is very similar to the future tense. It is formed by adding the endings **-ía, -ías, -ía, -íamos, -íais,** and **-ían** to the infinitive, whether it be an **-ar, -er,** or **-ir** verb.

llegar

yo	llegar**ía**	nosotros(as)	llegar**íamos**
tú	llegar**ías**	vosotros(as)	llegar**íais**
él		ellos	
ella	} llegar**ía**	ellas	} llegar**ían**
Ud.		Uds.	

ver

yo	ver**ía**	nosotros(as)	ver**íamos**
tú	ver**ías**	vosotros(as)	ver**íais**
él		ellos	
ella	} ver**ía**	ellas	} ver**ían**
Ud.		Uds.	

290

pedir			
yo	pedir**ía**	nosotros(as)	pedir**íamos**
tú	pedir**ías**	vosotros(as)	pedir**íais**
él		ellos	
ella }	pedir**ía**	ellas }	pedir**ían**
Ud.		Uds.	

4. The conditional *cannot* be used in Spanish to refer to something that "used to be" the way *would* can be used in English: "When we were kids, we would always go to the movies on Saturdays." (As you have learned, the imperfect tense is used in Spanish to talk about habitual actions in the past.)

Aquí practicamos

D. Sustituye las palabras en cursiva con las palabras entre paréntesis y haz los cambios necesarios.

1. *Ella* organizaría una fiesta. (nosotros / yo / Marta y Carlos / tú / ellos)
2. *Tú* dormirías hasta las 8:00. (Uds. / ella / mi hermano / ellos / vosotros)
3. *Él* no comprendería las preguntas. (yo / ellas / tú / nosotros / Ud. / Mario)

E. ¿Qué dijeron que harían?   Escribe las siguientes oraciones cambiando el primer verbo al pretérito y el segundo al condicional para hacer una referencia al pasado. Sigue el modelo.

Modelo: Dice que escribirá una novela.
Dijo que escribiría una novela.

1. Me dicen que les darán un premio a los tres mejores escritores.
2. Ramón dice que le gusta leer los poemas de Neruda.
3. ¿Dicen ustedes que no irán a la ceremonia?
4. Mi amigo dice que no leerá esa fotonovela.
5. ¿Dices que no escribirás la composición?
6. Los críticos dicen que la gente no entenderá la novela.
7. El editor dice que publicará otra revista en español.
8. ¿Ustedes dicen que no será difícil encontrar a esa autora?
9. Carlos y Marta dicen que verán a muchos escritores en la fiesta.
10. Yo digo que algún día Carlos Fuentes, de México, ganará el Premio Nóbel.

291

Nota gramatical

The conditional of other verbs

As you have learned already, some verbs use a different stem to form the future tense. They use these same stems to form the conditional tense. The endings, however, are the same as for regular verbs (**-ía, -ías, -ía, -íamos, -íais, -ían**). The most common verbs that do not use the infinitive as the stem to form either the future or the conditional tense are

decir	**dir-**	yo **diría**
haber	**habr-**	yo **habría**
hacer	**har-**	yo **haría**
poder	**podr-**	yo **podría**
poner	**pondr-**	yo **pondría**
querer	**querr-**	yo **querría**
saber	**sabr-**	yo **sabría**
salir	**saldr-**	yo **saldría**
tener	**tendr-**	yo **tendría**
venir	**vendr-**	yo **vendría**

tú **dirías,** etc.

F. Sustituye las palabras en cursiva con las palabras entre paréntesis y haz los cambios necesarios.

1. *Los escritores* dirían que es difícil escribir una novela. (ella / tú / los críticos / mi profesora / el estudiante / vosotras)
2. *El lector* no tendría paciencia con una obra mal escrita. (yo / mis padres / el público / nosotros / tú / los editores)
3. *El poeta* podría escribir más versos sobre el tema del amor. (ella / mi hermana / ustedes / los estudiantes / Teresa)

G. **Hoy no, pero otro día sí**   Indica lo que las personas harían otro día porque no pueden hacerlo hoy. Sigue el modelo.

Modelo: ¿Puedes ir al banco hoy?
Hoy no, pero iría al banco otro día.

1. ¿Tu hermana puede llevar a los niños al parque?
2. ¿Piensan estudiar ustedes esta tarde?
3. ¿Vas al cine con nosotros?
4. ¿Carmen puede llamarnos por teléfono?
5. ¿Ud. quiere tomar el tren a Granada?
6. ¿Pueden salir ustedes temprano?
7. ¿Quieres comer en un restaurante elegante?

292

8. ¿Puedes comprar las bebidas en el supermercado?
9. ¿Espera aprender Marta ese poema?
10. ¿Tienes tiempo libre hoy?
11. ¿Carlos puede venir a casa después?
12. ¿Hay tiempo para ir a la playa?

H. ¿Qué harías tú? Usa la información a continuación para hacerle preguntas a un(a) compañero(a), que después te contestará. Usa el tiempo condicional. Sigan el modelo.

Modelo: hacer / después de esa clase
—¿Qué harías tú después de esa clase?
—Yo iría (voy, voy a ir, pienso ir) al museo.

1. hacer / después de viajar por México
2. hacer / los fines de semana
3. hacer / en una situación difícil
4. hacer / en la fiesta la próxima vez
5. hacer / en la nueva tienda
6. hacer / en la casa de tus abuelos
7. hacer / el día del cumpleaños de tu papá
8. hacer / el verano que viene
9. hacer / en España
10. hacer / en un concierto de rock

LECTURA: LEYENDA MAYA —LA MUERTE, COMADRE DEL BATAB

Antes de leer

1. Lee el título y mira el dibujo en la página 294 para tener una idea del tema de la leyenda. ¿Cuál es el tema general?
2. Ahora busca las palabras glosadas con sus definiciones indicadas para familiarizarte con su significado.

Guía para la lectura

1. Lee la primera mitad de la leyenda y contesta las siguientes preguntas.

a. ¿Qué hacía el hombre todos los días?
b. ¿Por qué estaba preocupado el hombre?
c. ¿Qué sorpresa tuvo el hombre un día?
d. ¿Qué forma tiene la muerte en esta leyenda?
e. ¿Qué le dijo la muerte al hombre cuando éste le pidió más tiempo?
f. ¿Qué hizo el hombre y por qué lo hizo?

293

2. Lee la segunda mitad de la leyenda y contesta las siguientes preguntas.

    a. Cuando la muerte volvió a la casa del hombre, ¿qué descubrió?

    b. ¿Qué decidió hacer la muerte cuando descubrió ésto? ¿Adónde fue?

    c. ¿Qué pasó al final de la fiesta?

    d. ¿Cuáles son las actitudes hacia la muerte que se representan en esta leyenda?

    e. ¿Se podría decir que en esta leyenda se refleja cierto sentido de humor o de ironía? ¿Por qué sí o por qué no?

    f. ¿Cuál sería una de las lecciones centrales de esta leyenda?

    g. ¿Qué otro título se le podría dar a esta leyenda?

Leyenda maya —La muerte, comadre del batab

Mayan word for chief, leader / burials, funerals

J unto a un cementerio vivía un **batab** que iba todos los días a varios **entierros.** Le era tan familiar la muerte que ya la sentía como un pariente cercano. Un día el batab estaba preocupado y se preguntó a sí mismo:

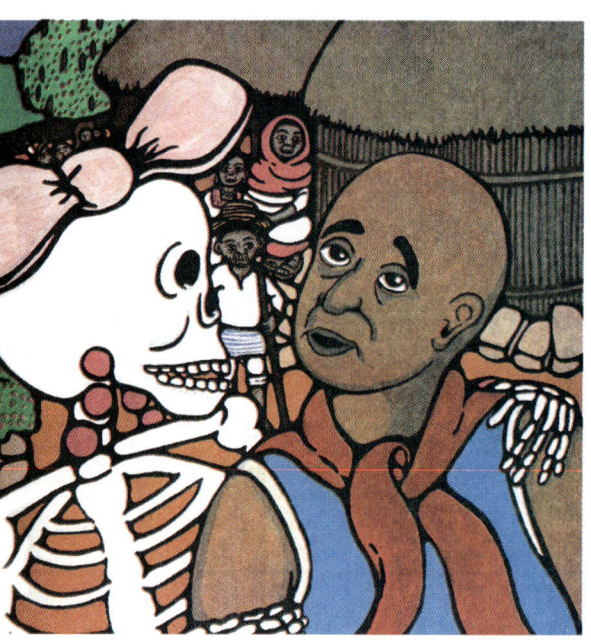

—¿Cuándo me tocará morir a mí?

Y pensó:

—Bueno sería **comprometer** a la muerte a que fuera mi **comadre,** para que no me llevara pronto.

—¡Aquí estoy **compadre!** le dijo la muerte, apareciendo de repente. Parecía un **esqueleto** y llevaba un **moño** rojo en la cabeza y unos aretes y una pulsera también.

comprometer: to reach a compromise, to make a deal / *comadre:* close family friend (like a godmother) / *compadre:* close family friend (like a godfather) / *esqueleto:* skeleton / *moño:* bow

294

—¿Para qué me quieres?, le preguntó el batab a la muerte.

—Compadre, ya que tantas ganas tienes de saberlo, mañana en la noche vendré por ti.

—**Eso no se vale**—, respondió el batab. —Es muy poco el tiempo que me das. Ya que aceptaste ser mi comadre, deberías tenerme lástima. Por favor.

That's not fair

—Eso no puede ser, compadre, tengo orden de llevarte mañana mismo.

Al día siguiente, el batab **se disfrazó** para que la muerte no pudiera reconocerlo. Se peló **k'olis**, cortándose todo el pelo, se puso un pañuelo rojo en el cuello y se vistió de manera diferente. Ya no parecía el batab de antes. Luego se fue a una fiesta y ahí se metió en una pelea.

dressed in disguise
Mayan word for a shaved head

Cuando la muerte llegó, vio que la casa de su compadre estaba cerrada y dijo:

—Pobre de mi compadre, tiene razón. Llevaré a otro en su lugar como me pidió. Voy a esa fiesta de donde se oyen gritos. La muerte se fue a la fiesta y ahí encontró a un k'olis, o un **pelón**, que **metía mucho relajo**. Entonces dijo la muerte:

someone with a shaved head / was causing a lot of trouble

—Bueno, me llevaré a este k'olis en lugar de mi compadre.

Comprensión

1. Ahora repasa la otra leyenda al principio de esta etapa (páginas 287–288) y contesta estas preguntas generales sobre las dos leyendas que has leído.

1. ¿Cómo se transmitían originalmente estas leyendas?
2. ¿De dónde vienen las leyendas "El agua lo trajo, el agua se lo llevó" y "La muerte, comadre del batab"?
3. ¿En qué lengua se transmitían estas leyendas?
4. ¿Cuáles son las dos palabras de origen maya en una de las leyendas? ¿Qué significan?
5. ¿Cuál es la diferencia principal entre los títulos de las dos leyendas?
6. ¿Cuál es el tono de las leyendas? Es decir, ¿cuál parece ser la actitud del narrador?
7. ¿Cuáles son los elementos en las dos leyendas que se podrían llamar "fantásticos"?
8. ¿Cuántas personas hablan directamente en estas leyendas? ¿Quiénes son?
9. ¿Cuál de las dos leyendas se parece más una obra de teatro? ¿Por qué?
10. ¿Cómo terminan las dos leyendas?

Learning Strategies:

Reading for cultural information, reading for details, reading for main ideas, identifying literary elements common to folk tales, expressing and supporting opinions

Critical Thinking Strategies:

Comparing and contrasting, making associations between storytelling and drama, drawing inferences, evaluating

295

More-prepared students, Ex. 1: Have these students use the comprehension questions as a guide for writing a brief essay about the legends.

Answers, Ex. 1: 1. Se transmitían oralmente.   2. Vienen de los antiguos mayas.   3. Se transmitían en la lengua maya.   4. "batab" = jefe *(chief)*; k'olis = cabeza rapada *(shaved head)*   5. El título "El agua..." es como un dicho o un comentario que alguien hace. El título "La muerte..." es una metáfora que indica que la muerte es simbolizada por una comadre.
6. *Answers may vary.* El tono de las leyendas es tranquilo, calmado, natural, informal, resignado, etc.
7. Los elementos fantásticos son el milagro de San Isidro en "El agua..." y la aparición de la muerte que conversa con el hombre en "La muerte...".   8. En "El agua..." hablan dos personas: el hombre, la señora. En "La muerte..." hablan el hombre y la muerte.   9. "La muerte..." se parece más a una obra de teatro porque hay bastante diálogo como en una pieza dramática.   10. Terminan de una manera repentina (e irónica) con un comentario muy natural y sencillo.

EJERCICIO ORAL

J. *Dije que sí, pero ahora no puedo.*   Contesta las preguntas que siguen, indicando que las personas mencionadas dijeron que harían algo, pero que ahora no lo pueden hacer. Sigue el modelo.

 ¿Vas a ir al cine?
Dije que iría, pero ahora no puedo.

1. ¿Piensas salir el miércoles para España?
2. ¿Viajarán ustedes juntos en el avión?
3. ¿Tu novio(a) va a cantar esta noche?
4. ¿El (La) profesor(a) va a estar en la fiesta?
5. ¿Tus primos van a nadar con nosotros?
6. ¿El taxista vendrá a las 11:00 por nosotros?
7. ¿Vas a ayudar a tu amigo(a) esta tarde con sus muebles?
8. ¿Quieren correr ustedes diez kilómetros conmigo mañana?
9. ¿Podrás terminar el proyecto este fin de semana?
10. ¿Tus amigos quieren jugar al tenis hoy?

EJERCICIO ESCRITO

K. *En ese caso...*   Escribe dos cosas que tú o las personas mencionadas harían en las circunstancias indicadas. Sigue el modelo.

 Ves un coche parado en la carretera con una llanta desinflada *(flat tire)*. ¿Qué harías?
Le ayudaría a la persona a cambiar la llanta o llamaría a la policía.

1. Estás en un restaurante cuando alguien grita, "¡Fuego en la cocina!" ¿Qué harías?
2. Tu amigo(a) y tú caminan por la calle cuando empieza a llover. Tú no tienes paraguas, pero él (ella) sí. ¿Qué haría tu amigo(a)?
3. Tienes un dolor de cabeza y le pides aspirinas a tu hermana. ¿Qué haría ella?
4. Tu hermano quiere comprar una bicicleta pero le falta dinero. ¿Qué haría él?

296

SEGUNDA ETAPA

Preparación

›› **¿S**abes quién es don Quijote de La Mancha? ¿Sancho Panza?

›› **¿Q**uién es Miguel de Cervantes?

›› **E**n general, ¿qué significan *el realismo* y *el idealismo*?

El realismo y el idealismo

Miguel de Cervantes (1547–1616) tomó las **corrientes** del realismo y el idealismo, entre otras, para escribir una de las obras más universales de la literatura: *Las aventuras del ingenioso hidalgo Don Quijote de la Mancha.* Cervantes vivió durante una época de grandes conflictos cuando España tenía el imperio más vasto que ha conocido hasta ahora la historia humana. Por un lado, se proclamaba lo ideal en la gloria de España. Por otro **se negaba** su **grandeza** porque en realidad resultó imposible controlar la administración y la economía de sus extensos territorios en Europa, África, Indonesia y América. Así el pueblo español sentía la tensión eterna entre el realismo y el idealismo. Cervantes reconoció esta tensión y se dedicó a representarla en su creación literaria.

corrientes: currents / *se negaba:* was denied / *grandeza:* greatness

Don Quijote y Sancho Panza

297

values
broad
destiny, fate
blind faith / kindness / honor / courage / loyalty

farmhand, peasant / simple / vulgar

Los lectores de la famosa novela de Cervantes han hecho innumerables interpretaciones de ella a lo largo de los siglos. La mayoría está de acuerdo en que los dos protagonistas, don Quijote y Sancho Panza, representan **valores** espirituales que nos dan una **amplia** y rica visión de la naturaleza humana y del **destino** del ser humano en general. Don Quijote, el gran idealista, tiene una **fe ciega** en los valores del espíritu como la **bondad**, la **honra**, la **valentía**, la **lealtad** y el amor a la justicia. Está convencido de que es todo un caballero con la noble misión de reformar el mundo. Sale en busca de aventuras con la idea de hacer bien a todos para que triunfe la justicia. Sancho, el humilde realista, con su fuerte sentido práctico de las cosas, tiene mucho interés en el materialismo. Es un **labrador sencillo** y **grosero** que siempre tiene hambre y sed. Decide acompañar a don Quijote en sus aventuras porque espera ser un hombre rico y famoso cuando vuelva a su casa.

**Miguel de Cervantes Saavedra
(1547–1616)**

298

Don Quijote —Nuestro héroe

En un lugar de la Mancha, de cuyo nombre no quiero acordarme, no hace mucho tiempo que vivía un **hidalgo** pobre. Tenía en su casa una **ama de casa** que pasaba de cuarenta años, y una sobrina que no llegaba a los veinte. La edad de nuestro hidalgo era de cincuenta años; era fuerte, delgado, muy activo y amigo de la **caza**. Los momentos que no tenía nada que hacer (que eran la mayoría del año), se dedicaba a leer libros de caballerías con tanta afición y gusto que olvidó casi completamente el ejercicio de la caza, y aun la administración de su hacienda. Llegaron a tanto su curiosidad y locura en esto, que vendió muchas tierras para comprar libros de caballerías que leer, y así llevó a su casa muchos libros de esta clase.

nobleman
housekeeper

hunting

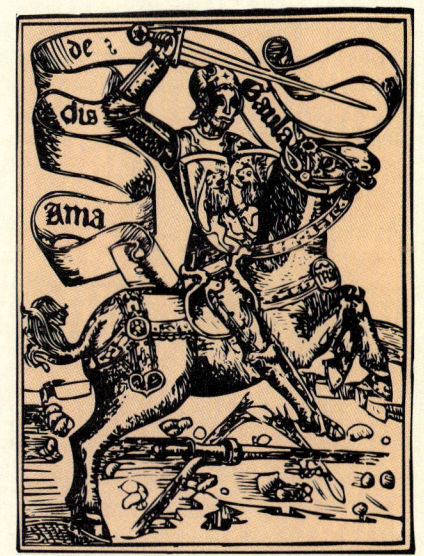

Los quatro libros del Virtuoso cauallero Amadis de Gaula: Complidos.

Tuvo muchas disputas con el **cura** de su lugar, y con maestro Nicolás, el barbero del mismo pueblo, sobre cuál había sido mejor caballero, Palmerín de Inglaterra o Amadís de Gaula, y sobre otras cuestiones semejantes que trataban de los personajes y episodios de los libros de caballerías. Se aplicó tanto a su lectura que pasaba todo el tiempo, día y noche, leyendo. Se llenó la cabeza de todas aquellas locuras que leía en los libros, tanto de **encantamientos** como de disputas, batallas, duelos, heridas, amores, infortunios y absurdos imposibles. Tuvieron tal efecto sobre su imaginación que le parecían verdad todas aquellas invenciones que leía, y para él no había otra historia más cierta en el mundo.

priest

magic spells

Como ya había perdido su **juicio,** le pareció necesario, para aumentar su gloria y para servir a su nación, hacerse **caballero andante,** e irse por todo el mundo con sus armas y caballo a buscar aventuras. Pensaba dedicarse a hacer todo lo que había leído que los caballeros andantes

sanity
knight errant

299

Critical Thinking

Critical Thinking Strategy: Identifying borrowed names

Point out that the word *quixotic* has been incorporated into the English language as a direct borrowing from the Spanish name of one of the most famous characters in world literature. Ask students what they think the word means before looking up the definition in the dictionary.

You might also ask students if they can think of other names of famous people or fictitional characters that have become accepted and used as vocabulary words in English (i.e., *herculean* from Hercules, *machiavellian* from Machiavelli, *Darwinism* from Charles Darwin, *reaganomics* from Ronald Reagan, and *malapropism* from Mrs. Malaprop, a character who was created by Richard Brinsley Sheridan and was notorious for using words incorrectly).

Ex. A: pair work

 writing

Cooperative Learning

Ex. A: Progressive Concepts

- Designate six areas in the room to represent the terms **el realismo, el idealismo, la sátira, el espíritu, la justicia,** and **el materialismo.**
- Instruct students to choose a term and to go to the area that represents it.

---

weapons
great-grandparents
helmet
cardboard / sword

hacían, destruyendo todo tipo de deshonor y poniéndose en circunstancias y peligros, donde, terminándolos, obtendría eterna gloria y fama. Lo primero que hizo fue limpiar unas **armas** que habían sido de sus **bisabuelos.** Las limpió y las reparó lo mejor que pudo, pero vio que tenían una gran falta, y era que no tenían **celada;** más con su habilidad hizo una celada de **cartón.** Para probar si era fuerte, sacó su **espada** y le dio dos golpes con los que deshizo en un momento la que había hecho en una semana. Volvió a hacerla de nuevo y quedó tan satisfecho de ella, que sin probar su firmeza la consideró finísima celada.

Learning Strategy:

Reading for cultural information

COMENTARIOS CULTURALES

▶ *La popularidad de El Quijote*

Las aventuras del ingenioso hidalgo Don Quijote de la Mancha es una de las creaciones literarias más populares en la historia de la literatura. Después de la *Biblia* es una de las obras más publicadas y más traducidas del mundo. Es interesante notar también que el vocabulario que usa Cervantes es uno de los más extensos de la historia literaria. Como ejemplo, en comparación con las 6.000 palabras que contiene la versión inglesa de la *Biblia* (King James), Cervantes usa unas 8.200 palabras distintas en *El Quijote.*

EL INGENIOS·
HIDALGO DON QVI-
XOTE DE LA MANCHA,
Compueſto por Miguel de Ceruantes Saauedra.

DIRIGIDO AL DVQVE DE BEIAR
Marques de Gibraleon, Conde de Benalcaçar, y Bañares, Vizconde de la Puebla de Alcozer, Señor de las villas de Capilla, Curiel, y Burguillos.

Año, 1605.

CON PRIVILEGIO,
EN MADRID Por Iuan de la Cueſta.
Vendeſe en caſa de Franciſco de Robles, librero del Rey nſo ſeñor

300

- Tell the students that they are going to share their understanding about the meanings of the terms. Stress to them that each student must speak and all students get equal time. It might be helpful if each student only says one sentence. All of the students are to listen carefully to each other and agree or disagree, according to their own opinions.
- Have them begin, and time them. Call time when you see that all students in the groups have spoken. Call on students at random to summarize the understanding of the whole group. This ensures positive interdependence and individual accountability.

- Now explain to the students that the groups are going to break up completely. Each student is to go to a new area to discuss a new concept.
- Remind the students of the procedure and repeat the process.
- Give students a quiz, asking each one to define the terms.

Comprensión

A. *Estudio de palabras*
Con un(a) compañero(a) escriban una definición que ustedes creen que mejor explique el significado de las siguientes palabras. Después consulten un diccionario para escribir las definiciones "oficiales" de ellas, comparándolas con las que ustedes escribieron.

1. el realismo
2. el idealismo
3. la sátira
4. el espíritu
5. la justicia
6. el materialismo

Learning Strategies:

Selecting and organizing information in definitions, verifying

Critical Thinking Strategies:

Analyzing contextual clues, hypothesizing

B. *Verdadero o falso*
Decide si las siguientes oraciones son verdaderas o falsas. Corrige las falsas de acuerdo con la información que acabas de leer en la introducción a la etapa.

1. Cervantes escribió "la novela por excelencia" porque pudo combinar genialmente el realismo y el idealismo.
2. En su novela clásica Cervantes presenta una visión universal de cómo se sienten y cómo actúan los seres humanos en general.
3. En la época de Cervantes, España tenía un lugar de poca importancia en el mundo.
4. Los críticos han hecho sólo dos o tres interpretaciones de esta obra.
5. Don Quijote cree que es posible mejorar las cosas.
6. Don Quijote tiene mucho interés en la comida y la bebida.
7. A Sancho le interesa la manera más directa y eficiente de hacer las cosas.
8. Sancho Panza casi siempre piensa en cómo puede ayudar a la gente.

Learning Strategies:

Reading for details, verifying, correcting

C. *¿Comprendiste?*
Escoge la frase que mejor describa el propósito del narrador del texto que acabas de leer.

1. dar una serie de opiniones personales sobre los viejos locos
2. narrar una secuencia de eventos importantes en la historia española
3. describir el temperamento de un protagonista interesante
4. convencer a los lectores que vale la pena leer libros de caballerías

D. *Cuestionario*
Contesta en español las siguientes preguntas sobre la lectura en las páginas 299–300.

1. ¿Quiénes vivían con el hidalgo en su casa?
2. ¿Cuántos años tenía don Quijote?
3. ¿Cómo era físicamente?
4. ¿Cómo pasaba don Quijote la mayoría de su tiempo?
5. ¿Cómo lo afectó esta actividad?
6. ¿Cuál era el tema de las disputas entre don Quijote, el cura y el barbero?
7. ¿Qué decidió hacer don Quijote por fin? ¿Por qué tomó esta decisión?

301

Suggestion, Ex. B: This exercise could also be used as a listening activity.

Answers, Ex. C: 3. describir el temperamento de un protagonista interesante

Variation, Ex. C: You might suggest that students write a short description of don Quijote and Sancho Panza for children, illustrating it if they wish, and sharing it with a group of young students if possible.

Ex. D: writing

Answers, Ex. D: 1. Una ama de casa y una sobrina vivían con el hidalgo.   2. Don Quijote tenía 50 años.   3. Era fuerte y delgado. 4. Pasaba la mayoría de su tiempo leyendo.   5. Olvidó el ejercicio de la caza y la administración de su hacienda y vendió tierra para comprar libros./Perdió su juicio. 6. Disputaban sobre cuál había sido el mejor caballero, Palmerín de Inglaterra o Amadís de Gaula. 7. Decidió hacerse caballero andante para aumentar su gloria y para servir a su nación.

Answers, Ex. B: 1. Verdadero   2. Verdadero   3. Falso. España tenía el imperio más vasto que ha conocido hasta ahora la humanidad.   4. Falso. Los críticos han hecho innumerables interpretaciones.   5. Verdadero   6. Falso. Sancho tiene interés en la comida y la bebida.   7. Verdadero 8. Falso. Sancho sólo espera ser un hombre rico y famoso.

Answers, Ex. D, cont.:

8. Descubrió que necesitaba una celada.   9. Hizo una celada de cartón.

Answers, Ex. E: 1. Yo le pediría a don Quijote cierta cantidad de dinero cada semana. 2. Yo saldría de la casa cuando las tengan.   3. Yo dejaría la comida a su lado en la biblioteca.   4. Yo abriría sólo una botella cuando visite a don Quijote.   5. Yo diría lo mismo dadas las circunstancias. 6. Yo pediría la ayuda de la sobrina.   7. Yo le ayudaría a llevar las armas al establo.   8. Yo no me preocuparía y aceptaría que es su dinero.   9. Yo haría una cita para él con el barbero.   10. Yo aceptaría que don Quijote no va a cambiar.

8. Después de limpiar las armas, ¿qué descubrió don Quijote que necesitaba?
9. ¿Cómo resolvió el protagonista su problema?

Repaso

E. *¿Qué consejo* (advice) *darías?*   El ama de casa de don Quijote te habla de los problemas que tiene con don Quijote y Sancho Panza. Usa la información entre paréntesis para indicar lo que harías tú en tal caso *(in such a case)*.

 **Modelo:** Me canso de recoger los libros de caballerías que don Quijote lleva a la casa. (ponerlos en la biblioteca de la casa)
Yo los pondría en la biblioteca de la casa.

1. Nunca tenemos dinero porque don Quijote lo usa para comprar libros. (pedirle a don Quijote cierta cantidad de dinero cada semana)
2. Me molestan las disputas que don Quijote tiene en la casa con el cura y el barbero. (salir de la casa cuando las tienen)
3. Don Quijote pasa el día y la noche leyendo y no quiere comer cuando es hora. (dejar la comida a su lado en la biblioteca)
4. A Sancho le gusta demasiado el vino. (abrir sólo una botella cuando visita a don Quijote)
5. La sobrina de don Quijote dice que su tío está un poco loco. (decir lo mismo dadas las circunstancias)
6. Necesito unos días de descanso pero no quiero dejar solo a don Quijote. (pedir la ayuda de la sobrina)
7. Don Quijote va a limpiar todas las armas viejas en la sala. (ayudarle a llevar las armas al establo)
8. Sancho siempre pierde dinero en la taberna del pueblo. (no preocuparse y aceptar que es su dinero)
9. Don Quijote tiene la barba demasiado larga. (hacer una cita para él con el barbero)
10. Me pongo nerviosa cuando don Quijote dice que va a viajar con Sancho. (aceptar que don Quijote no va a cambiar)

302

ESTRUCTURA

Special uses of the conditional tense

¿Cuántos años **tendría** ese escritor?	*I wonder* how old that writer *was?* (How old could that writer have been?)
Tendría unos setenta años.	*He was probably* about seventy years old.
¿Quién **sería** esa persona?	*I wonder who* that person *was?* (Who could that person have been?)
¿Te gustaría ir conmigo?	*Would you like* to go with me?
¿Tendría Ud. tiempo para ayudarme?	*Would you have* time to help me?

1. Just as the future tense may be used in Spanish to wonder about an action or a situation related to the present, so the conditional tense is used to make a guess about something in the past. This special use of the conditional always takes the form of a question. A response in the conditional indicates speculation, rather than certainty, about something.

2. Another common use of the conditional tense is to express politeness in a statement or to soften a request, much as the phrases *I would like to . . .* or *would you mind . . .* do in English.

Aquí practicamos

F. *Me pregunto...* Las siguientes oraciones en el presente expresan hechos *(facts)* seguros. Cámbialas a preguntas en el condicional para expresar la probabilidad o la duda de la acción en el pasado. Sigue el modelo.

 **Modelo:** El tren sale a tiempo.
¿El tren saldría a tiempo?

1. El tren llega más tarde.
2. Juan come en el restaurante de la estación.
3. Pago con un cheque viajero.
4. Sirven el desayuno en el tren.
5. Hay muchos pasajeros ingleses.
6. Este tren es puntual.
7. Los trenes paran en ese pueblo.
8. Los ingleses van a Málaga.
9. Mi padre tiene problemas con las maletas.
10. Después del viaje a Sevilla estamos cansados.

303

Presentation: Estructura

Write some sentences on the board that contain other examples of the conditional used for wondering about something—e.g., **¿Cuánto costaría... ? ¿Dónde estaría... ?** Ask students to contribute examples as well.

Answers, Ex. F: 1. ¿El tren llegaría más tarde? 2. ¿Juan comería en el restaurante de la estación? 3. ¿Pagaría con un cheque viajero? 4. ¿Servirían el desayuno en el tren? 5. ¿Habría muchos pasajeros ingleses? 6. ¿Este tren sería puntual? 7. ¿Los trenes pararían en ese pueblo? 8. ¿Los ingleses irían a Málaga? 9. ¿Mi padre tendría problemas con las maletas? 10. ¿Después del viaje a Sevilla estaríamos cansados?

G. ¿Quién sabe por qué? Contesta las siguientes preguntas, expresando incertidumbre o conjetura *(conjecture)* sobre el pasado. Usa la información entre paréntesis en tu respuesta. Sigue el modelo.

 **Modelo:** ¿Por qué no aceptó ese autor el premio literario? (estar / muy enojado)
Estaría muy enojado.

1. ¿Cuántos años tenía el escritor cuando murió? (tener / ochenta años)
2. ¿Quiénes vinieron para hablar de la novela? (venir / los que la leyeron)
3. ¿Sabes quién llamó por teléfono durante la ceremonia? (ser / el presidente)
4. ¿Qué dijo el maestro de ceremonias? (decir / lo que siempre dice)
5. ¿Por qué no caminaron todos por el parque después de la reunión? (hacer / mucho frío)
6. ¿Cómo regresaron los escritores al hotel a la medianoche? (tomar / un taxi)
7. ¿Cuánto costó ese libro tan viejo de Cervantes? (costar / unos 300 dólares)
8. ¿Cómo pagó el comité por el premio si no tenía fondos? (pagar / con contribuciones de los socios)
9. ¿Por qué puso la escritora el libro en su maleta? (poner / para no dejarlo en el cuarto del hotel)
10. ¿A qué hora llegaron los jueces anoche? (ser / las 3:00 de la mañana)

H. La cortesía es importante. Cambia las oraciones a una forma más cortés *(courteous)*. Sigue el modelo.

Modelo: ¿Puedes ayudarme con el coche?
¿Podrías ayudarme con el coche?

1. ¿Puedo usar tu raqueta esta tarde?
2. ¿Tiene usted tiempo para ir conmigo?
3. Ella no debe hablar de esa manera.
4. Prefiero ver otra película.
5. ¿Me puede decir usted qué hora es?
6. ¿Les gusta a tus padres viajar en tren?
7. No es posible hacer eso.
8. Tendré más interés en otra ocasión.
9. No es ninguna molestia.
10. ¿Me da usted la oportunidad de trabajar aquí este verano?
11. Es posible hablar con el jefe mañana.
12. Puedes hablarme de tu problema.

304

LECTURA: DON QUIJOTE —
LOS MOLINOS DE VIENTO

Antes de leer

1. Mira las fotos en la página 307 y el título de la lectura. Lee la breve introducción para tener una idea del contenido y contestar la siguiente pregunta: En la imaginación de don Quijote, ¿qué es el molino de viento?
2. Piensa en una palabra sinónima para las que aparecen en la lista. Usa un diccionario cuando sea necesario.
   - **a.** enorme
   - **b.** una batalla
   - **c.** precipitarse
   - **d.** la furia
   - **e.** el asno
   - **f.** un encantador
   - **g.** la derrota
   - **h.** la enemistad

//.//.//.//.//.//.//.//.//

Learning Strategies:

Interpreting imagery, selecting synonyms, verifying

Critical Thinking Strategy:

Making associations

Guía para la lectura

1. Ahora lee el texto en las páginas 306–307 y después completa las siguientes frases de acuerdo con lo que se narra en él.
   - **a.** Don Quijote y Sancho iban caminando por el campo cuando dentro de poco descubrieron allí…
   - **b.** Don Quijote pensaba hacer batalla, diciéndole a Sancho que lo que veían eran…
   - **c.** Al oír esto, Sancho respondió que…
   - **d.** Sin prestar atención a su escudero, don Quijote picó con la espuela a Rocinante y…
   - **e.** En ese momento un viento fuerte…
   - **f.** Sancho corrió para ayudar a don Quijote pero cuando llegó…
   - **g.** La explicación de esta aventura que ofreció don Quijote fue que…

2. Lee el pasaje otra vez y contesta las preguntas sobre el contenido.
   - **a.** ¿Cuántos molinos de viento había en el campo?
   - **b.** ¿Qué creía don Quijote que eran los molinos?
   - **c.** ¿Qué dijo don Quijote que haría con los molinos?
   - **d.** ¿Cómo reaccionó Sancho cuando oyó lo que don Quijote pensaba?
   - **e.** A pesar de los gritos de Sancho, ¿qué hizo don Quijote?
   - **f.** ¿Qué pasó cuando el viento empezó a mover las aspas del molino?
   - **g.** ¿Cómo explicó don Quijote lo que había pasado?
   - **h.** ¿Crees tú que es mejor ser como don Quijote o como Sancho Panza? ¿Por qué?

//.//.//.//.//.//.//.//.//

Learning Strategies:

Reading for details, selecting information

//.//.//.//.//.//.//.//.//

Learning Strategies:

Reading for details, selecting information

305

Prereading

Point out that this passage is a brief narration with a beginning, a middle, and an end. Tell them that it has some dialogue and is full of action as well. After allowing time for scanning for cognates, have students take turns reading each paragraph aloud. Stop after each paragraph and ask them to try to put into their own words what happens in each one, or the gist of what each character is saying.

Answers, Guía para la lectura: **1.** a. …treinta o cuarenta molinos de viento que había en aquel campo. b. …enormes gigantes. c. …parecían ser gigantes pero que eran molinos de viento. d. …fue a atacar los molinos. e. …se levantó y las aspas comenzaron a moverse. f. …descubrió que no podía moverse. g. …el encantador Fristón había convertido los gigantes en molinos.

Answers, Guía para la lectura: **2.** a. Había treinta o cuarenta molinos de viento en el campo. b. Don Quijote creía que eran enormes gigantes. c. Dijo que haría batalla y que les quitaría la vida. d. Sancho reaccionó lógicamente. e. Don Quijote atacó los molinos. f. Cuando las grandes aspas comenzaron a moverse, don Quijote se dedicó a su señora Dulcinea, le pidió su ayuda y atacó al primer molino. g. Don Quijote dijo que el encantador Fristón había convertido los gigantes en molinos. h. *Answers will vary.*

Suggestion, Ex. 2: You might want to ask students to develop the last question into a longer, more comprehensive answer, perhaps for homework. They could then compare answers in small groups.

Cultural Observation

Point out that Cervantes loved proverbs and included hundreds in his writings. Sancho Panza is known for uttering proverbs in practically any situation. Some examples: **"Júntate a los buenos y serás uno de ellos."** (Stick with good people and you'll become one of them.) **"Más vale ser cabeza de ratón que cola de león."** (It's better to be a head on a mouse than a tail on a lion.) **"Quien a buen árbol se arrima, buena sombra le cobija."** (Whoever leans on a good tree is covered by good shade.) Ask students to come up with some proverbs they know in English or in their own first language. (i.e., "A stitch in time saves nine." "Like father, like son.")

Critical Thinking

Critical Thinking Strategy: Making associations

Don Quixote and Sancho Panza have been described as archetypal Spanish characters. See if students can come up with some typically American characters from a work of fiction. (Possibilities include Tom Sawyer and Huckleberry Finn, Dorothy from *The Wizard of Oz*, Scarlett O'Hara from *Gone with the Wind*, etc.)

Don Quijote —Los molinos de viento

Hay muchos molinos de viento en La Mancha, la región donde don Quijote tuvo muchas de sus aventuras. En un episodio de la famosa novela de Cervantes, el héroe ataca un molino con su lanza, creyendo que es en realidad un enorme gigante. La gente de muchos pueblos de La Mancha insiste hoy en día que su pueblo es el lugar donde nació don Quijote.

windmills	Don Quijote y Sancho iban caminando por el Campo de Montiel cuando dentro de poco descubrieron treinta o cuarenta **molinos de viento** que había en aquel campo. Cuando don Quijote los
shield bearer / is guiding	vio, dijo a su **escudero:** —La fortuna **está guiando** nuestras cosas mejor de lo que podemos desear; porque ves allí, amigo Sancho Panza, trein-
giants	ta o pocos más enormes **gigantes,** con quienes pienso hacer batalla y quitarles a todos la vida.

—¿Qué gigantes? —dijo Sancho Panza.

master
leagues (a measured length)

—Aquellos que allí ves, —respondió su **amo,** —de los brazos largos, que los tienen algunos de casi dos **leguas.**

Your Grace

—Mire **vuestra merced,** —respondió Sancho, —que aquellos que allí parecen ser gigantes son molinos de viento, y lo que en ellos parecen

blades (of windmill)

brazos son las **aspas,** que, cuando el viento las mueve, hacen andar la piedra del molino.

you're not well-informed

—Bien parece, —respondió don Quijote, —que **no estás versado** en las aventuras: ellos son gigantes; y si tienes miedo, quítate de ahí porque voy a entrar con ellos en feroz batalla.

he dug in his spurs

Y diciendo esto, **picó con la espuela** a su caballo Rocinante, sin prestar atención a los gritos que su escudero Sancho le daba, diciéndole que, sin duda alguna, eran molinos de viento, y no gigantes, aquéllos que iba a atacar. Pero él estaba tan convencido de que eran gigantes, que no oía los gritos de su escudero Sancho, ni se dio cuenta, aunque estaba muy cerca, de lo que eran; al contrario, iba diciendo en voz alta:

Don't flee, cowards

—**¡No huyáis, cobardes** y viles criaturas, porque un solo caballero es el que os ataca!

Se levantó en este momento un poco de viento, y las grandes aspas comenzaron a moverse. Cuando vio esto, don Quijote dijo: —Pues aunque mováis todos los brazos juntos, me lo pagaréis.

he hurled himself

Y diciendo esto, después de dedicarse de todo corazón a su señora Dulcinea, pidiéndole su ayuda en tan peligroso momento, **se precipitó**

306

**Molinos de viento,
La Mancha, España**

a todo el galope de Rocinante, y atacó con la lanza al primer molino que estaba delante. El viento movió el molino con tanta furia, que hizo pedazos la lanza, llevándose detrás de sí al caballo y al caballero, que **fueron rodando** por el campo. Fue a ayudarle Sancho Panza a todo el correr de su **asno,** y cuando llegó, descubrió que no podía moverse.

went rolling
donkey

—¡**Válgame Dios!** —dijo Sancho, —¿por qué no miró bien vuestra merced lo que hacía? ¿No le dije que eran molinos de viento y no gigantes?

Good heavens!

—**Calla,** amigo Sancho, —respondió don Quijote; —que las cosas de la guerra más que otras están sujetas a continua transformación. Por eso yo pienso que el **encantador** Fristón que me robó los libros, ha cambiado estos gigantes en molinos para quitarme la gloria de su derrota; tal es la **enemistad** que me tiene; pero al fin, al fin, poco podrán hacer sus **malas artes** contra la bondad de mi espada.

Be quiet

magician

ill-will
evil arts

—Amén, —respondió Sancho Panza; y ayudándole a levantarse, volvió a subir sobre Rocinante. Y hablando de la pasada aventura, siguieron el camino.

307

Ex. I: pair work

 role play

Follow-up, Ex. I: To check students' knowledge of the sequence of events, have them put in order a list of randomized events from the reading.

Ex. J:  pair work

Ex. K:  role play

 writing

Suggestion, Ex. K: You might want to have students prepare Quijote's and Panza's responses beforehand.

Variation, Ex. K: Some students might enjoy creating and developing a third character to accompany Quijote and Panza on their adventures.

Learning Strategies:

Selecting and organizing information into questions, interviewing

Critical Thinking Strategies:

Making associations, imagining

Learning Strategies:

Selecting information, proposing persuasive actions

Critical Thinking Strategies:

Making associations, seeing cause-and-effect relationships

Learning Strategies:

Organizing ideas in paragraphs, describing, narrating

Critical Thinking Strategies:

Imagining, making associations, seeing cause-and-effect relationships, conjecturing

---

Comprensión

I. Trabajando con un(a) compañero(a) y basándote en la lectura, preparen seis preguntas sobre el incidente de los molinos para don Quijote y seis para Sancho. Después un(a) estudiante hará el papel de don Quijote para contestar las preguntas que le hace el (la) entrevistador(a), y el otro estudiante hará el papel de Sancho para contestar las preguntas que le tocan a este personaje.

EJERCICIO ORAL

J. *¡Promesas, promesas!*   A tu amigo(a) le gustaría ser presidente de la clase. Trabajen juntos para ayudarle a pensar en seis cosas que le prometería a la clase para obtener los votos que necesita. Usen los verbos en el tiempo condicional.

EJERCICIO ESCRITO

K. *¿Qué le pasaría a don Quijote hoy?*   Using the conditional tense, write a description of an imaginary visit by don Quijote to your city or town today. What would it be like? What would he do? How would people react? What would happen? Refer back to the **Lectura** on pages 299–300 if you need to remember some details about him. Comment on how he would react to certain people, to a particular situation, to some object or device, etc., that would be unknown to a person from the 17th century who is visiting the 20th century.

TERCERA ETAPA

Preparación

>> ¿**P**uedes nombrar algunos países latinoamericanos donde es evidente la influencia afro-hispanoamericana? ¿Se nota esta influencia en los Estados Unidos también? ¿Cómo?

>> ¿**C**onoces a algunos cantantes de origen afro-hispanoamericano? ¿Quiénes son?

>> ¿**C**rees que la música "rap" es un ejemplo de la poesía? ¿Por qué sí o por qué no?

Learning Strategy:

Previewing

La influencia afro-hispanoamericana

A principios del siglo XX hubo un gran interés artístico en explorar la realidad total del africano y su impacto en el mundo, especialmente en las Américas donde es uno de los componentes raciales básicos de muchos países. En Europa, la representación del alma negra llegó a ser importante en la pintura, el teatro y la música. Los países de habla española donde se manifiesta más el interés en captar la realidad total del negro, —sus sentimientos, sus creencias y su música— son Cuba, Puerto Rico y la República Dominicana.

Entre los poetas más conocidos están el puertorriqueño Luis Palés Matos (el primero en publicar poemas de tema negro en las Américas), el cubano Nicolás Guillén (famoso por la musicalidad de sus versos así como por la protesta contra la opresión y la desigualdad) y el dominicano Manuel del Cabral (cuyos versos expresan un profundo amor por lo africano y la importancia de la solidaridad humana).

La historia afro-hispanoamericana es central en las novelas del cubano Alejo Carpentier en que examina las raíces del mundo americano a través de las realidades, los mitos y el folklore del negro del Caribe. Otra máxima autoridad del folklore afro-cubano es Lydia Cabrera que incorpora leyendas africanas en sus cuentos.

309

Presentation: La influencia afro-hispano-americana

You might use the following questions to draw out the key points contained in the introduction to this **etapa. 1. ¿Cuándo hay un gran interés en explorar el impacto de la raza africana en el mundo? 2. ¿Cómo se manifestó primero en Europa el interés en el negro? 3. ¿En cuáles países de habla española es más fuerte el interés en la realidad total del negro? 4. ¿Quiénes son tres de los poetas más importantes de la poesía afro-hispanoamericana? 5. ¿Cómo se llaman los dos escritores que escriben novelas y cuentos que reflejan la influencia africana en la historia de América Latina?**

Answers, Presentation questions: 1. Desde el comienzo del siglo XX en adelante 2. En la pintura, el teatro, y la música 3. En Cuba, Puerto Rico y la República Dominicana 4. Luis Palés Matos (Puerto Rico); Nicolás Guillén (Cuba); Manuel del Cabral (República Dominicana) 5. Alejo Carpentier (novelista); Lydia Cabrera (cuentista)

Etapa Support Materials

Workbook: pp. 254–261

Teacher Tape

Quiz: Testing Program, p. 143

Chapter Test: Testing Program, p. 145

Support material, La influencia afro-hispanoamericana: Teacher Tape

En fin, estos escritores, entre muchos más en la época contemporánea, están muy conscientes de la presencia africana en América desde la llegada de los europeos hasta hoy en día. En su poesía, novelas y cuentos representan las importantes contribuciones de origen africano a la cultura moderna en varios campos, así como el espíritu vital del negro en la formación de la multiplicidad étnica de América.

Nicolás Guillén

310

*Support material, La ba-
lada de los dos abue-
los:* Teacher Tape/CD
Track #34

Balada de los dos abuelos

Nicolás Guillén

Sombras que sólo yo veo,
me **escoltan** mis dos abuelos.   escort, accompany
Lanza con punta de **hueso,**   bone
tambor de cuero y madera: drum
mi abuelo negro.
Gorguera en el cuello ancho,   Throat piece of (armor)
gris **armadura guerrera;**   suit of armor
mi abuelo blanco.

Pie desnudo, torso **pétreo**   hard as a rock
los de mi negro;
púpilas de vidrio antárctico
las de mi blanco.

África de **selvas** húmedas   jungles
y de **gordos gongos sordos...**   thick, muted gongs
—¡Me muero!
(Dice mi abuelo negro).
Aguaprieta de **caimanes,**   dark water / alligators
verdes mañanas de **cocos...**   coconuts
—¡Me canso!
(Dice mi abuelo blanco).
Oh **velas** de **amargo** viento,   sails / bitter
galeón **ardiendo** en oro...   burning
—¡Me muero!
(Dice mi abuelo negro).
¡Oh costas de cuello virgen
engañadas de **abalorios... !**   glass beads
—¡Me canso!
(Dice mi abuelo blanco).
¡Oh puro sol **repujado,**   embossed
preso en el **aro** del trópico;   hoop, ring
oh luna redonda y limpia
sobre el sueño de los **monos!**   monkeys

¡Qué de barcos, qué de barcos!   How many . . .
¡Qué de negros, qué de negros!
¡Qué largo **fulgor** de cañas!   shining
¡Qué **látigo** el del **negrero!**   whip / slavedriver
Piedra de llanto y de sangre,
venas y ojos **entreabiertos,**   half open
y **madrugadas** vacías,   dawns

311

dusks / sugar mill	y **atardeceres** de **ingenio**,
	y una gran voz, fuerte voz
shattering	**despedazando** el silencio.
	¡Qué de barcos, qué de barcos,
	qué de negros!
	Sombras que sólo yo veo,
	me escoltan mis dos abuelos.
	Don Federico me grita,
father or grandfather (coll.)	y **Taita** Facundo calla;
	los dos en la noche sueñan,
	y andan, andan.
combine, mix, bring together	Yo los **junto.**
	¡Federico!¡Facundo!
	Los dos se abrazan.
sigh	Los dos **suspiran.** Los dos
lift up, raise	las fuertes cabezas **alzan;**
size	los dos del mismo **tamaño,**
	bajo las estrellas altas;
	los dos del mismo tamaño,
intense desire	**ansia** negra y ansia blanca,
	los dos del mismo tamaño,
	gritan, sueñan, lloran, cantan.
	Sueñan, lloran, cantan.
	Lloran, cantan.
	¡Cantan!

Comprensión

A. *Vocabulario* Decide cuál definición es la más apropiada para las palabras a la izquierda.

1. selva
2. coco
3. látigo
4. tambor
5. caimán
6. mono
7. llanto
8. madrugada
9. sombra
10. armadura

a. animal con cola larga que vive en los árboles
b. el comienzo del día
c. bosque de gran extensión
d. fruto de un árbol de la familia de las palmas
e. cuerda que se usa para golpear o castigar
f. proyección obscura de un cuerpo
g. reptil parecido al cocodrilo
h. instrumento musical de percusión
i. pieza protectora hecha de acero
j. efusión de lágrimas

312

B. *El contenido*   Contesta las preguntas sobre el contenido del poema en las páginas 311–312.

1. Según el poeta, ¿quiénes lo acompañan siempre?
2. ¿Con qué compara el poeta a las dos figuras?
3. ¿Qué nombres les da el poeta a los dos hombres?
4. ¿Cuál es la diferencia principal entre los dos hombres?
5. ¿En qué se parecen los dos?
6. ¿Qué dice cada hombre en varias ocasiones?
7. ¿Cuál de los dos hombres sufrió más, según el poeta?
8. ¿Le importa más al poeta uno de los hombres que el otro? ¿Por qué sí o por qué no?
9. Al final del poema, ¿qué hacen los dos hombres?
10. Pensando en el tono general del poema, ¿cómo parece sentirse el poeta en cuanto a sus parientes?

////////////////////
Learning Strategies:

Reading for details, expressing and supporting opinions

Critical Thinking Strategies:

Drawing inferences, comparing

C. *La forma y el estilo*   Escoge la respuesta más apropiada sobre la forma y el estilo del poema.

1. La rima general de los versos depende más que nada de los sonidos de…
   a. las vocales **i** y **e.**
   b. las vocales **a** y **o.**
   c. las vocales **e** y **u.**
2. Los signos de exclamación en varios de los versos sirven para expresar…
   a. cierta paz interior.
   b. una actitud imparcial.
   c. la fuerte pasión.
3. La repetición es una técnica que Guillén usa para…
   a. enfatizar imágenes y sonidos.
   b. complicar el poema.
   c. enseñar vocabulario.
4. Según el tono general del poema, la actitud del narrador es…
   a. nerviosa y contradictoria.
   b. apasionada y orgullosa.
   c. intelectual y contemplativa.
5. Por lo general, el vocabulario que el poeta usa es…
   a. concreto y descriptivo.
   b. refinado y abstracto.
   c. objetivo y filosófico.

////////////////////
Learning Strategy:

Recognizing poetic techniques

Critical Thinking Strategy:

Drawing inferences

313

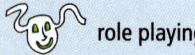

Answers, Ex. D: 1. Es mejor decir, "Preferiría hablar con el Sr. Suárez". Es más cortés. 2. ¿Podrían darme su dirección? 3. ¿Sabrías dónde queda la estación de tren? 4. Deberían pedirle un favor. 5. ¿Tendría usted tiempo para hablar con él? 6. Estaría contento de llamarlo por teléfono. 7. ¿Podrían cenar con nosotros esta noche? 8. A mi hermana y a mí nos gustaría ir con ustedes. 9. ¿Le interesaría a usted ver una película de aventuras? 10. ¿Podría traerme la cuenta?

Repaso

D. *¡Qué cortés eres!* Tus "padres" españoles te corrigen cuando usas expresiones que no son apropiadas para la situación. Ellos usan el condicional para darte un ejemplo de una manera de hablar más cortés con el uso del condicional. Un(a) amigo(a) va a tomar el papel de uno(a) de tus "padres" españoles y va a corregirte las frases dadas a continuación. Sigan el modelo.

Modelo:
Tú: Prefiero hablar con ustedes.
Tu amigo(a): *Es mejor decir "Preferiría hablar con ustedes". Es más cortés.*

1. Prefiero hablar con el Sr. Suárez.
2. ¿Pueden darme su dirección?
3. ¿Sabes dónde queda la estación de tren?
4. Deben pedirle un favor.
5. ¿Tiene usted tiempo para hablar con él?
6. Estoy contento de llamarlo por teléfono.
7. ¿Pueden cenar con nosotros esta noche?
8. A mi hermana y a mí nos gusta ir con ustedes.
9. ¿Le interesa a usted ver una película de aventuras?
10. ¿Puede traerme la cuenta?

ESTRUCTURA

The imperfect subjunctive and actions in the past

Pablo **quiere** que yo **estudie**.	Pablo *wants* me *to study*.
Pablo **quería** que yo **estudiara**.	Pablo *wanted* me *to study*.
El editor **recomienda** que **compremos** el libro.	The editor *recommends* that *we buy* the book.
El editor **recomendó** que **compráramos** el libro.	The editor *recommended* that *we buy* the book.
La profesora siempre **pide** que su mejor estudiante **escriba** un ensayo crítico.	The professor always *asks* that her best student *write* a critical essay.
La profesora siempre **pedía** que su mejor estudiante **escribiera** un ensayo crítico.	The professor always *used to ask* that her best student *write* a critical essay.

314

1. If the verb in a sentence's main clause is in the present tense and is one that requires the use of the subjunctive in the dependent clause, then the verb in the second clause should be in the *present subjunctive.*
2. If the verb in a sentence's main clause is in the preterite or imperfect tense and is one that requires the use of the subjunctive in the dependent clause, then the verb in the second clause should be in the *imperfect subjunctive.*
3. This is an automatic sequencing that does not always translate word-for-word into English.
4. The past subjunctive of all verbs (**-ar, -er,** and **-ir**) is formed by taking the **ustedes** form of the preterite, removing the **-ron** ending and adding the following endings.

-ra	**-ramos**
-ras	**-rais**
-ra	**-ran**

Note that the **nosotros** form of this tense has a written accent on the vowel before the **-r** (**llamáramos, pudiéramos, pidiéramos**).

llamar

Pretérito: llamaron, llama-

yo	llama**ra**	nosotros(as)	llamá**ramos**
tú	llama**ras**	vosotros(as)	llama**rais**
él		ellos	
ella	} llama**ra**	ellas	} llama**ran**
Ud.		Uds.	

poder (ue)

Pretérito: pudieron, pudie-

yo	pudie**ra**	nosotros(as)	pudié**ramos**
tú	pudie**ras**	vosotros(as)	pudie**rais**
él		ellos	
ella	} pudie**ra**	ellas	} pudie**ran**
Ud.		Uds.	

pedir (i, i)

Pretérito: pidieron, pidie-

yo	pidie**ra**	nosotros(as)	pidié**ramos**
tú	pidie**ras**	vosotros(as)	pidie**rais**
él		ellos	
ella	} pidie**ra**	ellas	} pidie**ran**
Ud.		Uds.	

315

Aquí practicamos

E. Sustituye las palabras en letra cursiva con las palabras entre paréntesis y haz los cambios necesarios.

1. La semana pasada pedí que *ustedes* compraran esas novelas. (tú / ellas / usted / Mario y Reynaldo / el profesor / vosotros)
2. Era posible que *el escritor* llegara a la hora anunciada. (los poetas / nosotros / mi novio / los libros / mi abuelo / ella)
3. Siempre nos daba gusto que *un latinoamericano* ganara un premio. (tú / Carlos y Esteban / tío Pepe / los niños / ustedes / vosotras)
4. El profesor recomendó que *el estudiante* escribiera algo cada día. (yo / mi primo / nosotros / tú / Elvira / ellos)
5. Me alegró mucho que *ustedes* entendieran la explicación de la novela ayer. (ellos / José y Mara / mis amigos / nosotros / la estudiante / tú)
6. Era increíble que *los estudiantes* leyeran tantas novelas. (nosotros / yo / ustedes / don Quijote / mi padre / tú)
7. La profesora quería que *nosotros* estudiáramos dos horas por día. (él / Joaquín y Paco / mi hermano / tú / vosotros / ellas)
8. Los españoles esperaban que *su candidato* recibiera el Premio Nóbel de Literatura. (la novelista / los poetas / el dramaturgo / Camilo José Cela / nosotros)

F. *¿Era necesario?* Para cada espacio en blanco, da la forma apropiada del imperfecto del subjuntivo del verbo entre paréntesis.

1. En el poema de Guillén el narrador preguntaba si era necesario que un hombre _____ (tratar) a otro hombre como esclavo.
2. Qué lástima que el abuelo del narrador _____ (tener) que trabajar tanto.
3. En esa época mucha gente creía que era imposible que sus naciones _____ (cambiar) el sistema económico.
4. Al narrador le molestaba que su abuelo blanco _____ (golpear) a su abuelo negro.
5. Daba pena que los africanos _____ (sufrir) tanto.
6. ¿Había esperanza de que algún día _____ (estar) libre su abuelo?
7. El poeta esperaba que nosotros _____ (entender) que todos los hombres son iguales en este mundo.

G. *Pidió que...* Explíquenle a un(a) compañero(a) que no pudo ir a la clase de literatura ayer lo que el (la) profesor(a) pidió que ustedes hicieran de tarea. Usen los verbos (página 317) de la Columna A con la forma apropiada del imperfecto del subjuntivo, escogiendo del vocabulario de la Columna B para completar la información. Sigan el modelo.

 **Modelo:** Ayer el (la) profesor(a) pidió que nosotros... (hacer)
Ayer el (la) profesora pidió que nosotros escribiéramos un poema.

316

A	B
hacer	la novela
leer	la composición
estudiar	un poema
empezar	el cuento
escribir	el tema central
corregir	el cuarto capítulo
discutir	350 palabras
terminar	la tarea
analizar	5 páginas
aprender	10 versos

H. *Le recomendé que...* Trabaja con un(a) compañero(a) y escriban de seis a ocho recomendaciones que le hicieron recientemente a un(a) estudiante de intercambio de España que les pidió consejos en preparación para su visita de seis meses a los Estados Unidos. Traten de incluir en su lista de seis a ocho verbos en el imperfecto del subjuntivo. Es posible que después le lean la lista de recomendaciones a la clase. Sigan el modelo.

Modelo: *Le recomendé que trajera una mochila.*

Learning Strategy:

Reporting past recommendations

Critical Thinking Strategy:

Seeing cause-and-effect relationships

LECTURA: EL REINO DE ESTE MUNDO —LOS EXTRAORDINARIOS PODERES DE MACKANDAL

Antes de leer

1. Mira el título de la lectura. ¿Qué idea general te da del contenido?
2. Piensa en algunas figuras históricas que se han transformado en figuras legendarias de tu propia cultura. ¿Quiénes son?
3. En general, ¿qué tienen en común las figuras legendarias de cualquier cultura?
4. Busca los nombres de todos los animales que se encuentran en el texto en las páginas 319–320.

Learning Strategies:

Reading for main idea, brainstorming, listing, scanning for specific details

Critical Thinking Strategies:

Comparing, making associations

317

Ex. H:  pair work

writing

Follow-up, Ex. H: To provide more practice with meaningful sentences using past subjunctive, have students write a conversation between a teenager and an elderly person: **—Mis padres no me permiten que salga por la noche. —Sí, hijo. Mis padres nunca me permitían que yo saliera tarde tampoco.**

Support material, El reino de este mundo: Teacher Tape/CD Track #35

Suggestion, Antes de leer: You may choose to read only one of the passages that follow, particularly if time does not allow you to deal with both of them. Optional readings have been included in Chapters 11 and 12 for teachers who would like to have more material directly at their disposal in the textbook.

Answers, Antes de leer: 4. el pez, la mariposa, el venado, el alcatraz, la iguana, el perro, el caballo, el chivo, el jabalí, el ave, el insecto

Guía para la lectura

Learning Strategy:
Reading for details

1. Lee la primera oración de cada uno de los cuatro párrafos en las páginas 319–320 y completa las siguientes oraciones con las dos palabras más apropiadas que se encuentran en el texto.

   a. Los dioses le dieron a Mackandal _____ _____.
   b. Hacía _____ _____ que no se tenía información sobre Mackandal.
   c. Ciertos animales eran _____ _____ para Mackandal.
   d. Mackandal era tan importante que sus poderes no _____ _____.

Learning Strategy:
Reading for cultural information

Critical Thinking Strategy:
Categorizing

2. Ahora lee el pasaje y después decide cuáles de las siguientes oraciones se refieren más que nada a la realidad de la historia y cuáles se refieren más que nada a la fantasía de la leyenda.

   a. Mackandal era un líder importante de origen africano.
   b. Los españoles mandaron que se capturara a Mackandal.
   c. Era posible que Mackandal se transformara en varios animales.
   d. Para Mackandal era importante que los esclavos formaran un imperio de negros libres.
   e. Mackandal solo tenía un brazo.
   f. Los dioses le dieron poderes extraordinarios a Mackandal.
   g. Alguien había visto a Mackandal volar en la forma de un pájaro.
   h. Los negros se comunicaban por medio de los tambores.
   i. Los esclavos hicieron todo lo posible para que Mackandal se escapara de sus enemigos.
   j. En una ocasión a una mujer le nació un hijo que se parecía a un jabalí.

Alejo Carpentier (Cuba, 1904–1980) era un novelista que tenía interés en la búsqueda de las raíces mitológicas americanas en el mundo mágico de la población negra del Caribe. Quería comprender los signos secretos que forman una parte importante de las costumbres y tradiciones de la raza africana, como sus ceremonias religiosas, la música y el baile, y sus fórmulas de encantamiento. El reino de este mundo *es una fabulosa novela que presenta hechos históricos que se vuelven leyendas en la imaginación del pueblo. Una de esas leyendas es la de Mackandal, una figura heroica del siglo XVIII en La Española, la antigua isla donde se establecieron las naciones de la República Dominicana y el Haití.*

318

El reino de este mundo —Los extraordinarios poderes de Mackandal

El **manco** Mackandal, hecho un **houngán** del rito Radá, tenía poderes extraordinarios por varias caídas en posesión de dioses mayores. **Dotado** de suprema autoridad por los **Mandatarios** de la otra orilla, había proclamado crear un gran imperio de negros libres en Santo Domingo. Se movilizaron todos los hombres disponibles de la corona española para **dar caza** a Mackandal. Millares de esclavos lo seguían y lo defendían de los enemigos cuyos ataques **se espaciaban**.

one-armed man / leader (word of African origin)
gifted, blessed / High Authorities
hunt down
to spread out

Varios meses habían pasado sin que se supiera nada del manco. Algunos creían que se hubiera refugiado al centro del país, en la Gran Meseta, allá donde los negros bailaban **fandangos de castañuelas**. Otros afirmaban que el houngán, llevado en una **goleta**, estaba operando en la región de Jacmel, donde muchos hombres que habían muerto trabajaban la tierra, mientras no tuvieran oportunidad de probar la sal. Sin embargo, los esclavos se mostraban de un desafiante buen humor. Nunca habían golpeado los tambores con más fuerza los encargados de rimar el **apisonamiento** de maíz o el corte de las cañas. De noche, en sus barracas y viviendas, los negros se comunicaban, con gran regocijo, las más raras noticias: una iguana verde se había calentado el **lomo** en el techo del secadero de tabaco; alguien había visto volar, a medio día, una mariposa nocturna; un perro grande, de **erizada pelambre**, había atravesado la casa, a todo correr, llevándose un **pernil de venado**; un alcatraz **había largado los piojos** —tan lejos del mar— **al sacudir** sus alas sobre el **emparrado del traspatio**.

dances with castanets
schooner ship
crushing, grinding
back (of an animal)
fur standing on end
leg of a deer
had gotten rid of its fleas / upon shaking / vine arbor of the backyard

Todos sabían que la iguana verde, la mariposa nocturna, el perro desconocido, el **alcatraz inverosímil**, no eran sino simples **disfraces**. Dotado del poder de transformarse en animal de **pezuña**, en ave, pez o insecto, Mackandal visitaba continuamente las haciendas de la Llanura para vigilar a sus fieles y saber si todavía confiaban en su regreso. De metamorfosis en metamorfosis, el manco estaba en todas partes, habiendo recobrado su integridad corpórea al vestir trajes de animales. Con alas un día, con **agallas** al otro, galopando o **arrastrándose, se había adueñado** del curso de los ríos subterráneos, de las cavernas de la costa, de las **copas de los árboles**, y reinaba ya sobre la isla entera.

unusual pelican / disguises
hoof
fish gills / slithering himself along / he had become master / treetops

Ahora, sus poderes no tenían límites. Lo mismo podía **domar** a un caballo que descansar en el frescor de un **aljibe, posarse en las ligeras de un aromo** o **colarse por el ojo de una cerradura**. Los perros no le ladraban; mudaba de sombra según conviniera. Por obra suya, a una negra le nació un niño con cara de **jabalí**. De noche se aparecía en los caminos

to train, break in
pool, water tank / to land gently on the light branches of a sweet-smelling myrrh-tree / to slip through a keyhole / wild boar

319

a goat / with red hot coals on its horns

to unchain

bajo el pelo de un **chivo** negro **con ascuas en los cuernos.** Un día daría la señal del gran levantamiento, y los Señores de Allá, encabezados por Damballah, por el Amo de los Caminos y por Ogún de los Hierros, traerían el rayo y el trueno, para **desencadenar** el ciclón que completaría la obra de los hombres.

LECTURA: DANZA NEGRA

Antes de leer

1. Lee el título para saber el tema del poema en la página 321. ¿Sobre qué crees que trata?
2. Ahora busca los cognados que aparecen en los versos del poema.
3. ¿Qué palabras encuentras que son interesantes por su sonido que se podría describir como "musical"?

Guía para la lectura

Ahora lee el poema sin preocuparte por las palabras que no entiendas. Usa el contexto y las palabras que sí sabes para formar tus impresiones generales. Después contesta las siguientes preguntas sobre el contenido.

1. ¿Qué animales se mencionan?
2. ¿Qué nombres de lugares menciona el poeta? (Hay cinco.)
3. ¿Qué palabras crees que se refieren a instrumentos musicales?
4. Más que nada, ¿de qué trata este poema en términos generales? ¿Cómo lo sabemos?

Luis Palés Matos (Puerto Rico, 1899–1959) fue el primer poeta en publicar una poesía de tema negro en las Américas. Una de sus inspiraciones era el paisaje tropical de su querida isla. En sus versos incorpora ritmos de la música y las danzas de origen africano. Su poesía tiene un tono de protesta y rebeldía por las condiciones que sufre la gente del Caribe. Le interesa establecer la solidaridad entre los afro-hispanoamericanos de toda la región.

320

Danza negra

Calabó y bambú.
Bambú y calabó.
El gran Cocoroco dice: tu-cu-tú.
La gran Cocoroca dice: to-co-tó.
Es el sol de hierro que arde en Tombuctú.
Es la danza negra de Fernando Póo.
El cerdo en el fango gruñe: pru-pru-prú.
El sapo en la charca sueña: cro-cro-cró.
Calabó y bambú.
Bambú y calabó.

Rompen los junjunes en furiosa ú.
Los gongos trepidan con profunda ó.
Es la raza negra que ondulando va
en el ritmo gordo del mariyandá.
Llegan los botucos a la fiesta ya.
Danza que te danza la negra se da.

Calabó y bambú.
Bambú y calabó.
El gran Cocoroco dice: tu-cu-tú.
La gran Cocoroca dice: to-co-tó.
Pasan tierras rojas, islas de betún.
Haití, Martinica, Congo, Camerún.
las papiamentosas antillas del ron
y las patualesas islas del volcán,
que en el grave son
del canto se dan.

Calabó y bambú.
Bambú y calabó.
Es el sol de hierro que arde en Tombuctú.
Es la danza negra de Fernando Póo.
El alma africana que vibrando está
en el ritmo gordo del mariyandá.

Calabó y bambú.
Bambú y calabó.
El gran Cocoroco dice: tu-cu-tú.
La gran Cocoroca dice: to-co-tó.

321

Support material, Danza negra: 🎧 Teacher Tape/CD Track #36

Suggestion, Reading: Let students know that many words in this poem are from Africa, and reassure them that it's OK if they don't understand every word. (Many of the words in this poem won't be in most Spanish dictionaries.) Encourage them to enjoy the overall sound and rhythm of the poem.

Ex. I: pair work

writing

Possible Answers, Ex. I:
Los esclavos se sentían más unidos en su lucha por la libertad al pensar que Mackandal tenía poderes extraordinarios. La visión de la realidad de los africanos incluía elementos mágicos como algo natural. La creación de una leyenda ayuda a darle miedo al enemigo. La leyenda se usaba para mantener viva la presencia de su líder, etc.

Critical Thinking Strategies: Imagining, making associations

Learning Strategy: Organizing ideas in a narrative

Answers, Ex. J: 1. ú, ó, á. 2. tu-cu-tú, to-co-tó, pru-pru-prú, cro-cro-cró 3. entre otras: calabó, bambú, mariyandá 4. Sí (calabó, bambú, el gran Cocoroco, la gran Cocoroca, etc.) 5. *Possible answer:* alegre 6. *Possible answer:* Sí, por el ritmo musical, la energía, el mensaje.

Ex. K: pair work

Learning Strategies: Reading for main ideas, expressing and supporting opinions

Critical Thinking Strategies: Drawing inferences, generalizing, making associations between a specific story and general themes in history

Comprensión

I. Trabajando en pareja con otro(a) estudiante, discute y escribe una respuesta de tres o cuatro oraciones a esta pregunta: ¿Por qué creen Uds. que los esclavos africanos del Caribe crearon la leyenda de Mackandal (páginas 319–320)?

Learning Strategies: Recognizing poetic techniques, expressing and supporting opinions

Critical Thinking Strategy: Conjecturing

J. Lee el poema "Danza negra" en la página 321 una vez más y contesta las siguientes preguntas sobre su forma.

1. ¿Cuáles vocales tienen más énfasis para establecer el ritmo del poema?
2. ¿Qué palabras usa el poeta para representar los sonidos que hacen dos animales?
3. ¿Cuáles palabras parecen ser de origen africano?
4. ¿Hay repetición en los versos? ¿Dónde?
5. ¿Cómo describirías el tono general del poema?
6. ¿Se parece un poco este poema a la música "rap"? ¿Por qué sí o por qué no?

¡Adelante!

EJERCICIO ORAL

Learning Strategies: Organizing ideas in a paragraph, describing fantasy

Critical Thinking Strategy: Imagining

K. *Un mundo legendario* Imagina con un(a) amigo(a) que los (las) dos hicieron un viaje a un mundo legendario donde era posible que ocurriera cualquier cosa. Describan algunas cosas que hicieron o que pasaron durante ese viaje, usando las formas correctas del imperfecto del subjuntivo después de tales frases como *En este mundo legendario que visitamos era posible que... , un rey quería que... , nuestros poderes extraordinarios permitieron que...* . Usen el modelo como guía.

Modelo: *En este mundo legendario que visitamos era posible que voláramos de un lugar a otro, que habláramos lenguas que no conocíamos, que tuviéramos la forma de cualquier animal, que nadáramos al fondo del mar,* etc.

EJERCICIO ESCRITO

L. *Una aventura con una criatura mágica* Escribe tres o cuatro párrafos sobre una aventura imaginaria que tuviste con una criatura mágica. En el primer párrafo describe cómo era esta criatura (tamaño, apariencia, color, características). En los párrafos que siguen cuenta lo que pasó con esta criatura y lo que era posible que tú y la criatura imaginaria hicieran juntos. Usa tales frases como *era posible/imposible que…* , *era probable/improbable que…* , *era necesario que…* , *no se permitía que…* , *nos ordenaron que…* , *no podíamos creer que…* , etc. que requieren el uso de las formas correctas del imperfecto del subjuntivo. Completa las oraciones con tus propias ideas, imágenes e información.

Learning Strategies:

Organizing ideas and events in a narrative, describing fantasy

Critical Thinking Strategies:

Imagining, sequencing

Ex. L: writing

Suggestion, Ex. L: This would be a good writing assignment to be done for homework. Suggest a longer narration of 300–350 words if you wish.

Suggestion, Ex. L: Remind students of some of the elements they might treat, following the model in **Los molinos de viento**, pages 306–307: characters, setting, what the characters are trying to accomplish, the confusion, the result of the confusion, a comment on the event (either by the author directly, i.e., the student, or by a character in the tale).

323

Vocabulario: Co-op, Co-op

- Give a pretest, asking the students to define **el realismo** and **el idealismo,** giving examples.
- Divide the class into equally-sized teams to put on a skit representing **el realismo** or **el idealismo.** Explain that they are going to plan the skit in one day and present it the next day.
- Assign one of the two categories to each team. Remind the students that they are to use as many of the vocabulary words as possible in their skit.
- Give the students time to plan their skits in class, where you can facilitate as needed.
- Tell the students to learn their parts and to bring any props that might help transmit their message when they give their skit the next day.
- Give a posttest, asking the students to define **el realismo** and **el idealismo** and to cite examples of each from literature and from the skits.
- Compare the students' pretest and posttest answers, and share them with the class.

Support material,
Capítulo 11: Lab Manual listening activities, Laboratory Program, Tapescript, and Teacher's Edition of the Workbook/Lab Manual

Vocabulario

Temas y contextos

Para hablar más del arte y la literatura

Sustantivos

las corrientes (artísticas)
la creación
el (la) crítico(a)
el (la) dramaturgo
la escultura
el folklore
el idealismo
la historia (literaria)
la leyenda
novelas de caballerías
la obra teatral
la pintura
el (la) protagonista
el realismo
la rima
la sátira

Verbos

analizar
desarrollar(se)
publicar
reflejar
representar
traducir
trazar

Para hablar del mundo imaginario

Busco una persona que sepa…
Deseo vivir en una casa que tenga…
¿Hay alguien que sea…?
No hay nadie que pueda…
Quiero un coche que sea…
Un(a) amigo(a) ideal es una persona que sea…

Vocabulario general

Sustantivos

el amor	la dama	el héroe	la nobleza
el asno	la desigualdad	la honra	la opresión
la batalla	el destino	la iguana	la patria
el becerro	la dignidad	la justicia	el pez
los bisabuelos	el (la) esclavo(a)	el labrador	la raíz
el caballero	el esqueleto	la lealtad	el tambor
el caimán	la fe ciega	la libertad	la vaca
el (la) chivo(a)	el ganado	el milagro	la valentía
la cultura	el gigante	el molino	los valores

Verbos

ahogarse
analizar
añadir
corregir (i, i)
mezclar
negar (ie)
prometer
retrasar(se)
rezar
transmitir

Adjetivos

amplio(a)
eterno(a)
étnico(a)
fiel
grosero(a)
idealista
individualista
legendario(a)
profundo(a)
racial
realista
sencillo(a)
trágico(a)
universal

Otras palabras y expresiones

de carne y hueso
la fe ciega
el punto de vista

Chapter Objectives

Functions: Talking about books and literature; speculating about what might be in the future under certain circumstances

Context: Latin American literature

Accuracy: The imperfect subjunctive and **si** clauses; the sequence of tenses

CAPÍTULO **12**

EL MUNDO DE LA FANTASÍA

El quetzal —aunque su cuerpo es pequeño, tiene una hermosa cola de increíble extensión. Según las leyendas, si alguien encontrara uno de estos pájaros, gozaría de una buena suerte toda la vida.

Objectives:

》》 **T**alking about books and literature

》》 **S**peculating about what might be in the future under certain circumstances

Strategies:

》》 **R**ecognizing a literary technique

》》 **R**eading for key ideas

》》 **M**aking suggestions

》》 **E**xpressing wishes and preferences

》》 **E**valuating

》》 **I**magining

326

PRIMERA ETAPA

Preparación

》》 ¿Crees que es posible que la realidad contenga elementos misteriosos que son difíciles de explicar?

》》 ¿Conoces el término *realismo mágico*?

》》 ¿Sueñas mucho cuando duermes? ¿Recuerdas tus sueños?

》》 ¿Crees que los sueños son importantes? ¿divertidos?

Learning Strategy:

Previewing

Critical Thinking Strategy:

Evaluating

El realismo mágico

Gabriel García Márquez ha dicho en varias ocasiones que no le ha pasado nada interesante en la vida desde que murió su abuelo cuando era niño en Aracataca, Colombia. Insiste que desde ese entonces todo lo que ha escrito hasta ahora o ya lo sabía o ya lo había oído antes de cumplir los ocho años. Durante esos años vivió con sus abuelos, que le contaban cuentos todos los días, y según él, tuvo una niñez "fabulosa".

Gabriel García Márquez

327

Video/Laserdisc

For some brief interviews with Latin American writers, among them Elena Poniatowska from Mexico, see the section **"La literatura es fuego"** on the **Mosaico cultural** video.

Prereading

Learning Strategy: Brainstorming, scanning for cognates

Critical Thinking Strategy: Making associations

Have students say in English what they think a myth is. Ask for examples from their own and other cultures. Point out that just because something is mythical does not mean that it is not true in a symbolic sense. Discuss myths and legends as a kind of collective sharing of views, beliefs, dreams, and interpretations—often rooted in actual events—that are passed on from one generation to another in a society. Develop a list of myths and legends together, writing them on the board: The Fountain of Youth, Paul Bunyan, the pot of gold at the end of the rainbow, Santa Claus, etc.

Have students scan the paragraphs for cognate recognition before reading for content. There are many in this essay.

Video/Laserdisc

Mosaico cultural: "La literatura es fuego"
Mosaico cultural Video Guide

Etapa Support Materials

Workbook: pp. 262–268
Listening Activity masters: p. 66
Quiz: Testing Program, p. 150
Tapescript: p. 107

Cultural Expansion

Gabriel García Márquez is probably one of the Latin American authors best known to the general public here in the U.S. His choice as the Nobel Prize winner in 1982 came in the midst of an increased interest in Latin American fiction that had begun in the early to mid-1970s (the so-called Latin American "Boom"). For many critics, his choice as a Nobel recipient signified the coming of age of the new Latin American novel. Other novelists whose rise in popularity occurred at roughly the same time include Mario Vargas Llosa, José Donoso, Isabel Allende, Julio Cortázar and Manuel Puig.

has a lot to do with magical	La originalidad y el uso de la imaginación en la literatura hispanoamericana contemporánea le han dado fama en todas partes del mundo. La popularidad de esta literatura, en especial la de la novela, **tiene mucho que ver con** "el realismo **mágico**" que existe independientemente de la explicación racional. Para un escritor mágicorrealista sería una distorsión de la realidad si sólo la presentara desde un punto de vista completamente lógico o intelectual. Lo que intenta expresar es la emoción de la realidad sin eliminar su dimensión misteriosa o "mágica".
fact	Uno de los objetivos del realismo mágico es hacer una combinación de lo real y de lo mágico para representar una nueva dimensión. Un **hecho** en sí es real y podría tener una explicación lógica, pero lo que interesa más es una explicación
mythical / beliefs	**mítica**. Esta explicación está basada en las **creencias** populares, en las leyendas,
drowns / well	y en los sueños colectivos de la gente. Por ejemplo, en una descripción de una mujer que **se ahoga** en un **pozo**, la explicación sería que era el pozo que la necesitaba porque quería transformarla en una serpiente. Como dijo Miguel Ángel Asturias, los escritores que incluyen el realismo mágico en sus obras
they tell a story / becomes from another world / takes on	"viven con sus personajes en un mundo en que no hay fronteras entre lo real y lo fantástico, en que un hecho cualquiera —cuando lo **cuentan**— **se vuelve** parte de un algo **extraterreno**. Lo que es hijo de la fantasía **cobra** realidad en la mentalidad de las gentes"[1].
renew / storytelling supernatural	Entre los escritores hispanoamericanos de nuestra época que incluyen en su obra muchos aspectos variables de la realidad está Gabriel García Márquez. Algunos críticos lo han comparado con Miguel de Cervantes. Aunque los separan casi cuatro siglos, los dos han sabido **renovar** el arte de **contar** —y lo han hecho con un gran sentido del humor. Además, los dos consideran lo real y lo **sobrenatural** como parte del mismo mundo de la realidad. *Cien años de soledad* y *Las aventuras del ingenioso hidalgo Don Quijote de la Mancha* son excelentes ejemplos de cómo representar la realidad en sus varias dimensiones
silly incidents	a lo largo de una narración llena de claridad, crítica social y **ridiculeces** cómicas.
	El pueblo en que tiene lugar lo que pasa en *Cien años de soledad* se llama "Macondo". Este pueblo ficticio está basado en la realidad que conoce García Márquez desde niño. Es una recreación de los aspectos geográficos, históricos, sociales y políticos de Colombia. Al trazar la vida y la fantasía de seis generaciones de la familia Buendía, el autor lleva Macondo a una dimensión universal. Este pueblo podría representar a América Latina, y en otro nivel, a todo el mundo. En la realidad que crea García Márquez, todo
fits / a lie	**cabe** dentro de lo posible. Allí todo es verdad y todo es **mentira** a la vez.
	En *Cien años de soledad* García Márquez pasa fácilmente de lo cómico a lo trágico para ilustrar las maneras en que los seres humanos viven. Su técnica preferida es la exageración. Lo extraordinario se vuelve parte de la vida

328

[1] From "Quince preguntas a M. A. Asturias", *"Revolución"*. 17 de agosto, 1959, p. 23.

diaria como si fuera algo ordinario, como cuando un cura empieza a subir al cielo después de beber una taza de chocolate bien fuerte. Lo trivial se vuelve algo fabuloso, como el bloque de hielo que la gente insiste en llamar un **diamante** enorme. Por medio del humor, el autor humaniza a los muchos personajes que representan todas las facetas de la sociedad. Usa la sátira para divertir así como para llamar atención a las injusticias de un sistema político corrupto y violento, dejando que los lectores se imaginen cómo se podría mejorar la situación.

diamond

Comprensión

A. *Significados*   Adivina el significado de las siguientes palabras que aparecen en la lectura. Encuentra las palabras en inglés en la lista a la derecha que corresponden a la(s) palabra(s) en español a la izquierda.

Learning Strategy:

Using cognates for meaning

1. la explicación
2. la distorsión
3. incluir
4. la frontera
5. la crítica
6. el nivel

a. the criticism
b. the level
c. the distortion
d. to include
e. the explanation
f. the border

B. *Palabras claves*   Decide cuál de las cuatro posibilidades explica *mejor* las frases o nombres en cursiva que aparecen en la lectura.

Learning Strategy:

Reading for details

1. *el realismo mágico:*
   a. explicaciones racionales
   b. hechos históricos
   c. la dimensión misteriosa
   d. injusticias sociales
2. *Gabriel García Márquez*
   a. romántico
   b. realista
   c. mágicorrealista
   d. existencialista
3. *la sátira:*
   a. mantiene una actitud objetiva
   b. critica la sociedad
   c. usa muchos adjetivos
   d. es respetuosa y reverente
4. *Macondo:*
   a. un pueblo cerca de Bogotá
   b. el nombre de una familia colombiana importante
   c. una compañía bananera
   d. un pueblo imaginario
5. *creencias populares:*
   a. personajes interesantes
   b. leyendas y mitos
   c. las facetas de la sociedad
   d. el chocolate y el hielo
6. *Cervantes y García Márquez:*
   a. vivieron en Colombia
   b. demuestran poco interés en lo fabuloso
   c. renovaron el arte de contar
   d. se limitan a los hechos en su obra

329

Ex. C:  writing

Ex. D: pair work

C. ¿Comprendiste? Basándote en la lectura (páginas 328–329) contesta en español las preguntas que siguen sobre el realismo mágico, García Márquez y el pueblo ficticio de Macondo.

1. ¿Cuál es la característica principal del realismo mágico?
2. ¿Qué importancia tienen los mitos para los escritores del realismo mágico?
3. ¿Quién es Gabriel García Márquez?
4. ¿Qué cosa dice García Márquez de su niñez en la información que acompaña la foto?
5. ¿Con qué otro gran escritor ha sido comparado García Márquez? ¿Qué tienen los dos en común?
6. ¿Qué representa Macondo en la obra de García Márquez?
7. ¿Cuál es una de las técnicas preferidas por él? ¿Cuál es un ejemplo de esta técnica?
8. ¿Para qué usa García Márquez el humor en su obra?
9. ¿Te gustaría visitar el pueblo de *Cien años de soledad*? ¿Por qué sí o por qué no?
10. ¿Conoces a algún escritor o alguna escritora que escriba en inglés que se pueda comparar con García Márquez? ¿Quién es?

Repaso

D. *Casi todo era posible en Macondo.* Para cada espacio en blanco da la forma apropiada del imperfecto del subjuntivo del verbo entre paréntesis.

1. Era posible que un bloque de hielo _____ (ser) un enorme diamante.
2. Era posible que una persona _____ (vivir) más de cien años.
3. No era imposible que un ángel _____ (visitar) a una pareja pobre del pueblo.
4. Era posible que los muertos _____ (hablar) con los vivos.
5. Era posible que una niña _____ (volverse) una araña por desobedecer a sus padres.
6. No era imposible que una bella mujer _____ (elevarse) al cielo.
7. Era posible que _____ (llover) más de cuatro años sin parar.
8. Era posible que un hombre _____ (viajar) en una alfombra que vuela.
9. No era imposible que un coronel _____ (perder) treinta y dos batallas.
10. Era posible que unos niños _____ (encontrar) un gigante ahogado (*drowned*) en la playa.
11. Era posible que un hombre no _____ (dormir) por el ruido de las estrellas.
12. No era imposible que las mariposas siempre _____ (acompañar) a un muchacho.

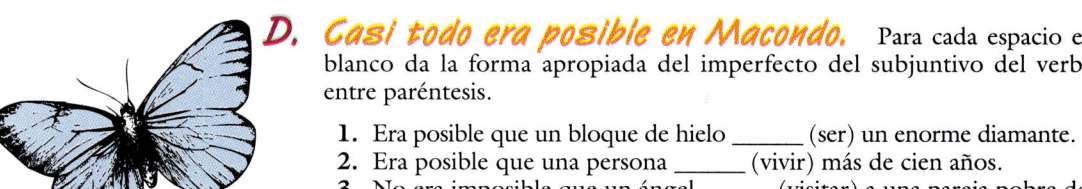

330

ESTRUCTURA

The imperfect subjunctive and si clauses

Compraríamos ese coche rojo **si tuviéramos** más dinero.	We would buy that red car *if we had* more money.
Estaría contento **si** me **escribieras.**	I would be happy *if you wrote* to me.
Si perdieras ese reloj, sería una lástima.	*If you were to lose* that watch, it would be a shame.
Pasaría por ti **si** me **esperaras.**	I would stop by for you *if you were to wait* for me.

1. The conjunction **si**, meaning *if* in Spanish, is used to set up a situation contrary to fact. The statement that immediately follows **si** indicates that you are talking about something hypothetical (that doesn't exist or is unlikely to happen). As you have seen, this statement can occur at either the beginning or end of a sentence.
2. The statement that follows **si** also indicates that you are imagining what might possibly happen under certain conditions. You can always tell that the projection is into "the twilight zone" from the use of the conditional tense in the main clause of this kind of sentence. The conditional tense sets up what would happen if the hypothetical situation were to occur.
3. Whenever the conditional tense appears in the main clause, any verb used after **si** in the dependent clause will always be in the imperfect (past) subjunctive form in Spanish, not in the indicative.
4. Notice that there are several ways in English to translate a contrary-to-fact clause like **Si aceptaras la invitación...** . All of the following are used: *If you were to accept the invitation . . .* , *If you accepted the invitation . . .* , and *If you would accept the invitation . . . .*

Aquí practicamos

E. Sustituye las palabras en cursiva con las palabras entre paréntesis y haz los cambios necesarios con los verbos en la cláusula con *si*.

1. Carlos iría si *ustedes* lo invitaran. (nosotros / yo / ella / sus tíos / el profesor)
2. ¿Podrías terminar el proyecto si *yo* te ayudara? (tus amigos / tu padre / ellas / Esteban y Miguel / nosotros)
3. Si *mis padres* le dieran más dinero, mi hermano compraría esa bicicleta. (yo / nosotros / sus abuelos / su jefe / tú)
4. Ellos llegarían a tiempo si *yo* pudiera llevarlos en coche. (el señor Moya / Gloria y Marilú / nosotros / su primo / vosotros)

331

Suggestion, Ex. E: You might want to have students first read and translate sentences 1–8 before they do the transformations. You can also point out in these sentences how the *if* and *then* clauses can be reversed.

Answers, Ex. E: 1. nosotros lo invitáramos, yo lo invitara, ella lo invitara, sus tíos lo invitaran, el profesor lo invitara   2. tus amigos te ayudaran, tu padre te ayudara, ellas te ayudaran, Esteban y Miguel te ayudaran, nosotros ayudáramos   3. yo le diera más dinero, nosotros le diéramos más dinero, sus abuelos le dieran más dinero, su jefe le diera más dinero, tú le dieras más dinero   4. el señor Moya pudiera llevarlos, Gloria y Marilú pudieran llevarlos, nosotros pudiéramos llevarlos, su primo pudiera llevarlos, vosotros pudierais llevarlos

Presentation: Estructura

Write on the board: **Si tengo bastante dinero, iré a Europa.** Ask students: **¿Tengo bastante dinero? No estoy seguro(a). Puede que sí, puede que no.** Then write: **Si tuviera bastante dinero, iría a Europa.** Ask: **¿Tengo bastante dinero? No. Entonces no es posible que yo vaya a Europa.** Summarize tense patterns on the board.

5. Si *Roberto* tuviera tiempo, pasaríamos por Madrid. (ustedes / yo / tú / nosotros / él)
6. El servicio mejoraría si *yo* le dijera algo al jefe. (tú / ustedes / alguien / mis padres / vosotros)
7. El mesero traería más tacos si *tú* se los pidieras. (yo / nosotros / José / ellas / todos ustedes)
8. Estaría muy contento(a) si *mi novia(o)* me escribiera más. (ustedes / tú / mis amigos / mi abuela / ellas)

F. *No va a pasar... pero si pasara...*   Indica lo que podría pasar bajo ciertas circunstancias, usando el imperfecto del subjuntivo en la cláusula con *si* y el tiempo condicional en la otra cláusula. Sigue el modelo.

Modelo: No tengo dinero, pero si lo _____ (tener), yo _____ (comprar) ese coche.
*No tengo dinero, pero si lo **tuviera**, yo **compraría** ese coche.*

1. No van a invitarlo, pero si ellos lo _____ (invitar), Ramón _____ (ir) a México.
2. No puedo salir a las 3:00, pero si yo _____ (poder), ustedes _____ (poder) ir conmigo.

332

Answers, Ex. G: Answers will vary according to students' originality, but all responses should include a form of the imperfect subjunctive.

Follow-up, Ex. G: Have students create original sentences in which they make excuses for everything they can think of: **Si yo tuviera más tiempo, haría mucho mejor la tarea.**

3. No podemos terminar la composición, pero si la profesora nos _____ (dar) más tiempo, nosotros la _____ (terminar).
4. No tengo dinero, pero si mi papá me _____ (dar) más, yo no _____ (tener) problemas.
5. Ese hotel es muy caro, y si ustedes _____ (ir) a otro, ustedes _____ (pagar) menos.
6. No sabemos quién va a la fiesta, pero si Cristina y Raquel _____ (estar), todo el mundo _____ (estar) contento.
7. Mi tío Pepe dice que no le gusta el arte abstracto, pero si alguien le _____ (vender) un cuadro famoso, él lo _____ (comprar) para su oficina.
8. Al médico no le gusta viajar por avión, pero si él _____ (saber) que estaba enferma su abuela, creo que eso lo _____ (convencer) que debe hacerlo.

G. Imagínate... Completa las oraciones según tus propias opiniones.

Modelo: Yo estaría muy triste si…
Yo estaría muy triste si tuviera que asistir a otra escuela.

1. Yo te llamaría por teléfono a la una de la mañana si…
2. Creo que el (la) profesor(a) te invitaría a la cena si…
3. El tren saldría a tiempo si…
4. Mis padres estarían muy contentos si…
5. Me gustaría leer la novela *Don Quijote* si…
6. ¿Trabajarías diez horas por día si… ?
7. Yo me enojaría mucho si…
8. ¿Qué dirías si… ?
9. Yo no sé lo que haría si…
10. ¿Cómo reaccionarían tus amigos si… ?

Learning Strategies:

Reporting possible actions, expressing opinions and sentiments

Critical Thinking Strategies:

Making associations, seeing cause-and-effect relationships

LECTURA: CIEN AÑOS DE SOLEDAD —EL BLOQUE DE HIELO

Antes de leer

1. Lee el título e indica las cosas que te hace pensar en "el hielo", sean reales o fantásticas.
2. A García Márquez le gusta usar adjetivos descriptivos dramáticos para llamar atención a las cosas. Busca las siguientes frases en los tres párrafos de la lec-

Learning Strategies:

Recognizing a literary technique, interpreting examples of a literary technique

333

tura en las páginas 334–336. ¿Cuáles descripciones son ejemplos de exageración subjetiva y cuáles no lo son? Usa el diccionario si es necesario.

a. piedras… blancas y enormes como huevos prehistóricos
b. la feria de los gitanos
c. la portentosa novedad
d. un anillo de cobre en la nariz
e. un bloque transparente
f. infinitas agujas internas
g. una explicación inmediata
h. el diamante más grande del mundo
i. el corazón se le hinchaba de temor
j. la prodigiosa experiencia
k. el pequeño José Arcadio
l. el gran invento de nuestro tiempo

//-//-//-//-//-//-//-//

Learning Strategy:

Reading for main ideas

Guía para la lectura

1. Lee el primer párrafo y decide cuál es su tema central.
   a. la relación entre un padre y su hijo
   b. la muerte de un coronel
   c. los recuerdos de otra época

2. Después de leer el segundo párrafo, decide de qué trata en general.
   a. la aventura de un pirata de Egipto
   b. lo que había en una carpa de una feria
   c. cómo se perdieron dos niños

3. Ahora lee el tercer párrafo e indica cuál es la idea principal.
   a. las reacciones al ver el hielo por primera vez
   b. el miedo que la gente le tiene a un gigante
   c. los precios de varios objetos en una tienda

Gabriel García Márquez (Colombia, 1928–   ) es uno de los escritores más conocidos en el mundo. Se ganó el Premio Nóbel de Literatura en 1982 por su extensa obra literaria que incluye la novela Cien años de soledad *(1967), que se ha traducido a muchas lenguas. Hoy en día circula por el mundo entero como una de las novelas contemporáneas más leídas.*

Cien años de soledad —El bloque de hielo

firing squad

little village, hamlet

uchos años después, frente al **pelotón de fusilamiento,** el coronel Aureliano Buendía recordaría aquella tarde remota en que su padre lo llevó a conocer el hielo. Macondo era entonces una **aldea**

334

"…a la orilla de un río de aguas cristalinas que corrían por unas piedras pulidas…"

de veinte casas de **barro** y caña construidas a la **orilla** de un río de aguas cristalinas que corrían por unas piedras **pulidas,** blancas y enormes como huevos prehistóricos. El mundo era tan reciente que muchas cosas no tenían nombre, y para mencionarlas se tenía que **señalar** con el dedo.

El día que fueron a la **feria** de los **gitanos,** su padre los llevaba a él y a su hermano de cada mano para no perderlos en el tumulto. Habían insistido en ir a conocer la **portentosa novedad** de los **sabios** de Egipto, anunciada a la entrada de una **carpa** que, según decían, había sido del rey Salomón. Tanto insistieron los niños, que José Arcadio Buendía pagó los treinta **reales,** y los llevó hasta el centro de la carpa, donde había un gigante de torso **peludo** y cabeza **rapada,** con un **anillo** de cobre en la nariz, cuidando un **cofre** de pirata. Cuando el gigante lo abrió, el cofre dejó escapar un **aliento** glacial. Dentro sólo había un bloque transparente, con **infinitas agujas internas** en las cuales **se despedazaba** en estrellas de colores la claridad del **crepúsculo.** Preocupado, porque sabía que los niños esperaban una explicación inmediata, José Arcadio Buendía **murmuró:**
—Es el diamante más grande del mundo.
—No —corrigió el gitano. —Es hielo.

clay / edge
polished

to point

fair / gypsies

extraordinary novelty / wise-
    men, sages / tent

unit of money
hairy / shaved / ring
large trunk or chest
rush of air, breath
countless internal needles /
    was breaking up / twilight

murmured

335

José Arcadio Buendía, sin entender, extendió la mano hacia el bloque, pero el gigante se la quitó: —Cinco reales más para tocarlo —dijo. José Arcadio Buendía los pagó, y entonces puso la mano sobre el hielo, y la dejó puesta por varios minutos, mientras el corazón **se le hinchaba** de temor y de alegría al contacto del misterioso objeto. Sin saber qué decir, pagó otros diez reales por los hijos; así ellos podrían vivir también la **prodigiosa** experiencia. El pequeño José Arcadio se negó a tocarlo. Aureliano, en cambio, dio un paso hacia adelante, puso la mano y la retiró inmediatamente. —¡Está **hirviendo!** —exclamó con miedo. Pero su padre no le prestó atención. **Asombrado** por la evidencia del **prodigio**, pagó otros cinco reales, y con la mano puesta en el bloque, como si estuviera expresando un testimonio sobre el texto **sagrado,** exclamó:

—Éste es el gran **invento** de nuestro tiempo.

was swelling up

marvelous

boiling
Amazed / wonderous object

sacred

invention

Comprensión

H. Pon las siguientes acciones en el orden cronológico en que se describen en la lectura que acabas de leer.

1. El padre dijo que era un diamante.
2. Un gigante de torso peludo abrió un cofre de pirata.
3. Uno de los niños también puso la mano sobre el hielo.
4. El gigante dijo que el bloque era hielo.
5. Dentro del cofre había un bloque transparente.
6. Un día un hombre llevó a sus hijos a la feria de los gitanos.
7. El padre curioso puso la mano sobre el bloque.
8. El padre y los niños entraron en una carpa.

336

I. Contesta las siguientes preguntas sobre la lectura en las páginas 334–336.

1. ¿Cómo era Macondo cuando el coronel Aureliano Buendía y su hermano eran niños?
2. ¿Adónde querían el pequeño Aureliano y su hermano que los llevara su padre cuando estaban en la feria?
3. Cuando los tres entraron en la carpa, ¿qué vieron primero? Describe lo que vieron.
4. ¿Qué había dentro del cofre?
5. ¿Qué explicación dio el padre de lo que vio en el cofre?
6. ¿Cómo reaccionó el padre cuando tocó el objeto que estaba en el cofre?
7. ¿Qué dijo Aureliano después de tocar el objeto?
8. ¿Te gustó esta lectura? ¿Por qué sí o por qué no?

¡Adelante!

EJERCICIO ORAL

J. **¡Lotería!**   Habla con un(a) compañero(a) de clase de las cosas que cada uno(a) haría si ganara la lotería. Menciona por lo menos seis cosas. Incluye cosas de las siguientes categorías: (1) cosas a comprar para ti mismo, (2) cosas a comprar para tus parientes o tus amigos, (3) cosas a hacer para ti mismo, (4) cosas a hacer para tus parientes o tus amigos, (5) cosas a hacer para la sociedad, (6) cosas para economizar. Empieza cada oración con *Si ganara un millón de dólares...* .

EJERCICIO ESCRITO

K. **Consejos y sugerencias**   Imagine that you are the advice columnist for your school newspaper and that someone has asked for your advice and suggestions about living the healthiest life possible. Write a response, giving advice about (1) diet, (2) exercise, (3) relaxation, and (4) general attitude. Use expressions such as *Aconsejo que...* , *Sugiero que...* , *Es mejor que...* , as well as *Si pudiera...* , *Si tuviera...* , *Si fuera...* , etc.

337

Answers, Ex. I: 1. Macondo era una aldea pequeña y nueva. 2. Querían que los llevara a conocer la novedad de los sabios de Egipto.   3. Primero vieron a un hombre grande de torso peludo y cabeza rapada que cuidaba un cofre de pirata.   4. Había un bloque de hielo dentro del cofre. 5. El padre dijo que era un diamante.   6. Reaccionó con temor y con alegría.   7. Aureliano dijo, "¡Está hirviendo!"   8. *Answers will vary.*

Follow-up, Ex. I: Have students, individually or in groups, review the Macondo of Buendía's childhood, and then write a brief description of their city or town from the perspective of a child. They could then write another account from the perspective of a teenager.

Ex. J: pair work

Ex. K: writing

SEGUNDA ETAPA

Preparación

›› ¿**C**ómo defines tú la palabra *fantasía*?

›› ¿**C**rees que los sueños forman parte de una realidad más grande?

›› ¿**R**ecuerdas algún sueño que has tenido alguna vez o varias veces en tu vida? ¿Te pareció extraño, misterioso, divertido, absurdo o qué?

›› ¿**C**rees que los sueños revelan algo sobre nosotros? ¿Qué?

La fantasía y el sueño

En los altiplanos del Perú se ven estas rayas (lines) o diseños (designs) antiguos con una extensión de muchos kilómetros. Nadie sabe cuándo ni cómo aparecieron (appeared). Las leyendas dicen que los dioses pusieron las marcas allí para ayudarles a volver a la tierra más fácilmente. Algunas personas creen que son pistas de aterrizaje (landing strips) para los objetos voladores no identificados (UFOs) de seres extraterrestres de otros planetas. ¿Quién sabe?

338

Etapa Support Materials

Workbook: **pp. 269–277**
Listening Activity masters: **p. 61**
Tapescript: **p. 92**
Quiz: **Testing Program, p. 153**

Prereading

Point out that a narration can be very brief as long as it tells some kind of story. These little narrative "capsules" are clever examples. Ask some of the students to read them aloud before doing the exercises.

Cooperative Learning

Textos de imaginación y fantasía: Reading Pairs:

- Put students into pairs.
- Explain to the students that they will read the "capsules" together, taking turns. Reading can be difficult in a foreign language, but working together and talking about it helps clarify comprehension. The student reading will orally summarize his or her understanding of the **cuentos fantásticos.** The other partner becomes the listener/facilitator to correct mistakes and add information. After each designated segment of text, the partners switch roles.
- Have two students model the exercise first, with your guidance.
- When the students have finished reading, have them do Ex. B, page 341, with their partners.
- You may want to do a cooperative writing project, with groups of students writing tales together.

Enrique Anderson Imbert (Argentina, 1910–) ha escrito cuentos fantásticos y lo que él llama "casos" —una especie de micro-texto que contiene la esencia mínima de un relato. Un caso se podría definir como una cápsula narrativa que contiene principio, mitad y fin y que cuenta algo imaginativo e irónico.

Alas

Yo practicaba entonces la medicina, en Humahuaca. Una tarde me trajeron un niño con la cabeza herida: se había caído por el precipicio de un **cerro.** Cuando, para examinarlo, le quité el poncho, vi dos **alas.** Las miré: estaban **sanas.** Cuando el niño pudo hablar le pregunté:
—¿Por qué no **volaste,** mi hijo, cuando empezaste a caer?
—¿Volar? —me dijo. —¿Volar, para que la gente se ría de mí?

hill / wings
unhurt
you fly

Las dulces memorias

El viejo Manuel le pidió al Ángel que lo hiciera niño. ¡Eran tan dulces sus memorias de la niñez!
El Ángel lo hizo niño.
Ahora Manuelito no tiene memorias.

El hombre-mosca

Muchas veces Leonidas había visto **moscas** caminando por el **techo.** Pero la cosa ocurrió el miércoles 17, a las cinco de la tarde. Vio esa mosca y descubrió su vocación. Leonidas lo abandonó todo. **Trepó** por las paredes y ya no habló más. **Recorría** toda la casa, por el techo. Para comer, bajaba y andaba sobre las rodillas y manos.

houseflies / ceiling

He climbed
He would run through

339

Ex. A:  pair work

writing

Cortesía de Dios

corner

hidden

change my shape
hallway

sunken
snout

Hoy yo estaba descansando, en mi **rincón** oscuro, cuando oí pasos que se acercaban. ¡Otro que descubría dónde estaba **escondido** y venía a adorarme! ¿En qué tendría que **metamorfosearme** esta vez? Miré hacia el **pasillo** y vi a la pobre criatura. Era peludo, caminaba en dos pies, en sus ojos **hundidos** había miedo, esperanza, amor y su **hocico** parecía sonreír. Entonces, por cortesía, me levanté, adopté la forma de un gran chimpancé y fui a conocerlo.

El príncipe

tolling of bells / cannon
 shots

noise

Cuando nació el príncipe hicieron una gran fiesta nacional. Bailes, fuegos artificiales, **revuelos de campanas, disparos de cañón...**

Con tanto **ruido** el recién nacido murió.

La pierna dormida

to drag
which is attached to it

sheets

Esa mañana, cuando se despertó, Félix se miró las piernas, abiertas sobre la cama, y, ya listo para levantarse, se dijo —¿Y si dejara la pierna izquierda aquí? —Meditó un instante. —No, imposible; si pongo la derecha en el suelo, estoy seguro que va a **arrastrar** la izquierda, que **lleva pegada.** ¡Ea! Hagamos la prueba.— Y todo salió bien. Se fue al baño, saltando en un solo pie, mientras la pierna izquierda siguió dormida sobre las **sábanas.**

340

Comprensión

A. *Categorías* Trabajando con un(a) compañero(a) de clase, escribe en una hoja de papel una lista de las palabras que se usan en los *casos* (páginas 339–340) de acuerdo con las categorías a continuación: *las personas, partes del cuerpo, los objetos, los nombres.*

B. *¿Comprendiste?*   Contesta en español las siguientes preguntas sobre los *casos* que leíste en las páginas 339–340.

1. ¿Cuáles son dos o tres características que todos los casos tienen en común?
2. ¿En qué caso hay una metamorfosis, o un cambio de forma?
3. ¿En qué casos aparecen seres que no son humanos?
4. ¿Cuál de los casos te parece más realista? ¿Por qué?
5. ¿En qué caso es más evidente el uso del realismo mágico? ¿Por qué?
6. ¿Cuál de los casos te parece más cómico? ¿Por qué?
7. ¿Cuál es el caso más extraño? ¿Por qué?
8. Hay tres casos en que se usa el subjuntivo. ¿Cuáles son? ¿Por qué se usa el subjuntivo en estos casos?

C. *Títulos creativos*   Lee otra vez los *casos* y con un(a) compañero(a) escriban un nuevo título, igual de breve o más largo, para cada caso. Piensen en su contenido y usen la imaginación.

Repaso

D. *Si pudieras escoger...*   Indica lo que harías en las situaciones que siguen. Sigue el modelo.

 **Modelo:**   Si pudieras escoger, ¿viajarías solo(a) o con un grupo grande? *Estoy seguro(a) que viajaría solo(a).*

1. Si fueras de vacaciones a España, ¿quién organizaría el viaje? ¿Tú o un agente de viajes?
2. Si pudieras escoger, ¿viajarías por el país en tren o por avión?
3. Si tu pagaras los billetes, ¿comprarías plazas de primera o segunda clase?
4. ¿Y si tus padres pagaran los billetes?
5. Si tuvieras que decidir, ¿llegarías a la estación temprano o a la hora exacta?
6. Si fuera tu responsabilidad, ¿llevarías una maleta o dos?
7. Si te sirvieran comida durante el viaje, ¿comerías pescado o pollo?
8. Si uno de los pasajeros fumara cerca de ti, ¿cambiarías de asiento o no?
9. Si el tren o el avión llegara tarde, ¿hablarías con el conductor/el piloto o no dirías nada?
10. Si pudieras escoger, ¿irías de la estación o del aeropuerto en taxi o en metro?

341

/I/I/I/I/I/I/I/I/I/I/I/I/I/I

Learning Strategies:

Scanning for specific information, recognizing qualities of a literary genre, expressing and supporting opinions

Critical Thinking Strategies:

Making associations between elements of a story and features of a literary genre, comparing and contrasting, evaluating

/I/I/I/I/I/I/I/I/I/I/I/I/I/I

Cooperative Learning

Learning Strategies:

Reading for author's intent, summarizing

Critical Thinking Strategies:

Drawing inferences, making associations between the message of a story and its title

 **Ex. B:**   pair work   writing

Possible answers, Ex. B:
1. Los casos son breves, imaginativos y narran algo.   2. Hay una metamorfosis en "Las dulces memorias" y "La cortesía de Dios".
3. En "Las dulces memorias" y "Cortesía de Dios" aparecen seres que no son humanos.   4. *Answers will vary.*   5. *Answers will vary.*
6. *Answers will vary.*   7. *Answers will vary.*   8. El primer uso del subjuntivo es, "...para que la gente se ría de mí". El subjuntivo es necesario porque la frase contiene "para que". El segundo uso es, "El viejo Manuel le pidió al Ángel que lo hiciera niño". El verbo "pedir" en este sentido requiere el subjuntivo en la oración secundaria. El tercer uso es, "¿Y si dejara la pierna izquierda aquí?". Se usa el subjuntivo porque es una oración con "si".

 Ex. C: pair work    writing

Possible answers, Ex. D:
1. Estoy seguro(a) que lo organizaría yo.   2. Estoy seguro(a) que viajaría por el país en tren.
3. Estoy seguro(a) que compraría plazas de segunda clase.   4. Estoy seguro(a) que compraría plazas de primera clase.   5. Estoy seguro(a) que llegaría temprano.   6. Estoy seguro(a) que llevaría una.
7. Estoy seguro(a) que comería pollo.   8. Estoy seguro(a) que cambiaría de asiento.   9. Estoy seguro(a) que no diría nada.
10. Estoy seguro(a) que iría en taxi.

Review the use of the imperfect subjunctive with the **si** clause to set up a condition contrary to fact, in contrast with expressing an assumption with the use of the indicative. Write examples on the board.

Answers, Ex. E: 1. Esa escritora escribirá otra novela si tiene tiempo.   2. Si yo leo esa obra, ¿entenderé mejor el temperamento español?   3. Si podemos, iremos a la galería mañana.   4. Si nos invitan, aceptaremos con gusto.   5. Carlos llegará a la ceremonia a tiempo si sale a las 5:00.   6. Dicen que le darán el premio si la nombran a ella otra vez.   7. El pintor podrá terminar el cuadro si tiene más luz.   8. Iremos a la librería ahora si no está cerrada.

Follow-up, Ex. E: Have one student make a promise to another, who will respond (and perhaps outdo the other) by saying, "If you _____ , I will _____." Volunteers can take turns standing up and making their promises in front of the class.

ESTRUCTURA

The indicative and *si* clauses

Compraremos ese coche rojo **si tenemos** el dinero.	We will buy that red car *if we have* the money.
Estaré contento **si** me **escribes**.	I will be happy *if you write* to me.
Si pierdes ese reloj, será una lástima.	*If you lose* that watch, it will be a shame.
Pasaré por ti **si** me **esperas**.	I will stop by for you *if you wait* for me.

1. Earlier in the chapter you learned to use **si** with the past subjunctive and the conditional tense. **Si** can also be used with the indicative mood to express the idea of an assumption.

2. When the verb in the main clause is in the indicative (usually in the present or future tense), the verb in the **si** clause will always be in the present tense. The indicative is used after **si** because the speaker is not saying anything contrary-to-fact or impossible, but rather is assuming that something will take place. Notice the difference in meaning between the following sentences:

Si él **trabajara** mucho, **aprendería** mucho.	*If he were to work* hard (which he doesn't and isn't very likely to), *he would learn* a lot.
Si él **trabaja** mucho, **aprenderá** mucho.	*If he works* hard (the assumption is that he can and is likely to), *he will learn* a lot.

Aquí practicamos

E. **Vamos a suponer** (to assume)...   Las siguientes oraciones presentan condiciones poco posibles o contrarias a la realidad. Cámbialas a oraciones que expresen una suposición *(assumption)*. Sigue el modelo.

Modelo: Haría el viaje si tuviera el dinero.
Haré el viaje si tengo el dinero.

1. Esa escritora escribiría otra novela si tuviera tiempo.
2. Si yo leyera esa obra, ¿entendería mejor el temperamento español?
3. Si pudiéramos, iríamos a la galería mañana.
4. Si nos invitaran, aceptaríamos con gusto.
5. Carlos llegaría a la ceremonia a tiempo si saliera a las 5:00.
6. Dicen que le darían el premio si la nombraran a ella otra vez.
7. El pintor podría terminar el cuadro si tuviera más luz.
8. Iríamos a la librería ahora si no estuviera cerrada.

342

9. ¿Cuánto pagarían ustedes por el libro si fuera del siglo XVII?
10. ¿Escribirías la carta si te lo pidiera la profesora?
11. La casa editorial no vendería tantos libros si subieran los precios.
12. Entenderíamos la lectura si aprendiéramos más vocabulario.

F. *Consecuencias*

Trabaja con un(a) compañero(a) de clase para completar las oraciones, indicando lo que suponen que serán las consecuencias de la acción previa. Sigue el modelo.

Modelo: Si esperas media hora…
Si esperas media hora, iremos juntos al museo.

1. Si salimos de la escuela a tiempo…
2. Si no tengo tarea esta tarde…
3. Si el autobús no llega…
4. Si no quieres ir al cine…
5. Si el disco compacto que yo quiero cuesta demasiado dinero…
6. Si no estudias para el examen…
7. Si quieres comprar un coche…
8. Si vamos al centro el sábado próximo…
9. Si viajas este verano…
10. Si no comprendo la lección…
11. Si tenemos tiempo…
12. Si puedo vender mi bicicleta…
13. Si aprendo bien el español…
14. Si terminamos el trabajo temprano…

Learning Strategy:
Identifying possible consequences of given situations

Critical Thinking Strategies:
Making associations, seeing cause-and-effect relationships

G. *Suposiciones*

Trabaja con un(a) compañero(a) de clase. Completa las oraciones con la suposición que tú quieras hacer y explica cuál es la suposición que se asocia con lo que has dicho. Tu amigo(a) te contestará, usando el mismo verbo en el tiempo futuro para indicarte que lo que tú supones sí pasará. Sigan el modelo.

Modelo: Te podré ayudar si…
Estudiante A: *Te podré ayudar si me llamas.*
Supongo que me vas a llamar.
Estudiante B: *Claro que sí. Te llamaré.*

1. Sabré el número del vuelo si…
2. Iré al cine con tus primos si…
3. Mi padre dice que podré usar el coche si…
4. Compraré los boletos para el concierto si…
5. Terminaré toda la novela si…
6. El tren llegará temprano si…
7. Iremos a México el verano próximo si…
8. Estaré muy contento(a) si…
9. Tendrás tiempo para estudiar si…

Learning Strategy:
Identifying possible causes or situations for given results

Critical Thinking Strategies:
Making associations, seeing cause-and-effect relationships

343

Ex. G:  pair work

Possible answers, Ex. G:
1. Sabré el número del vuelo si el agente me lo dice. Supongo que me lo va a decir.   Claro que sí. Te lo dirá.   2. Iré al cine con tus primos si me invitan. Supongo que me van a invitar.   Claro que sí. Te invitarán.   3. Mi padre dice que podré usar el coche si tengo cuidado. Supongo que voy a tener cuidado. Claro que sí. Tendrás cuidado. 4. Compraré los boletos para el concierto si no cuestan mucho. Supongo que no van a costar mucho. Claro que sí. No costarán mucho.   5. Terminaré toda la novela si es fácil. Supongo que va a ser fácil.   Claro que sí. Será fácil. 6. El tren llegará temprano si no para en Toledo. Supongo que no va a parar en Toledo.   Claro que sí. No parará en Toledo.   7. Iremos a México el verano próximo si tenemos dinero. Supongo que vamos a tener dinero.   Claro que sí. Tendrán dinero.   8. Estaré muy contento si me llama. Supongo que me va a llamar.   Claro que sí. Te llamará.   9. Tendrás tiempo para estudiar si sales a tiempo. Supongo que vas a salir a tiempo.   Claro que sí. Saldré a tiempo.

Answers, Ex. E, cont.: 9. ¿Cuánto pagarán ustedes por el libro si es del siglo XVII?   10. Escribirás la carta si te lo pide la profesora.   11. La casa editorial no venderá tantos libros si suben los precios.   12. Entenderemos la lectura si aprendemos más vocabulario.

Ex. F: pair work

Possible answers, Ex. F: Answers will vary, but all should include the future tense.

Follow-up, Ex. F: Ask students to write and/or present absolutes beginning with **Si… (Si estudias tres horas cada noche, recibirás notas de A en todas las clases.)** You might want to provide them with various categories from previous chapters.

10. Yo pagaré la cuenta si…
11. Podremos explicar el problema si…
12. No tendremos dificultades con la tarea si…

Nota gramatical

The imperfect subjunctive and the sequence of tenses

Pablo **quiere** que yo lo **ayude.** — Pablo *wants* me *to help* him.
Pablo **quería** que yo lo **ayudara.** — Pablo *wanted* me *to help* him.

El médico **recomienda** que **comamos** pescado. — The doctor *recommends* that *we eat* fish.
El médico **recomendó** que **comiéramos** pescado. — The doctor *recommended* that *we eat* fish.

Mi abuela siempre **pide** que mi mamá le **sirva** sopa de pollo. — My grandmother always *asks* that my mother *serve* chicken soup to her.

Mi abuela siempre **pedía** que mi mamá le **sirviera** sopa de pollo. — My grandmother always *used to ask* that my mother *serve* chicken soup to her.

1. You have already learned that the subjunctive mood is always used in situations involving (a) transfer of will, (b) emotional reactions, and (c) the uncertain or unreal ("the twilight zone"). Another matter related to the use of the subjunctive involves the sequence of tenses in two-part sentences with a verb in each part.

2. If the present-tense verb in a sentence's main clause calls for the use of the subjunctive in the **que** clause, the verb in the **que** clause will be in the present subjunctive.

3. If the preterite or imperfect-tense verb in the main clause calls for the use of the subjunctive in the **que** clause, the verb in the **que** clause will be in the imperfect (past) subjunctive.

4. This is an automatic sequencing that does not always translate word-for-word into English.

344

Aquí practicamos

H. Sustituye las palabras en cursiva con las palabras entre paréntesis y haz los cambios necesarios.

1. La semana pasada pedí que *ustedes* compraran los boletos. (tú / ellas / usted / Mario y Reynaldo / el profesor / vosotros)

2. Era posible que *el tren* llegara a la hora anunciada. (el avión / los estudiantes / el autobús / los taxis / mi abuelo / ella)

3. Siempre nos daba lástima que *nuestro equipo* perdiera el partido. (tú / Carlos y Esteban / tío Pepe / los niños / ustedes / vosotras)

4. El médico recomendó que *el paciente* tomara dos pastillas por día. (yo / mi papá / nosotros / Elvira / vosotros)

5. Me molestó mucho que *ustedes* no entendieran la explicación ayer. (ellos / Alicia y Carla / mis padres / nosotros / la profesora / tu hermana)

6. Cada semana la entrenadora ordenaba que *las jugadoras* corrieran 20 kilómetros. (nosotros / yo / ustedes / el capitán / ella / tú)

7. La profesora quería que *nosotros* estudiáramos dos horas por día. (él / Joaquín y Paco / mi hermano / los muchachos / ellas / vosotros)

I.  **Las cosas de la niñez** (childhood) Trabaja con un(a) compañero(a) de clase para hablar de su niñez, completando las siguientes oraciones. Presten atención al imperfecto del subjuntivo. Sigan el modelo.

Modelo: mis padres siempre pedían que yo…
Cuando era pequeño(a), mis padres siempre pedían que yo me acostara temprano.

1. mis padres no permitían que yo…
2. no era posible que…
3. me molestaba mucho que mi hermano(a)…
4. era probable que yo…
5. un día me pareció muy extraño que…
6. yo siempre dudaba que…
7. mi hermano(a) nunca quería que yo…
8. sentía yo mucho que no…
9. mi papá me pidió una vez que yo…
10. me parecía increíble que mis padres…

J. **Le recomendamos que…** Trabaja con un(a) compañero(a) para hacer una lista de unas recomendaciones que le han hecho recientemente a un(a) estudiante que quiere visitar tu ciudad (pueblo). Esta persona nunca ha visitado tu región y necesita información turística. Dividan su lista de

//.//.//.//.//.//.//.//
Learning Strategies:

Listing, reporting suggestions

Critical Thinking Strategies:

Categorizing, prioritizing

345

Prereading

Point out that this is a summary of a dream sequence which, like dreams, does not necessarily make sense nor follow a logical pattern. Have students look for cognates before concentrating on the content, then go on to the exercises that deal with the passage.

Answers, Guía para la lectura: **2.** a. Tiene un gran deseo de ver a su tío.   b. Los dedos del llamador se empiezan a mover.   c. La bola se convierte en araña negra cuando cae.   d. Su tío abre la puerta.   e. La conversación es como si fuera preparada. f. No puede encontrar ni fósforos ni fuego.   g. Nota que hay largos cajones medio abiertos en el pasillo.   h. Se siente aliviado después de salir de la casa de su tío.   i. Al llegar a su casa se acuesta en seguida.   j. Sueña que está en un bonito parque y que pasa el día con su novia. k. *Answers will vary.*

recomendaciones entre las siguientes categorías: (1) ropa, (2) lugares para visitar, (3) cosas para ver, (4) cosas para hacer, (5) dónde comer y (6) cosas para evitar. Ordenen sus consejos en cada categoría de acuerdo con su importancia, comenzando con el más importante.

Usen *Le recomendamos que...* con cada sugerencia. Traten de incluir en su lista de seis a ocho verbos en el imperfecto del subjuntivo. Es posible que después le lean la lista a la clase.

LECTURA: EL ESBOZO DE UN SUEÑO

Learning Strategies:

Listing, identifying instances of literary imagery

Learning Strategy:

Interpreting symbolic significance of literary images

Critical Thinking Strategy:

Making associations between literary images and ideas

Learning Strategy:

Reading for details and author's intent

Critical Thinking Strategy:

Conjecturing

346

Antes de leer

1. Lee el título para determinar de qué trata la lectura. ¿Crees que es posible recordar los detalles de lo que soñamos? ¿Por qué sí o por qué no?
2. Fíjate en el tiempo verbal en que se narra el pasaje en las páginas 347–348. ¿Cuál es el efecto de usar este tiempo y no otro, como el pasado, por ejemplo?
3. El autor presta mucha atención en este pasaje a la visualización de las cosas, casi como si estuviera usando una cámara cinematográfica. Busca por lo menos diez de las cosas que el hombre ve, haciendo una lista de ellas. Usa el diccionario si es necesario.

Guía para la lectura

1. Lee los dos párrafos e identifica las oraciones de la lectura que contienen las siguientes cláusulas con *si*. Fíjate en su contexto para ayudarte a decidir lo que estas cláusulas quieren decir. Indica como ayudan a crear el ambiente de los sueños.

   a. pero es como si tuviera los zapatos pegados al suelo
   b. la bola cae como si fuera de plumas
   c. como si esperara sonriendo desde hace mucho tiempo antes
   d. dice algunas frases como si fueran preparadas

2. Lee las siguientes preguntas sobre el contenido del pasaje. Ahora lee el texto otra vez y contesta las preguntas.

   a. ¿Cuál es el gran deseo que siente el hombre?
   b. Cuando el hombre llega a la puerta y extiende la mano hacia el llamador, ¿qué pasa con el llamador?
   c. ¿Qué ocurre cuando la bola del llamador cae?
   d. ¿Quién abre la puerta por fin?
   e. ¿Qué es lo extraño de la conversación que tienen el hombre y su tío?

f. ¿Qué pasa cuando el tío trata de encender los cigarros?

g. Al despedirse de su tío, ¿qué nota el hombre que hay en el pasillo?

h. ¿Cómo se siente el hombre después de salir de la casa de su tío?

i. ¿Qué hace el hombre al llegar a su casa?

j. ¿Qué sueña el hombre al final?

k. Después de leer esta lectura, ¿qué crees tú que Cortázar quiere decir sobre la realidad?

*Julio Cortázar (Argentina, 1914–1984) escribió cuentos y novelas en los que expresó la idea de que la realidad se conoce por medio de las excepciones a las **leyes** —no por el estudio de las leyes. Hay muchas cosas irracionales y absurdas que de repente **interrumpen** el orden y el sistema de nuestra vida. Para acercarnos a la realidad, creía Cortázar, debemos prestar atención a los elementos inesperados porque forman una parte importante de ella. En el pasaje breve que sigue, Cortázar presenta "El **esbozo** de un sueño" para llamar atención a las imágenes que produce este tipo de conocimiento.*

laws

interrupt

outline

Julio Cortázar

El esbozo de un sueño

e repente siente el hombre el gran deseo de ver a su tío y se da prisa al caminar por las calles **retorcidas** y **empinadas,** que parecen querer alejarlo de la vieja casa ancestral. Después de andar por mucho tiempo (pero es como si tuviera los zapatos pegados al suelo), ve la puerta y oye vagamente ladrar a un perro. En el momento de subir los cuatro viejos **peldaños,** y cuando extiende la mano hacia el **llamador,** que es otra mano que **aprieta** una esfera de bronce, los dedos del llamador se mueven, primero el más pequeño y poco a poco los otros dedos, que van **soltando** interminablemente la bola de bronce. La bola cae como si fuera de plumas, **rebota** sin ruido y le salta

winding / steep

stone steps
doorknocker / it squeezes

letting go of
it bounces

347

Postreading

After the reading, deal with vocabulary that students do not understand, helping them determine meaning from the context. Then ask them to read the text again for content, following up with the exercises provided.

spider

light up

hardly

hasta el pecho, pero ahora es una gorda **araña** negra. Se la quita desesperadamente con la mano, y en ese instante se abre la puerta: el tío está de pie, sonriendo sin expresión, como si esperara sonriendo desde hace mucho tiempo antes detrás de la puerta cerrada. Dice algunas frases como si fueran preparadas. "Ahora tengo yo que contestar...", "Ahora él va a decir...". Y todo ocurre exactamente así. Ahora están en una habitación brillantemente iluminada, el tío saca cigarros envueltos en papel de plata y le ofrece uno. Largo rato busca los fósforos, pero en toda la casa no hay fósforos ni fuego de ninguna especie. No pueden **encender** los cigarros, el tío parece estar ansioso de que la visita termine, y por fin hay una confusa despedida en un pasillo lleno de largos cajones medio abiertos, y donde **apenas** hay lugar para moverse dentro de ellos.

Al salir de la casa, el hombre sabe que no debe mirar hacia atrás, porque... No sabe más que eso, pero lo sabe, y se retira rápidamente con los ojos fijos en el fondo de la calle. Poco a poco empieza a sentirse más **aliviado.** Cuando llega a su casa está tan cansado que se acuesta en seguida, casi sin desvestirse. Entonces sueña que está en un bonito parque y que pasa todo el día **remando** en el lago con su novia y comiendo chorizo en el restaurante "Nuevo Toro".

aliviado: relieved / *remando:* rowing

348

Comprensión

K. Ahora contesta las siguientes preguntas sobre la estructura y la interpretación del texto de Cortázar en las páginas 347–348.

1. ¿La lectura cambiaría si se dividiera en tres o cuatro párrafos en lugar de dos? ¿Por qué sí o por qué no?
2. ¿Cómo describirías el ambiente que el autor crea en el primer párrafo?
3. ¿Cuál es el ambiente que Cortázar describe en el segundo párrafo?
4. ¿Es posible saber cuántos sueños se describen en este breve pasaje? ¿Por qué sí o por qué no?
5. ¿Qué interpretación podrías hacer de lo que pasó en la casa del tío? ¿Qué podrían significar algunas de las imágenes asociadas con la casa?

¡Adelante!

EJERCICIO ORAL

L. *Si tuviera la oportunidad...* Indica algunas cosas interesantes que quisiera hacer o tener en la vida. Si quieres, usa la imaginación para inventar algo extraordinario. Considera una variedad de posibilidades para organizar tus ideas: si tú tuvieras el tiempo, el dinero, el talento, la influencia o poderes mágicos. Prepara por lo menos cinco frases, mencionándolas en orden de su importancia para ti y usando los verbos en el condicional. Sigue el modelo.

 **Modelo:** *Si tuviera el talento tocaría el saxofón en todos los clubes de jazz de Europa.*

EJERCICIO ESCRITO

M. *Mi novela* Write a brief description of the story you would write if you had the time and talent. Use the conditional tense in your comments, which should include some information about (1) the theme, (2) the main characters, and (3) the general plot line you would have in the book. Begin your description with **Si tuviera el tiempo y el talento, escribiría una novela sobre...**

Ex. K: writing

Ex. M: writing

Variation, Ex. M: Some students might be interested in presenting a brief biography or overview of a favorite novelist's works.

Learning Strategies:

Interpreting the significance of structural organization in a literary work, intepreting literary imagery, expressing and supporting opinions

Critical Thinking Strategies:

Drawing inferences, conjecturing

Learning Strategies:

Listing, expressing aspirations

Critical Thinking Strategies:

Making associations, categorizing, prioritizing

Learning Strategies:

Summarizing, organizing ideas in paragraphs

Critical Thinking Strategies:

Imagining, sequencing, making associations between a literary theme and its expression through characters and events

349

TERCERA ETAPA

Preparación

Learning Strategies:

Previewing, identifying
characteristics, express-
ing and supporting
opinion

*Critical Thinking
Strategy:*

Generalizing

>> **¿C**ómo es una familia típica para ti?

>> **P**iensa en uno de los programas en televisión sobre la familia. ¿Cómo son algunas de las personas de la familia que se presenta?

>> **¿P**uedes pensar en algún incidente cómico o extraño que forma parte de la historia de tu familia?

>> **¿Q**uién es una de las personas más inolvidables de tu familia? ¿Por qué es inolvidable?

Los mundos fantásticos del hogar

Isabel Allende

350

Etapa Support Materials

Workbook: **pp. 278–283**
Quiz: **Testing Program, p. 157**
Chapter Test: **Testing Program, p. 159**

Prereading

After scanning this passage for cognates, read it to the students at a moderate pace so that they can hear the informal storytelling style of the author.

Isabel Allende (Chile, 1942–   ) es una de las novelistas que siempre aparece en la lista de los mejores escritores contemporáneos de habla española. Ha publicado varias novelas, incluyendo La casa de los espíritus *(1982),* De amor y de sombra *(1984) y* Eva Luna *(1987), y una colección de cuentos,* Los cuentos de Eva Luna *(1990). Su primera obra, de donde viene la selección que sigue, se considera la mejor que ha escrito hasta ahora. En esta novela presenta la vida de varias generaciones de una familia chilena por medio del prisma del realismo mágico. Sus fuertes personajes femeninos son inolvidables como mujeres de carne y hueso, como espíritus y como símbolos de la reforma general que la sociedad necesita si la vida va a mejorar para todos.*

La casa de los espíritus: La niña Clara y su perro Barrabás

La niña Clara **se hizo cargo del** perrito enfermo. Lo sacó de la canasta, lo abrazó a su pecho y con el cuidado de misionera le dio agua en el **hocico hinchado** y **reseco**. Clara *se* **convirtió** en una madre para el animal, dudoso privilegio que nadie quería disputarle. Un par de días más tarde, su padre Severo **se fijó en** la criatura que su hija llevaba en los brazos.

—¿Qué es eso? —preguntó.

—Barrabás —dijo Clara.

—Déselo al jardinero, para que lo lleve de esta casa. Puede contagiarnos con alguna enfermedad —ordenó Severo.

—Es mío, papá. Si me lo quita, le prometo que dejaré de **respirar** y me moriré.

Se quedó en la casa. Al poco tiempo corría por todas partes **devorándose** las cortinas, las alfombras y las patas de los muebles. Se recuperó de su enfermedad con gran rapidez y empezó a **crecer**. Cuando lo bañaron por primera vez, se descubrió que era negro, de cabeza cuadrada, patas muy largas y pelo corto. La Nana quería cortarle la cola, diciendo que así parecería perro fino, pero Clara se enojó tanto que tuvo un ataque de

took charge of the	
muzzle / swollen / dried out / became	
noticed	
to breathe	
devouring	
to grow	

351

Postreading

After the reading, deal with vocabulary that students do not understand, helping them determine meaning from the context. Then ask them to read the text again for content, following up with the exercises provided.

length
swept

breed

sheep
colt

hooves / crocodile / sharp

bite

covered up

leaned against
growl
panther
lock him up

asma y nadie volvió a mencionar la idea. Barrabás se quedó con la cola entera. Con el tiempo ésta llegó a tener el **largo** de un palo de golf y sus movimientos descontrolables **barrían** las porcelanas de las mesas y rompían las lámparas.

Era de **raza** desconocida. No tenía nada en común con los perros que andaban por la calle y mucho menos con los de pura raza de algunas familias aristocráticas. El veterinario no supo decir cuál era su origen, y Clara supuso que era de la China, porque había llegado en el equipaje de su tío que había visitado ese lejano país. Tenía una ilimitada capacidad de crecimiento. A los seis meses era del tamaño de una **oveja** y al año tenía las proporciones de un **potrillo.** La familia estaba desesperada y se preguntaba hasta qué tamaño crecería.

—Dudo que sea realmente un perro —decía Nívea. Cuando observaba sus **pezuñas** de **cocodrilo** y sus dientes **afilados,** sentía en su corazón de madre que la bestia podía quitarle la cabeza a un adulto de una **mordida** y con mayor razón a cualquiera de sus niños.

Pero Barrabás no daba muestras de ninguna ferocidad; por el contrario. Jugaba como un gatito. Dormía en los brazos de Clara, dentro de su cama, con la cabeza en la almohada de plumas y **tapado** hasta el cuello porque le daba frío, pero después cuando ya no cabía en la cama, se acostaba en el suelo a su lado, con su hocico de caballo **apoyado en** la mano de la niña. Nunca lo oyeron ladrar ni **gruñir.** Era negro y silencioso como una **pantera,** le gustaban el jamón y los dulces de fruta y cada vez que alguien visitaba la casa y olvidaban **encerrarlo,** entraba tranquilamente al comedor y daba una vuelta a la mesa, tomando **con delicadeza** sus **bocadillos** preferidos de los platos. Nadie hacía nada para impedírselo.

con delicadeza: delicately / *bocadillos:* snacks

352

Ex. A:  writing

Ex. B: writing

Ex. C: pair work

 writing

Comprensión

A. *¿Cómo es Barrabás?*   Prepara una lista de las características de este perro extraordinario basándote en la lectura en las páginas 351–352 y tomando en cuenta las siguientes categorías: *su apariencia física, su temperamento, sus hábitos y gustos.*

B. *Cuestionario*   Contesta en español las siguientes preguntas sobre la lectura.

1. Cuando llegó el perrito a la casa, ¿cómo lo trató la niña Clara?
2. ¿Qué pensaba su padre Severo del animal?
3. ¿Qué dijo Clara que haría si Barrabás no pudiera quedarse con ella?
4. ¿Qué descubrieron cuando bañaron al perro?
5. ¿Qué quería la Nana hacer con la cola?
6. ¿Cómo reaccionó Clara a esta idea?
7. ¿Cómo era su cola?
8. Describe cómo creció Barrabás.
9. ¿Por qué estaba preocupada Nívea, la madre de Clara?
10. ¿Cómo era el temperamento del perro?
11. ¿Dónde dormía Barrabás?
12. ¿Qué hacía el perro a la hora de la comida cuando no lo encerraban?
13. ¿Te gustaría tener un perro como Barrabás? ¿Por qué sí o por qué no?

C. *Un diálogo entre Clara y su padre*   Trabajando con un(a) compañero(a) de clase, imaginen una conversación entre Clara y su padre. ¿Cómo sería un intercambio entre ellos con Barrabás como el centro del conflicto? Escriban juntos un diálogo de unas 10 a 12 líneas, preparándose para después leérselo a la clase.

353

Ex. D: pair work

Possible answers, Ex. D:
1. ¿Dónde vivirías si fueras rico(a)? Viviría en Madrid.   2. ¿Qué ropa llevarías si fueras rico(a)? Llevaría ropa elegante.   3. ¿Qué comerías si fueras rico(a)? Comería mariscos.   4. ¿Con quién saldrías si fueras rico(a)? Saldría con gente famosa.   5. ¿Adónde viajarías si fueras rico(a)? Viajaría al Perú.   6. ¿Qué coche comprarías si fueras rico(a)? Compraría el Porsche más rápido.   7. ¿Cuánto dinero tendrías si fueras rico(a)? Tendría muchísimo dinero.   8. ¿Qué harías con tu tiempo si fueras rico(a)? Viajaría.

Ex. E: pair work

Possible answers, Ex. E:
1. ¿Dónde vivirás cuando seas rico(a)? Viviré en Madrid.   2. ¿Qué ropa llevarás cuando seas rico(a)? Llevaré ropa elegante.   3. ¿Qué comerás cuando seas rico(a)? Comeré mariscos.   4. ¿Con quién saldrás cuando seas rico(a)? Saldré con gente famosa.   5. ¿Adónde viajarás cuando seas rico(a)? Viajaré al Perú.   6. ¿Qué coche comprarás cuando seas rico(a)? Compraré el Porsche más rápido.   7. ¿Cuánto dinero tendrás cuando seas rico(a)? Tendré muchísimo dinero.   8. ¿Qué harás con tu tiempo cuando seas rico(a)? Viajaré.

Repaso

D. Si fueras rico(a)...   Usa la información que sigue para hacerle preguntas a un(a) compañero(a) sobre lo que él (ella) haría si fuera rico(a). Usa los verbos en el condicional. Sigan el modelo.

Modelo: dónde / vivir
—*¿Dónde vivirías si fueras rico(a)?*
—*Viviría en California (en Nueva York, en España, etc.).*

1. dónde / vivir
2. qué / (ropa) llevar
3. qué / comer
4. con quién / salir
5. adónde / viajar
6. qué coche / comprar
7. cuánto dinero / tener
8. qué / hacer con tu tiempo

E. Cuando seas rico(a)...   Tu compañero(a) es más optimista que tú. Por eso, él (ella) supone que va a ser rico(a) algún día. Usa la información que sigue para hacerle preguntas sobre lo que él (ella) hará cuando sea rico(a). Usa los verbos en el futuro. Sigan el modelo.

Modelo: dónde / vivir
—*¿Dónde vivirás cuando seas rico(a)?*
—*Viviré en California (en Nueva York, en España, etc.).*

1. dónde / vivir
2. qué / (ropa) llevar
3. qué / comer
4. con quién / salir
5. adónde / viajar
6. qué coche / comprar
7. cuánto dinero / tener
8. qué / hacer con tu tiempo

ESTRUCTURA

More about the subjunctive and the sequence of tenses

En este caso, el director **pedirá** que los escritores **acepten** su idea.	In this case, the director *will ask* that the writers *accept* his idea.
En este caso, el director **ha pedido** que los escritores **acepten** su idea.	In this case, the director *has asked* that the writers *accept* his idea.
En este caso, el director **pediría** que los escritores **aceptaran** su idea.	In this case, the director *would ask* that the writers *accept* his idea.
En este caso, el director **había pedido** que los escritores **aceptaran** su idea.	In this case, the director *had asked* that the writers *accept* his idea.

354

1. If the future-tense verb or the present perfect-tense verb (to have done something) in the main clause requires the use of the subjunctive in the **que** clause, the verb in that dependent **que** clause will be in the present subjunctive. Note that in both instances, the present subjunctive refers to future action.

2. If the conditional-tense verb or the past perfect-tense verb (had done something) in the main clause requires the use of the subjunctive in the **que** clause, the verb in that dependent **que** clause will be in the imperfect subjunctive.

3. This is an automatic sequencing in Spanish that does not always translate word-for-word into English.

Aquí practicamos

F. Sustituye las palabras en cursiva con las palabras entre paréntesis y haz los cambios necesarios. Presta atención a la secuencia de los tiempos verbales.

1. La maestra recomendará que *Carlos* mande el poema al concurso literario. (nosotros / tú / el mejor alumno / ellos / vosotros / yo)
2. No será posible que *ustedes* hablen con el novelista mañana. (el profesor / los estudiantes / ella / tú / Mariano y Mercedes / nosotros)
3. Yo había querido que *los amigos* ayudaran con el proyecto. (Carlos / cinco estudiantes / Gloria y Ana / el maestro / tú / vosotros)
4. Sería una lástima que *el presidente del club* no estuviera aquí para la ceremonia. (los mejores escritores / mi hermana / los profesores / él / ellas / tú)
5. El poeta ha pedido que *nosotros* leamos su poema en voz alta. (Consuelo / Eduardo y Jaime / la señora / otra persona / vosotros / ellos)
6. ¿Preferirías que sólo *José* fuera a la conferencia? (nosotras / yo / ella / cinco estudiantes / la escritora / los padres)

G. ¿Qué más? Completa las oraciones siguientes con la información que quieras añadir. Presta atención a la secuencia de los tiempos verbales y al uso del subjuntivo.

Modelo: No será posible que…
No será posible que nosotros salgamos temprano hoy.

1. No será necesario que…
2. La profesora había pedido que…
3. Nosotros sentiríamos mucho que…
4. Mis padres insistirían en que…
5. El presidente del club había querido que…

//·//·//·//·//·//·//·//·//·//·//
Learning Strategies:
Reporting, expressing opinions and sentiments

Critical Thinking Strategies:
Making associations, evaluating

355

Answers, Ex. F: 1. nosotros mandemos, tú mandes, el mejor alumno mande, ellos manden, vosotros mandéis, yo mande 2. el profesor hable, los estudiantes hablen, ella hable, tú hables, Mariano y Mercedes hablen, nosotros hablemos 3. Carlos ayudara, cinco estudiantes ayudaran, Gloria y Ana ayudaran, el maestro ayudara, tú ayudaras, vosotros ayudarais 4. los mejores escritores no estuvieran, mi hermana no estuviera, los profesores no estuvieran, él no estuviera, ellas no estuvieran, tú no estuvieras 5. Consuelo lea, Eduardo y Jaime lean, la señora lea, otra persona lea, vosotros leáis, ellos lean 6. nosotras fuéramos, yo fuera, ella fuera, cinco estudiantes fueran, la escritora fuera, los padres fueran

Possible answers, Ex. G: 1. No será necesario que vayamos a la librería mañana. 2. La profesora había pedido que nosotros escribiéramos una composición. 3. Nosotros sentiríamos mucho que no tuviéramos una fiesta este fin de semana. 4. Mis padres insistirían en que yo comprara gasolina para el coche. 5. El presidente del club había querido que cambiáramos la fecha de la reunión. 6. Para mejorar la situación, yo sugeriría que mandaran una carta. 7. La profesora explicará el poema para que todos lo entiendan bien. 8. Mis amigos y yo vamos a pedir que nos dejen salir temprano el viernes. 9. Será mejor que todos los estudiantes terminen su tarea esta tarde. 10. Me alegraría mucho que nevara el lunes próximo.

Ex. H:  pair work

writing

6. Para mejorar la situación, yo sugeriría que...
7. La profesora explicará el poema para que...
8. Mis amigos y yo vamos a pedir que...
9. Será mejor que todos los estudiantes...
10. Me alegraría mucho de que...

H. *¿Qué recomendarías?* Trabajando con un(a) estudiante, dile lo que tú recomendarías que hiciera una persona interesada en ser un novelista famoso. Haz seis recomendaciones. Después escucha lo que él (ella) recomendaría. Entonces, trabajen juntos para poner las recomendaciones en orden de su utilidad.

LECTURA: COMO AGUA PARA CHOCOLATE —LAS CEBOLLAS Y EL NACIMIENTO DE TITA

Laura Esquivel (México, 1950–) *es la autora de un libro de gran venta en su país así como en el mundo. Su extraordinaria novela tiene el título completo de* Como agua para chocolate: Novela de entregas mensuales con recetas,

Laura Esquivel

356

amores y remedios caseros. *Es una novela sabrosa, romántica y divertida, tanto por sus coloridas descripciones de la comida como por sus gráficas escenas de la tumultuosa vida de una familia mexicana a principios del siglo. La talentosa escritora no sólo les enseña a los lectores cómo se prepara la comida sino que les abre el apetito para que sigan leyendo y leyendo sobre las aventuras tragicómicas de una serie de personajes inolvidables. La obra ha sido traducida a varias lenguas. La versión fílmica de la novela ha tenido un éxito internacional fenomenal, ganando varios premios para Laura Esquivel, incluyendo el mejor guión, escrito por ella misma.*

Antes de leer

1. Lee el título de la lectura en la página 356. ¿Qué idea da del contenido general del texto?
2. Ahora lee la breve introducción para saber algo del libro de donde viene la lectura y para contestar las siguientes preguntas.
   a. ¿Qué tipo de libro es *Como agua para chocolate?*
   b. ¿Cómo se llama la autora de la obra?
   c. ¿Qué ha ayudado a hacer famosa esta obra?
3. Lee los párrafos en las páginas 358–359 para encontrar sólo las palabras que tengan que ver con la comida y los ingredientes. Trabaja con otro estudiante para hacer una lista. (Hay como doce ingredientes, especias o alimentos.)
4. Ahora lee la primera oración de cada párrafo para tener una idea más específica del contenido del texto. Di de qué parece tratar cada párrafo.

Guía para la lectura

Ahora lee el texto completo y contesta estas preguntas sobre su contenido.

1. ¿Cuál es la relación de Tita con la persona que narra la historia?
2. ¿Quién es Nacha?
3. ¿Qué cosa extraordinaria le pasaba a la niña cuando todavía estaba en el vientre de su madre?
4. ¿Dónde nació Tita?
5. ¿Por qué no le dieron "la nalgada" a la recién nacida?
6. ¿Qué produjeron los fuertes llantos de la pequeñita?
7. ¿Por qué se decidió que Nacha cuidaría y alimentaría a la niña?
8. ¿Cuál es el detalle importante que se menciona en cuanto a la posibilidad de que Tita se case en el futuro?
9. ¿Cuál fue la consecuencia principal en Tita de su inusitado nacimiento?
10. ¿Por qué a veces no tomaba en serio Nacha los llantos de la niña?
11. Cuando llegó a ser más madura, ¿qué confundía Tita?
12. Aunque no entendía mucho del mundo exterior, ¿qué conocía por completo Tita?

357

Answers, Antes de leer:

3. la cebolla, la sopa de fideos, el tomillo, el laurel, el cilantro, la leche, los ajos, la sal, los atoles, los tés, los frijoles, las gallinas, el pan

Answers, Guía para la lectura: 1. Tita es la tía abuela de la narradora, o sea, la hermana de su abuela.   2. Nacha es la cocinera de la familia. 3. Tita lloraba y lloraba en el vientre de su madre cuando ésta cortaba cebolla en la cocina. 4. Tita nació prematuramente sobre la mesa de la cocina. 5. Porque ya estaba llorando la niña cuando nació.   6. Sus llantos produjeron 5 kilos de sal sobre el piso.   7. Porque la muerte repentina de su esposo dejó a la madre sin poder producir leche natural para alimentar a la recién nacida.   8. Se menciona que su oráculo, o una profecía, indicaba que Tita nunca se casaría.   9. Sintió Tita tanto amor por la cocina que ahí pasaría casi toda su vida. Tenía un sexto sentido para todo lo que tenía que ver con la comida. 10. Porque Nacha y la niña sabían que a veces sólo lloraba por el efecto sobre ella de las cebollas. 11. Tita confundía la risa con el llanto y también el gozo del vivir con el de comer.   12. Conocía por completo la cocina y todo lo relacionado con la comida.

Enero: Tortas de Navidad

Ingredientes:
1 lata de sardinas
1/2 de chorizo
1 cebolla
orégano
1 lata de chiles serranos
10 teleras

Manera de hacerse:

chopped
crown of the head
a flood of tears

La cebolla tiene que estar finamente **picada.** Les sugiero ponerse un pequeño trozo de cebolla en la **mollera** con el fin de evitar el molesto **lagrimeo** que se produce cuando uno la está cortando. Lo malo de llorar cuando una pica cebolla no es el simple hecho de llorar, sino que a veces uno empieza, como quien dice, se pica, y ya no puede parar. No sé si a ustedes les ha pasado pero a mí la mera verdad sí. Infinidad de veces. Mamá decía que era porque yo soy igual de sensible a la cebolla que Tita, mi tía abuela.

womb

deaf
sobbings
delivery (of a baby) / to utter a peep
noodles
thyme / boiled / garlic
spanking

prophecy, prediction

Dicen que Tita era tan sensible que desde que estaba en el **vientre** de mi bisabuela lloraba y lloraba cuando ésta picaba cebolla. Su llanto era tan fuerte que Nacha, la cocinera de la casa, que era medio **sorda,** lo escuchaba sin esforzarse. Un día los **sollozos** fueron tan fuertes que provocaron que el **parto** se adelantara. Y sin que mi bisabuela pudiera **decir ni pío,** Tita llegó a este mundo prematuramente, sobre la mesa de la cocina, entre los olores de una sopa de **fideos** que se estaba cocinando, los del **tomillo,** el laurel, el cilantro, el de la leche **hervida,** el de los **ajos** y, por supuesto, el de la cebolla. Como se imaginarán, la tradicional **nalgada** no fue necesaria pues Tita nació llorando de antemano, tal vez porque ella sabía que su **oráculo** determinaba que en esta vida le estaba negado el matrimonio. Contaba Nacha que Tita fue literalmente empujada a este mundo por un torrente impresionante de lágrimas que se desbordaron sobre la mesa y el piso de la cocina.

En la tarde, ya cuando el susto había pasado y el agua, gracias al efecto de los rayos del sol, se había evaporado, Nacha barrió el residuo de las lágrimas que había quedado sobre el piso. Con esta sal rellenó un **costal** de cinco kilos que utilizaron para cocinar por bastante tiempo. Este **inusitado** nacimiento determinó el hecho de que Tita sintiera un

sack
unusual

358

inmenso amor por la cocina y que la mayor parte de su vida la pasara en ella, prácticamente desde que nació, pues cuando contaba con dos días de edad, su padre, o sea mi bisabuelo, murió de un ataque del corazón. A Mamá Elena, de la impresión, se le fue la leche y se vieron en un verdadero **lío** para calmar el hambre de la niña. Nacha se ofreció a hacerse cargo de la alimentación de Tita. Mamá Elena aceptó con agrado la sugerencia pues bastante tenía ya con la tristeza y la enorme responsabilidad de manejar correctamente el rancho.

bind, mess, hassle

Por tanto, desde ese día, Tita se mudó a la cocina y entre **atoles** y tés creció de lo más sana y **rozagante.** Es de explicarse entonces el que se le haya desarrollado un sexto sentido en todo lo que a comida se refiere. Por ejemplo, sus hábitos alimenticios estaban condicionados al horario de la cocina: cuando en la mañana Tita olía que los frijoles ya estaban cocidos, o cuando a medio día sentía que el agua ya estaba lista para **desplumar** a las gallinas, o cuando en la tarde **se horneaba** el pan para la cocina, ella sabía que había llegado la hora de pedir sus alimentos.

cornflour porridge
showy, haughty

pluck off feathers / baked

Algunas veces lloraba **de balde,** como cuando Nacha picaba cebolla, pero como las dos sabían la razón de esas lágrimas, no se tomaban en serio. Inclusive se convertían en motivo de diversión, a tal grado que durante su niñez Tita no diferenciaba bien las lágrimas de la risa de las del llanto. Para ella reír era una manera de llorar.

in vain

De igual forma Tita confundía el gozo del vivir con el de comer. No era fácil para una persona que conoció la vida a través de la cocina entender el mundo exterior. Ese gigantesco mundo que empezaba de la puerta de la cocina hacia el interior de la casa, porque el mundo que **colindaba** con la puerta trasera de la cocina y que daba al patio y a la **huerta,** sí le pertenecía a Tita por completo, lo dominaba.

bordered, was next to
vegetable garden

359

Answers, Ex. I:
1. El punto de vista es el de la primera persona del singular ("yo"). La perspectiva narrativa es la de una mujer. 2. *Answers will vary.* El tono de la narración, o la actitud de la persona que narra, es muy natural, informal y amistosa. 3. Parece que se le está contando la historia a los lectores que están incluídos en el texto en tales referencias como "les sugiero", "no sé si a ustedes les ha pasado lo mismo", "como se imaginarán". 4. *Wording for answer will vary.* El tema central del pasaje es el nacimiento de una mujer extraordinaria y cómo el arte de la cocina llega a ser una parte central de su vida. 5. Hay varios elementos mágicorrealistas: el efecto de la cebolla sobre la niña en el vientre de su madre; la fuerza exagerada de los llantos de la recién nacida; la cantidad de sal (5 kilos) que produjeron los llantos de la niña; el sexto sentido de Tita en todo lo que a comida se refiere. 6. *Answers will vary.* Tantas referencias a la comida le dan mucha importancia, son divertidas y contribuyen al tono informal, familiar e íntimo. También invita a los lectores a acercarse más al cuento porque todos tenemos experiencia con la comida. La comida une a la gente.

Ex. J: pair work

Ex. K: writing

Comprensión

I. Ahora lee las siguientes preguntas antes de volver a leer la lectura. Luego, contéstalas comentando sobre el uso de la lengua y las técnicas literarias.

1. ¿Cuál es el punto de vista de esta narración? Es decir, ¿con quién se asocia la perspectiva narrativa que se presenta en el texto?
2. ¿Cuál es el tono de la narración o la actitud predominante que comunica la persona que narra?
3. ¿A quién parece que se le está contando esta historia? ¿Cómo lo sabes?
4. ¿Cuál es el tema central del pasaje?
5. ¿Cuáles son algunos ejemplos de la exageración que contribuyen al ambiente del realismo mágico?
6. ¿Cuál es el efecto de hacer tantas referencias a la comida?

EJERCICIO ORAL

J. *Será posible en el mundo del futuro.* Hablando con un(a) compañero(a) de clase, piensen en seis o siete cosas interesantes que pasarán en el futuro, empleando la frase *Será posible que...* y usando los verbos con la forma apropiada del subjuntivo. Para cada cosa que mencionas, (1) explica el cambio y (2) decide también si la vida sería mejor o peor. Algunas categorías a considerar son: el transporte, la comunicación, la educación, la medicina y las relaciones entre los pueblos diferentes. Claro está, es importante usar la imaginación en este ejercicio también.

EJERCICIO ESCRITO

K. *Una carrera ideal sería una que...* Piensa en lo que te gustaría hacer en el futuro, en el tipo de trabajo o en la carrera que te gustaría tener para ganarte la vida. Escribe una breve composición de tres o cuatro párrafos. Algunas cualidades a considerar son: (1) una oficina en un lugar agradable, (2) colegas simpáticos, (3) responsabilidades interesantes, (4) un buen salario, (5) la oportunidad de usar el español y (6) la posibilidad de viajar o de aventura. Indica la importancia de cada cualidad que mencionas. Emplea la forma apropiada del imperfecto del subjuntivo con los verbos que decidas usar. Comienza con la frase *Una carrera ideal sería una que...* .

360

Vocabulario

Para charlar

Para hablar de condiciones irreales y hacer hipótesis

Si tuviera tiempo, iría…

Para expresar supocisiones

Si tengo tiempo, iré…

Vocabulario general

Sustantivos

el ángel	el invento	
una araña	las leyes	
el barro	el llanto	
las campanas	la mezcla	
la carpa	los mitos	
el cocodrilo	una mordida	
la cola	una mosca	
las creencias	una oveja	
el crepúsculo	una pantera	
el diamante	los poderes	
los diseños	un potrillo	
el esbozo	el príncipe	
la fantasía	la raza	
la feria	un rincón	
la fusión	el ruido	
un hecho	el (la) sabio(a)	
el hogar	el sueño	
la imaginación	la técnica	

Verbos

aparecer
caber
crecer
desaparecer
elevar
encender (ie)
encerrar
incluir
ladrar
murmurar
recorrer
renovar
respirar
señalar
soñar (ue)
volver(se) (ue)

Otras palabras y expresiones

contar un cuento (una historia, un sueño, etc.)
convertirse en
hacerse cargo de
tener que ver

Adjetivos

extraterreno(a)   mítico(a)
hinchado(a)   reseco(a)
mágico(a)   sobrenatural
misterioso(a)

Ya llegamos

Actividades orales

A. *Una novela interesante* You and a classmate tell each other about an interesting novel that you have each read. Each of you should tell what it is about, who the main characters are, why you like it, and why you recommend it.

B. *Mis planes* Tell a classmate what you might possibly do after you finish high school. Use such phrases as **Es posible...** , **Es probable...** , **Puede ser que...** , etc.

C. *Bajo otras circunstancias* Discuss with a group of classmates what you would do if circumstances were different. Use the following phrases as possible points of departure: **Si tuviera tiempo...** , **Si tuviera dinero...** , **Si fuera más viejo(a) (más joven)...** , **Si fuera hombre (mujer)...** , **Si viviera...** , **Si pudiera hacerlo...** , etc.

D. *Un sueño* Pair up with a classmate and tell each other about a dream that you had once, or have had on several occasions. Give as many details as possible.

E. *¡Viva yo!* Politicians make lots of promises when they run for office and often find it is hard to keep them after being elected. Talk to a classmate about what you would say and do if you were president of your country. Use the conditional tense in each of your comments. Begin your statements with **Si yo fuera presidente del país...** .

Learning Strategies:

Organizing ideas in paragraphs, making and supporting recommendations

Critical Thinking Strategies:

Analyzing, evaluating

Learning Strategy:

Narrating

Critical Thinking Strategies:

Imagining, conjecturing

Learning Strategy:

Brainstorming

Critical Thinking Strategies:

Hypothesizing, conjecturing, seeing cause-and-effect relationships

Learning Strategies:

Narrating in the past, describing, organizing ideas

Exs. A and B: pair work

Ex. C: groups of four or more

Ex. D: pair work

Ex. E: pair work

role play

Support material, Unidad 4: Lab Manual Ya llegamos listening activities, Laboratory Program , Tapescript, and Teacher's Edition of the Workbook/Lab Manual

363

Support Materials

Workbook: pp. 284–286
Unit Review Blackline Masters: Unit 4 Review
Listening Activity masters: p. 70
Tapescript: p. 114
Unit Exam: Testing Program, p. 163
Final Exam: Testing Program, p. 169

Atajo, Writing Assistant Software *supports*

Exs. F, G, H, and I:  writing

Writing Activities

Atajo,
Writing
Assistant
Software

Functional vocabulary:
Describing objects; describing people; describing weather; linking ideas; making transitions; sequencing events; etc.

Topic vocabulary: Topics will vary, based on students' ideas.

Grammar: Verbs: present subjunctive; conjunctions; verbs: conditional; verbs: sequence of time with **si;** etc.

Learning Strategies:

Summarizing, supporting opinions

Critical Thinking Strategy:

Evaluating

Learning Strategies:

Using irony, organizing ideas in paragraphs

Critical Thinking Strategies:

Creating, sequencing

Learning Strategies:

Using imagery for symbolism, organizing ideas in paragraphs

Critical Thinking Strategies:

Creating, making associations, sequencing

Learning Strategies:

Describing, expressing and supporting preferences, organizing ideas in paragraphs

Critical Thinking Strategies:

Imagining, analyzing, making associations, evaluating, conjecturing

364

Actividades escritas

F. *Un resumen del argumento*   Write a brief plot summary of a novel that you have read recently. In addition, tell why you did or did not enjoy it.

G. *Mi caso*   Using the **casos** on pages 339–340 as models, write a brief, ironic little passage that tells a tale and has a beginning, a middle, and an end.

H. *Un sueño inolvidable*   Recall or make up a dream sequence. When you write it down, try to include some imaginative images and twists. Use your Spanish dictionary when you need special words.

I. *Un invitado especial*   Imagine that you could invite a Spanish or Latin American Nobel Prize-winner (living or dead) to dinner at your house next weekend. Write a brief essay about the person you would invite, why you would invite that particular author, what you would talk about, and what might happen during the visit.

Expansión CULTURAL

Antes de leer

1. Mira los dibujos que acompañan el artículo y lee el título y la breve introducción para saber de qué trata. ¿Cuál crees que va a ser el tema general de la lectura?
2. Mira los párrafos rápidamente para hacer una lista de los nombres propios de personas y de lugares que se mencionan en ellos.
3. Ahora busca las palabras cognadas que contiene para poder leer con más facilidad.

Expansión cultural

Prereading

This magazine article has many cognates. Ask students to identify them before asking them to read the topic sentence of each paragraph aloud. As the third step, have them read for content. Finally, check for comprehension with the questions provided.

Cooperative Learning

Expansión cultural: Simultaneous Explanation Trios

- Divide students into groups of three of varied abilities.
- Direct students to read the **Expansión cultural** first on their own.
- When the students have finished reading the excerpt by themselves, ask for volunteers to summarize in one sentence what it is about. Then have students read it in teams by paragraphs.
- Ask one student in each team to begin by reading the first paragraph aloud to the team. Each student in the team is to formulate a one-sentence summary of the paragraph.
- Have the students share their summaries. Instruct all of the students to listen carefully to each other's summary. All students get equal time.
- Now direct the teams to create a new sentence together that summarizes the reading and relates it to the students' own experience. They should be able to create a sentence that is superior to each member's initial formulation through the process of association, building on each other's thoughts, and synthesizing.
- Have the students continue the process for as much time as you have. When you stop them, explain to them that they have just practiced a reading skill that can help their comprehension of any reading material.

Guía para la lectura

A. Lee el primer párrafo y después completa la oración con la información que mejor corresponde a la información del párrafo.

El director Frank Janney publica obras latinoamericanas para…

1. ganar mucho dinero.
2. satisfacer la demanda del público.
3. ser popular en el mundo literario.

B. Lee el segundo párrafo y completa la oración de una manera correcta.

No es tan absurdo tener una casa editorial de la lengua española en Nueva Inglaterra porque…

1. muchos norteamericanos hablan y leen español.
2. el mundo de habla española no tiene ningún centro editorial en otro país.
3. es bastante económico publicar libros en los Estados Unidos.

C. Lee el tercer párrafo y escoge la mejor manera de completar el comentario.

Una circunstancia frustrante para Janney es que la mayor parte de sus publicaciones son…

1. muy caras para distribuir.
2. difíciles para los lectores.
3. compradas por las universidades y escuelas.

D. Haz lo mismo con el último párrafo.

El director piensa que en el futuro es posible que…

1. se vea menos competencia entre las casas editoriales.
2. haya más lectores anglo-norteamericanos que tengan interés en novelas latinoamericanas.
3. Ediciones del Norte ya ni siga publicando libros en español.

Lecturas sin fronteras

Frank Janney, director de Ediciones del Norte, la prestigiosa casa editorial en Hanover, New Hampshire, que publica las obras de algunos de los más ilustres escritores contemporáneos, explica la razón para una casa editorial en español en los Estados Unidos.

Cuando me preguntan por qué decidí publicar las obras de autores latino-americanos en los Estados Unidos, aún ahora, después de diez años, siento la sorpresa de alguien que llega de un **salto mortal** a la otra orilla. No hay duda ahora de que la existencia de Ediciones del Norte es una realidad. Esto lo confirman los miles de lectores hispanos y norteamericanos que leen nuestras ediciones y **fortalecen** los **vínculos** entre Norte y Sur.

death-defying leap

strengthen / ties, bonds

Al principio, la gente decía que mi idea de publicar las mejores novelas en lindas ediciones en los Estados Unidos era una **locura.** Pero en realidad, tener un proyecto editorial en Nueva Inglaterra para un mundo que no tenía ningún centro, en donde el uruguayo vivía en Caracas, el chileno en Guadalajara, el argentino en Manhattan, etc., no era tan absurdo. Barcelona ya no era el centro editorial para los escritores latinoamericanos como lo había sido durante el famoso "boom" de los años sesenta, y México no podía con tantos escritores en exilio. Además, ¿dónde iba a publicar en español un cubano **refugiado?**

insanity

refugee

En los ochenta los problemas económicos causaron devaluaciones masivas en América Latina. Por eso decidimos concentrarnos en el mercado en los Estados Unidos, los 20 millones de hispanos y el mundo académico. Hasta ahora hemos vendido la mayor parte de nuestras publicaciones a las universidades y escuelas, una circunstancia muy **frustrante,** porque nuestros libros están **al alcance** de todos y no son sólo para las bibliotecas. Esperamos el momento en que en los Estados Unidos haya una cultura plural en donde no existan las fronteras y los límites artificiales, y lo que hoy es "extranjero" sea tan familiar como un bistec tejano o un taco mexicano.

frustrating
within reach

Es posible que **aumente** aun más el número de lectores anglo-norteamericanos que tienen un interés genuino en la cultura hispana y con quienes puede haber diálogo. A muchos norteamericanos les gusta la oportunidad de discutir con una persona de **raíces** latinoamericanas las novelas de García Márquez o Isabel Allende, por ejemplo. Así pueden apreciar la relación entre obra y lector en un contexto totalmente **distinto** al suyo.

it may increase

roots

different

Using a Spanish/English dictionary

Up until now you have been using various strategies to guess the meanings of new words. However, there will be times when you will want to look up a word in the dictionary. This lesson will acquaint you with the basic uses of a Spanish/English dictionary. A good bilingual dictionary will contain a considerable amount of information for each word that is included there. Each dictionary entry will include information about the pronunciation of the word, the part of speech of the word, whether it is more commonly used in certain parts of the Spanish-speaking world than in others, and whether there is any idiomatic usage of the word. For example, consider some of the many uses for the verb *to get* in English.

Mary *got* a scholarship.
Robert *got* a good grade on the test.

My brother *got* a good job.

She *got* on the bus at the corner.
He *got* off the train in Sevilla.
She *got* angry and left.
My brother *got* sick last night.
My aunt *got* married last week.

Mary **obtuvo** una beca.
Robert **sacó** una buena nota en el examen.

Mi hermano **consiguió** un buen trabajo.

Ella **subió** al autobús en la esquina.
Él **bajó** del tren en Sevilla.
Ella **se enojó** y salió.
Mi hermano **se enfermó** anoche.
Mi tía **se casó** la semana pasada.

As you can see in the above sentences, each of these uses of the verb *to get* has a different translation in Spanish. The common tendency is to pick the first word you find in the dictionary and use it. Before picking which word you want to use, however, you must look at the entire range of definitions the word may have in different contexts.

Look at the word *swallow* and its possible uses in the following sentences.

Give me a *swallow* of that milk.	*Dame un **trago** de esa leche.*
The *swallows* return to San Juan Capistrano every spring.	*Las **golondrinas** vuelven a San Juan Capistrano cada primavera.*
He *swallowed* the medicine.	*Él **se tragó** la medicina.*

In the first two examples the word is used as a noun and in the last one as a verb. How do you decide which of the dictionary entries best fits your context?

Dictionary Entries

Deciding which of the English equivalents of the word you want to use will depend on your becoming familiar with a typical dictionary entry and the information conveyed by the symbols that accompany it. At right is a guide to some of the more common abbreviations you will find when you look up words in a dictionary.

PARTS OF SPEECH

adj	adjective
adv	adverb
art	article
conj	conjunction
nf	noun feminine
nm	noun masculine
prep	preposition
pro	pronoun
v	verb
vref	reflexive verb

REGIONS OF THE SPANISH-SPEAKING WORLD

Typically, the Spanish-speaking world is divided into several regions that reflect common usage of certain words. That is, some words are more common in certain parts of the Spanish-speaking world than in others. Note that **Spain** *(Esp)* and **Latin America** *(LAm)* are the two basic divisions. Latin America, however, is divided into five sub-regions: **Mexico** *(Mex)*, **Andean** *(And)*, **Caribbean** *(Carib)*, **Southern Cone** *(Cono Sur)*, and **Central America** *(CAm)*. Note the countries that fall within each of the five sub-regions.

Mex	**Mexico**
And	**Andean:** Bolivia, Colombia, Ecuador, Peru
Carib	**Caribbean:** Cuba, Dominican Republic, Puerto Rico, Venezuela
Cono Sur	**Southern Cone:** Argentina, Chile, Paraguay, Uruguay
CAm	**Central America:** Costa Rica, El Salvador, Guatemala, Honduras, Nicaragua, Panama

Dictionary Activities

bean **1.** *nm* frijol; **2.** *nf (Carib)* habichuela; **3.** *nf (Esp)* judía; **4.** *nm (Cono Sur)* poroto.

A. What can you tell from the Spanish equivalents for the word *bean* as shown here?

B. Think about the various uses of the word *fly* in English and match the uses with the definitions at right.

There is a *fly* in my soup.

Fly-fishing is my father's hobby.

I am in a hurry and have to *fly*.

When I go from Pittsburgh to Albuquerque, I usually *fly*.

When I go to Spain I *fly* into Barajas Airport.

The ostrich is a bird that cannot *fly*.

They *fly* the flag every day.

fly **1.** *nf* mosca; **2.** *(fly-fishing)* pescar a mosca; **3.** volar; **4.** *(travel by plar* ir en avión; **5.** *(to fly in L.A. International Airpo* llegar a Los Ángeles en avión; **6.** *(rush)* salir de prisa; **7.** *(to fly a plane) (LAm)* pilotear, *(Esp)* dirigir; **8.** *(to fly a flag)* izar una bandera.

Jim is going to *fly* his own plane to New York next week.

He likes to *fly* kites when it's windy.

C. Look up the following words in a Spanish/English dictionary. Pay special attention to the symbols and the information in parentheses that accompany each word. Which word in Spanish best corresponds to each? Why?

1. bolt *v*
2. inside *n*
3. value *v* (to think highly of)
4. hum *n*
5. date *n* (to have a date with someone)

6. hope *n*
7. iron *v*
8. palm *n* (the tree)
9. rest *v*
10. show *v*

Looking Up Words in Spanish

You remember learning the Spanish alphabet and you are familiar with the differences between the Spanish and English alphabets. One of the differences is a basic one since it concerns alphabetical order in Spanish. Use a dictionary to look up these words: **chocolate**, **llama**, **ñandú**. Read the complete entry for each one, and write some of the information such as gender and part of speech that is included for these words.

Did you have trouble finding them? In the Spanish alphabet there are three extra letters: **ch**, **ll**, and **ñ**. Your dictionary reflects Spanish alphabetical order by having separate sections for words beginning with these letters.* They follow the letters **c**, **l**, and **n** respectively.

When these letters occur in the middle of words, they may be hard to find if you do not remember this difference in alphabetical order. **Niña**, for example, is listed after all the words that begin with **nin-**; **leche** appears after all the words that begin with **lec-**; and **calle** will be found after all the words that begin with **cal-**. Until you become used to these differences in alphabetical order between Spanish and English, you may sometimes think that a word you are looking for is not in your dictionary.

There is actually a fourth letter in the Spanish alphabet that does not occur in English. This letter is **rr**. When the alphabet is recited, **rr** occurs after **r**, but since no words in Spanish begin in **rr**, there is not a separate section for it in the dictionary. In alphabetical lists, **rr** is simply treated as one **r** followed by another **r**.

Do you know what part of speech **chocolate** is? In Spanish, **chocolate** can only be a noun whereas in English it can also be used as an adjective. Information of this kind is often essential to interpret a word in a reading passage. What is the gender of the word **llama**? When you look up a word, always pay attention to the grammatical information in the entry.

1. Look up the following words. Read the complete entry for each, checking to be sure you understand any abbreviations. Take notes on the grammatical information you find in the entry.

   a. **ñoño**   c. **degollar**   e. **pañuelo**
   b. **alcachofa**   d. **cigüeña**   f. **colcha**

2. Write these words in Spanish alphabetical order. Then check your order by looking for them in a dictionary.

   a. **cartón**   c. **carácter**   e. **carro**
   b. **carrera**   d. **carpintero**   f. **caro**

3. Look up the following words in a Spanish/English dictionary but pay special attention to the symbols that accompany each word.

   a. **cura** *nf*   c. **corte** *nf*   e. **pez** *nf*
   b. **capital** *nm*   d. **papa** *nm*   f. **vocal** *nf*

---

* In dictionaries printed after 1994, the **ch** and **ll** entries are integrated with the rest of the **c** and **l** entries, respectively. However, you may encounter older dictionaries with separate entries for **ch** and **ll**.

Critical Thinking Strategies

The numbers in parentheses refer to the chapter in which the strategy is found.

Analysis

Examining an object or an idea, studying it from every angle to see what it is, how it works, how many similarities and differences it has from other objects or ideas, and how its parts relate or fit together
> Analyzing (P2, 1, 2, 7, 8)
> Analyzing contextual clues (11)

Categorizing

Organizing information into groups with similar qualities or attributes
> Categorizing (P1, P2, 1, 2, 3, 7, 10, 11, 12)
> Classifying (5)

Comparing and contrasting

Looking for similarities and/or differences between ideas, people, places, objects, and situations
> Comparing and contrasting (P1, P2, 1, 2, 4, 7, 11)
> Comparing (11)
> Contrasting (P2)

Making associations

Using an idea, person, event, or object to trigger the memory of another. Seeing relationships between two or more things.
> Associating clothing choices with weather (P1)
> Associating literary techniques in Spanish and English works (12)
> Associating musical qualities with language (11)
> Associating vacations and activities (2)
> Making associations (P1, P2, 1, 2, 3, 5, 6, 10, 11, 12)

Making associations between a literary theme and its expression through characters and events (12)
Making associations between a specific story and general themes in history   (11)
Making associations between elements in a story and features of a literary genre (12)
Making associations between folklore and cultural values (11)
Making associations between folk tales and cultural perspectives (11)
Making associations between general situations and personal experiences (12)
Making associations between individual human traits and universals of human nature (11)
Making associations between literary images and ideas (12)
Making associations between places or events and personal experiences (11)
Making associations between story-telling and drama (11)
Making associations between the common and poetic significance of words (10)
Making associations between the message of a story and its title (12)

Sequencing

Arranging details in order according to specified criteria
> Sequencing (7, 8, 9, 10, 12)

Creating

Producing an original product of human invention or imagination; originating; bringing about; dreaming up
> Creating (1, 2, 4, 9, 11)
> Imagining (P2, 4, 10, 11, 12)

Synthesis

The combining of separate elements to form a unified, coherent whole

Drawing inferences

Guessing logical explanations or reasons for choices, actions, events, or situations.
> Drawing inferences (4, 7, 10, 11, 12)

Hypothesizing

Making an assertion as a basis for reasoning or argument
> Conjecturing (11, 12)
> Conjecturing the meaning of literary terms (11)
> Hypothesizing (4, 7, 8, 11)

Predicting

Expecting behavior, actions, or events based on prior experience and/or available facts.
> Predicting (4, 5, 10)

Seeing cause-and-effect relationships

Anticipating a logical result from an action or event
> Seeing cause and effect relationships (P1, P2, 3, 4, 5, 7, 8, 10, 11, 12)

Synthesizing

Pulling together pieces of information and ideas to create a new whole
> Generalizing (10, 11, 12)
> Synthesizing (5)

Evaluation

Determination of worth; judgment; appraisal

Determining preferences

Making personal value judgments
Determining preferences (1, 2, 3, 5)

Evaluating

Determining worth; judging
Evaluating (P1, P2, 2, 4, 6, 9, 10, 11, 12)

Prioritizing

Establishing precedence in order of importance or urgency; determining relative value
  Prioritizing (1, 8, 10, 12)

Learning Strategies

Receptive Strategies

Active listening (P1, P2, 1, 2, 3, 4, 5, 6)
Asking for information (5, 6)
  Asking for personal information (9)
  Asking questions (2, 3, 6, 7)
  Requesting favors (4)
  Requesting information (P2, 3)
Drawing meaning from context (2, 5, 6, 7, 8, 9)
  Drawing meaning from key words (7, 8, 10)
  Using a dictionary (7, 8, 9)
  Using cognates for meaning (3, 7, 8, 9, 10, 12)
  Using cognates and context for meaning (8, 11)
Listening for cultural information (P1)
Listening for details (1, 2, 3, 4, 5, 6)
Previewing (1, 2, 3, 4, 5, 6, 7, 8, 9, 10, 11, 12)
Reading (12)
Reading a map (4, 6, 7, 8, 9)
  Expressing weather conditions in the immediate future (P1)
  Interpreting symbols and codes from weather forecasts (P1)
  Reading a weather map (P1)
Reading a menu (2)
Reading a schedule (5)
Reading for cultural information (P1, P2, 1, 2, 3, 4, 5, 6, 7, 8, 9, 10, 11)
Reading for details (P1, P2, 1, 2, 3, 4, 5, 7, 8, 9, 10, 11, 12)
  Identifying cognates (11)
  Reading for details and author's intent (12)
  Reading for ideas (4, 10)
  Reading for information (P1, 5)
  Reading for specific details (12)
  Scanning for cognates (2)
Scanning for details (P1, 5, 7, 8)
Scanning for details and key ideas (12)
Scanning for specific details (11)
Reading for main ideas (P1, P2, 3, 6, 8, 9, 11)
  Reading for author's intent (12)
  Reading for moral of a tale (11)
  Reading for vocabulary in context (P1, P2, 4)

Productive Strategies

Describing (P1, 1, 2, 3, 4, 5, 7, 8, 10, 11)
  Describing based on personal information (P2, 3)
  Describing based on visual cues (P2)
  Describing fantasy (11)
  Describing in the past (P1)
Expressing preferences (P1, P2, 1, 2, 3, 4, 5, 10, 12)
  Expressing an opinion (2, 3, 7, 9)
  Expressing and supporting opinions (11, 12)
  Expressing and supporting preferences (10)
Expressing attitudes and feelings
  Assessing and expressing certainty and doubt (10)
  Expressing and attributing wishes (12)
  Expressing aspirations (12)
  Expressing certainty and doubt (10)
  Expressing doubt or degree of certainty (4)
  Expressing opinions and sentiments (12)
  Expressing personal reaction (10)
  Expressing probability (5)
  Expressing uncertainty (4)
Expressing time
  Expressing future time (4, 10)
  Expressing past actions (P1)
Expressing past actions with background information (P1)
  Expressing past time (P1, 6)
  Expressing present, past, and future time (10)
  Narrating in the past (P2, 4)
  Recounting childhood memories (12)
Giving directions (6)
Giving information (5)
Identifying (2, 10, 11)
  Identifying based on visual cues (6)
  Identifying characteristics (12)
  Identifying cities on a map (4)
  Identifying conditioning factors for actions (11)
  Identifying conditions needed to achieve stated results (12)
  Identifying instances of literary imagery (12)
  Identifying literary elements common to folk tales (11)
  Identifying metaphorical representations (11)
  Identifying possible consequences of given situations (12)
  Identifying tone (10)
  Identifying tone and irony of folk tales (11)
Listing (1, 2, 3, 7, 9, 10, 11, 12)
Offering, accepting, and rejecting suggestions (4)
Offering an invitation (4)
Providing information (P2, 1, 3, 5)
  Answering questions based on imaginary information (4)
  Answering questions based on personal information (7, 9)
  Making suggestions (7, 8, 9, 12)
  Providing personal information (P2)

Requesting and providing information
(P1, P2, 5)
  Asking and answering hypothetical
    questions (12)
  Requesting and providing personal
    information (P2, 4)
Reporting (P1, 6, 7, 12)
  Reporting and describing based on
    personal information (P1)
  Reporting based on personal informa-
    tion (P2, 3)
  Reporting based on personal knowl-
    edge (1, 3, 4)
  Reporting based on visual cues (1)
  Reporting based on visual informa-
    tion (1, 2, 6)
  Reporting past recommendations (11)
  Reporting possible actions (12)
  Reporting results (P2)
  Reporting suggestions (12)
Selecting information (11)
Selecting synonyms (11)

Organizational Strategies

Brainstorming (1, 2, 3, 5, 6, 7, 8, 9, 10)
Collecting information
  Compiling information (P2)
  Creating and completing a chart (P2)
  Recording information on a chart (3)
  Taking notes (P2)
  Taking notes in a chart (7, 8, 9)
Differentiating between need for indica-
  tive or subjunctive (10)
Interviewing (P2, 11)

Making plans (1)
Organizing (3)
  Organizing ideas (P2, 4, 7, 8, 9)
  Organizing ideas and events in a nar-
    rative (11)
  Organizing ideas in a message (4)
  Organizing ideas in a paragraph (4, 5,
    10, 11, 12)
  Organizing ideas in a postcard (4)
  Organizing ideas in an invitation (4)
  Organizing ideas to reflect opposing
    viewpoints (12)
  Organizing information (P1, P2, 1)
  Organizing information in a chart (3)
  Organizing information in a letter (1,
    2, 3, 4, 5, 6, 9)

Multitasking Strategies

Calculating distance conversions (4)
Correcting (11)
Explaining (11)
  Offering explanations (10)
Making an oral presentation (8, 9)
Negotiating (P1, 1, 2, 3, 4, 5, 10)
  Persuading (2)
  Proposing persuasive actions (11)
Paraphrasing (3, 8, 11)
Processing literary devices
  Identifying connections between
    authors' lives and places and events
    in their stories (11)
  Interpreting examples of a literary
    technique (12)
  Interpreting literary imagery (12)
  Interpreting symbolic significance of
    literary images (12)

Interpreting symbolism (10, 11)
Interpreting the significance of struc-
  tural organization in a literary work
  (12)
Recognizing literary technique (12)
Recognizing poetic techniques (11)
Recognizing qualities of a literary
  genre (12)
Selecting specific symbolic represen-
  tations (11)
Recommending (P1, P2)
Selecting and organizing information
(5, 7)
  Selecting and giving personal infor-
    mation (9)
  Selecting and organizing information
    in a paragraph (11)
  Selecting and organizing information
    in definitions (11)
  Selecting and organizing information
    into questions (11)
  Selecting and organizing information
    to request (10)
  Selecting and organizing personal
    information (10)
Summarizing (7, 8, 12)
Supporting choices (P1, 1, 2, 4, 10)
  Supporting decisions (5)
  Supporting an opinion (P1, P2, 4, 5,
    10)
Using culturally appropriate language
  Applying appropriate expressions (4)
Verifying (P1, 1, 3, 11)
  Checking accuracy (4)

Reading Strategies

Predicting

When you predict, you use what you already know about a topic, person, or event. Using what you already know helps you make a logical prediction which, in turn, helps you to focus on the material you are reading. You make a prediction and then you read to check if your prediction is correct. (10, Unit 12)

Previewing

By looking over the whole reading before you start to read it, you begin to get a sense of what it may be about. There are several ways to do this.

Using the title to predict meaning

Look at the title and ask yourself questions about it. Then predict answers to your questions. (1, 7, 8, 9, 10, 11, 12; Unit 1, 2, 3, 4)

Activating background knowledge

Recall what you already know about the topic. (1, 2, 5, 7, 8, 9, 10; Unit 1, 2, 3)

Using photos, art work, and illustrations to predict meaning

Look at the pictures and predict what the reading is about. (P, 1, 2, 7, 8, 9, 11; Unit 1, 2, 3, 4)

Skimming

Look quickly at the reading to get the gist of its content, determining what kind of text it is. It may be a description, a narration, a comparison, a characterization, etc. (1, 2, 12, Unit 1)

Scanning

Look quickly for specific information, letting your eyes move quickly down the page. Don't worry about every word. Slow down when you see words or phrases that might be important to you. Look for clues in the text, such as names, dates, numbers, etc., to help you see what kind of information is being presented. (P, 1, 4, 5, 7, 8, 9, 10, 11, 12; Unit 1, 2, 3, 4)

Cognate recognition

Cognates are words that look alike in two languages, for example, **hospital, universidad, moderno,** shared by Spanish and English. There are cognates, however, whose meaning is not what it at first appears to be, for example **lectura** does not mean lecture but reading. (4, 7, 8, 9, 10, 11, 12; Unit 2, 3, 4)

Finding main ideas

Main ideas are the central or most important ideas contained in a reading. It may have many related ideas, but one or two ideas are usually the most important of all. (P, 5, 7, 8, 9, 11, 12; Unit 4)

Using context to guess meaning

Sometimes you can figure out the meaning of a difficult word by looking at the context—the other words and expressions in the sentence or nearby sentences. Look at these cues to help you. (2, 7, 8, 9, 10, 11; Unit 1, 2, 3)

Paraphrasing

When you paraphrase, you put information and ideas into your own words. If you stop and paraphrase while you are reading, you can check your comprehension as you go along. Paraphrasing after you finish reading is a good way to check your understanding and to help you remember ideas and information. (1, 2, 7, 8, 9, 10, 11, 12; Unit 1)

Taking notes in a chart

Taking notes as you read helps you organize and remember important information. When you take notes, write down the most important information only. One type of chart you might use may have the main ideas in one column and the details in another column. (7, 8, 9; Unit 3)

Glossary of Functions

The numbers in parentheses refer to the chapter in which the word or phrase may be found.

Talking about clothing

Hace juego con…   (1)
Luce bien.   (1)
        mal.   (1)
Te queda chico.   (1)
            grande.   (1)
            mal.   (1)
            muy bien.   (1)
¿Puede mostrarme…?   (1)
Voy a probármelo.   (1)

Talking about materials and designs of clothing

de algodón   (1)
de cuero   (1)
de lana   (1)
de lunares   (1)
de mezclilla   (1)
de poliéster   (1)
de rayas   (1)
de seda   (1)

Asking for a table in a restaurant

Quisiera } *una mesa para… personas,*
Quisiéramos } *por favor.*   (2)

Ordering food

¿Qué quisiera pedir como aperitivo?   (2)
                    sopa?   (2)
¿Qué quisieran pedir como entrada?   (2)
                        postre?   (2)

Como { *aperitivo*
         sopa
         entrada   *quisiera…*   (2)
         postre

Expressing hunger

¡Estoy que me muero de hambre!   (2)
Tengo tanta hambre que me podría comer un toro.   (2)

Indicating preferences

Tengo ganas de comer…   (2)
Yo quisiera comer…   (2)

Me encanta la comida china (griega, italiana, francesa, etc.).   (2)
Se come bien en este restaurante.   (2)

Asking for the check

La cuenta, por favor.   (2)
¿Podría traernos la cuenta, por favor?   (2)
Quisiera } *la cuenta, por favor.*   (2)
Quisiéramos }

Commenting on the taste of food

¿Qué tal está(n)…?   (3)
Está muy rico(a).   (3)
Están muy ricos(as).   (3)
¡Está riquísimo(a)!   (3)
¡Están riquísimos(as)!   (3)
¡Qué rico(a) está…!   (3)
¡Qué ricos(as) están…!   (3)
Está (un poco, muy, algo, bien) picante.   (3)
                            dulce.   (3)
                            salado(a).   (3)
                            sabroso(a).   (3)

No tiene(n) sabor.   (3)

Talking about states and conditions

Está abierto(a).   (3)
        aburrido(a).   (3)
        alegre.   (3)
        caliente.   (3)
        cansado(a).   (3)
        cerrado(a).   (3)
        contento(a).   (3)
        enfermo(a).   (3)
        frío(a).   (3)
        furioso(a).   (3)
        limpio(a).   (3)
        lleno(a).   (3)
        mojado(a).   (3)
        nervioso(a).   (3)
        ocupado(a).   (3)
        preocupado(a).   (3)
        seco(a).   (3)

sucio(a).   (3)
triste.   (3)
vacío(a).   (3)

Inviting or making a suggestion

¿Estás libre?   (4)
¿Podría + (infinitivo) con nosotros?   (4)
¿Por qué no + (verbo)?   (4)
¿Qué tal si…?   (4)
¿Quieres + (infinitivo)?   (4)
Quiero invitarte a + (infinitivo).   (4)
Te invito a + (infinitivo).   (4)
Tengo una idea. Vamos a + (infinitivo).   (4)

Accepting an invitation

Acepto con gusto.   (4)
¡Buena idea!   (4)
¡Claro que sí! Sería un placer.   (4)
¡Cómo no! ¡Estupendo!   (4)
De acuerdo.   (4)
Me encantaría.   (4)
Me parece bien.   (4)

Refusing an invitation

Lo siento, pero no puedo.   (4)
Es una lástima, pero no será posible.   (4)
Me gustaría, pero no estoy libre.   (4)
Me da pena, pero no estoy libre.   (4)
Muchas gracias, pero ya tengo planes.   (4)

Making a phone call

¿Aló?   (4)
¿Bueno?   (4)
¿Diga?   (4)
Hola.   (4)
¿De parte de quién?   (4)
Dígale que llamó (nombre), por favor.   (4)
¿Quién habla, por favor?   (4)
Habla (nombre).   (4)
Soy (nombre).   (4)
¿Está (nombre)?   (4)
Quisiera hablar con (nombre).   (4)
Un momento, por favor.   (4)
Te lo (la) paso.   (4)
Lo siento, no está.   (4)
¿Puedo dejarle un recado?   (4)
¿Podría decirle que…?   (4)
Por favor, dígale (dile) que lo (la) llamó (nombre).   (4)
Tiene un número equivocado.   (4)

Making a reservation/buying a train ticket

¿Me da una plaza de segunda clase, por favor?   (5)
Necesito una plaza de primera clase, por favor.   (5)
Quisiera reservar una plaza.   (5)
Quisiera una plaza en la sección de no fumar.   (5)
¿Sería posible reservar una plaza en el tren de (hora)?   (5)
Una plaza de ida y vuelta, por favor.   (5)
¿A qué hora llega el tren de…?   (5)
¿A qué hora sale el próximo tren para…?   (5)
¿Cómo se llega al andén…? ¿Queda de este lado? ¿Queda del otro lado?   (5)
¿De qué andén sale el tren para…?   (5)
¿Dónde está el vagón número…?   (5)
¿El tren llegará retrasado / adelantado / a tiempo?   (5)
¿El tren llegará tarde / temprano / a tiempo?   (5)

Making an itinerary

¿Cuánto tarda el viaje de… a…?   (6)
¿Cuánto tiempo se necesita para ir a…?   (6)
¿En cuánto tiempo se hace el viaje de… a…?   (6)
Se necesita(n)…   (6)
Son… horas de viaje de… a… (en coche).   (6)
Se hace el viaje de… a… en… horas.   (6)

Claiming lost baggage

¿Ha perdido su maleta (bolsa, valija, maletín)?   (6)
Sí, la (lo) he dejado en el avión.   (6)
Sí, la (lo) facturé pero no he podido encontrarla(lo).   (6)
¿En qué avión? ¿En qué vuelo?   (6)
(Línea aérea), vuelo (número).   (6)
¿De qué color es la maleta?   (6)
¿De qué material es?   (6)
Es (color). Es de tela (cuero, plástico).   (6)
¿De qué tamaño es?   (6)
Es grande (pequeño).   (6)
¿Lleva la maleta alguna identificación?   (6)
Lleva una etiqueta con mi nombre y dirección.   (6)
¿Qué contiene la maleta?   (6)
¿Qué lleva en la maleta?   (6)
Contiene…   (6)

Expressing needs or preferences

Él (Ella) manda que…   (8)
Es aconsejable que…   (8)
Es importante que…   (8)
Espero que…   (8)
Insisto en que…   (8)
Prefiero que…   (8)
Prohibo que…   (8)

Expressing emotions and reactions

Es bueno que... (9)
Es malo que... (9)
Es mejor que... (9)
Estoy contento(a) de que... (9)
Me alegro de que... (9)
¡Qué bueno que...! (9)
¡Qué lástima que...! (9)
¡Qué maravilla que...! (9)
¡Qué pena que...! (9)
¡Qué raro que...! (9)
¡Qué vergüenza que...! (9)
Siento que... (9)
Temo que... (9)

Expressing doubt, uncertainty and improbability

Dudo... (10)
Es dudoso... (10)
Puede ser... (10)
No estar seguro(a)... (10)
No creo que... (10)
¿Crees que...? (10)
Es increíble... (10)
No es verdad... (10)
No es cierto... (10)
(No) Es posible... (10)
(No) Es imposible... (10)
(No) Es probable... (10)
(No) Es improbable... (10)

Referring to outcomes that are imagined or that depend upon previous action

En caso de que... (10)
Sin que... (10)
Con tal de que... (10)
Antes de que... (10)
Para que... (10)
A menos que... (10)
Cuando... (10)
Aunque... (10)

Talking about the world of the imagination and unreality

Busco una persona que sepa... (11)
Quiero un coche que sea... (11)
Deseo vivir en una casa que tenga... (11)
No hay nadie que pueda... (11)
¿Hay alguien que sea...? (11)
Un(a) amigo(a) ideal es una persona que sea... (11)

Talking about conditions contrary to fact and making hypotheses

Si tuviera tiempo, iría... (12)

Expressing assumptions

Si tengo tiempo, iré... (12)

Verb Charts

SIMPLE TENSES

Infinitive	Present Indicative	Imperfect	Preterite	Future	Conditional	Present Subjunctive	Imperfect Subjunctive	Commands
hablar *to speak*	hablo	hablaba	hablé	hablaré	hablaría	hable	hablara	habla (no hables)
	hablas	hablabas	hablaste	hablarás	hablarías	hables	hablaras	hable
	habla	hablaba	habló	hablará	hablaría	hable	hablara	hablad (no habléis)
	hablamos	hablábamos	hablamos	hablaremos	hablaríamos	hablemos	habláramos	hablen
	habláis	hablabais	hablasteis	hablaréis	hablaríais	habléis	hablarais	
	hablan	hablaban	hablaron	hablarán	hablarían	hablen	hablaran	
aprender *to learn*	aprendo	aprendía	aprendí	aprenderé	aprendería	aprenda	aprendiera	aprende (no aprendas)
	aprendes	aprendías	aprendiste	aprenderás	aprenderías	aprendas	aprendieras	aprenda
	aprende	aprendía	aprendió	aprenderá	aprendería	aprenda	aprendiera	aprended (no aprendáis)
	aprendemos	aprendíamos	aprendimos	aprenderemos	aprenderíamos	aprendamos	aprendiéramos	aprendan
	aprendéis	aprendíais	aprendisteis	aprenderéis	aprenderíais	aprendáis	aprendierais	
	aprenden	aprendían	aprendieron	aprenderán	aprenderían	aprendan	aprendieran	
vivir *to live*	vivo	vivía	viví	viviré	viviría	viva	viviera	vive (no vivas)
	vives	vivías	viviste	vivirás	vivirías	vivas	vivieras	viva
	vive	vivía	vivió	vivirá	viviría	viva	viviera	vivid (no viváis)
	vivimos	vivíamos	vivimos	viviremos	viviríamos	vivamos	viviéramos	vivan
	vivís	vivíais	vivisteis	viviréis	viviríais	viváis	vivierais	
	viven	vivían	vivieron	vivirán	vivirían	vivan	vivieran	

COMPOUND TENSES

Present progressive	estoy estás está	estamos estáis están	hablando	aprendiendo	viviendo
Present perfect indicative	he has ha	hemos habéis han	hablado	aprendido	vivido
Past perfect indicative	había habías había	habíamos habíais habían	hablado	aprendido	vivido

VERB CHARTS **381**

Stem-Changing Verbs

SIMPLE TENSES

pensar — to think — e → ie — pensando — pensado

Present Indicative	Imperfect	Preterite	Future	Conditional	Present Subjunctive	Imperfect Subjunctive	Commands
pienso	pensaba	pensé	pensaré	pensaría	piense	pensara	piensa
piensas	pensabas	pensaste	pensarás	pensarías	pienses	pensaras	no pienses
piensa	pensaba	pensó	pensará	pensaría	piense	pensara	piense
pensamos	pensábamos	pensamos	pensaremos	pensaríamos	pensemos	pensáramos	pensad
pensáis	pensabais	pensaste s	pensaréis	pensaríais	penséis	pensarais	no penséis
piensan	pensaban	pensaron	pensarán	pensarían	piensen	pensaran	piensen

acostarse — to go to bed — o → ue — acostándose — acostado

Present Indicative	Imperfect	Preterite	Future	Conditional	Present Subjunctive	Imperfect Subjunctive	Commands
me acuesto	me acostaba	me acosté	me acostaré	me acostaría	me acueste	me acostara	acuéstate
te acuestas	te acostabas	te acostaste	te acostarás	te acostarías	te acuestes	te acostaras	no te acuestes
se acuesta	se acostaba	se acostó	se acostará	se acostaría	se acueste	se acostara	acuéstese
nos acostamos	nos acostábamos	nos acostamos	nos acostaremos	nos acostaríamos	nos acostemos	nos acostáramos	acostaos
os acostáis	os acostabais	os acostasteis	os acostaréis	os acostaríais	os acostéis	os acostarais	no os acostéis
se acuestan	se acostaban	se acostaron	se acostarán	se acostarían	se acuesten	se acostaran	acuéstense

sentir — to feel — e → ie, i — sintiendo — sentido

Present Indicative	Imperfect	Preterite	Future	Conditional	Present Subjunctive	Imperfect Subjunctive	Commands
siento	sentía	sentí	sentiré	sentiría	sienta	sintiera	siente
sientes	sentías	sentiste	sentirás	sentirías	sientas	sintieras	no sientas
siente	sentía	sintió	sentirá	sentiría	sienta	sintiera	sienta
sentimos	sentíamos	sentimos	sentiremos	sentiríamos	sintamos	sintiéramos	sentid
sentís	sentíais	sentisteis	sentiréis	sentiríais	sintáis	sintierais	no sintáis
sienten	sentían	sintieron	sentirán	sentirían	sientan	sintieran	sientan

pedir — to ask — e → i, i — pidiendo — pedido

Present Indicative	Imperfect	Preterite	Future	Conditional	Present Subjunctive	Imperfect Subjunctive	Commands
pido	pedía	pedí	pediré	pediría	pida	pidiera	pide
pides	pedías	pediste	pedirás	pedirías	pidas	pidieras	no pidas
pide	pedía	pidió	pedirá	pediría	pida	pidiera	pida
pedimos	pedíamos	pedimos	pediremos	pediríamos	pidamos	pidiéramos	pedid
pedís	pedíais	pedisteis	pediréis	pediríais	pidáis	pidierais	no pidáis
piden	pedían	pidieron	pedirán	pedirían	pidan	pidieran	pidan

dormir — to sleep — o → ue, u — durmiendo — dormido

Present Indicative	Imperfect	Preterite	Future	Conditional	Present Subjunctive	Imperfect Subjunctive	Commands
duermo	dormía	dormí	dormiré	dormiría	duerma	durmiera	duerme
duermes	dormías	dormiste	dormirás	dormirías	duermas	durmieras	no duermas
duerme	dormía	durmió	dormirá	dormiría	duerma	durmiera	duerma
dormimos	dormíamos	dormimos	dormiremos	dormiríamos	durmamos	durmiéramos	dormid
dormís	dormíais	dormiste s	dormiréis	dormiríais	durmáis	durmierais	no durmáis
duermen	dormían	durmieron	dormirán	dormirían	duerman	durmieran	duerman

SIMPLE TENSES

Present Participle / Past Participle	Present Indicative	Imperfect	Preterite	Future	Conditional	Present Subjunctive	Imperfect Subjunctive	Commands
comenzar (e › ie) *to begin* **z → c before e** comenzando comenzado	comienzo comienzas comienza comenzamos comenzáis comienzan	comenzaba comenzabas comenzaba comenzábamos comenzabais comenzaban	**comencé** comenzaste comenzó comenzamos comenzasteis comenzaron	comenzaré comenzarás comenzará comenzaremos comenzaréis comenzarán	comenzaría comenzarías comenzaría comenzaríamos comenzaríais comenzarían	**comience** **comiences** **comience** **comencemos** **comencéis** **comiencen**	comenzara comenzaras comenzara comenzáramos comenzarais comenzaran	comienza (**no comiences**) **comience** comenzad (**no comencéis**) **comiencen**
conocer *to know* **c → zc before a, o** conociendo conocido	**conozco** conoces conoce conocemos conocéis conocen	conocía conocías conocía conocíamos conocíais conocían	conocí conociste conoció conocimos conocisteis conocieron	conoceré conocerás conocerá conoceremos conoceréis conocerán	conocería conocerías conocería conoceríamos conoceríais conocerían	**conozca** **conozcas** **conozca** **conozcamos** **conozcáis** **conozcan**	conociera conocieras conociera conociéramos conocierais conocieran	se conoce (**no conozcas**) **conozca** conoced (**no conozcáis**) **conozcan**
pagar *to pay* **g → gu before e** pagando pagado	pago pagas paga pagamos pagáis pagan	pagaba pagabas pagaba pagábamos pagabais pagaban	**pagué** pagaste pagó pagamos pagasteis pagaron	pagaré pagarás pagará pagaremos pagaréis pagarán	pagaría pagarías pagaría pagaríamos pagaríais pagarían	**pague** **pagues** **pague** **paguemos** **paguéis** **paguen**	pagara pagaras pagara pagáramos pagarais pagaran	paga (**no pagues**) **pague** pagad (**no paguéis**) **paguen**
seguir (e → i, i) *to follow* **g → gu before a, o** siguiendo seguido	**sigo** sigues sigue seguimos seguís siguen	seguía seguías seguía seguíamos seguíais seguían	seguí seguiste siguió seguimos seguisteis siguieron	seguiré seguirás seguirá seguiremos seguiréis seguirán	seguiría seguirías seguiría seguiríamos seguiríais seguirían	**siga** **sigas** **siga** **sigamos** **sigáis** **sigan**	siguiera siguieras siguiera siguiéramos siguierais siguieran	sigue (**no sigas**) **siga** seguid (**no sigáis**) **sigan**
tocar *to play* **c → qu before e** tocando tocado	toco tocas toca tocamos tocáis tocan	tocaba tocabas tocaba tocábamos tocabais tocaban	**toqué** tocaste tocó tocamos tocasteis tocaron	tocaré tocarás tocará tocaremos tocaréis tocarán	tocaría tocarías tocaría tocaríamos tocaríais tocarían	**toque** **toques** **toque** **toquemos** **toquéis** **toquen**	tocara tocaras tocara tocáramos tocarais tocaran	toca (**no toques**) **toque** tocad (**no toquéis**) **toquen**

*Verbs with irregular **yo** forms in the present indicative

Present Participle / Past Participle	Present Indicative	Imperfect	Preterite	Future	Conditional	Present Subjunctive	Imperfect Subjunctive	Commands
andar *to walk* andando andado	ando andas anda andamos andáis andan	andaba andabas andaba andábamos andabais andaban	**anduve** **anduviste** **anduvo** **anduvimos** **anduvisteis** **anduvieron**	andaré andarás andará andaremos andaréis andarán	andaría andarías andaría andaríamos andaríais andarían	ande andes ande andemos andéis anden	**anduviera** **anduvieras** **anduviera** **anduviéramos** **anduvierais** **anduvieran**	anda (no andes) ande andad (no andéis) anden
*dar *to give* dando dado	**doy** das da damos dais dan	daba dabas daba dábamos dabais daban	**di** **diste** **dio** **dimos** **disteis** **dieron**	daré darás dará daremos daréis darán	daría darías daría daríamos daríais darían	**dé** **des** **dé** **demos** **deis** **den**	**diera** **dieras** **diera** **diéramos** **dierais** **dieran**	da **(no des)** **dé** dad **(no deis)** den
*decir *to say, tell* **diciendo** **dicho**	**digo** **dices** **dice** decimos decís **dicen**	decía decías decía decíamos decíais decían	**dije** **dijiste** **dijo** **dijimos** **dijisteis** **dijeron**	**diré** **dirás** **dirá** **diremos** **diréis** **dirán**	**diría** **dirías** **diría** **diríamos** **diríais** **dirían**	**diga** **digas** **diga** **digamos** **digáis** **digan**	**dijera** **dijeras** **dijera** **dijéramos** **dijerais** **dijeran**	**di (no digas)** **diga** decid **(no digáis)** **digan**
*estar *to be* estando estado	**estoy** **estás** **está** estamos estáis **están**	estaba estabas estaba estábamos estabais estaban	**estuve** **estuviste** **estuvo** **estuvimos** **estuvisteis** **estuvieron**	estaré estarás estará estaremos estaréis estarán	estaría estarías estaría estaríamos estaríais estarían	**esté** **estés** **esté** **estemos** **estéis** **estén**	**estuviera** **estuvieras** **estuviera** **estuviéramos** **estuvierais** **estuvieran**	**está (no estés)** **esté** estad **(no estéis)** **estén**
haber *to have* habiendo habido	**he** **has** **ha [hay]** **hemos** **habéis** **han**	había habías había habíamos habíais habían	**hube** **hubiste** **hubo** **hubimos** **hubisteis** **hubieron**	**habré** **habrás** **habrá** **habremos** **habréis** **habrán**	**habría** **habrías** **habría** **habríamos** **habríais** **habrían**	**haya** **hayas** **haya** **hayamos** **hayáis** **hayan**	**hubiera** **hubieras** **hubiera** **hubiéramos** **hubierais** **hubieran**	
*hacer *to make, do* haciendo **hecho**	**hago** haces hace hacemos hacéis	hacía hacías hacía hacíamos hacíais	**hice** **hiciste** **hizo** **hicimos**	**haré** **harás** **hará** **haremos**	**haría** **harías** **haría** **haríamos**	**haga** **hagas** **haga** **hagamos**	**hiciera** **hicieras** **hiciera** **hiciéramos**	**haz (no hagas)** **haga** haced **(no hagáis)**

*Verbs with irregular **yo** forms in the present indicative

ir — to go · yendo · ido

Present Indicative	Imperfect	Preterite	Future	Conditional	Present Subjunctive	Imperfect Subjunctive	Commands
voy	iba	**fui**	iré	iría	**vaya**	**fuera**	**ve (no vayas)**
vas	ibas	**fuiste**	irás	irías	**vayas**	**fueras**	**vaya**
va	iba	**fue**	irá	iría	**vaya**	**fuera**	**id (no vayáis)**
vamos	íbamos	**fuimos**	iremos	iríamos	**vayamos**	**fuéramos**	**vayan**
vais	ibais	**fuisteis**	iréis	iríais	**vayáis**	**fuerais**	
van	iban	**fueron**	irán	irían	**vayan**	**fueran**	

*oír — to hear · oyendo · oído

Present Indicative	Imperfect	Preterite	Future	Conditional	Present Subjunctive	Imperfect Subjunctive	Commands
oigo	oía	oí	oiré	oiría	**oiga**	**oyera**	**oye (no oigas)**
oyes	oías	**oíste**	oirás	oirías	**oigas**	**oyeras**	**oiga**
oye	oía	**oyó**	oirá	oiría	**oiga**	**oyera**	**oíd**
oímos	oíamos	**oímos**	oiremos	oiríamos	**oigamos**	**oyéramos**	**no oigáis**
oís	oíais	**oísteis**	oiréis	oiríais	**oigáis**	**oyerais**	**oigan**
oyen	oían	**oyeron**	oirán	oirían	**oigan**	**oyeran**	

poder — can, to be able · pudiendo · podido

Present Indicative	Imperfect	Preterite	Future	Conditional	Present Subjunctive	Imperfect Subjunctive	Commands
puedo	podía	**pude**	**podré**	**podría**	**pueda**	**pudiera**	
puedes	podías	**pudiste**	**podrás**	**podrías**	**puedas**	**pudieras**	
puede	podía	**pudo**	**podrá**	**podría**	**pueda**	**pudiera**	
podemos	podíamos	**pudimos**	**podremos**	**podríamos**	podamos	**pudiéramos**	
podéis	podíais	**pudisteis**	**podréis**	**podríais**	podáis	**pudierais**	
pueden	podían	**pudieron**	**podrán**	**podrían**	**puedan**	**pudieran**	

*poner — to place, put · poniendo · puesto

Present Indicative	Imperfect	Preterite	Future	Conditional	Present Subjunctive	Imperfect Subjunctive	Commands
pongo	ponía	**puse**	**pondré**	**pondría**	**ponga**	**pusiera**	**pon (no pongas)**
pones	ponías	**pusiste**	**pondrás**	**pondrías**	**pongas**	**pusieras**	**ponga**
pone	ponía	**puso**	**pondrá**	**pondría**	**ponga**	**pusiera**	**poned (no pongáis)**
ponemos	poníamos	**pusimos**	**pondremos**	**pondríamos**	**pongamos**	**pusiéramos**	**pongan**
ponéis	poníais	**pusisteis**	**pondréis**	**pondríais**	**pongáis**	**pusierais**	
ponen	ponían	**pusieron**	**pondrán**	**pondrían**	**pongan**	**pusieran**	

querer — to like · queriendo · querido

Present Indicative	Imperfect	Preterite	Future	Conditional	Present Subjunctive	Imperfect Subjunctive	Commands
quiero	quería	**quise**	**querré**	**querría**	**quiera**	**quisiera**	**quiere (no quieras)**
quieres	querías	**quisiste**	**querrás**	**querrías**	**quieras**	**quisieras**	**quiera**
quiere	quería	**quiso**	**querrá**	**querría**	**quiera**	**quisiera**	quered (no queráis)
queremos	queríamos	**quisimos**	**querremos**	**querríamos**	queramos	**quisiéramos**	**quieran**
queréis	queríais	**quisisteis**	**querréis**	**querríais**	queráis	**quisierais**	
quieren	querían	**quisieron**	**querrán**	**querrían**	**quieran**	**quisieran**	

*saber — to know · sabiendo · sabido

Present Indicative	Imperfect	Preterite	Future	Conditional	Present Subjunctive	Imperfect Subjunctive	Commands
sé	sabía	**supe**	**sabré**	**sabría**	**sepa**	**supiera**	sabe (no sepas)
sabes	sabías	**supiste**	**sabrás**	**sabrías**	**sepas**	**supieras**	**sepa**
sabe	sabía	**supo**	**sabrá**	**sabría**	**sepa**	**supiera**	sabed (no sepáis)
sabemos	sabíamos	**supimos**	**sabremos**	**sabríamos**	**sepamos**	**supiéramos**	**sepan**
sabéis	sabíais	**supisteis**	**sabréis**	**sabríais**	**sepáis**	**supierais**	
saben	sabían	**supieron**	**sabrán**	**sabrían**	**sepan**	**supieran**	

*Verbs with irregular **yo** forms in the present indicative

Present Participle / Past Participle	Present Indicative	Imperfect	Preterite	Future	Conditional	Present Subjunctive	Imperfect Subjunctive	Commands
*salir *to go out* saliendo salido	salgo sales sale salimos salís salen	salía salías salía salíamos salíais salían	salí saliste salió salimos salisteis salieron	saldré saldrás saldrá saldremos saldréis saldrán	saldría saldrías saldría saldríamos saldríais saldrían	salga salgas salga salgamos salgáis salgan	saliera salieras saliera saliéramos salierais salieran	sal (no salgas) salga salid (no salgáis) salgan
ser *to be* siendo sido	soy eres es somos sois son	era eras era éramos erais eran	fui fuiste fue fuimos fuisteis fueron	seré serás será seremos seréis serán	sería serías sería seríamos seríais serían	sea seas sea seamos seáis sean	fuera fueras fuera fuéramos fuerais fueran	sé (no seas) sea sed (no seáis) sean
*tener *to have* teniendo tenido	tengo tienes tiene tenemos tenéis tienen	tenía tenías tenía teníamos teníais tenían	tuve tuviste tuvo tuvimos tuvisteis tuvieron	tendré tendrás tendrá tendremos tendréis tendrán	tendría tendrías tendría tendríamos tendríais tendrían	tenga tengas tenga tengamos tengáis tengan	tuviera tuvieras tuviera tuviéramos tuvierais tuvieran	ten (no tengas) tenga tened (no tengáis) tengan
traer *to bring* trayendo traído	traigo traes trae traemos traéis traen	traía traías traía traíamos traíais traían	traje trajiste trajo trajimos trajisteis trajeron	traeré traerás traerá traeremos traeréis traerán	traería traerías traería traeríamos traeríais traerían	traiga traigas traiga traigamos traigáis traigan	trajera trajeras trajera trajéramos trajerais trajeran	trae (no traigas) traiga traed (no traigáis) traigan
*venir *to come* viniendo venido	vengo vienes viene venimos venís vienen	venía venías venía veníamos veníais venían	vine viniste vino vinimos vinisteis vinieron	vendré vendrás vendrá vendremos vendréis vendrán	vendría vendrías vendría vendriamos vendríais vendrían	venga vengas venga vengamos vengáis vengan	viniera vinieras viniera viniéramos vinierais vinieran	ven (no vengas) venga venid (no vengáis) vengan
ver *to see* viendo visto	veo ves ve vemos veis	veía veías veía veíamos veíais	vi viste vio vimos	veré verás verá veremos	vería verías vería veríamos	vea veas vea veamos	viera vieras viera viéramos	ve (no veas) vea ved (no veáis) vean

Glossary

Spanish–English

The numbers in parentheses refer to the chapter in which active words or phrases may be found.

a to, at
a través de through, across
abierto(a) open (3)
abogado(a) *m.(f.)* lawyer
abrazo *m.* hug
abrigo *m.* coat
abril April
abrir to open
¡No, en absoluto! Absolutely not!
abstracto(a) abstract (8)
abuela *f.* grandmother
abuelo *m.* grandfather
aburrido(a) bored, boring
acabar de... to have just . . .
acampar to camp
accidente *m.* accident
acción *f.* action
aceite *m.* oil
aceituna *f.* olive
aceptar to accept (4)
acercarse to approach
acompañante *m. or f.* traveling companion (5)
aconsejable advisable (8)
acordarse to remember
acostarse (ue) to go to bed
acostumbrado(a) accustomed
actitud *f.* attitude
activo(a) active
acuerdo *m.* agreement
está adelantado(a) is early (5)
adelantar to move forward; to advance
además besides
adicional additional
adiós good-bye
adivinar to guess
admitir to admit
¿adónde? where?
adorar to adore
aeropuerto *m.* airport
afeitarse to shave
aficionado(a) *m.(f.)* (sports) fan

afortunadamente fortunately
afueras *f. pl.* outskirts
agilidad *f.* agility
agosto August
agradable pleasant
Les agradezco. I thank you.
el agua *f.* water
   agua mineral (sin gas) mineral water (without carbonation)
ahogarse to drown (11)
ahora now
   ahora mismo right now
ahorrar to save
aire acondicionado air-conditioned
ajedrez *m.* chess
ajo *m.* garlic (2)
ajuste *m.* adjustment
al to the
alcanzar to reach, achieve
alegrar to make happy (9)
alegre happy
alejar to move away
alemán(ana) German
Alemania Germany
alergia *f.* allergy
alfombra *f.* rug, carpet
algo something
algodón *m.* cotton
alguien someone, somebody (3)
algún / alguno(a) a, an (3)
   algún día someday
alimento *m.* food
alma *f.* soul
almendra *f.* almond
almidón *m.* starch
almohada *f.* pillow
¿Aló? Hello? (4)
alpinismo *m.* mountain climbing
alquilar to rent
alquiler *m.* rent
alto(a) tall
alumno(a) *m.(f.)* student
allá over there
allí there
ama *f.* housekeeper (11)

amable friendly
amar to love
amarillo(a) yellow
ambicioso(a) ambitious
ambiente *m.* atmosphere
ambos(as) both
americano(a) American
amigo(a) *m.(f.)* friend
amor *m.* love (11)
amplio(a) broad, wide (11)
(completamente) amueblado (fully) furnished
analizar to analyze (11)
anaranjado(a) orange (color)
ancho(a) wide
andar to go along, walk
andén *m.* platform (5)
ángel *m.* angel (12)
animal *m.* animal
   animal doméstico *m.* household pet (5)
animar to enliven
anoche last night
anotar un gol to make a goal, score
ansiedad *f.* anxiety
anterior previous
antes de before (5)
antibiótico *m.* antibiotic
antihistamínico *m.* antihistamine
antipático(a) disagreeable
anual annual
anunciar to announce
añadir to add (11)
año *m.* year
aparecer to appear (12)
aparentemente apparently
apartamento *m.* apartment
apellido *m.* last name
aperitivo *m.* appetizer (2)
apetecer to appeal (2)
aprender to learn
aprovechar to take advantage of
apurado(a) hurried, rushed
aquel(la) that
aquél(la) *m.(f.)* that one

aquí here
   Aquí tiene... Here you have . . .
araña *f.* spider
área de acampar *f.* campground
arena *f.* sand
arete *m.* earring
Argentina Argentina
argentino(a) Argentine
argumento *m.* plot (of a play or novel)
arpa *f.* harp (9)
arquero(a) *m.(f.)* goaltender
arquitecto(a) *m.(f.)* architect
arreglar to arrange, fix
arroz *m.* rice
arte *m.* or *f.* art
artículo *m.* article
artista *m.* or *f.* artist (7)
asado(a) roasted (2)
ascensor *m.* elevator
asegurar to assure
asentar to establish
¿Así es? Is that it?
asistir a to attend
asno *m.* ass, donkey (11)
aspirina *f.* aspirin
asunto *m.* subject, matter
un atado de a bunch of
ataque *m.* attack, offense
aterrizar to land (6)
atleta *m.(f.)* athlete
atlético(a) athletic
atraer to attract
atravesar to cross
atún *m.* tuna
aumentar to increase
aunque although
auricular *m.* (telephone) receiver (4)
auriculares *m.* headphones
ausencia *f.* absence
autobús *m.* bus
   estación de autobuses *f.* bus
   terminal
autor(a) *m.(f.)* author (10)
autorretrato *m.* self-portrait (7)
avanzar to advance
¡Ave María! Good heavens!
avenida *f.* avenue
aventurero(a) adventurous
avión *m.* airplane
ayer yesterday
ayuda *f.* help
azafata *f.* stewardess (5)
azúcar *m.* sugar
azul blue

 B

bailar to dance
baile *m.* dance
   baile folklórico folk dance
   baile popular popular dance
bajar to go down, lower
   bajar de peso to lose weight
bajo *m.* bass (9); *prep.* under
bajo(a) short (height)
balanceado(a) balanced
balón *m.* ball
baloncesto *m.* basketball
balsa neumática *f.* inflatable raft
banana *f.* banana
banco *m.* bank
bandoneón *m.* large accordion (9)
bañarse to bathe oneself
baño *m.* bath
bar de tapas *m.* tapas restaurant
barato(a) cheap
barba *f.* beard
barco *m.* boat
barrio *m.* neighborhood
barro *m.* mud (12)
básquetbol *m.* basketball
¡Basta! Enough!
bastante rather, enough
bastón *m.* walking stick
batalla *f.* battle (11)
bebé *m.* or *f.* baby
bebida *f.* drink
becerro *m.* calf (11)
béisbol *m.* baseball
Belice Belize
beneficiarse to benefit
beso *m.* kiss
biblioteca *f.* library
bicicleta *f.* bicycle
bicicleta de montaña *f.* mountain
   bike
bidé *m.* bidet
bien well, fine, very
bigote *m.* mustache
billete *m.* ticket
   billete de diez viajes ten-trip
   ticket
   billete de ida y vuelta round-trip
   ticket
   billete sencillo one-way ticket
biología *f.* biology
bisabuela *f.* great-grandmother (11)
bisabuelo *m.* great-grandfather (11)

bistec *m.* steak (2)
blanco(a) white
blusa *f.* blouse
boca *f.* mouth
bocadillo *m.* sandwich (French bread)
boda *f.* wedding
boga *f.* vogue
boleto *m.* ticket
boliche *m.* bowling
bolígrafo *m.* ballpoint pen
Bolivia Bolivia
boliviano(a) Bolivian
bolsa *f.* purse
bondad *f.* kindness; favor
bonito(a) pretty
borrador *m.* eraser
bosque *m.* forest
bota *f.* boot
una botella de a bottle of
botiquín *m.* first aid kit
boutique *f.* boutique
Brasil Brazil
¡Bravo! Well done! (10)
brazo *m.* arm
brindis *m.* toast (salutation)
bronceado(a) tan
bucear to snorkel, dive
buceo *m.* snorkeling, diving
bueno(a) good
   ¡Bueno! Hello! (telephone)
   Buenos días. Good morning.
   Buenas noches. Good evening,
   Good night.
   Buenas tardes. Good afternoon.
bufanda *f.* (winter) scarf (1)
burlar de to make fun of
buscar to look for
búsqueda *f.* search

C

caballerías *f.* chivalry (11)
caballero *m.* gentleman (11)
caballo *m.* horse
caber to fit (12)
cabeza *f.* head
cabina de teléfono *f.* telephone
   booth
cacahuete *m.* peanut
cada every, each
caerse to fall
café *m.* café, coffee
   café *adj.* dark brown
   café (con leche) coffee (with milk)

caimán *m.* alligator (11)
cajón *m.* drawer
calamares *m.* squid
calcetín *m.* sock
calcio *m.* calcium
calculadora *f.* calculator
calidad *f.* quality
caliente warm, hot
calle *f.* street
¡Cálmate! Calm down!
calor *m.* heat
caloría *f.* calorie
cama *f.* bed
   cama (matrimonial / sencilla)
     (double / single) bed
cámara *f.* camera
camarero(a) *m.(f.)* waiter (waitress)
camarón *m.* shrimp (3)
cambiar to change
cambio *m.* change, alteration
caminar to walk
camino *m.* path
camioneta *f.* van (6)
camisa *f.* shirt
camiseta *f.* T-shirt
campana *f.* bell (12)
campeonato mundial *m.* world
   championship
campesino(a) *m.(f.)* peasant, farmer
campo de juego *m.* field (sports)
Canadá Canada
canadiense Canadian
canasta *f.* basket
cancha *f.* field (sports)
canción *f.* song (9)
canookayak canoe / kayak
cansado(a) tired
cantar to sing
cantidad *f.* quantity
cantimplora *f.* canteen
caña *f.* cane; sugar cane
cañón *m.* canyon
capacidad *f.* capacity
capital *f.* capital city
cara *f.* face
cariño *m.* affection
carne *f.* meat, beef
carnicería *f.* butcher shop
caro(a) expensive
carpa *f.* tent (12)
carretera *f.* highway, road
carrito *m.* shopping cart
cartera *f.* wallet
casa *f.* house

casa editorial *f.* publishing house
casado(a) married
casarse to marry, to get married
casi almost
castaño(a) hazel (eyes), medium-brown
   (hair)
catarro *m.* a cold
catedral *f.* cathedral
categoría *f.* category
causa *f.* cause
cebolla *f.* onion
celebrar to celebrate
cenar to have supper
ceniza *f.* ash
centro *m.* downtown, the center
   centro comercial shopping center
cepillarse (el pelo / los dientes) to
   brush (one's hair / teeth)
cerca de near
cerdo *m.* hog
cereal *m.* cereal
cerrado(a) closed (3)
cerro *m.* hill
chaleco *m.* vest (1)
Chao. Good-bye.
chaqueta *f.* jacket
charlar to chat
cheque de viajero *m.* traveler's
   check
chilaquiles *m.* dish made with corn
   tortillas and chiles (3)
chile *m.* hot pepper
Chile Chile
chileno(a) Chilean
China China
chino(a) Chinese
chivo(a) *m. (f.)* goat (11)
chocolate *m.(f.)* chocolate
chorizo *m.* Spanish sausage
chuletas *f.* (meat) chops (2)
ciclismo *m.* cycling
ciclón *m.* cyclone
ciego(a) blind (11)
cielo *m.* sky
cien(to) one hundred
ciencia *f.* science
científico(a) *m. (f.)* scientist (10)
científico(a) scientific (10)
cierto(a) true
cifra *f.* digit (4)
cima *f.* top (of a mountain)
cincuenta fifty
cine *m.* movie theater
cinta *f.* tape (recording)

cinturón *m.* belt
cita *f.* date, appointment
ciudad *f.* city
¡Claro! Of course!
   ¡Claro que no! Of course not!
   ¡Claro que sí! Of course!
     (reaffirmed)
clásico(a) classic(al)
clasificar to classify
clavadista *m.* or *f.* diver
clavarse to dive (Mexico)
clave key (important)
clóset *m.* closet
club *m.* club
cobre *m.* copper
cocina *f.* kitchen
cocinar to cook
coche *m.* car
coche-caravana *m.* camper
cocodrilo *m.* crocodile (12)
código territorial *m.* country code
   (4)
codo *m.* elbow
cola *f.* tail (12)
colegio *m.* school
colgar to hang up (4)
Colombia Colombia
colombiano(a) Colombian
color *m.* color
   ¿De qué color es...? What color
     is . . . ?
comediante actor, comedian
comedor *m.* dining room
comentar to comment
comenzar (ie) to begin
comer to eat
cómico(a) comical, funny
comida *f.* meal, food
   comida mexicana Mexican food
comienzo *m.* beginning
como how, as, like
   como a around, about
   como de costumbre as usual
¿cómo? how?, what?
   ¿Cómo se dice...? How do you
     say . . . ?
   ¿Cómo es / son? How is it / are they?
   ¿Cómo está(s)? How are you?
   ¡Cómo no! Sure! (4)
   ¿Cómo te llamas? What's your
     name?
   ¿Cómo te sientes? How do you
   feel?
cómoda *f.* dresser

cómodo(a) comfortable
compañía *f.* company
comparación *f.* comparison
compartir to share
competencia *f.* competition
complejo(a) complex
completo(a) complete
complicado(a) complicated (8)
comprar to buy
comprender to understand
computadora *f.* computer
con with
  con frecuencia frequently
  con regularidad regularly
  con todo el corazón with all my
    heart
concierto *m.* concert
concurso de poesía *m.* poetry
  contest
conducir to drive
confort *m.* comfort
confortable comfortable
congelado(a) frozen
conjunto *m.* unit; outfit
conmigo with me
conocer to know (person, place), meet
conocido(a) known (9)
consecutivo(a) consecutive
conseguir to get
conserva *f.* preserve
constantemente constantly
contador(a) *m.(f.)* accountant
contar(ue) to tell (a story), to count (12)
contener to contain (6)
contento(a) content
contestar to answer, respond
  Contéstame cuanto antes.
    Answer me as soon as possible.
contigo with you (5)
continuar to continue
continuo(a) continuous
contra la pared against the wall
conveniente convenient
conversación telefónica *f.* telephone conversation
convertirse en to become
corajudo(a) hot-tempered (9)
corazón *m.* heart
corbata *f.* tie (1)
cordero *m.* lamb (2)
cordillera *f.* mountain range
corredor *m.* corridor, hallway
corregir to correct (11)
correo *m.* post office

correr to run
corriente *f.* current (11)
cortar(se) to cut (oneself)
cortina *f.* curtain
corto(a) short (length)
cosa *f.* thing
cosechar to harvest
coser to sew (8)
costa *f.* coast
Costa Rica Costa Rica
costar (ue) to cost
costarricense Costa Rican
costoso(a) costly
costumbre *f.* custom
  de costumbre customarily
coyuntura *f.* joint
creación *f.* creation (11)
creador(a) creative (8)
crecer to grow (12)
crecimiento *m.* growth; increase
creencia *f.* belief (12)
creer to believe
crema *f.* cream
crepúsculo *m.* twilight (12)
crítico(a) *m.(f.)* critic (11)
croissant *m.* croissant
cruz *f.* cross
cruzar to cross
cuaderno *m.* notebook
cuadrado(a) *adj.* square
cuadro *m.* painting
¿cuál? which?
  ¿Cuál es la fecha de hoy? What is
    the date today?
cualquier any, whichever
cuando when
¿cuánto(a)? how much / many?
  ¿Cuánto cuesta? How much does it
    cost?
  ¿Cuánto tiempo hace? How long
    ago?
  ¿Cuánto tiempo hace que te
    sientes así? How long have you
    felt this way?
  ¿Cuántos años tienes? How old
    are you?
  ¿A cuántos estamos? What is the
    date?
  ¿Cuántos hay? How many are there?
cuarenta forty
cuarto *m.* room, quarter
  ... cuarto(s) de hora ... quarter(s)
    of an hour
cuarto(a) fourth

cuatrocientos(as) four hundred
Cuba Cuba
cubano(a) Cuban
cubismo *m.* cubism (7)
cubrir to cover
cuchara *f.* spoon
cuchillo *m.* knife
cuello *m.* neck
cuenta *f.* bill
cuentista *m.* or *f.* storyteller (10)
cuento *m.* story (10)
Cuento contigo. I'm counting on you.
cuero *m.* leather
cuesta it costs
¡Cuidado! Careful! Watch out!
cuidadoso(a) careful (8)
cuidar to care for
  Cuídese. (Cuídate.) Take care of
    yourself.
culpa *f.* fault
cultivar to cultivate
cultura *f.* culture (11)
cumpleaños *m.* birthday
cumplirse to be fulfilled
cura *m.* curate; priest
cuyo(a) whose

D

danza *f.* dance (9)
dar to give
  dar una caminata to take a hike
  dar un paseo to take a walk
  dar una película to show a movie
  dar una vuelta to turn over
  darles la despedida to say good-
    bye, give a going-away party
  darse cuenta de to realize
  darse prisa to hurry
  darse por satisfecho to have rea-
    son to feel satisfied with oneself
  Nos daría mucho gusto... It
    would give us great pleasure . . .
de of
  de acuerdo okay
  de la / del of the
  de nada you're welcome
  ¿De qué color es...? What color
    is . . . ?
  de repente suddenly
  ¿De veras? Really?
deber to owe, must, should
débil weak
décimo(a) tenth

decir to say, tell
  decir que sí (no) to say yes (no)
  es decir that is to say
  para decir la verdad to tell the truth
  querer decir to mean
  ¿Cómo se dice...? How do you say . . . ?
  lo que dice... what . . . says
dedicarse (a) to devote oneself to
dedo (de la mano) *m.* finger
dedo del pie toe
defensa *f.* defense
dejar to leave (behind) (4)
delante de in front of
delgado(a) thin
delicioso(a) delicious
demandar to demand
demasiado too (much)
¡Dense prisa! Hurry up!
dentista *m.* or *f.* dentist
dentro de within
departamento de literas *m.* berth compartment (5)
departamento de plazas sentadas *m.* seating compartment (5)
depender de to depend on
dependiente(a) *m.(f.)* clerk
deporte *m.* sport
derecha right
  a la derecha to the right
derrota *f.* defeat
desaparecer to disappear (12)
desarrollar to develop
desarrollo *m.* development
desayunarse to eat breakfast
desayuno *m.* breakfast
desbordarse to overflow
descansar to rest
descenso *m.* descent, the climb down
descolgar to pick up (4)
describir to describe
  le describe describes to him, her, you
  Descríbeme... Describe . . . for me.
desde (que) since
  ¿Desde cuándo? Since when?
desear to want, wish for
  desearles to wish them
desengaño *m.* deception (9)
desesperado(a) desperate
desfile *m.* parade
deshonesto(a) dishonest
desigualdad *f.* inequality (11)
desnudo(a) naked

despacio slowly, slow
despedirse (i, i) de to say good-bye to
despegar to take off (airplane) (6)
despejado clear
despertarse (ie) to wake up
después after
destino *m.* destination (5); destiny (11)
destreza *f.* skill (6)
detalle *m.* detail
detrás de behind, in back of
día *m.* day
  cada día every day (3)
  el Día de la Independencia Independence Day
  el Día de la Madre Mother's Day
  el Día del Padre Father's Day
  hoy día these days
  todos los días every day (3)
diamante *m.* diamond (12)
dibujar to draw (7)
dibujo *m.* drawing (7)
diciembre December
diente *m.* tooth
dificultad *f.* difficulty
¡Diga / Dígame! Hello! (answering the phone)
¡No me digas! You don't say!
digestión *f.* digestion
dignidad *f.* dignity (11)
Dime. Tell me.
dinero *m.* money
dinosaurio *m.* dinosaur (10)
dios *m.* god
diploma de maestría master's degree
¿en qué dirección? in which direction?
directamente directly
dirigir to direct
disco compacto compact disc
discoteca *f.* discotheque
discreto(a) discreet
disculparse to apologize
discutir to argue
diseño *m.* design (8)
disfrutar de to enjoy
disponible available
diversidad *f.* diversity (8)
divertido(a) enjoyable
divertirse (ie, i) to have a good time
dividir to divide
divorciado(a) divorced
doblar to turn
una docena de a dozen
doctor(a) *m.(f.)* doctor

doler (ue) to hurt
dolor *m.* pain
  dolor de (cabeza / espalda / estómago) *m.* (head / back / stomach) ache
domingo *m.* Sunday
dominicano(a) Dominican
dominó *m.* dominoes
¿dónde? where?
  ¿De dónde es / eres? Where are you from?
  ¿Dónde está...? Where is . . . ?
  ¿Dónde hay...? Where is / are there . . . ?
dormilón(ona) *m.(f.)* sleepyhead
dormir (ue, u) (la siesta) to sleep (take a nap)
  dormirse to fall asleep
dormitorio *m.* bedroom
dos two
  los(las) dos the two, both
doscientos(as) two hundred
dosis *f.* dose
dramaturgo(a) *m.(f.)* playwright (10)
ducha *f.* shower
ducharse to take a shower
duda *f.* doubt
Me duele(n)... My . . . hurt(s).
duelo *m.* grief
dulce *m.* sweet, candy
durante during
durar to last

echar una siesta to take a nap
económico(a) economical
Ecuador Ecuador
ecuatoriano(a) Ecuadoran
edad *f.* age
edificio *m.* building
en efectivo in cash
eficiente efficient
ejemplo *m.* example
el *m.* the
él he
El Salvador El Salvador
elegante elegant
elevar(se) to rise (12)
ella she
ellos(as) *m.(f.)* they
empacar to pack
empezar to begin (8)
empleado(a) *m.(f.)* employee

empujar to push
en in, on
    En (el mes de)… In (the month of) . . .
    en… minutos in . . . minutes
enamorarse to fall in love
Encantado(a). Delighted.
encantar to like very much (2)
encargarse de to take charge of
encender to light (12)
encerrarse (ie) to lock oneself in
enchilada *f.* enchilada
enciclopedia *f.* encyclopedia (10)
encontrar (ue) to find
encuesta *f.* survey
energía *f.* energy
enero January
enfermero(a) *m.(f.)* nurse
enfermo(a) sick
engañar to deceive
enojado(a) angry, mad
ensalada *f.* salad
    ensalada de frutas fruit salad
    ensalada de guacamole guacamole
    ensalada mixta mixed salad (2)
    ensalada de vegetales (verduras) vegetable salad
ensayista *m.* or *f.* essayist (10)
ensayo *m.* essay (10)
entero(a) whole
entender to understand
entonces then
entrada *f.* entrance ticket; entrée (2)
entre… y… between . . . and . . .
entrenamiento *m.* training (6)
entretenimiento *m.* entertainment
enviar to send
epidemia *f.* epidemic
equipo *m.* equipment; team
equitación *f.* horseback riding
equivocado(a) wrong, mistaken (4)
es is
    Es de… Is from . . . , It belongs to . . .
    Es la una. It's one o'clock.
esbozo *m.* sketch, outline (12)
escalofríos *m.* chills
escaparate *m.* shop window
escena *f.* scene
esclavo(a) *m.(f.)* slave (11)
escoltar to escort (10)
escribir to write
    escribir a máquina to type
escritor(a) *m.(f.)* writer (10)

escritorio *m.* desk
escuchar to listen (to)
escuela *f.* school
    escuela secundaria high school
escultura *f.* sculpture
ese(a) that
ése(a) *m.(f.)* that one
a eso de at about, around
espacio *m.* space
espada *f.* sword
espalda *f.* back
España Spain
español(a) Spanish
espárrago *m.* asparagus (2)
especia *f.* spice
especial special
espectáculo *m.* spectacle, show
espejo *m.* mirror
esperar to wait, hope
    los espera waits for them
    Espero que Uds. puedan visitar. I hope that you can visit.
    Espero que no sea… I hope it's not . . .
espíritu *m.* spirit (8)
esposa *f.* wife
esposo *m.* husband
esqueleto *m.* skeleton (11)
esquí *m.* ski
    esquí acuático *m.* waterskiing
esquiar to ski
    esquiar en agua to water-ski
en la esquina de… y… on the corner of . . . and . . .
escarpado(a) steep
establecer to establish
estación *f.* station
    estación de autobuses bus terminal
    estación de metro subway station
    estación de trenes railroad station
estacionamiento *m.* parking
estadio *m.* stadium
estado *m.* state
los Estados Unidos United States
estadounidense American, from the United States
estandarte *m.* standard; banner
estante *m.* bookshelf
estar to be
    estar de mal humor to be in a bad mood
    estar de visita to be visiting
    Está bien. Okay.

Está (despejado / nublado / resbaloso). It's a (clear / cloudy / slippery) day.
¿Estás en forma? Are you in shape?
¿Cómo está(s)? How are you?
este *m.* east
este(a) (mes / tarde) this (month / afternoon)
éste(a) *m.(f.)* this one
estéreo *m.* stereo
estilo *m.* style
estómago *m.* stomach
estornudar to sneeze
estrella *f.* star
estudiante *m.* or *f.* student
estudiar to study
estufa *f.* stove
estupendo great (4)
eterno(a) eternal (11)
etiqueta *f.* tag, label (6)
étnico(a) ethnic (11)
evento social *m.* social event
exactamente exactly
Exacto. Exactly.
exagerar to exaggerate
¡No te excites! Don't get excited!
excursión *f.* tour
éxito *m.* success
experto(a) expert
exponer to expose (7)
expresar to express
expresión *f.* expression
extranjero(a) foreign
extrañar to miss
    Te (Los) extraño. I miss you (plural).
extraño(a) strange
extraterreno(a) from another world (12)

F

fabricación *f.* manufacture, fabrication (8)
fácil easy
facilitar to facilitate
facturar to check (baggage) (6)
falda *f.* skirt
falta *f.* lack
faltar to lack, need (2)
familia *f.* family
famoso(a) famous
fantasía *f.* fantasy (12)
farmacia *f.* pharmacy, drugstore
fauna *f.* fauna (8)

favorito(a)   favorite
fe   *f.*   faith   (11)
febrero   February
fecha   *f.*   date
   ¿Cuál es la fecha de hoy?   What is
   the date today?
feliz   happy
feo(a)   ugly
feria   *f.*   fair
feroz   ferocious
ferroviario(a)   railway   (4)
fibra   *f.*   fiber
fiebre   *f.*   fever
   fiebre del heno   hay fever
fiel   faithful   (11)
fiesta   *f.*   party
   fiesta del pueblo   religious festival
   honoring a town's patron saint
fijarse en   to notice   (6)
fijo(a)   fixed; firm
fin de semana   *m.*   weekend
al final de   at the end of
finalmente   finally
flan   *m.*   caramel custard
flauta   *f.*   flute
flecha   *f.*   arrow
flor   *f.*   flower
flora   *f.*   flora   (8)
florería   *f.*   flower shop
flotar   to float
folklore   *m.*   folklore   (11)
al fondo de   at the end of
forma   *f.*   form, shape   (8)
formal   formal
formar   to form
formidable   wonderful
fósforo   *m.*   match
fotonovela   *f.*   photo-novel   (10)
francés(esa)   French
Francia   France
con frecuencia   frequently
frecuentemente   frequently
frente   *f.*   forehead
frente a   across from, facing
   en frente de   across from, facing
fresa   *f.*   strawberry
fresco(a)   cool
frijoles   *m.*   beans
frío(a)   cold
frito(a)   fried   (2)
frontera   *f.*   border
fruta   *f.*   fruit
fuego   *m.*   fire
fuegos artificiales   *m.*   fireworks

fuente   *f.*   fountain
fuerte   strong
fuerza   *f.*   strength
funcionar   to function, work
furioso(a)   furious
fusilar   to shoot
fusión   *f.*   fusion   (12)
fútbol   *m.*   soccer
   fútbol americano   football
futuro   *m.*   future

G

galleta   *f.*   biscuit, cookie
gallina   *f.*   hen
gamba   *f.*   shrimp   (2)
   gambas al ajillo   shrimp in garlic   (2)
ganado   *m.*   cattle   (11)
ganar   to earn; to win
garaje (para dos coches)   *m.*   (two-
   car) garage
garganta   *f.*   throat
gas
   con gas   carbonated
   sin gas   not carbonated
gato   *m.*   cat
gazpacho   *m.*   cold soup with tomatoes, garlic, onion   (2)
por lo general   in general
generoso(a)   generous
gente   *f.*   people
geografía   *f.*   geography
gerente   *m.*   manager
gigante   *m.*   giant   (11)
gimnasio   *m.*   gym(nasium)
globo   *m.*   globe, sphere, balloon
gobierno   *m.*   government
gol   *m.*   goal (sports)
golf   *m.*   golf
golpe   *m.*   blow; hit
   de golpe   suddenly   (10)
gordo(a)   fat
gorra   *f.*   winter hat   (1)
gotas para los ojos   *f.*   eyedrops
grabadora   *f.*   tape recorder
gracias   thank you
   mil gracias por…   thanks a million
   for . . .
   muchas gracias por…   thank you
   very much (many thanks) for . . .
grado   *m.*   degree
gramo   gram
Gran Bretaña   Great Britain
granadina   *f.*   grenadine

grande   big, large
grano   *m.*   bean
grasa   *f.*   fat
gratis   free of charge   (5)
grave   grievous, grave
gripe   *f.*   flu
gris   gray
grito   *m.*   shout
grosero(a)   vulgar   (11)
grupo   *m.*   group
guante   *m.*   glove   (1)
guapo(a)   handsome
guardar la línea   to watch one's weight
guardería   *f.*   nursery   (5)
Guatemala   Guatemala
guatemalteco(a)   Guatemalan
guerra   *f.*   war
guerrero(a)   warrior
guisante   *m.*   pea
guitarra   *f.*   guitar
gustar   to like
   (No) (Me) gusta(n) (mucho)…   (I)
   (don't) like … (very much).
gusto   *m.*   taste
   con mucho gusto   with pleasure
   Mucho gusto.   Nice to meet you.

H

haber   to have   (4)
habilidad   *f.*   ability
habitación   *f.*   room
hablar   to talk
hacer   to do, make
   hace…   . . . ago, it has been . . .
   Hace (buen tiempo / calor / sol /
   viento).   It's (nice / hot / sunny /
   windy) out.
   hacer alpinismo   to go mountain
   climbing
   hacer la cama   to make the bed
   hacerse cargo de   to take charge of
   (12)
   hacer ciclismo   to bicycle
   hacer ejercicio   to exercise
   hacer ejercicios aeróbicos   to do
   aerobics
   hacer la equitación   to go horseback riding   (9)
   hacer gimnasia   to do exercises,
   gymnastics
   hacer juego con…   to go with   (1)
   hacer las maletas   to pack
   suitcases

hacer un mandado   to do an errand
hacer un viaje   to take a trip
hacer windsurfing   to windsurf
hace...   . . . *ago; it has been . . .*
 ¿Cuánto tiempo hace?   How long ago?
 ¿Cuánto tiempo hace que te sientes así?   How long have you felt this way?
hacia   toward   (5)
hamburguesa (con queso)   *f.*   hamburger (cheeseburger)
harina   *f.*   flour
hasta   until
 Hasta luego.   See you later.
hay   there is / are
 Hay (hielo / niebla / tormenta).   It's (icy / foggy / stormy).
 hay que pasar por...   one must go through . . .
 Hay que ser razonables.   Let's be reasonable.
hecho   *m.*   fact   (12)
helado   *m.*   ice cream
herido(a)   wounded
herir   to wound
hermana   *f.*   sister
hermano   *m.*   brother
hermoso(a)   beautiful
héroe   *m.*   hero   (11)
hervir(ie)   to boil
hielo   *m.*   ice
hierba   *f.*   grass
hierro   *m.*   iron
hija   *f.*   daughter
hijo   *m.*   son
 hijo(a) único(a)   *m.(f.)*   only child
hinchado(a)   swollen   (12)
hispano(a)   Hispanic
historia   *f.*   history
histórico(a)   historical
hockey sobre hierba   *m.*   field hockey
hogar   *m.*   home   (12)
hoja (de papel)   *f.*   sheet (of paper)
Hola.   Hello.
hombre   *m.*   man
hombro   *m.*   shoulder
hondo(a)   deep
Honduras   Honduras
hondureño(a)   Honduran
honesto(a)   honest
honra   *f.*   honor   (11)
hora   *f.*   hour

horario   *m.*   schedule
horno (de microondas)   *m.* (microwave) oven
horóscopo   *m.*   horoscope
horrible   horrible
hospital   *m.*   hospital
hospitalidad   *f.*   hospitality
hotel   *m.*   hotel
hoy   today
 Hoy es el (día) de (mes).   Today is the (day) of (month).
hueso   *m.*   bone
huésped   guest
huevo   *m.*   egg

de ida y vuelta   round-trip   (5)
idealismo   *m.*   idealism   (11)
idealista   idealist(ic)
identificación   *f.*   identification   (6)
iglesia   *f.*   church
igualdad   *f.*   equality
Igualmente.   Same here.
iguana   *f.*   iguana   (11)
imagen   *f.*   image   (7)
imaginación   *f.*   imagination   (10)
imaginería   *f.*   imagery   (7)
impaciente   impatient
impedir   to prevent; to hinder
impermeable   *m.*   raincoat
importante   important   (8)
incertidumbre   *f.*   uncertainty   (10)
incluido(a)   included
incluir   to include   (12)
increíble   incredible
incrustación   *f.*   incrustation   (8)
independiente   independent
indicación   *f.*   indication
indiscreto(a)   indiscreet
inesperado(a)   unexpected
infantil   infantile, childish
infección   *f.*   infection
influir   to influence
ingeniero(a)   *m.(f.)*   engineer
Inglaterra   England
inglés(esa)   English
inolvidable   unforgettable
insistir   to insist   (8)
instrumento   *m.*   instrument   (9)
 instrumento de cuerda   *m.* stringed instrument   (9)
intelectual   intellectual
inteligente   intelligent

interesante   interesting
interpretar   to interpret, sing   (9)
intérprete   *m.*   singer   (9)
invento   *m.*   invention   (12)
invierno   *m.*   winter
invitación   *f.*   invitation
ir   to go
 ir a...   to be going to . . .
 ir de camping   to go camping
 ir de compras   to go shopping
 ir de pesca   to go fishing
 irse   to leave, go away
irrealidad   *f.*   unreality   (10)
Italia   Italy
italiano(a)   Italian
izquierda   left
 a la izquierda   to the left

jabón   *m.*   soap
jamás   never
jamón   *m.*   ham
 jamón serrano   *m.*   Spanish ham, similar to prosciutto   (2)
Japón   Japan
japonés(esa)   Japanese
jarabe   *m.*   cough syrup
jardín   *m.*   garden
jazz   *m.*   jazz
joven   young
jubilarse   to retire
jueves   *m.*   Thursday
jugador(a)   *m.(f.)*   player
jugar (ue)   to play
 jugar a las damas   to play checkers
 jugar a los naipes   to play cards
 jugar al baloncesto   to play basketball
 jugar al golf   to play golf
 jugar al hockey   to play hockey
 jugar al hockey sobre hierba   to play field hockey
 jugar al (tenis / vólibol)   to play (tennis / volleyball)
jugo   *m.*   juice
julio   July
junio   June
juntar   to unite
junto(a)   together
justicia   *f.*   justice   (11)

K

un kilo de   a kilo(gram) of
   medio kilo de   half a kilo(gram) of
kilómetro   *m.*   kilometer

L

la   *f.*   the
labio   *m.*   lip
labrador   *m.*   farmhand   (11)
lácteo   dairy
   producto lácteo   *m.*   dairy product
lado   *m.*   side
   al lado   on the side   (3)
   al lado de   beside
   del lado de mi padre (madre)   on
   my father's (mother's) side
ladrar   to bark   (12)
lámpara   *f.*   lamp
lana   *f.*   wool   (1)
lanza   *f.*   lance
lápiz   *m.*   pencil
largo(a)   long
las   *f. pl.*   the
lástima   *f.*   pitty
Es una lástima.   It's a shame.   (4)
lastimarse   to hurt oneself
   ¿Te lastimaste?   Did you hurt yourself?
una lata de   a can of
latín   *m.*   Latin
lavabo   *m.*   sink
lavadora   *f.*   washing machine
lavar   to wash
   lavar los platos   to wash dishes
   lavar la ropa   to wash clothes
   **lavarse (las manos, el pelo, los
   dientes)**   to wash (one's hands,
   hair, brush one's teeth)
lealtad   *f.*   loyalty   (11)
leche   *f.*   milk
lechuga   *f.*   lettuce
lector(a)   *m.(f.)*   reader
leer   to read
legendario(a)   legendary   (11)
lejos de   far from
lengua   *f.*   language, tongue
lento(a)   slow
letra   *f.*   letter   (9)
levantar   to get (someone) up; lift
   levantar pesas   to lift weights
   levantarse   to get up

ley   *f.*   law   (12)
leyenda   *f.*   legend   (11)
libertad   *f.*   liberty   (11)
una libra de   a pound of
libre   free   (4)
librería   *f.*   bookstore
libro   *m.*   book
licuado (de mango)   *m.*   (mango)
   milkshake
ligero(a)   light
limón   *m.*   lemon
limonada   *f.*   lemonade
limpio(a)   clean   (3)
lindo(a)   pretty
línea   *f.*   line
lípidos   *m.*   lipids
listo(a)   ready
literario(a)   literary   (10)
literatura   *f.*   literature
un litro de   a liter of
llamar(se)   to be named
   llamar la atención   to call attention
   (10)
   (Yo) me llamo…   My name is . . .
llamativo   flashy, showy   (7)
llanta   *f.*   tire
llanto   *m.*   crying   (12)
llanura   *f.*   plain (land)
llave   *f.*   key
llegar (a / de)   to arrive (at / from)
lleno(a)   full
llevar   to carry, take
   llevar a cabo   to carry out
   lo lleva   takes him
llorar   to cry
llover (ue) a cántaros   to rain cats and
   dogs
Llovizna.   It's drizzling.
Llueve.   It's raining.
locura   *f.*   insanity
los   *m. pl.*   the
luchar   to fight
lucir   to shine   (1)
lucir bien / mal   to look good / bad
   (1)
luego   later, afterwards
lugar   *m.*   place, location
   en primer lugar   in the first place
lujo   *m.*   luxury
luna   *f.*   moon
de lunares   polka-dotted   (1)
lunes   *m.*   Monday
luz   *f.*   light

M

m² (metros cuadrados)   square meters
madera   *f.*   wood
madrastra   *f.*   stepmother
madre   *f.*   mother
mágico(a)   magic   (12)
¡Magnífico!   Magnificent!
maíz   *m.*   corn
mal   poorly
maleta   *f.*   suitcase   (6)
maletín   *m.*   briefcase   (6)
malo(a)   bad
mamut   *m.*   (pl. **mamuts**)   mammoth
mandado   *m.*   errand
mandar   to give an order
manejar   to manage
manera   *f.*   way, manner
   de esa manera   in that way
manifestar   to manifest, to demonstrate
mano   *f.*   hand
mantenerse en condiciones óptimas
   to stay in top condition
mantequilla   *f.*   butter
manzana   *f.*   apple
mañana   tomorrow
   mañana (por la mañana / noche)
   tomorrow (morning / night)
mañana   *f.*   morning
   de la mañana   in the morning
   por la mañana   in the morning
maquillarse   to put on makeup
máquina   *f.*   machine
   máquina de escribir   typewriter
mar   *m.*   sea
maravilla   *f.*   marvel   (9)
marcar   to dial (a telephone)   (4)
   marcar un gol   to make a goal, score
marinero   *m.*   sailor
mariposa   *f.*   butterfly
marisco   *m.*   shellfish
martes   *m.*   Tuesday
marzo   March
más   more
   más o menos   so-so
   más… que   more . . . than
matanza   *f.*   massacre
matemáticas   *f.*   mathematics
material   *m.*   material   (6)
matrimonio   *m.*   marriage
máximo(a)   maximum
mayo   May
mayonesa   *f.*   mayonnaise

mayor older
mayoría *f.* majority
mecánico(a) *m.(f.)* mechanic
media *f.* stocking
medianoche *f.* midnight
médico *m.* or *f.* doctor
medio *m.* middle, means
   medio de transporte means of transportation
medio(a) half
   media hora half hour
   medio kilo de half a kilo of
mediodía *m.* noon
medir (i, i) to measure
mejor better
mejorar to improve
melancolía *f.* melancholy (9)
melocotón *m.* peach
melodía *f.* melody (9)
melón *m.* melon
menor younger
menos less
   al menos at least
   menos... que... less . . . than
   por lo menos at least
mensual monthly
a menudo often
mercado *m.* market
   mercado al aire libre open-air market
merienda *f.* snack
mermelada *f.* jam, jelly
mes *m.* month
meseta *f.* high plain
mesita de noche *f.* night table
metro *m.* subway
mexicano(a) Mexican
México Mexico
mezcla *f.* mixture (12)
mezclar to mix (11)
de mezclilla denim (1)
mi my
mí me
microbio *m.* microbe
Mido... I am . . . tall.
miedo *m.* fear
miércoles *m.* Wednesday
mil thousand
milagro *m.* miracle (11)
milla *f.* mile
millón million
mineral *m.* mineral
minuto *m.* minute
mirar to look at, watch

mirar la televisión to watch television
mirarse to look at oneself
¡Mira! Look!
misa de Acción de Gracias *f.* Thanksgiving mass
mismo(a) same
   lo mismo the same
misterioso(a) mysterious (12)
mitad *f.* half (5); middle
mítico(a) *m.* mythical (12)
mito *m.* myth (12)
mitológico(a) mythological (8)
mochila *f.* backpack
moda *f.* style
moderno(a) modern
de todos modos at any rate
mojado(a) wet (3)
molino *m.* mill (11)
   molino de viento *m.* windmill (11)
momento *m.* moment (4)
   en este momento at this moment
moneda *f.* coin (4)
montaña *f.* mountain
montañismo *m.* hiking
montar a caballo to ride a horse
   montar en bicicleta to ride a bicycle
morado(a) purple
mordida *f.* bite (12)
moreno(a) dark-haired, brunet(te)
morir (ue, u) to die
mosca *f.* fly (12)
mostrar to show (1)
motivo *m.* motive (8)
motocicleta *f.* motorcycle, moped
moverse (ue) to move
movimiento *m.* movement
   movimiento muscular muscle movement
muchísimo very much
mucho(a) a lot
   muchas veces a lot of; many times
muerte *f.* death (10)
muerto(a) dead
muestra *f.* sign, indication
lo muestra shows it
mujer *f.* woman
mundo *m.* world
muñeca *f.* wrist
mural *m.* mural (7)
muralismo *m.* muralism (7)
murmurar to murmur (12)
músculo *m.* muscle

museo *m.* museum
música *f.* music
   música clásica classical music
   música de mariachi mariachi music
muslo *m.* thigh
muy very
   Muy bien, gracias. Very well, thank you.

nacer to be born (3)
   (Él / Ella) nació... (He / She) was born . . .
nacimiento *m.* birth (5)
nacionalidad *f.* nationality
nada nothing
nadar to swim
nadie no one, nobody (3)
naranja *f.* orange
nariz *f.* nose
natación *f.* swimming
naturaleza *f.* nature
navegación a vela *f.* sailing
navegar en velero (una tabla vela) to sail (to sailboard)
neblina *f.* fog
necesitar to need
negar to deny (11)
negocio *m.* business
   hombre (mujer) de negocios *m.(f.)* businessman(woman)
negro(a) black
nervio *m.* nerve
nervioso(a) nervous
ni... ni neither . . . nor (3)
ni siquiera not even
Nicaragua Nicaragua
nicaragüense Nicaraguan
niebla *f.* fog
nieto(a) *m.(f.)* grandson (daughter)
Nieva. It's snowing.
nieve *f.* snow
ningún / ninguno(a) none (3)
niñez *f.* childhood
nivel *m.* level (6)
no no
nobleza *f.* nobility (11)
noche *f.* night
   de la noche at night
   por la noche at night
nombre *m.* name
normalmente normally
norte *m.* north

norteamericano(a) North American
nosotros(as) *m.(f.)* we
noticia *f.* news
novecientos(as) nine hundred
novela *f.* novel (10)
novelista *m.* or *f.* novelist (10)
noveno(a) ninth
noventa ninety
noviembre November
novio(a) *m.(f.)* boy(girl)friend, fiance(é)
nube *f.* cloud
nublado cloudy
nuestro(a) our
nuevo(a) new
   de nuevo again
número *m.* number
nunca never

o or
o… o either . . . or (3)
obra *f.* work (7)
occidental western
ochenta eighty
ochocientos(as) eight hundred
octavo(a) eighth
octubre October
ocupado(a) busy (3)
ocuparse de to take care of
ocurrir to happen, to occur
odiar to hate
oeste *m.* west
oferta *f.* sale
   ¿No está en oferta? It's not on
   sale?
oficina de correos *f.* post office
ofrecer to offer
oír to hear
ojalá que I hope that (7)
ojo *m.* eye
oler to smell
olor *m.* odor
onda *f.* wave (9)
opresión *f.* oppression (11)
optimista optimist(ic)
orden *m.* order
   a sus órdenes at your service
oreja *f.* ear
orgullo *m.* pride
orilla del mar *f.* seashore
oro *m.* gold
orquídeas *f.* orchids
oscilar to fluctuate (5)

oscuro(a) dark
otoño *m.* autumn, fall
otro(a) other
   otra cosa another thing
   en otra oportunidad at some
   other time
oveja *f.* sheep (12)
oxígeno *m.* oxygen

pabellón *m.* pavilion
paciente patient
padrastro *m.* stepfather
padre *m.* father
   padres *m. pl.* parents
paella *f.* Spanish dish with rice, shellfish, and chicken (2)
pagar to pay
país *m.* country
paisaje *m.* countryside, landscape
pájaro *m.* bird
palabra *f.* word
pálido(a) pale
palo *m.* stick
   palo de golf golf club
pan *m.* bread
   pan dulce any sweet roll
   pan tostado toast
panadería *f.* bakery
Panamá Panama
panameño(a) Panamanian
pantalones *m.* pants, slacks
   pantalones cortos *m.* shorts (1)
pantera *f.* panther (12)
pañuelo *m.* (decorative) scarf (1)
papa *f.* potato
papel *m.* paper
   papel de avión air mail stationery
   papel para escribir a máquina
   typing paper
papelería *f.* stationery store
un paquete de a package of
para for, in order to
Paraguay Paraguay
paraguayo(a) Paraguayan
parar stop
   sin parar without stopping
pardo(a) brown
parece it appears
   ¿Te parece bien? Is that okay with
   you?
pared *f.* wall
pareja *f.* pair, couple

pariente *m.* relative
parque *m.* park
parque zoológico *m.* zoo
parrillada *f.* variety of meats cooked
   on a grill (3)
parte *f.* part
   ¿De parte de quién? Who's calling?
   (4)
   en parte al menos at least in part
   parte del cuerpo body part
(el lunes / la semana) pasado(a) last
   (Monday / week)
partido *m.* game
pasar to pass
   pasar tiempo to spend time
   Lo pasamos bien. We have a good
   time.
paseo *m.* walk
   dar un paseo to take a walk
Te lo (la) paso. I'll get him (her). (4)
pasta *f.* pasta
pastel *m.* pastry, pie
pastilla *f.* pill
pata *f.* paw; leg (of furniture)
patata *f.* potato (Spain)
   patatas bravas potatoes in a spicy
   sauce
patinar to skate
   patinar sobre ruedas to rollerskate
patria *f.* patriotism (11)
pecho *m.* chest
pechuga *f.* breast (3)
pectoral *m.* breastplate
pedazo *m.* piece
   hacer pedazos to break to pieces
   un pedazo de a piece of
pedir (i) to ask for, request
pegar to stick
peinarse to comb
pelea *f.* fight
película *f.* movie
   película de aventura adventure
   movie
   película de ciencia ficción science
   fiction movie
   película cómica comedy movie
   película de horror horror movie
peligro *m.* danger
pelirrojo(a) redheaded
pelo *m.* hair
pelota *f.* ball
   pelota de tenis tennis ball
peludo(a) hairy

peluquero(a) *m.(f.)* hairdresser
Me da pena. It's a pity. (4)
qué pena... what a shame . . . (9)
pensar (ie) to think
peor worse, worst
pepino *m.* cucumber
pepito *m.* sandwich made with tender filet of beef in a Mexican hard roll (3)
pequeño(a) small
pera *f.* pear
perder (ie) to lose
Perdón. Excuse me.
perezoso(a) lazy
perfeccionar to perfect
perfecto(a) perfect
periódico *m.* newspaper
periodista *m.* or *f.* journalist
periodo *m.* period (of time)
no permiten do not permit, do not allow
pero but
perrera *f.* kennel (5)
perro *m.* dog
persona *f.* person
personaje *m.* character (10)
Perú Peru
peruano(a) Peruvian
pesadilla *f.* nightmare
pesado(a) heavy
pesar to weigh
　Peso... kilos. I weigh . . . kilos.
pescado *m.* fish
pesimista pessimist(ic)
pez *m.* fish (11)
piano *m.* piano
picante spicy
pie *m.* foot
　a pie on foot
piedra *f.* stone
pierna *f.* leg
pimienta *f.* pepper (spice)
pintar to paint (8)
pintor(a) *m.(f.)* painter
pintura *f.* painting
piscina *f.* swimming pool
piso *m.* floor
　(en el primer) piso (on the first) floor
pizza *f.* pizza
placer *m.* pleasure (4)
plan *m.* floor plan
planear to plan
plano del metro *m.* subway map
planta *f.* floor, plant
　planta baja ground floor

plástico(a) plastic (6)
plata *f.* silver
plátano *m.* banana
platillo *m.* saucer (2)
plato *m.* dish, plate
　plato hondo bowl (2)
playa *f.* beach
　playa de estacionamiento *f.* parking lot
plaza *f.* square; seat in a train
pluma *f.* fountain pen; feather
poco(a) few, a little
poder *m.* power (12)
poder to be able (to), made an attempt; *n.m.* power
　¿Puede Ud. arreglar la cuenta? Can you make up the bill?
　No puedo dormir. I can't sleep.
poema *m.* poem (10)
poesía *f.* poetry (10)
poeta *m.* or *f.* poet (10)
policía *f.* police, *m.* police officer
　estación de policía *f.* police station
polícroma polychromatic (7)
poliéster *m.* polyester (1)
política *f.* politics
pollo *m.* chicken
　pollo al chilindrón Spanish dish with chicken in a spicy tomato sauce (2)
poner to put
　poner la mesa to set the table
　ponerse to put on
　ponerse en forma to get in shape
por for, during
　por eso that is why
　por eso mismo for that very reason
　por favor please
　por fin finally
　por... horas for . . . hours
　por lo general in general
　por lo menos at least
　por supuesto of course
¿por qué? why?
　¿por qué no? why not?
porque because
portafolio *m.* briefcase
portero(a) *m.(f.)* goaltender
posesión *f.* possession
posible possible (4)
póster *m.* poster
postre *m.* dessert (2)
potrillo *m.* young colt (12)
practicar to practice

　practicar el surfing to surf
　practicar la vela to sail
práctico(a) practical
precio *m.* price
preferencia *f.* preference
preferir (ie, i) to prefer
preguntar to ask (a question)
premio *m.* prize
prenda de vestir *f.* article of clothing (1)
preocupado(a) worried, preoccupied
No se preocupen. Don't worry.
preparar to prepare
　les voy a preparar... I'm going to prepare / make . . . for you.
　prepararse to get ready, prepare oneself
presentación *f.* presentation, introduction
presentar to present, introduce
　Le (Te) presento a... This is . . . (introduction)
presión *f.* pressure
prestar atención to pay attention
primavera *f.* spring
primer(o/a) first
primo(a) *m.(f.)* cousin
príncipe *m.* prince (12)
al principio in / at the beginning
probarse to try on (1)
producto lácteo *m.* dairy product
profesión *f.* profession
profesor(a) *m.(f.)* professor, teacher
profundo(a) deep (11)
programa de intercambio *m.* exchange program
prohibir to prohibit (8)
prometer to promise (11)
promover to promote
pronóstico *m.* forecast
pronto soon
propina *f.* tip
propio(a) own
protagonista *m.* or *f.* protagonist (11)
proteína *f.* protein
(el año / la semana) próximo(a) next (year / week)
publicar to publish (11)
pudo he / she / it could
pueblo *m.* town
puente *m.* bridge
puerco *m.* pork
puerta *f.* door

puerto *m.* port
Puerto Rico Puerto Rico
puertorriqueño(a) Puerto Rican
pues then, well then
pulmón *m.* lung
pulsera *f.* bracelet
punto *m.* point

que that
¡Qué…! How . . . !
  ¡Qué bueno(a)! Great!
  ¡Qué comida más rica! What delicious food!
  ¡Qué cosa! Good grief!
  ¡Qué envidia! I'm envious!
  ¡Qué hay? What's new?
  ¡Qué horrible! How awful!
  ¿Qué pasó? What's going on?
  ¡Qué pena! What a pity!
  ¡Qué va! No way!
¿qué? what?
  ¿Qué día es hoy? What day is today?
  ¿Qué dijiste? What did you say?
  ¿Qué fecha es hoy? What is the date today?
  ¿Qué hora es? What time is it?
  ¿A qué hora…? What time . . . ?
  ¿Qué tal? How are you?
  ¿Qué te pasa? What's the matter with you?
  ¿Qué te pasó? What happened to you?
  ¿Qué tiempo hace? What's the weather like?
quedar remain, stay
  quedarse chico / grande / mal / muy bien to look small / large / bad / good on (1)
  quedarse en cama to stay in bed
quejar to complain
querer (ie) to want, tried
  no querer refused
  querer decir to mean
querido(a) dear
quesadilla *f.* quesadilla, Mexican cheese turnover
queso *m.* cheese
  queso manchego cheese from La Mancha region in Spain (2)
¿quién? who?

¿De quién es? Whose is it?
Quiero presentarle(te) a… I want to introduce you to . . .
quietud *f.* quiet, stillness
química *f.* chemistry
quinceañera *f.* fifteenth birthday party
quinientos(as) five hundred
quinto(a) fifth
quiosco de periódicos *m.* newspaper kiosk
… quisiera… . . . would like . . .
  Quisiera algo (alguna cosa) para… I would like something for…
  Quisiera presentarle(te) a… I would like to introduce you to . . .
  (Nosotros) quisiéramos… We would like . . .
quitar to take away
  quitar la mesa to clear the table

radio despertador *m.* clock radio
raíz *f. (pl.* **raíces)** root (11)
raqueta *f.* racquet
rara vez rarely
raro(a) strange (9)
rasgo *m.* trait (9)
un buen rato a good while
de rayas striped (1)
rayo *m.* lightning
raza *f.* race (people) (12)
reacción *f.* reaction
real real (8)
realidad *f.* reality (10)
realismo *m.* realism (11)
realista realist(ic)
rebanada de pan *f.* slice of bread
recado *m.* message (4)
recepción *f.* reception desk
receta *f.* recipe (3); prescription
rechazado(a) rejected (9)
recibir to receive
recobrar to recover
lo recoge pick him / it up
récord *m.* record (sports)
recorrer to run through (12)
recorrido *m.* trip, run
rectángulo *m.* rectangle (8)
recuperar to recuperate
red *f.* network (4)
reflejar to reflect (11)

refrescarse to cool off
refresco *m.* soft drink
refrigerador *m.* refrigerator
regalar to give (5)
regalo *m.* gift
regatear to bargain
regocijo *m.* delight, rejoicing
regresar to return
regular okay, regular, average; to regulate
con regularidad regularly
reírse (i, i) to laugh
relato *m.* story
remedio *m.* remedy
renacimiento *m.* rebirth
renovar (ue) to renew
repasar to review
de repente suddenly
repertorio *m.* repertoire (9)
repetir (i, i) to repeat
representar to represent (11)
la República Dominicana the Dominican Republic
res *m.* beef
  costilla de res beef ribs (3)
resbaloso(a) slippery
reseco(a) dried out (12)
reservación *f.* reservation
reservar to reserve (5)
resfriado *m.* cold
resonar (ue) to resound (9)
respirar to breathe (12)
respuesta *f.* answer, response
restaurante *m.* restaurant
resultado *m.* result
retrasar(se) to delay, be late (11)
  está retrasado(a) is late (5)
retrato *m.* portrait
reunirse to meet, get together
revisar to review, check, look over
revista *f.* magazine (10)
rey *m.* king
rezar to pray (11)
rima *f.* rhyme (11)
rincón *m.* corner (12)
río *m.* river
riquísimo very delicious
risa *f.* laugh
ritmo *m.* rhythm (9)
  ritmo cardíaco *m.* heart rate
robar to rob, to steal
rock *m.* rock music
rodeado(a) surrounded (6)
rodilla *f.* knee

rojo(a) red
romántico(a) romantic
romper(se) to break (a body part)
roncar to snore
ropa *f.* clothing
rosado(a) pink
rubio(a) blond(e)
ruido *m.* noise (12)
Rusia Russia
ruso(a) Russian

sábado *m.* Saturday
saber to know (a fact), found out
sabio(a) *m.(f.)* wise person (12)
sabor *m.* flavor, taste
sabroso(a) tasty (3)
sacapuntas *m.* pencil sharpener
sacar to get out something, obtain
saco *m.* sports coat (1)
sal *f.* salt
sala *f.* room
   sala de baño bathroom
   sala de estar living room
salado(a) salty (3)
salida *f.* exit
salir (con / de / para) to leave (with / from / for)
   salir con to go out with
salsa *f.* type of music
   salsa picante hot, spicy sauce
saltar to jump
salto *m.* jump
salud *f.* health
saludar to greet
saludo *m.* greeting
salvadoreño(a) Salvadoran
sandalia *f.* sandal
sandía *f.* watermelon
sándwich (de jamón con queso) *m.* (ham and cheese) sandwich
sangre *f.* blood
sano(a) healthy
sapo *m.* toad
sátira *f.* satire (11)
o sea that is (3)
sección *f.* section (5)
seco(a) dry
secretario(a) *m.(f.)* secretary
seda *f.* silk (1)
en seguida right away, at once
seguir (i, i) to continue, follow
según according to

segundo(a) second
seguro(a) sure
seiscientos(as) six hundred
semana *f.* week
semanal weekly
semejante similar
sencillo(a) simple
sendero *m.* path
senderismo *m.* hiking
sensacional sensational
sensible sensitive
sentarse (ie) to sit down
sentimiento *m.* feeling
sentirse (ie,i) bien (mal) to feel good (bad)
señal *f.* signal, sign
   señal de marcar dial tone (4)
señalar to point (12)
señor *m.* Mr., sir
señora *f.* Mrs., ma'am
señorita *f.* Miss
septiembre September
séptimo(a) seventh
ser to be
   Será una sorpresa; no les digas nada. It will be a surprise; don't say anything to them.
serie *f.* series, sequence
serio(a) serious
servicios sanitarios *m.* rest rooms
servilleta *f.* napkin
servirse (i, i) to prepare for oneself, to serve oneself
   ¿En qué puedo servirle(s)? How can I help you?
sesenta sixty
setecientos(as) seven hundred
setenta seventy
sexto(a) sixth
si if
sí yes
siempre always
   ¡Siempre lo hacemos! We always do it!
¿Cómo te sientes? How do you feel?
¿Te sientes bien (mal)? Do you feel well (bad)?
Lo siento. I'm sorry.
siglo *m.* century
significar to mean
lo siguiente the following
silla *f.* chair
sillón *m.* armchair
simpático(a) nice

simple simple
sin without
   sin embargo nevertheless
   sin límite unlimited
   sin parar without stopping
sistema *m.* system
   sistema cardiovascular cardiovascular system
   sistema de clasificación classification system
situado(a) situated, located
sobre *m.* envelope
sobrenatural supernatural (12)
soda *f.* soda
sofá *m.* sofa, couch
sol *m.* sun
soledad *f.* solution (10)
sólo only
soltero(a) single
solución *f.* solution
sombra *m.* shadow
sombrero *m.* hat (1)
Son de... They are from . . ., They belong to . . .
Son las... It's . . . o'clock.
sonreírse (i, i) to smile
soñar to dream (12)
sopa *f.* soup (2)
sorprender to surprise
sorpresa *f.* surprise
sorteo *m.* raffle
(Yo) (no) soy de... I am (not) from . . .
(Yo) soy de origen... I am of . . . origin.
su his, her, its, your, their
suave soft, mild
subir to go up, climb, rise
   subir de peso to gain weight
sucio(a) dirty
sudaderas *f.* sweatpants (1)
sudar to sweat
sueño *m.* sleep, dream (12)
suerte *f.* luck
suéter *m.* sweater
suficiente sufficient, enough
sufrir to suffer
sugerir (ie, i) to suggest
¡Super! Super!
superficie *f.* area
superpuesto(a) superimposed (8)
sur *m.* south
surgir to surge; to appear
surrealismo *m.* surrealism (7)
surtidos(as) assorted (2)
susto *m.* scare

taco (de carne) *m.* (beef) taco
tal vez perhaps
talento *m.* talent
tallar to carve (8)
taller *m.* studio, workshop (7)
tamaño *m.* size (6)
también also, too
tambor *m.* drum (11)
tampoco neither
tan so
   tan(to)… como… as much . . . as . . .
tapa *f.* Spanish snack
taquería *f.* taco stand
taquilla *f.* booth
tardarse to take a long time
   tarda… minutos it takes . . . minutes
tarde late
tarde *f.* afternoon
   por la tarde in the afternoon
tarea *f.* homework
tarjeta *f.* card
   tarjeta de abono transportes commuter pass
   tarjeta de crédito credit card
   tarjeta de cumpleaños birthday card
   tarjeta del Día de la Madre Mother's Day card
taxi *m.* taxi
taza *f.* cup
té (helado) *m.* (iced) tea
teatral theatrical
   pieza teatral *f.* play (10)
teatro *m.* theater
técnica *f.* technique (12)
tecnológico(a) technological (10)
tela *f.* cloth, fabric (6)
teléfono *m.* telephone
televisor *m.* television set
   televisor a colores color television set
tema *m.* theme (7)
temer to be afraid, fear (9)
temperatura *f.* temperature
   La temperatura está en… grados (bajo cero). It's . . . degrees (below zero).
temprano early
tenedor *m.* fork

tener to have
   tener… años to be . . . years old
   tener dolor de… to have a . . . ache
   tener ganas de… to feel like . . .
   tener hambre to be hungry
   tener miedo to be afraid
   tener que to be obligated, be compelled to
   tener que ver con to have to do with (12)
   tener razón to be right
   tener sed to be thirsty
   tener suerte to be lucky
   Tenga la bondad de responder tan pronto como sea posible. Please be kind enough to respond as soon as possible.
tenis *m.* tennis
tercer(o/a) third
terminar to end; to finish
ternera *f.* veal (2)
ternura *f.* tenderness
terraza *f.* terrace, porch
terreno *m.* terrain, land, surface
territorio *m.* territory
tía *f.* aunt
tiempo *m.* time, weather
   a tiempo on time
   buen (mal) tiempo good (bad) weather
   ¿Cuánto tiempo hace? How long ago?
   ¿Cuánto tiempo hace que te sientes así? How long have you felt this way?
tienda *f.* store
   tienda de campaña tent
   tienda de deportes sporting goods store
   tienda de música music store
   tienda de ropa clothing store
tiene he / she / it has
   ¿Tiene Ud…? Do you have . . . ?
   ¿Tiene Ud. cambio de… pesetas? Do you have change for . . . pesetas?
   ¿Tiene Ud. la cuenta para…? Do you have the bill for . . . ?
   ¿Cuántos años tienes? How old are you?
tierra *f.* land
tímido(a) timid
tío *m.* uncle

tirarse to dive, throw oneself
toalla *f.* towel
tobillo *m.* ankle
tocar to touch, play (instrument); to be one's turn
todavía still, yet
todo(a) all
   en todo caso in any event
   Es todo. That's all.
   todos los días every day (3)
   de todos modos at any rate
tomar to take
   tomar el sol to sunbathe
   tomar la temperatura to take a temperature
tomate *m.* tomato
tonalidad *f.* tonality (7)
tonificar to tone up
tono muscular *m.* muscle tone
tonto(a) silly, stupid, foolish
torcerse to twist (a body part)
torero(a) bullfighter
tormenta *f.* storm
torpe clumsy
tortilla *f.* cornmeal pancake (Mexico)
   tortilla de patatas Spanish omelette
tos *f.* cough
toser to cough
tostador *m.* toaster
trabajador(a) *m.(f.)* worker, hard-working
trabajar to work
tradicional traditional
traducir to translate (9)
traer to bring
trágico(a) tragic (11)
tráigame… bring me . . .
traje *m.* suit (1)
traje de baño *m.* bathing suit (1)
transmitir to transmit (11)
trasero(a) back, rear
tratar to treat
   tratar de to try to
   tratarse de to deal with; to be a question of
trazar to trace (11)
tren *m.* train
tres three
trescientos(as) three hundred
trigo *m.* wheat
triste sad
trompeta *f.* trumpet
trotar to jog
Truena. There's thunder.

trueno *m.* thunder
tu your
tú you (familiar)
turista *m.* or *f.* tourist
¿Tuviste algún accidente? Did you have an accident?

último(a) last
un(a) *m.(f.)* a, an
   Un(a)..., por favor. One . . . , please.
únicamente only
universal universal (11)
universidad *f.* university
uno one
unos(as) some
Uruguay Uruguay
uruguayo(a) Uruguayan
usted/Ud. you (formal)
usualmente usually
útil useful
uva *f.* grape

vaca *f.* cow (11)
vacaciones *f.* vacation
vacío(a) vacant, empty
vagón *m.* (train) car (5)
valentía *f.* courage (11)
valiente brave
valija *f.* valise (6)
valor *m.* value (11)
¡Vamos! Let's go!
   Vamos a... Let's go . . .
   Vamos a ver. Let's see.
   nos vamos we're leaving
vaqueros *m.* jeans (1)
variado(a) varied
varios(as) various, several
vaso *m.* glass
a veces sometimes

vecino(a) *m.(f.)* neighbor
vegetal *m.* vegetable
veinte twenty
velocidad *f.* speed
nos vemos we'll see each other
vendedor(a) *m.(f.)* salesman (woman)
vender to sell
venezolano(a) Venezuelan
Venezuela Venezuela
venir to come
ventaja *f.* advantage
ventana *f.* window
ver to see
   A ver. Let's see.
verano *m.* summer
¿De veras? Really?
verdad *f.* truth
   ¿verdad? right?
verdaderamente truly
verde green
verdura *f.* vegetable (3)
qué vergüenza... what a shame . . . (9)
No te ves muy bien. You don't look very well.
vestido *m.* dress
vestirse (i, i) to get dressed
vez *f.* time, instance
   una vez once
   una vez al año once a year
   de vez en cuando from time to time
viajar to travel
viaje *m.* trip
   agencia de viajes *f.* travel agency
vida *f.* life
video *m.* videocassette, VCR
vidrio *m.* glass; windowpane
viejo(a) old
viento *m.* wind
viernes *m.* Friday
vino *m.* wire

violeta violet
violín *m.* violin
virus *m.* virus
visitar to visit
vista nocturna *f.* night vision
vitamina *f.* vitamin
vivir to live
   (Yo) vivo en... I live in . . .
volar to fly
volcán *m.* volcano
vólibol *m.* volleyball
volver (ue) to return
vosotros(as) *m.(f.)* you (familiar plural)
voz *f.* voice
   en voz alta aloud, in a loud voice
vuelo *m.* flight (6)

WC *m.* toilet
waterpolo *m.* waterpolo
windsurf *m.* windsurfing

y and
ya already
   ya en casa once home
   ¡Ya es hora! It's about time.
yo I
yogur *m.* yogurt

zanahoria *f.* carrot
zapatería *f.* shoe store
zapato *m.* shoe
   zapato de tacón high-heeled shoe
   zapato de tenis tennis shoe
zoológico(a) zoological (10)

English–Spanish

The numbers in parentheses refer to the chapter in which active vocabulary words or phrases may be found.

a, an **un(a); algún / alguno(a)** *m.(f.)* (3)
ability **habilidad** *f.*
(to) be able to **poder**
about **como a**
absence **ausencia** *f.*
Absolutely not! **¡No, en absoluto!**
abstract **abstracto(a)** (8)
(to) accept **aceptar** (4)
accident **accidente** *m.*
   Did you have an accident? **¿Tuviste algún accidente?**
according to **según**
accordion **bandoneón** *m.* (9)
accountant **contador(a)** *m.(f.)*
accustomed **acostumbrado(a)**
(head / back / stomach)ache **dolor de (cabeza / espalda / estómago)** *m.*
(to) achieve **alcanzar**
across **a través de**
across from **frente a, en frente de**
action **acción** *f.*
active **activo(a)**
(to) add **añadir** (11)
additional **adicional**
adjustment **ajuste** *m.*
(to) admit **admitir**
(to) adore **adorar**
(to) advance **avanzar**
advantage **ventaja** *f.*
(to) take advantage of **aprovechar**
adventure movie **película de aventura** *f.*
adventurous **aventurero(a)**
advisable **aconsejable** (8)
(to) do aerobics **hacer ejercicios aeróbicos**
affection **cariño** *m.*
(to) be afraid **tener miedo, temer**
after **después**
afternoon **tarde** *f.*
   in the afternoon **por la tarde** (C)

afterwards **luego**
again **de nuevo** (7)
against the wall **contra la pared**
age **edad** *f.* (5)
agility **agilidad** *f.*
. . . ago **hace...** (C)
agreement **acuerdo** *m.*
air-conditioned **aire acondicionado** (6)
airplane **avión** *m.*
airport **aeropuerto** *m.*
all **todo(a)**
allergy **alergia** *f.* (11)
alligator **caimán** *m.* (11)
do not allow **no permiten**
almond **almendra** *f.*
almost **casi**
already **ya**
also **también**
alteration **cambio** *m.*
although **aunque**
always **siempre**
ambitious **ambicioso(a)**
American **americano(a)**
   American, from the United States **estadounidense**
(to) analyze **analizar** (11)
and **y**
angel **ángel** *m.* (12)
angry **enojado(a)**
animal **animal** *m.*
ankle **tobillo** *m.*
(to) announce **anunciar**
annual **anual**
another thing **otra cosa**
(to) answer **contestar**
   Answer me as soon as possible. **Contéstame cuanto antes.**
answer **respuesta** *f.*
antibiotic **antibiótico** *m.*
antihistamine **antihistamínico** *m.* (11)
anxiety **ansiedad** *f.*
any **cualquier**
apartment **apartamento** *m.*
(to) apologize **disculparse**

apparently **aparentemente**
(to) appeal **apetecer** (2)
(to) appear **aparecer** (12)
it appears **parece**
appetizer **aperitivo** *m.* (2)
apple **manzana** *f.*
appointment **cita** *f.*
(to) approach **acercarse**
April **abril**
architect **arquitecto(a)** *m.(f.)*
area **superficie** *f.*
Argentina **Argentina**
Argentine **argentino(a)**
(to) argue **discutir**
arm **brazo** *m.*
armchair **sillón** *m.*
around **a eso de**
(to) arrange **arreglar**
(to) arrive (at / from) **llegar (a / de)**
arrow **flecha** *f.* (10)
art **arte** *m.* or *f.*
article **artículo** *m.*
artist **artista** *m.* or *f.* (7)
as **como**
ash **ceniza** *f.*
(to) ask (a question) **preguntar**
(to) ask for **pedir (i)**
(to) fall asleep **dormirse (ue)**
asparagus **espárrago** *m.* (2)
aspirin **aspirina** *f.* (11)
assorted **surtidos(as)** (2)
(to) assure **asegurar**
at **a**
at about **a eso de**
athlete **atleta** *m.(f.)*
athletic **atlético(a)**
atmosphere **ambiente** *m.*
attack **ataque** *m.*
(to) attend **asistir a**
attitude **actitud** *f.*
(to) attract **atraer**
August **agosto**
aunt **tía** *f.*
author **autor(a)** *m.(f.)* (10)
autumn **otoño** *m.*

available **disponible**
avenue **avenida**
average **regular**

B

baby **bebé** *m.* or *f.*
back **espalda** *f.*
   in back of **detrás de**
backpack **mochila** *f.*
bad **malo(a)**
bakery **panadería** *f.*
balanced **balanceado(a)**
ball **pelota** *f.;* **balón** *m.*
balloon **globo** *m.*
ballpoint pen **bolígrafo** *m.*
banana **banana** *f.*
bank **banco** *m.*
(to) bargain **regatear**
(to) bark **ladrar** (12)
baseball **béisbol** *m.*
basket **canasta** *f.*
basketball **básquetbol** *m.;* **balon-**
   cesto *m.*
bass **bajo** *m.* (9)
bath **baño** *m.*
(to) bathe oneself **bañarse**
bathing suit **traje de baño** *m.* (1)
bathroom **sala de baño** *f.*
battle **batalla** *f.* (11)
(to) be **estar, ser**
   (to) be in a bad mood **estar de mal**
    humor
   (to) be . . . years old **tener... años**
beach **playa** *f.*
bean **grano** *m.*
   beans **frijoles** *m.*
beard **barba** *f.*
beautiful **hermoso(a)**
because **porque**
(to) become **convertirse en**
bed **cama** *f.*
   (double / single) bed **cama**
    (matrimonial / sencilla)
bedroom **dormitorio** *m.*
beef **carne de res, carne** *f.*
   beef ribs **costilla de res** (3)
before **antes de** (5)
(to) begin **comenzar (ie)**
   empezar(ie) (8)
beginning **comienzo** *m.*
in / at the beginning **al principio**
behind **detrás de**
belief **creencia** *f.* (12)

(to) believe **creer**
Belize **Belice**
bell **campana** *f.* (12)
It belongs to . . . **Es de...**
   They belong to . . . **Son de...**
belt **cinturón** *m.*
(to) benefit **beneficiarse**
berth compartment **departamento de**
   literas *m.* (5)
beside **al lado de**
besides **además**
better **mejor**
between . . . and . . . **entre... y...**
bicycle **bicicleta** *f.*
(to) bicycle **hacer ciclismo**
bidet **bidé** *m.*
big **grande**
bill **cuenta** *f.*
   Can you make up the bill? **¿Puede**
    Ud. arreglar la cuenta?
   Do you have the bill for . . . ? **¿Tiene**
    Ud. la cuenta para...?
biology **biología** *f.*
bird **pájaro** *m.*
birth **nacimiento** *m.* (5)
birthday **cumpleaños** *m.*
   birthday card **tarjeta de**
    cumpleaños *f.*
biscuit **galleta** *f.*
bite **mordida** *f.* (12)
black **negro(a)**
blind **ciego(a)** (11)
blond(e) **rubio(a)**
blood **sangre** *f.*
blouse **blusa** *f.*
blue **azul**
boat **barco** *m.*
body part **parte del cuerpo** *f.*
(to) boil **hervir**
Bolivia **Bolivia**
Bolivian **boliviano(a)**
bone **hueso** *m.*
book **libro** *m.*
bookshelf **estante** *m.*
bookstore **librería** *f.*
boot **bota** *f.*
booth **taquilla** *f.*
border **frontera** *f.*
bored, boring **aburrido(a)**
(to) be born **nacer** (3)
   (He / She) was born . . . **(Él / Ella)**
    nació...
both **los(las) dos; ambos(as)**
a bottle of **una botella de**

boutique **boutique** *f.*
bowl **plato hondo** *m.* (2)
bowling **boliche** *m.*
boyfriend **novio** *m.*
bracelet **pulsera** *f.*
brave **valiente**
Brazil **Brasil**
bread **pan** *m.*
(to) break (a body part) **romper(se)**
breakfast **desayuno** *m.*
breast **pechuga** *f.* (3)
breastplate **pectoral** *m.*
(to) breathe **respirar** (12)
bridge **puente** *m.*
briefcase **portafolio** *m.*
   briefcase **maletín** *m.* (6)
(to) bring **traer**
bring me . . . **tráigame...**
brother **hermano** *m.*
brown **pardo(a)**
   brown, dark **café**
   medium-brown hair **castaño(a)**
brunet(te) **moreno(a)**
(to) brush (one's hair / teeth) **cepillarse**
   (el pelo / los dientes)
building **edificio** *m.*
bullfighter **torero(a)**
a bunch of **un atado de**
bus **autobús** *m.*
   bus terminal **estación de auto-**
    buses *f.*
business **negocio** *m.*
businessman(woman) **hombre (mujer)**
   de negocios *m.(f.)*
busy **ocupado(a)** (3)
but **pero**
butcher shop **carnicería** *f.*
butter **mantequilla** *f.*
butterfly **mariposa** *f.*
(to) buy **comprar**

C

café **café** *m.*
calcium **calcio** *m.*
calculator **calculadora** *f.*
calf (animal) **becerro** *m.* (11)
(to) call attention **llamar la atención**
   (10)
Calm down! **¡Cálmate!**
calorie **caloría** *f.*
camera **cámara** *f.*
(to) camp **acampar**
camper **coche-caravana** *m.*

campground **área de acampar** f.

a can of **una lata de**

Canada **Canadá**

Canadian **canadiense**

candy **dulce** m.

canoe/kayak **canookayak**

canteen **cantimplora** f.

canyon **cañón** m.

capacity **capacidad** f.

capital city **capital** f.

car **coche** m.

car (train) **vagón** m. (5)

carbonated **con gas**

   not carbonated **sin gas**

card **tarjeta** f.

cardiovascular system **sistema cardio-**
vascular

(to) care for **cuidar**

   (to) take care of **ocuparse de**

   Take care of yourself. **Cuídese.**
   (Cuídate.)

careful **cuidadoso(a)** (8)

   Careful! **¡Cuidado!**

carpet **alfombra** f.

carrot **zanahoria** f.

(to) carry **llevar**

   (to) carry out **llevar a cabo**

(to) carve **tallar** (8)

in cash **en efectivo**

cat **gato** m.

category **categoría** f.

cathedral **catedral** f.

cattle **ganado** m. (11)

cause **causa** f.

(to) celebrate **celebrar**

center **centro** m.

century **siglo** m.

cereal **cereal** m.

chair **silla** f.

   armchair **sillón** m.

(to) change **cambiar**

change **cambio** m.

   Do you have change for . . . pesetas?
   ¿Tiene Ud. cambio de... pesetas?

character **personaje** m. (10)

(to) take charge of **encargarse de;**
   hacerse cargo de (12)

(to) chat **charlar**

cheap **barato(a)**

(to) check **revisar**

(to) check (baggage) **facturar** (6)

cheese **queso** m.

   cheese from La Mancha region in Spain
   queso manchego m. (2)

cheeseburger **hamburguesa con**
   queso f.

chemistry **química** f.

chess **ajedrez** m.

chest **pecho** m.

chicken **pollo** m.

childish **infantil**

childhood **niñez** f.

Chile **Chile**

Chilean **chileno(a)**

chills **escalofríos** m.

China **China**

Chinese **chino(a)**

chivalry **caballería(s)** f. (11)

chocolate **chocolate** m.

chops (meat) **chuletas** f. (2)

church **iglesia** f.

city **ciudad** f.

classic(al) **clásico(a)**

classification system **sistema de clasi-**
   ficación

clean **limpio(a)** (3)

(to) classify **clasificar**

(to) clear the table **quitar la mesa**

It's a clear day. **Está despejado.**

clerk **dependiente(a)** m.(f.)

(to) climb **subir**

clock radio **radio despertador** m.

closed **cerrado(a)** (3)

closet **clóset** m.

cloth (fabric) **tela** f. (6)

clothing **ropa** f.

   article of clothing **prenda de vestir**
   f. (1)

   clothing store **tienda de ropa** f.

cloud **nube** f.

cloudy **nublado**

   It's a cloudy day. **Está nublado.**

club **club** m.

clumsy **torpe**

coast **costa** f.

coat **abrigo** m.

coffee (with milk) **café (con leche)** m.

coin **moneda** f. (4)

a cold **catarro** m.; **resfriado** m.

cold **frío(a)**

Colombia **Colombia**

Colombian **colombiano(a)**

color **color** m.

   What color is . . . ? **¿De qué color**
   es...?

colt **potrillo** m. (12)

(to) comb **peinarse**

(to) come **venir**

comedy movie **película cómica** f.

comfort **confort** m.

comfortable **cómodo(a), confortable**

comical **cómico(a)**

(to) comment **comentar**

commuter pass **tarjeta de abono**
   transportes f.

compact disc **disco compacto** m.

company **compañía** f.

comparison **comparación** f.

competition **competencia** f. (9)

(to) complain **quejar**

complete **completo(a)**

complex **complejo(a)**

complicated **complicado(a)** (8)

computer **computadora** f.

concert **concierto** m.

consecutive **consecutivo(a)**

constantly **constantemente**

(to) contain **contener** (6)

content **contento(a)**

contest **concurso** m.

(to) continue **continuar, seguir (i, i)**

continuous **continuo(a)**

convenient **conveniente**

(to) cook **cocinar**

cookie **galleta** f.

cool **fresco(a)**

(to) cool off **refrescarse**

copper **cobre** m.

corn **maíz** m.

corner **rincón** m. (12)

on the corner of . . . and . . . **en la**
   esquina de... y...

cornmeal pancake (Mexico) **tortilla** f.

(to) correct **corregir** (11)

corridor **corredor** m.

(to) cost **costar (ue)**

Costa Rica **Costa Rica**

Costa Rican **costarricense**

costly **costoso(a)**

(it) costs **cuesta**

cotton **algodón** m.

couch **sofá** m.

cough **tos** f.

   cough syrup **jarabe** m.

(to) cough **toser**

(he / she / it) could **pudo**

I'm counting on you. **Cuento contigo.**

country **país** m.

country code **código territorial** m.
   (4)

countryside **paisaje** m.

courage **valentía** f. (11)

cousin **primo(a)** *m.(f.)*
(to) cover **cubrir**
cow **vaca** *f.* (11)
cream **crema** *f.*
creation **creación** *f.* (11)
creative **creador(a)** (8)
credit card **tarjeta de crédito** *f.*
critic **crítico(a)** *m.(f.)* (11)
crocodile **cocodrilo** *m.* (12)
croissant **croissant** *m.*
cross **cruz** *f.*)
(to) cross **cruzar, atravesar**
(to) cry **llorar**
crying **llanto** *m.* (12)
Cuba **Cuba**
Cuban **cubano(a)**
cubism **cubismo** *m.* (7)
cucumber **pepino** *m.*
(to) cultivate **cultivar**
culture **cultura** *f.* (11)
cup **taza** *f.*
current **corriente** *f.* (11)
curtain **cortina** *f.*
(caramel) custard **flan** *m.*
custom **costumbre** *f.*
    customarily **de costumbre**
(to) cut (oneself) **cortar(se)**
cycling **ciclismo**
cyclone **ciclón** *m.*

dairy **lácteo**
    dairy product **producto lácteo** *m.*
dance **baile** *m.*; **danza** *f.* (9)
    popular dance **baile popular**
(to) dance **bailar**
danger **peligro** *m.*
dark **oscuro(a)**
dark-haired **moreno(a)**
date **fecha** *f.*; (appointment) **cita** *f.*
    What is the date? **¿A cuántos estamos?**
    What is the date today? **¿Qué fecha es hoy?, ¿Cuál es la fecha de hoy?**
daughter **hija** *f.*
day **día** *m.*
    these days **hoy día** (3)
    What day is today? **¿Qué día es hoy?**
dead **muerto(a)**
dear **querido(a)**
death **muerte** *f.* (10)
(to) deceive **engañar**
December **diciembre**

deception **desengaño** *m.* (9)
deep **profundo(a); hondo(a)**
defeat **derrota** *f.*
defense **defensa** *f.*
degree **grado** *m.*
    It's . . . degrees (below zero). **La temperatura está en… grados (bajo cero).**
delicious **delicioso(a)**
    very delicious **riquísimo**
    What delicious food! **¡Qué comida más rica!**
Delighted. **Encantado(a).**
(to) demand **demandar**
denim **de mezclilla** (1)
dentist **dentista** *m.* or *f.*
(to) deny **negar** (11)
(to) depend on **depender de** (1)
descent **descenso** *m.*
(to) describe **describir**
    Describe . . . for me. **Descríbeme…**
    describes to him, her, you **le describe**
design **diseño** *m.* (8)
desk **escritorio** *m.* (A)
desperate **desesperado(a)**
dessert **postre** *m.* (2)
destination **destino** *m.* (5)
destiny **destino** *m.* (11)
detail **detalle** *m.*
(to) develop **desarrollar**
development **desarrollo** *m.*
(to) devote oneself **dedicarse**
(to) dial (a telephone) **marcar** (4)
dial tone **señal de marcar** *f.* (4)
diamond **diamante** *m.* (12)
(to) die **morir (ue, u)**
difficulty **dificultad** *f.*
digestion **digestión** *f.*
digit **cifra** *f.* (4)
dignity **dignidad** *f.* (11)
dining room **comedor** *m.*
dinousaur **dinosaurio** *m.* (10)
(to) direct **dirigir**
in which direction? **¿en qué dirección?**
directly **directamente**
dirty **sucio(a)**
disagreeable **antipático(a)**
(to) disappear **desaparecer** (12)
discotheque **discoteca** *f.* (B)
discreet **discreto(a)** (3)
dish **plato** *m.* (6)
dish made with corn tortillas and chiles
    chilaquiles *m.* (3)

Spanish dish with chicken in a spicy tomato sauce **pollo al chilindrón** (2)
Spanish dish with rice, shellfish, and chicken **paella** *f.* (2)
dishonest **deshonesto(a)**
(to) dive **tirarse, clavarse** (Mexico)
diver **clavadista** *m.* or *f.*
diversity **diversidad** *f.* (8)
(to) divide **dividir**
divorced **divorciado(a)**
(to) do **hacer**
    I'm going to do it. **Yo voy a hacerlo.**
    We always do it! **¡Siempre lo hacemos!**
doctor **doctor(a)** *m.(f.)*, **médico(a)** *m.(f.)*
dog **perro** *m.*
Dominican **dominicano(a)**
Dominican Republic **República Dominicana**
dominoes **dominó** *m.*
donkey **asno** *m.* (11)
door **puerta** *f.*
dose **dosis** *f.*
doubt **duda** *f.*
(to) go down **bajar**
downtown **centro** *m.*
dozen **docena** *f.*
(to) draw **dibujar** (7)
drawer **cajón** *m.*
drawing **dibujo** *m.* (7)
dream **sueño** *m.* (12)
(to) dream **soñar** (12)
dress **vestido** *m.*
(to) get dressed **vestirse (i,i)**
dresser **cómoda** *f.*
dried out **reseco(a)** (12)
drink **bebida** *f.*
(to) drive **conducir**
It's drizzling. **Llovizna.**
(to) drown **ahogarse** (11)
drugstore **farmacia** *f.*
drum **tambor** *m.* (11)
dry **seco(a)**
during **durante, por**

each **cada**
ear **oreja** *f.*
early **temprano**
    is early **está adelantado(a)** (5)
(to) earn **ganar**

earring **arete** *m.*
east **este** *m.*
easy **fácil**
    (to) eat **comer**
    (to) eat breakfast **desayunarse**
    (to) eat supper **cenar**
economical **económico(a)**
Ecuador **Ecuador**
Ecuadoran **ecuatoriano(a)**
efficient **eficiente**
egg **huevo** *m.*
eight hundred **ochocientos(as)**
eighth **octavo(a)**
eighty **ochenta**
either . . . or **o…o** (3)
El Salvador **El Salvador**
elbow **codo** *m.*
elegant **elegante**
elevator **ascensor** *m.*
employee **empleado(a)** *m.(f.)*
empty **vacío(a)**
enchilada **enchilada** *f.*
encyclopedia **enciclopedia** *f.* (10)
(to) end **terminar** *m.* (9)
at the end of **al final de, al fondo de**
energy **energía** *f.*
engineer **ingeniero(a)** *m.(f.)*
England **Inglaterra**
English **inglés(esa)**
(to) enjoy **disfrutar de**
enjoyable **divertido(a)**
(to) enliven **animar**
enough **bastante, suficiente**
    Enough! **¡Basta!**
entertainment **entretenimiento** *m.*
entrance ticket **entrada** *f.*
entrée **entrada** *f.* (2)
envelope **sobre** *m.*
I'm envious! **¡Qué envidia!**
epidemic **epidemia** *f.*
equality **igualdad** *f.*
equipment **equipo** *m.*
eraser **borrador** *m.*
errand **mandado** *m.*
    (to) do an errand **hacer un**
    mandado
(to) escort **escoltar**
essay **ensayo** *m.* (10)
essayist **ensayista** *m.* or *f.* (10)
(to) establish **establecer; asentar**
eternal **eterno(a)** (11)
ethnic **étnico(a)** (11)
in any event **en todo caso**
every **cada** (10)

every day **todos los días; cada día**
    (3)
exactly **exactamente, exacto**
(to) exaggerate **exagerar**
example **ejemplo** *m.*
exchange program **programa de inter-**
    cambio *m.*
Don't get excited! **¡No te excites!**
Excuse me. **Perdón.**
(to) do exercises **hacer gimnasia**
(to) exercise **hacer ejercicio**
exit **salida** *f.*
expensive **caro(a)**
expert **experto(a)**
(to) expose **exponer** (7)
(to) express **expresar**
expression **expresión** *f.*
eye **ojo** *m.*
eyedrops **gotas para los ojos** *f.*

F

fabrication **fabricación** *f.* (8)
face **cara** *f.*
(to) facilitate **facilitar**
facing **frente a, en frente de**
fact **hecho** *m.* (12)
fair **feria** *f.*
faith **fe** *f.* (11)
faithful **fiel** (11)
fall **otoño** *f.*
(to) fall **caerse**
    (to) fall in love **enamorarse**
family **familia** *f.*
famous **famoso(a)**
fan (of sports) **aficionado(a)** *m.(f.)*
fantasy **fantasía** *f.* (12)
far from **lejos de**
farmhand **labrador** *m.* (11)
fat **gordo(a)** *adj.*
fat **grasa** *f.*
father **padre** *m.*
Father's Day **el Día del Padre**
fault **culpa** *f.*
fauna **fauna** *f.* (8)
favorite **favorito(a)**
fear **miedo** *m.*
February **febrero**
(to) feel good (bad) **sentirse (ie,i) bien**
    (mal)
    Do you feel well (bad)? **¿Te sientes**
    bien (mal)?
(to) feel like . . . **tener ganas de…**
feeling **sentimiento** *m.*

ferocious **feroz**
festival (religious) honoring a town's patron
    saint **fiesta del pueblo**
fever **fiebre** *f.*
few **poco(a)**
fiance(é) **novio(a)** *m.(f.)*
fiber **fibra** *f.*
field (sports) **campo de juego** *m.,*
    cancha *f.*
field hockey **hockey sobre hierba** *m.*
fifteenth birthday party **quinceañera** *f.*
fifth **quinto(a)**
fifty **cincuenta**
fight **pelea** *f.*
(to) fight **luchar**
finally **finalmente, por fin**
(to) find **encontrar (ue)**
fine **bien**
finger **dedo (de la mano)** *m.*
fire **fuego** *m.*
fireworks **fuegos artificiales** *m.*
first **primer(o/a)**
    in the first place **en primer lugar**
first aid kit **botiquín** *m.*
fish **pescado** *m.;* **pez** *m.* (11)
(to) fit **caber** (12)
five hundred **quinientos(as)**
(to) fix **arreglar**
flashy **llamativo(a)** (7)
flavor **sabor** *m.*
flight **vuelo** *m.* (6)
(to) float **flotar**
floor **planta** *f.;* **piso** *m.*
    (on the first) floor **(en el primer)**
    piso
    floor plan **plan** *m.*
    ground floor **planta baja**
flora **flora** *f.* (8)
flour **harina** *f.*
flower **flor** *f.*
flower shop **florería** *f.*
flu **gripe** *f.*
(to) fluctuate **oscilar** (5)
flute **flauta** *f.*
fly **mosca** *f.* (12)
(to) fly **volar**
fog **neblina** *f.;* **niebla** *f.*
    It's foggy. **Hay niebla.**
folk dance **baile folklórico** *m.*
folklore **folklore** *m.* (11)
(to) follow **seguir (i, i)**
the following **lo siguiente**
food **alimento** *m.;* **comida** *f.*
foolish **tonto(a)**

foot **pie** *m.*
    on foot **a pie**
football **fútbol americano** *m.*
for **por, para**
    for . . . hours **por… horas**
forecast **pronóstico** *m.*
forehead **frente** *f.*
foreign **extranjero(a)**
forest **bosque** *m.*
fork **tenedor** *m.*
form **forma** *f.* (8)
(to) form **formar**
formal **formal**
fortunately **afortunadamente**
forty **cuarenta**
found out **saber** (in preterite)
fountain **fuente** *f.*
fountain pen **pluma** *f.*
four hundred **cuatrocientos(as)**
fourth **cuarto(a)**
France **Francia**
free **libre** (4)
free of charge **gratis** (5)
French **francés(esa)**
frequently **con frecuencia, frecuente-**
    mente
Friday **viernes** *m.*
fried **frito(a)** (2)
friend **amigo(a)** *m.(f.)*
friendly **amable**
Is from . . . **Es de…**
in front of **delante de**
frozen **congelado(a)**
fruit **fruta** *f.*
    fruit salad **ensalada de frutas** *f.*
full **lleno(a)**
(to) function **funcionar**
funny **cómico(a)**
furious **furioso(a)**
(fully) furnished **(completamente)**
    amueblado
fusion **fusión** *f.* (12)
future **futuro** *m.*

(to) gain weight **subir de peso**
game **partido** *m.*
(two-car) garage **garaje (para dos**
    coches) *m.*
garden **jardín** *m.*
garlic **ajo** *m.* (2)
in general **por lo general**
generous **generoso(a)**

gentleman **caballero** *m.* (11)
geography **geografía** *f.*
German **alemán(ana)**
Germany **Alemania**
(to) get **conseguir**
I'll get him (her). **Te lo (la) paso.** (4)
(to) get out something **sacar**
(to) get together **reunirse**
(to) get up **levantarse**
giant **gigante** *m.* (11)
gift **regalo** *m.*
girlfriend **novia** *f.*
(to) give **dar**
(to) give (a gift) **regalar** (5)
glass **vidrio** *m.*
(drinking) glass **vaso** *m.*
globe **globo** *m.*
glove **guante** *m.* (1)
(to) go **ir**
    I go **voy**
    (to) go along **andar**
    (to) go away **irse**
    (to) go to bed **acostarse (ue)**
    (to) go camping **ir de camping**
    (to) go down **bajar**
    (to) go fishing **ir de pesca**
    (to) go up **subir**
    (to) go with **hacer juego con…** (1)
    (to) give a going-away party **darles**
    la despedida
    (to) be going to . . . **ir a…**
goal (sports) **gol** *m.*
goaltender **arquero(a)** *m.(f.),*
    portero(a) *m.(f.)*
goat **chivo(a)** *m.(f.)* (11)
god **dios** *m.*
gold **oro** *m.*
golf **golf** *m.*
good **bueno(a)**
    Good afternoon. **Buenas tardes.**
    Good evening. **Buenas noches.**
    Good grief! **¡Qué cosa!**
    Good heavens! **¡Ave María!**
    Good morning. **Buenos días.**
    Good night. **Buenas noches.**
good-bye **adiós, chao**
    (to) say good-bye **darles la despe-**
    dida
    (to) say good-bye to **despedirse (i,**
    i) de
government **gobierno** *m.*
(50) grams of **(50) gramos de**
granddaughter **nieta** *f.*
grandfather **abuelo** *m.*

grandmother **abuela** *f.*
grandson **nieto** *m.*
grape **uva** *f.*
grass **hierba** *f.*
grave **grave** *adj.*
gray **gris**
Great! **¡Qué bueno(a)!** great
    ¡Estupendo(a)! (4)
Great Britain **Gran Bretaña**
great-grandfather **bisabuelo** *m.* (11)
great-grandmother **bisabuela** *f.* (11)
green **verde**
(to) greet **saludar**
greeting **saludo** *m.*
grenadine **granadina** *f.*
grief **duelo** *m.*
grievous **grave**
ground floor **planta baja**
group **grupo** *m.*
(to) grow **crecer** (12)
growth **crecimiento** *m.*
guacamole **ensalada de guacamole** *f.*
Guatemala **Guatemala**
Guatemalan **guatemalteco(a)**
(to) guess **adivinar**
guest **huésped**
guitar **guitarra** *f.*
gym(nasium) **gimnasio** *m.*

H

hair **pelo** *m.*
hairdresser **peluquero(a)** *m.(f.)*
hairy **peludo(a)**
half **medio(a)**
half **mitad** *f.* (5)
hallway **corredor** *m.*
ham **jamón** *m.*
    Spanish ham, similar to prosciutto
    jamón serrano *m.* (2)
hamburger **hamburguesa** *f.*
hand **mano** *f.*
handsome **guapo(a)**
(to) hang up **colgar** (4)
(to) happen **ocurrir**
    What happened to you? **¿Qué te**
    pasó?
happy **alegre; feliz**
(to) make happy **alegrar** (9)
hard-working **trabajador(a)**
harp **arpa** *f.* (9)
(to) harvest **cosechar**
(he / she / it) has **tiene**
    it has been . . . **hace…**

hat **sombrero** *m.* (1)
  winter hat **gorra** *f.* (1)
(to) hate **odiar**
(to) have **haber** (4)
(to) have **tener**
  (to) have a . . . ache **tener dolor**
  de...
  (to) have a good time **divertirse**
  (ie, i)
  (to) have just . . . **acabar de...**
  (to) have to do with **tener que ver**
  con (12)
  Do you have . . . ? **¿Tiene Ud...?**
  We have a good time. **Lo pasamos**
  bien.
hay fever **fiebre del heno**
hazel (eyes) **castaño(a)**
he **él**
head **cabeza** *f.*
headphones **auriculares** *m.*
health **salud** *f.*
healthy **sano(a)**
(to) hear **oír**
heart **corazón** *m.*
  heart rate **ritmo cardíaco** *m.*
  with all my heart **con todo el**
  corazón
heat **calor** *m.*
heavy **pesado(a)**
Hello. **Hola.**
  Hello! (answering the phone)
  ¡Bueno!, ¡Diga / Dígame!; ¿Aló?
  (4)
help **ayuda** *f.*
hen **gallina** *f.*
her **su**
here **aquí**
  Here you have . . . **Aquí tiene...**
hero **héroe** *m.* (11)
high school **escuela secundaria**
high-heeled shoe **zapato de tacón**
highway **carretera** *f.*
(to) take a hike **dar una caminata**
hiking **montañismo** *m.,* **senderis-**
  mo *m.*
hill **cerro** *m.*
his **su**
Hispanic **hispano(a)**
historical **histórico(a)**
history **historia** *f.*
hit **golpe** *m.*
hog **cerdo** *m.*
home **hogar** *m.* (12)
homework **tarea** *f.*

Honduran **hondureño(a)**
Honduras **Honduras**
honest **honesto(a)**
honor **honra** *f.* (11)
(to) hope **esperar**
  I hope it's not . . . **Espero que no**
  sea...
  I hope that you can visit. **Espero**
  que Uds. puedan visitar.
I hope that **ojalá que** (7)
horoscope **horóscopo** *m.*
horrible **horrible**
horror movie **película de horror** *f.*
horse **caballo** *m.*
horseback riding **equitación** *f.*
  (to) go horseback riding **hacer la**
  equitación
hospital **hospital** *m.*
hospitality **hospitalidad** *f.*
hot **caliente**
  It's hot out. **Hace calor.**
  hot, spicy sauce **salsa picante** *f.*
hotel **hotel** *m.*
hot-tempered **corajudo(a)** (9)
hour **hora** *f.* (B)
  half hour **media hora** (5)
house **casa** *f.* (A)
housekeeper **ama** *f.* (11)
how **como**
  how? **¿cómo?**
  How . . . ! **¡Qué...!**
  How are you? **¿Cómo está(s)?,**
  ¿Qué tal?
  How awful! **¡Qué horrible!**
  How can I help you? **¿En qué**
  puedo servirle(s)?
  How do you feel? **¿Cómo te sientes?**
  How do you say . . . ? **¿Cómo se**
  dice...?
  How is it / are they? **¿Cómo es / son?**
  How long ago? **¿Cuánto tiempo**
  hace?
  How long have you felt this way?
  ¿Cuánto tiempo hace que te
  sientes así?
  how much / many? **¿cuánto(a)?**
  How many are there? **¿Cuántos hay?**
  How much does it cost? **¿Cuánto**
  cuesta?
  How old are you? **¿Cuántos años**
  tienes?
hug **abrazo** *m.*
(to) be hungry **tener hambre**
hurried **apurado(a)**

(to) hurry **darse prisa**
  Hurry up! **¡Dense prisa!**
(to) hurt **doler (ue)**
  (to) hurt oneself **lastimarse**
  Did you hurt yourself? **¿Te lasti-**
  maste?
  My . . . hurt(s). **Me duele(n)...**
husband **esposo** *m.*

I **yo**
I am (not) from . . . **(Yo) (no) soy de...**
  I am of . . . origin. **(Yo) soy de**
  origen...
  I am . . . tall. **Mido...**
ice **hielo** *m.*
ice cream **helado** *m.*
It's icy. **Hay hielo.**
idealism **idealismo** *m.* (11)
idealist(ic) **idealista**
identification **identificación** *f.* (6)
if **si**
iguana **iguana** *f.* (11)
image **imagen** *f.* (7)
imagery **imaginería** *f.* (7)
imagination **imaginación** *f.* (10)
impatient **impaciente**
important **importante** (8)
impossible **imposible**
(to) improve **mejorar**
in **en**
  In (the month of) . . . **En (el mes**
  de)...
(to) include **incluir** (12)
included **incluido(a)**
(to) increase **aumentar**
incredible **increíble**
incrustation **incrustación** *f.* (8)
Independence Day **el Día de la**
  Independencia
independent **independiente**
indication **indicación** *f.,* **muestra**
  f.
indiscreet **indiscreto(a)**
individualistic **individualista** (11)
inequality **desigualdad** *f.* (11)
infantile **infantil**
infection **infección** *f.*
inflatable raft **banco neumático** *m.*
(to) influence **influir**
insanity **locura** *f.*
(to) insist **insistir** (8)
instance **vez** *f.*

instrument **instrumento** *m.* (9)
   stringed instrument **instrumento**
   de cuerda *m.* (9)
intellectual **intelectual**
intelligent **inteligente**
interesting **interesante**
(to) interpret **interpretar** (9)
(to) introduce **presentar**
   I want to introduce you to . . .
   Quiero presentarle(te) a...
   I would like to introduce you to . . .
   Quisiera presentarle(te) a...
introduction **presentación** *f.*
invention **invento** *m.* (12)
invitation **invitación** *f.*
iron **hierro** *m.*
is **es**
Italian **italiano(a)**
Italy **Italia**

J

jacket **chaqueta** *f.*
jam **mermelada** *f.*
January **enero**
Japan **Japón**
Japanese **japonés(esa)**
jazz **jazz** *m.*
jeans **vaqueros** *m.* (1)
jelly **mermelada** *f.*
(to) jog **trotar**
joint **coyuntura** *f.*
journalist **periodista** *m.* or *f.*
juice **jugo** *m.*
July **julio**
jump **salto** *m.*
(to) jump **saltar**
June **junio**
(to) have just . . . **acabar de...**
justice **justicia** *f.* (11)

K

kennel **perrera** *f.* (5)
key **llave** *f.*
a kilo(gram) of **un kilo de**
   half a kilo(gram) of **medio kilo de**
kilometer **kilómetro** *m.*
kindness **bondad** *f.*
king **rey** *m.*
kiss **beso** *m.*
kitchen **cocina** *f.*
knee **rodilla** *f.*

knife **cuchillo** *m.*
(to) know (a fact) **saber**, (a person, place)
   conocer
known **conocido(a)** (9)

L

lack **falta** *f.*
(to) lack **faltar** (2)
lamb **cordero** *m.* (2)
lamp **lámpara** *f.*
lance **lanza** *f.*
land **tierra** *f.*
(to) land **aterrizar** (6)
landscape **paisaje** *m.*
language **lengua** *f.*
large **grande**
last **último(a)**
(to) last **durar**
last (Monday / week) **(el lunes / la**
   semana) pasado(a)
last night **anoche**
late **tarde**
   to be late **retrasar(se)** (11)
   is late **está retrasado(a)** (5)
later **luego**
Latin **latín** *m.*
laugh **risa** *f.*
(to) laugh **reírse (i, i)**
law **ley** *f.* (12)
lawyer **abogado(a)** *m.(f.)*
lazy **perezoso(a)**
(to) learn **aprender**
at least **al menos, por lo menos**
   at least in part **en parte al menos**
leather **cuero** *m.*
(to) leave **irse**
   (to) leave (with / from / for) **salir**
   (con / de / para)
   we're leaving **nos vamos**
(to) leave (behind) **dejar** (4)
left **izquierda**
   to the left **a la izquierda** (B)
leg **pierna** *f.*
legend **leyenda** *f.* (11)
legendary **legendario(a)** (11)
lemon **limón** *m.*
lemonade **limonada** *f.*
less **menos**
   less . . . than **menos... que...**
Let's be reasonable. **Hay que ser**
   razonables.
Let's go! **¡Vamos!**
   Let's go . . . **Vamos a...**

Let's see. **Vamos a ver.; A ver.**
letter **letra** *f.* (9)
lettuce **lechuga** *f.*
level **nivel** *m.* (6)
liberty **libertad** *f.* (11)
library **biblioteca** *f.*
life **vida** *f.*
(to) lift weights **levantar pesas**
light **ligero(a); luz** *f.*
(to) light **encender** (12)
lightning **rayo** *m.*
like **como**
(to) like **gustar**
   (I) (don't) like . . . (very much). **(No)**
   (Me) gusta(n) (mucho)...
(to) like very much **encantar** (2)
line **línea** *f.*
lip **labio** *m.*
lipids **lípidos** *m.*
(to) listen (to) **escuchar**
a liter of **un litro de**
literary **literario(a)** (10)
literature **literatura** *f.*
a little **poco(a)**
(to) live **vivir**
   I live in . . . **(Yo) vivo en...**
living room **sala de estar** *f.*
located **situado(a)**
location **lugar** *m.*
(to) lock oneself in **encerrarse (ie)**
long **largo(a)**
(to) look at **mirar**
   (to) look at oneself **mirarse**
   Look! **¡Mira!**
   You don't look very well. **No te ves**
   muy bien.
(to) look good / bad **lucir bien / mal** (1)
(to) look for **buscar**
(to) look over **revisar**
(to) look small / large / bad / good on
   quedarse chico / grande / mal /
   muy bien (1)
(to) lose **perder (ie)**
(to) lose weight **bajar de peso**
a lot **mucho(a)**
   a lot of times **muchas veces**
love **amor** *m.* (11)
(to) love **amar**
(to) lower **bajar**
loyalty **lealtad** *f.* (11)
luck **suerte** *f.*
   (to) be lucky **tener suerte**
lung **pulmón** *m.*
luxury **lujo** *m.*

ma'am **señora** *f.*
machine **máquina** *f.*
mad **enojado(a)**
magazine **revista** *f.* (10)
magic **mágico(a)** (12)
Magnificent! **¡Magnífico!**
majority **mayoría** *f.*
(to) make **hacer**
   (to) make fun of **burlarse de**
   (to) make a goal **anotar un gol,**
    marcar un gol
   I'm going to make . . . for you. **Les**
    voy a preparar…
   (to) make the bed **hacer la cama**
man **hombre** *m.*
(to) manage **manejar**
manager **gerente** *m.*
manner **manera** *f.*
subway map **plano del metro** *m.*
March **marzo**
market **mercado** *m.*
marriage **matrimonio** *m.*
married **casado(a)**
(to) marry **casarse**
marvel **maravilla** *f.* (9)
massacre **matanza** *f.*
master's degree **diploma de maestría**
match **fósforo** *m.*
material **material** *m.* (6)
mathematics **matemáticas** *f.*
What's the matter with you? **¿Qué te**
   pasa?
maximum **máximo(a)**
May **mayo**
mayonnaise **mayonesa** *f.*
me **mí**
meal **comida** *f.*
(to) mean **querer decir; significar**
means **medio** *m.*
   means of transportation **medio de**
    transporte
(to) measure **medir (i, i)**
meat **carne** *f.*
(variety of) meats cooked on a grill
   parrillada *f.* (3)
mechanic **mecánico(a)** *m.(f.)*
(to) meet **reunirse**
melancholy **melancolía** *f.* (9)
melody **melodía** *f.* (9)
melon **melón** *m.* (C)
message **recado** *m.* (4)

square meters **m² (metros cuadrados)**
Mexican **mexicano(a)**
   Mexican food **comida mexicana** *f.*
Mexico **México**
microbe **microbio** *m.*
microwave oven **horno de microondas**
   m.
middle **medio** *m.*
midnight **medianoche** *f.*
mile **milla** *f.*
milk **leche** *f.*
(mango) milkshake **licuado (de**
   mango) *m.*
mill **molino** *m.* (11)
million **millón**
mineral **mineral** *m.*
   mineral water (without carbonation)
    agua mineral (sin gas) *f.*
minute **minuto** *m.*
   in . . . minutes **en… minutos**
miracle **milagro** *m.* (11)
mirror **espejo** *m.*
Miss **señorita** *f.*
(to) miss **extrañar**
   I miss you (plural). **Te (los) extraño.**
mistaken **equivocado(a)** (4)
(to) mix **mezclar** (11)
mixture **mezcla** *f.* (12)
modern **moderno(a)**
moment **momento** *m.* (4)
   at this moment **en este momento**
Monday **lunes** *m.*
money **dinero** *m.*
month **mes** *m.*
monthly **mensual**
moon **luna** *f.*
moped **motocicleta** *f.*
more **más**
   more . . . than **más… que**
morning **mañana** *f.*
   in the morning **de la mañana**
   in the morning **por la mañana**
mother **madre** *f.*
   Mother's Day **el Día de la Madre**
    m.
   Mother's Day card **tarjeta del Día**
    de la Madre *f.*
motive **motivo** *m.* (8)
motorcycle **motocicleta** *f.*
mountain **montaña** *f.*
   mountain bike **bicicleta de mon-**
    taña *f.*
   mountain climbing **alpinismo** *m.*
   mountain range **cordillera** *f.*

   (to) go mountain climbing **hacer**
    alpinismo
mouth **boca** *f.*
(to) move **moverse (ue)**
   (to) move away **alejar**
   (to) move forward **adelantar**
movement **movimiento** *m.*
movie **película** *f.*
   movie theater **cine** *m.*
Mr. **señor** *m.*
Mrs. **señora** *f.*
much **mucho(a)**
   as much . . . as . . . **tan(to)…**
    como…
   very much **muchísimo**
mud **barro** *m.* (12)
mural **mural** *m.* (7)
muralism **muralismo** *m.* (7)
(to) murmur **murmurar** (12)
muscle **músculo** *m.*
   muscle movement **movimiento**
    muscular *m.*
   muscle tone **tono muscular** *m.*
museum **museo** *m.*
music **música** *f.*
   classical music **música clásica**
   mariachi music **música de mariachi**
   music store **tienda de música** *f.*
must **deber**
mustache **bigote** *m.* (3)
my **mi**
mysterious **misterioso(a)** (12)
myth **mito** *m.* (12)
mythical **mítico(a)** (12)
mythological **mitológico(a)** (8)

naked **desnudo(a)**
name **nombre** *m.*
   last name **apellido** *m.*
   My name is . . . **(Yo) me llamo…**
   What's your name? **¿Cómo te lla-**
    mas?
(to) be named **llamarse**
(to) take a nap **dormir la siesta**
napkin **servilleta** *f.*
nationality **nacionalidad** *f.*
nature **naturaleza** *f.*
near **cerca de**
neck **cuello** *m.*
(to) need **necesitar**
neighbor **vecino(a)** *m.(f.)*
neighborhood **barrio** *m.*

neither **tampoco**
   neither . . . nor **ni . . . ni** (3)
nerve **nervio** *m.*
nervous **nervioso(a)**
network **red** *f.* (4)
never **nunca, jamás**
nevertheless **sin embargo**
new **nuevo(a)**
news **noticia** *f.*
newspaper **periódico** *m.*
   newspaper kiosk **quiosco de periódicos** *m.*
next (year / week) **(el año / la semana) próximo(a)**
Nicaragua **Nicaragua**
Nicaraguan **nicaragüense**
nice **simpático(a)**
   Nice to meet you. **Mucho gusto.**
   It's nice out. **Hace buen tiempo.**
night **noche** *f.*
   at night **de la noche, por la noche**
   last night **anoche**
   night table **mesita de noche** *f.*
   night vision **vista nocturna** *f.*
nightmare **pesadilla** *f.*
nine hundred **novecientos(as)**
ninety **noventa**
ninth **noveno(a)**
no **no**
   No way! **¡Qué va!**
nobility **nobleza** *f.* (11)
noise **ruido** *m.* (12)
noon **mediodía** *m.*
no one **nadie** (3)
none **ningún / ninguno(a)** (3)
normally **normalmente**
north **norte** *m.*
North American **norteamericano(a)**
nose **nariz** *f.*
not even **ni siquiera**
notebook **cuaderno** *m.*
nothing **nada**
(to) notice **fijarse en** (6)
novel **novela** *f.* (10)
novelist **novelista** *m.* or *f.* (10)
November **noviembre**
now **ahora**
   right now **ahora mismo**
number **número** *m.*
nurse **enfermero(a)** *m.(f.)*
nursery **guardería** *f.* (5)

O

(to) be obligated **tener que**
(to) obtain **sacar**
It's . . . o'clock. **Son las...**
   It's one o'clock. **Es la una.**
October **octubre**
odor **olor** *m.*
of **de**
   of course **por supuesto**
   Of course! **¡Claro!**
   Of course! (reaffirmed) **¡Claro que sí!**
   Of course not! **¡Claro que no!**
   of the **de la / del / de los**
(to) offer **ofrecer**
often **a menudo**
oil **aceite** *m.*
okay **de acuerdo, regular**
   Okay. **Está bien.**
   Is that okay with you? **¿Te parece bien?**
old **viejo(a)**
older **mayor**
olive **aceituna** *f.*
Spanish omelette **tortilla de patatas**
on **en**
   on foot **a pie**
   on time **a tiempo**
once **una vez**
   at once **en seguida**
   once home **ya en casa**
   once a year **una vez al año**
one **uno**
   One . . . , please. **Un(a)... , por favor.**
one hundred **cien(to)**
one-way ticket **billete sencillo** *m.*
onion **cebolla** *f.*
only **sólo; únicamente**
only child **hijo(a) único(a)** *m.(f.)*
open **abierto(a)** (3)
(to) open **abrir**
open-air market **mercado al aire libre** *m.*
oppression **opresión** *f.* (11)
optimist(ic) **optimista**
or **o**
orange (color) **anaranjado(a)**
orange (fruit) **naranja** *f.*
orchids **orquídeas**
order **orden** *m.*
   (to) give an order **mandar**
   in order to **para**

other **otro(a)**
our **nuestro(a)**
outfit **conjunto** *m.*
outline **esbozo** *m.* (12)
outskirts **afueras** *f. pl.*
(microwave) oven **horno (de microondas)** *m.*
(to) overflow **desbordarse**
(to) owe **deber**
own **propio(a)**
oxygen **oxígeno** *m.*

P

(to) pack **empacar**
   (to) pack suitcases **hacer las maletas**
a package of **un paquete de** *m.*
pain **dolor** *m.*
(to) paint **pintar** (8)
painter **pintor(a)** *m.(f.)*
painting **cuadro** *m.*; **pintura** *f.*
pair **pareja** *f.*
pale **pálido(a)**
Panama **Panamá**
Panamanian **panameño(a)**
panther **pantera** *f.* (12)
pants **pantalones** *m.*
paper **papel** *m.*
   typing paper **papel para escribir a máquina** *m.*
parade **desfile** *m.*
Paraguay **Paraguay**
Paraguayan **paraguayo(a)**
parents **padres** *m. (pl.)*
park **parque** *m.*
parking **estacionamiento** *m.*
   parking lot **playa de estacionamiento** *f.*
part **parte** *f.*
party **fiesta** *f.*
(to) pass **pasar**
pasta **pasta** *f.*
pastry **pastel** *m.*
path **sendero** *m.*, **camino** *m.*
patient **paciente** *m.* or *f.* or *adj.*
patriotism **patria** *f.* (11)
pavilion **pabellón** *m.*
paw **pata** *f.*
(to) pay **pagar**
   (to) pay attention **prestar atención**
pea **guisante** *m.*
peach **melocotón** *m.*
peanut **cacahuete** *m.*

pear **pera** *f.*
peasant **campesino(a)** *m.(f.)*
pen, ballpoint **bolígrafo** *m.*; fountain
   pluma *f.*
pencil **lápiz** *m.*
   pencil sharpener **sacapuntas** *m.*
people **gente** *f.*
pepper (spice) **pimienta** *f.*
   hot pepper **chile** *m.*
perfect **perfecto(a)**
(to) perfect **perfeccionar**
perhaps **tal vez**
period (of time) **período** *m.*
do not permit **no permiten**
person **persona** *f.*
Peru **Perú**
Peruvian **peruano(a)**
pessimist(ic) **pesimista**
(household) pet **animal doméstico**
   m. (5)
pharmacy **farmacia** *f.* (B)
photonovel **fotonovela** *f.* (10)
piano **piano** *m.*
pick him / it up **lo recoge**
(to) pick up **descolgar** (4)
pie **pastel** *m.*
piece **pedazo** *m.*
   a piece of **un pedazo de** *m.*
   (to) break to pieces **hacer pedazos**
pill **pastilla** *f.*
pillow **almohada** *f.*
pink **rosado(a)**
It's a pity. **Me da pena.** (4)
pizza **pizza** *f.*
place **lugar** *m.*
plain (land) **llanura** *f.*
   high plain **meseta** *f.*
(to) plan **planear**
plant **planta** *f.*
plastic **plástico(a)** (6)
plate **plato** *m.*
platform **andén** *m.* (5)
play **pieza teatral** *f.* (10)
(to) play **jugar (ue)**
   (to) play (golf / tennis / volleyball)
   jugar al (golf / tenis / vólibol)
   (to) play cards **jugar a los naipes**
   (to) play checkers **jugar a las damas**
   (to) play (instrument) **tocar**
player **jugador(a)** *m.(f.)*
playwright **dramaturgo(a)** *m. (f.)* (10)
pleasant **agradable**
please **por favor**
   Please be kind enough to respond as

soon as possible. **Tenga la bon-**
dad de responder tan pronto
como sea posible.
pleasure **placer** *m.* (4)
with pleasure **con mucho gusto**
   It would give us great pleasure . . .
   Nos daría mucho gusto...
plot (of a play or novel) **argumento** *m.*
poem **poema** *m.* (10)
poet **poeta** *m.* or *f.* (10)
poetry **poesía** *f.* (10)
poetry contest **concurso de poesía** *m.*
point **punto** *m.*
(to) point **señalar** (12)
police **policía** *f.*
   police officer **policía** *m.*
   police station **estación de policía** *f.*
politics **política** *f.*
polka-dotted **de lunares** (1)
polychromatic **polícroma** (7)
polyester **poliéster** *m.* (1)
poorly **mal**
porch **terraza** *f.*
pork **(carne de) puerco**
port **puerto** *m.*
portrait **retrato** *m.*
possession **posesión** *f.*
possible **posible** (4)
post office **oficina de correos** *m.*
poster **póster** *m.*
potato **papa** *f.*, **patata** (Spain) *f.*
   potatoes in a spicy sauce **patatas**
   bravas
a pound of **una libra de**
power **poder** *m.* (12)
practical **práctico(a)**
(to) practice **practicar**
(to) pray **rezar** (11)
(to) prefer **preferir (ie, i)**
preference **preferencia** *f.*
preoccupied **preocupado(a)**
(to) prepare **preparar**
   (to) prepare oneself **prepararse**
   (to) prepare for oneself **servirse (i, i)**
   I'm going to prepare . . . **Les voy a**
   preparar...
prescription **receta** *f.*
(to) present **presentar**
presentation **presentación** *f.*
preserve **conserva** *f.*
pressure **presión** *f.*
pretty **bonito(a)**; **lindo(a)**
previous **anterior**
price **precio** *m.*

pride **orgullo** *m.*
priest **sacerdote** *m.*; **cura** *m.*
prince **príncipe** *m.* (12)
prize **premio** *m.*
profession **profesión** *f.*
professor **profesor(a)** *m.(f.)*
(to) prohibit **prohibir** (8)
(to) promise **prometer** (11)
(to) promote **promover**
protagonist **protagonista** *m.* or *f.* (11)
protein **proteína** *f.* (12)
(to) publish **publicar** (11)
publishing house **casa editorial** *f.*
Puerto Rican **puertorriqueño(a)**
Puerto Rico **Puerto Rico**
purple **morado(a)**
purse **bolsa** *f.*
(to) push **empujar**
(to) put **poner**
(to) put on **ponerse**
(to) put on makeup **maquillarse**

quality **calidad** *f.*
quantity **cantidad** *f.*
quarter **cuarto** *m.*
   . . . quarter(s) of an hour **... cuarto(s)**
   de hora
quesadilla **quesadilla** *f.*

race (people) **raza** *f.* (12)
racquet **raqueta** *f.*
raffle **sorteo** *m.*
railroad station **estación de trenes**
railway **ferroviario(a)** (4)
(to) rain cats and dogs **llover (ue) a**
   cántaros
raincoat **impermeable** *m.*
It's raining. **Llueve.**
rarely **rara vez**
at any rate **de todos modos**
rather **bastante**
(to) reach **alcanzar**
reaction **reacción** *f.*
(to) read **leer**
reader **lector(a)** *m.(f.)*
ready **listo(a)**
   (to) get ready **prepararse**
real **real** (8)
realism **realismo** *m.* (11)

realist(ic) **realista** (3)
reality **realidad** *f.* (10)
(to) realize **darse cuenta de**
Really? **¿De veras?**
for that very reason **por eso mismo**
Let's be reasonable. **Hay que ser razonables.**
rebirth **renacimiento** *m.*
(to) receive **recibir**
reception desk **recepción** *f.*
(telephone) receiver **auricular** *m.* (4)
recipe **receta** *f.* (1)
record (sports) **récord** *m.*
rectangle **rectángulo** *m.* (8)
(to) recuperate **recuperar**
red **rojo(a)**
redheaded **pelirrojo(a)**
(to) reflect **reflejar** (11)
refrigerator **refrigerador** *m.*
(to) refuse **no querer** (in preterite)
regular **regular**
regularly **con regularidad**
(to) regulate **regular**
rejected **rechazado(a)** (9)
relative **pariente** *m.*
remedy **remedio** *m.*
remember **acordarse**
(to) renew **renovar (ue)**
rent **alquiler** *m.*
(to) rent **alquilar**
(to) repeat **repetir (i, i)**
repertoire **repertorio** *m.* (9)
(to) represent **representar** (11)
(to) request **pedir (i)**
reservation **reservación** *f.*
(to) reserve **reservar** (5)
(to) resound **resonar (ue)** (9)
(to) respond **contestar**
response **respuesta** *f.*
(to) rest **descansar**
rest rooms **servicios sanitarios** *m.*
restaurant **restaurante** *m.*
result **resultado** *m.*
(to) retire **jubilarse**
(to) return **regresar, volver (ue)**
(to) review **revisar; repasar**
rhyme **rima** *f.* (11)
rhythm **ritmo** *m.* (9)
rice **arroz** *m.*
(to) ride a bicycle **montar en bicicleta**
(to) ride a horse **montar a caballo**
right **derecha**
  right? **¿verdad?**
  (to) be right **tener razón**

to the right **a la derecha**
right away **en seguida**
right now **ahora mismo**
(to) rise **subir, elevar(se)** (12)
river **río** *m.*
roasted **asado(a)** (2)
(to) rob **robar**
rock music **rock** *m.*
(to) rollerskate **patinar sobre ruedas**
romantic **romántico(a)**
room **cuarto** *m.,* **habitación** *f.,* **sala** *f.*
root **raíz** *f.* *(pl.* **raíces**) (11)
roundtrip ticket **billete de ida y vuelta**
rug **alfombra** *f.*
(to) run **correr**
(to) run through **recorrer** (12)
Russia **Rusia**
Russian **ruso(a)**

S

sad **triste**
(to) sail (to sailboard) **navegar en velero (una tabla vela), practicar la vela**
sailing **navegación a vela** *f.*
sailor **marinero** *m.*
salad **ensalada** *f.*
  mixed salad **ensalada mixta** (2)
  vegetable salad **ensalada de vegetales (verduras)** *f.*
sale **oferta** *f.*
  It's not on sale? **¿No está en oferta?**
salesman(woman) **vendedor(a)** *m.(f.)*
salsa (type of music) **salsa** *f.*
salt **sal** *f.*
salty **salado(a)** (3)
Salvadoran **salvadoreño(a)**
same **mismo(a)**
  Same here. **Igualmente.**
  the same **lo mismo**
sand **arena** *f.*
sandal **sandalia** *f.*
sandwich (French bread) **bocadillo** *m.*
  (ham and cheese) sandwich **sándwich (de jamón con queso)** *m.*
  sandwich made with tender filet of beef in a Mexican hard roll **pepito** *m.* (3)
satire **sátira** *f.* (11)
(to) have reason to feel satisfied with oneself **darse por satisfecho**
Saturday **sábado** *m.*

sauce **salsa** *f.*
saucer **platillo** *m.* (2)
Spanish sausage **chorizo** *m.*
(to) save **ahorrar**
(to) say **decir**
  (to) say yes (no) **decir que sí (no)**
  what . . . says **lo que dice...**
  What did you say? **¿Qué dijiste?**
  You don't say! **¡No me digas!**
(decorative) scarf **pañuelo** *m.* (1)
(winter) scarf **bufanda** *f.* (1)
scene **escena** *f.*
schedule **horario** *m.*
school **colegio** *m.,* **escuela** *f.*
science **ciencia** *f.*
  science fiction movie **película de ciencia-ficción** *f.*
scientific **científico(a)** (10)
(to) score (soccer) **anotar un gol, marcar un gol**.
sculpture **escultura** *f.*
sea **mar** *m.*
search **búsqueda** *f.*
seashore **orilla del mar** *f.*
seating compartment **departamento de plazas sentadas** *m.* (5)
second **segundo(a)**
secretary **secretario(a)** *m.(f.)*
section **sección** *f.* (5)
(to) see **ver**
  See you later. **Hasta luego.**
  we'll see each other **nos vemos**
self-portrait **autorretrato** *m.* (7)
(to) sell **vender**
(to) send **enviar**
sensational **sensacional**
sensitive **sensible**
September **septiembre**
sequence, series **serie** *f.*
serious **serio(a)**
(to) serve oneself **servirse (i,i)**
at your service **a sus órdenes**
(to) set the table **poner la mesa**
seven hundred **setecientos(as)**
seventh **séptimo(a)**
seventy **setenta**
several **varios(as)**
(to) sew **coser** (8)
shadow **sombra** *f.*
It's a shame. **Es una lástima.** (4)
(to) get in shape **ponerse en forma**
  Are you in shape? **¿Estás en forma?**
(to) share **compartir**
(to) shave **afeitarse**

she **ella**
sheep **oveja** *f.* (12)
sheet (of paper) **hoja (de papel)** *f.*
shellfish **marisco** *m.*
(to) shine **lucer** (1)
shirt **camisa** *f.*
shoe **zapato** *m.*
   shoe store **zapatería** *f.*
(to) shoot **fusilar**
(to) go shopping **ir de compras**
   shopping cart **carrito** *m.*
   shopping center **centro comercial**
   m.
short (height) **bajo(a);** (length)
   corto(a)
shorts **pantalones cortos** *m.* (1)
should **deber**
shoulder **hombro** *m.*
shout **grito** *m.*
show **espectáculo** *m.*
(to) show **mostrar** (1)
   (to) show a movie **dar una película**
shower **ducha** *f.*
   (to) take a shower **ducharse**
shows it **lo muestra**
shrimp **gamba** *f.* (2); **camarón**
   m. (3)
   shrimp in garlic **gambas al ajillo**
   (2)
sick **enfermo(a)**
side **lado** *m.*
   on my father's (mother's) side **del**
   lado de mi padre (madre)
   on the side **al lado** (3)
sign, signal **señal** *f.*
(to) silence **callar**
silk **seda** *f.* (1)
silly **tonto(a)**
silver **plata** *f.*
similar **semejante**
simple **sencillo(a), simple**
since **desde (que)**
   Since when? **¿Desde cuándo?**
(to) sing **cantar**
singer **intérprete** *m.* (9)
single **soltero(a)**
sink **lavabo** *m.*
sir **señor** *m.*
sister **hermana** *f.*
(to) sit down **sentarse (ie)**
situated **situado(a)**
six hundred **seiscientos(as)**
sixth **sexto(a)**
sixty **sesenta**

size **tamaño** *m.* (6)
(to) skate **patinar**
ski **esquí** *m.*
skill **destreza** *f.* (6)
(to) ski **esquiar** (A)
skirt **falda** *f.*
sky **cielo** *m.*
slacks **pantalones** *m.*
slave **esclavo(a)** *m.(f.)* (11)
(to) sleep **dormir (ue, u)**
   I can't sleep. **No puedo dormir.**
sleepyhead **dormilón(ona)** *m.(f.)*
slice of bread **rebanada de pan** *f.*
slippery **resbaloso(a)**
   It's slippery out. **Está resbaloso.**
slow, slowly **despacio; lento(a)**
small **pequeño(a)**
(to) smell **oler**
(to) smile **sonreírse (i, i)**
snack **merienda** *f.*
   Spanish snack **tapa** *f.*
(to) sneeze **estornudar**
(to) snore **roncar**
(to) snorkel **bucear**
snorkeling **buceo** *m.*
snow **nieve** *f.*
   It's snowing. **Nieva.**
so **tan**
   so-so **más o menos**
soap **jabón** *m.*
soccer **fútbol** *m.*
social event **evento social** *m.*
sock **calcetín** *m.*
soda **soda** *f.*
sofa **sofá** *m.*
soft **suave**
soft drink **refresco** *m.*
solitude **soledad** *f.* (10)
solution **solución** *f.*
some **unos(as)**
someday **algún día**
someone **alguien** (3)
something **algo**
sometimes **a veces**
son **hijo** *m.*
song **canción** *f.* (9)
soon **pronto**
I'm sorry. **Lo siento.**
soul **alma** *m.*
soup **sopa** *f.* (2)
   cold soup with tomatoes, garlic, onion
   gazpacho *m.* (2)
south **sur** *m.*
space **espacio** *m.*

Spain **España**
Spanish **español(a)**
special **especial**
speed **velocidad** *f.*
spectacle **espectáculo** *m.*
(to) spend time **pasar tiempo**
sphere **globo** *m.*
spice **especia** *f.*
spicy **picante**
   spicy sauce **salsa picante** *f.*
spider **araña** *f.* (12)
spirit **espíritu** *m.* (8)
spoon **cuchara** *f.*
sport **deporte** *m.*
sporting goods store **tienda de**
   deportes *f.*
sports coat **saco** *m.* (1)
spring **primavera** *f.*
square **plaza** *f.;* **cuadrado(a)** *adj.*
   square meters **m² (metros**
   cuadrados) (6)
squid **calamares** *m.*
stadium **estadio** *m.*
star **estrella** *f.*
starch **almidón** *m.*
state **estado** *m.*
station **estación** *f.*
airmail stationery **papel de**
   avión
stationery store **papelería** *f.*
(to) stay in bed **quedarse en cama**
(to) stay in top condition **mantenerse**
   en condiciones óptimas
steak **bistec** *m.* (2)
steep **escarpado(a)**
stepfather **padrastro** *m.*
stepmother **madrastra** *f.*
stereo **estéreo** *m.*
stewardess **azafata** *f.* (5)
stick **palo** *m.*
(to) stick **pegar**
still **todavía**
stillness **quietud** *f.*
stocking **media** *f.*
stomach **estómago** *m.*
stone **piedra** *f.*
(to) stop **parar**
   without stopping **sin parar**
store **tienda** *f.*
storm **tormenta** *f.*
   It's stormy. **Hay tormenta.**
story **cuento** *m.* (10)
storyteller **cuentista** *m.* or *f.* (10)
stove **estufa** *f.*

strange **extraño(a); raro(a)** (9)
strawberry **fresa** *f.*
street **calle** *f.*
strength **fuerza** *f.*
striped **de rayas** (1)
strong **fuerte**
student **alumno(a)** *m.(f.),* **estudiante** *m. or f.*
studio **taller** *m.* (7)
(to) study **estudiar**
stupid **tonto(a)**
style **estilo** *m.;* **moda** *f.*
subway **metro** *m.*
 subway station **estación de metro** *f.*
success **éxito** *m.*
suddenly **de repente; de golpe** (10)
(to) suffer **sufrir**
sufficient **suficiente**
sugar **azúcar** *m.*
(to) suggest **sugerir (ie, i)**
suit **traje** *m.* (1)
suitcase **maleta** *f.* (6)
summer **verano** *m.*
sun **sol** *m.*
(to) sunbathe **tomar el sol**
Sunday **domingo** *m.*
It's sunny out. **Hace sol.**
Super! **¡Super!**
superimposed **superpuesto(a)** (8)
supernatural **sobrenatural** (12)
sure **seguro(a)**
Sure! **¡Cómo no!** (4)
(to) surf **practicar el surfing**
(to) surprise **sorprender**
 It will be a surprise; don't say anything to them. **Será una sorpresa; no les digas nada.**
surrealism **surrealismo** *m.* (7)
surrounded **rodeado(a)** (6)
survey **encuesta** *f.*
(to) sweat **sudar**
sweater **suéter** *m.*
sweatpants **sudaderas** *f.* (1)
sweet **dulce** *m.*
sweet roll, any **pan dulce**
(to) swim **nadar**
swimming **natación** *f.*
swimming pool **piscina** *f.*
swollen **hinchado(a)** (12)
sword **espada** *f.*
system **sistema** *m.*

T-shirt **camiseta** *f.*
(beef) taco **taco (de carne)** *m.*
 taco stand **taquería** *f.*
tag, label **etiqueta** *f.* (6)
tail **cola** *f.* (12)
(to) take **tomar**
 (to) take a long time **tardarse**
 (to) take away **quitar**
 (to) take off (airplane) **despegar** (6)
 takes him **lo lleva**
 (it) takes . . . minutes **tarda... minutos**
talent **talento** *m.*
(to) talk **hablar**
tall **alto(a)**
tan **bronceado(a)**
tapas restaurant **bar de tapas** *m.*
tape (recording) **cinta** *f.*
 tape recorder **grabadora** *f.*
taste **gusto** *m.;* **sabor** *m.*
tasty **sabroso(a)** (3)
taxi **taxi** *m.*
(iced) tea **té (helado)** *m.*
teacher **profesor(a)** *m.(f.)*
technique **técnica** *f.* (12)
technological **técnológico(a)** (10)
telephone **teléfono** *m.*
 telephone booth **cabina de teléfono** *f.*
 telephone conversation **conversación telefónica** *f.*
television set **televisor** *m.*
 color television set **televisor a colores** *m.*
(to) tell **decir**
 (to) tell (a story) **contar** (12)
 to tell the truth **para decir la verdad**
 Tell me. **Dime.**
temperature **temperatura** *f.*
 (to) take one's temperature **tomar la temperatura**
ten-trip ticket **billete de diez viajes**
tenderness **ternura** *f.*
tennis **tenis** *m.*
 tennis ball **pelota de tenis** *f.*
 tennis shoe **zapato de tenis** *m.*
tent **tienda de campaña** *f.;* **carpa** *f.* (12)
tenth **décimo(a)**
terrace **terraza** *f.*

terrain **terreno** *m.*
territory **territorio** *m.*
thank you **gracias**
 thank you very much (many thanks) for . . . **muchas gracias por...**
 I thank you. **Les agradezco.**
 thanks a million for . . . **mil gracias por...**
Thanksgiving mass **misa de Acción de Gracias** *f.*
that **aquel(la), ese(a), que**
 Is that it? **¿Así es?**
 that is **o sea** (3)
 that is to say **es decir**
 that is why **por eso**
 that one **aquél(la)** *m.(f.),* **ése(a)** *m.(f.)*
 That's all. **Es todo.**
the **el** *m.,* **la** *f.,* **las** *f. pl.,* **los** *m. pl.*
theater **teatro** *m.*
theatrical **teatral**
their **su**
theme **tema** *m.* (7)
then **entonces, pues**
there **allí**
 there is / are **hay**
 there is going to be **va a haber**
 over there **allá**
they **ellos(as)** *m.(f.)*
 They are from . . . **Son de...**
thigh **muslo** *m.*
thin **delgado(a)**
thing **cosa** *f.*
(to) think **pensar (ie)**
third **tercer(o/a)**
(to) be thirsty **tener sed**
this (month / afternoon) **este(a) (mes / tarde)**
 This is . . . (introduction) **Le (Te) presento a...**
 this one **éste(a)** *m.(f.)*
thousand **mil**
three **tres**
three hundred **trescientos(as)**
throat **garganta** *f.*
one must go through . . . **hay que pasar por...**
(to) throw oneself **tirarse**
thunder **trueno** *m.*
 There's thunder. **Truena.**
Thursday **jueves** *m.*
ticket **billete** *m.,* **boleto** *m.*
tie **corbata** *f.* (1)

time **tiempo** *m.*, **vez** *f.*
at some other time **en otra opportunidad**
on time **a tiempo**
from time to time **de vez en cuando**
It's about time! **¡Ya es hora!**
What time . . . ? **¿A qué hora…?**
What time is it? **¿Qué hora es?**
many times **muchas veces**
timid **tímido(a)**
tip **propina** *f.*
tire **llanta** *f.*
tired **cansado(a)**
to **a**
to the **al**
toad **sapo** *m.*
toast (salutation) **brindis** *m.*
toast (food) **pan tostado** *m.*
toaster **tostador** *m.*
today **hoy**
Today is the (day) of (month). **Hoy es el (día) de (mes).**
toe **dedo del pie** *m.*
together **junto(a)**
toilet **WC** *m.*
tomato **tomate** *m.*
tomorrow **mañana**
tomorrow (morning / night) **mañana (por la mañana / noche)**
tonality **tonalidad** *f.* (7)
(to) tone up **tonificar**
tongue **lengua** *f.*
too **también**
too (much) **demasiado**
tooth **diente** *m.*
top (of a mountain) **cima** *f.* (12)
(to) touch **tocar**
tour **excursión** *f.*
tourist **turista** *m.* or *f.*
toward **hacia** (5)
towel **toalla** *f.*
town **pueblo** *m.*
(to) trace **trazar** (11)
traditional **tradicional**
tragic **trágico(a)** (11)
train **tren** *m.*
training **entrenamiento** *m.* (6)
trait **rasgo** *m.* (9)
(to) translate **traducir** (9)
(to) transmit **transmitir** (11)
(to) travel **viajar**
travel agency **agencia de viajes** *f.*
traveling companion **acompañante** *m.* or *f.* (5)

traveler's check **cheque de viajero** *m.*
(to) treat **tratar**
trip **viaje** *m.*
(to) take a trip **hacer un viaje**
true **cierto(a)**
truly **verdaderamente**
trumpet **trompeta** *f.*
truth **verdad** *f.*
(to) try on **probarse** (1)
(to) try to **tratar de**
Tuesday **martes** *m.*
tuna **atún** *m.*
(to) turn **doblar**
(to) turn over **dar una vuelta**
twenty **veinte**
twilight **crepúsculo** *m.* (5)
(to) twist (a body part) **torcerse** (10)
two **dos**
the two **los(las) dos**
two hundred **doscientos(as)**
(to) type **escribir a máquina**
typewriter **máquina de escribir** *f.*

ugly **feo(a)**
uncertainty **incertidumbre** *f.* (10)
uncle **tío** *m.*
under **bajo** *prep.*
(to) understand **comprender, entender**
unexpected **inesperado(a)**
unforgettable **inolvidable**
(to) unite **juntar**
United States **los Estados Unidos**
universal **universal** (11)
university **universidad** *f.*
unlimited **sin límite**
unreality **irrealidad** *f.* (10)
until **hasta**
(to) go up **subir**
Uruguay **Uruguay**
Uruguayan **uruguayo(a)**
useful **útil**
as usual **como de costumbre**
usually **usualmente**

vacant **vacío(a)**
vacation **vacaciones** *f.*
valise **valija** *f.* (6)

value **valor** *m.* (11)
van **camioneta** *f.* (6)
varied **variado(a)**
various **varios(as)**
VCR **video** *m.*
veal **ternera** *f.* (2)
vegetable **vegetal** *m.;* **verdura** *f.* (3)
Venezuela **Venezuela**
Venezuelan **venezolano(a)**
very **muy, bien**
Very well, thank you. **Muy bien, gracias.**
vest **chaleco** *m.* (1)
videocassette **video** *m.*
violet **violeta** *f.*
violin **violín** *m.*
virus **virus** *m.*
(to) visit **visitar**
(to) be visiting **estar de visita**
vitamin **vitamina** *f.*
vogue **boga** *f.*
voice **voz** *f.*
in a loud voice **en voz alta**
volcano **volcán** *m.*
volleyball **vólibol** *m.*
vulgar **grosero(a)** (11)

(to) wait **esperar**
waits for them **los espera**
waiter (waitress) **camarero(a)** *m.(f.)*
(to) wake up **despertarse (ie)**
walk **paseo** *m.*
(to) take a walk **dar un paseo**
(to) walk **caminar**
walking stick **bastón** *m.*
wall **pared** *f.*
wallet **cartera** *f.*
(to) want **desear, querer(ie)**
war **guerra** *f.*
warm **caliente**
warrior **guerrero(a)** *m.(f.)*
(to) wash **lavar**
(to) wash (one's hands, hair, brush one's teeth) **lavarse (las manos, el pelo, los dientes)**
(to) wash clothes **lavar la ropa**
(to) wash dishes **lavar los platos**
washing machine **lavadora** *f.*
(to) watch **mirar**
(to) watch one's weight **guardar la línea**

Watch out! **¡Cuidado!**
(to) watch television **mirar la televisión**
water **el agua** *f.*
watermelon **sandía** *f.*
(to) water-ski **esquiar en agua**
waterskiing **esquí acuático** *m.*
wave **onda** *f.* (9)
way **manera** *f.*
in that way **de esa manera**
we **nosotros(as)** *m.(f.)*
weak **débil**
weather **tiempo**
What's the weather like? **¿Qué tiempo hace?**
wedding **boda** *f.*
Wednesday **miércoles** *m.*
week **semana** *f.*
weekend **fin de semana** *m.*
weekly **semanal**
(to) weigh **pesar**
I weigh . . . kilos. **Peso... kilos.**
you're welcome **de nada**
well **bien**
Well done! **¡Bravo!** (10)
well then **pues**
west **oeste** *m.*
western **occidental**
wet **mojado(a)** (3)
what? **¿qué?, ¿cómo?**
What a pity! **¡Qué pena!**
what a shame . . . **qué vergüenza...** (9)
What's going on? **¿Qué pasó?**
What's new? **¿Qué hay?**
wheat **trigo** *m.*
when **cuando**
where? **¿adónde?, ¿dónde?**
Where are you from? **¿De dónde es / eres?**
Where is . . . ? **¿Dónde está...?**
Where is / are there . . . ? **¿Dónde hay...?**
which? **¿cuál?**
whichever **cualquier**
a good while **un buen rato**

white **blanco(a)**
who? **¿quién?**
Who's calling? **¿De parte de quién?** (4)
whole **entero(a)**
whose **cuyo(a)**
Whose is it? **¿De quién es?**
why? **¿por qué?**
why not? **¿por qué no?**
wide **amplio(a)** (11); **ancho(a)**
wife **esposa** *f.*
(to) win **ganar**
wind **viento** *m.*
windmill **molino de viento** *m.* (11)
window **ventana** *f.*
shop window **escaparate** *m.*
(to) windsurf **hacer windsurfing**
It's windy out. **Hace viento.**
wine **vino** *m.*
winter **invierno** *m.*
wise person **sabio(a)** *m.(f.)* (12)
(to) wish for **desear**
(to) wish them **desearles**
with **con**
with all my heart **con todo el corazón**
with me **conmigo**
with pleasure **con mucho gusto**
with you **contigo** (5)
within **dentro de**
without **sin**
without stopping **sin parar**
woman **mujer** *f.*
wonderful **formidable**
wood **madera** *f.*
wool **lana** *f.* (1)
word **palabra** *f.*
work **obra** *f.* (7)
(to) work **trabajar, funcionar**
worker **trabajador(a)** *m. (f.)*
world **mundo** *m.*
world championship **campeonato mundial** *m.*
from another world **extraterreno(a)** (12)
worried **preocupado(a)**

Don't worry. **No se preocupen.**
worse, worst **peor**
. . . would like . . . **quisiera...**
I would like something for . . . **Quisiera algo (alguna cosa) para...**
we would like . . . **(nosotros) quisiéramos...**
(to) wound **herir**
wounded **herido(a)**
wrist **muñeca** *f.*
(to) write **escribir**
writer **escritor(a)** *m.(f.)* (10)

year **año** *m.*
yellow **amarillo(a)**
yes **sí**
yesterday **ayer**
yogurt **yogur** *m.*
you (familiar) **tú**, (familiar plural) **vosotros(as)** *m.(f.)*, (formal) **usted/Ud.**, (formal plural) **ustedes/Uds.**
young **joven**
younger **menor**
your **tu, su**

zoo **parque zoológico** *m.*
zoological **zoológico(a)** (10)

a, 120–121
a menos que, 278
abrir, past participle, 148
academic courses, 15
accent mark, with double pronouns, 35, 43
accepting an invitation, 112, 114
accidents, 24
accommodations, travel, 7, 8
actions
    impersonal, 60
    repeated, 3
adding emphasis to a description, 73, 83
adjectives
    of condition, 72, 83
    formation and use, 18–19, 72
    of nationality, 19
    with **estar,** 72
Aeropuerto Internacional de México
    Benito Juárez, 152–153
affirmative expressions, 79, 83
Afro-Hispanic-American influence, 309–310
air travel, 152
Alas, 339
algo, 73, 79, 83
alguien, 79, 83
algún, alguno(a), 79, 83
la Alhambra, 2
Allende, Isabel, 350, 351
Ana de Austria, 89
Andalucía, 2, 12, 244
los ángeles verdes, 142
antecedents, indefinite, 275–276, 284
antes de (que), 122, 278
apetecer, 54
appetizers, 51, 66
aprender, past participle, 145
-ar verbs
    conditional tense, 290–291
    future tense, 97
    imperfect subjunctive tense, 314–315
    present perfect tense, 144–145
    present subjunctive, 181, 182
Arab influence in Spain, 12
Aranjuez, 116
articles, definite and indefinite, 276
arts and artists
    Mexican, 177–179, 185–186, 215–217
    molas, 204–205
    painted carts of Costa Rica, 212–213
    santeros of New Mexico, 221–224

    Spanish, 190–193, 198–200
el arte gráfico, 170–173
asking for train information, 133, 137
Asturias, Miguel Ángel, 328
Atocha, 95
aunque, 279–280
auto racing, 164–165

bailar, past participle, 145
Balada de los dos abuelos, 311–312
la bamba, 228–229, 231
beverages, 51, 66, 70, 89
bien, 73
bill, paying the, 56, 65
body parts, 2
brochure, travel, 136
Burgos, 135–136
buscar, present subjunctive, 210
butterflies, monarch, 26–27

Cabeza de Vaca, Alvar Núñez, 139
Cabral, Manuel del, 309
Cabrera, Lydia, 309
el calendario de RENFE, 119
Carlos V, 89
Carpentier, Alejo, 309, 318–319
caso, 339
Cela, Camilo José, 268, 269
-cer verbs, subjunctive, 234
cerca de, 120–121
Cervantes, Miguel de, 256, 297–298, 328
Chamartín, 95
characteristics, describing, 3
el chile, 78
Chile, 14–15
El chocolate: Regalo de los dioses, 88–89
-cir verbs, subjunctive, 234
clothes
    fabrics and designs, 40, 47
    men's 39, 47
    shopping for, 37, 45, 47
    women's, 31, 47
Colón, Cristóbal, 89, 139, 205
comenzar, present subjunctive, 210
comer
    past participle, 145
    present subjunctive, 181
commands, 17
    object pronouns with, 43

commenting on a meal, 75
Como agua para chocolate, 358–359
comprender, past participle, 145
con + mí / ti, 131
conditional tense, 290–291, 292
    uses of, 303
conducir, subjunctive, 234
conjunctions + *subjunctive,* 278
conocer, subjunctive, 234
con tal de que, 278
contrary-to-fact statements, 331
Córdoba, 2
Cortázar, Julio, 347
Cortés, 89
Cortesía de Dios, 340
Costa del Sol, 1
Costa Rica, 25, 212–213
crafts, *see* arts and artists
creer + *subjunctive,* 267
cruzar, present subjunctive, 210
cuando, 279–280
Cufari, Elizabeth, 90
cultural readings
    Alas, 339
    Los ángeles verdes, 142
    El arte gráfico, 170–173
    Balada de los dos abuelos, 311–312
    El calendario de RENFE, 119
    La casa de los espíritus: La niña
      Clara y su perro Barrabás, 351–352
    Cela gana el quinto premio Nóbel
      de literatura, 268, 269
    El chile, 78
    El chocolate: Regalo de los dioses,
      88–89
    Cien años de soledad El bloque de
      hielo, 334–336
    Como agua para chocolate, 358–359
    Cortesía de Dios, 340
    Danza negra, 321
    Don Quijote —Los molinos de vien-
      to, 306–307
    Las dulces memorias, 339
    El esbozo de un sueño, 347–348
    Los exploradores, 138
    La fantasía y el sueño, 338–340
    Una fotonovela: "Un amor secreto",
      261–263
    Frida Kahlo, 185–186
    El gazpacho, 67–68

INDEX **419**

Guernica, 198–200
La guía del ocio, 61
El hombre-mosca, 339
**La influencia afro-hispanoameri-
cana,** 309–310
Lecturas sin fronteras, 367
**Las leyendas prehispánicas y lo
maravilloso,** 287–288
el metro mexicano, 169
La muerte comadre del batab,
294–295
México y sus máscaras, 215–217
**Las molas de los indios
cunas,** 204–205
Moros y cristianos, 84–85
Los mundos fantásticos del hogar,
350
El muralismo mexicano, 177–179
El pájaro, 281–282
La pierna dormida, 340
Las pintorescas carretas de Sarchí,
211–213
El principe, 340
¿Que es "literatura"?, 255–257
El realismo mágico, 327–329
**El reino de este mundo —Los extra-
ordinarios poderes de Mackandal,**
319–320
Los santeros de Nuevo México,
221–224
Los taxis en la Ciudad de México, 154
El tren de la fresa, 115–116
Tú y la moda, 49

daily routine, describing, 14–15
Dalí, Salvador, 193
dancing
  flamenco, 244–245
  tango, 235–236
Danza negra, 321
dar
  past participle, 145
  present subjunctive, 196
Darío, Rubén, 256
de, 120–121
  + **el,** 122
decir
  conditional tense, 292
  future tense, 98
  past participle, 148
  present subjunctive, 195
definite articles, 276
describing
  adding emphasis, 73, 83

characteristics, 3
  clothes, 40
  states or conditions, 72, 83
designs (clothing), 40, 47
después de, 122
desserts, 51, 66
dinosaurs, 272–273
direct objects, 6
direct object pronouns, 33–34, 42
dishes, 52
doler, 21
Don Quijote de la Mancha, 297, 298,
  299–300, 306–307
dormir, present subjunctive, 196
double negative, 79
double object pronouns, 33–34, 35, 42, 43
doubt, expressing, 264–265, 267, 284
Las dulces memorias, 339
drugstore, *see* pharmacy

emotions, expressing, 232, 242, 247
empezar, present subjunctive, 210
emphasis, adding, 73, 83
en, 120–121
en caso de que, 278
encantar, 54
Enciclopedia popular, 271–273
encontrar, present subjunctive, 196
entender, present subjunctive, 195
entre, 120–121
entrees, 51, 66, 70
-er verbs
  conditional tense, 290–291
  future tense, 97
  imperfect subjunctive tense, 314–315
  present perfect tense, 144–145
  present subjunctive, 181, 182
El esbozo de un sueño, 347–348
escribir, past participle, 148
esperar
  + *infinitive,* 97
  + *subjunctive,* 219
Esquivel, Laura, 356–357
estar
  + adjectives, 72
  past participle, 145
  present subjunctive, 196
los exploradores, 138
expressing
  doubt, 264–265, 267, 284
  hunger, 63, 65
  preferences, 63, 65
  probability or uncertainty, 109, 264–265,
    284

states or conditions, 72, 83
expressions
  for extending, accepting, and refusing
    invitations, 112, 114
  for talking on the telephone, 111–112
  negative and affirmative, 79, 83
extending an invitation, 112, 114

fabrics, types of, 40, 47
faltar, 54
la fantasía y el sueño, 338–340
fashion quiz, 49
flatware, 52
flamenco dancing, 244–245
Fleming, Ray, 91
food
  el chile, 78
  el chocolate, 88–89
    commenting on, 75, 81, 83
  gazpacho, 67–68
    and health, 24
    Mexican, 70, 78
  moros y cristianos, 84–85
    preparation, 67, 84–85
    Tex-Mex, 77
    tomatoes, 71
    types of, 51, 66, 70, 77, 83
las fotonovelas, 261–263
future tense, 97
  irregular verbs, 98–99
  uses of, 109
  with **cuando,** 280

García Márquez, Gabriel, 327, 328–329, 334
Gardel, Carlos, 236
El gazpacho, 67–68
Granada, 2
ground transportation, 153
Guernica, 198–200
Guerrero, Roberto José, 164–165
La guía del ocio, 61
Guillén, Nicolás, 309, 310, 311–312
gustar, 21, 54
  + *infinitive,* 54
Gutiérrez de Ortega, Zoraido, 222

haber, 144, 145, 155–156
  conditional tense, 292
  present subjunctive, 196
habitual actions, 3
hablar, present subjunctive, 181
hacer
  conditional tense, 292
  future tense, 98

past participle, 148
present subjunctive, 195
hacia, 120–121
hasta, 120–121
hay / habrá, 98
helping verb, 144, 155–156
Hernández, Bert, 91
El hombre-mosca, 339
hotels
  renting a room, 7
  travel guide information, 7, 8
human body, 24
hunger, 63, 65

imaginery antecedents, 275–276
Imbert, Enrique Anderson, 339
imperfect subjunctive tense, 314–315, 331, 344
imperfect tense, uses, 3
impersonal **se,** 60
indefinite antecedents, 275–276, 284
indefinite articles, 276
los indios cunas, 205
indirect object pronouns, 21, 54
  with direct object pronouns, 33–34
infinitives, 17
La influencia afro-hispanoamericana, 309–310
injury, physical, 24
invitations, 112, 114
ir
  a + *infinitive,* 97
  past participle, 145
  present subjunctive, 196
-ir verbs
  conditional tense, 290–291
  future tense, 97
  imperfect subjunctive tense, 314–315
  present perfect tense, 144–145
  present subjunctive, 182
irregular past participles, 147–148

jamás, 79
Janney, Frank, 365
jitomate, 71
Juárez airport, 152–153
jugar, present subjunctive, 210

Kahlo, Frida, 185–186

la(s), 6, 33
Los laureles, 241
Lecturas sin fronteras, 367
legends, 287–288, 294–295, 338

Leger, Ernie, 90
lejos de, 120–121
length of time, 149–150, 161
las leyendas prehispánicas y lo maravilloso, 287–288
le(s), 21, 54
  + **lo(s) / la(s),** 42
libres, 154
likes and dislikes, expressing, 63, 65
llamar, imperfect subjunctive tense, 315
llegar
  conditional tense, 290
  future tense, 97
  present subjunctive, 210
long distance, telephoning, 108
lo(s), 6, 33
luggage, reclaiming, 158–159, 161
Luis XIII, 89
Lyday, John, 91

Mackandal, 319–320
Madrid
  la guía del ocio, 61
  telephone numbers in, 108
  train stations, 95
making plans, 11, 102, 112, 114
making train reservations, 124, 137
maps
  Chile, 14
  Costa del Sol, 1
  Mexico, 141
  South America, 14
  Spain, 15, 91, 95, 109, 116, 130, 275
  Texas, 275
  United States and Caribbean, 138
  United States and Central America, 91
  weather, 9
el mariachi, 238–239
las mariposas monarcas, 26–27
Márquez, *see* García Márquez
masks, 215–217
Maxwell, Patricia, 90
Mayan legends, 287, 294–295
me, 17, 21, 33, 54
men's clothes, 39, 40, 45
menus, 51, 70
metro, 169
Mexico
  arts and artists, 177–179, 185–186, 215–217
  Benito Juárez airport, 152–153
  butterfly migrations, 26–27
  food, 70, 77, 78
  map, 141

Mayan legends, 287, 294–295
Mexico City subway, 169
  taxis in Mexico City, 154
  telephone numbers, 108
  traveler's assistance, 142
México y sus máscaras, 215–217
la Mezquita, 2
mí, 131
Miró, Joan, 192
Moctezuma, 89
las molas de los indios cunas, 204–205
monarch butterflies, 26–27
La muerte comadre del batab, 294–295
el muralismo mexicano, 177–178
music
  bamba, 228–229, 231
  flamenco, 244–245
  Los laureles, 241
  mariachi, 238–239
  tango, 235–236
muy, 73

nada, 79, 83
nadie, 79, 83
negative
  commands, 17, 43
  expressions, 79, 83
  with present perfect tense, 144
Nerja, 1
Nuestra Señora de Guadalupe, 223
Nueva España, 221
New Mexico, 221–224
ni… ni…, 79, 83
ningún, ninguno(a), 79, 83
nonexistent antecedents, 275–276
nos, 17, 21, 33, 54
numbers, telephone, 108
nunca, 79, 83

o… o…, 79, 83
objects, direct, 6
object pronouns
  with infinitives and participles, 35
ofrecer, subjunctive, 234
oír, present subjunctive, 195
ojalá que + *subjunctive*, 184
ordering a meal, 56, 65
Orozco, José Clemente, 178, 179
Ortega, Eulogio, 222
os, 17, 21, 33, 54

pagar, present subjunctive, 210
painted carts, 212–213
Palés Matos, Luis, 309, 320

Panama, 205
Panza, Sancho, 298, 306–307
para (que), 120–121, 278
party, planning, 11
past, describing events in the, 3, 144, 155–156
past participles, 144, 145, 147–148, 155–156
past perfect tense, 155–156
pay phones, using, 106
paying the bill (in a restaurant), 56, 65
Paz, Octavio, 281
pedir
    conditional tense, 291
    future tense, 97
    imperfect subjunctive tense, 315
    past participle, 145
    present subjunctive, 196
pensar
    + *infinitive,* 97
    present subjunctive, 195
perder, present subjunctive, 195
Peru, 338
pharmacy, 14, 23
physical injury, 24
Picasso, Pablo, 190–191, 198–200
La pierna dormída, 340
las pintorescas carretas de Sarchí, 211–213
plans, making, 11, 102, 112, 114
    for a trip, 149–150
un poco, 73
poder
    conditional tense, 292
    future tense, 98
    imperfect subjunctive tense, 315
    present subjunctive, 196
poetry, 241, 281–282, 311–312
poner
    conditional tense, 292
    future tense, 99
    past participle, 148
    present subjunctive, 195
Ponce de León, Juan, 139
por, 120–121
practicar, present subjunctive, 210
prepositional pronouns, 131
prepositions, of place and sequence, 120–121, 122
present perfect tense, 144–145
present subjunctive, 181–182, 184, 195–196, 208
preterite tense, uses, 3
El principe, 340
probability, expressing, 109
professions, 90

pronouns
    double object, 33–34, 35, 42, 43
    indirect object, 21, 54
    prepositional, 131

¿Que es "literatura"?, 255–257
querer
    conditional tense, 292
    future tense, 98
    + *infinitive,* 97
    present subjunctive, 195
questions
    about present action or situation, 109
    with present perfect tense, 144
el quetzal, 326
El Quijote, 297–300, 306–307

Rail Club, 127
railroads, *see* trains
reactions, expressing, 232, 242, 247
reading
    advertisements, 104, 105
    maps, 141
    menus, 51, 70
    recipes, 67–68, 84–85
    restaurant listings, 58–59
    road signs, 143
    train schedules, 118, 134
    travel brochure, 136
el realismo mágico, 327–329
recipes
    gazpacho, 68
    moros y cristianos, 84–85
reclaiming lost luggage, 158–159, 161
Red Nacional de Ferrocarriles Españoles, *see* RENFE
reflexive pronouns, 17
reflexive verbs, 16–17, 208
refusing an invitation, 112, 114
El reino de este mundo —Los extraordinarios poderes de Mackandal, 319–320
RENFE (Red Nacional de Ferrocarriles Españoles), 95, 100, 118, 119, 127, 128–129
repeated actions, describing, 3
repetir, present subjunctive, 196
requesting a table (in a restaurant), 56, 65
reservations, train, 124, 137
restaurant
    commenting on a meal, 75, 81, 83
    listings, 58–59
    ordering a meal, 56, 65
    paying the bill, 56, 65

prices, 58–59
reading a menu, 51
requesting a table, 56, 65
Rivera, Diego, 177–178, 186
road maps, *see* maps
road signs, 143
roncar, present subjunctive, 210
Rosser, Susan, 91

saber
    conditional tense, 292
    future tense, 98
    present subjunctive, 196
sacar, present subjunctive, 210
salads, 51, 66, 70
salir
    conditional tense, 292
    future tense, 99
    present subjunctive, 195
San Antonio de Padua, 223
San Francisco de Asís, 222–223
San Isidro Labrador, 222
San Rafael, 224
los santeros de Nuevo México, 221–224
Santiago, 223
Sarchí (Costa Rica), 212–213
school courses, 15
se, 17, 42
    impersonal, 60
Secada, Jon, 251–253
seguir
    past participle, 145
    present subjunctive, 196
sequence of tenses, 344, 354–355
ser, present subjunctive, 196
setting the table, 52
shopping for clothes, 37, 45, 47
si clauses, 331, 342
siempre, 79, 83
sin que, 278
single occurrences, describing, 3
Siqueiros, David Alfaro, 178
soups, 51, 66, 70
Spain
    Arab influence, 12
    artists, 190–193, 198–200
    flamenco, 244–245
    maps, 15, 91, 95, 109, 116
    telephone service, 104, 105, 106, 108
    train system, 95, 100, 118, 119, 124, 127, 128–129
sports, 15, 25, 26
subjunctive
    present, 181–182, 184, 195–196, 197, 208

uses of, 219, 233, 264–265, 267, 275–276, 278, 279–280, 354–355
subway (Mexico City), 169

table settings, 52
talking
    about clothes, 31, 37, 39, 40, 45
    on the telephone, 111–112, 114
también, 79, 83
tampoco, 79, 83
el tango, 235–236
taste (of food), 81, 83
taxis, 154
te, 17, 21, 33, 54
telephone, 104, 105
    numbers in Spain, 108
    talking on the, 111–112, 114
    using a pay phone, 106
tener
    conditional tense, 292
    future tense, 99
    present subjunctive, 195
Tenochtitlán, 89
Tex-Mex food, 77
ti, 131
time periods, 3
    travel, 149–150, 161
tocar, 54
    present subjunctive, 210
todo el mundo, 79
todos los días, 79, 83

tomatoes, history, 71
tonificar, present subjunctive, 210
traducir, subjunctive, 234
traer, present subjunctive, 195
trains, 95, 100, 116
    information, 133, 137
    reservations, 124, 137
    schedules, 118, 134
    services, 127, 128–129
    tickets, 128–129
transportation
    means of, 95, 152, 153, 154, 169
travel
    accommodations, 7, 8
    air, 152
    brochure, 136
    guides, 7, 8
    reclaiming lost luggage, 158–159, 161
    taxis, 154
    time, 149–150
    trains, 95, 100, 118, 124, 127, 128–129
traveler's assistance (in Mexico), 142
El tren de la fresa, 115–116
Tú y la moda, 48–49
Tucson and mariachi music, 239

uncertainty, expressing, 109, 264–265, 284
United States, Hispanic population, 274
unreality, expressing, 264–265, 284

vacations, 1, 2, 25

Valens, Ritchie, 228, 229
venir
    conditional tense, 292
    future tense, 99
    present subjunctive, 195
ver
    conditional tense, 290
    future tense, 97
    past participle, 148
verbs
    conditional tense, 290–291, 292
    future tense, 97, 98–99, 109
    imperfect subjunctive tense, 314–315, 331, 344
    past perfect tense, 155–156
    present perfect tense, 144–145
    present subjunctive, 181–182, 184, 195–196, 197, 208
    reflexive, 16–17, 208
una vez, 79, 83
volver
    past participle, 148
    present subjunctive, 196

weather
    forecasts, 9–10
will, transferring of, 219
women's clothes, 31, 37, 45

xitomatl, 71
xocoatl, 89

We wish to thank the authors, publishers, and holders of copyright for their permission to reprint the following:

p. 9 and **10** Pneu Michelin, Service de Tourisme, *Guide to Spain and Portugal*; **p. 26 and 27** *"Guarding the Monarch's Kingdom"*, printed with permission from The Natural Wildlife Federation by Sharon Sullivan, *International Wildlife Magazine*, Nov/Dec, 1987.; **p. 41** *Elle*, Hatchette Publicaciones; **p. 48** *Tú* Magazine, Editorial América, Panamá; **p. 58 and 61** *La Guía del Ocio*, June 1994, Nº 971, Madrid, Spain; **p. 104 and 105** AT&T en español advertisement, Indelec, Ediciones Tactic, Madrid, Spain; **118**, **128**, **133**, **134**, **136**: RENFE brochure, Madrid, Spain; **158**: *"Nacido para triunfar"*, *Más* Magazine, Univisión Publications, 1989, 1990, New York, NY; **p. 185** "Frida Kahlo", Vol. 32, No. 3, 1980; **p. 212** "Las pintorescas carretas de Sarchí" Vol. 38, No. 3, 1986; **p. 202** "Paraíso prohibido" Vol. 37, No. 1, 1985 and **p. 215** "México y sus máscaras" Vol. 32, No. 2, 1980 all reprinted from *Américas*, a bi-monthly magazine published by the General Secretariat of the Organization of American States in English and Spanish; **p. 271** *"Enciclopedia popular"* Año 2 Nº 14, and Año 3, Nº 32, covers and text, reprinted with permission from Editores Asociados, Buenos Aires, Argentina; **p. 282** "El pájaro", reprinted with permission from Fondo Cultural Económica, Mexico D.F.; **p. 289** "*La muerte, comadre de Batab*", reprinted with permission from Editorial Patria, Mexico, D.F.; **p. 319** adapted from *El reino de este mundo—Los extraordinarios poderes de Mackandal*, Alejo Carpentier, Havana, Cuba; **p. 321** "Danza negra", reprinted with permission from Ana Mercedes Palés Matos; **p. 335** *El bloque de hielo* adapted from *Cien años de soledad*, reprinted with permission from Agencia Literaria Carmen Balcells, Barcelona, Spain; **p. 351** *La niña Clara y su perro Barrabás*, adapted from *La casa de los espíritus*, reprinted with permission from Agencia Literaria Carmen Balcells, Barcelona, Spain; **p. 358** adapted from *Como agua para chocolate* by Laura Esquivel. Copyright © 1989 by Laura Esquivel. Used by permission of Doubleday, a division of Bantam Doubleday Dell Publishing Group, Inc.; **p. 342–344** from *Historias de cronopios y famas*, Julio Cortázar, Agencia Literaria Carmen Balcells, Barcelona, Spain.

Unless specified below, all photos in this text were selected from the *Heinle & Heinle Image Resource Bank*. The *Image Resource Bank* is Heinle & Heinle's proprietary collection of tens of thousands of photographs related to the study of foreign language and culture.

Photographers who have contributed to the resource bank include:
Angela Coppola
Carolyn Ross
Jonathan Stark
Kathy Tarantola

p.26 Odyssey / Frerck / Chicago, **p. 28** (right) Robert Fried / DDB Stock Photo, **p. 78** Courtesy of John Gutiérrez, **p. 82** Owen Franken / Stock Boston; **88** Odyssey / Frerck / Chicago, **p. 92** (right) Robert Rubalcava, **p. 139** Giraudon / Art Resource, **p. 164** Richard Dole / DUOMO, **p. 165** William R. Sallaz / Duomo, **p. 168** Duane and Associates, **p. 170** (right and left) Stuart Cohen / Comstock, **p. 172** Giraudon / Art Resource, **p. 173** Courtesy of the Museum of Modern Art of Latin America, **p. 175** Odyssey / Frerck / Chicago, **p. 176** Scala / Art resource, **p. 179** (top) Comstock, **p. 186** (bottom) Schalkwijk / Art Resource, **p. 199** Giraudon / Art Resource © 1992 ARS, N.Y. / SPADEM, **201** Stuart Cohen /

Comstock, **p. 204** (top and bottom) Barry W. Barker / Odyssey / Chicago, **p. 205, 207** Barry W. Barker / Odyssey / Chicago, **p. 211, 213** (top) Inga Spence / DDB Stock Photo, **p. 213** (bottom) Robert Fried / DDB Stock Photo, **p. 222, 223, 224** John Gutiérrez, **p. 227** Odyssey / Frerck / Chicago, **p. 228** UPI / Bettmann, **p. 236** Odyssey / Frerck / Chicago, **p. 238** (left) Bill Bachmann / Stock Boston, **p. 238** right Bob Daemmrich / Stock Boston, **p. 245** (top and bottom) Odyssey / Frerck / Chicago, **p. 252** Bill Wisser / Gamma-Liaison, **p. 256** Nicolas Sapieha / Stock Boston, **p. 257** Bill Gillette / Stock Boston, **p. 258** DDB Stock Photo, **p. 298** Bettmann Archive, **p. 310** (bottom) Courtesy of the OAS, **p. 318** Courtesy of Farrar-Straus-Giroux Publishers, New York, **p. 320** Courtesy of Ana Palés Matos, **p. 323** The Kobal Collection, **p. 326** Gregory Dimijian / Photo Researchers Inc., **p. 327** Susan Meiselas / Magnum Photo, **p. 333** Robert Bunge / DDB Stock Photo, **p. 338** Odyssey / Frerck / Chicago, **p. 347** Courtesy of the OAS, **p. 350** Steve Allen / Gamma-Liaison, **p. 356** Zigy Kaluzny / Gamma-Liaison, **p. 359** Robert Fried / DDB Stock Photo.

Fine Art

p. 177 José Clemente Orozco, *Zapatistas*, 1931. Oil on canvas, 45 x 55". Collection, The Museum of Modern Art, New York, given anonymously, **p. 178** David Alfaro Siqueiros, *Ethnography*, 1939. Enamel on composition board, 48 1/8 x 32 3/8". Collection, The Museum of Modern Art, New York, Abby Aldrich Rockefeller Fund, **p. 179** (bottom) Diego Rivera, *The Flower Carrier* (previously known as *The Flower Vendor*), 1935. Oil and tempera on masonite, 48 x 47 3/4". San Francisco Museum of Modern Art, Albert M. Bender Collection, gift of Albert M. Bender in memory of Caroline Walter, **p. 186** (top) Frida Kahlo, *Self Portrait with Monkey and Parrot*, 1942. Oil on board 21 x 17". Collection, IBM Corporation, Armonk, New York, **p. 189** Frida Kahlo, *Frida and Diego Rivera*, 1931. Oil on canvas 39 3/8 x 31". San Francisco Museum of Modern Art, Albert M. Bender Collection, gift of Albert M. Bender, **p. 190** Pablo Picasso, *Three Musicians*, Fontainebleau, summer 1921. Oil on canvas 6'7" x 7'3 3/4". Collection, The Museum of Modern Art, New York, Mrs. Simon Guggenheim Fund. ©1992 ARS, N.Y./SPADEM, **p. 191** Pablo Picasso, *Family of Saltimbanques*, 1905. Oil on canvas 83 3/4" x 90 3/8". National Gallery of Art, Chester Dale Collection. ©1992 ARS, N.Y./SPADEM, **p. 192** Joan Miró, *Woman and Bird in the Night*, 1945. Oil on canvas 51 x 64". Albright-Knox Gallery, Buffalo, New York, gift of Seymour H.Knox. ©1992 ARS, N.Y./ADAGP, **p. 193** Salvador Dalí, *The Persistence of Memory*, 1931. Oil on canvas 9 1/2 x 13". Collection, The Museum of Modern Art, New York, Given anonymously. ©1992 ARS, N.Y./Demart Pro Arte, **p. 223** (bottom) Anonymous, *Santiago*, New Mexico, mid-19th century. Organic pigments on wood. Collections, International Folk Art Foundation, Museum of International Folk Art, Santa Fe.

Maps

Maps have been provided by Deborah Perugi and Mapping Specialists Limited.